国家社会科学基金教育学重点招标课题（项目编号：AHA20110006）
"保障适龄儿童接受基本而有质量的学前教育政策与机制研究"成果

基于证据的学前教育需求与质量研究

Evidence-Based Study on the Demands
and Quality of Preschool Education

秦金亮 等◎著

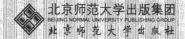

北京师范大学出版集团
BEIJING NORMAL UNIVERSITY PUBLISHING GROUP
北京师范大学出版社

图书在版编目(CIP)数据

基于证据的学前教育需求与质量研究/秦金亮等著 . —北京：北京师范大学出版社，2018.7
ISBN 978-7-303-23366-3

Ⅰ.①学… Ⅱ.①秦… Ⅲ.①学前教育－研究 Ⅳ.①G61

中国版本图书馆 CIP 数据核字(2018)第 013627 号

营 销 中 心 电 话 010-58802181 58805532
北师大出版社职业教育与教师教育分社网 http://zjfs.bnup.com
电 子 信 箱 zhijiao@bnupg.com

出版发行：北京师范大学出版社 www.bnup.com
北京市海淀区新街口外大街 19 号
邮政编码：100875
印 刷：北京玺诚印务有限公司
经 销：全国新华书店
开 本：787 mm×1092 mm 1/16
印 张：30.5
字 数：360 千字
版 次：2018 年 7 月第 1 版
印 次：2018 年 7 月第 1 次印刷
定 价：69.00 元

策划编辑：罗佩珍 责任编辑：周 强
美术编辑：焦 丽 装帧设计：金基渊
责任校对：段立超 陈 民 责任印制：陈 涛

编　委　会

前　言

找准需求,精准施策,提升质量

　　我们承担的国家社科教育学重点课题"保障适龄儿童接受基本而有质量的学前教育政策与机制研究"以《基于证据的学前教育需求与质量研究》专著的方式结项,力图展现五年来团队研究的全貌。这是课题立项的基本要求,但并不是我们研究的全部目标。在此有必要把我们更深层的研究动机、研究思路、理想愿景,与国内外同行分享,特别是与学前教育政策的制定者、执行者、热心者共同体会、反思、改进、完善。

　　学前教育是基础教育的重要组成部分,是现代国民教育体系的基础之基础。学前教育的水平和质量不仅影响人一生的发展,也影响一个民族和国家的发展,这些似乎已成为常识,应该深入人心。然而我们拿不出像美国高瞻教育研究基金会"改变人生:从孩童到19岁的佩里学前学校项目效应"这样的研究报告。佩里学前学校项目研究报告,不仅是对1962年密歇根大学佩里(Perry)教授进行的3~4岁儿童走读学前保教项目15年的追踪研究,更是在早期保教质量与儿童发展之间建立了令人信服的质量与发展指标体系的典范,它将发展不仅局限在智力、读写能力、数学能力以及留级率、升学率等传统学校教育意义的发展,更指向了就业、福利领取等更能体现人的健康发展、人格发展、全面发展的高度。高瞻/佩里学前教育项目追踪报告改变了人们对学前教育价值的常规预期,如入学准备、智力开发。该报告放眼到学前教育为人生奠基、改变人生发展轨迹这一根本性发展问题,关注人的生存发展特别是更大的人与社会发展的关系。唯有此,学前教育价值才会更令人信服。

　　故此我们的研究面临着三个深层问题的考问:

　　我们应该呈现一个什么样的政策分析框架,让国际同行读懂并被理解和接受?

　　我们应该立足于什么样的政策基点,来保障基本的学前教育需求得到满足?

　　我们力图抓住哪些要素,以什么样的政策杠杆来不断改进质量?

—— 1 ——

一、建立什么样的政策分析框架

在学前教育政策研究范式方面力图以"基于证据的政策研究"作为方法论依据，内容都以现实问题的调查、测量、访谈为依据，提出政策框架或建议，体现当代政策研究的新范式。

（一）基于证据的政策研究范式转换

在已有学前教育政策研究中，基于文献比较和基于政策文本分析的居多，本课题在设计时就力图建立基于证据的学前教育政策分析框架，力图多层面、多角度、大区域、广覆盖获得学前教育需求信息，力图从不同区域、不同等次、不同背景的幼儿园中精准厘析条件、过程、结果三种样态中的质量要素。根据抽样框架对全国8省市的428所幼儿园816个班级、2641名幼儿进行班级教育质量与儿童发展水平测查，对3150名相关家长进行学前教育需求调查，取得东、中、西不同等级幼儿园的质量数据与儿童发展水平数据，对来自8省市城乡群体、流动留守群体、低收入群体、特殊儿童群体的直接看护人进行问卷和部分访谈、个案深度调查。这一研究框架的难点还在于数据的充分关联性：区域、城乡、园所等次类型、班级、幼儿、家长，层层相连、嵌套式取样，力图把需求、质量间的主要因子关联起来，多角度分析，从而为提出有说服力的政策建议或政策顶层设计奠定基础。

（二）政策研究的双向知识交换范式转换

英国学者弗隆（Furlong）和万恰（Oancea）认为传统政策研究是单线知识传递，作为学术界群落与真实世界的实践群落，由于概念、话语的生成不同不具有互通性，形成了政府或实际部门委托学术群落研究，而研究成果又单方面输送给政府，形成两个群落之间单线的知识传递。单线知识传递虽然在研究开始阶段政策制定者会与研究者有一定的沟通以及提出目标，但由于双方工作性质，在政策设计、实施中扮演的角色不同，双方之间会存在很大的沟通障碍[①]。故此课题在设计时就考虑了双向知识交换范式，与教育部基础教育二司、省教育厅学前教育处建立起研究者和政策决策者在政策制定中的双向沟通，课题组核心成员分别在两个机构挂职，直接参与了国家托幼机构保教质量指南、省幼儿园等级评价文件的起草，做到了在研究开始时就反向地关照研究成果推广、决策者在实践中所需面对的政策复杂性与挑战性，同时决策者也反转性参与，在研究的过程中使他们更多地捕捉相关研究结果对其决策行动的意义。这种双向的知识交换范式虽在政策

---

① Furlong J & Oancea A. Assessing quality in applied and practice－based research in education：a framework for discussion，［EB/OL］. https：//www. sensepublishers. com/files/9789087907082PR. pdf. 2012-07-20.

文本中有实质性体现，但还鲜有规范的研究报道，也未形成持续性追踪机制（靠单方的力量是不可能的），这是有待进一步加强的。按这一尺度对照当今社会科学倡导的"智库浪潮"，最难的便是"双向知识交换机制"的建立，其生态环境的建设任重而道远。

二、以什么样的基点来研究学前教育需求

我们应该立足于什么样的政策基点，来满足人们的学前教育需求？这似乎是个不言而喻的问题。然而在中国情境下区域差异、转型中各阶层群体差异、文化差异、教育主体与监护人的相关利益差异等的交错影响，组合生成就会变得异常复杂，学前教育需求的政策框架必然是多基点组合构架。

（一）建立基于满足不同区域、群体的学前教育多元需求的政策框架

在分析国际学前教育需求满足多维复杂性的基础上，以交叉立体数据显示学前教育多元需求的特点：需求内容多元、需求结构多元、需求主体多元，进而提出在需求多元的复杂性、多样性、公共性、个体性中寻找政策的立足点，建议我国应重视各地学前教育政策的独特性和首创精神，探索制定满足不同需求的、多元化的学前教育政策。

（二）重视城市与农村学前教育需求的共性与差异性，形成城乡统筹的学前教育政策

数据显示，城乡在便利性需求、生活需求，特别是在教育内容需求方面均存在显著差异，城市家长的满意度得分均显著大于乡村家长，表明乡村学前教育资源不能有效满足需求。研究提出我国学前教育投入和资源分配应向农村倾斜，统筹城乡学前教育发展规划符合实际，有利于弥补乡村学前教育短板，加速学前教育质量普及。

（三）关注留守儿童、流动儿童学前教育的需求满足，形成对处境不利儿童保障有力的学前教育政策

研究发现，分属于不同生活状态的留守儿童、流动儿童、城市户籍儿童的学前教育需求表达呈现出递进性特征，留守儿童家长表达了匮乏性需求和安全需求，流动儿童家长表达了急需要满足的焦点性需求、兴奋性需求，留守儿童和流动儿童家长更多是基本型需求表达；而城市户籍儿童家长则更多表达期望型需求，家长对学前教育的需求表达呈现出马斯洛需求理论的特征。针对匮乏性、安全需求，要有保障性的兜底学前教育政策；焦点性需求、兴奋性需求是短期内的热点需求、急需要满足的需求，应从解决民生的高度确保政策落地的时效性，满足民生诉求；期望型需求满足是一种高阶需求，应充分发挥需求的引导性作用，通过政策的合理引导，以激活家长更高层次需求。表达时代的学前教育需求特

征，促使学前教育追求个性与公平，形成理想的、满足发展适宜性需求的学前教育。

（四）确保特殊儿童、低收入群体学前教育需求满足，筑牢普惠性保底的学前教育政策底线

对特殊儿童家长学前教育需求的研究显示：生活照顾需求是需求核心；缺失性补偿需求愿望强烈；部分家庭经济困难需要特别资助；部分儿童收养托养依赖政府救济。对低收入家长学前教育需求调查也显示：幼儿园收费因素是第一择园考虑；解除家长生活照顾需求是核心需求；摆脱低收入、低阶层愿望强烈。上述现象同美国开端计划服务的家庭有相似度，该对象是需要社会最低保障的群体，是学前教育最需要支持的群体，也是摆脱贫困、防止返贫的关键目标群体。发展有质量低收费的普惠性幼儿园是解决低收入群体、特殊儿童学前教育需求的最佳途径，按照质量与儿童发展的"门槛效应"原理，政府应进一步发展高质量的普惠性幼儿园，在解决便利性服务、生活需求的同时，更要满足补偿性需求和发展性需求，真正做到智力脱贫、教育扶贫，同时也是最大限度地促进教育公平。

在政策举措方面提出：对于低收入群体、特殊儿童群体要进一步建立免费、资助体系，同义务教育一样免除保教费、材料费，补贴伙食生活费；对特殊儿童要补助康复训练费及个别教育训练费；将优质的师资用于低收入群体、特殊儿童群体；建立健全特殊需求的教育质量监测与评价体系，真正筑牢可获得、付得起、有质量的学前教育政策底线，在政策价值的现实选择方面处理好现实主义与理想主义的平衡点，形成有正义导向又切实可行的学前教育政策法律框架。

满足人民群众对学前教育的多元需求，发展广泛覆盖城乡的学前教育是解决"入园难"的根本，其关键是以普及率为核心的多元可获得性体系和可付得起体系的建立。

三、以什么样的政策杠杆来不断改进质量

针对"先普及再提高"的传统质量观念，研究以鲜活材料、扎实的数据回应了我国学前教育质量中需求与质量的关系问题、质量现状与差异缩小问题、质量要素框架问题、质量影响儿童发展的拐点问题、质量的政策保障机制问题等。这些问题的精准厘析，有利于设计适切的政策杠杆。

（一）需求与质量：政策价值调适的内在关联

学前教育作为一种服务既有服务对象又有服务主体，满足服务对象的需求是学前教育的需求一侧，有质量地提供服务是学前教育的供给一侧，从本质来看需求侧和供给侧是学前教育服务的两个方面，存在内在的关联。率先提出，重要的是调适好需求侧与供给侧的内在关联，有益于从短期到长期促进儿童发展。

（二）学前教育的质量现状与差异缩小的政策路径

城乡、区域学前教育质量测查显示：城乡教育质量差距大，东、中、西学前教育质量差异显著。回归分析显示，城乡因素、区域因素（东、中、西）对幼儿园教育质量总体得分以及空间与设施、集体教学、游戏与活动、互动四个方面的质量有预测效应，反映了农村、中西部幼儿园办园经费不足，导致办园条件差、园舍设施简陋、教玩具配备水平低、教师素质低等一系列问题；城乡、中西部低等级幼儿园编制不足、待遇低下，导致教师队伍数量短缺、专业水平低，加之班级规模过大、生师比过高，制约了过程性质量；在投入机制方面，农村、中西部地区财政对普惠性幼儿园投入不足，而居民对学前教育服务的购买力低下，使得大部分民办园收费低廉，普而不惠，办园行为不规范，低成本运作，以牺牲质量为代价。

对此提出缩小差异的政策建议：建立城乡一体的学前教育投入和管理体制，应向农村进行补偿性投入；在欠发达地区与农村，建立以公办园为主体的学前教育公共服务体系；增加编制和提高农村、欠发达地区教师待遇，实施农村教师定向培养计划和城乡交流计划；建立以公共财政投入为主、家长合理分担的农村学前教育成本分担机制，减轻缴费负担，欠发达地区与低收入群体逐步实现免费学前教育；国家统筹协调东部对中西部的对口支援和帮扶项目，东部地区为中西部地区学前教育发展和质量提升提供智力支持和其他可能的资源支持。这些政策建议具有很强的操作性和政策牵引性。

（三）从影响学前教育质量的结构要素审视，确保质量的政策框架

基于样本数据研究厘析了影响学前教育质量的结构性要素：（1）教育成本与教育投入；（2）保教人员基本数量与师幼比；（3）教师待遇、教师岗位吸引力与教师队伍素质。提出确保质量的政策框架：①根据物价指数科学测算教育成本，并保障教育投入特别是公共财政的基本投入；现阶段公共财政投入应向农村、教师倾斜，实现最佳的质量提升效益。②严格审核准办幼儿园和幼儿园质量年检中保教人员基本数与师幼比，确保配足配齐保教人员，严格控制班级规模，并积极改善一日活动过程在场的师幼比。③提高教师收入，将幼儿园教师薪酬提高到合理的水平，吸引高素质人才加入幼儿园教师队伍。④强化公共财政的质量牵引，现阶段财政性学前教育经费效益最大化的方式是用于改造提升"低质量"幼儿园，以保障所有适龄儿童接受有质量的学前教育。这些基于证据的政策框架对我国学前教育投入和教师队伍建设有直接的政策导向作用。

（四）学前教育质量与儿童发展内在关联的政策引导

样本数据显示：（1）从低质量到高质量是连续体，期间存在质量拐点的门槛效应，只有有质量的学前教育才能促进儿童发展。（2）幼儿园教育质量与儿童发展存在显著的正相关，质量越高儿童发展状况越好；高质量的幼儿园，幼儿在语

言、认知和社会性技能方面发展得更好。（3）对于过程质量的"教学与互动"对儿童的语言、认知和社会常识的发展结果产生稳定效应，进一步说明教师素质、教师的教学过程质量是学前教育质量的关键，是促进儿童发展的关键。

研究对我国学前教育质量政策提出值得重视的建议：（1）质量门槛效应的政策调节作用。要严把托幼机构的准入门槛，科学划定有质量的最低水平，并作为质量的警戒线，不能跨越有害于儿童的质量红线。东部发达地区或待投入条件成熟的地区可适当提高准入门槛，已经普及学前教育的地区在幼儿园年检方面逐步提高门槛，门槛越高，等级越高，越有利于促进儿童的发展。（2）提高要素质量的政策引导作用。应通过政策引导将学前教育投入特别是公共财政重点投向有利于改善办园条件、吸引高素质教师队伍上来。（3）提高过程质量的政策牵引作用。通过改进幼儿园过程性质量评价特别是过程质量监测指数的系统发布，牵引幼儿园重点关注一日教育活动质量、课程规划与实施质量、师幼互动质量和对教师队伍素质的提升特别是在过程中促进教师专业发展的问题。

（五）确保质量的学前教育政策保障机制

研究对确保质量的学前教育政策进行系统的探讨，提出质量的保障机制。

1. 在欠发达地区、低收入群体形成可付得起普惠性的学前教育公共投入保障机制

保基本就是满足一般老百姓的学前教育基本需求，使一般收入水平的人们付得起接受学前教育的费用，在中国语境下就是解决入园贵的问题。付得起或入园支付可能也是国际公认学前教育能否顺利普及的关键，主要指标包括政府对学前教育的资源投入程度、私立幼儿园的普惠程度、对处境不利家庭的资助水平、对接收处境不利儿童幼儿园的资助程度等。是否实现有质量的最低满足？考察和评价各级政府是否在解决入园贵的问题上发挥了作用？就是看普通老百姓能否上得起幼儿园，是否为无购买力的处境不利家庭或接收处境不利幼儿的普惠性学前教育机构提供了资助，政府是否有对低收入家庭提供的其他补贴或税收抵免，这是付得起实现的关键政策机制。

2. 建立约束要素质量与过程质量的政策激励机制

研究样本的幼儿园教育质量数据显示，与国际托幼机构相比我国幼儿园的要素质量不高，且过程质量更低，即过程质量是最短的板，它需要持续的改进。本研究选择公认的要素（或条件）质量包括：生均室内外空间，班级人数，保教人员与儿童比，保教人员学历、素质，保教者专业经验、培训、研修，工资、福利待遇，离职率或工作变动率等；发展性过程质量包括：学前保教观念的理解与落实程度，学习标准或课程标准的理解与落实程度，学前教育课程方案的设计与实施，保教设施、设备、资源等环境条件的适宜与利用程度，学前教育机构组织学习与管理水平，教育环境下师幼互动质量，家庭、社区参与程度与质量，保教者

的获得感与满意度。书中揭示了要素质量与过程质量存在内在关联，在质量提升时需要统筹考虑要素质量的前提性和过程对要素质量的整合性意义。

3. 在公共原则与市场原则间求得政策平衡

系统分析了学前教育为了儿童的发展、为了国家的未来所体现的公共性，父母或监护人为家庭的未来所体现的私人性，提出学前教育的投入需要国家、各级政府与家庭、监护人的合理分担，特别是对民办的普惠性幼儿园政府办学承担合理的财政投入责任。发展学前教育事业需要重视在公共原则与市场原则间求得政策平衡。

课题提出明确的质量评估政策观：为全面提升我国学前教育质量水平，学前教育质量评估在重视要素质量的同时，评估的重心要转向要素质量与过程质量并重；质量评估指标体系在严守关键要素质量的同时，加大过程质量指标体系的设置与监测，多途径提高质量水平；在质量评估政策杠杆使用方面，各地需要因地制宜合理设置要素质量、过程质量指标权重，撬动各级政府、利益相关者质量改进的新动能，使质量评估转向使能性评估。

目 录

Contents

研究概述

学前教育是先普及再提高质量，还是以质量为前提的普及，这是制定学前教育政策的前提性问题。"先普及再提高"的设定在于"有"比"没有"好，好的教育比差的教育在于效率更高；"有质量的普及"认识到，差的教育会妨碍儿童的发展，不仅没有促进儿童的发展，反而阻碍儿童的发展，产生负性教育，越是在儿童早期，越容易产生负性教育。

一、问题与研究背景

学前教育是基础教育的重要组成部分，是现代国民教育体系中基础之基础。学前教育的水平和质量不仅影响人的一生发展，也影响一个民族和国家的发展[①]。近年来，学前教育逐渐成为社会关注的热点问题之一，要求政府承担更多责任的呼声日益强烈。

大量调查研究表明，我国学前教育发展的基本现状是：政府责任不明，财政投入严重不足，管理力量薄弱；学前教育普及率不高，"入园难"矛盾突出，尤其是部分儿童群体(农村儿童、流动儿童、残疾儿童等处境不利儿童)没有机会接受有质量的学前教育，甚至没有受教育的机会；区域间发展不平衡，部分地区(中西部地区、农村地区、欠发达地区)学前教育状况堪忧；师资队伍薄弱，合格教师比例不高，大量非在编幼儿教师工资待遇低、缺乏保障；办园体制多元，民办学前教育缺乏有效的监管，缺乏质量提升的动力；学前教育机构形式和服务模式相对单一，保教质量整体不高。因此，加快学前教育改革和发展，尽快普及学前教育并逐步提高学前教育质量，形势严峻，任务紧迫。

2010年7月，中共中央、国务院颁布《国家中长期教育改革和发展规划纲要(2010—2020年)》提出："明确政府职责""基本普及学前教育""重点发展农村学前教育"。2010年11月，《国务院关于当前发展学前教育的若干意见》(国发

---

① 虞永平. 试论政府在幼儿教育发展中的作用[J]. 学前教育研究，2007(1)：3-6.

〔2010〕41号)指出，"发展学前教育，必须坚持公益性和普惠性，努力构建覆盖城乡、布局合理的学前教育公共服务体系，保障适龄儿童接受基本的、有质量的学前教育"。从而明确了政府在发展学前教育中的一个重要责任是：为适龄儿童提供"保基本、有质量"的学前教育。何为"保基本"？何为"有质量"？如何保障不同群体的适龄儿童能够平等地接受基本而有质量的学前教育？这些问题尚待深入研究，做出科学的回答。

本课题研究具有重要的意义和价值。

(1)对"保基本、有质量"的学前教育做出清晰的界定，探讨不同类型的学前教育的责任分担机制，明确保障适龄儿童接受基本而有质量的学前教育的基本思路，为政府的学前教育宏观决策提供科学依据。

(2)对不同群体适龄儿童学前教育服务基本需求、接受学前教育的状况，以及不同地区学前教育现状和问题进行调查研究，探索以普惠性学前教育项目为核心的学前教育政策和运作机制，为政府有针对性地制定不同儿童群体的学前教育保障政策提供可行性建议，推进学前教育公平。

(3)对学前教育的基本质量标准、评价工具、质量监管等问题进行综合研究，推动我国学前教育质量监测与评估体系的构建，促进我国学前教育质量的提升。

二、基本概念的界定

(1)关于"适龄儿童"：本研究中的适龄儿童指3～6周岁的学龄前儿童。

(2)关于"保基本"：托幼机构的教育服务模式与家庭生活模式、社区环境的高度契合性是学前教育的核心特征之一。不同儿童群体由于其家庭经济生活模式和所处社区的经济—社会—文化背景的不同，对学前教育服务的基本需求也会存在客观差异。因此，对于不同的儿童群体而言，"保基本"的学前教育其内涵并不完全相同。"保基本"的学前教育，意味着满足适龄儿童不同群体各自不同的、基本的、合理的学前教育需求。

(3)关于"有质量"：从某种意义上说，质量是主观的，对于不同的价值主体而言，"质量"的内涵是不同的。本课题中的"质量"主要是针对儿童而言的；所谓的"有质量"是指所提供的保育和教育有益于儿童的身心健康发展，而不是阻碍甚至损害儿童的身心健康发展。同时应该看到，质量评价的视角是多维的，对质量的评价不能离开托幼机构所处的文化生态系统；不存在唯一的、最好的、对所有儿童而言都有益的托幼机构保教服务模式，适宜的就是"有质量"的。

(4)新的公平观：保障适龄儿童接受基本而有质量的学前教育，这是推进学前教育公平和社会公平的重要举措。但并不存在绝对的公平，追求公平原则也并不意味着绝对平均主义，对所有儿童提供统一模式、完全相同的学前教育服务在实践中更是有害而无益的。对不同适龄儿童群体差异化地提供他们所需要的、基本而有质量的学前教育，这反而是一种有效的公平。

三、研究问题与内容

（一）研究的问题

本研究以不同受教育群体的多元需求分析为起点，分析不同适龄儿童群体对学前教育服务的差异化需求以及相应对策，探讨"保基本、有质量"的学前教育多样化内涵；以不同儿童群体对学前教育服务的基本需求调查、不同地区学前托幼机构教育质量和幼儿发展水平测查为重点，探索针对不同适龄儿童群体、基于普惠性学前教育项目为核心的学前教育政策机制，为国家相关政策的制定提供科学依据和可行性建议，推进学前教育公平，提高学前教育质量，从而实现保障适龄儿童接受基本而有质量的学前教育。

（二）研究的内容

1. 多元需求背景下"保基本、有质量"的学前教育内涵研究

基于不同儿童群体的多元化需求的分析，探讨"保基本、有质量"的学前教育的基本特质与丰富内涵，形成课题研究的总体思路。

2. 不同儿童群体对学前教育服务的需求调查和对策研究

针对城市儿童、农村儿童、流动儿童、处境不利儿童（如家庭贫困儿童、残疾儿童等）等不同群体的儿童（兼顾东中西部的区域维度），特别是山、老、边、少、岛等特殊地区受教育群体，通过广泛调查，了解其经济结构、家庭结构、生活方式、居住环境等因素，对学前教育的基本需求和特殊需求，分析不同儿童群体接受学前教育的现状和存在问题，探讨相应的对策。

3. 不同区域学前教育事业发展和质量现状、问题和对策研究

我国幅员辽阔，人口、地域、文化多样性十分凸显，各地经济社会发展差异很大，学前教育发展面临的问题不尽相同。本课题通过对东中西部有代表性地区的广泛调查，了解各地学前教育事业发展现状与问题，分析其发展学前教育过程中面临的困难与挑战，探索破解对策。

4. 办学体制多元化背景下普惠性学前教育公共服务体系的构建与政策研究

在我国目前学前教育服务需求多元、办学体制多元、民办幼儿园为主体的背景下，普惠性学前教育服务不可能是单一的模式或者完全由某一种机构来提供。本研究力图探索不同办学性质的托幼机构提供普惠性学前教育服务的区别化政策和机制。

5. 我国学前教育质量现状、基本质量标准和评价工具研究

通过对全国各地学前教育机构的抽样调查和幼儿发展水平测查，了解我国学前教育机构的质量状况、生均成本和幼儿发展水平，深入分析学前教育机构结构性要素、过程性要素与幼儿发展的关系，寻找影响幼儿身心发展的关键变量，从而对"有质量"的学前教育做出科学的界定。在此基础上，制定不同类型托幼机构的基本质量标准，包括园舍场地标准、教玩具配备标准、保教人员素质标准、课程教学标准等。同时，研发适合我国国情、能够与国际接轨的托幼机构质量评价工具。

6. 基于普惠性学前教育项目的学前教育政策和机制研究

整合以上研究，探索针对不同适龄儿童群体、以普惠性学前教育项目方式运作的学前教育政策机制，包括学前教育机构的布局调整和资源配置、管理体制和责任分担机制、财政投入和成本分担机制、师资保障机制、质量监测和保障机制等，形成完整的政策框架和可行的决策咨询报告。

7. 学前教育政策与实践的国际比较研究

考察世界主要发达国家和发展中国家，了解其学前教育的性质、地位与年限，政府职责内容，各类学前教育项目、计划的管理、经费投入、资源配置、质量保障、监管措施等，为我国发展学前教育提供有益的启示。

四、研究的理论基础

（一）需求理论

《现代汉语词典》对"需求"的定义为：由需要而产生的要求，是个体在生长过程中对缺乏的又渴望能够得到的事物的一种心理反应活动①。人的需求是多方面的，如衣食住行需求、价值实现需求、娱乐需求等，在社会的不同发展阶段和人生的不同时期，人的需求的类型和结构也存在着差异。从马克思关于人的需求理论来看，人是自然存在、社会存在和精神存在的统一体，因此人具有自然需求、社会需求和精神需求。人的需求是行动、交往的初始动因，也是社会稳定、社会和谐的深层次动因，且主要通过"社会需求"实现深层次驱动。社会需求是社会发展过程中人们为满足其当下与未来发展需要，而在需求实践中形成的占主导地位的需求意识、需求关系。社会"公共需求"的满足程度是评价一个社会和谐的尺度②。

马克思政治经济学的需求理论既强调了需求的阶级性，又从商品的价值和使用价值进行分析需求。其微观经济学对"需求"的定义是，"家庭或厂商在一定价

---

① 社会科学院语言研究所词典编辑室. 现代汉语词典（汉英双语）[M]. 北京：外语教学与研究出版社，2002：2164.

② 鲍宗豪. 论马克思主义的社会需求理论[J]. 马克思主义研究，2008(9)：64-73.

格上所选择购买的物品或劳务的数量"①。也就是说，在一定的价格条件下，消费者对市场上所想选购的商品或劳务有购买能力需要，即消费者必须愿意购买并且具有一定的购买能力，才是"需求"，否则只是"欲望"或者"需要"。另外，该需求理论分析了影响需求的主观因素（消费者偏好、消费者预期）和客观因素（价格、消费者收入、代替品价格、人口、气候等）。从宏观经济学角度看，马克思认为，需求是指"有支付能力的、实现交换价值需求"②。凯恩斯在《就业、利息和货币通论》(1936)中提出有效需求理论，即商品的总供给价格和总需求价格达到均衡状态时的社会总需求③。

心理学家马斯洛(Abraham H. Maslow)在其《人类激励理论》(1943)中提出了人类的"需求层次理论"。认为人类的需求分为五个层次：生理需求、安全需求、归属与爱的需求、尊重需求和自我实现需求。生理需求是人们最基本的需求，如睡觉、吃饭；安全需求包括人身安全、职业安全、生活稳定等；归属与爱的需求，即社交需求，指个人对亲情、友情、爱情及其隶属关系的需求，渴望关怀、理解、信任、温暖，属于较高层次的需求；尊重需求是指自我尊重、自我评价及尊重别人，也包括获得他人对自己的认可和尊重；自我实现需求指能够充分发挥自己的潜能，实现自我价值，这是最高层次的需求，是一种创造的需要。这五种需求是人类基本的需求，一般而言，在满足了低层次的需求后往往会产生更高一级的需求。

综上所述，可以推知学前教育需求是指社会和个人对学前教育服务产品在有支付能力的基础上产生的要求或期望，它受社会和个人经济条件以及对学前教育的认知等因素影响。反过来，它会对学前教育机构的规模、学前教育资源的分布等产生影响。家长的学前教育需求一方面是家长对儿童的成长怀有期望的情况下，希望儿童在学前教育机构中得到某些方面、某种程度的发展；另一方面，家长背景因素、学前儿童自身特点不可避免地会影响家长对学前教育需求的选择。

（二）公平理论

《辞海》中对"公平"的解释为：作为一种道德要求和品质，指按照一定的社会标准（法律、道德、政策等）、正当的秩序合理地待人处事，是制度、系统、重要活动的重要道德性质。④ 公平一词在伦理学、政治学、哲学、经济学、社会学和教育学中都被作为重要的学术词语运用，其哲学意义研究可追溯到苏格拉底和柏

---

① Andreu Mas-Colell，Michael D Whinston，Jerry R.Green Microeconomic Theory［M］. Oxford：Oxford University Press，1995.
② 昝廷全．系统经济学探索［M］.北京：科学出版社，2004.
③ 凯恩斯．就业、利息和货币通论［M］.北京：北京出版社，2008.
④ 辞海编辑委员会．辞海(1999年版普及本)［M］.上海：上海辞书出版社，2002：1164.

拉图。学者李圣风将我国公平研究从政治学、经济学、社会学和心理学等角度作如下总结：一是制度的公正和平等，即制度或规则在制约对象上是否权利与义务对称，制度本身的配置是否合理完善，制度所提供的机会是否均等；二是收入分配规则的公正平等，即每个人的收入与投入的比例系数是否相等；三是社会公平，即社会成员的收入和待遇的合理性；四是一种主观感觉，即由个人的主观评价而产生的一种心理平衡。①

公平理论的研究多种多样，目前有马克思恩格斯的公平观、福利经济学的功利主义公平观、古典自由主义的收入公平观、罗尔斯的公平观、社会主义的公平观等。② 公平理论由霍曼斯(G C Homans,1961)首次提出，布兰进行增补并最终由亚当斯(J S Adams,1965)正式定型。其主要研究人的动机和知觉关系的一种激励理论，主要包括结果公平、程序公平和互动公平。美国学者劳勒(E E Lawler)提出的工作公平感综合模型，初步展示了形成个人分配公平感的人际比较的复杂性。在国外公平理论的基础上，国内学者从其在我国适用性的角度出发，通过一定的研究和探索，提出了个体公平理论和群体公平理论。个体公平理论包括公平的主观和客观标准，群体公平理论包括群体公平程度、群体公平的测量和实现。

西方学者从不同的视角提出了不同的教育公平观。瑞典教育家胡森把教育公平划分为保守主义阶段、自由主义阶段和教育机会均等阶段，重点指出教育起点均等、过程均等与结果均等。美国詹姆斯·科尔曼在《教育机会均等的概念》(1968)中提出了教育公平的四条标准：进入教育系统机会均等、参与教育机会均等、教育结果均等、教育对生活前景机会的影响均等，强调教育机会均等应关注学生的学业成就。美国斯坦福大学教授诺丁斯以关怀伦理学为基础，批判了现实中的教育不平等现象，提出了以尊重个体独特性、培养平等关系中的个体为主旨的教育公平理论。③ 美国南格尔把教育公平分为"消极公平"和"积极公平"；帕森斯认为教育公平是社会公平的基础，社会公平的实质是社会整合问题；哲学家罗尔斯提出补偿教育是实现社会平等的前提条件。我国学者路同、朱成娟认为，我国现阶段教育公平按教育过程应由四个方面构成：就学权利平等，就学机会平等，学生成绩机会均等，教育效果均等。④

人的个体差异性与生俱来，社会分工和社会阶层分化是人不同禀赋和努力程度的体现，是一种社会公平和教育公平，适应现实的差别性教育在开掘、发挥人

---

① 李圣风.公平与效率研究述评[J].经济问题,1995(3):2-7.

② 黄秀华.公平理论研究的历史、现状及当代价值[J].广西社会科学,2008(6):53-58.

③ 易红郡.西方教育公平理论的多元化分析[J].湖南师范大学教育科学学报,2010,9(4):5-9.

④ 路同,朱成娟.对教育公平理论的本源梳理及超越[J].辽宁教育行政学院学报,2007,24(11):43-46.

的个性和潜能中具有重要作用。否认这一点，就是否认人的自然属性的差别、否定社会分工的存在，其结果是导致教育的危机和社会的倒退。社会中不存在绝对的公平，追求公平原则也并不意味着绝对平均主义。在学前教育中，对所有儿童提供统一模式、完全相同的学前教育服务在实践中更是有害而无益的。对不同适龄儿童群体差异化地提供他们所需要的、基本而有质量的学前教育，这反而是一种有效的公平。

姚伟、邢春娥用公平的视角审视我国学前教育，发现相对于义务教育等其他阶段的教育，学前教育领域存在着更多、更严重的公平问题，如东部—中部—西部地区、城市和乡村、各托幼机构等均存在差异，呈现出严重的不公平现象。这些不公平导致学前儿童个体间发展的不平衡，影响儿童接受义务教育的质量，制约着全国学前教育事业的整体发展和国民教育质量的提高。姚伟等认为导致学前教育公平问题的根本原因主要有两个：一是实践层面，经济、政治、文化等多种因素制约并影响了学前教育事业的整体发展；二是理论观念层面，人们对学前教育公平认识不清，还没有深刻认识到学前教育公平的重要性。学前教育的伦理学公平即受教育权利公平，法学公平即机会与规则公平，经济学公平则是强调起点与结果公平的统一。欲实现学前教育的公平，需要政府的有效介入，通过采取相应的经济、法律与政策手段予以保障。[①]

（三）融合理论

"社会融合"作为一个社会政策概念起源于欧洲学者对社会排斥的研究。社会融合的理解大致有两种取向：一是把社会融合理解为一种人与社会的和谐状态，可称为社会融合状态；二是把社会融合理解为实现人与社会和谐的过程，可称为社会融合过程。结合这两种取向可揭示社会融合的内涵，即社会融合过程、社会融合状态两方面内容的统一体。社会融合是个体和个体间、不同群体或不同文化间互相配合、互相适应的过程，并以构筑良性和谐的社会为目标。综观国内外研究，社会融合理论可划分为一个基础和三个层次。

一个基础，即社会融合的基础理论：脆弱群体理论、社会分化理论、社会距离理论和社会排斥理论。

三个层次，即社会融合理论的宏观、中观和微观理论：一是社会融合的宏大叙事，这部分起源于迪尔凯姆的社会团结理论和马克思的社会共产思想，后被帕森斯、洛克伍德、哈贝马斯和吉登斯等演化为社会整合理论；二是社会融合的族群模式，这是社会融合概念较早使用的研究领域，主要用来研究外来群体与流入地当地居民之间的社会关系，包括克雷夫科尔的熔炉论、帕克的族群关系循环论和戈登的同化过程理论以及多元化模式；三是社会融合的心理建构，主要从微观

---

① 姚伟，邢春娥．学前教育公平的理论基础[J]．学前教育研究，2008(1)：15-19.

个体的心理层面研究社会融入和社会接纳，包括社会认同理论、自我认同理论和社会接纳理论。[①]

1. 社会融合国内研究现状

社会融合可分为四类：文化融合、交流融合、功能性融合和规范性融合。社会排斥理论作为社会融合研究的基础之一，贯穿于各类相关研究之中。社会融合的三种流派为：同化理论、多元理论与推拉理论。

(1)同化理论。该理论认为，社会融合是弱势群体被迫接受主流社会价值文化和生活方式的过程。主张同化论的研究侧重于对弱势群体（被融合群体）的行为研究；

(2)多元理论。该理论认为，社会融合是不同群体之间相互影响、相互适应，最终达到相互融合，所有社会成员享有平等的权利，它不以牺牲某个群体的文化为代价。主张多元论的研究则侧重于同时对各个群体的态度行为进行研究。

(3)推拉理论。该理论认为，在经济发展和人口能够自由迁移的情况下，迁移之所以发生，是因为人们可以通过在不同地方之间的流动去寻找改善自己生活条件的机会。

不同群体的社会融合，包括流动人口（农民工、流动儿童）和特殊儿童的社会融合。流动人口的定义是"居住本乡镇街道半年以上，户口在外乡镇街道"或者"在本乡镇街道居住不满半年，离开户口登记地半年以上"同时户口在"本县（市）其他乡镇街道"或"本省其他县（市）市区"或"省外"的人口。限制流动人口社会融合的制度因素主要有：户籍制度、就业制度、社会保障制度、土地流转制度，其中社会保障制度又包括住房、医疗、子女教育等。

流动人口社会融合的分析维度，国内学者大多认为应从经济、社会、心理三层面研究流动人口融合的现状，且三者之间并不是互相独立的，而是存在着密切的联系。也有学者认为应从经济、政治、社会、文化或者心理四个层面进行研究，且这四个层面间也是存在递进性。王春光在借鉴美国学者米斯科尔研究成果的基础上，提出半城市化的概念。半城市化是没有在系统、社会、心理三个层面上实现完全嵌入的状态。而对流动人口融合的制约机制的研究上，绝大多数学者认同城乡分割的二元户籍管理制度是其主要因素。

2. 社会融合国外研究现状

国外学者关于社会融合的研究大多偏重于对社会融合概念的界定及其相关理论研究。随后出现的一部分实证研究往往偏重于考察对行为等客观指标的度量。当前，国外对于社会融合问题的研究大致可分为：移民的社会融合研究、社会融合的影响作用、社会融合的影响因素研究等。

---

① 黄匡时，嘎日达. 社会融合理论研究综述[J]. 新视野，2010(6)：86-88.

（四）代际理论

一提到"代"，人们首先想到的就是年龄层（或年龄周期、年龄段），即"代"首先是一个自然（即年龄或生理）范畴，具有自然属性。而现代社会，人们已经倾向以社会文化标准来划"代"，即赋予"代"以社会文化属性，即一代人区别于另一代人的实质性内容，是其社会文化特质而不是其自然属性。

1. 代沟现象的社会学研究

"代沟"的英文为"generation gap"，既可译为代际差异，代际隔阂，又可译为代际冲突。周怡在《代沟现象的社会学研究》中认为代沟是指由于时代和环境条件的急剧变化、基本社会化的进程发生中断或模式发生转型，而导致不同代之间在社会的拥有方面以及价值观念、行为取向的选择方面所出现的差异、隔阂及冲突的社会现象。[①] 代沟的划分标准主要分为两类：一类是客观特征，如生理年龄、子女数等；另一类是主观特征，包括心理年龄、心态、文化等。[②]

代沟的产生原因。李迎生在《关于"代沟"的社会学思考》中归纳得比较全面，他认为代沟的产生和存在有四方面的原因。首先，代沟的产生和存在是社会发展和变迁的加速在代际关系上的必然反映；其次，传统社会与现代社会在社会化的内容、方式和结构上的差异，也是现代社会代沟现象得以存在的重要原因；再次，代沟反映了代际之间利益的差异和冲突；最后，代沟的存在还有着生理、心理方面的原因。

代沟的表现。周怡认为代沟现象包括拥有性代沟和选择性代沟两个方面的表现。刘少蕾在《新的代沟》中认为代沟主要表现在三个方面：两代人社会文化环境、两代人的价值观念和两代人的行为方式。

关于代沟的特征，周怡通过实证研究指出代沟现象具有六个方面的特征。第一，肯定的社会价值（文化程度高、职业地位高、家庭背景好、收入高）与对代沟现象持理解、认可态度有正相关关系；第二，年龄差距越大，文化程度相距越远，代沟现象越明显；第三，代沟主体的非对称性；第四，中庸的民族性格对中国的代沟现象起着一定的调节作用；第五，社会中不同代之间的代沟现象与个体人格转型中的边际现象相交织；第六，在不同代人的对立中，青年一代开始在文化方面占优势，具体表现为文化反哺现象的出现。[③]

2. 中国家庭的代际关系

家庭代际关系的核心是亲子关系。而亲子关系的形成，离不开两个家庭的成

---

① 周怡. 代沟现象的社会学研究[J]. 社会学研究，1994(4)：67-79.

② 沈汝发. 我国"代际关系"研究述评[J]. 河北职业技术师范学院学报（社会科学版），2002，1(1)：13-21.

③ 周怡. 代沟现象的社会学研究[J]. 社会学研究，1994(4)：67-79.

员缔结婚姻所形成的夫妇关系。代际关系是不同代际成员之间的双向关系。代际关系主要内容体现在三个方面：一是经济支持，二是生活照料，三是情感交流。在迄今为止的家庭代际关系模式或理论中，最有代表性的有三种：（1）抚养—赡养模式；（2）代际交换模式；（3）抚育—赡养关系和交换关系的结合。家庭代际关系的层次分为三个层次：第一个层次为经济支持、生活照料和情感交流三者合一，形成黏着型代际关系；第二个层次为代际成员之间经济彼此独立，只是其中老年一代在丧失生活自理能力的较短暂时期需要子代照料。这种关系属若即若离型代际关系，或松弛型代际关系；第三个层次为代际之间以情感交流关系为主，彼此经济上有高度独立，生活照料依靠社会机构为主、家庭成员为辅。[①]

3. 教育与代际流动

代际流动是指子代社会成员转移到与父代不一致的另一社会地位的一种现象。代际流动一般有两个基本类型：先赋性规则和后致性规则。按照现代化理论的逻辑，先赋性规则往往以传统的农业主导的社会、经济和政治构造为基础，在这种规则下，个人社会地位的获得主要取决于其与生俱来的社会属性，即家庭背景。相比之下，后致性规则更多地以市场化和工业化主导的社会、经济和政治构造为基础，在这种规则下，个人社会地位的获得更多地取决于其后天的能力和努力，如个人的受教育程度等。[②] 当然，这两种原则在一个社会中并非在唱独角戏。在传统社会中，先赋性规则是其主要的社会流动规则，但后致性规则也会对代际流动有一定的促进作用；同样，在现代社会中，后致性规则是其主要的代际流动规则，但先赋性规则仍然会对代际流动有一定的阻碍作用，有时这种阻碍作用甚至比后致性规则的促进作用还要强，一旦这种现象持续时间过长，合理的代际流动机制就会被破坏，社会矛盾容易被激化，整个社会将难以和谐。

（五）质量约束理论

质量是表征事物满足特定需要的能力的特性总和。质量概念既可以用来描述产品、服务和活动，也可以用来对过程、人员、组织乃至它们的结合进行描述。从质量概念的规定性来看，早期的一种颇有影响的观点认为，质量意味着对于规格或要求的符合。这种"合格即质量"的认识对于质量管理的具体工作显然是很实用的，但其局限性也是显而易见的。仅仅强调规格，难免会忽略顾客、忽略顾客的需要、忽略企业存在的真正目的和使命。美国质量管理专家ＪＭ朱兰博士从顾客的角度出发，提出了著名的"适用性"（Fitness for Use）观点。他指出"适用性"

---

① 王跃生．中国家庭代际关系的理论分析［J］．人口研究，2008，32（4）：103-108．
② 陆学艺．当代中国社会流动［M］．北京：社会科学文献出版社，2004：25．

就是产品使用过程中成功地满足顾客要求的程度。[①] 国际标准化组织将质量定义为"反映实体(Entity)满足明确或隐含需要能力的特性总和"。质量是实体客观特性和主体需要的统一体。由此,学前教育质量可以定义为学前教育组织满足受教育主体需要能力的特性总和。

评价是提高幼儿园教育质量的有效途径。国际儿童教育协会提出了学前教育质量的 7 个维度:理念和目标、高质量的自然环境、发展适宜的和有效的教育学和课程、对于儿童基本和特殊需求的关注、对家庭和社区的尊重、专业的教职工、严格的项目评估。[②] 1984 年,美国幼儿教育协会(NAEYC)颁布高质量的托幼机构认证标准(1991 年重新修订),即能够满足所有参与幼教机构的幼儿及成人(包括家长、工作人员及管理人员)的身体、社会性、情感和认知的需要,促进他们在这些方面的发展,使幼儿成为一名健康、聪明和有贡献的社会成员。[③] 国外关于早期教育质量测量的方法大多集中在环境上,该测量方法可以表明对儿童发展是有益的环境,使用最广泛的是《托幼机构环境评价量表》(the Early Childhood Environment Rating Scales,ECERS;Harms & Clifford,1980)。该量表主要从日常生活护理、家具与设备、语言/推理经验、大/小肌肉活动、创造性活动/社会发展、成人的需要等七个方面考察托幼机构的环境。另外,国外关于教育结构性质量的研究主要集中在教师培训、师幼比、强度和持续时间等几方面。

我国学者刘焱认为托幼机构教育质量评价标准通常由以下四类标准构成:从业人员素质标准(包括就业资格、专业经验等)、工作人员职责标准(包括一日生活的各个环节中教师应该怎么做等)、效率标准(主要对场地、设备、器械的使用率及合理利用的情况等)、效果标准(包括儿童发展、为家长服务、儿童入学适用情况等)。[④] 刘丽湘认为幼儿园教育质量评价标准应定位在标志幼儿园发展水平的四大要素上:环境、幼儿、教师、家长。[⑤] 中国 IEA 学前项目初步探讨了结构变量和过程变量对儿童学习和发展的影响。其中,主要过程变量包括:教师教育行为质量(教师对儿童活动的安排、教师的指导行为)、幼儿发展质量(儿童活动

---

① 陈佳贵.企业管理学大辞典[M].北京:经济科学出版社,2000:423-424.

② Jalongo M R,Fennimore B S,Pattnaik J,et al. Blended perspectives:A global vision for high-quality early childhood education[J]. Early Childhood Education Journal,2004,32(3):143-155.

③ 李卓.国内外幼儿园办园标准与评估体系研究综述[J].吉林省教育学院学报,2009(1):13-14.

④ 刘焱.试论托幼机构教育质量评价的几个问题[J].学前教育研究,1998(3):14-17.

⑤ 刘丽湘.当前我国幼儿园教育质量评价工作的误区及调整策略[J].学前教育研究,2006(7-8):85-87.

的内容、参与活动的程度、儿童发展水平）；结构变量包括：幼儿园环境变量（设备设施、机构的管理、机构的服务、教师的特征、班级的特征、家长工作）、幼儿家庭环境变量（人口现状、父母情况、婚姻状况、设施与经济状况、父母的教育观念与行为）。① 由刘焱和潘月娟编制的《幼儿园教育环境质量评价量表》是一份幼儿园教育环境质量评价表，该量表包含物质环境创设、人际互动、生活活动和课程4个领域，共25个项目，对幼儿园的环境质量进行5级划分。② 整体上，对于托幼机构的教育质量，我国的研究者普遍从过程性质量、结构性质量和结果质量三方面研究。而对于结构性质量的研究涉及师幼比、园长和教师的专业素养、班级活动室面积等几方面。

　　以上学前教育的评价标准与测量方法的研究，为学前教育质量约束提供了一定的参考依据。进一步总结发现，国内学者在学前教育质量测评标准上基本达成共识，即学前教育质量包括结构性质量（班级规模、师生比、教师资质）、过程性质量（互动、关系、课程）和结果质量（儿童的学习和发展结果）三个维度。关于"约束"，指纪律、法规、制度等对人的限制，一般是正当的和必要的，可以是外来制约，也可以是自己对自己。③ 质量约束，是指从质量的规格标准等对该项内容的限制和制约。由此推之，学前教育质量约束，是指从学前教育质量的规格标准对学前教育机构或组织团体的限制和制约。

五、相关研究现状

（一）国外研究现状

　　自第二次世界大战以来，世界上主要发达国家越来越重视儿童早期教育，推出了多项针对不同目标儿童群体的学前教育发展计划和项目，这也成为世界各国学前教育政策发展的重要趋势。1965年，美国联邦政府推出了针对高危儿童及其家庭的早期教育综合服务项目"开端计划"（Head Start Program），目标群体是家庭贫困儿童、流动儿童、残疾儿童等，服务内容包括早期教育、健康、营养、父母教育和家庭支持等，一直持续至今，产生了世界性的影响。美国联邦政府每年为"开端计划"投入70多亿美元、服务于110多万名处境不利儿童。"开端计划"之后，美国联邦和州政府陆续推出了针对处境不利儿童入小学到三年级的"坚持到底计划"（Follow Through）、针对残障儿童的"全纳教育计划"等。在美国的影响下，澳大利亚政府也推出了类似的"开端计划"；英国政府于1995年推出了

---

① 刘占兰. 中国幼儿园教育质量评价[M]. 北京：教育科学出版社，2011：7.

② 刘焱，潘月娟.《幼儿园教育环境质量评价量表》的特点、结构和信效度检验[J]. 学前教育研究，2008(6)：60-64.

③ 贺国伟. 现代汉语同义词典[M]. 上海：上海辞书出版社，2009.

"幼儿教育券计划",为每位 4 岁儿童发放每年 1100 英镑的幼儿教育券,旨在提高 4 岁儿童的入园率;1998 年,又推出了针对处境不利儿童的补偿性教育项目"确保开端计划"(Sure Start Program)。日本政府除了推出处境不利儿童的早期补偿教育项目,还分别于 1964 年、1971 年和 1991 年推出了三个"幼儿教育振兴计划",分别针对 5 岁、4 岁、3 岁儿童入园问题出台了一系列政策,不断加大财政投入力度。北欧的高福利国家更是实施了各类名目的早期保教服务项目,为不同群体的儿童及其家庭服务。在发展中国家,印度 1975 年推出了 ICDS 儿童早期教育综合服务项目,为处境不利儿童、孕妇、哺乳期的母亲以及辍学的青春期少女提供服务,已使千百万儿童受益,为维护印度的社会稳定做出了积极的贡献。

与此相适应,20 世纪 60 年代以来,围绕这些幼儿教育项目产生了大量研究成果。这些研究以实证性范式为主,对以下主题进行了探索。

1. 幼儿教育项目的财政投入

Washington 等对美国"开端计划"项目的财政投入进行了研究,Richardson 等对美国儿童营养与 WIC 项目进行了研究。Blau 对美国现行的几种幼儿教育财政政策进行了介绍和分析,并由此提出对美国幼儿教育公平的忧虑。[①] 兰德尔(Vicky Randall)对英国"确保开端计划"的财政投入问题进行了深入研究,并对英国的幼儿教育和儿童福利政策进行了分析。另外,斯帕克斯和韦斯特对英国 1996~1997 年的幼儿教育券政策的执行情况进行了分析,认为这一政策基本失败,加剧了幼儿教育机构间的不公平竞争,背离了预期目标。但德怀尔却认为,教育券政策是以儿童为中心的政策,无论是从儿童权利、道德、种族,还是教育公平的角度看,这一政策都是可行的。

2. 幼儿教育项目的效果—效益研究

自 20 世纪六七十年代开始,不断有学者对"提前开始"和"追随到底"等早期教育干预项目进行评估,关注这些项目的效果与效益。对效果的关注推动美国学者着重探讨了不同质量水平的托幼机构教育对儿童和社会的作用结果;对效益的追求促使有关研究重点分析了在托幼机构教育上的投入与质量之间的关系。最早的学前教育投资效益和效率研究开始于 20 世纪六七十年代,如佩里幼儿学校研究(High/ScopePerry Preschool Study)和启蒙项目(Abecedarian Project)等进行了早期教育项目的长效分析和投资—效益分析。最近,佩里幼儿学校研究项目已经对当年的儿童持续跟踪到 40 岁,证明了针对处境不利儿童的早期干预具有持续

---

① Blau D M. The production of quality in child-care centers:Another look[J]. Applied Developmental Science,2000,4(3):136-147.

终身的积极影响和良好的投资—效益比。[①] 另外两项大型研究"费用、质量与儿童结果"（Cost，Quality，and ChildOutcomes in Child Care Centers Study）和"家庭托儿服务的经济学分析"（Economics of Family Child CareStudy）也描述了托幼机构和家庭提供的儿童照料项目的费用与质量的关系。

3. 幼儿教育方案与幼儿发展的关系

许多研究对为处境不利儿童提供的公共学前教育项目的短期效果进行研究，结果显示，这样的教育方案对儿童在学前期内的知识、社会性和情绪情感的发展产生了有意义的成果；而长期的追踪研究结果显示，虽然这些方案对儿童智商的影响作用会随时间而减弱，但是会对儿童未来的学习和事业成就产生长期的积极影响。在对全纳教育方案 56 项研究的回顾中，Mclean 和 Cripe 得出结论：对这些儿童的早期干预是有效果的，并且要比在他们成年后进行干预有效得多；他们的研究还进一步揭示了有效的全纳教育方案的特征。大量研究揭示了优秀的早期教育方案的共同结构性特征：适宜的班级规模和师幼比、家长的参与、教师的专业化程度和教师的稳定性。

4. 托幼机构质量评价

20 世纪 60 年代以来，国外（尤其是美国）关于托幼机构教育质量研究逐渐深入，对诸多问题进行了探讨。大量研究表明，很难确定地说任何一种儿童保育的特定形式是优越的。因此，重要的是，社会需要提供一系列的选择供家长挑选，以便他们可以根据孩子的年龄、个人风格、家庭的经济社会条件，以及所持的价值和态度来选择最适合他们孩子的保育模式。[②] 在托幼机构教育质量评价观念上，强调对托幼机构的评价必须放在整个社会化的生态关系背景中进行，强调对早期教育方案的质量进行多角度的审视和评价；研究范式从条件—结果模式逐渐转向生态模式[③]，研究设计从考察短期效果的简单横断研究转向分析长期效果的复杂的长期追踪研究。[④] 总之，过去几十年的研究结果表明，在高质量托幼机构教育所包含的成分方面，专家之间已经达成了实质性的一致；研究者们区分了质量的过程性指标和结构性指标，并且大量有着实质性证据的研究证明：结构性的

---

① Schweinhart L J, et al. Life time effects：The High Scope Perry Preschool Study through Age 40[M]. Ypsilanti，MI：High Scope Rress，2005.

② 戴蒙，勒纳，林崇德，李其维，董奇. 儿童心理学手册 第 1 卷（上）[M]. 上海：华东师范大学出版社，2009：88.

③ Phillips D，Mekos D，Scarr S，McCartney K & Abbott-Shim M. Within and beyond the Classroom Door：Assessing Quality in Child Care Centers[J]. Early Childhood Research Quarterly，2000，15：475-496.

④ Miller L B & Bizzell R P. Long-term Effects of Four Preschool Programs：Ninth and Tenth Grade Results[J]. Child Development，1984，55：1570-1587.

质量与过程性的质量之间是存在着内在的相互关系的。① 目前，在世界范围内应用较为广泛的测量工具是美国 Harms 等编制的《幼儿学习环境评价量表》(修订版)(ECERS-R)(Harms，Clifford & Cryer，1998)，实践证明其信度和效度并没有因为文化差异而受到太大影响。② 另外，美国幼儿教育协会编制的"高质量早期教育机构认证标准"(NAEYC，2007)，以及 Abbott-Shim 等编制的"儿童早期教育方案评估测量图"(APPECP)，Hyson 等编制的"课堂实践量表"(CPI)等托幼机构评价工具也在不同范围内被使用。③

由上可见，国外的幼儿教育政策研究大多是以国家或地区性的学前教育项目为对象的，这些项目大都是以某类目标儿童群体为服务对象的。大量研究对这些项目的财政投入、成本—效益(投资—回报)、方案质量与儿童发展的关系、托幼机构或方案的质量评价等问题进行了深入探讨。

(二)国内研究现状

1. 对国外政策的介绍与分析

有学者通过对美国联邦学前教育投入的介绍与分析指出我们应高度重视学前教育的价值，加大对学前教育的投入。④ 有学者比较了不同国家的义务教育年限，探讨了在我国延长义务教育年限的可能性。⑤ 中国学前教育发展战略研究课题组对不同国家学前教育的性质地位、管理体制、办学体制、托幼机构形式、财政投入、师资建设等问题进行了较为系统的研究。这类研究虽然能够为我们提供国外相关政策信息，但对于我国如何保障适龄儿童接受基本而有质量的学前教育问题尚不能提供具体的参考信息。

2. 关于学前教育宏观政策和发展战略研究

近年来，关于学前教育宏观政策与发展战略的研究成为学前教育研究领域的热点，相关成果非常丰富。总体来看，学者们大都强调了政府在发展学前教育事业中应当承担责任⑥，呼吁进行学前教育立法⑦，强调政府应加大学前教育财政

① 戴蒙，勒纳，林崇德，李其维，董奇. 儿童心理学手册 第 1 卷(上)[M]. 上海：华东师范大学出版社，2009：1091.

② 郭李宗文，陈淑芳，译. 幼儿学习环境评价量表(修订版)(ECERS-R)[M]. 台北：心理出版社股份有限公司，2006.

③ Hyson M D, Hirsh-Pase K & Roscorlal. The classroom practices inventory：An observation instrument based on NAEYC's guideline development ally appropriate practice for 4 and 5-year-old children[J]. Early Childhood Research Quarterly，1990(5)：475-594.

④ 沙莉，庞丽娟，刘小蕊. 通过立法强化政府在学前教育事业发展中的职责——美国的经验及其对我国的启示[J]. 学前教育研究，2007(2)：3-9.

⑤ 文东茅. 中美著名大学规模与结构的比较[J]. 中国高教研究，2002(6)：46-47.

⑥ 虞永平. 试论政府在幼儿教育发展中的作用[J]. 学前教育研究，2007(1)：3-6.

⑦ 庞丽娟. 加快学前教育的发展与普及[J]. 教育研究，2009(5)：28-30.

投入力度①，甚至兴起了一场"学前教育是否应纳入义务教育"的大讨论②。庞丽娟对改革开放 30 年来我国学前教育事业发展与政策变迁进行了回顾与梳理，对政府职能转变和学前教育财政体制改革面临的问题与可能的选择进行了研究③。中国学前教育发展战略研究课题组近两年来对我国学前教育的发展战略进行了大规模研究，可以说是该类研究的集中代表。课题组通过对 1978 年以来相关政策文献的梳理，对 15 个省市的 30 个区县的大规模实地调研，以及国际比较研究，对我国学前教育的性质地位做出了基本判断，分析了我国学前教育事业发展面临的主要问题，借鉴国际经验，提出加快学前教育发展的政策思路，如坚持政府主导，建立健全事业发展与质量保障机制，规范幼儿园收费，加快普及农村教育，增加经费投入、调整分配格局，稳定教师队伍等。这些研究对于本课题能够提供有益的参考，但是由于其自上而下的总体式思维，分析不够细致和深入，所提出的政策性建议缺乏可操作性，无法针对保障不同儿童群体接受基本而有质量的学前教育问题寻找出有效的破解之策。

3. 关于不同儿童群体学前教育现状、问题及对策的研究

陈敏情、冯晓霞等对不同家庭背景的儿童的入学准备差异进行了比较研究，结果发现，家庭社会经济地位优越的儿童在多个方面的准备水平都要优于家庭社会经济地位低的儿童④。王青则通过个案或调查研究等方法，探讨了农村留守儿童学前教育的问题⑤。近年来，李敏、卢伟等也从不同角度揭示了流动儿童学前教育的状况和问题⑥⑦。郑名、史大胜等则探讨了少数民族儿童学前教育的困境与对策⑧⑨⑩。但由于缺乏大规模的针对不同儿童群体及其家庭的实证性调查，这些研究无法形成系统性、深层次的理性分析。

---

① 蔡迎旗，冯晓霞. 论中国幼儿教育财政投资体制的重构[J]. 教育研究与实验，2006(2)：21-24.

② 曾晓东. 发展早期教育如何把握国外经验[N]. 中国教育报，2009-11-15(003).

③ 庞丽娟. 加快学前教育的发展与普及[J]. 教育研究，2009(5)：28-30.

④ 陈敏情，冯晓霞，肖树娟等. 不同社会经济地位家庭儿童的入学语言准备状况比较[J]. 学前教育研究，2009(4)：3-9.

⑤ 王青. 农村"留守幼儿"生存与发展问题初探——以湖北省浠水县兰溪镇为例[J]. 学前教育研究，2007(6)：8-11.

⑥ 李敏，卢伟. 成都市流动人口子女学前教育现状调查[J]. 调查研究，2008(9)：34-36.

⑦ 徐微，任华，李艾纹. 流动学前儿童教育过程公平现状及其改进对策[J]. 学前教育研究，2010(11)：32-36.

⑧ 郑名. 在民族地区应率先实施免费学前一年教育[J]. 中国民族教育，2009(6)：9-10.

⑨ 史大胜. 教育公平视角下的少数民族幼儿教育[J]. 中央民族大学学报，2010，37(4)：128-131.

⑩ 唐淑. 中国农村幼儿教育的发展与改革[J]. 事业发展与管理，2005(6)：38-40.

4. 关于不同区域学前教育现状、问题及对策的研究

从城乡维度来看，农村学前教育问题得到了较多的关注，大量研究揭示了农村学前教育的现状、落后的原因、政府应采取的对策等。张凯则探讨了城市学前教育面临的问题与对策①。从东中西部的维度，较多的目光投向了中西部地区，周芬芬、阎晗、陈红梅、卢飒等对中西部地区学前教育的现状、困境、原因与对策等进行了不同侧面的探讨②③④。但这些研究大多为思辨性研究或简单调查研究，同样无法得出有力的结论。

5. 关于学前教育质量评价问题的研究

20 世纪 80 年代末以来，有关托幼机构教育质量评价的研究在国内逐渐兴起。研究者们对托幼机构教育质量评价的概念、价值取向、标准编制、我国幼儿园评估现状及问题等进行了探讨⑤⑥⑦⑧。在评价工具研究方面，多位研究者对国外的托幼机构评价标准和工具进行引介和评述⑨⑩。胡碧颖运用 ECERS-R 在中国初步试测并进行了相关分析⑪。刘焱、潘月娟借鉴 ECERS-R 等量表的结构形式，编制了《幼儿园教育环境质量评价量表》⑫。这应该说是中国托幼机构评价量表研发的难能可贵的初步尝试。

6. 关于普惠性学前教育的研究

发展普惠性学前教育在我国受到越来越多的重视，且其成为今后的重点发展

① 张凯．中国城市学前教育资源失衡问题的经济学分析——以大连为例[J]．辽宁经济职业技术学院学报，2007(2)：55-56.

② 周芬芬．西部农村学前教育发展的困境与突围[J]．事业发展与管理，2006(12)：35-38.

③ 阎晗．西部农村地区学前教育经费短缺的原因及对策分析[J]．当代教育论坛，2008(11)：19-21.

④ 陈红梅，卢飒．当前中部地区学前教育可持续发展存在的问题及策略选择的建议——基于对武汉市学前教育事业的考察[J]．当代学前教育，2010(1)：31-35.

⑤ 刘焱．试论托幼机构教育质量评价的几个问题[J]．学前教育研究，1998(3)：14-17.

⑥ 周欣．托幼机构教育质量的内涵及其对儿童发展的影响[J]．学前教育研究，2003(7-8)：34-38.

⑦ 苏贵民，徐宇．界定早期教育质量必须考虑的三个维度[J]．学前教育研究，2010(9)：22-24.

⑧ 朱家雄，张婕．教育公平一个不容回避的学前教育问题[J]．教育导刊(幼儿教育)，2006(2)：25-27.

⑨ 郑晓边．学前教育机构环境质量评价——Harms-Clifford 环境评价介绍[J]．教育研究与实验，1988(4)：40-42.

⑩ 刘霞．托幼机构教育质量评价概念辨析[J]．学前教育研究，2004(5)：5-7.

⑪ 胡碧颖．幼儿园学习环境质量评估对全纳教育的启示[J]．中国特殊教育，2010(9)：9-16.

⑫ 刘焱，潘月娟．《幼儿园教育环境质量评价量表》的特点、结构和信效度检验[J]．学前教育研究，2008(6)：60-64.

方向。学者们先对学前教育普惠性的内涵和概念进行了深入的分析[①][②][③]，对普惠性幼儿园的定义和特征进行了研究，探讨实施学前教育普惠性的原因、措施与策略[④]，分析发展普惠性学前教育的价值与功能[⑤]，探讨学前教育普惠性视角下的财政投入模式[⑥]，研究学前教育普惠性与立法[⑦]，同时学习发达国家普惠性学前教育。虽然这些研究促进了普惠性学前教育的发展，但是整体在普惠性学前教育的政策机制上缺乏研究。

总结上述研究可以看出，国内相关研究虽多但基本停留在宏观研究的层面上，研究方法范式相对陈旧，大量研究仅能得出类似的空泛结论，无法真正回答如何建立科学有效的政策机制以保障我国适龄儿童接受基本而有质量的学前教育这一重大理论和实践问题。

六、研究程序与方法

（一）研究技术路线：群体细分、多层分析；从微观到宏观

1. 群体细分、多层分析

本研究把"适龄儿童"划分为农村儿童、城市儿童、流动儿童、处境不利儿童等，再根据区域分布、地区经济社会发展水平以及其他显著特征进行进一步群体细分，通过大规模调查以及对调查结果数据的多层分析，揭示深层问题，探寻破解之策。

2. 从微观到宏观

从不同儿童群体对学前教育服务基本需求的微观调查分析、不同地区样本的学前教育事业发展现状的调查分析，到国家宏观的学前教育政策机制研究；从各地学前教育质量评估和幼儿发展水平测查，到国家的托幼机构基本质量标准、评价工具、质量保障机制的探讨。

---

① 王海英. 学前教育不公平的社会表现、产生机制及其解决的可能途径[J]. 学前教育研究，2011(8)：10-16.

② 郑子莹. 我国学前教育普惠性概念的建构及政府责任[J]. 四川教育学院学报，2012(11)：22-27.

③ 冯晓霞，蔡迎旗，严冷. 世界幼教事业发展趋势：国家财政支持幼儿教育[J]. 学前教育研究，2007(5)：34-39.

④ 汪溢，郑春梅. 关于学前教育的普惠性思考与研究[J]. 电大理工，2012(4)：43-44.

⑤ 秦旭芳，王默. 普惠性幼儿园的内涵、衡量标准及其政策建议[J]. 学前教育研究，2012(7)：34-37.

⑥ 吕苹，付欣悦. 普惠性幼儿教育机构发展现状及其分析：非营利组织的视角[J]. 教育发展研究，2013(6)：47-51.

⑦ 庞丽娟. 妥善解决农村代课教师问题[J]. 教育研究，2007(9)：61-62.

研究总体思路如图所示：

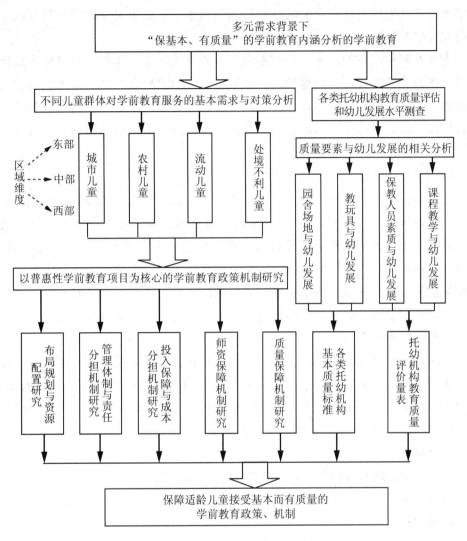

图 1　研究总体思路图

（二）研究方法

本课题采用以实证研究为主的整合研究范式，具体研究方法包括以下六种。

1. 文献分析

一是选择学前教育发展水平较高、不同模式的几个发达国家和发展中国家，对其学前教育政策与实践进行国际比较研究，探讨对我国的可借鉴价值；二是对近些年来我国学前教育教育政策和相关研究进行梳理和分析，为后续研究和将来的政策设计奠定基础。

2. 调查分析

在我国东中西部地区选取有代表性的省市，并在各省市选择有代表性的城市、县镇和农村，通过问卷调查，了解不同儿童群体的家庭生活模式、对学前教育的基本需求、接受学前教育的状况，分析其现状、问题和对策；了解不同区域学前教育事业发展现状、面临的特殊问题和困难，从而为宏观的学前教育政策机制研究提供基础数据。

为弥补问卷调查的不足，获取更为丰富的质性信息，我们还将对样本地区的不同群体的儿童家长进行抽样访谈，了解他们对学前教育服务的需求、面临的独特困难、意见和建议；对教育行政部门、学前教育机构负责人、教师等相关人员进行抽样访谈，了解当地学前教育的状况、面临的具体困难和问题，了解他（她）们的观点、需求、意见和建议。

3. 测量工具研制

在对国内外托幼机构评价工具进行整合研究的基础上，编制《中国托幼机构教育质量评价量表》(试用版)，在对试用版量表的信度、效度进行反复检验的基础上，对量表评价项目和指标进行适当调整，进一步完善该量表。运用该量表，通过现场观察测量，对抽样地区样本学前教育机构进行大面积的质量评估，了解各地学前教育机构的教育质量状况，分析机构质量、幼儿发展之间的关系及其影响要素；在此基础上制定我国不同类型学前教育机构的基本质量标准。

4. 数据结构分析

本研究采用多层动态分析、多层结构方程分析等统计技术，在样本地区和样本群体中不同的学前教育需求对象、不同的学前教育机构类型，进行投入模式、托幼机构教育质量、幼儿发展水平间的多层次、多关系分析，以揭示"保基本、有质量"背景下多种办园模式的政策、体制特征。

5. 个案分析

对调查中发现的典型性个案(不同群体的儿童及其家庭个案、县区个案、学前教育机构个案等)，进行深入、细致的挖掘，剖析其内在的机理，探索一般性规律。

6. 局部试验

采用行动研究策略在院地合作的多个县、市、区先行先试，根据模型数据拟合，结合个案具体分析，选择切合的质量模型，开展体制、机制试验，并对所辖幼儿园教育质量动态监测，进一步验证模型、修正各约束条件，提出进一步完善的方案。

初步抽样设计：

1. 地区抽样：东中西部各抽 3 个省(市、自治区)，考虑经济社会发展水平，高、中、低各 1 个；每个省按经济社会发展水平再抽 3 个地市，高、中、低各 1 个；每个地市抽有代表性的区和县各 1 个。这样，一个省共抽样 6 个县区。【按地区性质，抽样地区可进一步划分为：城区、县城、乡镇、村 4 类地区。】

2. 托幼机构(幼儿园)抽样：每类地区根据本地托幼机构的等级情况，高、中、低各 1 所；抽样时，同时兼顾考虑托幼机构的性质(教育部门办、其他部门办、企事业单位办、集体办、民办等)和儿童人口分布，确定不同类型机构的抽样数量；抽样时需根据当地情况保持适度灵活性，但应尽量保证抽样能够代表本地学前教育的实际情况。

这样，一个省共抽样36所托幼机构。

3. 班级抽样：每所托幼机构（幼儿园）按照年龄班抽样，小、中、大各1个（如果该机构有托班，也抽样1个）。【如果每个年龄班数量有2个以上，由测查人员现场随机抽样；如果每个年龄班级数量仅有1个，或者所有班级数少于3个，则全部抽样。】

4. 适龄儿童抽样：每个抽样班级随机抽取10名幼儿进行发展水平测查。

5. 问卷调查对象的相关人员抽样：

（1）行政、教研人员：每个样本地区的幼教干部、教研员各1名【这类人员，一个乡镇一般只有1个，行政、教研职能合一；村一级基本没有。】；

（2）园长、教师：每个样本机构的1名园长、6名教师【抽样班级的教师。】；

（3）家长：每个样本机构抽取30名家长。【另外，在调研的过程中随机进行访谈，每个样本县区访谈对象数量在5人左右（每类人员至少1名），每个地市10人，每个省30人，9省区共计270人左右。】

6. 省内具体抽样情况表：

表1 省内具体抽样情况表

| 省 | 地市 | 县区 | 地区性质 | 托幼机构抽样（等级） | | | 每个机构班级抽样 | | | 班级数量合计 | 幼儿数量 | 相关人员数量 |
				高	中	低	小班	中班	大班			
A省	地市1（高）	区	城区	1	1	1	1	1	1	9	90	113
		县	县城	1	1	1	1	1	1	9	90	113
			乡镇	1	1	1	1	1	1	9	90	114
			村	1	1	1	1	1	1	9	90	111
	地市2（中）	区	城区	1	1	1	1	1	1	9	90	113
		县	县城	1	1	1	1	1	1	9	90	113
			乡镇	1	1	1	1	1	1	9	90	114
			村	1	1	1	1	1	1	9	90	111
	地市3（低）	区	城区	1	1	1	1	1	1	9	90	113
		县	县城	1	1	1	1	1	1	9	90	113
			乡镇	1	1	1	1	1	1	9	90	114
			村	1	1	1	1	1	1	9	90	111
合计	3	6	—	36			—			108	1080	1353

7. 数量合计：

(1)9省区的样本县区的总量，理论值应为：$6 \times 9 = 54$

(2)9省区的样本托幼机构的总量，理论值应为：$36 \times 9 = 324$

(4)9省区的抽样幼儿班级的总量，理论值应为：$108 \times 9 = 972$

(5)9省区的抽样幼儿的总量，理论值应为：$1080 \times 9 = 9720$

(6)9省区的抽样人员的总量，理论值应为：$1353 \times 9 = 12177$

说明：

(1)不同群体未接受学前教育儿童的家庭访谈和问卷调查、幼儿发展水平测查的抽样由相关子课题制定具体可行的方案。

(2)实际进行测查时，由于地理、人口分布、交通、人力、物力、天气、合作等方面条件的限制，情况较为复杂，实际测查地区、托幼机构、班级、人员数量可作适当调整。

第一章

学前教育需求研究的多维视角

本章概要

研究背景： 学前教育作为准公共产品，逐步受到国家和民众越来越多的关注。《国家中长期教育改革和发展规划纲要（2010—2020 年）》描绘了我国学前教育改革与发展的宏伟蓝图，积极发展学前教育，全面普及学前一年教育，基本普及学前两年教育，有条件的地区普及学前三年教育是我国中长期教育改革和规划的一大要务。《国务院关于当前发展学前教育的若干意见》提出要"保障适龄儿童接受基本的、有质量的学前教育"。本章从"保基本""需求满足""有质量"的核心概念出发，聚焦我国学前教育多元需求背景下需求复杂性这一现实问题，通过对学前教育需求国内外的文献分析，提出学前教育需求研究应采取多维视角。

研究路径： 采用文献分析法、档案分析法、国际比较法梳理了国内外学前教育需求的发展脉络和现实状态。

研究结论与建议： 学前教育需求存在多维复杂性。对于国家或社会来说，更注重的是全面促进学前教育的发展、提升学前教育的质量，为整个社会的发展提供更有强劲推动力的需求；而对于不同时期、不同区域、不同经济发展水平、不同社会层级的民众来说，则更看重的是能够在个体成长发展过程中起重要作用的需求。学前教育需求多维复杂性表现在：需求中主体的多维复杂性，需求中区域的多维复杂性，需求中时间的多维复杂性。学前教育需求多样性表现在：需求内容的多样性、需求结构的多样性、需求主体的多样性。学前教育需求存在着复杂性、多样性、公共性、个体性等特点，对于不同国家和地区、不同群体的学前教育需求也存在着多元化。世界各国对学前教育的重视日益凸显，并采取一定举措兴办、发展学前教育。美国开端计划、北欧四国儿童福利体系、新加坡社区儿童看护与学前教育体系、经合组织（OECD）强势开端在多元学前教育需求满足方面为我国学前教育的发展提供借鉴经验。

第一节 学前教育需求的基本认识

学前教育需求存在多维复杂性。对于国家或社会来说，更注重的是全面促进学前教育的发展、提升学前教育的质量，为整个社会的发展提供更有强劲推动力的需求；而对于不同时期、不同区域、不同经济发展水平、不同社会层级的民众来说，则更看重的是能够在个体成长发展过程中起重要作用的需求。

一、需求、教育需求和学前教育需求

辞源中，"需求"名词形式的含义为"缺乏"。而在英语中，"需求"一般有"demand、require、need"等几种翻译，但汉语中的"需求"更多是从经济学角度来理解。范先佐曾指出"需求是指在一定时间内和一定价格条件下，消费者对市场上的商品和劳务有支付能力的需要"[1]，即更多是"购买商品或服务的能力和渴望"，因此，"demand"更加贴切。而教育需求在教育经济学领域较为常见，将其主要分为社会需求、个人和家庭需求。社会需求即在某一特定时期内，国民经济各部门及社会各方面对各类人才和受过某种教育程度劳动者的数量、质量和结构等方面的要求[2]，也可以说是国家为谋求社会文明发达，提高全民族科学文化素质而对教育的总需求[3]。个人和家庭的教育需求是指为满足某种精神和物质的需要对个体接受各级各类教育的要求，[4] 也可以说是个体在发展自身过程中为增进知识、增长才干、发展才能而对教育的需求[5]。

社会需求、个人和家庭需求根据不同时期、不同区域、不同文化社会层级的不同而表现出不同。从教育服务产品理论的角度来说，教育等同于教育服务消费品，即是由教育工作者提供的用于培养、提高和改善个体智力素质的非实物劳动成果。[6] 而教育需求，即为对教育服务产品的需求，也就是指教育服务需求主体在一定时期内为获得物质利益和精神文化等方面的满足而产生的对教育服务产品的有支付能力的需要。[7] 综上所述，教育需求存在着 4 个基本点：首先，是对教

---

① 范先佐. 教育投资体制改革的理论与实践问题研究[M]. 武汉：华中师范大学出版社，2003：32-35.

② 顾明远. 教育大辞典(第六卷)[M]. 上海：上海教育出版社，1992：225.

③ 靳希斌. 教育经济学中几个理论问题的思考[J]. 教育与经济，1990，5(1)：1-5.

④ 顾明远. 教育大辞典(第六卷)[M]. 上海：上海教育出版社，1992：225.

⑤ 靳希斌. 教育经济学中几个理论问题的思考[J]. 教育与经济，1990，5(1)：1-5.

⑥ 李江帆. 教育服务产品理论研究[M]. 广州：中山大学出版社，2009.

⑦ 李江帆. 教育服务产品理论研究[M]. 广州：中山大学出版社，2009.

育的需要；其次，这种需要是有条件的，也就是说这种需要是限定在主体支付范围内的；再次，对于这种需要，不同的主体有不同的内涵，国家和个人在需求上存在着不同；最后，这种需要不是一成不变的，而是随着时代的发展而变化的。[①] 因此，学前教育需求是指在一定时期内，国家或社会、个人或家庭在支付能力范围内对幼儿接受学前教育的需求。

二、学前教育需求中主体的多维复杂性

学前教育需求，就其需求主体而言，存在着多维复杂性。以国家或社会作为需求主体，学前教育需求是指国家为谋求社会文明发达，促进幼儿健康成长、提高全民族科学文化素质而对学前教育的总需求。[②] 对国家或社会这一需求主体来说，更注重的是全面促进学前教育的发展、提升学前教育的质量、为国家或社会的发展提供更加强劲推动力的需求。我国目前处于社会转型期，学前教育虽已从2011 年起开展三年行动计划，并获得了蓬勃发展，为适龄儿童提供了基本的入园保障。但是，我国学前教育仍存在较多问题，即城乡发展不协调、区域发展不均衡等问题。

以个人或家庭作为需求主体，学前教育需求是指幼儿家长在支付能力范围内希望幼儿接受何种学前教育的需求。对个人或家庭这一需求主体来说，更多的是考虑幼儿在接受何种学前教育之后而达到的一种智力或非智力方面的发展。也就是说，学前教育个人或家庭需求是指个人或家庭为了知识技能以期许未来获得较高收入和社会地位而产生的对教育有支付能力的需要。[③] 一方面，个人或家庭在学前教育需求内容上存在着多样性，例如，对幼儿园环境、师资、教育理念、卫生安全等。另一方面，不同区域、不同社会层级、不同文化背景的幼儿家长对学前教育需求也存在着差异。对于个人学前教育需求的多样性以及学前教育需求的认识复杂性将在本章第三节、第五节中详细探讨。

三、学前教育需求中区域的多维复杂性

无论是学前教育国家或社会需求，还是学前教育个人或家庭需求，都会受到社会经济发展水平的影响。从我国整体状况来看，存在着东中西部经济发展不均衡、城乡经济发展不协调的现象，从而导致我国学前教育国家或社会、个人或家庭需求存在复杂的空间多维性。从国家或社会角度来看，学前教育需求是形成更

---

① 连玥. 家长对幼儿园教育需求的研究[D]. 开封：河南大学，2009.
② 靳希斌. 教育经济学中几个理论问题的思考[J]. 教育与经济，1990，5(1)：1-5.
③ 李江帆. 教育服务产品理论研究[M]. 广州：中山大学出版社，2009.

广泛的公平教育，把促进公平作为国家基本教育政策，教育公平是社会公平的重要基础。教育公平的关键是机会公平，基本要求是保障适龄儿童依法享有受教育的权利，重点是促进义务教育均衡发展和扶持困难群体，根本措施是合理配置教育资源，向农村地区、边远贫困地区和民族地区倾斜，加快缩小教育差距。[①] 也就是说，构建覆盖城乡的基本公共服务体系，实现基本公共教育服务均等化，城乡、区域差距不断缩小。

对于地方各级政府或教育职能部门来说，学前教育需求则是根据自身的学前教育现状、经济发展水平以及政府可支付能力提出该区域的学前教育需求。东中西部经济发展水平不同，因此，地方各级政府或教育职能部门在一定时期内对学前教育需求也不相同。例如，浙江省 2015 年全省幼儿园 8908 所，在园幼儿 190.16 万人（含托班），在园人数比上年增加 4.41 万人。全省学前三年入园率达到 97.1％。全省幼儿园专任教师 11.64 万人，比上年增加 0.41 万人，幼儿教师学历合格率为 99.8％，比上年提高 0.2 个百分点。[②] 浙江省在其 2010—2020 中长期教育发展和改革规划纲要中指出，预计 2020 年浙江省适龄幼儿学前三年入园率达到 98％。而对于中西部经济相对欠发达的地区，这一目标的实现可能存在着极大的困难。此外，对于不同区域的幼儿家庭来说，其学前教育需求也存在着多维复杂性。对于经济水平相对发达的东部沿海地区来说，幼儿家长对于学前教育的需求可能更关注的是幼儿园能否提供他们所期待的教育服务，或者是说，幼儿园提供的教育服务能否在幼儿当前及未来发展过程中起到重要的作用；而对于经济相对欠发达地区来说，幼儿家长可能更关注的是幼儿入园情况，入园后的教育内容可能考虑得相对较少。

四、学前教育需求中时间的多维复杂性

除了以上所提到的学前教育需求主体多维复杂性、空间多维复杂性，学前教育需求还存在着时间多维复杂性。从国家或社会层面来说，随着经济的迅速发展，国内生产总值的不断增长，国家对于学前教育的投入以及需求也在不断改变。从初期的政府、单位办园，到如今的政府主导办园、鼓励社会力量办园等改变可以看出，随着经济的发展，人民生活水平和需求的不断提高，国家或社会对学前教育需求仅靠政府力量很难完全实现，而市场机制的引入，则可采用更加灵活的方式去适应经济发展的需要。从学前教育个人或家庭需求方面来说，幼儿是一个不断发展的个体，在不同年龄阶段对学前教育的需求也存在着不同。另一方

---

① 《国家中长期教育改革和发展规划纲要（2010—2020 年）》，2010.

② 浙江省教育厅 . 2015 年浙江教育事业发展统计公报 . http://www.zjedu.gov.cn/news/146094110060740317.html，2016-04-18.

面，幼儿家长对学前教育需求在幼儿入园前和入园后这一时间维度上也存在着差异。因此，学前教育个人或家庭需求存在着时间维度上的复杂性。

第二节　多元学前教育需求满足的国际经验

学前教育需求存在着复杂性、多样性、公共性、个体性等特点，不同国家和地区、不同群体的学前教育需求也存在着多元化。世界各国对学前教育的重视日益凸显，并采取一定举措兴办、发展学前教育，为后人积累了一定的学前教育需求满足的经验。本章主要从多元学前教育需求满足的角度，来阐述美国开端计划、北欧四国儿童福利体系、新加坡社区儿童看护与学前教育体系、OECD 强势开端Ⅰ，Ⅱ带给我们的国际经验。

一、满足处境不利儿童需求的美国开端计划

"开端计划"是美国联邦政府投入最大、历史最悠久的早期儿童项目，主要服务群体是处境不利 3～5 岁儿童及其家长，包括低收入家庭儿童、残疾儿童等，其主要内容包括教育及特殊教育服务、健康服务、营养服务、社会服务、家庭参与服务、生涯发展服务等。"开端计划"遵循"儿童全面发展"的先进理念、尊重儿童的天性、相信儿童具有学习的潜质，旨在向处境不利的幼儿提供教育援助以消解代际贫困的恶性循环，目前已惠济几千万处境不利的儿童和家庭。下面将从扩大学前教育机会、提高学前教育质量角度对学前教育需求满足进行进一步阐释。

（一）扩大学前教育机会、促进教育公平

美国"开端计划"为处境不利的儿童提供教育补偿，促使他们在原有的基础上得到良好的发展，从而完善教育平等。美国联邦政府从立法保障、财政投入、项目扩展等方面保障了均等学前教育机会。1981 年，联邦政府颁布《开端计划法案》（Head Start Act）作为保障学前儿童得到学习和发展机会的授权性法律。该法案规定，联邦政府每年至少要为"开端计划"项目拨款 10.7 亿美元，2010 年拨款已达 79.9 亿美元。对于财政投入的法律保障，为"开端计划"的实施奠定了经济基础。同时，该法案还提出"无歧视原则"，并规定参与该项目的所有儿童必须至少有 90％的儿童来自于收入低于政府贫困线以下的家庭、残疾儿童的参与比例不低于总数的 10％。[①] 1990 年，美国总统乔治·布什签署国会通过的《开端计划发展扩展和质量提高法案》（Head Start Expansion and Quality Improvement

---

① Danielle Ewen，Katherine Beh Neas. Preparing for Success：How Head Start Helps Children with Disabilities and Their Families ［EB/OL］.（2005-05-06）［2009-03-19］http://www.plan4preschool.org/documents/hs_disabilities.pdf.

Act）。该法案规定，开端计划项目适用于每一个符合条件的儿童，开端计划将成为面向贫困儿童的政府补贴计划。该法案还规定，到 2000 年开端计划项目将拓展到每一个儿童。1994 年，开启早期开端计划（Early Head Start），第一次正式将开端计划扩展到婴幼儿（0~3 岁）服务领域，旨在加强婴幼儿的发展与健康。

（二）提高学前教育质量、保障儿童获得优质教育

为保证开端计划质量，保障儿童获得优质的学前教育，开端计划大力实施以下举措：第一，国家政策、法律发挥方面：加强立法保障，强调质量的重要性。1990 年，美国总统乔治·布什签署国会通过的《开端计划发展扩展和质量提高法案》。该法案是开端计划历史上第一次致力于解决质量问题，也为提高学前教育质量提供了法律保障。1992 年美国国会颁布《开端计划改进法案》（The Head Start Improvement Act），强调建立质量标准和质量监督。第二，师资力量方面：完善教辅人员资格标准、提高教辅人员培训要求。"科学启智计划"（A Head Start On Science Demonstration Project）是"开端计划"中针对幼儿教师和管理者进行的一项计划，旨在通过对幼儿教师和管理者的理论和实践培训来提高开端计划中教育服务的质量。2007 年美国国会通过了《改进开端计划入学法》[1]（The Improving Head Start for School Readiness Act），提高教辅人员的资格和培训要求。另一方面，开端计划中，政府通过资金投入和政策推动提高教师工资待遇、支持其专业发展，设立了多层次、多形式、多方位的立体交叉式职前培养、职后培训体系，为提高教育服务质量起到了重要的作用。[2] 第三，家庭、社区合作方面：开展培育项目、制定合作框架。开端计划实施"家庭培育项目"（Parent Training Programs），指导家长运用灵活多样的教养方式、促进家长积极参与孩子的学前教育实践活动。2011 年 8 月开端计划办公室推出了"开端计划家长、家庭与社区共同参与框架"（The Head Start Parent，Family and Community Engagement Framework），为所有参加开端计划的服务机构、家庭和社区提供基于研究的、有组织的、行之有效的参考工具，帮助家庭建立起健康和谐的亲子关系，以及实现家长与儿童的持续学习与发展。[3] 开端计划还资助家长进行继续教育、提升自我的修

---

① Committee on Education and Labor. Helping All Children Succeed in School and in Life：The Improving Head Start for School Readiness Act of 2007 ［EB/OL］. （2007-11-08）［2009-03-25］http://edlabor. house. gov/publications/20071108HeadStartSummary. pdf.

② Committee on Education and Labor. Helping All Children Succeed in School and in Life：The Improving Head Start for School Readiness Act of 2007 ［EB/OL］. （2007-11-08）［2009-03-25］http://edlabor. house. gov/publications/20071108HeadStartSummary. pdf.

③ US DEPARTMENT OF HEALTH, HUMAN SERVICE, OFFICE OF HEAD START. The Head Start Parent，Family and Community Engagement Framework：Promoting Family Engagement and School Readiness，From Prenatal to Age 8［EB/OL］. ［2012-12-5］. http://eclkc. ohs. acf. hhs. gov/hslc/standards/IMs/2011/pfce-framework. pdf.

养以及生存能力，提供职业指导和信息、引导家长致富等。

二、基于需求满足全覆盖的北欧四国学前儿童福利体系——

丹麦、芬兰、挪威、瑞典北欧四国，是全世界高福利、高学前教育水平的典型代表。对义务教育年龄之前的儿童，他们有着完善的学前教育体系，让儿童从一出生就享受无微不至的关怀。北欧四国学前教育体系的共同特点为教育范围覆盖广、国家财政投入足、立法保障有标准、保教融合均等化、师资培训要求高、家庭合作方式多。

（一）教育范围覆盖广

教育服务范围覆盖大小直接体现教育机会均等问题，北欧四国的教育范围广，主要体现在以下方面：第一，年龄覆盖范围广。北欧四国接受义务教育儿童的年龄在 6 岁或 7 岁，而在 6 岁或 7 岁之前的几年中，北欧四国都有样式多样的保育和教育服务，几乎覆盖了接受义务教育年龄之前的所有年龄范围。第二，特殊需求覆盖范围广。北欧四国关注尚未满足义务教育年龄儿童的特殊教育需求并设有相应的负责机构，如针对残疾儿童、低收入家庭的儿童、不同种族和不同语言的儿童，给予他们平等接受教育的机会。例如，芬兰的社会事务与健康部，主要是为儿童尤其是弱势群体儿童（低收入家庭儿童以及特殊儿童）提供多样化的教育服务与支持，促进所有儿童的入学机会均衡与学前融合教育的发展。挪威的《学前教育法》对于少数民族儿童也有专门规定。瑞典政府有专门的基金只用于特殊教育。

（二）国家财政投入足

财政投入是教育机会均等、教育质量提高的有力保障。北欧四国在学前教育与保育方面的财政投入处于世界领先地位。其中，丹麦对学前教育的财政投入处于世界第一的水平，占到国家 GDP 的 2.1％，而芬兰、挪威、瑞典的未满义务教育年龄儿童的保教费用也分别占到了国家 GDP 的 1.7％、1.7％和 1.9％，从财政方面有力地保障了北欧四国学前教育的蓬勃发展、始终处于世界领先地位。同时，北欧四国零至六七岁儿童的保教费用分别由政府、社会和家庭承担。其中，丹麦家庭承担费用为 30％～33％，低收入家庭承担的比例更低；芬兰家庭承担为 15％，儿童 6 岁时享有一年免费的学前教育；挪威家庭承担费用为不多于总费用的 20％，6 岁儿童可免费享有一年的学前教育；而在瑞典，政府几乎承担了所有的费用，家庭承担费用仅占所有费用的 2％。[①]

---

① OECD. Starting Strong Ⅱ：Early Childhood Education and Care[EB/OL]. OECD，（2006-10-20）[2012-10-10]http://www.oecd.org/edu/preschool and school/startingstrongii earlychildhood education and care.html.

（三）立法保障有标准

为保障保育和教育的顺利实施，并起到良好的效果，北欧四国分别制定相应的法律法规、质量标准等。丹麦 1976 年、1999 年分别颁布《社会援助法案》和《社会服务法案》，强调各市政府要建立良好的学前教育机构，以适应各家庭的不同需求。[①]《社会服务法案》还强调每个儿童的需求和发展。儿童所进行的活动都必须基于其自身发展阶段和情况。芬兰为保障儿童享受均等保教的权利，1973 年和 1983 年分别颁布了《儿童日托法》和《儿童福利法》。同时，芬兰为保证儿童接受保育和教育的质量，也颁布了一些法律法规和课程标准。例如，2000 年颁布的《学前幼儿核心课程》提出 6 岁幼儿的教育目标，即促进幼儿身心发展并且确保所有幼儿拥有相同受教育的机会、全面享受自愿参与的免费托幼服务。[②] 社会事务及健康部门 2003 年颁布《幼儿教育保育政策的定位》，对学前教育和保育做出了清晰的定义和说明，并且明确了政府的职责。同年，颁布《国家幼儿课程纲领》，完整概括 0～6 岁幼儿保教的内容，促进所有幼儿享受同样质量的保教内容。[③]

挪威在 1975 年颁布《幼儿园法》规定幼儿园的权利、操作以及监管等事宜；1995 年颁布《日常护养机构法》，指出幼儿园的认可标准，为幼儿园的框架、工作计划提供法律基础；[④] 2006 年，教育与研究部出台《幼儿园教育内容与任务的规划框架》，该规划框架要求所有的幼儿园必须以儿童的发展、学习为目标导向，帮助学生提高语言和社交能力。瑞典 1961 年颁布《儿童照顾法》，规定政府为学前及学龄儿童的托育服务；1975 年颁布《学前教育法》规定在入读义务教育的前一年，所有儿童可以免费接受每天 3 小时的学前教育，《社会服务法案》也指出所有 1～6 岁的儿童都有权利得到日托服务；此外，瑞典还颁布国家课程，为学前教育提供标准，国家课程旨在体现终身学习的理念，强调要让儿童得到完整的发展。

（四）保教融合均等化

保育和教育在北欧四国中受到均等重视，各国根据不同年龄的不同需求提供

---

① Eurybase datas. The Information Database on Education Systems in Europe The Education System in Denmark 2006. http://www. eurydice. org/portal/page/portal/Eurydice/EuryCountry，2008-05-20.

② Finland National Board of Education，FNBE. Core curriculum for pre-school education in Finland[M]. Helsinki：Helsinki university press，2000.

③ Finland National Board of Education，FNBE. Pre-primary education ［EB/OL］. ［2014-10-08］. http：//www. oph. fi/english/education/pre-primary_education.

④ Ministry of Children and Family Affairs(BFD). Framework Plan for Day Care Institutions-A brief Presentation. Q-0917E. P5P4. http://www. ibe. unesco. org/regional/SEE/SEEpdf/daycare-norway. pdf.

多样化、个性化的服务机构，并提供不同的保育或教育服务，促进儿童的健康发展。例如，丹麦对 0.5～6 岁的儿童提供日托中心服务，对 5～6 岁儿童提供幼儿园学前教育服务；芬兰也根据儿童年龄、家庭需求的不同分别提供日托中心服务、家庭看护服务以及学前班等服务。每个年龄段的教育服务接受率高，例如，据《强势开端Ⅱ：早期教育和保育》调查报告指出，瑞典 1～2 岁、2～3 岁、3～4 岁、5～6 岁保教服务接受率分别为 45％、86％、91％、96％。[1]

（五）师资培训要求高

高水平的师资力量，能够有效地保障保育和教育的质量。北欧四国对于师资力量的总体要求是幼儿教师具有大学资格，并接受理论和实践的培训；丹麦在 1992 年确立的《幼教师资培训计划》(the study programme for child and youth educatirs)，为所有托儿所、幼儿园及学前班的教师采取统一的教师资格培训计划，该计划共分为理论和实践两部分，[2] 同时，幼儿教师在入职前需要接受 3.5 年的大学教育；《芬兰教育法》规定，所有从事学前教育的教师都必须拥有硕士研究生以上的学位，并且还要通过教师资格考试才能有资格申请学前教育教师职位；挪威规定幼儿教师在入职前必须接受 2～3 年的大学教育，并取得相应的资格，同时，2003 年颁布《幼儿师范教育大纲》强调实习在幼儿教师培养过程中的重要性；瑞典则需要幼儿教师接受三年的大学教育课程，强调幼儿教师的合作和反思能力。

（六）家庭与机构合作方式多

家庭投入是提升幼儿保教质量的重要影响因素，北欧四国非常重视机构与家庭的合作。北欧四国分别根据本国情况，以及家庭各自所需，采取相应的对策促进家庭合作。例如，丹麦实行家庭与公共托育并重政策，倡导家庭积极参与到学前教育方案的制定中，给予家庭不同的津贴补助、生育假期等，促进家长灵活选择托育服务；芬兰为家庭提供育儿资讯、津贴，以机构提供保教服务，促进机构与家庭的合作；瑞典采用社会、家庭与机构相结合的教养方式，给家庭提供参与合作的机会，如刚入托幼机构的儿童，家长可以有两周的时间进入托育机构进行陪伴。

---

① OECD. Starting Strong Ⅱ：Early Childhood Education and Care[EB/OL]. OECD，（2006-10-20）[2012-10-10]http://www.oecd.org/edu/preschool and school/startingstrongii earlychildhood education and care. html.

② OECD. Starting Strong Ⅱ：Early Childhood Education and Care[EB/OL]. OECD，（2006-10-20）[2012-10-10]http://www.oecd.org/edu/preschool and school/startingstrongii earlychildhood education and care. html.

三、基于社区满足的新加坡社区儿童看护与学前教育体系——

新加坡的学前教育未纳入正规的教育系统之内，学前教育机构由民间力量如宗教团体、商业机构、社团、私人等开办和经营，由政府负责监管和财政补贴。新加坡充分利用社会力量办学，受市场机制调节，从而有利于学前教育质量的不断提升、避免学前教育被"同质化"、满足幼儿的不同成长需求。① 新加坡儿童看护与学前教育服务主要由托儿所、幼儿园提供，托儿所以 1988 年颁布的《托幼法案》为指导，在社会发展、青年和体育部注册并受其管辖；幼儿园以 1985 年颁布的《教育法案》为指导，在教育部注册并受其管辖。② 其中，幼儿园分为三个年级：启蒙班(3～4 岁)、幼儿园一年级(4～5 岁)和幼儿园二年级(5～6 岁)。

新加坡为规范、监管学前教育，提升学前教育师资力量，为儿童提供良好的学前教育，成立相关委员会。例如，学前教育筹划指导委员会，负责设定教育成果、设计课程、培训教师、改进规章制度和组织研究③；学前资格鉴定委员会，制定培训课程的鉴定标准和实施程序，帮助和保障师资培训机构的有效培训④；强化学前教育实行委员会，负责统筹和制定强化有关提升学前教育质量的各项举措；学前教育质量促进协会，旨在建立和维护学前教师培训高标准的机构。

为提升学前教育质量，加强对学前教育机构监管，新加坡颁布了一些法律法规。2003 年教育部颁布《幼儿园课程框架》，该框架强调幼儿个性、社会性和创造性的发展，以及以游戏为主的学习方式。⑤ 该框架还制定了指导学前教育课程的六大原则，即强调儿童整体发展、掌握综合学习的能力、儿童为积极的学习者、成人在孩子学习中的角色、互动学习、游戏在孩子学习中的角色等；2003

---

① Soo Hyang Choi. Partnership with Non-Public Actors：Singapore's Early Childhood Policy [EB/OL]. [2010-09-13]. http://www.unesdoc.unesco.org/images/0014/001494/149486e.pdf.

② Ministry of Education，Singapore. Pre-school Education [EB/OL]. [2011-03-27]. http://www.moe.gov.sg/education/preschool/.

③ Sharon O'Donnell. International Review of Curriculum and Assessment Frameworks，Thematic Probe：Early Years Education [EB/OL]. [2010-04-06]. http://www.inca.org.uk/pdf/200109_early_years.pdf.

④ Ministry of Education，Singapore. Accreditation Standards For Early Childhood Teacher Training Courses (Revised Oct 2008) [EB/OL]. [2010-06-24]. http://www.moe.gov.sg/education/preschool/files/pqac-accreditation-standards.pdf.

⑤ Ministy of Education，Singapore. Standards for Kindergartens (Pursuing Excellence at Kindergartens) [EB/OL]. [2014-04-08]. http://www.moe.gov.sg/education/preschool/files/standards-for-kindergartens.pdf.

年，新加坡教育部制订新加坡幼儿园标准，规范幼儿园评估活动①；2008 年出台《幼儿园课程指导》，以帮助幼儿园教师在教学活动设计中落实国家颁布的课程框架要求；2010 年出台《新加坡学前教育机构资格认定框架》，为规范学前教育机构、提升学前教育质量起到了一定的作用②；2011 年实施的《学前教育评审框架》是新加坡教育部为提高学前教育质量而颁布的一个保障性政策；2012 年年底新加坡教育部出台《培育幼儿：新加坡学前课程》，强调以幼儿为中心，以 4～6 岁的幼儿制定和实施优质幼儿园课程为目的③；为了配套新课程框架实施，更好地为家长提供服务和指导，同步颁布《培养早期学习者——新加坡幼儿园课程框架》。④

此外，新加坡为保障教育机会的均等化，还设置了一系列资助项目。例如，幼儿园资助计划，主要帮助那些低收入、中等收入和无力支付幼儿托幼费用的家庭，确保每一个儿童都能够有一个良好的平等开端。该资助计划适用于所有非营利性幼儿园。⑤ 儿童保育资助计划，主要针对纯收入低于 1800 美元的双职工且孩子无人照顾的家庭，最高资助费用达到 340 美元。⑥ 儿童保健计划，该计划主要针对 2～6 岁的罹患听觉、视觉、言语及其他发育障碍等有特殊需要的儿童，该计划为儿童的学习、玩耍、社交和成长提供了一个相对自然的环境，家长可以通过托儿中心申请政府育儿补贴，该政策只适用于新加坡人和母亲没有工作的家庭。⑦

四、经济合作与发展组织需求满足的国家政策比较

经济合作与发展组织（OECD）委员会自 1998 年起已多次对儿童早期教育政策

---

① Ministy of Education，Singapore. Standards for Kindergartens（Pursuing Excellence at Kindergartens）［EB/OL］．［2014-04-08］．http：//www. moe. gov. sg/education/preschool/files/standards-for-kindergartens. pdf.

② Singapore Pre-school Accreditation Framework（SPARK）［EB/OL］．［2014-05-16］．http：//moe. gov. sg/education/preschool/spark/.

③ Ministry of Education. Nurturing Early Learners：A Curriculum Framework of Kindergartens in Singapore［EB/OL］．［2014-03-25］．http：//www. moe. gov. sg/education/preschool/files/kindergarten-curriculum-framework. pdf.

④ Ministry of Education. Nurturing Early Learners：A Curriculum Framework of Kindergartens in Singapore［EB/OL］．［2013-12-17］．http：//www. moe. gov. sg/education/preschool/.

⑤ Financial assistance schemes for pre-school education［EB/OL］．［2011-03-08］．http：//www. moe. gov. sg/education/preschool/files/financial-assistance-schemes. doc.

⑥ Financial assistance schemes for pre-school education［EB/OL］．［2011-03-08］．http：//www. moe. gov. sg/education/preschool/files/financial-assistance-schemes. doc.

⑦ Integrated Child Care Programme ［EB/OL］．［2012-11-18］．http：//www. cel. sg/Resources_FAQs_Integrated-Child-Care-Programme. aspxQ1.

进行专题调查活动，并在调查活动的基础上形成了多篇调查报告，为世界儿童早期教育与保育工作起到很大的借鉴作用。OECD 委员会在 1998 年至 2000 年，第一次发起早期教育政策专题调查活动，并在此基础上形成《强势开端：早期教育和保育》（Starting Strong：Early Childhood Education and Care，简称《强势开端》），主要调查和分析了各国的早期教育与保育政策，如扩大供给、促进普遍入学；提升供给早期教育与保育质量；促进政策和服务的一致性和协调性；探索以确保早期教育与保育系统内有足够投入的策略；改善早期教育与保育工作人员的工作条件、提升培训机会；制定合理的教学大纲；鼓励家长、家庭和社区参与到早期教育与保育中去等方面。

扩大供给、促进普遍入学。OECD 成员国中儿童接受基础教育的年龄范围在 4～7 岁，而大多数国家将儿童接受基础教育的年龄限定在 6 岁。大多数 OECD 成员国逐步在为 3～6 岁儿童的早期教育与保育服务的全覆盖而不断努力，而比利时、意大利、荷兰、英国的儿童分别在 30 个月、3 岁和 4 岁均能享受免费的早期教育与保育服务。在过去十年中，除捷克外的所有 OECD 成员国早期教育与保育的入学率均有所上升。在英国、美国的教育系统中也存在着更加普遍的提供早期教育与保育的方式。英国从 1998 年开始，所有年龄在 4 岁的儿童都享有半天免费的保育系列服务，而这一服务在 2004 年后将范围进一步扩大为年龄为 3 岁的儿童。对于有特殊需求的儿童来说，OECD 成员国也采取了相应的措施。例如，有特殊需求的儿童在接受早期教育与保育服务时具有优先权，同时动用额外的资源去加大师生比、增加特别关注以及配备专业的幼儿教师。

提升早期教育与保育质量。早期教育与保育质量主要受以下方面的影响：充足的财政投入；协调的政策以及调节框架；地方政府高效、协调的组织建设；多方位的教师培训以及均衡的教师工作条件；教学大纲及其他指导方针；基于有效数据收集的调节监控系统。另一方面，师生比也能够影响早期教育与保育的质量。OECD 成员国中，0～3 岁阶段的师生比明显高于 3～6 岁年龄阶段的师生比，有力地促进了早期教育与保育质量。为评估早期教育与保育质量，OECD 各成员国有相应的评估体系和量表，如美国、英国有婴幼儿环境量表和早期保育环境质量问题等。中央政府及地方政府的调控、教师专业水平以及家庭的参与都能够确保早期教育与保育质量。OECD 成员国有些举措能够提升质量。例如，比利时、芬兰、意大利等国已制定大纲框架以及进行了目标导向的调控；比利时、芬兰、美国向公众、家长以及早期教育保育机构宣传研究结果及信息。

在总结各国早期教育政策经验之后，从早期教育与保育政策角度提出均等且高质量的学前教育应具备的八项基本要素，即以系统、综合的方式来制定、执行早期教育与保育政策；幼儿教育与整个教育系统中其他部门之间紧密、平等的合作；普遍获得教育机会、特别关注有特殊需求的儿童；加强对基础设施和服务的公共投入；各方参与，提高与确保教育质量；制定各项规定，确保员工有合适的培训机会及适宜的工作环境；为教育科研工作创设稳定框架，制定长期纲领。这八项基本要素，为世界各国学前教育的发展与促进起到了重要的影响。

　　OECD 委员会在基于 2002 年至 2004 年的第二次的早期教育政策专题调查活动，在第一次调查报告提出的有利学前教育发展的八项基本要素的基础上形成报告《强势开端Ⅱ：早期教育和保育》(Starting Strong Ⅱ：Early Childhood Education and Care，简称《强势开端Ⅱ》)，分别从八项基本要素方面对近几年来 OECD 成员国在学前教育方面取得的成就进行了阐述，并关注幼儿早期教育的社会背景；将幼儿的幸福、早期发展与学习作为早期教育与保育的核心工作，同时尊重幼儿的自身发展机制和自然学习的策略；建立必要的管理机构负责服务体系、保证服务质量；为早期教育与保育的各项活动制定基本的指导方针和课程方向；早期教育与保育公共投资估算应以实现素质教育目标为依据；通过逆向财政、劳动和社会政策，减少儿童贫困和社会排斥，为不同处境的儿童提供学习方案，增加教育资源；鼓励家庭和社区参与幼儿服务；改善早期教育与保育员工的工作条件、提高专业水平；资助幼儿服务机构赋予其自主管理的权利；早期教育与保育系统支持广泛学习、参与及民主意识等方面为各政府制定具体的早期保教政策提出意见。①

　　除了以上国家对于学前教育的关注及政策，世界学前教育组织作为一个学前教育的学术组织，一直致力于学前教育的促进与发展。2013 年在上海召开学前教育组织第 65 届工作会议和国际学术研讨会议。此次会议的主题是"促进学前教育发展：机会与质量"。② 这一主题存在三方面的内涵：第一，让孩子有表达自己观点的机会，并去倾听他们的观点；第二，把孩子看成是有能力参与可持续发展议题讨论的个体，并将可持续发展的问题融入他们的日常生活中；第三，认同儿童作为行动者的意义，承认他们作为社会积极活跃的成员，能够去影响周围的环境。围绕此主题，分专题进行交流与研讨，包括：确保起点教育质量的学前儿童教育政策及体系；地区适应性学前教育的服务模式；学前儿童保育和教育质量的评价和支持策略；多元文化背景下，早期学习标准和课程的多样化发展；幼儿游戏与学习；学前教师的专业发展；家庭和社区共同参与的学前教育；特殊幼儿教育；学前儿童的健康和保育；可持续发展教育和早期综合教育服务等。

---

　　① OECD. Starting Strong II：Early Childhood Education and Care[EB/OL]. OECD，(2006-10-20)[2012-10-10]http://www.oecd.org/edu/preschool and school/startingstrongii earlychildhoodeducation and care. html.

　　② 冯艳芬. 社会分层视角下家长学前教育需求的研究[D]. 金华：浙江师范大学，2013.

第三节　我国学前教育个人需求的多样性

学前教育个人需求主要为幼儿家长对学前教育的代言性需求，即幼儿家长希望学前儿童在各方面得到良好的发展而对学前教育服务产生的受学前教育发展情况、自身背景、学前儿童特点等因素制约的一种综合性需要。[①] 随着我国居民生活水平的逐步提高，个人或家庭对教育的投入比重日趋增加，从而体现出我国幼儿家长对学前教育需求的迫切性。

一、学前教育个人需求内容构成的多样性

学前教育个人需求多样性主要表现在学前教育需求内容构成多样性。学前教育个人或家庭需求的整体情况也存在多样性。连玥通过问卷调查家长对学前教育需求的重视程度，依次为：环境与设备、师资队伍、幼儿园形象、课程内容与教育理念、个别需求、方便性、幼儿园性质、信息来源。[②] 魏艺萍以 C 市为例，通过问卷法调查家长对幼儿教育需求，其重要程度依次为：教育理念与方法、幼儿园保育与服务、环境与设备、师资队伍、教育内容、费用、幼儿园性质与形象、方便性、个别因素。[③]

不同群体的学前教育需求存在着差异性。冯艳芬通过问卷调查的方式，比较浙江省不同社会层级的幼儿家长对学前教育需求的差异，该研究发现家长认为学前教育需求的重要程度依次为幼儿园师资、幼儿园保育项目、幼儿园的教育内容、幼儿园的便利性服务。而不同阶层家长的学前教育需求重视程度无显著差异，但中上层家长对保育项目、师资、教育内容有更高的需求，而下层家长则更看重的是便利性服务。[④] 陈淑华以上海幼儿园家长作为研究对象，采用问卷法对其学前教育需求进行调查，结果表明民办园和公办园家长在学前教育需求内容上无差异，依次为：环境设备、师资队伍、课程内容与教学理念、费用；家庭月收入较低、家长受教育程度较低的幼儿家长，较多的关注便利性、课程内容中是否包含小学课程内容。[⑤] 牛银平以兰州市公办和民办幼儿园家长作为研究对象指出，公办园和民办园幼儿家长在入园目的需求上不存在差异，其入园需求的动因

① 秦金亮. 多元需求条件下办人民满意的学前教育政策旨趣[J]. 教育发展研究，2017(2)：64-68.

② 连玥. 家长对幼儿园教育需求的研究[D]. 开封：河南大学，2009.

③ 魏艺萍. 家长对幼儿园教育需求的研究——以 C 市为例[D]. 重庆：西南大学，2015.

④ 冯艳芬. 社会分层视角下家长学前教育需求的研究[D]. 金华：浙江师范大学，2013.

⑤ 陈淑华. 上海市幼儿同家长教育选择之研究[D]. 上海：华东师范大学，2007.

主要是学习知识为小学做准备，其次是养成良好的行为习惯；在入园费用上，民办园家长希望费用有所降低；在课程内容上存在差异，公办园家长更加注重拼音、写字等幼小衔接课程，而民办园家长则更关注特色课程。同时，在师资队伍需求上，公办园家长更重视教师的年龄，民办园家长则更重视教师专业素质、学历、经验等。[①]

不同区域的学前教育个人需求也存在着多样性差异。杨莉君、胡洁琼以湖南省为例，调查农村儿童家长对学前教育需求的状况。调查结果表明学前教育需求程度从高到低依次为：入园费用、保育项目、教育内容、师资队伍、家园沟通、入园交通便利性、环境设施、幼儿园级别与性质、服务项目。而对于农村幼儿家长来说，他们对入园费用的降低有强烈的需求、迫切希望加强对幼儿园的膳食管理、对超前教育及小学化教育需求强烈。[②] 吴凡以宁波市乡镇中心幼儿园家长为研究对象，通过问卷法来调查其学前教育需求的整体状况，指出学前教育需求程度从高到低依次为：学知识为小学做准备、养成良好的行为习惯、教育内容和方法、幼儿园管理、费用、便利性。[③] 王瑜以苏北新沂市为例，调查苏北县区幼儿家长对学前教育需求状况，指出学前教育需求程度从高到低依次为：教学水平、师资水平和教育理念、整体环境、配套设施。[④] 谢雅芳以上海城乡接合部幼儿家长作为研究对象，了解其对学前教育需求的整体状况，结果表明上海城乡接合部幼儿家长的学前教育需求程度从高到低依次为：入园需求、费用、环境、教育内容。同时，相对于学历高的家长、上海城市户口家长来说，学历较低、外地农村户口的幼儿家长送孩子入园的目的主要是为了让孩子"学知识为上小学作准备"。[⑤]

此外，不同民族的学前教育个人需求也存在着多样性差异。黄怡冰以广西壮族自治区 Y 市为例[⑥]，调查少数民族地区对学前教育需求的整体状况。少数民族地区家长对学前教育需求的重视程度依次为师资、保育及服务性项目、设施玩具、环境、教育管理、课程与教学、外在形象、家园合作及游戏与活动、民族相

① 牛银平.兰州市公办与民办幼儿园家长教育需求的比较[J].当代学前教育，2010，15（3）：41-44.

② 杨莉君，胡洁琼.农村儿童家庭对学前教育公共服务的基本需求及对策研究——以湖南省为例[J].湖南师范大学教育科学学报，2013，12（2）：98-102.

③ 吴凡.乡镇中心幼儿园家长学前教育需求调查研究——以宁波市为例[J].山东教育，2014，60（45）：10-13.

④ 王瑜.苏北县区家长对学前教育需求的调查报告——以新沂市为例[J].早期教育（教科研版），2012，05：41-43.

⑤ 谢雅芳.上海城乡接合部公办园对子女教育的需求研究[D].上海：华东师范大学，2008.

⑥ 黄怡冰.少数民族地区家长对幼儿园教育的需求研究[D].西安：陕西师范大学，2011.

关教育内容。在需求内容中，对保育和服务功能较为重视，而对教育需求相对较低，对学前教育的需求倾向于"看护型"需求。王文卓、赵跟喜以西藏自治区错那县为例，了解我国西部民族地区的学前教育需求状况。我国西部民族地区的主要学前教育需求为：入园机会、教育质量、幼儿园性质以及入园费用。[①] 杨楠以云南省云县涌宝镇、大寨镇为例，了解我国西南边疆民族地区农村幼儿家长学前教育需求的整体状况。我国西南边疆民族地区农村幼儿家长学前教育需求程度依次为环境设备、方便性、课程与教学理念、幼儿园形象、费用、师资队伍、幼儿园性质。[②]

综上所述，不同群体、区域、民族的个人学前教育需求内容构成都存在着差异多样性。学前教育个人需求内容构成大部分集中在幼儿园的环境与设备、幼儿园的课程、幼儿园的师资、家园合作、幼儿园的保育项目、费用、安全等方面。

二、处境不利群体个人学前教育需求的多样性

处境不利群体主要包括流动儿童、留守儿童、残疾儿童等处在困境下的儿童群体。国务院指出支持特殊教育学校、取得办园许可的残疾儿童康复机构和有条件的儿童福利机构开展学前教育，为保障处在困境下儿童的基本权益。郑聪聪以河南省F县农村地区为例，了解留守儿童学前教育需求的整体状况。留守儿童家长对学前教育需求的重视程度从高到低依次为：保育、师资队伍、儿童发展、环境和设备、便利性。而对于保育的需求处在非常需要水平，也就是说，留守儿童学前教育需求更多的是保育功能，即"看护性"的需求。[③] 涂颖通过问卷调查的方式，了解江西省农村留守儿童学前教育需求状况。留守儿童的学前教育需求从高到低依次为便利性、师资队伍、收费、办园条件。而对于留守儿童更重要的学前教育需求是来自于家庭，即家庭教养的需求。[④] 汪焱以浙江省流动儿童的家长为研究对象，对流动儿童的学前教育需求进行了解。流动儿童家长的学前教育需求主要包括幼儿园管理制度、教学内容、教育支持、教育环境等，经济收入是影响流动儿童家庭教育需求的首要因素，他们非常关注入园费用。同时，由于流动儿童家长工作方面的特点，对子女学前教育需求方面比较关注保育和看护以及教育

① 王文卓，赵跟喜. 我国西部民族地区学前教育需求研究——以西藏自治区错那县为例[J]. 甘肃高师学报，2013，18(3)：108-112.

② 杨楠. 西南边疆民族地区农村幼儿家长学前教育需求研究——以云南省云县涌宝镇、大寨镇为例[J]. 楚雄师范学院学报，2015，30(8)：90-94.

③ 郑聪聪. 留守儿童家长学前教育需求研究——以F县农村地区为例[D]. 金华：浙江师范大学 . 2014.

④ 涂颖. 江西省农村留守儿童学前教育需求研究[D]. 南昌：江西师范大学，2013.

环境。① 对于残疾幼儿家长来说，他们可能有一些和普通幼儿家长一致的学前教育需求，例如，项目安全以及灵活性，但他们比普通幼儿家长存在一些特殊的学前教育需求，他们更多地关注幼儿园的师资队伍、干净安全的环境等。② 对于处境不利儿童学前教育需求满足状况及对策将在本书第三章进行详细讨论。

对于学前教育个人需求，除了幼儿家长对幼儿园的代言性教育需求，还应包括幼儿对家庭、社会的学前教育需求。家庭是幼儿健康成长的第一责任单位，必须肩负起幼儿学前教育的重任，政府和社会起到辅助作用。良好的学前教育对于幼儿有着短期或长期的重要影响，幼儿处在身心都不成熟的阶段，需要家庭的关爱与保护。同时，幼儿作为独立的个体，其基本权利也应受到法律的保障。

三、学前教育个人需求多样性的影响因素

我国学前教育个人需求存在迫切性、自主性、多元化、增长快，总体旺、不平衡性、潜力大等特点。③ 学前教育个人需求多样性受到很多因素的影响，主要包括社会、家庭、幼儿园、幼儿个体等方面的因素。朱坚强指出教育需求的影响因素主要包括受个人精神充实的欲望、就业与收入的选择、家庭经济条件和对子女未来的期望等。同时，也受人口增长、结构变化和流动的影响。④ 周元武曾指出教育需求的影响因素主要包括三点：一是人口因素，其中主要包括人口基数、年出生数和出生率、流动、性别以及民族因素等；二是有支付能力的需求，其中主要包括国家财政收入与教育支出能力、居民家庭收入及对教育的支出能力等；三是社会、教育政策。

从经济学角度来说，需求受到价格、数量等因素的影响，但教育价格因素是个人学前教育需求中最具制约性或最具影响力的因素。教育属于教育服务产品，而教育服务产品主要由教育消费品组成，因此，影响教育消费发展的主要因素是居民对教育的消费。按照消费结构发展趋势，家庭对教育服务产品的需求必然随社会经济的发展而趋于增长。这是因为教育服务产品作为一种特殊的发展资料，其需求收入弹性高于实物产品，在社会收入达到温饱水平并持续提高以及闲暇时间增长的条件下，对教育服务产品的需求就会以快于货物需求的速度增长，从而

---

① 汪焱. 流动儿童家长学前教育需求及满足研究——以杭州市 X 幼儿园为例[D]. 金华：浙江师范大学，2012.

② National Association of Child Care Resource and Referral Agencies. Parents' perceptions of child care in the United States（No. 377-0117）[EB/OL].［2016-11-12］. http://www. naccrra. org/publications/naccrra-publications/parents-perceptions-of-child-care.

③ 李江帆. 教育服务产品理论研究[M]. 广州：中山大学出版社，2009.

④ 朱坚强. 教育经济学发展[M]. 北京：社会科学文献出版社，2005：504.

引起教育消费在家庭消费中的比重上升，这是消费结构升级的趋势。① 廉枫通过问卷调查发现，城市家庭在为子女择校和选择特长班时受家庭的经济资本、社会资本的影响。② 王永珍、刘成斌指出流动儿童家长为其做相应教育选择时要受家庭经济状况、家庭社会资本等因素的影响。③ 学前教育个人需求也受到入园费用的影响。学费过高，会导致入园率下降。④ 因此，学前教育个人需求受到社会经济发展水平、家庭经济收入水平、入园费用等因素的影响。除家庭经济收入水平之外，学前教育个人需求多样性也受到家庭其他因素的影响。郑聪聪指出在留守儿童家长中，年龄在 40 岁以下的家长在幼儿园环境及设备需求上明显高于年龄在 50 岁以上的家长；初中学历的家长在幼儿园环境及设备上的需求明显高于小学学历的家长；家长的职业不同，对便利性需求的程度不同。⑤ 陈淑华的研究发现，影响家长学前教育需求的因素主要包括家长的不同背景和幼儿园的性质。家长的不同背景主要包括家长年龄、职业、受教育程度、收入、获得信息的途径、亲子关系、对幼儿园的感觉、幼儿园的地址与家长户籍关系、家长户籍所在地、入园前是否经过选择、便利性等；幼儿园的性质主要包括公立或私立园以及幼儿园的等级。⑥ 连玥研究发现，家长的学前教育需求主要受到家长背景、幼儿园以及幼儿等三方面的因素影响，例如，家长的年龄、与幼儿的亲属关系、受教育程度等，幼儿园的性质、级别以及幼儿所在的年级。⑦ 黄怡冰认为少数民族地区幼儿家长学前教育需求的影响因素也主要从三方面来概括，即幼儿园因素、家长背景因素、幼儿个体因素等。幼儿园因素主要包括幼儿园所在区域（城市还是乡村）、幼儿园的性质和级别；家长背景因素主要包括家长的年龄、性别、职业、家庭月收入、家庭类型、家庭居住地等；幼儿个体因素主要是幼儿的年龄。⑧

同时，家庭文化资本对幼儿家长学前教育需求具有正向影响，家庭文化资本即家庭成员通过相互交流和长期累积所形成的比较稳定的性情倾向、行为习惯、

① 李江帆. 教育服务产品理论研究[M]. 广州：中山大学出版社，2009.

② 廉枫. 城市家庭对子女教育选择与影响因素分析[D]. 济南：山东大学，2006.

③ 王永珍，刘成斌. 流动与留守——从社会化看农民工子女的教育选择[J]. 青年研究，2007，36(1)：22-30.

④ Anthony Stair, Terance J Rephann, Matt Heberling. Demand for public education：Evidence from a rural school district[J]. Economics of Education Review，2006，25：521-531.

⑤ 郑聪聪. 留守儿童家长学前教育需求研究——以 F 县农村地区为例[D]. 金华：浙江师范大学，2014.

⑥ 陈淑华. 上海市幼儿园家长教育选择之研究[D]. 上海：华东师范大学，2007.

⑦ 连玥. 家长对幼儿园教育需求的研究[D]. 开封：河南大学，2009.

⑧ 黄怡冰. 少数民族地区家长对幼儿园教育的需求研究[D]. 西安：陕西师范大学，2011.

以及拥有和使用的文化资源的情况。① 学前教育个人需求也受到幼儿园结构性质量、过程性质量以及家庭性质量②、办学质量的影响③等的影响。幼儿园结构性质量主要由教师教育及培训、班额大小、师生比率等构成④；幼儿园过程性质量主要由教师对幼儿需要的责任性，教师微笑、大笑、幼儿融入的频率以及与幼儿、成人和其他人的关系⑤；家庭性质量主要包括幼儿园位置与父母工作或家庭位置的相关性、幼儿活动时间的灵活性以及总共的费用。⑥ 此外，对于残疾儿童家长来说，由于幼儿个体的特殊性，他们的学前教育需求受幼儿园提供课程是否对残疾幼儿有帮助、幼儿园是否接受存在缺陷的幼儿、幼儿园位置及幼儿园师资力量等因素的影响。⑦

第四节　个人需求与公共需求的平衡与统整

学前教育供给与需求存在着复杂的关系，供给现实性与需求理想性、供给统一性与需求多样性、供给刚性与需要弹性。从我国现状来看，学前教育供给需求存在着严重的不平衡，可以从以下几个方面对我国学前教育公共与个人需求进行平衡和统整。

---

① 宋静．家庭文化资本对流动幼儿家长教育选择的影响——以广州市为例[D]．广州：广州大学，2013.

② Katherine Glenn-Applegate，Jill Pentimonti & Laura M. Justice. Parents' Selection Factors When Choosing Preschool Programs for Their Children with Disabilities[J]. Child and Youth Care Forum，2011，40(3)：211-231.

③ Marie T Mora. Attendance, Schooling Quality, and the Demand for Education of Mexican Americans, African Americans, and Non-Hispanic Whites[J]. Economics of Education Review，1997，16(4)：407-418.

④ Bigras N，Bouchard C，Cantin G，Brunson L，Coutu S，Lemay L，et al. A comparative study of structural and process quality in center-based and family-based child care services[J]. Child & Youth Care Forum，2010，39(3)：129-150.

⑤ National Institute of Child Health and Human Development. (2006，January). The NICHD study of early child care and youth development：Findings for children up to age 4 1/2 years (No. 05-4318). Rockville，MD：Author. Retrieved from http://www. nichd. nih. gov.

⑥ Bigras N，Bouchard C，Cantin G，Brunson L，Coutu S，Lemay L，et al. A comparative study of structural and process quality in center-based and family-based child care services[J]. Child & Youth Care Forum，2010，39(3)：129-150.

⑦ Bigras N，Bouchard C，Cantin G，Brunson L，Coutu S，Lemay L，et al. A comparative study of structural and process quality in center-based and family-based child care services[J]. Child & Youth Care Forum，2010，39(3)：129-150.

一、共性需求与个体差异需求的统整

我国的学前教育需求存在着共性需求和个体差异需求，共性需求是国家、社会或个体对学前教育一般性的需求，而相对于个体差异需求来说，不同区域、不同家庭或个体对学前教育存在着差异性的需求。共性需求与个体差异需求的平衡和统整，将有力地促进我国学前教育供给的平衡性和统整性。对于学前教育需求的平衡和统整，我们可采用如下措施。首先，要扩大儿童的受教育机会，通过充足有效的财政投入确保儿童都能够均等享受学前教育，有效解决"入园难""入园贵"问题，充分实现学前教育的公共性和非竞争性，让所有儿童都能够均等地享受学前教育资源。其次，要提高学前教育质量，通过制定学前教育指导纲要、幼儿园课程标准等指导性文件，对幼儿教师进行职前、职中、职后统一培训，打破"城乡二元化"，让所有幼儿都能够享受到优质的学前教育。再次，持续特别关注贫困家庭儿童、流动儿童、留守儿童、残疾儿童等处境不利儿童的特殊需求，制定相关的政策法规，动用一切社会资源为其提供特殊需求的学前教育。最后，鼓励社会力量办学，如企业、私人等，政府进行监管，通过市场机制调控，为个体或家庭提供个性化的学前教育，满足个体差异性的学前教育需求。

二、基于公共原理的需求满足保障

儿童作为我国公民中一员，享受公民所享有的一切权利。而公民作为社会中的一员，在促进社会进步、提高公民素养的过程中，存在着一些公共原理性的需求，如公共卫生健康、身体素质、行为习惯、国民道德、社会核心价值、日常交往、阅读素养、艺术修养、生存发展等多样性的需求。学前教育需求作为家庭或个体发展性的需求，受到这些基于公共原理性需求满足的影响，基于公共原理的需求满足将对儿童或家庭的学前教育需求满足起到一定的保障。而对于学前教育需求的满足不仅能够促进个体或家庭的和谐发展，还能够为别人个性化的需求满足创建一定满意的环境。同时，学前教育需求的满足还能够促进社会的发展与进步。

三、基于市场原理的需求满足调节

幼儿时期是儿童智力、人格、情绪等个性和能力发展的奠基时期，这一时期的教育对幼儿身心健康、习惯养成、智力发展起着决定性的作用。学前教育能够促进儿童个体及家庭的发展。2000 年诺贝尔经济学奖得主詹姆斯·赫克曼对学前教育的人力资本价值进行过充分的论证，认为优质的学前教育对贫困儿童个体而言有助于他们的全面发展，而对他们成年后的学业成就、经济状况、犯罪率减少、家庭关系和健康状况等都有积极影响。因此，学前教育需求的满足将对儿童个体及其家庭起到重大的影响。从社会角度来说，投资学前教育或学前教育需求满足的效益主要表现在犯罪率的减少、一定程度上缓解贫困的代际传递，从而有利于缓解社会存在的矛盾和冲突，促进社会的共同发展，维护社会的安定与和平。此外，投资学前教育是国家储备人力资源的一种重要方式，能够在一定程度上提高国家的发展水平和国际竞争力。

基于市场原理，应加大对学前教育需求的满足，学前教育需求的满足能够促进社会的进步、国家的发展。学前教育的需求供给不平衡，更加有力地促进了学前教育需求在市场调控下的不断满足。但仅在市场机制调控下，介于个人家庭与公共利益之间的如个人发展、就业，社会就不会救助或少救助，如残疾人、处境不利家庭儿童。换言之，学前教育需求的满足应受到市场原理的调节，但也要受到政府的宏观调控，持续关注社会上的弱势群体，从而保证学前教育需求满足的公平性、一致性、非竞争性。

四、政府、幼儿园和家庭在学前教育需求中的地位及作用——

（一）政府应成为学前教育需求的可靠保障

政府具有社会公共服务职能，而学前教育作为准公共产品，理应由政府对其加以引导、调节和管理。

1. 加强学前教育立法，保障学前教育规范发展

目前，我国缺乏专门法律来规范与保障学前教育的发展，这一问题的存在严重制约着我国学前教育事业可持续的健康发展。现有的学前教育相关法律法规已无法解决我国当前社会转型所带来的新关系和新问题。同时，现有的学前教育相关法律法规本身也存在着疏漏和不完善之处。此外，我国现有的学前教育立法层次偏低，尚无学前教育专门法律。因此，学前教育立法将有效保障和促进我国学前教育事业的发展，也能体现我国政府职责的所在。

2. 切实履行政府监管职能，完善管理体制

在政府主导下，应该创建科学完善的管理体制，建设一个包含幼儿园的审批注册、行政管理、业务管理和日常管理等完整管理服务项目的管理体制，从而明晰政府各个行政机构的监管职责，加强其监管力度。在政府的导向与监管下，发挥市场的调节作用，同时政府还要在市场失灵的地方进行弥补。例如，农村学前教育的普及应通过政府职能的发挥才能解决，以及处境不利儿童的学前教育过程中政府应坚持补偿原则。

3. 科学规划幼儿园布局，合理配置学前教育资源

我国学前教育资源仍处于"供不应求"的状态，城乡幼儿园数量和质量存在着不平衡、区域发展不均衡、学前教育资源配置不均衡等问题。因此，政府应起到引导作用，加大学前教育的财政投入，鼓励社会力量办园，促进幼儿园的多元化，科学规划幼儿园的布局，合理配置学前教育资源。首先，政府应加大学前教育的财政投入，同时动用社会力量，使得学前教育费用多元化，保障学前教育总资源的数量和质量。其次，学前教育资源区域均衡配置，打破城乡二元化。将学前教育资源向农村、偏远地区倾斜，积极发展普惠性幼儿园，减轻弱势群体的学前教育费用。最后，充分利用中小学布局调整后的闲置校舍等资源，鼓励独自办园或邻近村联合办园，并对社会力量办学的幼儿园给予国家财政支持。

（二）幼儿园应成为有质量学前教育需求满足的专业主体

幼儿园是提供学前教育服务的专业主体者。幼儿园可在了解家长学前教育需求的基础之上，提供高质量的教育服务。

1. 加强幼教师资队伍建设

幼儿教师是幼儿园学前教育服务的直接提供者，幼教师资队伍素质的高低，将直接决定幼儿园学前教育服务质量的高低。首先，完善并严格执行幼教准入制度、教师资格证书制度，从制度上保障幼教师资力量。其次，切实保障幼教薪酬待遇，不断建立和完善幼教工资保障和收入机制，以及完善各项保险制度，关注幼教的民生问题。最后，有计划地提升幼儿教师专业素质，建立完善的幼教岗前及在岗培训制度，不断提升幼教师资队伍的专业水准。持续关注幼儿教师的心理健康，对幼儿教师所遭遇的突发事件给予及时的干预。

2. 尊重幼儿个性发展，开发幼儿园园本资源

幼儿园作为学前教育服务提供的主体，应顺应幼儿的天性，遵循教育规律，挖掘幼儿的无限潜力，关注幼儿的个体差异，因材施教。幼儿园应有意识地消除小学化倾向，采用顺应天性的教育方法，维护幼儿的健康成长权、游戏权。用科学的教育观念来指导幼儿园教育实践，充分尊重幼儿的个性与天性，以幼儿兴趣为出发点，激发幼儿的好奇心、求知欲、探索欲。

3. 紧抓"硬件"发展，加强自身建设

幼儿园"硬件"发展要求幼儿园不断完善自身的基础设施建设、保教项目、环境卫生建设等。对幼儿的活动区、生活区、学习区进行有效的规划，对各种区域的空间和设施摆放应符合幼儿的发展规律，能够起到促进幼儿的身心健康发展。对玩教具的选取首先应保障幼儿的生存权，选择正规厂家生产的，并对其进行健康测试，以及玩教具的颜色、款式、摆放地点等都应遵循幼儿的身心发展规律。同时，幼儿园应该建立公开透明的收费制度，建立卫生、安全监管体制，加强幼儿教师聘用、考察、培训机制建设，开发特色本土课程等。

（三）家庭应成为学前教育需求满足的基本承担者

1. 幼儿家长应具有科学的育儿观念

家庭是幼儿学前教育的主要场所，家庭气氛、父母的言行举止都是在给幼儿进行学前教育。因此，幼儿家长的育儿观念将起到至关重要的作用。首先，幼儿家长应遵循幼儿的天性、承认幼儿个体的差异性。其次，幼儿家长应正确对待学前教育，应将其与小学教育进行区分，正确看待学前教育的目的。最后，幼儿家长应掌握丰富的教育理论以及科学的育儿方法，以解决其在教养孩子的过程中的疑惑。

2. 幼儿家长应给幼儿提供切合实际的学前教育

幼儿家长对幼儿学前教育的需求要切合实际，要根据幼儿个体自身的特点选择合适的幼儿园接受学前教育，切莫进行攀比，超出家庭的支付能力。幼儿家长要对幼儿有正确的期待，正确理解学前教育，积极学习教育理论知识以及幼儿身心发展相关知识。

3. 幼儿家长应积极参加亲职教育

亲职教育是指为帮助家长成为一个合格称职的好家长而进行的专门化教育，如各级政府、社区、妇联等定期开办家长教育系列讲座，社会媒体力量办学等（电视开设家庭教育栏目、电台开设农民工家长热线、报社发行家长报、开办网络家长学校）等。家长应该积极参加各种形式的亲职教育，帮助自身树立正确的教育观念。家长参加亲职教育，既可以学习科学先进的幼儿教育观念，以此引导家长对幼儿园教育需求合理性，又可以帮助家长了解相关的幼儿身心发展规律以及教育规律，提高自身教育幼儿的理论和实践水平。

第五节　对学前教育需求复杂性的深度认知

随着经济的发展、社会的进步，国家、社会和大众对学前教育需求的认识逐渐明晰，这些认识需要深度认知。学前教育需求的私人性与公共性、监护人的代言性需求与儿童的原发性需求、需求的当下性与需求的发展性，需要深度认知。同时也存在着学前教育区域需求的复杂性、供给需求的复杂性以及供需关系复杂性也需要深度认知。

一、学前教育需求的深度认知

（一）学前教育需求的私人性与公共性

学前教育需求一般分为学前教育个人或家庭需求、学前教育国家或社会需求。而对于个人或家庭这一需求主体来说，学前教育需求具有私人性，其主要是由个人或家庭在支付范围内而提出来的对儿童学前教育的需求。因此，学前教育需求受到个人或家庭收入开支水平、社会阶层、父母受教育程度、父母职业等因素的影响。学前教育需求也受到幼儿个体因素的影响，如流动儿童、留守儿童、残疾儿童，因其自身的特殊性，在学前教育需求上也存在着不同，这也是学前教育需求私人性的主要表现。

从我国当前社会经济发展水平与条件的整体上来看，学前教育产品属性应界定为准公共产品，具有纯公共产品的受益非排他性和效用不可分性，但仅在一定程度上满足消费的非竞争性特征。因此，学前教育因其受众的普遍性和受益的公共性，应纳入政府保障的公共服务体系，政府据其公共性程度分别承担不同的保障与发展职责。① 公共性是针对国家政府这一主体来说的。教育的公共性是指教育涉及社会公众、公共经费以及社会资源的使用，影响社会成员共同的必要利益，其共同消费和利用的可能性开放给社会成员，其结果为全体社会成员的共享性质。从教育的目的与功能、教育的价值取向、教育管理的主体、教育的对象、教育产生的影响等方面分析，公共性是现代教育最基本的特征。② 因此，学前教育的公共性要求政策的决策者要关注"公民的权益"，也就是说，"国家应让每一位公民都确信，他得到的某些基本公共服务的最低标准，如安全、健康、福利和教育等，不会受到其收入水平、住宅区等因素的影响"。③ 学前教育的公共性还具有补偿性原则，即政策决策者将较多的资源集中到处境不利的群体，从而帮助他们打破贫困的代际循环圈。学前教育的公共性应体现以下四点：首先，与宗教相分离，成为世俗性的公共事业。其次，为体现国家实施国民教育的义务性，基本的学前教育应由国家设立或批准的幼儿园来实施；但企业、事业单位和其他社会组织，有权利依照法定程序举办符合法定条件的幼教机构。再次，实施学前教育的幼儿园、教师具有公共服务性质，他们的工作应对国家和社会负责，对全体国民负责，教师应受到全社会的尊重。最后，国家对实施学前教育的幼儿园、教师进行有效的管理与监督。④

（二）监护人的代言性需求与儿童的原发性需求

从个人学前教育需求角度来说，学前教育需求主要包括监护人的代言性需求和儿童的原发性需求。儿童是一个独立的个体，但在幼儿期，儿童具有不成熟性，因此其学前教育需求主要是监护人的代言性需求。监护人的代言性需求主要是对外界环境的学前教育需求，如对幼儿园硬件设施建设、幼儿园性质、幼儿园

---

① 庞丽娟，韩小雨. 中国学前教育立法：思考与进程[J]. 北京师范大学学报（社会科学版），2010，44(5)：14-20.

② 余雅风. 论学前教育的法律规制[J]. 中国教育法制评论，2012：73-90.

③ 布朗，杰克逊. 公共部门经济学[M]. 张馨，译. 北京：中国人民大学出版社，2000：233.

④ 余雅风. 论学前教育的法律规制[J]. 中国教育法制评论，2012：73-90.

位置便利性、幼儿园教师专业素质和师德、幼儿园课程内容、入园费用等各个方面的要求。监护人的代言性需求主要是从外部因素的角度提出的学前教育需求，但对于儿童个体来说，相区别于监护人的代言性需求的儿童原发性需求也处在重要的地位。儿童的原发性需求是指以儿童自身为主体的视角下，对儿童身心健康发展而提出的学前教育需求。关于儿童的一切行为，不论是由公私社会福利机构、法院、行政当局还是由立法机构执行，均应以儿童的最大利益为首要考虑，儿童享有其幸福所必需的保护和照料。

而对于儿童需求，应有以下几个方面的认识。第一，儿童是人且具有生存权，以及人的尊严并包含其他一切基本人权。第二，儿童是一个全方位不断发展的人，其具有满足生存和发展的需要的权利。第三，儿童期不只是为成人期作准备，它具有独立存在的价值。第四，不同性别的儿童应当受到平等的对待。第五，儿童有其内在的生动的精神生活，如对外界环境的渴求，成人应当承认和珍视这种精神生活；儿童还具有形之于外的丰富多彩的文化活动，如游戏，成人应注意理解和参与儿童的精神生活和文化活动，不应将成人文化无条件地强加给儿童。第六，儿童的精神世界和文化生活可以给成人以启示，成人应向儿童学习。第七，每个儿童都有接受教育的权利，教育的目的不仅在于儿童的发展而且还在于儿童的欢乐幸福。第八，儿童有权拥有欢乐的童年。[1] 儿童是一个不断发展的群体，每一个儿童都享有生存权、健康生长权和游戏权等，因此儿童的原发性需求主要包括能够促进身心健康成长的物质环境和精神环境。物质环境是生存生长环境与接受学前教育的权利等，精神环境主要是精神层面的保护与互动。儿童原发性需求的供给主体存在着不同。对于物质环境这一需求来说，其供给主体主要来自于家庭或社会、国家，这是儿童能够健康生存的基本保障；而对于精神环境这一需求来说，其供给主体主要来自于家庭，监护人对其精神、心理上的互动与保护，维护儿童的天性与发展是重要的原发性需求。家庭、社会和国家是儿童原发性需求的供给体，要把儿童个体的原发性需求加入学前教育需求的讨论中。此外，从儿童福利角度来说，学前教育需求中儿童的原发性需求首先是尊重儿童的权利为前提。对于儿童而言，在尊重他们的能动性和主动性的同时需要承认他们在身心发展上所处的社会弱势地位，从而在学前教育需求中优先考虑儿童的福利、以维护儿童的权利，呵护最小受惠者的最大利益，起到一种补偿性的作用，在追求平等的同时向弱势群体倾斜。

（三）需求的当下性与需求的发展性

随着社会、经济的发展，学前教育需求具有当下性和发展性特点。对于我国现阶段经济和社会发展状况来说，积极发展学前教育，全面普及学前一年教育，

① 赵诗安，陈国庆. 现代教育理念[M]. 南昌：江西高校出版社，2010.

基本普及学前两年教育，有条件的地区普及学前三年教育是我国中长期教育改革和规划的一大要务。① 而对于不同年龄儿童来说，应受到与之年龄相应的学前教育。同时，对不同家庭来说，学前教育需求受到家庭经济收入等因素的影响，学前教育需求也应符合家庭当下的支付水平，因此，学前教育需求具有当下性。但这种当下的学前教育需求并不是一成不变的，学前教育需求还具有发展性。对于国家和社会来说，经济水平是不断发展的，社会文明也是不断进步的，因此，国家或社会对于学前教育的需求也是不断发展的，会受到社会发展水平、国家财政投入、社会力量投入量等因素的影响。而对于儿童个体和家庭来说，儿童是一个不断发展的个体，在其成长的过程中，所需求的学前教育也是不同的，例如，0～3岁，主要是建立与人的亲密感与羞怯性等；4～6岁，主要是建立自立感、积极主动倾向，避免内疚感。在每个阶段的学前教育需求中，都应遵循儿童的发展规律，顺应儿童的天性，启迪儿童的智慧与发展未来。

二、学前教育区域需求的复杂性

（一）资源均衡配置复杂性

学前教育资源是指在学前教育过程中所占用和消耗的人力、物力和财力资源，主要用公办在岗在编教师占比，生师比，不同等级幼儿园占比，有职称教师占比，有教师资格证的教师占比，生均公用经费，幼师年平均工资等来作为衡量学前教育资源配置情况的指标。教育资源均衡配置是促进教育公平、社会公平的主要手段，而教育资源配置方式主要分为政府配置和市场配置。② 目前，我国在学前教育资源配置上存在着区域配置不均衡性、城乡配置不协调性。因此，我国的学前教育资源在区域需求上存在着复杂性。

根据经济发展水平的不同，我国东部地区属于经济相对发达地区，而中西部地区属于经济相对欠发达地区，而学前教育资源主要来自于地方各级政府的财政投入。因而，我国东中西部地区学前教育资源配置存在不均衡性。学前教育资源配置不均衡问题，不仅表现在东中西部和各省市之间，同一省市内的城乡也存在着相同的问题。杨挺、习勇生对重庆市幼儿教育发展水平城乡差异进行对比分析。结果表明，重庆市城乡幼儿教育发展水平具有显著的差异性。③ 田志晶、张雪、袁连生对不同户籍幼儿之间学前教育资源差异进行分析。结果表明，不同户籍幼儿在入园选择、家庭教育支出、所在班级教师数、玩具图书情况四个方面存

① 《国家中长期教育改革和发展规划纲要（2010—2020 年）》，2010.
② 孙绪华. 江苏省学前教育资源配置失衡现状及对策研究[D]. 南京：南京师范大学，2013.
③ 杨挺，习勇生. 重庆市幼儿教育发展水平城乡差异的实证分析[J]. 教育与经济，2010：27(4)：40-43.

在明显差异。① 孙绪华对江苏省学前教育资源配置情况进行调查，结果表明江苏省学前教育资源配置在地区维度呈现出很大的不均衡性，呈现出南北梯状结构。经济较发达的苏州、无锡、镇江、常州以及南京地区的学前教育事业发展势头良好，政府以及社会的投入远远多于其他地区，苏中和苏北地区则落后于苏南地区。学前教育的城乡差异也是江苏省学前教育发展事业的一个短板。② 因此，我国东中西部地区、各省市以及各省市的城乡在学前教育资源配置上存在着复杂性。因此，应积极发展农村学前教育，以扩充资源为核心、加强师资为重点、健全管理为支撑，通过举办托儿所、幼儿园等，构建农村学前教育体系，逐步提高农村入园率，基本普及学前教育。国家继续支持学前教育发展，重点向中西部革命老区、民族地区、边疆地区、贫困地区农村倾斜，因地制宜加强园舍建设、师资培训和玩教具配备，加快推进农村学前教育发展。到 2020 年，中西部地区农村学前三年毛入园率达到 70%。③

（二）办园主体复杂性

学前教育能促进个体身心健康全面发展，也能够提高教育的整体效益及家庭生活的质量，维护并增进社会稳定。对弱势群体来说，学前教育还可通过保障教育的起点公平而打破贫困的代际循环，促进社会公平，对社会、政治、经济和教育的可持续发展产生长期而巨大的影响。④ 随着市场机制的引入，幼儿园的办园主体存在着复杂性。目前主要是以政府为主导、社会力量参与办园，而在不同的区域，办园主体的需求也存在着复杂性。我国从 2010 年三年行动计划以来，学前教育已经得到了蓬勃发展，基本保障了儿童入园的基本权利。但相对城市来说，农村普惠性幼儿园的建设还应进一步加强建设。而对于流动儿童、留守儿童、残疾儿童来说，办园主体需求也存在着复杂性。例如，对于流动儿童这一群体，要保障其平等的入园机会，应加大流入城市的普惠性幼儿园的建设，确保在其家庭收入能够支付的范围内得到优质的学前教育。对于留守儿童来说，应加大农村乡镇幼儿园的建设，政府占主导，鼓励社会力量办园，对幼儿园进行监管，提升幼儿园学前教育质量，以期对留守儿童家庭学前教育缺失得到补偿。对残疾儿童来说，在保障残疾儿童入园机会均等的情况下，争取随班就读，政府应给予一定的支持，保障残疾儿童平等地接受学前教育。

① 田志晶，张雪，袁连生. 北京市不同户籍幼儿学前资源差异研究[J]. 中国人民大学教育学刊，2011，1(3)：165-180.
② 孙绪华. 江苏省学前教育资源配置失衡现状及对策研究[D]. 南京：南京师范大学，2013.
③《国务院办公厅关于加快中西部教育发展的指导意见》，2016.6.15.
④ 庞丽娟，韩小雨. 中国学前教育立法：思考与进程[J]. 北京师范大学学报(社会科学版)，2010，44(5)：14-20.

三、学前教育供给满足的复杂性

（一）学前教育供给主体多元化

学前教育供给主体多元化，是指在政府主导下，吸引个人、民营企业和社会组织共同参与学前教育的生产和提供。也就是说，政府通过制定公共政策，确定学前教育的供给数量和质量标准，以市场机制为杠杆，以公众需求为导向，通过多种方式调动公共部门、私人部门、社会组织的参与，在竞争中完成学前教育的供给。[①] 因此，学前教育的多元化主体包括政府部门、市场中的企业、私人部门、个人以及公民社会中的非营利性组织、慈善团体、第三部门等。我国学前教育公共服务关系的格局主要存在两方面，一方面是学前教育公共服务多元供给主体的结构状态：存在单中心和多中心；另一方面是学前教育公共服务供给的价值导向存在权力导向和需求导向。而学前教育供给主体之间存在"单中心"权力导向、"多中心"权力导向、"单中心"需求导向、"多中心"需求导向这四种关系。[②]

（二）托幼机构供给复杂性

学前期是人一生中大脑结构、形态、机能发展最迅速、可塑性最强的时期，是个体行为、情感、语言、认知等各方面发展的奠基阶段和敏感期，是个体社会化的起始阶段和关键时期。学龄前阶段儿童所拥有教育机会的多少和教育质量的优劣，不仅决定了其学前期的发展水平，而且影响着其终身学习与发展的质量和效果。[③] 因此，学前教育的质量对个体有着短期或长期的影响。而对于实施学前教育的主体幼儿园来说，其环境建设将是学前教育需求的主要方面。对于不同年龄、不同性别的儿童来说，幼儿园环境建设的需求存在着复杂性。但总体来说，幼儿园在环境建设上应保障儿童的基本权利和安全，给予其足够的空间去发掘潜力、顺应其天性，如要有活动区、活动区器材要充足等。而对于农村儿童来说，活动区的生均面积以及活动器材数量要达到一定的标准。此外，对于特殊儿童也应有一些特殊的园内设计，帮助特殊儿童顺利适应幼儿园生活，并接受良好的学前教育。

由于儿童尚处在不成熟时期，生活上不能自立，监护人对幼儿园管理制度的需求存在着复杂性。儿童家长对幼儿园的作息制度、保教项目以及便利性存在着需求的不同。对于幼儿园教师需求也存在着复杂性。有些儿童家长倾向于看重幼儿教师的专业素养，也有些家长更看重幼儿教师是否具有爱心、是否能够更多地

---

① 郑晓燕. 中国公共服务供给主体多元发展的动力要素探析[J]. 科学发展，2011(9)：78-89.

② 王海英. "三权分立"与"多中心制衡"——试论学前教育公共服务多元供给主体间的关系[J]. 教育学术月刊，2013，27(1)：89-95.

③ 庞丽娟. 关于尽快制定《学前教育法》的议案. 全国人大议案，2006.

关注儿童本身以及是否能全身心地投入到工作中等。此外，对于特殊儿童来说，对于幼儿园管理制度以及幼儿教师的需求，则更加注重幼儿园的课程设置内容、班级编排以及幼儿教师的耐心等。

四、学前教育供需关系复杂性

从经济学角度来讲，学前教育供给是指在一定社会经济条件下，为满足学前儿童入园需要，国家和社会幼教机构（主要指幼儿园）愿意并且能够提供的教育机会和教育资源，主要包括幼儿园的数量和质量、规模和层次。[①] 学前教育需求是作为学前教育供给的对应性概念从经济学中衍生出来的。从经济学的角度来讲，需求是指在一定时期内和一定价格条件下消费者对市场上的商品和劳务有支付能力的需要。学前教育供需关系存在着复杂性：

首先，供给现实性与需求理想性。对于我国经济发展的状况来说，虽然自2010年开始我国实施学前三年行动计划，但我国在学前教育方面的投入相对于其他发展中或发达国家来说仍处于缺乏状态，我国的资源配置不均衡、城乡学前教育资源不平衡等问题，使得我国学前教育的供给存在着很大的现实性。学前教育的供给要与社会、经济发展水平保持一致，必须在经济发展水平的保证下，才能更好地发展学前教育。而我国学前教育需求仍然处于紧缺状态，无论从幼儿园数量、质量，还是优质的幼儿园师资、幼儿园办学环境等都处于需求紧缺状态。对于处境不利儿童的学前教育需求，也存在着一定的不满足状态。因此，学前教育供给现实性与需求理想性存在复杂性。

其次，供给统一性与需求多样性。对于国家或社会来说，对学前教育的供给主要是通过幼儿园的公共服务来实现的，幼儿园作为学前教育公共服务的主体具有统一性的特点，而儿童的原发性需求及监护人的代言性需求存在着多样性。不同年龄层次、不同性别的儿童其学前教育的内容存在着差异性和多样性；不同区域、不同社会阶层的家长对学前教育的需求也存在着多样性；而对于流动儿童、留守儿童、残疾儿童等处境不利的群体来说，其学前教育需求也存在多样性。因此，学前教育供给的统一性与需求的多样性之间存在复杂的关系。

最后，供给刚性与需要弹性。学前教育的供给存在着刚性特征，主要是国家或地方政府根据经济发展水平、学前教育需求进行供给，而供给过程中只能考虑一些宏观的因素。而对于学前教育需求存在着弹性的特征，个人或家长对于学前教育需求，在不同时期、不同的家庭收入阶段，都有着不同的学前教育需求，能够弹性化地接受学前教育。

---

① 杨晓萍，冯宝安．论我国学前教育供需及其调节[J]．教育导刊，2011，26(9)：8-12.

第二章

城乡幼儿家长的学前教育需求

本章概要

研究背景：近年来随着我国社会文化的巨大变革与转型，区域、城乡发展不均衡，我国学前教育的不公平现象逐步凸显出来。乡村学前教育发展严重滞后、城乡差距日益显著是当前我国学前教育事业发展的突出问题和难点，也是学前教育不公平的集中体现，无法满足农民群众对子女接受学前教育的强烈需求。学前教育机构的教育工作只有契合家长的学前教育需求才能够形成有质量的、人们满意的学前教育。城乡家长群体对学前教育的需求呈现多元化，讨论城乡家长学前教育需求的差异性，关注幼儿生存的不同生态环境及其家长对学前教育多样化的需求，对满足家长不尽相同的教育需求和使幼儿园工作契合幼儿发展的需要有一定助力。同时，为今后学前教育机构开展有效的家长教育服务提供理论依据，有助于决策者厘定相关的幼儿教育政策，更好地促进教育公平。

研究设计与方法：本研究选取了全国范围内经济发展水平不同的6个地区即浙江省、安徽省、湖南省，吉林省、四川省、贵州省，根据幼儿园等级、所在地、办园性质，采用随机分层抽样的方法抽取样本进行问卷调查。研究工具采用了课题组编制的《家长学前教育需求调查问卷》。

研究结果与讨论：通过对幼儿家长便利性服务、保育服务、对教师的要求、教育内容四个方面的需求进行调查分析发现：(1)城乡家长学前教育需求总体现状：城乡家长的学前教育需求总体趋势基本相同，但是在一些具体需求上存在差异。不同居住地的家长群体对学前教育的需求都比较高，总体平均分在需求中度以上。城乡家长都希望幼儿在幼儿园能够开心快乐，饮食健康符合幼儿口味，安全有保障，有高质量的教育内容。(2)便利性服务：乡村家长在便利性服务上的需求度极其显著地高于城市家长，乡村家长更迫切地希望幼儿园能够延长服务时间并在周末或寒暑假提供额外的服务。(3)保育服务：城市家长在保育服务项目的大部分题项上的需求度均极其显著地高于乡村家长，对幼儿的保育质量要求更高。(4)对教师的要求：城乡家长的最大需求都是对教师的要求，但城市家长更加希望幼儿园老师能够平等地对待孩子并保障幼儿的安全，而乡村家长更加关注幼儿的个别需求能否得到满足。(5)教育内容：城乡家长对教育内容的需求都比较强烈，但乡村家长对小学化教育内容的需求度极其显著地高于城市家长，城市家长在幼儿同伴交往及生活自理能力的培养方面的需求度显著地高于乡村家长。(6)城乡幼儿家长需求的满意度：在四个维度和几乎所有具体的需求题项上，城市家长的满意度得分均显著大于乡村家长。(7)城乡幼儿家长需求的满足情况：城乡家长的需求满足情况趋同，需求满足情况最好的都是便利性服务，保育服务的满意度与需求度都基本持平，对教师的要求与教育内容两个维度的需求满意度都低于需求度，满足情况不乐观。不同需求差异供给，城乡家长最关注的学前教育需求是师资需求，建议幼儿园管理者把教师对于幼儿的平日态度表现作为幼儿教师的评价标准之一，注重提升教师的素质。在四个项目和几乎所有具体需求上，城市家长的满意度得分均显著大于乡村家长，因此政府应制订统筹城乡教育发展规划、宏观调控城乡教育资源与经费等的配置，对薄弱的乡村教育实施大力度的倾斜与补偿。另外，针对家庭处境不利儿童，应推行普惠性学前教育项目，合理分配学前教育资源，明确学前教育的责任分担机制。便利性服务方面，城乡家长的需求度都较低，但需求满足情况却是最好的。保育服务方面，城市家长需求度显著高于农村家长，但是满足情况基本一样。教育内容方面，家长对小学化教育内容的需求仍然比较强烈，建议幼儿园要引导家长树立科学的课程观念，持续深化幼儿家长教育观念的转变。针对幼儿家长的个别化需求，幼儿园应及时关注并给予满足。

第一节　城市家长学前教育需求现状

一、城市家长群体的界定及需求测量工具

（一）城市家长群体的界定

首先需要对"城市"的概念进行界定。城市起源于防卫之城与交易之市的结合，具有军事、政治、商贸和手工业中心等多种职能，其后城市逐渐被泛指为人口较密集、工商业较发达的地方。① 自我国近代以来形成发展的"市"和"镇"的行

---

① 胡序威.论城镇化的概念内涵和规律性[J].城市与区域规划研究，2006(8)：2.

政建制，使城市和市镇这两个不同的名词概念渐趋混淆。对城市概念的狭义理解，只局限于市。例如，通常所说的城市人口和城市个数，一般不包括县辖制镇。对城市概念的广义理解，一般包括建制市和建制镇。2008 年 1 月 1 日实施的《中华人民共和国城乡规划法》明确指出，"本法所称规划区，是指城市、镇和村庄的建成区以及因城乡建设和发展需要，必须实行规划控制的区域"，明确将城市和镇并列提出。[①] 因此本书中提到的城市采用的是最新的划分标准，不包括建制镇，包括省会或大城市，地级市城市，县级市或县城。在国外，通常以地理区位来划分城乡，二者仅仅是地理位置的不同。而在我国长期以来实行严格的户籍登记制度，城乡不仅仅是地理位置的不同，伴随着城乡划分出现城市户口，农村户口；户口不仅反映居民的居住情况，还反映社会资源的分配情况。因此，城市家长群体主要指户口属于城市的群体。

（二）家长需求测量工具和取样

1. 城市家长需求测量工具

本研究采用《保障适龄儿童接受基本而有质量的学前教育政策与机制研究》课题组编制的《家长学前教育需求调查问卷》。此问卷具有良好的结构效度和内容效度，信度也符合统计学规定。问卷包含两部分，第一部分是家长基本信息调查，包括家长的职业、年龄、教育程度、家庭收入、目前居住地、幼儿户口所在地、孩子在园所的时间等。第二部分是家长学前教育需求调查，共 4 个项目，每项内容 4 至 8 个题目，共有 23 个题目。此部分采用李克特 5 级评分，家长需要对 23 个需求题目分别从重要程度及满意程度赋值，需求重要程度赋值为：1 分＝不重要，2 分＝不太重要，3 分＝一般重要，4 分＝比较重要，5 分＝非常重要。分数越高，说明家长认为此项越重要，即对此项服务的需求度越高。需求满意程度赋值为：1 分＝不满意，2 分＝不太满意，3 分＝一般满意，4 分＝比较满意，5 分＝非常满意。分数越高，说明家长对此项越满意，即对此项服务的满意度越高。

表 2.1.1.1　项目与具体题项分布

家长学前教育需求	题号
便利性服务	1、2、3、4
保育服务	5、6、7、8、9、10
对教师的要求	11、12、13、14、15
教育内容	16、17、18、19、20、21、22、23

2. 城市家长学前教育需求数据样本分布

如表 2.1.1.2 所示，城市家长需求数据总计 599 份，其中省会或大城市占

---

① 周彦国，钱振水，王娜 ."新型城镇化"的概念与特征解读[J]. 规划师论坛，2013(2)：2.

39.56%，地级市城市占 17.87%，县级市或县城占 42.57%。

表 2.1.1.2 样本分布情况

	样本量	百分比
省会或大城市	237	39.56%
地级市城市	107	17.87%
县级市或县城	255	42.57%
总计（城市）	599	

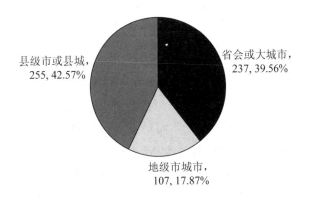

图 2.1.1.1 样本分布情况

二、城市家长学前教育需求度现状

（一）关于便利性服务的需求现状

表 2.1.2.1 城市家长便利性服务项目的描述性分析

	样本量	最小值	最大值	平均值	标准差
便利性服务	574	1.00	5.00	2.75	1.16
1	592	1.00	5.00	3.37	1.42
2	585	1.00	5.00	3.01	1.48
3	583	1.00	5.00	2.68	1.48
4	583	1.00	5.00	1.91	1.42

注：1. 幼儿园允许早送晚接

2. 寒暑假也可以送孩子上幼儿园

3. 周末也可以把孩子送到幼儿园

4. 孩子可以晚上在幼儿园睡

如表 2.1.2.1 所示，城市家长便利性服务项目需求度得分 2.75，得分较低，说明城市家长对便利性服务项目的需求较小。分析便利性服务的具体题项可知，城市家长需求度上的得分最高（$M=3.37$）的是题项 1（幼儿园允许早送晚接），需

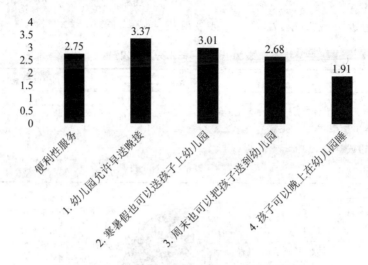

图 2.1.2.1 城市家长便利性服务项目的描述性分析

求度上的得分最低（$M = 1.91$）的是题项 4（孩子可以晚上在幼儿园睡），这说明城市家长不太需要幼儿园晚上提供服务，而对灵活接送时间有较高要求。在各个题项中，需求度得分高于项目均值（$M = 2.75$）有题项 1（幼儿园允许早送晚接）、题项 2（寒暑假也可以送孩子上幼儿园），而需求度得分低于项目均值（$M = 2.75$）的有题项 3（周末也可以把孩子送到幼儿园）、题项 4（孩子可以晚上在幼儿园睡）。

（二）关于保育服务的需求现状

表 2.1.2.2 城市家长保育服务项目的描述性分析

	样本量	最小值	最大值	平均值	标准差
保育服务	555	1.67	5.00	4.52	0.70
5	575	1.00	5.00	4.67	0.80
6	573	1.00	5.00	4.54	0.93
7	574	1.00	5.00	4.07	1.31
8	574	1.00	5.00	4.62	0.75
9	580	1.00	5.00	4.59	0.91
10	580	1.00	5.00	4.62	0.92

注：5. 幼儿园饭菜质量可靠，安全卫生

6. 幼儿园饭菜足够，孩子可以吃饱

7. 孩子对某些食物过敏或有忌讳时，幼儿园有其他食物给孩子

8. 幼儿园饭菜可口，孩子喜欢吃

9. 孩子渴了在园可以随时喝水

10. 孩子有需要可以及时上厕所

如表 2.1.2.2 所示，城市家长保育服务项目需求度得分 4.52，得分较高，说明城市家长对保育服务项目的需求较大。分析保育服务的具体题项可知，城市家长需求度上的得分最高（$M = 4.67$）的是题项 5（幼儿园饭菜质量可靠，安全卫生），

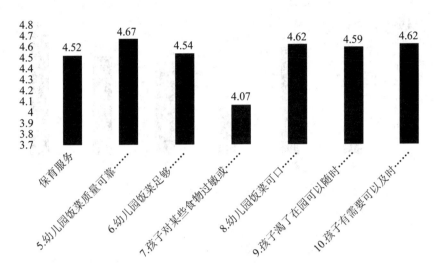

图 2.1.2.2 城市家长保育服务项目的描述性分析

需求度上的得分最低($M=4.07$)的是题项 7(孩子对某些食物过敏或有忌讳时,幼儿园有其他食物给孩子),这说明城市家长在保育服务方面的首要需求是保障幼儿的饮食安全卫生,这是幼儿健康成长的前提。在各个题项中,需求度得分高于项目均值($M=4.52$)有题项 5(幼儿园饭菜质量可靠,安全卫生),题项 8(幼儿园饭菜可口,孩子喜欢吃),题项 9(孩子渴了在园可以随时喝水),题项 10(孩子有需要可以及时上厕所)。而需求度得分低于项目均值($M=4.52$)的是题项 7(孩子对某些食物过敏或有忌讳时,幼儿园有其他食物给孩子)。

(三)关于对教师的要求的需求现状

表 2.1.2.3 城市家长对教师的要求项目的描述性分析

	样本量	最小值	最大值	平均值	标准差
对教师的要求	561	1.40	5.00	4.84	0.34
11	569	1.00	5.00	4.88	0.39
12	577	1.00	5.00	4.67	0.79
13	573	1.00	5.00	4.83	0.48
14	570	1.00	5.00	4.85	0.46
15	579	2.00	5.00	4.93	0.32

注:11. 孩子喜欢老师

12. 如果孩子身体不方便(如自己上厕所或吃饭有困难等),老师有专门的帮助

13. 老师多和家长交流孩子情况

14. 老师平等对待孩子

15. 幼儿园确保孩子安全

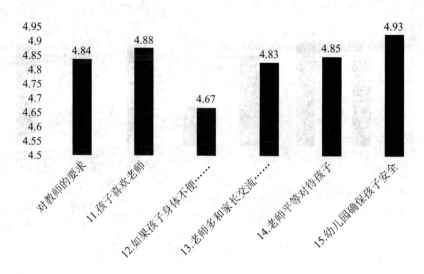

图 2.1.2.3 城市家长对教师的要求项目的描述性分析

如表 2.1.2.3 所示，城市家长对教师的要求的需求度得分 4.84，得分较高，说明城市家长对教师的要求项目的需求较高。分析对教师的要求的具体题项可知，城市家长需求度上的得分最高（$M=4.93$）的是题项 15（幼儿园确保孩子安全），需求度上的得分最低（$M=4.67$）的是题项 12[如果孩子身体不方便（如自己上厕所或吃饭有困难等），老师有专门的帮助]，这说明对教师的要求方面，城市家长最关心的是幼儿的安全问题。而对孩子身体不方便需要老师的专门帮助只是个别幼儿的情况，所占比例较小，不能反映整个群体的需求状况，更不能以偏概全。幼儿教师要保障幼儿的个别需求得到满足，及时帮助有特殊需求的幼儿适应幼儿园生活。在各个题项中，需求度得分高于项目均值（$M=4.84$）有题项 15（幼儿园确保孩子安全）、题项 11（孩子喜欢老师）、题项 14（老师平等对待孩子），而需求度得分低于项目均值（$M=4.84$）的有题项 12[如果孩子身体不方便（如自己上厕所或吃饭有困难等），老师有专门的帮助]、题项 13（老师多和家长交流孩子情况）。

（四）关于教育内容的需求现状

表 2.1.2.4 城市家长教育内容项目的描述性分析

	样本量	最小值	最大值	平均值	标准差
教育内容	562	1.00	5.00	4.71	0.38
16	572	1.00	5.00	4.05	1.06
17	570	1.00	5.00	4.82	0.46
18	569	1.00	5.00	4.88	0.39
19	570	1.00	5.00	4.72	0.60

续表

	样本量	最小值	最大值	平均值	标准差
20	569	1.00	5.00	4.89	0.40
21	571	1.00	5.00	4.63	0.66
22	572	1.00	5.00	4.83	0.46
23	572	1.00	5.00	4.82	0.47

注: 16. 孩子学习写字、拼音、算数等

16. 孩子学习写字、拼音、算数等

17. 孩子愿意和其他小朋友玩

18. 孩子变得懂礼貌

19. 孩子爱锻炼身体

20. 孩子在幼儿园开心快乐

21. 孩子学会唱歌、跳舞、画画等

22. 孩子学会生活自理

23. 孩子变得爱干净、讲卫生

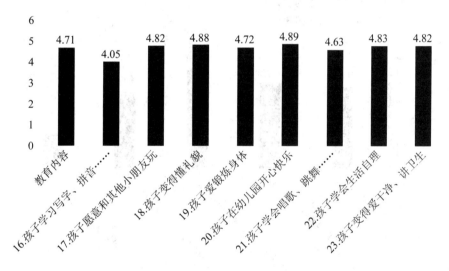

图 2.1.2.4　城市家长教育内容项目的描述性分析

如表 2.1.2.4 所示，城市家长对教育内容的需求度得分 4.71，得分较高，说明城市家长很关注幼儿园的教育内容。分析教育内容的具体题项可知，城市家长需求度上的得分最高（$M=4.89$）的是题项 20（孩子在幼儿园开心快乐），需求度上的得分最低（$M=4.05$）的是题项 16（孩子学习写字、拼音、算数等），说明城市家长观念已经开始转变，更注重孩子的主观感受，希望孩子在幼儿园开心快乐，更重视五大领域的教育内容，期望幼儿能够在幼儿园培养出良好的行为习惯。在各个题项中，需求度得分高于项目均值（$M=4.71$）有题项 20（孩子在幼儿园开心快乐）、题项 18（孩子变得懂礼貌），而需求度得分低于项目均值（$M=4.71$）有题项 16（孩子学习写字、拼音、算数等）、题项 21（孩子学会唱歌、跳舞、画画等）。

三、城市家长学前教育需求满意度现状

（一）关于便利性服务的满意度现状

表 2.1.3.1　城市家长便利性服务项目的描述性分析

	样本量	最小值	最大值	平均值	标准差
便利性服务	479	1.00	5.00	4.19	0.77
1	565	1.00	5.00	4.22	0.96
2	539	1.00	5.00	4.33	0.87
3	550	1.00	5.00	4.16	1.21
4	506	1.00	5.00	3.85	1.44

注：1. 幼儿园允许早送晚接

　　2. 寒暑假也可以送孩子上幼儿园

　　3. 周末也可以把孩子送到幼儿园

　　4. 孩子可以晚上在幼儿园睡

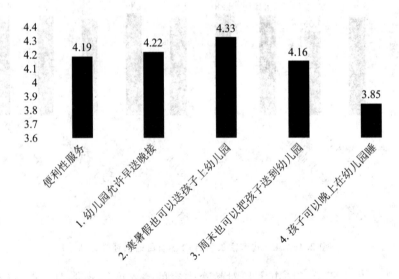

图 2.1.3.1　城市家长便利性服务项目的描述性分析

如表 2.1.3.1 所示，城市家长便利性服务项目满意度得分 4.19，得分较高，说明城市家长对幼儿园提供的便利性服务比较满意。分析便利性服务的具体题项可知，城市家长满意度上的得分最高（$M=4.33$）的是题项 2（寒暑假也可以送孩子上幼儿园），满意度上的得分最低（$M=3.85$）的是题项 4（孩子可以晚上在幼儿园睡）。在各个题项中，满意度得分高于项目均值（$M=4.19$）有题项 1（幼儿园允许早送晚接）、题项 2（寒暑假也可以送孩子上幼儿园），而满意度得分低于项目均值（$M=4.19$）的有题项 3（周末也可以把孩子送到幼儿园）、题项 4（孩子可以晚上在幼儿园睡）。这说明幼儿园提供的延时服务未能针对性地满足家长的需求，而家

长对幼儿园提供的灵活接送的时间安排、寒暑假提供额外的服务比较满意。

（二）关于保育服务的满意度现状

表 2.1.3.2　城市家长保育服务项目的描述性分析

	样本量	最小值	最大值	平均值	标准差
保育服务	501	2.33	5.00	4.48	0.58
5	571	1.00	5.00	4.46	0.75
6	560	1.00	5.00	4.49	0.74
7	519	1.00	5.00	4.24	0.93
8	561	2.00	5.00	4.46	0.72
9	567	1.00	5.00	4.56	0.76
10	565	1.00	5.00	4.65	0.68

注：5. 幼儿园饭菜质量可靠，安全卫生

　　6. 幼儿园饭菜足够，孩子可以吃饱

　　7. 孩子对某些食物过敏或有忌讳时，幼儿园有其他食物给孩子

　　8. 幼儿园饭菜可口，孩子喜欢吃

　　9. 孩子渴了在园可以随时喝水

　　10. 孩子有需要可以及时上厕所

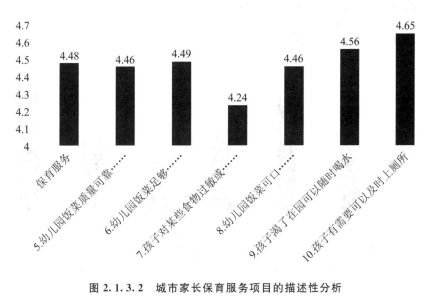

图 2.1.3.2　城市家长保育服务项目的描述性分析

如表 2.1.3.2 所示，城市家长保育服务项目满意度得分 4.48，得分较高，说明城市家长对保育服务项目的满意度较大。分析保育服务的具体题项可知，城市家长满意度得分最高（$M=4.65$）的是题项 10（孩子有需要可以及时上厕所），满意度得分最低（$M=4.24$）的是题项 7（孩子对某些食物过敏或有忌讳时，幼儿园有其他食物给孩子）。在各个题项中，满意度得分高于项目均值（$M=4.48$）有题项 6

（幼儿园饭菜足够，孩子可以吃饱）、题项 9（孩子渴了在园可以随时喝水），题项 10（孩子有需要可以及时上厕所）。而满意度得分低于项目均值（$M=4.48$）有题项 5（幼儿园饭菜质量可靠，安全卫生）、题项 7（孩子对某些食物过敏或有忌讳时，幼儿园有其他食物给孩子）、题项 8（幼儿园饭菜可口，孩子喜欢吃）。这说明了幼儿园能够满足幼儿的基本保育服务，而更高质量的保育服务未能得到满足。

（三）关于对教师的要求的满意度现状

表 2.1.3.3　城市家长对教师的要求项目的描述性分析

	样本量	最小值	最大值	平均值	标准差
对教师的要求	532	2.40	5.00	4.65	0.51
11	565	1.00	5.00	4.67	0.60
12	563	1.00	5.00	4.61	0.64
13	566	2.00	5.00	4.55	0.67
14	550	1.00	5.00	4.61	0.65
15	567	2.00	5.00	4.68	0.58

注：11. 孩子喜欢老师

12. 如果孩子身体不方便（如自己上厕所或吃饭有困难等），老师有专门的帮助

13. 老师多和家长交流孩子情况

14. 老师平等对待孩子

15. 幼儿园确保孩子安全

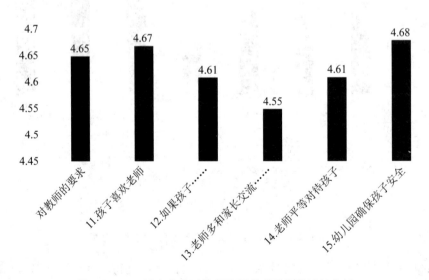

图 2.1.3.3　城市家长对教师的要求项目的描述性分析

如表 2.1.3.3 所示，城市家长保育服务项目满意度得分 4.65，得分较高，说明城市家长对保育服务项目的满意度较大。分析对教师的要求的具体题项可知，城市家长满意度得分最高（$M=4.68$）的是题项 15（幼儿园确保孩子安全），满意度

得分最低($M=4.55$)的是题项 13(老师多和家长交流孩子情况)。在各个题项中，满意度得分高于项目均值($M=4.65$)的有题项 15(幼儿园确保孩子安全)、11(孩子喜欢老师)。而满意度得分低于项目均值($M=4.65$)的有题项 12[如果孩子身体不方便(如自己上厕所或吃饭有困难等)，老师有专门的帮助]、题项 13(老师多和家长交流孩子情况)。这说明幼儿园比较重视幼儿的安全问题，很好地满足了家长的需求，同时幼儿园老师能够跟幼儿建立良好的亲密关系，幼儿喜欢老师。

（四）关于教育内容的满意度现状

表 2.1.3.4　城市家长教育内容项目的描述性分析

	样本量	最小值	最大值	平均值	标准差
教育内容	559	2.63	5.00	4.51	0.53
16	569	1.00	5.00	4.26	0.91
17	572	2.00	5.00	4.56	0.63
18	575	2.00	5.00	4.59	0.62
19	571	1.00	5.00	4.39	0.80
20	574	2.00	5.00	4.66	0.55
21	574	1.00	5.00	4.50	0.73
22	574	1.00	5.00	4.55	0.68
23	570	2.00	5.00	4.54	0.67

注：16. 孩子学习写字、拼音、算数等
　　17. 孩子愿意和其他小朋友玩
　　18. 孩子变得懂礼貌
　　19. 孩子爱锻炼身体
　　20. 孩子在幼儿园开心快乐
　　21. 孩子学会唱歌、跳舞、画画等
　　22. 孩子学会生活自理
　　23. 孩子变得爱干净、讲卫生

如表 2.1.3.4 所示，城市家长对教育内容的满意度得分 4.51，得分较高，说明城市家长对幼儿园设置的教育内容比较满意。分析教育内容的具体题项可知，城市家长满意度上的得分最高($M=4.66$)的是题项 20(孩子在幼儿园开心快乐)，满意度上的得分最低($M=4.26$)的是题项 16(孩子学习写字、拼音、算数等)。在各个题项中，满意度得分高于项目均值($M=4.51$)有题项 20(孩子在幼儿园开心快乐)、题项 18(孩子变得懂礼貌)，而满意度得分低于项目均值($M=4.51$)的有题项 16(孩子学习写字、拼音、算数等)、题项 19(孩子爱锻炼身体)。这说明幼儿园比较关注幼儿的主观体验和行为习惯的培养，家长的教育需求得到较好的满足，但是忽视了幼儿身体素质的提高。

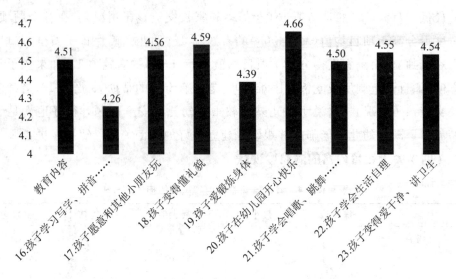

图 2.1.3.4　城市家长教育内容项目的描述性分析

第二节　乡村家长学前教育需求现状

一、乡村家长群体的界定以及评价工具

（一）乡村家长群体的界定

乡村是指本文划定的城市地区以外的其他地区。乡村包括集镇和农村，集镇是指乡、民族乡人民政府所在地和经县人民政府确认由集市发展而成的作为农村一定区域经济、文化和生活服务中心的非建制镇，农村指集镇以外的地区①。2008 年 1 月 1 日实施的《中华人民共和国城乡规划法》明确指出，"本法所称规划区指城市、镇和村庄的建成区以及因城乡建设和发展需要，必须实行规划控制的区域"，明确将城市、镇、村庄并列提出。本书中乡村的界定参照了最新标准，将独立于城市的乡镇与农村归为乡村，因此本书中乡村概指建制镇、集镇和农村，比通常的范围更大。在国外，通常以地理区位来划分城乡，二者仅仅是地理位置的不同。而我国长期以来实行严格的户籍登记制度，城乡不仅仅是地理位置的不同，伴随着城乡划分出现城市户口和农村户口；户口不仅反映居民的居住情况，还反映社会资源的分配情况。因此，乡村家长群体即指户口属于乡镇和农村的群体。

---

①　刘冠生.城市、城镇、农村、乡村概念的理解与使用问题[J].山东理工大学学报(社会科学版)，2005(1)：3.

（二）家长需求评价工具和取样

1. 乡村家长需求评价工具

本研究采用《保障适龄儿童接受基本而有质量的学前教育政策与机制研究》课题组编制的《家长学前教育需求调查问卷》；此问卷具有良好的结构效度和内容效度，信度也符合统计学规定。问卷包含两部分，第一部分是家长基本信息调查，包括家长的职业、年龄、受教育程度、家庭收入、目前居住地、幼儿户口所在地、孩子在园所的时间等。第二部分是家长学前教育需求调查，共 4 个项目，每项内容 4 至 8 个题目，共有 23 个题目。此部分采用李克特 5 级评分，家长需要对 23 个需求题目分别从重要程度及满意程度赋值，需求重要程度赋值为：1 分＝不重要，2 分＝不太重要，3 分＝一般重要，4 分＝比较重要，5 分＝非常重要。分数越高，说明家长认为此项越重要，即对此项服务的需求度越高。需求满意程度赋值为：1 分＝不满意，2 分＝不太满意，3 分＝一般满意，4 分＝比较满意，5 分＝非常满意。分数越高，说明家长对此项越满意，即对此项服务的满意度越高。

表 2.2.1.1　项目与具体题项分布

家长学前教育需求	题号
便利性服务	1、2、3、4
保育服务	5、6、7、8、9、10
对教师的要求	11、12、13、14、15
教育内容	16、17、18、19、20、21、22、23

2. 乡村家长学前教育需求数据样本分布

如表 2.2.1.2 所示，乡村家长数据远大于城市家长，占总体比例 73.48%，城市家长数据较少，占总体比例 26.52%。

表 2.2.1.2　样本分布情况

	样本量
城市	599
农村	1660
总计	2259

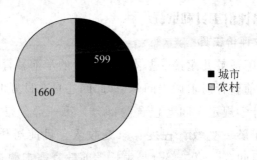

图 2.2.1.1　样本分布情况

二、乡村家长学前教育需求度现状

（一）关于便利性服务的需求现状

表 2.2.2.1　乡村家长便利性服务项目的描述性分析

	样本量	最小值	最大值	平均值	标准差
便利性服务	1465	1.00	5.00	3.29	1.27
1	1553	1.00	5.00	3.78	1.28
2	1526	1.00	5.00	3.59	1.49
3	1530	1.00	5.00	3.14	1.56
4	1514	1.00	5.00	2.67	1.73

注：1. 幼儿园允许早送晚接
　　2. 寒暑假也可以送孩子上幼儿园
　　3. 周末也可以把孩子送到幼儿园
　　4. 孩子可以晚上在幼儿园睡

如表 2.2.2.1 所示，乡村家长便利性服务项目需求度得分 3.29，得分较低，说明乡村家长对便利性服务项目的需求较小。分析便利性服务的具体题项可知，乡村家长需求度上的得分最高（$M=3.78$）的是题项 1（幼儿园允许早送晚接），需求度上的得分最低（$M=2.67$）的是题项 4（孩子可以晚上在幼儿园睡），这说明乡村家长不太需要幼儿园晚上提供服务，而对灵活接送时间有较高的要求。在各个题项中，需求度得分高于项目均值（$M=3.29$）有题项 1（幼儿园允许早送晚接）、题项 2（寒暑假也可以送孩子上幼儿园）、而需求度得分低于项目均值（$M=3.29$）有题项 3（周末也可以把孩子送到幼儿园）、题项 4（孩子可以晚上在幼儿园睡）。

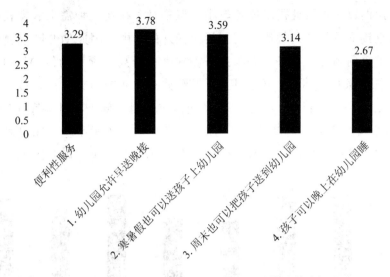

图 2.2.2.1　乡村家长便利性服务项目的描述性分析

（二）关于保育服务的需求现状

表 2.2.2.2　乡村家长保育服务项目的描述性分析

	样本量	最小值	最大值	平均值	标准差
保育服务	1395	1.00	5.00	4.22	0.88
5	1524	1.00	5.00	4.47	0.98
6	1500	1.00	5.00	4.08	1.29
7	1480	1.00	5.00	3.71	1.47
8	1499	1.00	5.00	4.57	0.78
9	1499	1.00	5.00	4.02	1.34
10	1504	1.00	5.00	4.42	1.10

注：5. 幼儿园饭菜质量可靠，安全卫生

6. 幼儿园饭菜足够，孩子可以吃饱

7. 孩子对某些食物过敏或有忌讳时，幼儿园有其他食物给孩子

8. 幼儿园饭菜可口，孩子喜欢吃

9. 孩子渴了在园可以随时喝水

10. 孩子有需要可以及时上厕所

　　如表 2.2.2.2 所示，乡村家长保育服务项目需求度得分 4.22，得分较高，说明乡村家长对保育服务项目的需求较大。分析保育服务的具体题项可知，乡村家长需求度上的得分最高（$M=4.57$）的是题项 8（幼儿园饭菜可口，孩子喜欢吃），需求度上的得分最低（$M=3.71$）的是题项 7（孩子对某些食物过敏或有忌讳时，幼儿园有其他食物给孩子），这说明乡村家长在保育服务方面的首要需求是保障幼儿的饮食安全卫生，这是幼儿健康成长的前提。而对食物过敏只是个别幼儿的情

况，所占比例较小，因此需求度比较小，但是对于存在这种需求的家长而言，对食物过敏直接危及幼儿的健康，需要给予额外的照顾，因此幼儿园也要保障幼儿的个别需求得到满足。在各个题项中，需求度得分高于项目均值（$M=4.22$）有题项5（幼儿园饭菜质量可靠，安全卫生）、题项8（幼儿园饭菜可口，孩子喜欢吃）、题项10（孩子有需要可以及时上厕所）。而需求度得分低于项目均值（$M=4.84$）有题项6（幼儿园饭菜足够，孩子可以吃饱）、题项7（孩子对某些食物过敏或有忌讳时，幼儿园有其他食物给孩子）、题项9（孩子渴了在园可以随时喝水）。

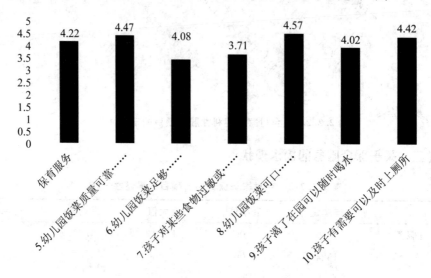

图 2.2.2.2　乡村家长保育服务项目的描述性分析

（三）关于对教师的要求的需求现状

表 2.2.2.3　乡村家长对教师的要求项目的描述性分析

	样本量	最小值	最大值	平均值	标准差
对教师的要求	1462	3.00	5.00	4.81	0.34
11	1536	1.00	5.00	4.87	0.40
12	1518	1.00	5.00	4.75	0.64
13	1519	1.00	5.00	4.79	0.49
14	1510	1.00	5.00	4.77	0.59
15	1518	2.00	5.00	4.85	0.43

注：11. 孩子喜欢老师

　　12. 如果孩子身体不方便（如自己上厕所或吃饭有困难等），老师有专门的帮助

　　13. 老师多和家长交流孩子情况

　　14. 老师平等对待孩子

　　15. 幼儿园确保孩子安全

　　如表 2.2.2.3 所示，乡村家长对教师的要求的需求度得分 4.81，得分较高，说明乡村家长对教师的要求项目的需求较高。分析对教师的要求的具体题项可知，乡村家长需求度上的得分最高($M=4.87$)的是题项 11(孩子喜欢老师)，需求度上的得分最低($M=4.75$)的是题项 12[如果孩子身体不方便(如自己上厕所或吃饭有困难等)，老师有专门的帮助]，这说明对教师的要求方面，乡村家长最关心的是幼儿的安全问题。而对孩子身体不方便需要老师的专门帮助只是个别幼儿的情况，所占比例较小，因此需求度比较低，但是对于存在这种需求的家长而言，对食物过敏直接危及幼儿的健康，需要给予额外的照顾，及时帮助有特殊需求的幼儿适应幼儿园生活。在各个题项中，需求度得分高于项目均值($M=4.81$)有题项 15(幼儿园确保孩子安全)、题项 11(孩子喜欢老师)，而需求度得分低于项目均值($M=4.81$)有题项 12[如果孩子身体不方便(如自己上厕所或吃饭有困难等)，老师有专门的帮助]、题项 13(老师多和家长交流孩子情况)、题项 14(老师平等对待孩子)。

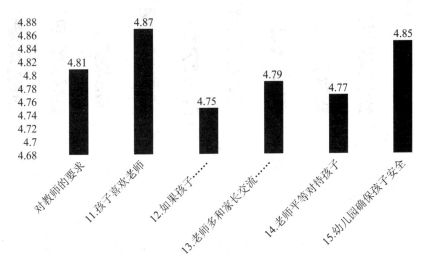

图 2.2.2.3　乡村家长对教师的要求项目的描述性分析

（四）关于教育内容的需求现状

表 2.2.2.4　乡村家长教育内容项目的描述性分析

	样本量	最小值	最大值	平均值	标准差
教育内容	1444	2.00	5.00	4.70	0.37
16	1497	1.00	5.00	4.29	0.97
17	1496	1.00	5.00	4.73	0.57
18	1499	2.00	5.00	4.84	0.41
19	1488	1.00	5.00	4.69	0.58
20	1495	2.00	5.00	4.86	0.40

续表

	样本量	最小值	最大值	平均值	标准差
21	1484	1.00	5.00	4.60	0.65
22	1493	1.00	5.00	4.77	0.51
23	1485	1.00	5.00	4.79	0.49

注：16. 孩子学习写字、拼音、算数等

　　17. 孩子愿意和其他小朋友玩

　　18. 孩子变得懂礼貌

　　19. 孩子爱锻炼身体

　　20. 孩子在幼儿园开心快乐

　　21. 孩子学会唱歌、跳舞、画画等

　　22. 孩子学会生活自理

　　23. 孩子变得爱干净、讲卫生

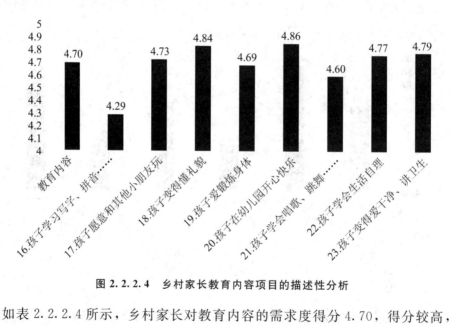

图 2.2.2.4　乡村家长教育内容项目的描述性分析

　　如表 2.2.2.4 所示，乡村家长对教育内容的需求度得分 4.70，得分较高，说明乡村家长很关注幼儿园的教育内容。分析教育内容的具体题项可知，乡村家长需求度上的得分最高（$M=4.86$）的是题项 20（孩子在幼儿园开心快乐），需求度上的得分最低（$M=4.29$）的是题项 16（孩子学习写字、拼音、算数等），说明乡村家长观念已经开始转变，更注重孩子的主观感受，希望孩子在幼儿园开心快乐，更重视五大领域的教育内容，期望幼儿能够在幼儿园培养出良好的行为习惯。在各个题项中，需求度得分高于项目均值（$M=4.70$）有题项 20（孩子在幼儿园开心快乐）、题项 18（孩子变得懂礼貌），而需求度得分低于项目均值（$M=4.71$）有题项 16（孩子学习写字、拼音、算数等）、题项 21（孩子学会唱歌、跳舞、画画等）。

三、乡村家长学前教育需求满意度现状

（一）关于便利性服务的满意度现状

表 2.2.3.1 乡村家长便利性服务项目的描述性分析

	样本量	最小值	最大值	平均值	标准差
便利性服务	1218	1.25	5.00	3.93	0.86
1	1471	1.00	5.00	4.31	0.84
2	1322	1.00	5.00	4.06	0.99
3	1446	1.00	5.00	3.56	1.61
4	1423	1.00	5.00	3.29	1.84

注：1. 幼儿园允许早送晚接

2. 寒暑假也可以送孩子上幼儿园

3. 周末也可以把孩子送到幼儿园

4. 孩子可以晚上在幼儿园睡

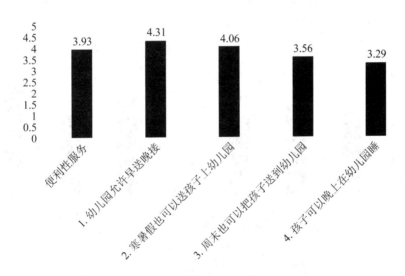

图 2.2.3.1 乡村家长便利性服务项目的描述性分析

如表 2.2.3.1 所示，乡村家长便利性服务项目满意度得分 3.93，得分较低，说明乡村家长幼儿园提供的便利性服务满意度不高。分析便利性服务的具体题项可知，乡村家长满意度上的得分最高（$M=4.31$）的是题项 1（幼儿园允许早送晚接），满意度上的得分最低（$M=3.29$）的是题项 4（孩子可以晚上在幼儿园睡）。在各个题项中，满意度得分高于项目均值（$M=3.93$）有题项 1（幼儿园允许早送晚接）、题项 2（寒暑假也可以送孩子上幼儿园），而满意度得分低于项目均值（$M=3.93$）有题项 3（周末也可以把孩子送到幼儿园）、题项 4（孩子可以晚上在幼儿园睡）。这说明幼儿园提供的延时服务未能针对性地满足家长需求，而家长对幼儿

园提供的灵活接送的时间安排、寒暑假提供额外的服务比较满意。

（二）关于保育服务的满意度现状

表 2.2.3.2　乡村家长保育服务项目的描述性分析

	样本量	最小值	最大值	平均值	标准差
保育服务	972	1.67	5.00	4.31	0.69
5	1333	1.00	5.00	4.36	0.87
6	1267	1.00	5.00	4.26	0.95
7	1124	1.00	5.00	3.92	1.19
8	1351	1.00	5.00	4.43	0.79
9	1363	1.00	5.00	4.29	1.05
10	1382	1.00	5.00	4.53	0.84

注：5. 幼儿园饭菜质量可靠，安全卫生

6. 幼儿园饭菜足够，孩子可以吃饱

7. 孩子对某些食物过敏或有忌讳时，幼儿园有其他食物给孩子

8. 幼儿园饭菜可口，孩子喜欢吃

9. 孩子渴了在园可以随时喝水

10. 孩子有需要可以及时上厕所

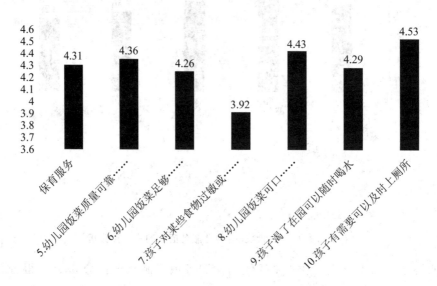

图 2.2.3.2　乡村家长保育服务项目的描述性分析

如表 2.2.3.2 所示，乡村家长保育服务项目满意度得分 4.31，得分较高，说明乡村家长对保育服务项目的满意度较高。分析保育服务的具体题项可知，乡村家长满意度上的得分最高（$M=4.53$）的是题项 10（孩子有需要可以及时上厕所），满意度上的得分最低（$M=3.92$）的是题项 7（孩子对某些食物过敏或有忌讳时，幼儿园有其他食物给孩子）。在各个题项中，满意度得分高于项目均值（$M=4.31$）

有题项 5(幼儿园饭菜质量可靠，安全卫生)、题项 8(幼儿园饭菜可口，孩子喜欢吃)、题项 10(孩子有需要可以及时上厕所)。而满意度得分低于项目均值($M=4.31$)有题项 6(幼儿园饭菜足够，孩子可以吃饱)、题项 7(孩子对某些食物过敏或有忌讳时，幼儿园有其他食物给孩子)、题项 9(孩子渴了在园可以随时喝水)。这说明幼儿园能够满足幼儿的基本保育服务，而更高质量的保育服务未能得到满足。

(三)关于对教师的要求的满意度现状

表 2.2.3.3　乡村家长对教师的要求项目的描述性分析

	样本量	最小值	最大值	平均值	标准差
对教师的要求	1164	1.60	5.00	4.53	0.59
11	1351	1.00	5.00	4.59	0.67
12	1310	1.00	5.00	4.46	0.77
13	1368	1.00	5.00	4.47	0.74
14	1261	1.00	5.00	4.45	0.83
15	1334	1.00	5.00	4.52	0.72

注：11. 孩子喜欢老师

12. 如果孩子身体不方便(如自己上厕所或吃饭有困难等)，老师有专门的帮助

13. 老师多和家长交流孩子情况

14. 老师平等对待孩子

15. 幼儿园确保孩子安全

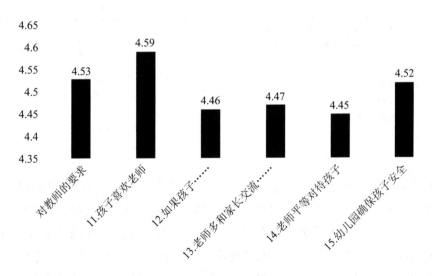

图 2.2.3.3　乡村家长对教师的要求项目的描述性分析

如表 2.2.3.3 所示，乡村家长保育服务项目满意度得分 4.53，得分较高，说明乡村家长对保育服务项目的满意度较高。分析对教师的要求的具体题项可知，

乡村家长满意度上的得分最高($M=4.59$)的是题项 11(孩子喜欢老师),满意度上的得分最低($M=4.46$)的是题项 12[如果孩子身体不方便(如自己上厕所或吃饭有困难等),老师有专门的帮助]。在各个题项中,满意度得分高于项目均值($M=4.53$)有题项 11(孩子喜欢老师)。而满意度得分低于项目均值($M=4.53$)有题项 12[如果孩子身体不方便(如自己上厕所或吃饭有困难等),老师有专门的帮助]、题项 13(老师多和家长交流孩子情况)、题项 14(老师平等对待孩子)、题项 15(幼儿园确保孩子安全)。这说明幼儿园比较重视幼儿的安全问题,很好地满足了家长的需求。同时幼儿园老师能够跟幼儿建立良好的亲密关系,幼儿喜欢老师。

(四)关于教育内容的满意度现状

表 2.2.3.4 乡村家长教育内容项目的描述性分析

	样本量	最小值	最大值	平均值	标准差
教育内容	1319	1.00	5.00	4.41	0.63
16	1399	1.00	5.00	4.18	0.97
17	1404	1.00	5.00	4.49	0.74
18	1421	1.00	5.00	4.47	0.75
19	1388	1.00	5.00	4.29	0.85
20	1412	1.00	5.00	4.57	0.71
21	1410	1.00	5.00	4.41	0.82
22	1414	1.00	5.00	4.37	0.85
23	1418	1.00	5.00	4.39	0.82

注:16. 孩子学习写字、拼音、算数等
　　17. 孩子愿意和其他小朋友玩
　　18. 孩子变得懂礼貌
　　19. 孩子爱锻炼身体
　　20. 孩子在幼儿园开心快乐
　　21. 孩子学会唱歌、跳舞、画画等
　　22. 孩子学会生活自理
　　23. 孩子变得爱干净、讲卫生

如表 2.2.3.4 所示,乡村家长对教育内容的满意度得分 4.41,得分较高,说明乡村家长对幼儿园设置的教育内容比较满意。分析教育内容的具体题项可知,乡村家长满意度上的得分最高($M=4.57$)的是题项 20(孩子在幼儿园开心快乐),满意度上的得分最低($M=4.18$)的是题项 16(孩子学习写字、拼音、算数等)。在各个题项中,满意度得分高于项目均值($M=4.41$)有题项 20(孩子在幼儿园开心快乐)、题项 17(孩子愿意和其他小朋友玩),而需求度得分低于项目均值($M=4.41$)有题项 16(孩子学习写字、拼音、算数等)、题项 19(孩子爱锻炼身体)。这说明幼儿园比较关注幼儿的主观体验和行为习惯的培养,家长的教育需求得到较

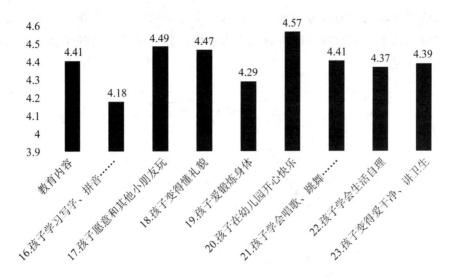

图 2.2.3.4　乡村家长教育内容项目的描述性分析

好的满足，但是忽视了幼儿身体素质的提高。

第三节　城乡家长学前教育需求的满足现状

一、城市家长学前教育需求的满足状况

（一）城市家长学前教育总体需求的需求度与满意度对比分析

表 2.3.1.1　城市家长学前教育总体需求的需求度与满意度对比分析

	需求度		满意度	
	样本量	M(SD)	样本量	M(SD)
总需求	517	4.35(0.34)	402	4.50(0.46)
便利性服务	574	2.75(1.16)	479	4.19(0.77)
保育服务	555	4.52(0.70)	501	4.48(0.58)
对教师的要求	561	4.84(0.34)	532	4.65(0.51)
教育内容	562	4.71(0.38)	559	4.51(0.53)

从表 2.3.1.1 可以看出，分析城市家长需求度发现，我国城市学前教育需求总体得分为 4.35，就各项目而言，对教师的要求得分最高（M＝4.84），便利性服务的得分最低（M＝2.75）。就满意度而言，我国城市学前教育满意度总体得分均值为 4.50，家长在对教师的要求（M＝4.65）这一项目上的得分最高，在便利性服务项目（M＝4.19）上的得分最低。如图 2.3.1.1 所示，对比我国城市地区家长需求度与满意度得分，在总体、便利性服务、保育服务项目上，满意度大于需求

度，说明当前幼儿园的服务满足了家长这两个方面的需求。而在对教师的要求与教育内容项目上，家长需求度得分大于满意度得分，家长在这些项目上的需求未得到相应满足。

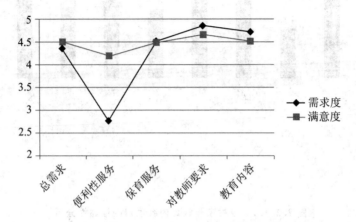

图 2.3.1.1 城市家长学前教育总体需求的需求度与满意度对比分析

（二）关于城市家长学前教育便利性服务的需求度与满意度对比分析

表 2.3.1.2 便利性服务的需求度与满意度对比分析

	需求度		满意度	
	样本量	*M(SD)*	样本量	*M(SD)*
便利性服务	574	2.75(1.16)	479	4.19(0.77)
1	592	3.37(1.42)	565	4.22(0.96)
2	585	3.01(1.48)	539	4.33(0.87)
3	583	2.68(1.48)	550	4.16(1.21)
4	583	1.91(1.41)	506	3.85(1.44)

注：1. 幼儿园允许早送晚接
    2. 寒暑假也可以送孩子上幼儿园
    3. 周末也可以把孩子送到幼儿园
    4. 孩子可以晚上在幼儿园睡

由表 2.3.1.2 可知，城市家长便利性服务项目需求度得分 2.75，得分较低，满意度得分远远高于需求度得分（$M=4.19$），说明城市家长对便利性服务项目的需求较小，且幼儿园提供的此项服务较好地满足了农村家长的此项需求。整体数据结果表明，在需求度和满意度上，项目得分和具体题项得分均较低。如图2.3.1.2 显示，分析具体题项发现，城市家长对 4 个题项的满意度得分均远大于需求度得分。需求度（$M=1.91$）与满意度（$M=3.85$）得分最低的都是题项 4（孩子晚上可以在幼儿园睡），需求度上的得分最高（$M=3.37$）的是题项 1（幼儿园允许早送晚接），而城市家长对题项 2（$M=4.33$）的满意度最高（寒暑假也可以送孩子上幼儿园），这说明城市家长对不太需要幼儿园晚上提供服务，而对灵活接送时间有较高的要求。

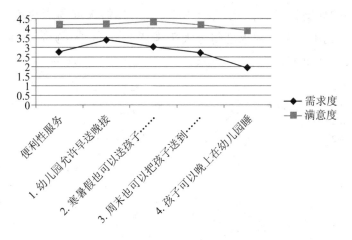

图 2.3.1.2　便利性服务的需求度与满意度对比分析

（三）关于城市家长学前教育保育服务的需求度与满意度对比分析

表 2.3.1.3　保育服务的需求度与满意度对比分析

	需求度		满意度	
	样本量	$M(SD)$	样本量	$M(SD)$
保育服务	555	4.52(0.70)	501	4.48(0.58)
5	575	4.60(0.80)	571	4.46(0.75)
6	573	4.50(0.93)	560	4.49(0.74)
7	574	4.00(1.30)	519	4.24(0.93)
8	574	4.60(0.75)	561	4.46(0.72)
9	580	4.50(0.91)	567	4.56(0.76)
10	580	4.62(0.92)	565	4.65(0.68)

注：5. 幼儿园饭菜质量可靠，安全卫生

6. 幼儿园饭菜足够，孩子可以吃饱

7. 孩子对某些食物过敏或有忌讳时，幼儿园有其他食物给孩子

8. 幼儿园饭菜可口，孩子喜欢吃

9. 孩子渴了在园可以随时喝水

10. 孩子有需要可以及时上厕所

由表 2.3.1.3 可知，城市家长对幼儿园保育服务项目的需求度得分为 4.52，对其满意度得分为 4.48，需求度得分略高于满意度，说明当前幼儿园的保育不能够完全满足城市家长的需求，有待进一步予以满足。如图 2.3.1.3 显示，分析具体题项发现，题项 7 即幼儿对饭菜的个别需求上，城市家长的需求度（$M = 4.00$）和满意度（$M = 4.24$）的得分均最低，且满意度大于需求度，但是我们认为幼儿对

食物过敏的情况较少，此结果不能代表大部分家长的需求情况和满意情况。城市家长对题项5，即对幼儿园饭菜的质量需求最大的是题项10($M=4.62$)，对题项10，即幼儿园的如厕护理最满意($M=4.65$)。对比需求度与满意度，题项5、题项6、题项8、题项9上，需求度得分大于满意度，而在题项7和题项10上，满意度得分则大于需求度。

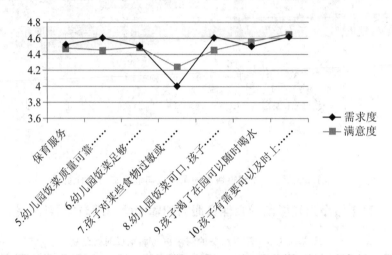

图2.3.1.3 保育服务的需求度与满意度对比分析

（四）关于城市家长学前教育对教师的要求的需求度与满意度对比分析

表2.3.1.4 城市家长关于对教师的要求的需求度与满意度对比分析

	需求度		满意度	
	样本量	M(SD)	样本量	M(SD)
对教师的要求	561	4.84(0.34)	532	4.65(0.51)
11	569	4.88(0.39)	565	4.67(0.60)
12	577	4.67(0.79)	563	4.61(0.64)
13	573	4.83(0.48)	566	4.55(0.67)
14	570	4.85(0.46)	550	4.61(0.65)
15	579	4.93(0.32)	567	4.68(0.58)

注：11. 孩子喜欢老师

12. 如果孩子身体不方便（如自己上厕所或吃饭有困难等），老师有专门的帮助

13. 老师多和家长交流孩子情况

14. 老师平等对待孩子

15. 幼儿园确保孩子安全

如表2.3.1.4所示，城市家长在对教师的要求这一项目上的需求度得分最高，表明城市家长对教师的要求较高。同样，家长在这一项目上的满意度得分在学前教育满意度的项目中也居于首位。对比需求度与满意度，家长对教师的要求

需求度大于满意度，幼儿园有待进一步优化教师队伍，满足家长对此的需求。总体而言，城市家长对教师的要求项目的需求度（$M=4.84$）和满意度（$M=4.65$）得分均较高，表现出较高的需求度和满意度，但是需求度大于满意度。分析具体题项发现，所有题项的需求度得分均高于满意度得分，更表示当前幼儿园老师需进一步了解家长的迫切需求，予以满足。题项15（幼儿园确保孩子安全）在需求度（$M=4.93$）与满意度（$M=4.68$）上的得分均是最高，也表现出城市家长对幼儿安全问题十分重视。题项12〔如果孩子身体不方便（如自己上厕所或吃饭有困难等），老师有专门的帮助〕则在需求度上的得分是最低（$M=4.67$），题项13（老师多和家长沟通孩子情况）则在满意度上的得分最低（$M=4.55$），说明城市家长对教师的个别化服务需求较小，教师和家长的沟通较少，家长希望更多了解孩子在幼儿园的情况。

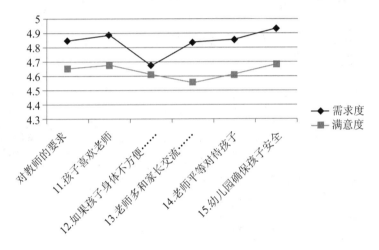

图 2.3.1.4 城市家长关于对教师的要求的需求度与满意度对比分析

（五）关于城市家长学前教育教育内容的需求度与满意度对比分析

表 2.3.1.5 城市家长关于教育内容的需求度与满意度对比分析

	需求度		满意度	
	样本量	M(SD)	样本量	M(SD)
教育内容	562	4.71(0.38)	559	4.51(0.53)
16	572	4.05(1.06)	569	4.26(0.91)
17	570	4.82(0.46)	572	4.56(0.63)
18	569	4.88(0.39)	575	4.59(0.62)
19	570	4.72(0.60)	571	4.39(0.80)
20	569	4.89(0.40)	574	4.66(0.55)
21	571	4.63(0.66)	574	4.50(0.73)

	需求度		满意度	
	样本量	*M*(*SD*)	样本量	*M*(*SD*)
22	572	4.83(0.46)	574	4.55(0.68)
23	572	4.82(0.47)	570	4.54(0.67)

注：16. 孩子学习写字、拼音、算数等
　　17. 孩子愿意和其他小朋友玩
　　18. 孩子变得懂礼貌
　　19. 孩子爱锻炼身体
　　20. 孩子在幼儿园开心快乐
　　21. 孩子学会唱歌、跳舞、画画等
　　22. 孩子学会生活自理
　　23. 孩子变得爱干净、讲卫生

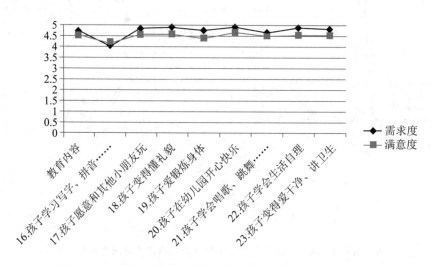

图 2.3.1.5　城市家长关于教育内容的需求度与满意度对比分析

　　如表 2.3.1.5 所示，城市家长对教育内容的需求度评价得分为 4.71，满意度得分为 4.51，需求度得分大于满意度；在具体题项上，需求度得分均大于满意度，说明城市家长很关注幼儿园的教育内容，并且家长对幼儿园所设置的教育内容并不是很满意，幼儿园的教育内容应进一步改进和提高。如图 2.3.1.5 所示，题项 16 即城市家长在对孩子学习写字、拼音、算数等具有小学化倾向的知识的需求度（*M*=4.05）和满意度得分（*M*=4.26）最低，且满意度大于需求度，说明城市家长观念已经开始转变，更注重孩子的主观感受，希望孩子在幼儿园开心快乐，更重视五大领域的教育内容，期望幼儿能够在幼儿园培养出良好的行为习惯。此外，城市家长对题项 20 的需求度（*M*=4.89）和满意度（*M*=4.66）评分均最高。说明家长最重视孩子是否开心快乐，幼儿园要完全满足家长的要求，还要多加努力。

二、乡村家长学前教育需求的满足状况

（一）乡村家长学前教育总体需求的需求度与满意度对比分析

表 2.3.2.1　乡村家长学前教育总体需求的需求度与满意度对比分析

	需求度		满意度	
	样本量	M(SD)	样本量	M(SD)
总需求	1224	4.35(0.30)	698	4.39(0.50)
便利性服务	1465	3.29(1.27)	1218	3.93(0.86)
保育服务	1395	4.22(0.88)	972	4.31(0.69)
对教师的要求	1462	4.81(0.34)	1164	4.53(0.59)
教育内容	1444	4.70(0.37)	1319	4.41(0.63)

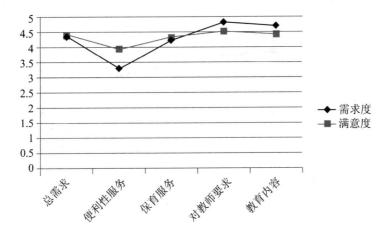

图 2.3.2.1　乡村家长学前教育总体需求的需求度与满意度对比分析

从表 2.3.2.1 可以看出，我国乡村学前教育需求总体得分为 4.35，对教师的要求得分最高（$M=4.81$），便利性服务的得分最低（$M=3.29$）；我国乡村学前教育满意度总体得分均值为 4.39，家长在对教师的要求这一项目上的得分最高（$M=4.53$），在便利性服务项目上的得分最低（$M=3.93$）。如图 2.3.2.1 所示，对比我国乡村地区家长需求度与满意度得分，乡村家长学前教育满意度平均分、便利性服务、保育服务上满意度大于需求度，在对教师的要求和教育内容项目上，则是需求度大于满意度。

（二）关于乡村家长学前教育便利性服务的需求度与满意度对比分析

表 2.3.2.2　乡村家长便利性服务的需求度与满意度对比分析

	需求度		满意度	
	样本量	M(SD)	样本量	M(SD)
便利性服务	1465	3.29(1.27)	1218	3.93(0.86)
1	1553	3.78(1.28)	1471	4.31(0.84)
2	1526	3.59(1.49)	1322	4.06(0.99)
3	1530	3.14(1.56)	1446	3.56(1.61)
4	1514	2.67(1.73)	1423	3.29(1.80)

注：1. 幼儿园允许早送晚接

　　2. 寒暑假也可以送孩子上幼儿园

　　3. 周末也可以把孩子送到幼儿园

　　4. 孩子可以晚上在幼儿园睡

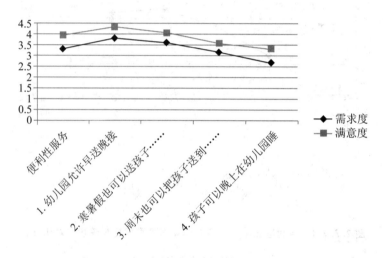

图 2.3.2.2　乡村家长便利性服务的需求度与满意度对比分析

由表 2.3.2.2 可知，乡村家长便利性服务项目的需求度得分为 3.29，满意度得分为 3.93，且整体数据结果表明，不管是需求度还是满意度，相对于其他项目来说，得分较低。从图 2.3.2.2 中还可以发现，需求度与满意度得分趋势基本一致，且在项目及具体题项上，满意度得分均大于需求度得分，说明当前幼儿园提供的便利性服务较好地满足了乡村家长这一方面的需求。具体分析，乡村家长对题项 1 即"幼儿园允许早送晚接"的需求度（$M=3.78$）和满意度（$M=4.31$）得分最高，说明乡村家长对幼儿入园离园时间有较大的需求，且幼儿园能够满足家长早送晚接的需求。而需求度与满意度得分最低的都是题项 4 即"孩子可以晚上在幼儿园睡"，表明家长不太需要幼儿提供晚上的延时服务。

（三）关于乡村家长学前教育保育服务的需求度与满意度对比分析

表 2.3.2.3 乡村家长关于保育服务的需求度与满意度对比分析

	需求度		满意度	
	样本量	M(SD)	样本量	M(SD)
保育服务	1395	4.22(0.88)	972	4.31(0.69)
5	1524	4.47(0.98)	1333	4.36(0.87)
6	1500	4.08(1.29)	1267	4.26(0.95)
7	1480	3.71(1.47)	1124	3.92(1.19)
8	1499	4.57(0.78)	1351	4.43(0.79)
9	1499	4.02(1.34)	1363	4.29(1.05)
10	1504	4.42(1.10)	1382	4.53(0.84)

注：5. 幼儿园饭菜质量可靠，安全卫生

6. 幼儿园饭菜足够，孩子可以吃饱

7. 孩子对某些食物过敏或有忌讳时，幼儿园有其他食物给孩子

8. 幼儿园饭菜可口，孩子喜欢吃

9. 孩子渴了在园可以随时喝水

10. 孩子有需要可以及时上厕所

由表 2.3.2.3 可知，乡村家长对幼儿园保育服务的需求度得分为 4.22，满意度是 4.31，满意度得分高于需求度，说明乡村家长对当前幼儿园提供的保育服务较为满意，基本能够满足其需求。由图 2.3.2.3 可知，幼儿园对于幼儿的如厕护理做得比较好，能够满足家长的需求。题项 7 即幼儿对饭菜的个别需求上，相对于其他题项，乡村家长的需求度（$M=3.71$）和满意度（$M=3.92$）的得分均最低。

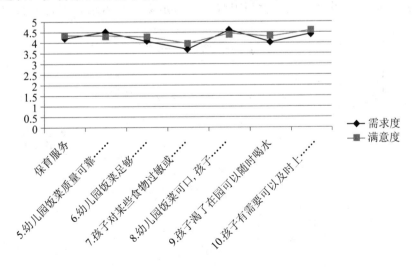

图 2.3.2.3 乡村家长关于保育服务的需求度与满意度对比分析

具体分析而言，在题项5和题项8，即幼儿园饭菜的质量和幼儿园饭菜的味道两项上，需求度得分大于满意度，表明乡村家长较为关心幼儿健康成长，但这方面需求未得到满足。而在题项6和题项8，即幼儿园饭菜的分量和幼儿对饭菜的个别需求上，满意度得分大于需求度，乡村家长对此较为满意。就需求度而言，得分最高的是题项8($M=4.57$)，对于满意度，得分最高的则是题项10($M=4.53$)，说明教师在幼儿及时如厕方面做得比较好。

（四）关于乡村家长学前教育对教师的要求的需求度与满意度对比分析

表2.3.2.4　乡村家长关于对教师的要求的需求度与满意度对比分析

	需求度		满意度	
	样本量	$M(SD)$	样本量	$M(SD)$
对教师的要求	1462	4.81(0.34)	1164	4.53(0.59)
11	1536	4.87(0.40)	1351	4.59(0.67)
12	1518	4.75(0.64)	1310	4.46(0.77)
13	1519	4.79(0.49)	1368	4.47(0.74)
14	1510	4.77(0.59)	1261	4.45(0.83)
15	1518	4.85(0.43)	1334	4.52(0.72)

注：11. 孩子喜欢老师
　　12. 如果孩子身体不方便(如自己上厕所或吃饭有困难等)，老师有专门的帮助
　　13. 老师多和家长交流孩子情况
　　14. 老师平等对待孩子
　　15. 幼儿园确保孩子安全

由表2.3.2.4可知，不管是整体项目还是具体题项，乡村家长需求度得分均大于满意度得分，说明幼儿园教师现状未能满足家长的需求，乡村家长对此不甚

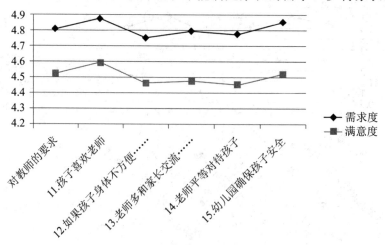

图2.3.2.4　乡村家长关于对教师的要求的需求度与满意度对比分析

满意。图 2.3.2.4 显示，乡村家长对教师的要求的需求度与满意度趋势基本一致。分析具体题项发现，题项 11 即孩子喜欢老师，在需求度($M=4.87$)和满意度($M=4.59$)上的得分最高。题项 12，即幼儿的个别化需求的需求度得分最低($M=4.75$)，其满意度得分也较低($M=4.46$)，这与城市家长情况基本相同。满意度得分最低的是题项 14($M=4.45$)即老师平等对待孩子，说明农村家长对幼儿的安全问题比较担忧。

（五）关于乡村家长学前教育教育内容的需求度与满意度对比分析

表 2.3.2.5 乡村家长关于教育内容的需求度与满意度对比分析

	需求度		满意度	
	样本量	$M(SD)$	样本量	$M(SD)$
教育内容	1444	4.70(0.37)	1319	4.41(0.63)
16	1497	4.29(0.97)	1399	4.18(0.97)
17	1496	4.73(0.57)	1404	4.49(0.74)
18	1499	4.84(0.41)	1421	4.47(0.75)
19	1488	4.69(0.58)	1388	4.29(0.85)
20	1495	4.86(0.40)	1412	4.57(0.71)
21	1484	4.60(0.65)	1410	4.41(0.82)
22	1493	4.77(0.51)	1414	4.37(0.85)
23	1485	4.79(0.49)	1418	4.39(0.82)

注：16. 孩子学习写字、拼音、算数等

17. 孩子愿意和其他小朋友玩

18. 孩子变得懂礼貌

19. 孩子爱锻炼身体

20. 孩子在幼儿园开心快乐

21. 孩子学会唱歌、跳舞、画画等

22. 孩子学会生活自理

23. 孩子变得爱干净、讲卫生

由表 2.3.2.5 可知，与城市家长相同，在项目和具体题项上，乡村家长对教育内容的需求度都大于满意度，说明农村家长此方面的需求也未得到满足。具体分析发现，需求度($M=4.86$)和满意度($M=4.57$)上得分最高的都是题项 20；而得分最低的都是题项 16，说明相对而言，乡村家长的观念也开始转变，农村家长同样也最关注幼儿在幼儿园的情绪。此外，乡村家长对题项 18 的需求度也较高($M=4.84$)，说明其对孩子的文明礼貌习惯的培养也较为重视。

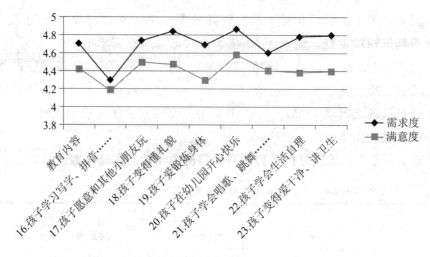

图 2.3.2.5　乡村家长关于教育内容的需求度与满意度对比分析

第四节　城乡家长学前教育需求差异分析

一、城乡家长学前教育需求的需求度差异分析

（一）城乡家长学前教育总体需求的需求度差异分析

表 2.4.1.1　城乡家长学前教育总体需求的需求度差异显著性检验

	城市		农村		t
	样本量	均值（标准差）	样本量	均值（标准差）	
总需求	517	4.35(0.34)	1224	4.35(0.30)	−0.100
便利性服务	574	2.75(1.16)	1465	3.29(1.27)	−9.254***
保育服务	555	4.52(0.70)	1395	4.22(0.88)	7.825***
对教师的要求	561	4.84(0.34)	1462	4.81(0.34)	1.516
教育内容	562	4.71(0.38)	1444	4.70(0.37)	0.581

注：***，$p<0.001$，下同。

　　表 2.4.1.1 显示，对城乡家长之间学前教育需求差异显著性进行检验，在需求度方面，发现在便利性服务和幼儿园保育服务两个项目上城乡家长的需求差异极其显著，乡村家长在便利性服务上的得分极其显著地高于城市家长，而城市家长在保育服务项目上的得分则极其显著地高于农村家长。说明乡村家长对幼儿园提供的便利性服务需求度更大，而城市家长对幼儿园保障幼儿保育服务的满足上提出了更高的要求。

（二）关于便利性服务的需求度差异分析

表 2.4.1.2　城乡家长便利性服务的需求度差异显著性检验

	城市		农村		t
	样本量	均值（标准差）	样本量	均值（标准差）	
便利性服务	574	2.75(1.16)	1465	3.29(1.27)	−9.254***
1	592	3.37(1.42)	1553	3.78(1.28)	−6.114***
2	585	3.01(1.48)	1526	3.59(1.49)	−8.072***
3	583	2.68(1.48)	1530	3.14(1.56)	−6.345***
4	583	1.91(1.41)	1514	2.67(1.73)	−10.329***

注：***，$p<0.001$，下同。
1. 幼儿园允许早送晚接
2. 寒暑假也可以送孩子上幼儿园
3. 周末也可以把孩子送到幼儿园
4. 孩子可以晚上在幼儿园睡

由表 2.4.1.2 可知，对城乡家长之间便利性服务项目的需求度与满意度差异显著性进行 t 检验发现，城市家长和农村家长在便利性服务项目上和具体题项上得分均存在极其显著的差异（$p<0.001$）。乡村家长在便利性服务上的需求度得分高于城市家长，说明乡村家长较为希望幼儿园延长服务时间，能够在周末或寒暑假提供额外的服务，而城市家长对此的需求度则较小。

（三）关于保育服务的需求度差异分析

表 2.4.1.3　城乡家长保育服务的需求度差异显著性检验

	城市		农村		t
	样本量	均值（标准差）	样本量	均值（标准差）	
保育服务	555	4.52(0.70)	1395	4.22(0.88)	7.825***
5	575	4.6(0.80)	1524	4.47(0.98)	4.731***
6	573	4.5(0.93)	1500	4.08(1.29)	9.045***
7	574	4.0(1.30)	1480	3.71(1.47)	5.394***
8	574	4.6(0.75)	1499	4.57(0.78)	1.422
9	580	4.5(0.91)	1499	4.02(1.34)	11.067***
10	580	4.62(0.92)	1504	4.42(1.10)	4.276***

注：***，$p<0.001$，下同。
5. 幼儿园饭菜质量可靠，安全卫生
6. 幼儿园饭菜足够，孩子可以吃饱
7. 孩子对某些食物过敏或有忌讳时，幼儿园有其他食物给孩子
8. 幼儿园饭菜可口，孩子喜欢吃
9. 孩子渴了在园可以随时喝水
10. 孩子有需要可以及时上厕所

由表 2.4.1.3 可知，对城乡家长之间保育服务项目的需求度与满意度差异显著性进行 t 检验发现，城市家长和乡村家长在保育服务项目上存在着极其显著的差异（$p<0.001$）。从具体题项层面分析可知，城乡家长在题项 5、题项 6、题项 7、题项 9、题项 10 上存在显著差异。除了题项 8"幼儿园饭菜可口，孩子喜欢吃"，城市家长在保育服务的其他题项上的需求度都要高于乡村家长，说明城市家长更加关注幼儿的保育服务是否得到满足，对保育服务的质量要求较高，而乡村家长的需求度较低。在为幼儿提供可口的饭菜上，城乡家长的需求度不存在显著差异，对幼儿园的要求只是基本需求的满足，并没有对幼儿园提出更高的保育要求。

（四）关于对教师的要求的需求度差异分析

表 2.4.1.4　城乡家长对教师的要求的需求度差异显著性检验

	城市		农村		t
	样本量	均值（标准差）	样本量	均值（标准差）	
对教师的要求	555	4.52(0.70)	1462	4.81(0.34)	1.516
11	575	4.6(0.80)	1536	4.87(0.40)	0.591
12	573	4.5(0.93)	1518	4.75(0.64)	-2.174^*
13	574	4.0(1.30)	1519	4.79(0.49)	1.524
14	574	4.6(0.75)	1510	4.77(0.59)	3.414^{**}
15	580	4.5(0.91)	1518	4.85(0.43)	4.412^{***}

注：*，$p<0.05$；**，$p<0.01$；***，$p<0.001$，下同。

11. 孩子喜欢老师
12. 如果孩子身体不方便（如自己上厕所或吃饭有困难等），老师有专门的帮助
13. 老师多和家长交流孩子情况
14. 老师平等对待孩子
15. 幼儿园确保孩子安全

如表 2.4.1.4 所示，乡村家长对题项 12"如果孩子身体不方便（如自己上厕所或吃饭有困难等），老师有专门的帮助"的需求显著高于城市家长，而城市家长对题项 14[$t(1318.041)=3.414$，$p<0.05$]、题项 15[$t(1393.577)=4.412$，$p<0.001$]的需求度得分则显著高于农村家长。城市家长更加希望幼儿园老师能够平等地对待孩子并保障幼儿的安全，而乡村家长更加关注幼儿的个别需求是否得到满足。

（五）关于教育内容的需求度差异分析

表 2.4.1.5　城乡家长关于教育内容的需求度差异显著性检验

	城市		农村		t
	样本量	均值（标准差）	样本量	均值（标准差）	
教育内容	562	4.71(0.38)	1444	4.70(0.37)	0.581
16	572	4.05(1.06)	1497	4.29(0.97)	-4.851^{***}
17	570	4.82(0.46)	1496	4.73(0.57)	3.847^{***}
18	569	4.88(0.39)	1499	4.84(0.41)	1.791
19	570	4.72(0.60)	1488	4.69(0.58)	0.958
20	569	4.89(0.40)	1495	4.86(0.40)	1.557
21	571	4.63(0.66)	1484	4.60(0.65)	0.918
22	572	4.83(0.46)	1493	4.77(0.51)	2.680^{*}
23	572	4.82(0.47)	1485	4.79(0.49)	1.306

注：*，$p < 0.05$；***，$p < 0.001$，下同。

由表 2.4.1.5 可知，在需求度方面，城乡家长对题项 16、题项 17 和题项 22 的需求度得分存在显著差异。在题项 16，即孩子学习写字、拼音、算数等知识上，农村家长得分显著高于城市家长，在题项 17 和题项 22 上，城市家长的需求度得分则显著高于农村家长。而在教育内容项目其他题项上城乡家长的需求度并不存在显著差异。

二、城乡家长学前教育需求的满意度差异分析

（一）城乡家长学前教育总体需求的满意度差异分析

表 2.4.2.1　城乡家长学前教育总体需求的满意度差异显著性检验

	城市		农村		t
	样本量	均值（标准差）	样本量	均值（标准差）	
总需求	402	4.50(0.46)	698	4.39(0.50)	3.800^{***}
便利性服务	479	4.19(0.77)	1218	3.93(0.86)	6.287^{***}
保育服务	501	4.48(0.58)	972	4.31(0.69)	4.892^{***}
对教师的要求	532	4.65(0.51)	1164	4.53(0.59)	4.098^{***}
教育内容	559	4.51(0.53)	1319	4.41(0.63)	3.830^{***}

注：***，$p < 0.001$，下同。

如表 2.4.2.1 显示，对城乡家长之间学前教育需求的满意度差异进行 t 检验，在满意度方面，城乡家长的学前教育需求的满意总体需求的满意度以及各个项目

层面上城乡家长之间的差异均极其显著($p < 0.001$)，在总体满意度和各个项目层面，城市家长的满意度得分均高于农村家长，由此可以看出相较于农村家长，城市家长对当前幼儿园提供的服务较为满意。

（二）关于便利性服务的满意度差异分析

表 2.4.2.2 城乡家长便利性服务的满意度差异显著性检验

	城市		农村		t
	样本量	均值(标准差)	样本量	均值(标准差)	
便利性服务	479	4.19(0.77)	1218	3.93(0.86)	6.287***
1	565	4.22(0.96)	1471	4.31(0.84)	−1.873
2	539	4.33(0.87)	1322	4.06(0.99)	5.450***
3	550	4.16(1.21)	1446	3.56(1.61)	8.981***
4	506	3.85(1.44)	1423	3.29(1.80)	7.084***

注：***，$p < 0.001$，下同。

1. 幼儿园允许早送晚接
2. 寒暑假也可以送孩子上幼儿园
3. 周末也可以把孩子送到幼儿园
4. 孩子可以晚上在幼儿园睡

由表 2.4.2.2 可知，对城乡家长之间便利性服务项目满意度差异显著性进行 t 检验发现，城乡家长在题项 1 幼儿园允许早送晚接上的满意度得分无显著差异，除此之外，城镇和农村家长在项目和其他题项上得分均有着极其显著的差异（$p < 0.001$）。如表 2.4.2.2 所示，对比城乡家长的满意度得分发现，乡村家长在便利性服务大多题项上（题项 1 除外）满意度得分小于城市家长，说明乡村家长较为希望幼儿园延长服务时间，在周末或寒暑假提供额外的服务，而对灵活的接送时间并没有很高的要求。

（三）关于保育服务的满意度差异分析

表 2.4.2.3 城乡家长保育服务的满意度差异显著性检验

	城市		农村		t
	样本量	均值(标准差)	样本量	均值(标准差)	
保育服务	501	4.48(0.58)	972	4.31(0.69)	4.892***
5	571	4.46(0.75)	1333	4.36(0.87)	2.597*
6	560	4.49(0.74)	1267	4.26(0.95)	5.596***
7	519	4.24(0.93)	1124	3.92(1.19)	5.980***
8	561	4.46(0.72)	1351	4.43(0.79)	0.733

	城市		农村		t
	样本量	均值（标准差）	样本量	均值（标准差）	
9	567	4.56(0.76)	1363	4.29(1.05)	6.300***
10	565	4.65(0.68)	1382	4.53(0.84)	3.059*

注：*，$p<0.05$；***，$p<0.001$，下同。

　　5. 幼儿园饭菜质量可靠，安全卫生

　　6. 幼儿园饭菜足够，孩子可以吃饱

　　7. 孩子对某些食物过敏或有忌讳时，幼儿园有其他食物给孩子

　　8. 幼儿园饭菜可口，孩子喜欢吃

　　9. 孩子渴了在园可以随时喝水

　　10. 孩子有需要可以及时上厕所

　　由表 2.4.2.3 可知，对城乡家长之间保育服务项目满意度差异显著性进行 t 检验发现，城乡家长在题项 8"幼儿园饭菜可口，孩子喜欢吃"上的满意度得分无显著差异，除此之外，城市和农村家长在项目和其他题项上得分均有着显著的差异（$p<0.05$）。如图 2.4.2.3 所示，对比城乡家长的满意度得分发现，城市家长在保育服务的大多题项上（题项 8 除外）满意度得分则大于乡村家长，说明城市家长在保育服务方面得到了很好的满足，而对幼儿的饭菜是否可口并不存在显著差异。

（四）关于对教师的要求的满意度差异分析

表 2.4.2.4　城乡家长关于对教师的要求的满意度差异显著性检验

	城市		农村		t
	样本量	均值（标准差）	样本量	均值（标准差）	
对教师的要求	532	4.65(0.51)	1164	4.53(0.59)	4.098***
11	565	4.67(0.60)	1351	4.59(0.67)	2.855*
12	563	4.61(0.64)	1310	4.46(0.77)	4.392***
13	566	4.55(0.67)	1368	4.47(0.74)	2.156*
14	550	4.61(0.65)	1261	4.45(0.83)	4.333***
15	567	4.68(0.58)	1334	4.52(0.72)	5.138***

注：*，$p<0.05$；***，$p<0.001$，下同。

　　11. 孩子喜欢老师

　　12. 如果孩子身体不方便（如自己上厕所或吃饭有困难等），老师有专门的帮助

　　13. 老师多和家长交流孩子情况

　　14. 老师平等对待孩子

　　15. 幼儿园确保孩子安全

　　由表 2.4.2.4 可知，对城乡家长之间对教师的要求的项目满意度差异显著性

进行 t 检验发现，城市家长对项目和各个题项的满意度均显著高于乡村家长（$p <$ 0.05）。城市的幼儿园能够更好地保障教师的素质，为幼儿提供更好的教育，幼儿园在这方面也得到了家长的认可，而乡村家长的满意度就比较低，乡村幼儿园的教师素质有待提高。

（五）关于教育内容的满意度差异分析

表 2.4.2.5　城乡家长关于教育内容的满意度差异显著性检验

	城市		农村		t
	样本量	均值（标准差）	样本量	均值（标准差）	
教育内容	559	4.51（0.53）	1319	4.41（0.63）	3.830***
16	569	4.26（0.91）	1399	4.18（0.97）	1.809
17	572	4.56（0.63）	1404	4.49（0.74）	2.196*
18	575	4.59（0.62）	1421	4.47（0.75）	3.548***
19	571	4.39（0.80）	1388	4.29（0.85）	2.431*
20	574	4.66（0.55）	1412	4.57（0.71）	3.085*
21	574	4.50（0.73）	1410	4.41（0.82）	2.612*
22	574	4.55（0.68）	1414	4.37（0.85）	5.161***
23	570	4.54（0.67）	1418	4.39（0.82）	4.236***

注：*，$p < 0.05$；***，$p < 0.001$，下同。
16. 孩子学习写字、拼音、算数等
17. 孩子愿意和其他小朋友玩
18. 孩子变得懂礼貌
19. 孩子爱锻炼身体
20. 孩子在幼儿园开心快乐
21. 孩子学会唱歌、跳舞、画画等
22. 孩子学会生活自理
23. 孩子变得爱干净、讲卫生

表 2.4.2.5 显示，对城乡家长之间教育内容项目满意度差异显著性进行 t 检验发现，城乡家长在教育内容项目的大多题项上的得分（题项 16 除外）都存在显著性差异（$p < 0.05$）。城市家长对教育内容项目和所有题项的满意度得分均高于农村家长，表明相对于农村家长，城市家长对当前幼儿园提供的教育内容较为满意，而对幼儿园是否提供写字、拼音、算数等教育内容，城乡家长的满意度并不存在显著差异。

三、讨论

（一）城乡家长的学前教育需求总体趋势基本相同，但细节方面存在差异

城乡家长的学前教育需求总体趋势基本相同，但是在一些具体需求上存在差

异。不同居住地的家长群体对学前教育的需求都比较高，总体平均分在需求中度以上。这说明随着社会的进步，家长越来越认识到学前教育作为开端教育的重要性，对幼儿的健康成长和早期发展有着深刻的意义，家长都希望幼儿能够接受良好的学前教育。城乡家长都希望幼儿在幼儿园能够开心快乐，吃的卫生合口味，安全有保障，接受高质量的教育内容。但是在一些项目上，不同家长群体的需求存在差异，例如在便利性服务项目上，农村家长的所有具体需求都显著高于城市家长。与之形成鲜明对比的是，在幼儿园保育服务上，城市家长几乎所有的具体需求都显著高于农村家长。城市家长对幼儿园的保育服务需求较大。冯艳芬在对不同群体家长学前教育需求的调查中也发现相同的结论，并指出，这可能与这部分农村家长的经济、文化水平有关，他们大多忙于生计，对学前教育尚缺乏足够的认识，或只重视孩子的智育，不知道也没有考虑过孩子真正需要什么。访谈中，这部分家长普遍反映他们平时很少与孩子交流，把孩子"放在"幼儿园，保证孩子安全，是他们送孩子上幼儿园最主要的目的。

由此可见，家长的教育需求具有多样性和复杂性。与农村家长相比，城市家长是相对优势的家长群体，具有与其家庭背景、文化背景相适应的教育需求。不同背景的家长，经历不同，个性不同，对教育的理解不同，对幼儿园教育的认识不同，使得家长的教育需求也各不相同。因此，以下两点启示可以借鉴。

其一，对于不同家庭背景、文化背景的家长，幼儿园要真正了解他们的学前教育需求重点予于差异满足。

其二，家长对学前教育的需求有合理与不合理之分。对于家长的一些不合理需求，幼儿园要有正确的判断，教师要及时与家长沟通，有技巧地引导家长转变教育观念，而不能一味迎合家长，偏离幼儿园正确的教育目标。

（二）城市家长对学前教育的满意度较高

调查结果显示，城乡都追求高质量的学前教育，但是由于他们自身的实际情况，现实中选择学前教育的差异造成了他们学前教育需求满足的不同程度。在四个项目和几乎所有具体需求上，城市家长的满意度得分均显著大于农村家长，这说明城市家长对当前幼儿园提供的学前教育服务较为满意。众所周知，我国学前教育资源匮乏，国家又将有限的资源大部分投放在优势幼儿园，优势幼儿园服务的对象大部分是城市家长。而农村幼儿所在的幼儿园获得的教育资源较少，优秀的师资、硬件、先进的办园理念等都有欠缺，在此基础之上，农村幼儿享受不到优质的学前教育，家长对学前教育的需求也得不到满足，而城市家长作为优势群体，其子女能够接受高质量的学前教育服务，因此，城市家长群体对学前教育的满意度也相对较高。针对此，获得以下启示。

其一，政府应制订统筹城乡教育发展规划、宏观调控城乡教育资源与经费等的配置，对薄弱农村学前教育实施大力度的倾斜与补偿。

其二，针对家庭处境不利儿童，推行普惠性学前教育项目，合理分配学前教育资源，明确学前教育的责任分担机制。

（三）城乡家长对教师的素质需求强烈

以往的研究中，调查显示，在选择幼儿园的首要条件上，78.3%的家长把师资队伍的优劣作为选择幼儿园最主要的标准，73.3%的家长认为幼儿教师必须达到大专及以上学历，68.5%的家长认为保育员应该达到高中学历，这也是时代发展的需要，88.6%的家长认为幼儿教师最首要的素质是热情、爱心，其次分别为责任心、能力、公平公正、普通话和诚实[①]。从相关文献和调查结果看，人们对学前教师的期待目标主要集中在以下3个方面：较强的责任心和爱心；较强的专业技能；一定的科研能力。并在此基础上提出四点建议：政府加大统筹城乡学前教育力度；把好师资入口和出口关；稳定农村学前教育教师队伍；提高农村学前教育师资业务水平。

在本次调查中，从研究结果中可以看出在所有项目中，家长对于师资的需求最大，家长对师资的需求主要集中在：孩子喜欢老师和幼儿园确保孩子安全。家长对幼儿安全问题的关注和近年来媒体上频繁曝出的各种幼儿园虐童事件有关，同时由于幼儿的年龄特征，幼儿尚无保护自己的能力，所以家长对于幼儿安全方面的需求很大。另一方面，孩子喜欢老师是教师对幼儿理解、尊重和关怀的表现。现行幼儿园对教师评价的内容只是偏向于教师的专业能力或资历，忽略了教师与幼儿相处时的态度。家长为何这么重视教师的态度呢？

身体和心理健康是儿童健康的两个重要方面，两者相互影响。教师热爱幼儿，是幼儿喜欢老师的前提，可以使幼儿感到安全和快乐，是幼儿身心健康发展的重要条件，同时热爱幼儿也具有巨大的教育作用。教师亲切的态度可以让幼儿充满信心，且更容易接受教育，且学龄前幼儿对亲人有很深的依恋，与亲人的分离很容易产生不同程度的分离焦虑，教师亲切的态度更是可以帮助幼儿度过这一阶段。家长以亲人的角度去思考孩子的需求，会更加重视教师代替自己照顾幼儿的角色。基于此，建议幼儿园管理者重新思考对幼儿教师的评价标准：

其一，教师对于幼儿的平日态度表现应该作为一项重要的教师评分内容。

其二，加强幼儿教师对孩子的专业态度的教育，让教师明白教师态度表现影响幼儿的成长，认识自己专业成长需求——爱的精神。

（四）小学化教育内容仍然存在

研究结果显示不论是城市家长还是农村家长，对于小学化教育内容的需求度在教育内容中最小，但是需求度得分仍在需求中度以上，且农村家长得分远大于

---

① 徐红川.统筹城乡背景下农村学前教育师资存在的问题与对策研究[D].重庆：西南大学，2009(4)：15.

城市家长。

陈淑华认为，造成幼儿园小学化的原因是多种多样的，包括观念层面和操作层面。在观念的层面上可能是因为中国的传统儿童观，儿童是依附于成人的观点下而学习；儿童只要乖乖听话地将知识学得越多越好，越深越好，技能也是越多越好。其次是家长的教育观点，受到普遍大众的观点的影响，认为幼儿园就是要学读、写、算，否则花了那么多的学费有何作用？在实践操作层面，主要为有些教育行政部门对于幼儿教育未给予应有的重视，没有将幼儿教育纳入教育主管部门的工作计划①。

尤其是农村地区家长，信息来源渠道狭窄，缺乏科学的教育观念，对于幼儿园应该"教什么"，幼儿应该"学什么"的认识有所偏差。家长认为学前教育的主要作用是早上学、多学知识，为小学做准备，过于注重教育的短期效益，从而导致农村幼儿园为了争夺生源而盲目迎合家长，开设了大量的小学化课程，造成农村幼儿园"小学化"问题屡禁不止，对幼儿进行超前教育也产生了一系列不适应问题。

笔者认为这些对造成幼儿园小学化的原因做了有力的解释。因此，如何使家长树立正确幼儿教育观，幼儿园如何针对课程内容进行设计和管理，是一个急需被关注的问题。针对以上问题，提出以下建议。

1. 对幼儿园家长的引导

树立科学的课程观念，让家长明白幼儿园的课程内容应该重视儿童全面性的发展，而不是读、写、算方面的幼小衔接内容。幼儿园的课程与小学课程之间的衔接不是只有一般知识性的内容，其内容应包括：良好的同伴关系、学会关心别人、有责任感、守规则、良好的生活习惯、情绪控制、抵抗挫折能力等。

2. 对于幼儿园的建议

(1)对于幼儿园的课程理念，幼儿园课程的价值取向在很大程度上受到社会文化背景的影响。从人类发展生态系统来看，必须重视其发展的生态环境，让儿童在人际互动中通过体验的方式学习，其中包含着个人的情感部分，并且促进儿童主动尝试参与学校、家庭和社会生活，接触不同的生活情景。

(2)幼儿园课程的内容和教育的理念必须清晰，幼儿园课程是以儿童为中心，课程内容必须与经验结合在一起，不可以本末倒置，否则将来升入小学之后则可能造成适应上的障碍。

(3)有关幼儿园课程内容中所涉及的"幼小衔接"，园所在适当关注知识内容的同时，更应该重视全面培养幼儿素质，包括身体、学习、情感和社会适应等方面的素质；应该培养儿童良好的学习态度、注意力，提高学习的兴趣、培养持续

① 陈淑华. 上海市幼儿园家长教育选择之研究[D]. 上海：华东师范大学，2007.

性的学习精神，再配合学习前期的握笔姿势、良好的学习习惯和基本的阅读技能等。

（4）幼儿园应该在教师和家长之间搭起一座良好的沟通桥梁。培养幼儿可持续发展的能力，教师与家长之间必须维持良好的双向沟通，了解彼此间对于课程内容和理念的理解并尊重家长的不同看法，引导家长树立正确的教育观。

（五）及时满足家长的正确需求，关注少数群体的个别化需求

教育服务产品理论认为，教育部门的产品是教育服务产品。教育服务产品是教育工作者提供的用于培养、提高和改善人类的智力素质的非实物劳动成果。[1] 幼儿园为家长提供满意的教育服务产品就需要对家长的需求有充分地了解。家长的教育需求包括关于幼儿日常生活的需求和教师教育活动的需求，在幼儿日常生活上的需求，教师应了解家长的一般需求和个别需求，做到家长能想到的幼儿园要做好，家长没有考虑到的幼儿园同样要做好，保障幼儿在日常生活中的成长需求得到满足。例如，在幼儿的个别需求上：教师为身体不方便（如自己上厕所或吃饭有困难等）的幼儿提供专门的帮助；孩子对某些食物过敏或有忌讳时，幼儿园有其他食物给孩子等，针对这些个别化的需求，数据结果显示需求度比较低但是满意度也比较低，个别化需求只是少数群体的需求，对于大多数家长而言，这些服务无关紧要，但是对于有这种需求的家长而言，幼儿园是否提供这种服务以及服务质量的好坏直接关系到幼儿的健康成长。因此，幼儿园应该在关注大多数家长需求的前提下很好地保障少数群体的重要需求。而在教师教育活动方面，幼儿园应该及时满足家长的正确需求，但是不能盲目迎合家长的需求，幼儿园有责任、有义务引导家长形成正确的教育观，使家园能保持正确的、一致的教育氛围。

（六）积极引导家长形成正确的教育观念，落实补偿教育

幼儿家长的教育需求建立在幼儿家长自身的教育观念上，不同背景的幼儿家长由于受教育经历和成长经历的限制会存在不同的教育需求，很多家长的观念和需求都是来自生活经验或传统的教育观念，针对家长存在的教育需求误区，幼儿园有责任有义务帮助家长形成正确的教育观念。例如，针对是否要教幼儿去学写字、拼音、算数等，是否要关注幼儿身体素质的提高，幼儿教师应该根据幼儿的发展需求来提供服务。如果家长的需求符合幼儿的发展需要，幼儿园要及时满足；但如果家长的需求来自于有偏差的教育观念，并不利于幼儿的健康发展，幼儿园应该及时做好补偿教育来保障幼儿的全面发展。同时，要加强与家长的沟通交流，逐步转变家长的教育观念，促使家园形成合力共同保障幼儿的健康成长。

---

① 杨莉君，胡洁琼．农村儿童家庭对学前教育公共服务的基本需求及对策研究——以湖南省为例[J]．湖南师范大学教育科学学报，2013，12（2）：98-102．

第三章

流动儿童学前教育需求现状与满足对策

本章概要

研究背景：学前教育的服务属性表明学前教育在遵循教育规律的同时，也要体现社会对学前教育的基本定位，反映不同阶层对学前教育的需求。与一般儿童相比，流动儿童更多地经历了教育权益、教育资源的缺失等教育不公平。满足社会转型期不同群体层化的教育需求，是提供发展适宜性教育的前提。从家长的需求角度探讨流动儿童的需求特征，既有助于促进教育公平，也是实现"办好学前教育"目标的重要一步。

研究设计与方法：本次调查采用课题组编制的《家长学前教育需求调查问卷》，使用随机抽样的方法对杭州和兰州两地区 207 位流动儿童家长进行问卷调查。

研究结果与讨论：通过对流动儿童家长学前教育需求进行分析，发现如下特征：（1）结合马斯洛需求理论，流动儿童家长需求停留在集体组织形式的、缺失性需求层面，缺少对幼儿有差异的、个别化需求的重视；（2）流动儿童家长基于自身支付能力的高满意度评价，是缺乏对高质量保教的直观觉知的结果，和发展适宜性教育之间不能画等号，两者之间也不是简单的因果关系；（3）流动儿童家长需求表达更具现代趋向性特征，以促进幼儿综合素质的提高为目标。据于此，提出以下补偿策略：激发流动儿童家长更高层次需求；追求集体和个体化相结合的教育公平；创设社会关爱的补偿机制。

第一节　流动儿童的处境不利概述

一、流动儿童与处境不利

（一）处境不利儿童

国内外大量的研究、社会调查表明，儿童的生存、生活环境能够显著影响其身心健康。这一观念已经越来越被人们所接受。基于这一认识，儿童的生存环境及基本权利已经得到世界各国政府和学者的普遍重视。我国也日益重视儿童基本权利的保护问题。1990年8月29日，我国政府在联合国《儿童权利公约》（以下简称《公约》）上签字，成为该公约第105个签字国。为履行《公约》，国务院先后颁布了《九十年代中国儿童发展规划纲要》和《中国儿童发展纲要（2001—2010年）》两部文件。《公约》与以上两部文件最核心的内容就是坚持"儿童优先"原则，保证儿童享有基本权利，即生存权、保护权、发展权与参与权。在这十多年来，我国政府认真履行《公约》内容，使对儿童基本权利的保障得到了显著改善。然而，随着我国社会经济的发展，工业化与城市化的推进，社会保障体系的改革，儿童基本权利的保护又面临许多新的问题。

目前，由于经济、社会、文化发展水平的不平衡，导致世界各国都存在着一定人数的处境不利群体。[①]当代中国社会经济正处于快速转型期，正在经历由计划经济体制转变为市场经济体制、由农业经济转变为现代工业经济、由封闭型社会转变为开放型社会的过程。这一过程也导致了社会资源和社会利益的重新分配和整合。在这一时期和发展阶段中，必然会有一些社会成员由于不适应社会转型，失去了一些发展的机会，而暂时处于劣势地位。因此在我国现阶段，处境不利群体问题就显得更为突出[②]。目前，在我国，处境不利群体不仅表现为经济收入偏低，而且由于各种条件的限制，他们的未来发展也有相当大的困难[③]。

在处境不利群体中，处境不利儿童又是研究者最为关注的对象。在一个社会中，儿童更需要特殊的福利服务和关心照顾，从一般意义上说，儿童这一群体本身就是社会中的弱势群体。然而，在儿童群体中可以分为相对的处境正常和处境不利。

---

①　郑信军，岑国．家庭处境不利儿童的社会性发展研究述评[J]．心理科学，2006(3)：747-750.

②　陈岚．转型期社会弱势群体及其思想政治教育研究[D]．重庆：西南政法大学，2006.

③　陆玉林，焦辉．中国城市青少年弱势群体问题探析[J]．中国青年政治学院学报，2003(6)：16-21.

结合我国现实情况，我国处境不利儿童概括起来主要包括四种情况：流动人口子女(以下简称流动儿童)、农村留守儿童、离异家庭儿童和贫困家庭儿童①。

(二)流动儿童

随着中国社会高速发展，越来越多的农村剩余劳动力涌入城市，形成了迄今世界上规模最大的人口转移，即"民工潮"②。其中流动人口的家庭化是近年来人口流动的一个突出特点，随着农村劳动力的举家迁移，城市中也出现了数量庞大的第二代移民——流动儿童。有关资料显示，到2013年，学龄前流动儿童(0～5周岁)规模达到981万，占流动儿童总数的27.40%。流动儿童是一个值得关注的特殊群体，其规模庞大，并且数量日益增长，但目前针对流动儿童的需求状况所做研究较为缺乏，已有研究获得数据较为零散。因此，探讨流动儿童的需求问题，具有较大的理论价值和实践意义。

对于流动儿童概念的界定，大多数研究者倾向于采用1998年国家教委、公安部发布的《流动儿童少年就学暂行办法》中的定义，即所谓流动儿童少年，是指6～14周岁(或7～15周岁)，随父母或其他监护人在流入地暂时居住半年以上有学习能力的儿童少年。2000年第五次全国人口普查，将流动人口定义为"居住本乡镇街道半年以上，户口在外乡镇街道"或"在本乡镇街道居住不满半年，离开户口登记地半年以上"的人群。相应地，"流动儿童"是指流动人口中18周岁以下的人口。在此，课题组将流动儿童界定为"3～7周岁随父母或其他监护人在流入城市暂时居住半年以上，且在当地幼儿园就读的学前儿童"。

二、流动儿童的家庭与社会

随着城市化进程的加快，众多农民离开土地来到城市，随之而来出现的流动人员家庭化现象造就了流动儿童这一新的群体。流动儿童数随年龄增大呈金字塔状，其中学龄前流动儿童规模庞大，约628.13万人，他们大都与父母一起居住。③

流动带来怎样的新的家庭生态？通过调查发现，除了在住房面积上大部分家长提出与老家时的情况相比更差了之外，在其他的选项上，都在向好的方向变化，尤其是在经济收入、生活环境、家庭氛围方面，流动儿童与家庭的互动背景有了改善。但这只是事物的一方面，还存在另一方面，具体表现在：父母教育能

---

① 申继亮，王兴华.流动对儿童意味着什么[J].教育探究，2006(2)：5-10.

② 赵景欣.压力背景下留守儿童心理发展的保育服务因素与抑郁、反社会行为关系[D].北京：北京师范大学，2007.

③ 王晓芬，周会.流动儿童早期社会适应能力发展现状[J].学前教育研究，2013(7)：20-24.

力的缺失；生活压力的代际转移给孩子；文化习得差异导致的代际间冲突。①

在流动儿童与新环境的互动过程中，流动儿童的成长历程因家庭的流动而发生了改变，他们面临新环境的压力，社会融合问题凸显。社会融合是指迁入人口在迁入地逐步接受与适应迁入地的社会文化，以此构建良性的互动交往，并最终形成相互认可、相互"渗透、交融、互惠、互补"。当前的相关研究中，从理论背景、理论框架建构、概念界定和操作化定义，到研究内容等都呈现出多元化状态这也正说明它是一个综合而有挑战性的概念。②

从理论上来看，Gans 和 Sandberg 在 Warner 等的基础上提出的直线融合，以及根据反对意见而提出的修订模型种族划分的曲线理论认为，族群划分的代际动态是存在的，且会朝着融合的一般方向发展。区隔融合理论则认为移民群体可以保持自身的文化特征（即迁出地／迁出国的文化背景）；且最终的社会融合可以有多种结果，既可以是向上的社会流动，也可以是向下的社会流动；而且这种社会流动的结果既与移民自身的社会融合起点（或其自身的社会经济地位）有着较强的联系，同时也与迁入地社会本身的社会分层有关。③

从国内来看，成年流动人口的社会融合受到制度性障碍、人力资本（特别是受教育状况）社会资本及社会网络等因素的影响。流动儿童的社会融合研究则强调社会环境（如学校环境、同伴关系）与社会制度，却忽视了家庭环境的重要性，也忽视了流动儿童父母自身的社会适应状况。心理学研究通常考察儿童的心理健康或社会适应等的研究，并强调父母亲的教育（教养）方式、亲子交流程度、家庭环境等都会影响到流动儿童的社会适应和心理健康，却忽视了社会环境与社会制度的重要性，心理健康是社会融合的一个维度，但并不是社会融合的全部。

三、流动儿童教育状况与学前教育起点公平

中国的进城务工是城市中的弱势群体，尽管阶层内部存在分化，从总体来看这一群体占有的经济、文化、社会资本在城市中均处于劣势。学前教育是终身学习的开端，是国民教育体系中的重要组成部分。但是由于学前教育没有纳入义务教育体系，是各阶段教育中的薄弱环节。由于制度障碍，流动儿童的学前教育问题比较严峻。城镇公办幼儿园对非户籍儿童设置了较高的入园门槛，许多条件使

① 赵芳. 需求与资源：一项关于流动儿童适应的研究[J]. 社会科学，2011(3)：80-86.
② 张文宏，雷开春. 城市新移民社会融合的结构、现状与影响因素分析[J]. 社会学研究，2008(5)：25-29.
③ Gans, Herbert J. Second-Generation Declines: Scenarios for the Economic and Ethnic Futures of the Post 1965 American Immigrants [J]. Ethnic and Racial Studies，1992，15(2)：173-192.

大多数从事底层工作的农民工子女望"园"兴叹，而流动儿童家庭又无力承担私立幼儿园的高额费用，无奈之下很多流动儿童父母要么把孩子送回老家，要么选择收费低廉资质较差的民办非正规托幼教育机构。根据六普分析，我国 0~5 岁学龄前流动儿童规模达到 899 万。近年来学龄前流动儿童规模迅速增加，与近年的出生高峰叠加，带来大城市入园入托潮，这对我国学前教育体系提出了严峻挑战，尤其在一些流动人口高度聚集的城市，入园入托更成为流动儿童的奢望。流动儿童入园都成"奢望"，更何谈教育公平。① 从整体上来说，户籍制度的排斥引发了流动儿童的教育起点不公平。流动儿童教育公平问题的出现，与长期实行城乡分割的户籍制度密切相关。②

　　流动儿童在少数省份和城市高度集中，但是教育资源布局和分配却没有相应的调整，有限的教育资源很难满足大规模流动儿童的教育需求。入园入托难、大班额、就学距离远等不利于儿童教育发展的各种情况出现，流动儿童接受的教育质量无法得到保证。

第二节　流动儿童学前教育需求满足现状

一、流动儿童学前教育需求研究方法

（一）研究对象

　　流动儿童家长数据分别于杭州和兰州两地区获取。选取杭州一所流动儿童比重较大的幼儿园，按年龄段均衡发放问卷 100 份，回收有效问卷 79 份，其中 9 份问卷不符合样本要求，12 份问卷有较多空缺信息，故视作无效问卷；另外选取课题组于兰州两所幼儿园获取的流动儿童家长数据 128 份。

（二）研究工具

　　本研究采用《保障适龄儿童接受基本而有质量的学前教育政策与机制研究》课题组编制的《家长学前教育需求调查问卷》；此问卷具有良好的结构效度和内容效度，信度达到测量学要求。

　　问卷包含两部分，其中第一部分是家长基本信息调查，主要是指家庭社会经济地位，课题组根据科莱曼提出的儿童发展的资本理论，采用相应题项，构成了儿童家庭环境的基本信息部分。该部分旨在考察儿童发展所需的家庭经济资本、人力资本和社会资本。其中，经济资本包括家庭收入；人力资本包括父母文化水

　　① 段成荣. 我国流动儿童生存和发展：问题和对策[J]. 南方人口，2013(4)：44-55.
　　② 冯帮. 流动儿童教育公平问题：基于社会排斥的分析视角[J]. 江西教育科研，2007(9)：97-100.

平；本文的社会资本是指家庭内社会资本，主要包括与儿童一起生活的家庭成员。

第二部分是家长学前教育需求的调查，共 4 个项目，分别是便利性服务、保育服务、对教师的要求和教育内容。此部分采用五等级评分，家长对 27 个需求题项分别从重要程度及满意程度赋值。需求得分越高，即家长的需求也就越大。满意度得分越高，表明此项服务越让家长感到满意。此部分中，请家长按从大到小的重要性选择出 3 项自己认为最重要的题项，按从大到小的满意度顺序选择出自己认为幼儿园做得最好的 3 项，从而体现需求聚焦点和满意聚焦点。

二、流动儿童学前教育需求满足现状

（一）流动儿童学前教育需求分析

流动儿童家长在整体和各维度上的需求表达如下。

1. 整体需求

表 3. 2. 2. 1　流动儿童学前教育需求的得分（$M \pm SD$）

	便利性服务	保育服务	对教师的要求	教育内容	整体
流动	2.76±0.68	4.60±0.49	4.79±0.34	4.60±0.40	4.23±0.31

就四个需求项目来看，流动儿童家长对教师的要求需求表达最强烈，得分最高。其次对幼儿园教育内容和保育服务的需求也较大，得分较高。家长对便利性服务的需求最小，得分最低，以上数据结果可以初步得出流动儿童家长最为重视幼儿园师资情况，对教师寄于高期望。相反，对幼儿园提供的便利性服务的重视度最小。

2. 便利性服务需求

（1）便利性服务需求描述分析

表 3. 2. 2. 2　流动儿童家长对便利性服务需求的得分情况 $M(SD)$

便利性服务	1. 早送晚接	2. 寒暑假	3. 周末	4. 午睡	5. 晚间	6. 提前接
流动	2.74(1.4)	3.08(1.30)	2.69(1.29)	2.17(0.93)	4.52(1.09)	1.51(1.16)	2.51(0.69)

①流动儿童家长"不太需要"延时服务。便利性服务项目，实质上包括延时服务和灵活接送时间的服务两方面，其中寒暑假、周末和晚间的幼儿园服务属于延时服务的范畴。说明流动儿童家长对幼儿园增加服务时间的期望并不强烈，尤其是晚间服务，更是鲜少被需要。幼儿年龄较小，对家人具有依恋性，家长晚上也具有较多空闲时间和孩子生活在一起，能够满足家长和孩子亲情的需要。

②流动儿童家长对灵活接送时间需求较低。在此灵活接送时间包括早送晚接和提前接服务。分析结果表明，流动儿童家长在灵活接送时间上需求得分较低。

方差分析也发现，流动儿童家长在灵活接送时间上的得分显著小于城市家长，这也表明城市家长更希望可以根据自己的需要，灵活地安排幼儿入园和离园时间。

③流动家长希望孩子能够在幼儿园午睡。在便利性服务项目中，流动儿童家长在对幼儿园提供午睡服务的需求最高。幼儿园具有对幼儿实施保育服务和教育，为家长工作和学习提供便利条件的双重任务，当前幼儿园普遍为幼儿提供午睡服务，既符合幼儿的生长规律，又方便了家长。因此幼儿园的午睡服务的需求得分最高。

④流动儿童家长对便利性服务需求小。家长便利性服务项目得分都小于3，在问卷中，"一般"赋值为3，可见家长对便利性服务总体来说抱着可有可无的模糊心理，重视度不高。和其他三个需求项目对比，便利性服务需求的得分最低，更能说明家长的需求重点不在此。

(2)便利性服务的需求聚焦点

为了探究流动儿童家长的需求聚集点，同时验证以上评分结果，问卷中还请家长从每一项目中选出自己认为最重要的三个题项，并按从高到低的重要性排序。重要性选择是硬性的选择过程，体现家长的需求聚焦点，更具有代表性。在重要性排序中，第一重要的题项权重相对较大，因此第一重要赋值3；第二重要赋值2；第三重要赋值1。图3.2.2.1显示了流动儿童家长的重要性排序的得分情况：

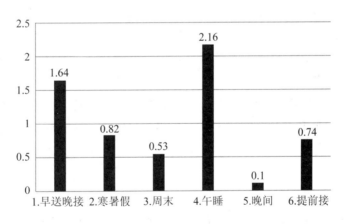

图 3.2.2.1　流动儿童家长便利性服务需求聚焦点分布

①午睡和早送晚接最重要。从图3.2.2.1可以看出，流动儿童家长在早送晚接和午睡上的得分都较高，说明他们的便利性服务需求聚焦于此，早送晚接和午睡是他们的需求重点。午睡服务既满足幼儿生理发展需要，又方便家长的生活和学习，早送晚接更是为家长日常工作带来便利，十分需要。

②延时服务不被重视。寒暑假、周末、晚间的延时服务得分都较低，表明常规幼儿园作息制度已经基本能够满足流动儿童家长的需求，额外的延时服务不被

重视和需要。调查发现，75.9%的流动儿童家长流动时间超过 5 年，流动时间越长，对城市生活的适应障碍减少，家庭的生活节奏愈加稳定，对寒暑假、周末等延时服务的需求相对减少，对灵活的时间制度的需求则相对增大。

3. 保育服务需求

(1)保育服务需求的描述分析

表 3.2.2.3　流动儿童家长对幼儿园保育服务需求的得分 $M(SD)$

保育服务	7. 饭菜质量	8. 饭菜分量	9. 食物过敏……	10. 饭菜口味	11. 饥饿时……	12. 随时喝水	13. 及时如厕
流动	4.58 (0.42)	4.79 (0.60)	4.74 (0.59)	4.26 (1.09)	4.61 (0.67)	3.91 (1.15)	4.83 (0.42)	4.83 (0.43)

①流动儿童家长重视幼儿园常见的保育服务工作。幼儿园膳食管理，包括饭菜的质量、分量和口味，以及饮食和如厕护理都是幼儿园常见的保育服务工作。从表 3.2.2.3 可以看出，流动儿童家长在这几方面的得分都较高，表明家长对此的需求强烈，希望孩子在幼儿园的饭菜可口，安全卫生，并且分量足；孩子在幼儿园能够吃饱，希望在幼儿园的喝水、如厕等基本需求得到满足。

②缺乏对个别化膳食管理行为的重视。在这里个别化膳食管理行为包括：如果孩子对某些食物过敏或有忌讳时，幼儿园有其他食物给孩子；不到吃饭时间，孩子饿了，幼儿园有食物给孩子。和其他保育服务内容相比，家长在这两方面的需求得分最小。说明相对来说，这种非集体化的、对幼儿具有个别化关怀的行为不被家长所重视，家长对此的需求较小，原因可能在于只有很小比例的儿童会对食物过敏，因此家长对此的需求不强烈。而对于"不到吃饭时间，孩子饿了，幼儿园有食物给孩子吃"，原因可能在于家长认为幼儿园是集体性的教育场所，对于这种针对个人性质的生活活动不是十分关注。但是，尊重和满足幼儿个别化需求的表现，恰恰是尊重幼儿个别差异和主体地位的体现，是教育适宜性环境的必要条件。

(2)保育服务需求聚焦点

在保育服务项目中，流动家长最为关注和重视的是什么呢？为了探明流动儿童家长的保育服务聚焦点，以下是重要性排序情况。

①家长最关心食品安全问题。在饭菜质量上，流动儿童家长得分最高，说明食品安全问题关乎幼儿的生命健康，是幼儿健康成长和学习的基础，家长对此需求强烈。

②较少家长认识到个别化膳食管理的重要性。从图 3.2.2.2 我们还可以看出，家长对题项 9 和题项 11 的得分最低，说明幼儿的个别化膳食需求重视度低。重要性排序所得结果和上文基本一致，进一步印证了结论的可信性。

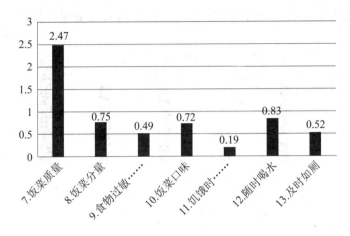

图 3.2.2.2　流动儿童家长便利性服务需求聚焦点分布

④流动儿童家长需求聚焦点较分散。流动儿童家长都对幼儿园饭菜的质量有很高要求，除此之外，在其他题项上的得分都较低，没有很明显的区分度，如在饭菜的口味、饮水护理和如厕护理上。这说明除食品安全外，家长对保育服务内容的聚焦点不集中。

4. 对教师的要求

（1）对教师的要求的描述分析

表 3.2.2.4　流动儿童家长对教师的需求的得分 $M(SD)$

	对教师的要求	14. 孩子喜欢老师	15. 孩子身体不便……	16. 家园沟通	17. 平等对待孩子	18. 安全看护
流动	4.77(0.42)	4.81(0.16)	4.53(0.51)	4.74(0.37)	4.85(0.29)	4.92(0.30)

①关注教师素质。流动儿童家长对教师的要求需求表达最为迫切，和其他项目相比得分最高，可见家长对幼儿教师抱有很高的期望。概言之，教师是幼儿集体活动的教育者，生活活动的照料者，教师素质和幼儿生活学习和健康成长息息相关，家长对教师素质十分关注。

②安全问题刻不容缓。流动儿童家长都对安全看护需求的表达最强烈，安全问题是幼儿一日活动的基础和前提。"安全好比 10000 前面的 1，如果没有 1，有再多的 0 也无济于事"，幼儿是弱小的生命体，家长深感安全看护的重要性。

③对教师的个别化行为和帮助需求相对较小。教师的个别帮助是指如果孩子身体不方便（如自己上厕所或吃饭有困难等），老师有专门的帮助。家长在该题项上需求相对最小，和其他出现频率高、十分常见的需求相比，这种具有一定偶然性、只有在特殊情况（例如生病）才出现的需求，家长的需求度相对较小。

（2）对教师的要求的聚焦点

流动儿童家长对教师的要求十分强烈，从中家长选出 3 项自己认为最重要的题项，在取舍的过程中，对教师的要求的关注点清晰地呈现出来。

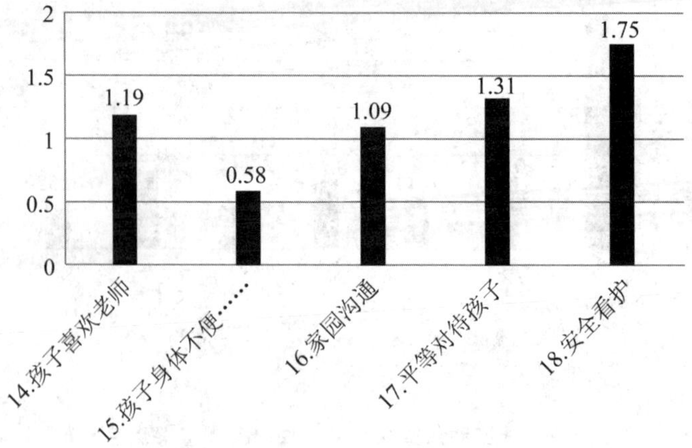

图 3.2.2.3　流动儿童家长对教师的要求聚焦点分布

①流动儿童家长对安全看护的期望。从图 3.2.2.3 可以看出，最突出的是流动儿童家长对安全看护的需求得分较高。这可能是由于流动儿童家庭由于住地的迁移，可能与原先的社会网络也失去了联系，能够交往的亲戚、朋友并不多，在陌生的城市里，只有幼儿园和老师给孩子提供安全的看护，家长才能够放心地工作。

②家长对教师的要求的聚焦点较为分散。流动儿童家长对教师的要求主要聚焦在安全看护、孩子喜欢老师、平等对待孩子和家园沟通，各题项得分比较均衡。只有在老师的个别化帮助方面，得分较低。与上文数据结果基本相同。

5. 教育内容需求

（1）教育内容需求的描述分析

表 3.2.2.5　流动儿童家长对幼儿园教育内容需求的得分

	教育内容	19. 小学化内容	20. 愿意和同伴玩	21. 懂礼貌	22. 锻炼身体	23. 开心快乐	24. 唱、跳、画	25. 生活自理	26. 爱干净卫生	27. 学外语
流动	4.56 (0.39)	4.01 (1.01)	4.74 (0.53)	4.81 (0.45)	4.77 (0.51)	4.85 (0.42)	4.62 (0.61)	4.75 (0.52)	4.76 (0.49)	3.70 (1.17)

①小学化观念仍存在。从题项 19 得分可以看出，流动儿童家长在小学化内容上得分超过 4，家长都希望孩子能够在幼儿园阶段学习拼音、写字和算数等小学化内容。

②重视养成教育。从表 3.2.2.5 可以看出，如在社会领域方面，希望孩子变得懂礼貌，愿意和同伴一起游戏；在健康领域方面，喜欢锻炼身体，生活自理，

爱干净卫生，养成良好的生活习惯和行为习惯。这些题项得分在此项目中较高，可见在幼儿园家长的幼儿园教育内容价值观中，家长重视幼儿艺术技能和超前教育知识，但家长也非常重视幼儿园中的养成教育。与养成教育中的良好生活卫生习惯、文明礼貌习惯和个性品质相比，小学化内容的得分远低于养成教育。

（2）教育内容需求聚焦点

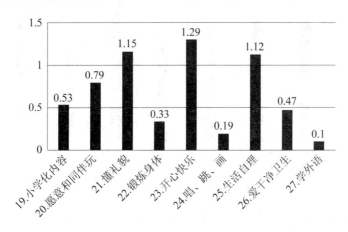

图 3.2.2.4　流动儿童家长教育内容需求聚焦点分布

①孩子快乐最重要。图 3.2.2.4 显示，流动儿童家长最重视的是希望孩子在幼儿园开心快乐，关注孩子快乐童年的意义。

②关注孩子文明礼貌习惯和生活自理能力。从图 3.2.2.9 可以看出，流动儿童家长在这两者上的得分也较高，说明家长对孩子懂礼貌和生活自理能力较为重视，这些都是对幼儿的长远发展产生有利影响的生活状态和基本生活技能。

（二）流动儿童学前教育满意度分析

1. 整体满意度

以下将从流动儿童家长学前教育需求整体和四个项目的需求满足特点展开，探讨流动儿童家长学前教育的需求满足情况。

表 3.2.2.6　流动儿童家长对学前教育满意度的得分($M\pm SD$)

	便利性服务	保育服务	对教师的要求	教育内容	总体
流动	4.24±0.74	4.54±0.53	4.69±0.48	4.49±0.57	4.52±0.49

从表 3.2.2.6 可以看出，对教师的满意度表达最为强烈。表明当前幼儿园中教师基本能够得到家长的认可，但是家长对教育的需求度仍高于满意度，教师行为仍有很大改善和提高的空间。

流动儿童家长对便利性服务的需求最小。因为项目中的题项，如周末、晚间、寒暑假的延时服务幼儿园没有提供，家长对此的需求也相对较小，因此家长对便利性服务的满意度低于其他项目，但也仍在"比较满意"的水平上。

2. 便利性服务满意度

（1）便利性服务满意度的描述

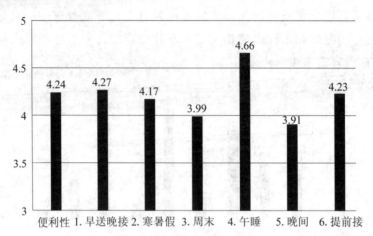

图 3.2.2.5　流动儿童家长便利性服务满意度得分分布情况

①午睡服务令家长最满意。从图 3.2.2.5 可以看出，流动儿童家长对幼儿园提供午睡服务的满意度最高，表明午睡服务让家长欣慰，常规幼儿园都能够满足家长这项需求。

②对于寒暑假、周末和晚间的延时服务，家长的满意度相对较低。原因可能在于常规幼儿园不会提供这种服务，在没有提供这些延时服务的情况下，家长对此的满意度评分较低。

（2）便利性服务满意度聚焦点

为了探究不同类型家长的满意度聚集点，同时验证以上评分结果，问卷中还请家长从每一项目中选出自己最满意的三个题项，并按从高到低的满意度排序。家长做出选择的过程更能够说明家长满意度的重心，因此更具有代表性。在满意度排序中，最满意的题项权重相对较大，因此最满意题项赋值 3，第二满意赋值 2，第三满意赋值 1。图 3.2.2.6 显示了流动儿童家长的满意度排序的得分情况：

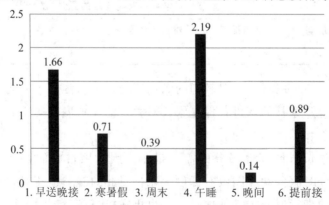

图 3.2.2.6　流动儿童家长便利性服务满意度聚焦点分布情况

从图 3.2.2.6 可以看出，流动儿童家长满意度得分最高的两个题项分别是午睡和早送晚接。这三项服务均为当前幼儿园有可能或正在提供的服务，对于当前幼儿园都没有提供寒暑假、周末和晚间的延时服务，家长在此的满意度也相对较低。这也和上文描述统计结果一致。

3. 保育服务满意度

（1）幼儿园保育服务满意度的描述

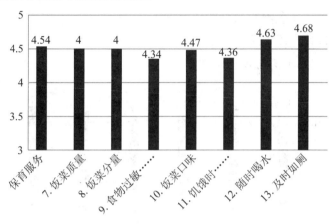

图 3.2.2.7　流动儿童家长保育服务满意度得分分布情况

①家长对个别化膳食管理的满意度最低。和上文相同，个别化膳食管理包括幼儿食物过敏和饿了时，幼儿园的个别化处理方式。如图 3.2.2.7 所示，家长对题项 9 和题项 11 的得分均相对较低，不仅反映出家长对此满意度较低，在一定程度上也体现了家长对个别化膳食管理缺乏足够的重视和关注。

②家长重视常见保育服务内容。常见保育服务内容包括饮食管理（饭菜质量、分量和口味）、饮水护理和如厕护理，流动儿童家长在这些题项上的得分均较高，表明他们对常见保育服务内容十分重视，即对基本生理需求的关注。

（2）保育服务满意度聚焦点

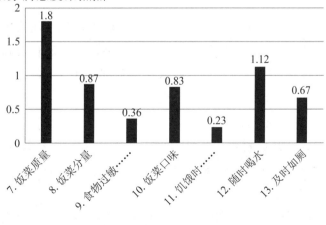

图 3.2.2.8　流动儿童家长保育服务满意度聚焦点分布情况

①食品安全问题令家长最满意。具体而言，在保育服务项目所有题项中，流动儿童家长最为欣慰的是食品的安全问题，即幼儿园饭菜质量可靠、安全卫生。

②个别化膳食管理权重后得分最低。笔者认为原因有两个，一方面在于幼儿园没有这项服务或者在这方面做得不够理想。另一方面在于需求聚焦点和满意聚焦点相互联系，满意度的选择在一定程度上也能透视出流动和留守儿童家长有差别的需求关注点。简单来说，幼儿园的某一方面服务做得很好，但是如果这项服务不被家长需要，那么家长对此也不甚满意。

4. 对教师的要求满意度

（1）对教师的要求满意度的描述

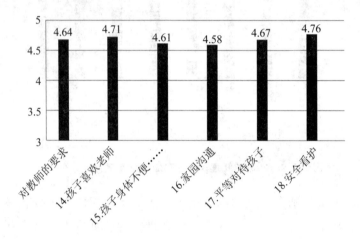

图 3.2.2.9　流动儿童家长对教师的要求满意度得分情况

①城市儿童家长对教师更满意。流动儿童家长对教育的满意度在各题项上均低于城市儿童家长。分析表明，两组家长在孩子喜欢老师[$t(389.36)=-2.40$，$p=0.017$]、老师专门帮助[$t(354.37)=-2.36$，$p=0.019$]存在显著性差异。这与两类儿童所在幼儿园的教师素质有关，城市儿童所在的幼儿园，教师素质相对较高。

②教师满意度得分均衡。从图 3.2.2.9 可以看出，和其他需求项目比，流动家长对教师的要求满意度的内容得分都较高，以往研究中家长对师资的满意度也最高。且各题项得分比较均衡，项目和题项得分都大于 4.5。说明流动儿童家长对幼儿园教师各方面的素质都感到比较满意。

（2）对教师的要求满意度聚焦点

①安全看护最让家长满意。在满意度排序上，从图 3.2.2.10 可以看出，幼儿园的安全看护令流动儿童家长最为欣慰，在题项上权重最高，家长对幼儿园安全看护最认可。

②教师个别化帮助情况不理想。当孩子身体不便时，教师个别化的帮助行为

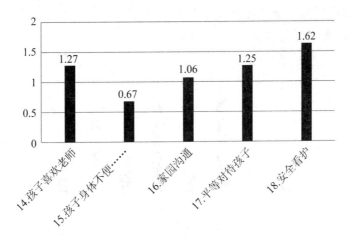

图 3.2.2.10　流动儿童家长教师满意度聚焦点分布情况

在流动儿童家长中的得分最低，这一服务针对的是偶发性情况，对教师教育保教观念和能力有较高要求，而实际教师个别化行为能力较低，因此得分较低。流动儿童所在幼儿园在专门化的帮助行为方面亟待改进，彰显幼儿教育的独特价值。

5. 教育内容的满意度

（1）教育内容的描述

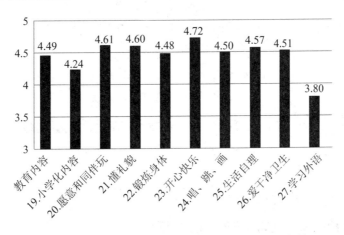

图 3.2.2.11　流动儿童家长教育内容满意度得分分布情况

①家长对养成教育满意度高。由图 3.2.2.11 可以看出，教育内容中家长较满意是养成教育，包括文明礼貌、生活自理、干净卫生和爱运动等幼儿日常生活能力的培养和发展。

②家长对艺术技能和学业技能较为满意。我们发现，流动儿童家长对艺术技能和学业技能满意度较高，具体包括孩子学习唱歌、跳舞和画画，以及写字、拼音和算数等。

③孩子在幼儿园开心快乐最重要。流动儿童家长对孩子在幼儿园开心快乐最

欣慰，得分最高，也从侧面反映出家长对幼儿快乐生活和学习的关心和重视。

（2）教育内容的满意度聚焦点

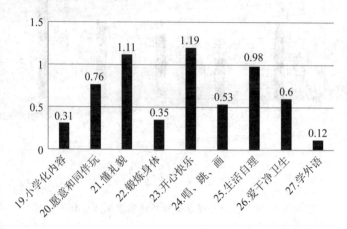

图 3.2.2.12　流动儿童家长教育内容满意度聚焦点分布情况

①孩子在幼儿园开心快乐，流动儿童家长最满意。流动儿童在幼儿园情绪愉悦，家长最满意。这也反映出流动儿童家长对孩子快乐童年的重视。和上文数据结果一致。

②孩子懂礼貌和生活自理令家长欣慰。流动儿童家长最满意的题项还有孩子变得懂礼貌和生活能够自理，表明家长对此感到欣慰，这也和上文满意度描述分析结果一致，同时满意度聚焦点在某种程度上也反映家长的需求聚焦点，流动儿童家长对该题项的需求也较为强烈。

第三节　流动儿童学前教育需求满足与对策

一、流动儿童学前教育需求问题聚焦

（一）集体的缺失性需求与个体差异诉求

马斯洛需求模型中，人具有五种基本需要，他着重阐述了五个需要层次之间的递进关系，其中最基本且似乎最明显的是生理需要，因为人作为有机体而存在，不免需要饮食、居住和睡眠等，"毋庸置疑，这些生理需要在所有需要中占绝对优势"。相对来说，生理、安全、归属和尊重的需要属于人的行为的缺失性需求，这些需要能否得到满足依赖于外部环境①。

依据前文数据结果，流动儿童家长重视幼儿缺失性需求，包括生理方面需求

---

① 胡家祥．马斯洛需要层次论的多维解读[J]．哲学研究，2015(8)：104-108.

表达："吃饱""喝水""如厕"；安全不仅包括生理，也包括心理安全："孩子安全""孩子开心""孩子喜欢老师"；五大领域教育内容需求表达强烈。结合马斯洛需求模型，可以窥探出流动儿童家长的需求模式更多地聚焦在集体化的缺失性需求层面。而马斯洛认为，五个层次需求之间是递升关系，其中最基本的是生理需要，只有低级生理需要得到满足之后人们才会关注高级需求。基于此，流动儿童的缺失性需求长期得不到满足，势必影响家长更高层次的需求表达，缺失性需求满足十分必要。

家长关注缺失性需求的同时，忽视幼儿个体差异。孩子在家庭环境内外获取的独特体验，源自于被一个孩子体验和经历过的事件或条件，称之为非共享环境①。即便是全部因素完全相等地作用于所有孩子，环境的影响依旧是非共享的。个体有其独特的遗传结果和特有环境要素，每个孩子的个体差异主要是非共享因素所致②。

可见重视对个体差异的甄别，并为幼儿提供高质量的、支持性的学习环境十分必要。流动儿童家长对幼儿生活上的个别化的、非集体活动的需求表达并不迫切，实质是缺乏对保教中幼儿个体差异的重视。具体表现在：如孩子对某些食物过敏时，园所有替代性的食物给孩子，家长对此的需求程度较低并不代表这种个别化需求对幼儿不重要，而是只有很小比例的儿童会对食物过敏，因此家长对此的需求不强烈。而"没有到午餐时间，园所依然有食物提供给孩子"；"孩子身体不方便时，教师有个别化的专门帮助"。原因可能在于部分家长认为幼儿园是集体性的教育场所，对于这种针对个人性质的活动不是十分关注。

结合马斯洛需求理论，流动儿童家长需求停留在集体组织形式的、缺失性需求层面，缺少对幼儿有差异的、个别化需求的重视，但是满足幼儿个别化需求，关注个体的差异性诉求，更是高素质教师和高品质保育服务、教育应有的表现。

（二）高满意度教育与发展适宜性教育

仅以家长择园时关注的要素或是依据在园幼儿家长对当下幼儿园的满意度来考察家长对幼儿园教育需求都是不全面的。流动儿童家长都呈现出高满意度的特征。高满意度得分是否是高质量教育，适宜儿童发展的教育？值得我们思考。在此拟探寻这一现象产生的原因与结果，并对当前家长的某些不合理需求和幼儿园教育质量评价现状进行反思。

流动儿童家长高满意度特征具有不同含义。满意度评分是家长主观性的评价结果，是在自身阶层支付能力上的满意评价。家庭社会经济地位通过社会屏蔽作

---

① 韩影. 促进个体差异：非共享环境理念的幼儿发展[J]. 教育学术月刊，2011(7)：12-18.
② 张坤，李其维. 遗传与环境的相关及交互作用分析——兼评行为遗传学研究方法的新进展[J]. 心理学探析，2006，26(2)：13-17.

用，将位于不同社会阶层家庭的孩子导入相匹配的园所。流动儿童家庭中更多的是底层家长，他们认为自己的教育支出和需求实现程度间是匹配的（较低的价格没必要提那么多要求）①，认为自身所处的社会经济地位和教育支付能力不具备权利与资格提出进一步要求。同时，一直处于较低质量幼儿园中留守和流动儿童家长，缺乏对高保教水平的直观觉知，因此呈现出的高满意度水平，并不能代表幼儿园当前保育服务和教育方面十分优秀，而是家长对此感到"知足"而"常乐"，尤其是底层家长。

其次，需求度与满意度紧密联系。数据结果显示，流动儿童家长各项目需求度和满意度呈显著正相关，表明家长需求表达越强烈方面，满意度评价也就越高。原因在于满意度的选择在一定程度上也能透视出流动和留守儿童家长有差别的需求关注点。简单来说，即使园所某一方面服务做得很好，但是如果这项服务不被家长需要，那么家长的满意度选择也不会聚焦于此。因此，家长需求表达也对满意度评分有影响。

美国幼儿教育协会提出的"发展适宜性教育"意指：基于儿童发展水平、有助于儿童达到一定发展目标的教育实践。强调满足儿童的各种需求，不是期望儿童去适应社会或教育的要求②。包括年龄适宜性、个体适宜性和文化适宜性。结合数据结果不难发现，流动儿童家长的需求表达聚焦点和满意度评价不能代表发展适宜性的指导。家长忽视幼儿普遍的特征和能力，期望向儿童提供小学化教育内容，不在适宜的教育经验范畴之内；儿童身体上的个别化需求不被重视，不具备个体适宜性。基于上述种种原因，留守、流动儿童家长的高满意度评价不能代表当下幼儿园的教育实践具有发展适宜性。

概言之，流动儿童家长基于自身支付能力的高满意度评价，是缺乏对高质量保教的直观觉知的结果，和发展适宜性教育之间不能画等号，两者之间也不是简单的因果关系。幼儿家长缺少关于幼儿身心发展规律的系统科学知识，对幼儿真正需求把握不准；受限于家长有限的参与园所活动的时间和机会，无法全面、客观和准确地进行评价，由此也易使幼儿园教育价值发生偏离和错位③。

（三）年轻家长需求表达现代特征与合理引导

传统教育倾向聚焦儿童的学习目标的实用性、学习方法的强化性、学习过程的灌输性、学习内容的知识性和学习结果的外显性，然而现代教育取向以儿童为

---

① 李婧菁. 不同阶层幼儿家长学前教育需求的跨个案研究[D]. 金华：浙江师范大学，2013.

② 梁玉华，庞丽娟. 发展适宜性教育：内涵、效果及其趋势[J]. 全球教育展望，2011(8)：53-58.

③ 原晋霞. 对把家长满意度作为幼儿园教育质量评价最主要依据的质疑[J]. 学前教育研究，2011(12)：6-9.

中心，聚焦儿童学习的自主性、开放性和探究性，是以儿童成长和发展为根本的观点①。基于此，试从这个角度对流动儿童家长的幼儿学习观进行分析和总结。

需求的代际表达结果显示，家长对幼儿教育内容的需求既带有传统意义上的倾向，同时又体现出了现代性的特征。首先，流动儿童家长重视幼儿的养成教育，关注幼儿在学习过程中积极的情绪情感、良好品质和良好生活习惯的养成和发展。祖辈家长在幼儿卫生习惯、文明礼貌、自理能力等的得分都高于学业技能得分，甚至在生活自理能力和卫生习惯上得分显著高于父辈家长。由此，我们认为这是一种现代取向型的幼儿学习观，以幼儿获得更加全面的发展，促进幼儿综合素质的提高为目标。相反，流动儿童家长需求较少聚焦于小学化教育内容，认为幼儿度过快乐童年更具有意义，对学业技能期望相对较小。因此，流动儿童家长需求表达更具现代趋向型特征。

二、满足流动儿童家长需求的对策

（一）激发流动儿童家长更高层次需求

与一般儿童相比，一些处境不利儿童更多地经历了家庭资源的缺失，流动儿童更多经历了受教育权益、教育资源的缺失，而受教育权益的缺失也是由于相对不利的家庭因素（从农村迁移到城市）造成的。流动儿童要融入城市文化中，这是一个深层次的适应，要达到这个目标，需要各方面做出较大的努力，这也是一个长期的过程。流动儿童只有融入城市文化中，才会有效地使用城市的教育资源来促进自我的发展。而流动儿童家长也要面临适应的过程，在融合和适应的过程中，流动儿童家长要从教育观念这个大系统上进行调整，纠正错误教育观引导的不当需求，激发高于缺失性层次的更高需求，对其教育需求的满足成为推动教育发展的一大动力。发展教育对于个体以及后代的积极作用，通过教育不仅提高了家长自身的教育水平，激发了家长更高层次的教育需求，同时也提升了家长对当下教育的要求及期望，进而推动留守儿童学前教育的发展。教育发展和教育需求两者处在一种循环往复、相互促进的关系中，引导流动儿童家长重视学前教育是学前教育发展的必由之路。

（二）追求集体和个性化相结合的教育公平

集体活动满足教师有限精力和幼儿群体教育需要，但是由于流动儿童间、流动儿童与城市儿童间都存在着差异，教师针对学生间的差异实行个别化教学是促进儿童全面发展的内在需求，是提升特殊教育质量的内在诉求。在一定区域内，当办学条件、教师资源等方面已经实现相对均衡的情况下，教育应当追求更为公

---

① 高潇怡. 幼儿教师儿童学习观的类型研究［J］. 教育学报，2008(5)：68-73.

平的优质均衡。简言之，教育公平是给每一个人平等的发展机会。所谓平等的机会，就是要保障每一个人都能够受到适当的教育，而且这种教育的进度和方法是适合个人特点的。优质均衡教育是促进学生个人潜能的充分发挥和特殊群体的不同教育需求得到满足，为此，幼儿园应该提供具有特色的、多样化的、个性化的教育。个别教学强调尊重学生的个体需求与差异，其中，提升教师是个别化教学的关键，教师缺乏实施个别化教学的信念、专业知识和技能是个别化教育无法落实的原因。个别化教学要为每个学生"把脉"、要"一把钥匙开一把锁"地教学，这就要求教师必须具有更高的专业素质、职业道德和教学能力。因此，提升教师专业素养是实施个别化教学的关键。

（三）社会关爱的补偿机制

自 20 世纪中期以来，世界各国越来越重视儿童的早期教育，推出了多项针对处境不利儿童群体的学前教育发展计划，如美国自 1965 年起一直延续至今的针对处境不利儿童（包括贫困家庭儿童、残疾儿童等）及其家庭的早期教育综合服务项目"开端计划"（Head Start Program）。英国自 1998 年起推出的针对处境不利儿童的"确保开端计划"（Sure Start Program）等。众所周知，我国的学前教育资源比较匮乏，长期以来国家又将有限的学前教育资源大部分投放在了优质幼儿园。客观上，优质学前教育又主要为优势群体服务，家庭处境不利群体很少能享受到优质学前教育，有的甚至连基本的学前教育需求都无法满足。

构建覆盖城乡、保基本而有质量的学前教育公共服务体系，首先要在准确把握学前教育发展方向的基础上，统筹推进学前教育事业的整体发展；重点是加大政府财政投入的保障力度，特别是对处境不利群体的投入，同时完善学前教育成本合理分担机制，形成政府为主，幼儿园举办者和幼儿家庭合理分担成本的投入机制。其次，针对家庭处境不利儿童，推行普惠性学前教育项目，合理分配学前教育资源，明确学前教育的责任分担机制。最后，完善学前教育督导评价制度，形成学前教育质量评估体系，科学地评估推动学前教育质量的提高。因此，要实现学前教育公平，除了在资源配置上要向家庭处境不利群体倾斜外，还需要全社会的支持，构建覆盖城乡、保基本而有质量的学前教育公共服务体系，以真正实现学前教育公平。

第四章

留守儿童学前教育需求满足与对策

本章概要

研究背景： 学前教育的服务属性表明教育要反映不同阶层对学前教育的需求，留守儿童是研究者最为关注的研究对象之一。与一般儿童相比，留守儿童更多地经历了家庭资源的缺失，亲情缺失导致家庭环境的失衡，处于这种环境中的留守儿童的需求是什么？明晰这个答案，满足社会转型期不同群体层化的教育需求，是解决教育公平难题的基础。

研究设计与方法： 本次调查采用课题组编制的《家长学前教育需求调查问卷》，对东中西部劳务输出地的174位留守儿童家长进行了调查。

研究结果与讨论： 分析发现留守儿童家长需求特征如下：（1）和流动儿童家长需求特征相同，留守儿童家长也关注孩子的缺失性需求，对个体差异的诉求关注不足；（2）留守儿童家长高满意度特点也不能和高保教质量画等号；留守儿童家长需求表达更具有传统趋向；（3）留守儿童家长有更高外显性学业技能和艺术技能诉求。根据留守儿童家长需求特征提出以下补偿对策：关注家庭与园所间的补偿性；家长满意度不宜作为评价幼儿园教育质量最主要依据；远、近环境因素中留守儿童教育补偿；构建同情与共情的补偿机制。

第一节　留守儿童的处境不利概述

一、留守儿童概况

20世纪八九十年代以来，中国城乡间人口流动限制被打破，大量的农村剩余劳动力涌向城市。在这一背景下，中国农村形成了一类新的弱势群体——"留守儿童"。最新数据结果显示，中国农村留守儿童 6102.55 万。由于父母外出打工，这些儿童被留在家中，由未外出打工的父亲或母亲、祖父母或亲戚代为照看。这些生活在残缺不全家庭中的留守儿童已经成为我国儿童群体中一个不容忽视的弱势群体，并且其数量将呈现日益增长的趋势。

留守儿童问题已经引起了国家、社会的广泛关注。如何保障留守儿童的健康发展成为目前困扰中国社会的热点问题之一。

严谨地定义留守儿童的概念，需要考虑以下因素：(1)外出父母的数量。父母一方还是双双外出才算是留守儿童？(2)父母外出的时间长度。父母外出流动的时间长度标准为多少时，儿童才被定义为留守儿童，三个月、半年还是一年以上？(3)孩子的年龄界定。多大年龄的孩子算留守儿童？

综观已有文献，种种研究的定义标准不一致，只有少数研究对三个要素做出了全面的说明和规定。对于父母外出的数量，少数学者认为父母双方均外出才能算留守儿童，多数研究界定为单亲外出的孩子即为留守儿童；对于外出时间，多数研究者以六个月时间长度为界定标准，也有少数研究以一年或三个月为标准。对于孩子年龄范围，绝大部分研究者没有明确地探讨，义务教育年龄段的孩子是大部分学者研究的对象，学前儿童和 15～18 周岁儿童并没有给予足够的重视，还有研究者界定的时间范围是 16 周岁以下。甚至许多研究者并没有对留守儿童概念进行界定。

给予上述梳理发现，留守儿童概念界定的三个要素，主流研究的共识是：单亲外出和双亲外出的儿童均为留守儿童。关于父母外出时间长度也没有统一共识，2000 年人口普查和此后的相关调查均采用半年时间标准来界定留守儿童，因此，时间长度标准以半年为宜。关于儿童年龄范围也基本没有达成一致，我们认为，在此应以《联合国儿童公约》中界定的 18 周岁以下的年龄标准为宜。

课题组将留守儿童界定为，父母双方或者单方外出半年以上，留守在农村的 3～7 岁的孩子，留守儿童家长是指在留守儿童父母双方或单方外出务工期间，负责照顾留守儿童生活的监护人。

二、留守儿童的家庭与社会

由于留守儿童处境的特殊性，留守面临亲情缺失的问题。留守儿童与外出父母相对疏远，亲子关系上出现父母的榜样作用缺失，父母监控机制弱化等问题，家庭的亲密度、情感表达性、文化知识性、娱乐性较低，矛盾性突出，独立性相对较强。家庭教养方式多为诸如惩罚、干涉等消极方式。留守儿童在学校和社会生活中常常表现出生活自理能力差，依赖性强，缺少社会责任感。①

父母爱的缺失使留守幼儿面临更多的困难与需求，单亲在家无法全面周到照顾孩子，祖辈和亲友在孩子的花费上较为节俭，教育观念一般比较落后等是留守儿童困难和需求产生的主要原因。②母亲作为监护人的留守儿童在生活上能得到较好的照顾，上代监护次之，祖辈监护较差，而同辈监护类型下的留守儿童生活状况最差。另外，隔代监护下的留守儿童问题最多，而单亲监护和同辈监护类型的监护人压力最大。单亲监护人劳动负担重，对留守儿童的照料欠佳。隔代监护人与留守儿童隔阂深，对留守儿童的教育方式落后。上代监护人与留守儿童情感较疏远，对留守儿童的管束较少。同辈监护人压力大，由于家长的缺位，留守儿童缺乏良好的家庭教育和引导。

农村留守儿童的需求是客观存在的，针对其需求状况，社会各界的研究学者也纷纷提出了一些社会支持的对策与建议。例如，留守儿童家庭职能的空白，在农村社区不健全的情况下，应当也只能由学校去填补。因此，学校必须以一种历史的责任感来关怀他们，既要考虑他们的需要和需求，又要面对现实。学校可以通过"举办家长学校""开展家庭教育咨询""成立家长指导委员会"等方式来参与家庭教育指导，帮助家庭教育的理性化。政府支持方面，要大力发展农村经济，充分吸纳农村富足劳动力，减少农民向大城市流动，减少进城农民工的家庭缺失问题。而这些理论层面的社会支持给留守儿童的不利处境带来的改善微乎其微，留守儿童的生存环境亟待改善。③

三、留守儿童教育状况与学前教育起点公平

从社会分层视角分析教育公平，这种理论认为，收入、地位和权力的不平等是一种普遍现象。社会分层本身就体现着社会的不平等。社会分层指的是"依据一定具有社会意义的属性，一个社会的成员被区分为高低有序的不同等级、层次的过程和现象"④。农村留守儿童的父辈是农民工群体，农民工是我国社会转型过程中出现的新兴阶层，但无论从经济资源、政治资源或文化资源的占有状况看，他们都处于整个社会分层体系的底层。作为特殊的社会群体，他们在社会性资源分配上具有经济利益的贫困性、生活质量的低层次性、家庭结构的不完整性和承载力的脆弱性，而由此所带来的教育不公平性，也就成了社会分层的必然

---

① 谭深．中国农村留守儿童研究述评[J]．中国社会科学，2011(1)：138-150.

② 叶敬忠，王伊欢．留守儿童的监护现状与特点[J]．人口学刊，2006(3)：55-59.

③ 范先佐．农村留守儿童教育面临的问题及对策[J]．国家教育行政学院学报，2005(7)：39.

④ 郑杭生．社会学概论新修[M]．北京：中国人民大学出版社，2003：217.

结果。

在"累积劣势"的生命历程范式框架下，分析弱势群体的弱势形成过程。不平等不是一种静态的结果，而是整个生命历程逐步展开的积累过程。对于农村留守儿童来说，他们的"生命起点"受到父辈农民工阶层——社会底层阶层"累积劣势"的制约，可获得的各类社会资源极为有限，加上他们比其他儿童需要经历更多的事——包括父母长期缺席而导致的家庭结构的变化、监护人的改变、生活圈子的变化等，这就给农村留守儿童生命历程中增添了更多的不利因素，使他们无法像其他正常儿童一样，在他们的社会化关键期接受父母和老师的帮助与指导，接受教育、安心学习。[①]

而从微观层次来看，留守儿童面临的教育公平问题具体体现在：留守儿童基本的人身权利得不到完全保障，卫生保健和人身安全问题突出；留守儿童的学业受到较大影响，学习心理和学习习惯较差；留守儿童的心理问题更加突出，柔弱无助、孤单寂寞、盲目反抗或逆反心理等。[②] 总体来讲，农村留守儿童确实处于不利的情势下。这种不利不仅是由于家庭结构不完整所带来的亲情缺失，从而导致一定的心理、教育、健康、安全的问题，更在于各种不利结构的交织和可利用资源的匮乏。

第二节 留守儿童学前教育需求满足现状

一、留守儿童学前教育需求研究方法

（一）研究对象

本研究对东中西部劳务输出地的家长进行调查，按照小、中、大班均衡发放家长问卷 211 份，回收有效问卷 174 份。其中 15 份问卷并非所要研究样本，不符合留守儿童家长身份。其余 22 份问卷存在较多空缺信息，故作为无效问卷。

（二）研究工具

本研究采用《保障适龄儿童接受基本而有质量的学前教育政策与机制研究》课题组编制的《家长学前教育需求调查问卷》；此问卷具有良好的结构效度和内容效度，信度也符合测量学规定。前文已有介绍，在此不再赘述。

---

① 黄历，邱关军. 从农村留守儿童存在现状看我国教育的公平问题[J]. 教育科学研究，2013(8)：27-30.

② 范先佐. 关于农村留守儿童教育公平问题的调查分析及政策建议[J]. 湖南师范大学教育科学学报，2008(7)：11-17.

二、留守儿童学前教育需求满足现状

留守儿童学前教育需求分析

1. 整体需求

以下将从三类家长学前教育需求整体特点和四个需求项目特点展开，考察留守儿童家长学前教育需求。

表 4.2.2.1　留守儿童家长的学前教育需求的得分($M\pm SD$)

	便利性	保育服务	对教师的要求	教育内容	整体
均值与标准差	2.72 ± 0.74	4.52 ± 0.54	4.78 ± 0.38	4.62 ± 0.42	4.21 ± 0.35

从表 4.2.2.1 可以看出，留守儿童家长对教师的要求表达最强烈，得分最高。再次，对保育服务和教育内容得分也较高。表明留守儿童家长重视幼儿园师资、保育服务和教育内容，对此有较高的需求。相反，留守儿童家长对便利性服务重视不足，得分最低。

2. 便利性服务需求

(1)便利性服务需求描述分析

表 4.2.2.2　留守儿童家长对便利性服务需求的得分情况 $M(SD)$

便利性	1. 早送晚接	2. 寒暑假	3. 周末	4. 午睡	5. 晚间
2.71	3.29	2.82	2.19	4.51	1.56
(0.7)	(1.53)	(1.49)	(1.36)	(0.95)	(1.12)

①留守儿童家长"不太需要"延时服务。留守儿童家长在寒暑假、周末和晚间的延时服务上得分都较低，表明留守儿童家长对幼儿园增加服务时间的需求并不强烈。

②灵活接送时间需求低。从表 4.2.2.2 可以看出，留守儿童对早送晚接和提前接服务的需求也较小，说明家长愿意遵守幼儿园常规的接送时间，对灵活的接送时间要求并不高。

③留守儿童家长希望孩子在幼儿园午睡。在园所午睡既是方便家长工作的需要，又符合儿童成长规律，留守儿童家长对此的需求度最高。

(2)便利性服务需求聚焦点

①午睡和早送晚接最重要。从图 4.2.2.1 可以看出，留守儿童家长在早送晚接和午睡上的得分都较高，说明他们的便利性服务需求聚焦于此，早送晚接和午睡是家长的需求重点。值得注意的是，早送晚接服务是留守儿童家长最重视的内容，在一定程度上也表明留守儿童家长期望孩子更多时间在幼儿园度过。原因分析在于，66.3%的留守儿童的主要照看者是祖父母，孩子的祖父母可能会由于年

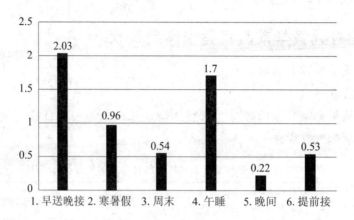

图 4.2.2.1　留守儿童家长便利性服务需求聚焦点分布

龄较大，没有足够的精力分配给活泼好动、精力旺盛的孩子，同时在调查中我们发现，留守老人并不是仅仅在家照顾孩子，他们大多会到农田干活。而单亲外出，特别是父亲在外的留守儿童家庭，家庭内部所有的家务等劳动都落到母亲身上，有的留守在家的母亲在接送孩子之余，还会到附近小工厂上班，因此也不能提前接孩子回家。

②留守儿童家长比较重视幼儿园提供的寒暑假延时服务。留守儿童的主要照看者66.3%是祖父母，寒暑假将孩子安置在幼儿园更能够减轻监护人，尤其是祖父母监护的压力。

3. 保育服务需求

（1）保育服务需求的描述分析

表 4.2.2.3　三类家长对幼儿园保育服务需求的得分 $M(SD)$

保育服务	7. 饭菜质量	8. 饭菜分量	9. 食物过敏……	10. 饭菜口味	11. 饥饿时……	12. 随时喝水	13. 及时如厕
4.52	4.66	4.65	4.41	4.62	3.87	4.60	4.81
(0.57)	(0.75)	(0.75)	(1.07)	(0.75)	(1.45)	(0.87)	(0.49)

①留守儿童家长重视幼儿园常见的保育服务工作。从表4.2.2.3可以看出，留守儿童家长在幼儿园日常保育服务内容得分较高，表明家长对此的需求强烈，希望孩子在幼儿园的饭菜可口，安全卫生，并且分量足，孩子在幼儿园能够吃饱，希望在幼儿园喝水、如厕基本需求得到满足。

②个别化膳食行为不够重视。相比幼儿园日常保育服务内容，留守儿童家长对个别化的行为重视不足。如果孩子对某些食物过敏或有忌讳时，幼儿园有其他食物给孩子；不到吃饭时间，孩子饿了，幼儿园有食物给孩子。原因在前文中已有提及，只有很小比例的儿童会对食物过敏，因此家长对此的需求不强烈。此

外，家长认为幼儿园是集体性的教育场所，对于这种针对个人性质的生活活动不是十分关注。

（2）保育服务需求聚焦点

①食品安全最重要。留守儿童家长在饭菜质量上的得分最高，说明食品安全是家长最关心的保育服务内容，关乎幼儿的生命健康，是幼儿健康成长和学习的基础。

②留守儿童家长较为重视饭菜质量，其次比较明显的是留守儿童家长比较重视饭菜分量问题。可以看出，留守儿童家长在此题项上的得分远大于流动儿童家长。这可能和填表人有关。留守儿童的问卷中，祖父母填写者占55.8%，受其年龄特征和文化背景的影响，祖父母辈的监护人更为关注孩子有没有吃饱饭的问题。

③较少家长认识到个别化膳食管理的重要性。从图4.2.2.2我们可以看出，家长对题项9和题项11的得分最低，说明幼儿的个别化膳食需求重视度低。重要性排序所得结果和上文基本一致，进一步印证了结论的可信性。

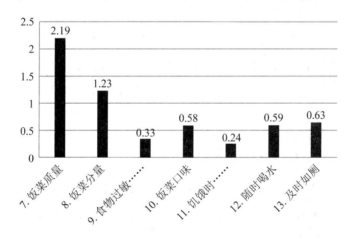

图 4.2.2.2　留守儿童家长保育服务需求聚焦点分布

4. 对教师的要求需求

（1）对教师的要求需求的描述分析

表 4.2.2.4　留守儿童家长对教师的要求需求的得分 $M(SD)$

对教师的要求	14. 孩子喜欢老师	15. 孩子身体不便……	16. 家园沟通	17. 平等对待孩子	18. 安全看护
4.81 (0.36)	4.82 (0.53)	4.69 (0.81)	4.79 (0.53)	4.79 (0.60)	4.92 (0.35)

①留守儿童家长关注教师素质。留守儿童家长对教师的要求需求表达最为迫

切，和其他项目相比得分最高，教师是幼儿集体活动的教育者，生活活动的照料者，家长对教师素质十分重视和关心。

②安全问题刻不容缓。与流动儿童相同，幼儿是弱小的生命体，留守儿童家长也深感安全看护的重要性。

(2)对教师的要求需求的聚焦点

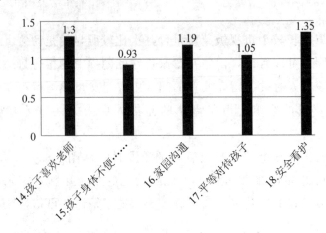

图 4.2.2.3　留守儿童家长教师需求聚焦点分布

留守家长对教师需求的聚焦点较为分散。从图 4.2.2.3 可以看出，各题项需求度得分比较均衡。说明在对教师的要求需求上，留守儿童家长的需求聚焦点较为多样，但是聚焦于教师的个别化行为和帮助的家长仍然相对较少。

5. 教育内容需求

教育内容需求的描述分析

表 4.2.2.5　三类家长对幼儿园教育内容需求的得分 $M(SD)$

教育内容	19. 小学化内容	20. 愿意和同伴玩	21. 懂礼貌	22. 锻炼身体	23. 开心快乐	24. 唱、跳、画	25. 生活自理	26. 爱干净卫生	27. 学外语
4.68 (0.44)	4.32 (1.20)	4.71 (0.70)	4.86 (0.46)	4.79 (0.50)	4.87 (0.39)	4.88 (0.43)	4.85 (0.42)	4.85 (0.42)	4.01 (1.40)

①留守儿童家长小学化观念严重。从题项 19 和题项 27 得分可以看出，留守儿童家长在小学化教育内容上得分超过 4，表明留守儿童家长小学化观念严重，希望孩子能够在幼儿园阶段学习拼音、写字、算数、外语等小学化的教育内容。对于留守儿童的家长问卷，55.8%的问卷是由祖父母填写，而流动儿童家长问卷中 67.1%是由母亲填写，这两辈人之间并不仅仅是年龄和学历的区别，还有教育观念及文化背景的不同。祖辈对有幼儿园教育价值认知不清，更有可能存在认知误区。

②重视艺术技能。留守儿童家长在孩子学习唱、跳、画等艺术技能上得分最

高，可见他们对于幼儿学习艺术技能的需求迫切。这可能与留守儿童家长的缺失补偿心理和对"一技之长"观念有关。

③重视养成教育。在重视外显学业技能和艺术技能的同时，留守儿童家长关注养成教育。可见在家长的教育内容价值观中，幼儿养成良好行为习惯和卫生习惯也十分重要。

（2）教育内容需求聚焦点

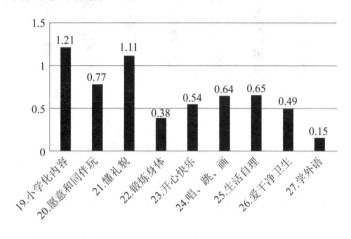

图 4.2.2.4　留守儿童家长教育内容需求聚焦点分布情况

①小学化观念严重。图 4.2.2.4 显示，留守儿童家长需求聚焦于小学化的教育内容，在该题项上得分最高，表明家长超载教育观念严重。与上文结果一致。

②希望孩子懂礼貌。留守儿童家长"孩子变得懂礼貌"上得分也较高，说明家长对此十分重视。

（二）留守儿童学前教育满意度分析

1. 整体满意度

表 4.2.2.6　留守儿童家长对学前教育满意度得分（$M \pm SD$）

	便利性服务	保育服务	对教师的要求	教育内容	总体
均值与标准差	4.25±0.79	4.46±0.66	4.62±0.56	4.48±0.60	4.46±0.52

从表 4.2.2.6 可以看出，对教师的满意度表达最为强烈。当前幼儿园中教师基本能够得到家长的认可，但是家长对教育的需求度仍高于满意度，教师行为仍有很大改善和提高的空间。

而留守儿童家长对便利性服务的需求最小。需求度与满意度密切相关，高需求度往往伴随高满意度，如果家长对此服务不重视，即使幼儿园提供此项服务，那么家长的满意度选择也不会聚焦于此。而家长对便利性服务需求度最低，因此对便利性服务的满意度得分也最低。

2. 便利性服务满意度

（1）便利性服务满意度的描述

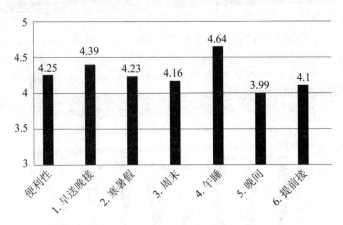

图 4.2.2.5　留守儿童家长便利性服务满意度得分分布情况

①午睡服务令家长最满意。从图 4.2.2.5 可以看出，留守儿童家长对幼儿园提供午睡服务的满意度最高，表明午睡服务让家长欣慰，常规幼儿园都能够满足家长这项需求。

②家长"不太需要"晚间服务。留守儿童家长对晚上待在幼儿园的晚间服务需求最低，表明家长不希望孩子晚上待在幼儿园，也是满足家长和孩子间亲情的需要。

（2）便利性服务满意度聚焦点

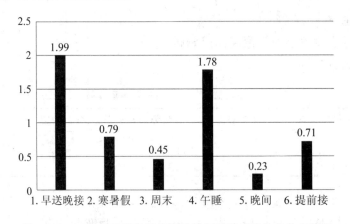

图 4.2.2.6　留守儿童家长便利性服务满意度聚焦点分布情况

①最满意早送晚接和午睡服务。从图 4.2.2.6 可以看出，留守儿童家长满意度得分最高的两个题项分别是午睡和早送晚接。这两项服务均为当前幼儿园有可能或正在提供的服务，也是常见的服务内容。这也和上文描述统计结果一致。

3. 保育服务满意度

（1）幼儿园保育服务满意度的描述

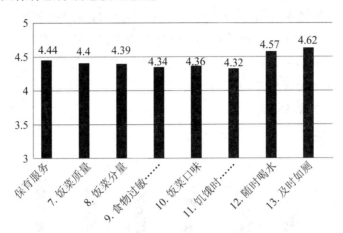

图 4. 2. 2. 7　留守儿童家长保育服务满意度聚焦点分布情况

　　①保育服务内容得分均衡。从图 4.2.2.7 可以看出，留守儿童家长对保育服务内容各题项得分均较高，且较均衡。幼儿生活活动的照料是幼儿园主要活动内容，较高的满意度是留守儿童家长基于自身支付能力的满意度表达，也说明家长对当前幼儿园的保育服务感到较为欣慰。

（2）保育服务满意度聚焦点

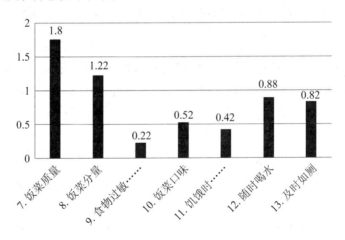

图 4. 2. 2. 8　留守儿童家长保育服务满意度聚焦点分布情况

　　①食品安全问题令家长最满意。具体而言，在保育服务项目所有题项中，留守儿童家长最为欣慰的是食品安全问题，即幼儿园饭菜质量可靠、安全卫生。

　　②饭菜分量也是家长满意关注点。留守儿童家长对饭菜分量的满意度也较高，说明留守儿童满意度也聚焦于饭菜的分量，这也反映出家长对此的重视程度较高。

③个别化膳食管理权重后得分最低。需求聚焦点和满意聚焦点相互联系，满意度的选择在一定程度上也能透视出流动和留守儿童家长有差别的需求关注点。简单来说，幼儿园的某一方面服务做得很好，但是如果这项服务不被家长需要，那么家长对此也不甚满意。上文提到，留守儿童家长对保育服务的需求聚焦于饭菜的分量，在此基础上，家长的满意度选择也主要集中在其关注的保育服务内容上，因此留守儿童对饭菜分量的满意度较高。

4. 对教师的要求满意度

（1）对教师的要求满意度的描述

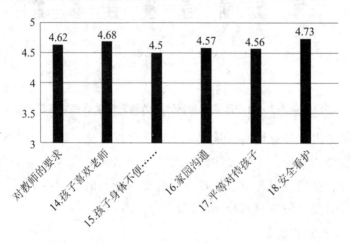

图 4.2.2.9　留守儿童家长对教师的要求满意度得分分布情况

教师满意度得分均衡。从图 4.2.2.9 可以看出，和其他需求项目比，留守儿童家长对教师的要求满意度的内容得分都较高，以往研究中家长对师资的满意度也最高。且各题项得分比较均衡，项目和题项得分都大于 4.5。说明三类家长对幼儿园教师各方面的素质都感到比较满意。

（2）对教师的要求满意度聚焦点

①安全看护最让家长满意。在满意度排序上，从图 4.2.2.10 可以看出，幼儿园的安全看护令留守儿童家长最为欣慰，在题项上权重最高，家长对幼儿园安全看护最认可。

②教师个别化帮助情况不理想。当孩子身体不便时，教师专门化的帮助行为在两组家长中的得分最低，这一服务针对的是偶发性情况，对教师教育保教观念和能力有较高要求，而实际教师个别化行为能力较低，因此得分较低。留守儿童所在幼儿园在专门化的帮助行为方面亟待改进，彰显幼儿教育的独特价值。

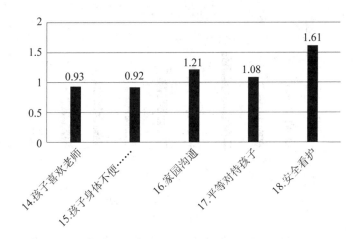

图 4.2.2.10 留守儿童家长对教师的要求满意度聚焦点分布情况

5. 教育内容的满意度

(1)教育内容的描述

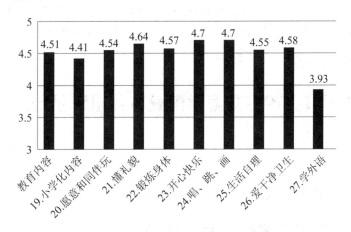

图 4.2.2.11 留守儿童家长教育内容满意度得分分布情况

①家长对养成教育满意度高。由图 4.2.2.11 可以看出，教育内容中家长较满意是养成教育，包括文明礼貌、生活自理、干净卫生和爱运动等幼儿日常生活能力的培养和发展。

②家长对艺术技能和学业技能感到满意。图 4.2.2.11 显示，留守儿童家长对艺术技能和学业技能满意度较高，具体包括孩子学习唱歌、跳舞和画画，以及写字、拼音和算数等，表明家长对外显的艺术技能和学业技能感到欣慰。

③孩子在幼儿园开心快乐最重要。留守儿童家长都对孩子在幼儿园开心快乐最欣慰，得分最高，也从侧面反映出家长对幼儿快乐生活和学习的关心和重视。

(2)教育内容的满意度聚焦点

①最满意孩子懂礼貌。从图 4.2.2.12 可以看出，留守儿童家长满意度聚焦

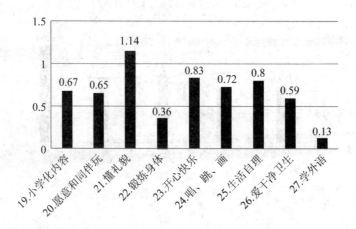

图 4.2.2.12　留守儿童家长教育内容满意度聚焦点分布情况

于"孩子变的懂礼貌",在该题项上得分最高。从上文数据结果一致。

②聚焦于学业技能和艺术技能。留守儿童家长更满意幼儿园教授孩子小学化知识和唱、跳、画的艺术技能,他们在这两个题项满意度排序上的得分较高,也说明这也从侧面反映留守儿童家长对教育内容的聚焦点,更关注孩子外显的学业技能和艺术技能。

第三节　留守儿童学前教育需求满足与对策

一、留守儿童学前教育需求问题聚焦

(一)集体的缺失性需求与个体差异诉求

和流动儿童家长需求特征相同,留守儿童家长也关注孩子的缺失性需求,对个体差异的诉求关注不足。数据结果表明,留守儿童家长重视幼儿园日常保育服务内容,如如厕护理、饮水护理和膳食管理。同时,对教育内容十分关注等,此均属于缺失性需求范畴,且这些都是统一性的集体性质的活动。

在留守儿童家长关注集体性质的缺失性需求的同时,忽视幼儿个体差异。具体表现在对幼儿个别化需求表达的忽视、对非集体性质活动的需求表达不迫切,如孩子对某些食物过敏时,园所有替代性的食物给孩子;家长对此的需求程度较低并不代表这种个别化需求对幼儿不重要,而是只有很小比例的儿童会对食物过敏,因此家长对此的需求不强烈。

集体的缺失性需求是幼儿园保教的基础和主流,但是孩子个体差异诉求更是凸显学前教育教育价值的表现。

（二）高满意度教育与发展适宜性教育

与流动儿童家长相同，留守儿童家长教育需求也具有高满意度特点。留守儿童家长高满意度特点也不能和高保教质量画等号。留守儿童家庭中更多是底层家长，认为自身所处的社会经济地位和教育支付能力不具备权利与资格提出进一步要求。同时，一直处于较低质量幼儿园中留守儿童家长，同样也缺乏对高保教水平的直观觉知，因此呈现出的高满意度水平，并不能代表幼儿园当前保育服务和教育方面十分优秀，而是家长对此感到"知足"而"常乐"，尤其是底层家长。

因此留守儿童家长的高满意度评价不能简单地代表当下幼儿园提供的是完全支持性的、发展适宜性的教育，当下幼儿园仍需继续努力提升自身保教水平，满足留守儿童家长合理的、迫切的教育需求。

（三）需求表达传统与现代性启蒙

传统教育倾向聚焦儿童的学习目标地实用性、学习方法的强化型、学习过程的灌输性、学习内容的知识性和学习结果的外显性[1]。在此基础上，试从这个角度对留守儿童家长的幼儿学习观进行分析和总结。

数据结果表明，留守儿童家长教育需求聚焦于小学化的教育内容，表明留守儿童家长更为关注幼儿学习的现实意义，较为认同幼儿园的教育内容应以拼音、认字、算数等传统的智力教育为主，比较重视幼儿园的升学功能，不是强调幼儿的各种需要，而是期望幼儿去适应教育或社会的要求，因此，留守儿童家长需求表达也具有传统趋向性的特征。

（四）外显性学业技能和艺术技能诉求

中国家长更关注幼儿生活能力的养成，认为良好行为习惯比知识更重要，这与一些个别访谈的结果具有一致性[2]。本研究教育内容的均值结果表明，留守儿童家长也重视幼儿园的养成教育，但让家长做出选择，有取舍地选择出自己认为最重要的教育内容时，留守儿童家长最关注和重视的是小学化的教育内容，得分为1.21，远远大于流动儿童家长（0.53）。而在唱、跳、画艺术技能上，留守儿童家长在平均数和需求聚焦点权重得分都大于流动儿童家长，留守儿童家长有更高的艺术技能诉求。

概言之，留守儿童家长更高的外显性学业技能和艺术技能和家长根深蒂固的传统教育教养观念有关，是其儿童观和学习观的表现。

---

① 高潇怡. 幼儿教师儿童学习观的类型研究[J]. 教育学报，2008(5)：68-73.
② 王明晖."幼儿园究竟应该教些什么?"讨论之一：一些值得关注的见解[J]. 学前教育研究，1996(1)：37-39.

二、留守儿童家长学前教育需求满足对策

（一）关注家庭与园所间的补偿性

基于留守儿童低家庭社会经济地位的现实下，政府更应该关注到家庭系统与幼儿园系统之间的补偿性而非复制性，发挥幼儿园服务的"补短板"作用，在家庭和园所重要差异因素上做出调整，形成与各阶层特征相适应的学前教育服务而非无差别的复制家庭阶层特征①。具体来说，低收入阶层幼儿家庭居住环境拥挤狭小、家庭中可获得的游戏材料极其匮乏、家长与幼儿之间的互动方式较为极端。那么为低收入阶层家庭服务的托幼机构，就应考虑在这些方面为入园的幼儿做补偿性的服务措施。而对于中高收入阶层家庭来说，家长期望孩子在幼儿园能够获得家庭所不能给予的游戏和活动，以及扩大的人际交往互动的教育机会。

（二）家长满意度不宜作为评价幼儿园教育质量最主要依据

由于家长一方面缺少有关幼儿身心发展规律与特点的系统科学知识，缺少良好的社会氛围支持，无法把握幼儿发展的真正需要，另一方面受制于幼儿园有限的开放时间与活动，不可能获知有关幼儿园教育过程的全面信息，他们对幼儿园教育质量的评价不可能全面、准确、客观，甚至是不科学、不合理的。将家长满意度作为幼儿园教育质量评价最主要的依据，由此易使幼儿园教育价值发生偏离和错位。幼儿园举办者应正确看待家长参与幼儿园教育质量评价的有限权力，政府应加强质量评估和监管，园长和教师应坚守职业良心，家长应自觉提升教育素养。只有通过多方共同努力，帮助家长形成正确的儿童观和科学的教育观，才能促使家长正确行使教育评价的权利，同时尊重其他利益相关者，特别是幼儿参与幼儿园教育质量评价的地位、作用与权利。

（三）远、近环境因素中留守儿童教育补偿

在留守儿童—留守环境、流动儿童—流动环境这一整体的动态系统中，远、近环境因素以及个体特征会通过各种方式作用于儿童发展。近环境因素以及个体特征会直接作用于儿童的发展结果，还会通过个体特征影响儿童的发展，即个体特征在其中起中介作用。而远环境因素通过直接作用于儿童的发展，或借助第三者（近环境因素和个体因素）来影响儿童的发展②。

结合前文数据结果，借助留守、流动儿童发展的生态模型可以发现，留守儿童和流动儿童都是主流研究中的弱势群体，而在远、近环境因素中，留守儿童的

---

① 李婧菁. 不同阶层幼儿家长学前教育需求的跨个案研究［D］. 金华：浙江师范大学，2013.

② 申继亮. 处境不利儿童的心理发展现状与教育对策研究［M］. 北京：经济科学出版社，2009：238.

弱势地位更明显，主要体现在远环境因素上，留守本身就是儿童发展中的危险因素（主要是指个体发展的一些不利条件）。此外，在家庭社会经济地位上，不管是经济资本，还是人力和社会资本，留守儿童家庭得分最低，这些也是危险因素。与此同时，近环境因素中，留守儿童直接面对的照料者66.3%是祖辈父母，以往研究已表明隔代教育有多方面的弊端。正如李克钦在分析隔代教养问题时所指出的那样，无论祖辈对孩子的关心和爱护多么细致入微，和亲子教育相比总有不尽完美的地方①。

　　远、近环境因素中的危险因素直接或间接地影响留守儿童的发展。在需求聚焦点上，留守儿童家长的小学化教育观念更为严重，过于注重教育的短期效益。超载教育的错误观念，家庭和园所中这些不适宜的教育内容会给幼儿快乐童年和健康发展带来不利影响，而由上述所有危险因素造成的儿童的发展结果，也会反作用于留守儿童生活的远、近环境，从而形成一种动态的循环过程。

　　可见，对比流动儿童，留守儿童面临的远环境和近环境中的危险因素较多，远近环境中的危险因素构成了留守儿童生活的压力背景，留守儿童处境更加不利，弱势地位更明显。正如研究指出，在留守儿童低家庭社会经济地位的现实下，则更应该关注到家庭系统与幼儿园系统之间的补偿性而非复制性，发挥幼儿园服务的"补短板"作用，在家庭和园所重要差异因素上做出调整，形成与各阶层特征相适应的学前教育服务而非无差别的复制家庭阶层特征②。

（四）情感缺失的共情补偿机制建立

　　如果对策和建议是高高在上地俯视农民工子女身上所存在的问题，甚至站在农民工子女的对立面看待他们身上的问题，这样的对策与建议缺乏对农民工子女所存在问题的同情心。其实对策与建议本身能体现出同情，一项对策与建议是否具有同情心，这就要看这项政策与建议是否站在农民工子女的立场看待这些问题，采取一项自下而上的视角去看待农民工子女所存在的问题，才能发现真正问题产生的根源，也才能把对于农民工子女的同情心融入相应的对策和建议中。那么，农民工子女教育的对策和建议应体现一种什么样的同情心呢？其一，对于农民工子女处境的同情。与农村非留守儿童相比，农村留守儿童的处境值得同情，他们需要更多地亲情呵护；与城市孩子相比，流动儿童的处境值得同情，他们需要付出更多的努力来融入这个城市的生活和学习中。基于这种同情心，相应的对策与建议就是要改善这些农民工子女的处境，为他们创造一个更好的教育环境。其二，对于农民工子女需求的同情。与农村非留守儿童相比，留守儿童的亲情需

---

① 李克钦．隔代教育问题分析及对策[J]．绥化学院学报，2006(6)：163-164.

② 李婧菁．不同阶层幼儿家长学前教育需求的跨个案研究[D]．金华：浙江师范大学，2013.

求和爱的需求得不到满足，甚至有些留守儿童的基本生活需求也得不到满足；与城市孩子相比，流动儿童的自尊心需求和归属感需求得不到有效满足。基于这种同情心，相应的对策与建议要满足这些农民工子女的需求，为满足他们不同需求创造相应的条件和机会。其三，对于农民工子女发展的同情。与农村非留守儿童相比，留守儿童的未来发展整体上处于劣势低位；与城市儿童相比，流动儿童缺乏更多的教育资源，在发展机会上处于不利地位，基于这种同情心，相应的对策和建议就要为农民工子女的未来发展提供更多的教育资源和教育机会。

第五章

低收入群体的学前教育需求满足与对策

本章概要

研究背景：改革开放在促使中国经济跨越式发展的同时，也加剧了居民收入的社会分化。由于经济地位的弱势，低收入群体面临着一系列的困难和不公平待遇。经济收入低只是贫困的表层原因，其深层原因是贫困人口的能力不足。要想从根本上帮助低收入群体脱贫，必须从低收入群体子女的教育问题着手，通过教育来遏制贫困的代际传递。作为国民教育的起点，学前教育对国民素质的整体提升和扶智脱贫具有重要的战略意义。起点教育的公平是影响教育公平的重要因子。促进起点教育公平的一个重要措施：将政策向弱势群体倾斜，实现教育资源的配置公平。因此，了解低收入群体的学前教育需求的现状和特点，有利于政策制定者为处境不利的儿童提供更具针对性的指导和帮助。

研究设计与方法：本研究采用问卷调查法，在贵州、四川、湖南、安徽、浙江 5 个省份随机发放 1570 份《家长学前教育需求调查问卷》，其中有 139 个家庭的月收入低于 2000 元，有 178 个家庭的月收入高于 10000 元。研究者对这 317 份调查问卷进行了分析，以调查低收入群体的学前教育需求度现状，比较高、低收入群体的学前教育需求度和满意度差异，以及低收入群体的需求度和满意度差异。其中，学前教育需求度和满意度具体涵盖四个维度：便利性服务、保育服务、对教师的要求、教育内容。

研究结果：(1)低收入群体对便利性服务的需求度较小，对幼儿园保育服务服务的需求度处于中等及中等偏上水平，对教师素质的需求度非常高，对幼儿园教育内容的需求度较高。(2)低收入群体与高收入群体在便利性服务的需求度上不存在显著差异，但是在保育服务、对教师的要求、教育内容三个方面上高收入群体的需求度要显著高于低收入群体；就整体而言，高收入群体的学前教育需求度显著高于低收入群体。(3)低收入群体对幼儿园便利性服务的满意度高于需求度,对幼儿园保育服务服务的满意度高于需求度,对教师的要求各项目的满意度均低于需求度,对教育内容各项目的满意度均低于需求度。

讨论与建议:低收入群体对教师素质和教育内容需求较为强烈,反映了低收入群体对幼儿的教育较为重视;低收入群体的学前教育需求度和满意度均显著低于高收入群体,反映了低收入群体关于学前教育"低需求、低满足"的特征;低收入群体关于教师素质和教育内容的满意度均低于需求度,反映了当前普惠性幼儿园的学前教育质量并不能够满足低收入群体的需求,普惠性幼儿园的教师素质仍是一个难题。发展有质量低收费的普惠性幼儿园是满足低收入群体学前教育需求的最佳途径。

第一节 低收入群体学前教育需求现状

一、低收入群体学前教育需求的界定

(一)低收入群体的界定

"低收入群体"一般是指在一定的地理区域和时间周期内,平均收入水平处在低端的、一定区间的人群。它是一个相对概念,不管是在发达国家,还是在发展中国家,低收入群体都是存在的。唯一不同的是各个国家对低收入群体的划分标准,这是由各国的经济实力决定的。国际上大都采用"中位线"来界定低收入群体,只要低于"中位线"就算是低收入群体。例如,在美国,中等收入线是划分高低收入群体的标准,高于中等收入线的属于高收入阶层,低于中等收入线的属于低收入阶层。

目前,我国对低收入群体的界定有相对标准和绝对标准之分。以相对标准界定低收入群体的主要方法是:根据家庭人均可支配收入将居民划分为最低收入户、低收入户、中等偏下户、中等收入户、中等偏上收入户、高收入户和最高收入户七类,其中最低收入户和低收入户各占总户数的10%,两者合计为20%,所以大多数关于低收入群体的研究将统计意义上最低10%或者20%家庭作为低收入群体①。

绝对标准是把个体收入水平低于一定标准的称为低收入群体,我国学者常参照的绝对标准主要包括最低工资、失业保险金或最低生活保障线。由于各个地区

---

① 池振合,杨宜勇.城镇低收入群体规模及其变动趋势研究[J].人口与经济,2013(2):100-101.

的经济发展水平不同，不同省份的最低月工资水平存在差异，同一省份的不同地区也存在着差异。例如：2016 年浙江省月最低工资标准档次为 1860 元/月、1660元/月、1530 元/月、1380 元/月；江苏省月最低工资标准档次调整为 1770元/月、1600 元/月、1400 元/月；湖南省月最低工资标准档次为 1390 元/月、1250 元/月、1130 元/月、1030 元/月；辽宁省月最低工资标准档次为 1530 元/月、1320 元/月、1200 元/月、1020 元/月；贵州省月最低工资标准档次为 1600元/月、1500 元/月、1400 元/月等。

本研究的样本数据采集工作不是在同一年完成，且调查群体分布在多个省份的多个市。为了方便分析，研究采用了相对标准来界定低收入群体。根据所获得收入数据的分布形态（以高低收入占总样本数 20％），本研究将月收入低于 2000元的家庭界定为低收入群体。

（二）学前教育需求的界定

《教育大辞典》中将教育需求分为社会需求、个人需求和家庭需求三大类。社会需求指在一定时期内国民经济各部门以及社会各方面对各类专门人才和受过一定教育的劳动者的数量、质量和结构等方面的要求；个人和家庭的教育需求是指为满足某种精神和物质的需要对个体接受各级各类教育的要求，后者受到个人精神充实的欲望、就业与收入的选择、家庭经济条件和对子女未来的期望等因素的影响[1]。

由此可见，学前教育需求是指：基于对家庭经济条件、子女的特点和外部生活环境等方面的考虑，家长希望学前儿童在各方面获得良好发展而对学前教育各方面内容产生的期望和要求。因此低收入群体的学前教育需求是：低收入群体基于自身情况、子女情况、家庭情况和对子女的教育期望，对学前教育提出的一系列要求。

二、低收入群体学前教育需求研究设计

（一）学前教育需求评价工具

本研究采用《保障适龄儿童接受基本而有质量的学前教育政策与机制研究》课题组编制的《家长学前教育需求调查问卷》。此问卷具有良好的结构效度和内容效度，信度也符合统计学规定。问卷包含两部分，第一部分是家长基本信息调查，包括家长的职业、年龄、教育程度、家庭收入、目前居住地、幼儿户口所在地、孩子在园所的时间等。第二部分是家长学前教育需求调查，共 4 个项目，每项内容 4～8 个题目，共有 23 个题目。详见表 5.1.2.1。此部分采用李克特 5 级评分，

---

① 顾明远 . 教育大辞典(第六卷)[M]. 上海：上海教育出版社，1992：225.

家长需要对 23 个需求题目分别从重要程度及满意程度赋值。需求重要程度赋值为：1 分＝不重要，2 分＝不太重要，3 分＝一般重要，4 分＝比较重要，5 分＝非常重要。分数越高，说明家长认为此项越重要，即对此项服务的需求度越高。需求满意程度赋值为：1 分＝不满意，2 分＝不太满意，3 分＝一般满意，4 分＝比较满意，5 分＝非常满意。分数越高，说明家长对此项越满意，即对此项服务的满意度越高。

表 5.1.2.1　项目与具体题项分布

家长学前教育需求	题号
便利性服务	1、2、3、4
保育服务	5、6、7、8、9、10
对教师的要求	11、12、13、14、15
教育内容	16、17、18、19、20、21、22、23

（二）低收入群体选取与样本分布

本研究在贵州、四川、湖南、安徽、浙江 5 个省份的 132 所幼儿园发放 1570 份《家长学前教育需求调查问卷》。对回收的问卷进行筛选，家庭月收入低于 2000 元的家长共有 139 名，其中贵州省有 31 名、湖南省有 57 名、四川省有 33 名、浙江省有 18 名。低收入群体样本的平均月收入为 972.57 元（min＝100，max＝1850），标准差为 464.52。

表 5.1.2.2　低收入群体样本分布

所在地	发放的问卷数量	低收入群体作答数量	所占比例（%）
贵州	118	31	26.27
湖南	533	57	10.69
四川	158	33	20.88
浙江	666	18	2.70
安徽	95	0	0

三、低收入群体学前教育需求现状

（一）低收入群体对便利性服务的需求现状

表 5.1.3.1　低收入群体便利性服务具体项目评分结果的描述性统计

	样本量	最小值	最大值	平均值	标准差
便利性服务	125	1.00	5.00	3.19	1.21
1	124	1.00	5.00	3.64	1.43

续表

	样本量	最小值	最大值	平均值	标准差
2	123	1.00	5.00	3.33	1.52
3	124	1.00	5.00	3.19	1.43
4	122	1.00	5.00	2.51	1.63

注：1. 幼儿园允许早送晚接

　　2. 寒暑假也可以送孩子上幼儿园

　　3. 周末也可以把孩子送到幼儿园

　　4. 孩子可以晚上在幼儿园睡

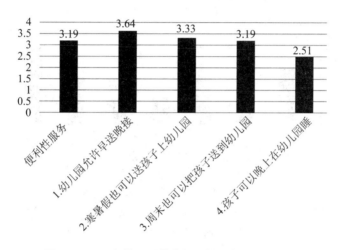

图 5.1.3.1 低收入群体的便利性服务需求度均值

依据低收入群体对幼儿园便利性服务 4 个项目重要程度的评分，可以得出便利性服务需求度平均分($M=3.19$)和各个项目的平均分(详见表 5.1.3.1)。其中，低收入群体认为最重要的便利性服务为"幼儿园允许早送晚接"($M=3.64$)，最不重要的便利性服务项目为"孩子可以晚上在幼儿园睡($M=2.51$)"，低收入群体对幼儿园便利性服务各项目的需求度得分介于2.51~3.64。总体来看，低收入群体对幼儿园的便利性服务需求度较小。

（二）低收入群体对保育服务服务的需求现状

表 5.1.3.2 低收入群体保育服务具体项目评分结果的描述性统计

	样本量	最小值	最大值	平均值	标准差
保育服务	122	1.14	5.00	4.03	0.97
5	118	1.00	5.00	4.48	0.91
6	113	1.00	5.00	3.88	1.37
7	114	1.00	5.00	3.50	1.52
8	117	1.00	5.00	4.46	0.85

	样本量	最小值	最大值	平均值	标准差
9	120	1.00	5.00	3.87	1.56
10	120	1.00	5.00	4.44	1.11

注：5. 幼儿园饭菜质量可靠，安全卫生

6. 幼儿园饭菜足够，孩子可以吃饱

7. 孩子对某些食物过敏或有忌讳时，幼儿园有其他食物给孩子

8. 幼儿园饭菜可口，孩子喜欢吃

9. 孩子渴了在园可以随时喝水

10. 孩子有需要可以及时上厕所

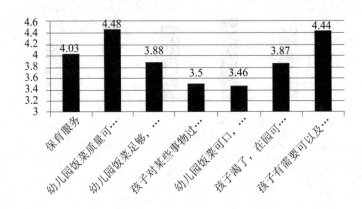

图 5.1.3.2　低收入群体的保育服务需求度

依据低收入群体对幼儿园保育服务 6 个项目重要程度的评分，可以得出保育服务需求度平均分（$M=4.403$）和各具体项目的平均分（详见表 5.1.3.2）。其中，低收入群体认为最重要的保育服务项目为"幼儿园饭菜质量可靠，安全卫生"（$M=4.48$）；最不重要的保育服务项目为"孩子对某些食物过敏或有忌讳时，幼儿园有其他食物给孩子"，（$M=3.50$）；低收入群体对保育服务服务各项目的需求得分介于 3.50～4.48。整体来看，低收入群体对幼儿园保育服务服务的需求度处于中等及中等偏上水平。

（三）低收入群体对教师的要求的需求现状

表 5.1.3.3　低收入群体对教师的要求项目评分结果的描述性统计

	样本量	最小值	最大值	平均值	标准差
对教师的要求	119	3.50	5.00	4.72	0.37
11	117	1.00	5.00	4.79	0.57
12	117	3.00	5.00	4.71	0.59
13	118	3.00	5.00	4.73	0.52

续表

	样本量	最小值	最大值	平均值	标准差
14	110	1.00	5.00	4.57	0.85
15	113	2.00	5.00	4.83	0.44

注：11. 孩子喜欢老师

12. 如果孩子身体不方便（如自己上厕所或吃饭有困难等），老师有专门的帮助

13. 老师多和家长交流孩子情况

14. 老师平等对待孩子

15. 幼儿园确保孩子安全

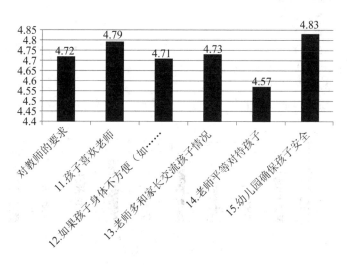

图 5.1.3.3 低收入群体的对教师的要求需求度

依据低收入群体对教师的要求 5 个项目重要程度的评分，可以得出对教师的要求的需求度平均分（$M=4.72$）和各具体项目的平均分（详见表 5.1.3.3）。其中低收入群体认为最重要的对教师的要求项目为"幼儿园确保孩子安全"（$M=4.83$），最不重要的对教师的要求项目为"老师平等对待孩子"（$M=4.57$），低收入群体对教师的要求各项目的需求度介于 4.57～4.83。整体而言，低收入群体对教师素质的需求度非常高。

（四）低收入群体对教育内容的需求现状

表 5.1.3.4 低收入群体教育内容具体项目评分结果的描述性统计

	样本量	最小值	最大值	平均值	标准差
教育内容	115	3.00	5.00	4.56	0.48
16	113	1.00	5.00	4.37	0.98
17	113	3.00	5.00	4.59	0.64
18	112	3.00	5.00	4.81	0.41

续表

	样本量	最小值	最大值	平均值	标准差
19	114	1.00	5.00	4.40	0.78
20	113	3.00	5.00	4.74	0.51
21	112	2.00	5.00	4.58	0.65
22	113	3.00	5.00	4.65	0.58
23	113	3.00	5.00	4.72	0.54

注：16. 孩子学习写字、拼音、算数等

16. 孩子学习写字、拼音、算数等
17. 孩子愿意和其他小朋友玩
18. 孩子变得懂礼貌
19. 孩子爱锻炼身体
20. 孩子在幼儿园开心快乐
21. 孩子学会唱歌、跳舞、画画等
22. 孩子学会生活自理
23. 孩子变得爱干净、讲卫生

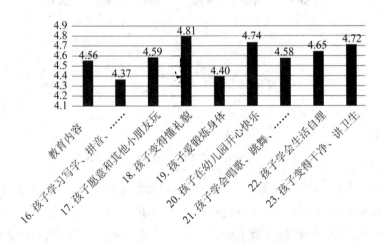

图 5.1.3.4　低收入群体的教育内容需求度

依据低收入群体对教育内容 8 个项目重要程度的评分，可以得出教育内容需求度平均分($M=4.56$)和各具体项目的平均分(详见表 5.1.3.4)。其中低收入群体认为最重要的教育内容项目为"孩子变得懂礼貌"($M=4.81$)，最不重要的教育内容项目为"孩子学习写字、拼音、算数等"($M=4.37$)，低收入群体对教育内容各项目的需求度得分介于 4.37~4.81。整体而言，低收入群体对幼儿园教育内容的需求度较高。

第二节 低收入群体的学前教育需求特点

一、高收入群体与低收入群体的学前教育需求的差异

(一)高收入群体与低收入群体对学前教育总体需求差异分析

表 5.2.1.1 高收入群体与低收入群体学前教育总体需求的需求度差异显著性检验

	高收入群体		低收入群体		t
	样本量	平均值 (标准差)	样本量	平均值 (标准差)	
总需求	176	4.28(0.35)	125	4.19(0.42)	4.592***
便利性服务	175	3.13(1.08)	125	3.19(1.21)	−0.433
保育服务	176	4.49(0.67)	122	4.03(0.97)	4.538***
对教师的要求	169	4.88(0.30)	119	4.72(0.37)	3.743***
教育内容	169	4.66(0.37)	115	4.56(0.48)	2.066*

注:*,$p<0.05$;***,$p<0.001$,下同。

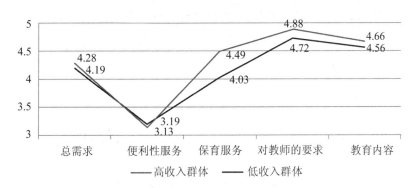

图 5.2.1.1 高收入群体与低收入群体学前教育总体需求度差异显著性检验

根据高收入群体与低收入群体对学前教育各项目的需求度评分,可以看出:高收入群体的对于学前教育总体需求的平均分($M=4.28$)高于低收入群体对于学前教育总体需求的平均分($M=3.19$),除了便利性服务以外,高收入群体在学前教育其他三个维度需求度的平均分均高于低收入群体需求的平均分。

对高收入群体与低收入群体学前教育需求度进行独立样本 t 检验,结果显示高收入群体的学前教育总体需求度极其显著高于低收入群体的学前教育总体需求度($t=4.592$,$p<0.001$);高收入群体与低收入群体对便利性服务的需求度无显著差异($t=−0.433$,$p>0.05$);高收入群体的保育服务度极其显著高于低收入群体的保育服务度($t=4.538$,$p<0.001$);高收入群体的对教师的要求需求度极

其显著高于低收入群体($t=3.743$，$p<0.01$)；高收入群体对教育内容的需求度显著高于低收入群体($t=2.066$，$p<0.05$)。

（二）高收入群体与低收入群体对便利性服务的需求差异分析

表 5.2.1.2　高收入群体与低收入群体的便利性服务需求度差异显著性检验

	高收入群体		低收入群体		
	样本量	平均值（标准差）	样本量	平均值（标准差）	t
1	170	3.55(1.39)	124	3.64(1.43)	-0.506
2	171	3.10(1.54)	123	3.33(1.52)	-1.294
3	170	2.56(1.53)	124	3.19(1.43)	-3.533***
4	168	2.14(1.57)	122	2.51(1.63)	-1.925

注：***，$p<0.001$，下同。

1. 幼儿园允许早送晚接
2. 寒暑假也可以送孩子上幼儿园
3. 周末也可以把孩子送到幼儿园
4. 孩子可以晚上在幼儿园睡

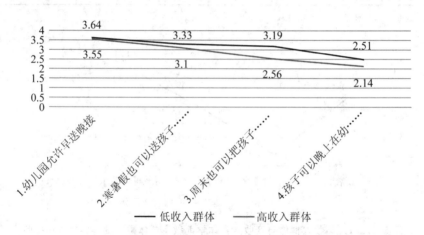

图 5.2.1.2　高收入群体与低收入群体的便利性服务需求度对比

根据高收入群体与低收入群体对便利性服务各项目需求度的评分，可以得出：除了"周末也可以把孩子送到幼儿园"的需求度以外，高收入群体对在其他便利性服务项目的需求度平均分要低于收入群体的需求度平均分(详见表5.2.1.2)。

对高收入群体与低收入群体便利性服务各项目的需求程度进行独立样本 t 检验，结果显示在"幼儿园允许早送晚接""寒暑假也可以送孩子上幼儿园""孩子可以晚上在幼儿园睡"这三个项目上，高收入群体与低收入群体的需求度不存在显著差异；高收入群体对于"周末也可以把孩子送到幼儿园"的需求度极其显著低于低收入群体的需求度($t=-3.533$，$p<0.001$)。

（三）高收入群体与低收入群体对保育服务服务的需求差异分析

表 5.2.1.3　高收入群体与低收入群体保育服务度差异显著性检验

	高收入群体		低收入群体		
	样本量	平均值 （标准差）	样本量	平均值 （标准差）	t
5	173	4.71(0.71)	118	4.48(0.91)	2.227*
6	167	4.52(0.95)	113	3.88(1.37)	4.277***
7	159	4.23(1.26)	114	3.50(1.52)	4.211***
8	161	4.68(0.80)	117	4.46(0.85)	2.149*
9	163	4.53(0.93)	120	3.87(1.56)	4.179***
10	164	4.68(0.77)	120	4.44(1.11)	2.051*

注：*，$p<0.05$；***，$p<0.001$，下同。

　　5. 幼儿园饭菜质量可靠，安全卫生

　　6. 幼儿园饭菜足够，孩子可以吃饱

　　7. 孩子对某些食物过敏或有忌讳时，幼儿园有其他食物给孩子

　　8. 幼儿园饭菜可口，孩子喜欢吃

　　9. 孩子渴了在园可以随时喝水

　　10. 孩子有需要可以及时上厕所

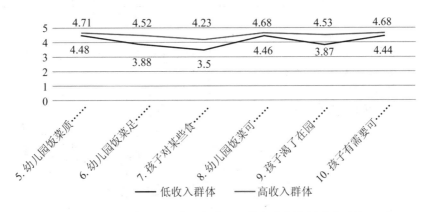

图 5.2.1.3　高收入群体与低收入群体保育服务需求度对比

　　根据高收入群体与低收入群体对幼儿园保育服务各项目需求度的评分，可以得出除了"幼儿园饭菜足够，孩子可以吃饱"和"孩子渴了在园可以随时喝水"以外，高收入群体对其他保育服务项目的需求度高于低收入群体的需求度（详见表 5.2.1.3）。

　　对高收入群体与低收入群体保育服务各项目的需求度进行独立样本 t 检验，结果显示：高收入群体对"幼儿园饭菜质量可靠，安全卫生"的需求度显著高于低收入群体（$t=2.227$，$p<0.05$）；高收入群体对"幼儿园饭菜足够，孩子可以吃

饱"的需求度极其显著高于低收入群体($t=4.277$，$p<0.001$)；高收入群体对"孩子对某些食物过敏或有忌讳时，幼儿园有其他食物给孩子"的需求度极其显著高于低收入群体($t=4.211$，$p<0.001$)；高收入群体对"幼儿园饭菜可口，孩子喜欢吃"的需求度显著高于低收入群体($t=2.149$，$p<0.05$)；高收入群体对"孩子渴了在园可以随时喝水"的需求度极其显著高于低收入群体($t=4.179$，$p<0.001$)；高收入群体对"孩子有需要可以及时上厕所"的需求度显著高于低收入群体($t=2.051$，$p<0.05$)。

（四）高收入群体与低收入群体对教师的要求需求差异

表 5.2.1.4　高收入群体与低收入群体对教师的要求需求度差异显著性检验

	高收入群体		低收入群体		t
	样本量	平均值 （标准差）	样本量	平均值 （标准差）	
11	168	4.92(0.33)	117	4.79(0.57)	2.332*
12	167	4.81(0.61)	117	4.71(0.59)	1.374
13	166	4.85(0.45)	118	4.73(0.52)	2.043*
14	166	4.88(0.39)	110	4.57(0.85)	3.539**
15	167	4.92(0.36)	113	4.83(0.44)	1.800

注：*，$p<0.05$；**，$p<0.01$，下同。

11. 孩子喜欢老师

12. 如果孩子身体不方便（如自己上厕所或吃饭有困难等），老师有专门的帮助

13. 老师多和家长交流孩子情况

14. 老师平等对待孩子

15. 幼儿园确保孩子安全

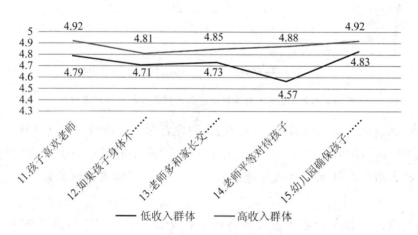

图 5.2.1.4　高收入群体与低收入群体对教师的要求需求度对比

根据高收入群体与低收入群体对教师的要求需求度的评分，可以得出高收入

群体在对教师的要求各具体项目上的需求度平均分要高于低收入群体的需求度平均分(详见表 5.2.1.4)。

对高收入群体与低收入群体对教师的要求各项目的需求度进行独立样本 t 检验,结果显示:在"如果孩子身体不方便(如自己上厕所或吃饭有困难等),老师有专门的帮助"和"幼儿园确保孩子安全"这两个项目上,高收入群体与低收入群体的需求度没有显著差异;高收入群体对"孩子喜欢老师"的需求度显著高于低收入群体($t=2.332$,$p<0.05$);高收入群体对"老师多和家长交流孩子情况"的需求度显著高于低收入群体($t=2.043$,$p<0.05$);高收入群体对"老师平等对待孩子"的需求度显著高于低收入群体($t=3.539$,$p<0.01$)。

(五)高收入群体与低收入群体对教育内容的需求差异

表 5.2.1.5　高收入群体与低收入群体对教育内容需求度差异显著性检验

	高收入群体		低收入群体		t
	样本量	平均值 (标准差)	样本量	平均值 (标准差)	
16	164	4.17(1.02)	113	4.37(0.98)	−1.642
17	168	4.83(0.46)	113	4.59(0.64)	3.363**
18	166	4.92(0.27)	112	4.81(0.41)	2.460*
19	164	4.82(0.43)	114	4.40(0.78)	5.202***
20	166	4.93(0.30)	113	4.74(0.51)	3.430**
21	163	4.62(0.71)	112	4.58(0.65)	0.468
22	164	4.87(0.39)	113	4.65(0.58)	3.377**
23	166	4.88(0.33)	113	4.72(0.54)	2.856**

注:*,$p<0.05$;**,$p<0.01$;***,$p<0.001$,下同。

16. 孩子学习写字、拼音、算数等
17. 孩子愿意和其他小朋友玩
18. 孩子变得懂礼貌
19. 孩子爱锻炼身体
20. 孩子在幼儿园开心快乐
21. 孩子学会唱歌、跳舞、画画等
22. 孩子学会生活自理
23. 孩子变得爱干净、讲卫生

根据高收入群体与低收入群体对教育内容需求度的评分,可以得出除了在"孩子学习写字、拼音、算数等"上高收入群体需求度的平均分低于低收入群体的平均分($M_高=4.17$,$M_低=4.37$)以外,其他各项目高收入群体的需求度平均分要高于低收入群体的需求度平均分(详见表 5.2.1.5)。

对高收入群体与低收入群体的教育内容需求度进行独立样本 t 检验,结果显示:在"孩子学习写字、拼音、算数等"和"孩子学会唱歌、跳舞、画画等"这两个方

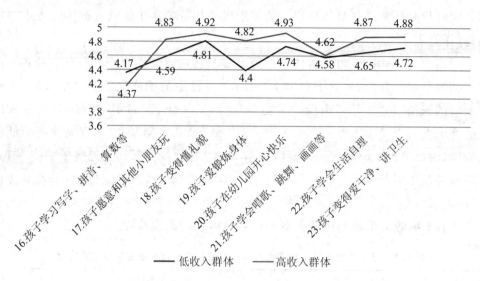

图 5.2.1.5 高收入群体与低收入群体对教育内容需求度对比

面，高收入群体与低收入群体的需求度没有显著差异；高收入群体对"孩子愿意和其他小朋友玩"的需求度极其显著高于低收入群体的需求度（$t=3.363$，$p<0.01$）；高收入群体对"孩子变得懂礼貌"的需求度极其显著高于低收入群体的需求度（$t=2.460$，$p<0.05$）；高收入群体对"孩子爱锻炼身体"的需求度极其显著高于低收入群体（$t=5.202$，$p<0.001$）；高收入群体对"孩子在幼儿园开心快乐"的需求度极其显著高于低收入群体（$t=3.430$，$p<0.01$）；高收入群体对"孩子学会生活自理"的需求度极其显著高于低收入群体（$t=3.377$，$p<0.01$）；高收入群体对"孩子变得爱干净、讲卫生"的需求度极其显著高于低收入群体的需求度（$t=2,856$，$p<0.01$）。

二、高收入群体与低收入群体的学前教育满意度差异

（一）高收入群体与低收入群体的总体满意度差异分析

表 5.2.2.1 高收入群体与低收入群体学前教育总体满意度差异的显著性检验

	高收入群体		低收入群体		
	样本量	平均值（标准差）	样本量	平均值（标准差）	t
总满意	176	4.47(0.557)	125	4.23(0.513)	3.793***
便利性服务	175	4.32(0.719)	122	4.06(0.632)	3.326**
保育服务	168	4.51(0.617)	123	4.20(0.715)	3.982***
对教师的要求	162	4.62(0.577)	114	4.39(0.659)	3.156**
教育内容	167	4.48(0.590)	116	4.34(0.616)	2.010*

注：*，$p<0.05$；**，$p<0.01$；***，$p<0.001$，下同。

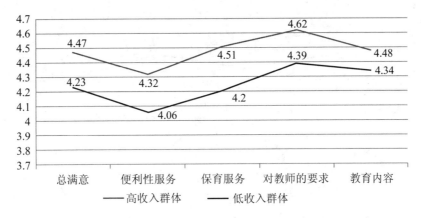

图 5.2.2.1　高收入群体与低收入群体的学前教育满意度对比

根据高收入群体与低收入群体对学前教育各项目满意度的评分，可以看出：高收入群体对于学前教育总体满意的平均分（$M = 4.47$）高于低收入群体对于学前教育总体满意的平均分（$M = 4.23$）。高收入群体在便利性服务、保育服务、对教师的要求和教育内容四个维度的满意度平均分均比低收入高（详见表 5.2.2.1）。

对高收入群体与低收入群体学前教育满意度进行独立样本 t 检验，结果显示高收入群体的学前教育总体满意度极其显著高于低收入群体的学前教育总体满意度（$t = 3.793$，$p < 0.001$）；高收入群体对幼儿园便利性服务、保育服务、对教师的要求、教育内容的满意度显著高于低收入群体（$t = 3.326$，$p < 0.01$；$t = 3.982$，$p < 0.001$；$t = 3.156$，$p < 0.01$；$t = 2.010$，$p < 0.05$）。

（二）高收入群体与低收入群体便利性服务的满意度差异分析

表 5.2.2.2　高收入群体与低收入群体的便利性服务满意度差异显著性检验

	高收入群体		低收入群体		t
	样本量	平均值（标准差）	样本量	平均值（标准差）	
1	162	4.42(0.064)	117	4.13(0.876)	−2.853**
2	149	4.31(0.922)	113	3.97(1.022)	−2.782**
3	132	4.20(1.066)	113	4.14(0.885)	−0.444
4	128	3.992(1.3486)	107	3.813(1.1666)	−1.077

注：*，$p < 0.05$；**，$p < 0.01$；***，$p < 0.001$，下同。

1. 幼儿园允许早送晚接
2. 寒暑假也可以送孩子上幼儿园
3. 周末也可以把孩子送到幼儿园
4. 孩子可以晚上在幼儿园睡

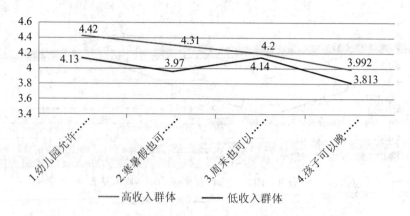

图 5.2.2.2 高收入群体与低收入群体的便利性服务满意度对比

对比高收入群体与低收入群体对便利性服务各项目满意度的评分，可以得出：高收入群体对便利性服务具体四个项目满意度的平均分要高于低收入群体满意度的平均分（详见表 5.2.2.2）。

对高收入群体与低收入群体便利性服务各项目的满意程度进行独立样本 t 检验，结果显示在"周末也可以把孩子送到幼儿园""孩子可以晚上在幼儿园睡"这两个项目上，高收入群体与低收入群体的满意度不存在显著差异；高收入群体对于"幼儿园允许早送晚接""寒暑假也可以送孩子上幼儿园"两个项目的满意度极其显著高于于低收入群体的满意度（$t=-2.853$，$p<0.01$；$t=-2.782$，$p<0.01$）。

（三）高收入群体与低收入群体的保育服务服务满意度差异

表 5.2.2.3 高收入群体与低收入群体保育服务服务满意度差异显著性检验

	高收入群体		低收入群体		
	样本量	平均值（标准差）	样本量	平均值（标准差）	t
5	148	4.53(0.685)	113	4.42(0.704)	−1.283
6	145	4.58(0.694)	109	4.04(1.053)	−4.670***
7	122	4.24(1.013)	104	3.86(1.110)	−2.704**
8	148	4.53(0.713)	115	4.37(0.821)	−1.687
9	160	4.63(0.732)	112	4.14(1.154)	−3.957***
10	161	4.70(0.660)	117	4.44(0.855)	−2.811**

注：**，<0.01；***，$p<0.001$，下同。

5. 幼儿园饭菜质量可靠，安全卫生

6. 幼儿园饭菜足够，孩子可以吃饱

7. 孩子对某些食物过敏或有忌讳时，幼儿园有其他食物给孩子

8. 幼儿园饭菜可口，孩子喜欢吃

9. 孩子渴了在园可以随时喝水

10. 孩子有需要可以及时上厕所

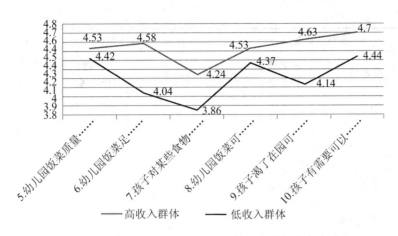

图 5.2.2.3　高收入群体与低收入群体保育服务满意度对比

根据高收入群体与低收入群体对幼儿园保育服务服务各项目满意度的评分，在保育服务服务的具体六项内容上，高收入群体满意度的平均分都高于低收入群体满意度的平均分（详见表 5.2.2.3）。

对高收入群体与低收入群体保育服务各项目的满意度进行独立样本 t 检验，结果显示：高收入群体与低收入群体在"幼儿园饭菜质量可靠，安全卫生"和"幼儿园饭菜可口，孩子喜欢吃"的满意度上没有显著差异（$t=-1.283$，$p>0.05$）；高收入群体对"幼儿园饭菜足够，孩子可以吃饱"的满意度极其显著高于低收入群体（$t=-4.670$，$p<0.001$）；高收入群体对"孩子对某些食物过敏或有忌讳时，幼儿园有其他食物给孩子"的满意度极其显著高于低收入群体（$t=-2.704$，$p<0.05$）；高收入群体对"孩子渴了在园可以随时喝水"的满意度极其显著高于低收入群体（$t=-3.957$，$p<0.001$）；高收入群体对"孩子有需要可以及时上厕所"的满意度显著高于低收入群体（$t=-2.811$，$p<0.05$）。

（四）高收入群体与低收入群体对教师的要求满意度差异

表 5.2.2.4　高收入群体与低收入群体对教师的要求满意度差异显著性检验

	高收入群体		低收入群体		
	样本量	平均值（标准差）	样本量	平均值（标准差）	t
11	157	4.67(0.614)	109	4.48(0.688)	-2.383^*
12	156	4.65(0.620)	106	4.43(0.717)	-2.495^*
13	160	4.59(0.703)	108	4.34(0.775)	-2.751^{**}
14	146	4.60(0.709)	101	4.29(0.931)	-2.878^{**}

	高收入群体		低收入群体		
	样本量	平均值 (标准差)	样本量	平均值 (标准差)	t
15	157	4.63(0.682)	108	4.46(0.779)	-1.810

注：*，$p<0.05$；**，$p<0.01$，下同。

11. 孩子喜欢老师

12. 如果孩子身体不方便(如自己上厕所或吃饭有困难等)，老师有专门的帮助

13. 老师多和家长交流孩子情况

14. 老师平等对待孩子

15. 幼儿园确保孩子安全

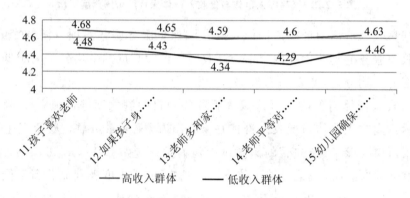

图 5.2.2.4　高收入群体与低收入群体对教师的要求满意度对比

根据高收入群体与低收入群体对幼儿园教师满意度的评分，可以得出高收入群体在对教师的要求各具体项目上的满意度平均分要高于低收入群体的满意度平均分(详见表 5.2.2.4)。

对高收入群体与低收入群体对教师的要求各项目的满意度进行独立样本 t 检验，结果显示：在"幼儿园确保孩子安全"这一项目上，高收入群体与低收入群体的满意度没有显著差异；在"孩子喜欢老师"和"如果孩子身体不方便，老师有专门的帮助"上，高收入群体的满意度显著高于低收入群体($t=-2.383$，$t=-2.495$，$p<0.05$)；在"老师多和家长交流孩子情况"和"老师平等对待孩子"上，高收入群体的满意度极其显著高于低收入群体($t=-2.751$，$t=2.878$，$p<0.01$)。

（五）高收入群体与低收入群体教育内容的满意度差异

表 5. 2. 2. 5 高收入群体与低收入群体对教育内容满意度差异显著性检验

	高收入群体		低收入群体		t
	样本量	平均值 （标准差）	样本量	平均值 （标准差）	
16	160	4.44(0.742)	112	4.20(0.985)	−2.248*
17	159	4.55(0.681)	114	4.36(0.766)	−2.201*
18	164	4.57(0.693)	115	4.48(0.680)	−1.062
19	160	4.43(0.758)	111	4.23(0.735)	−2.229*
20	161	4.66(0.603)	112	4.47(0.643)	−2.400*
21	166	4.55(0.683)	111	4.31(0.784)	−2.788**
22	165	4.55(0.744)	113	4.38(0.748)	−1.878
23	162	4.59(0.665)	113	4.41(0.786)	−2.049*

注：*，$p < 0.05$；**，$p < 0.01$；***，$p < 0.001$，下同。

16. 孩子学习写字、拼音、算数等
17. 孩子愿意和其他小朋友玩
18. 孩子变得懂礼貌
19. 孩子爱锻炼身体
20. 孩子在幼儿园开心快乐
21. 孩子学会唱歌、跳舞、画画等
22. 孩子学会生活自理
23. 孩子变得爱干净、讲卫生

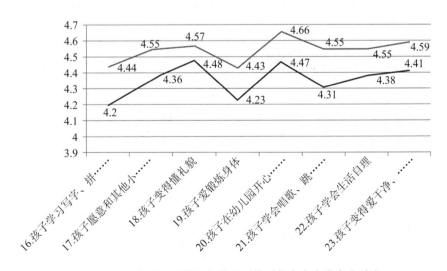

图 5. 2. 2. 5 高收入群体与低收入群体对教育内容满意度对比

根据高收入群体与低收入群体对教育内容满意度的评分，可以看出：高收入群体对于教育内容各个项目的满意度平均分要高于低收入群体的满意度平均分（详见表 5.2.2.5）。

对高收入群体与低收入群体的教育内容满意度进行独立样本 t 检验，结果显示：在"孩子变得懂礼貌"和"孩子学会生活自理"这两个方面，高收入群体与低收入群体的满意度没有显著差异；在"孩子学习写字、拼音、算数等""孩子愿意和其他小朋友玩""孩子爱锻炼身体""孩子在幼儿园开心快乐"和"孩子变得爱干净、讲卫生"这五个方面，高收入群体的满意度显著高于低收入群体的满意度（$t=-2.248$，$t=-2.201$，$t=-2.229$，$t=-2.400$，$t=-2.049$，$p<0.05$）；高收入群体对"孩子学会唱歌、跳舞、画画等"的满意度极其显著高于低收入群体（$t=-2.788$，$p<0.01$）。

三、低收入群体学前教育需求的独特性

（一）低收入群体便利性服务需求的需求度与满意度对比分析

表 5.2.3.1　低收入群体便利性服务的需求度与满意度对比分析

	需求度		满意度	
	样本量	平均值（标准差）	样本量	平均值（标准差）
1	124	3.64(1.43)	117	4.13(0.88)
2	123	3.33(1.52)	113	3.97(1.02)
3	124	3.19(1.43)	113	4.14(0.89)
4	122	2.51(1.63)	107	3.81(1.17)

注：1. 幼儿园允许早送晚接

2. 寒暑假也可以送孩子上幼儿园

3. 周末也可以把孩子送到幼儿园

4. 孩子可以晚上在幼儿园睡

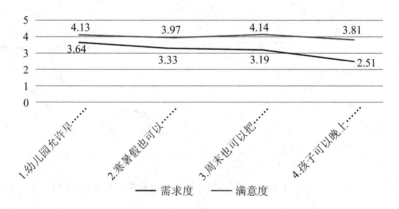

图 5.2.3.1　低收入群体便利性服务的需求度与满意度对比分析

低收入群体对幼儿园便利性服务各具体项目需求度的平均分都低于满意度的平均分(详见表5.2.3.1)。其中,低收入群体最需要的便利性服务为"幼儿园允许早送晚接"($M=3.64$),最满意的便利性服务为"周末也可以把孩子送到幼儿园"($M=4.14$);低收入群体认为最不重要和最不满意的便利性服务为"孩子可以晚上在幼儿园睡"($M_{重要}=2.51$,$M_{满意}=3.81$)。低收入群体对便利性服务需求度和满意度平均分差异最大的项目为"孩子可以晚上在幼儿园睡"($M_{重要}=2.51$,$M_{满意}=3.81$),差异最小的项目为"幼儿园允许早送晚接"($M_{重要}=3.64$,$M_{满意}=4.13$)。低收入群体对幼儿园便利性服务的满意度高于需求度,说明当前幼儿园提供的便利性服务满足了低收入群体的需求。

(二) 低收入群体保育服务服务需求的需求度与满意度对比分析

表5.2.3.2 低收入群体对幼儿园保育服务服务的需求度与满意度对比分析

	需求度		满意度	
	样本量	平均值(标准差)	样本量	平均值(标准差)
5	118	4.48(0.91)	113	4.42(0.70)
6	113	3.88(1.37)	109	4.04(1.05)
7	114	3.50(1.52)	104	3.86(1.11)
8	117	4.46(0.85)	115	4.37(0.82)
9	120	3.87(1.56)	112	4.14(1.15)
10	120	4.44(1.11)	117	4.44(0.86)

注:5. 幼儿园饭菜质量可靠,安全卫生

　　6. 幼儿园饭菜足够,孩子可以吃饱

　　7. 孩子对某些食物过敏或有忌讳时,幼儿园有其他食物给孩子

　　8. 幼儿园饭菜可口,孩子喜欢吃

　　9. 孩子渴了在园可以随时喝水

　　10. 孩子有需要可以及时上厕所

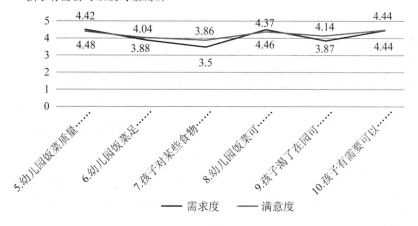

图5.2.3.2 低收入群体对幼儿园保育服务服务的需求度与满意度对比分析

除了"幼儿园饭菜质量可靠，安全卫生""幼儿园饭菜可口，孩子喜欢吃""孩子有需要可以及时上厕所"外，低收入群体对保育服务其他各具体项目需求度的平均分也都低于满意度的平均分（详见表 5.2.3.2）。其中，低收入群体最需要的保育服务项目为"幼儿园饭菜质量可靠，安全卫生"（$M=4.48$），最满意的保育服务项目为"孩子有需要可以及时上厕所"（$M=4.44$）；低收入群体认为最不重要和最不满意的保育服务服务为："孩子对某些食物过敏或有忌讳时，幼儿园有其他食物给孩子"（$M_{重要}=3.50$，$M_{满意}=3.86$）。低收入群体对保育服务需求度和满意度平均分差异最大的项目为"孩子对某些食物过敏或有忌讳时，幼儿园有其他食物给孩子"（$M_{重要}=3.50$，$M_{满意}=3.86$），差异最小的项目为"孩子有需要可以及时上厕所"（$M_{重要}=4.44$，$M_{满意}=4.44$）。整体而言，低收入群体对幼儿园保育服务服务的满意度高于需求度，说明当前幼儿园提高的保育服务服务基本满足了低收入群体的需求。

（三）低收入群体对教师的要求需求度与满意度对比分析

表 5.2.3.3　低收入群体对教师的要求需求度与满意度对比分析

	需求度		满意度	
	样本量	平均值（标准差）	样本量	平均值（标准差）
11	117	4.79(0.57)	109	4.48(0.69)
12	117	4.71(0.59)	106	4.43(0.72)
13	118	4.73(0.52)	108	4.34(0.78)
14	110	4.57(0.85)	101	4.29(0.93)
15	113	4.83(0.44)	108	4.46(0.78)

注：11. 孩子喜欢老师

12. 如果孩子身体不方便（如自己上厕所或吃饭有困难等），老师有专门的帮助

13. 老师多和家长交流孩子情况

14. 老师平等对待孩子

15. 幼儿园确保孩子安全

低收入群体对教师的要求各个具体项目需求度的平均分都高于满意度的平均分（详见表 5.2.3.3）。其中，低收入群体最需要的对教师的要求项目为"幼儿园确保孩子安全"（$M=4.83$），最满意的对教师的要求项目为"孩子喜欢老师"（$M=4.48$）；低收入群体认为最不重要和最不满意的对教师的要求项目为"老师平等对待孩子"（$M_{重要}=4.57$，$M_{满意}=4.29$）。低收入群体对教师的需求度和满意度平均分差异最大的项目为"幼儿园确保孩子安全"（$M_{重要}=4.83$，$M_{满意}=4.46$）。低收入群体对教师的要求各项目的满意度均低于需求度，说明当前幼儿园教师素质尚未满足低收入群体的需求，普惠性幼儿园的师资队伍有待进一步优化。

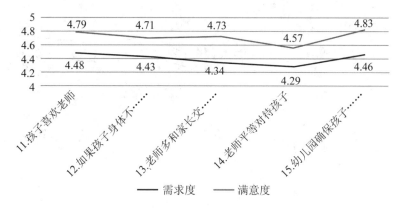

图 5.2.3.3 低收入群体对教师的需求度与满意度对比分析

（四）低收入群体对教育内容的需求度与满意度对比分析

表 5.2.3.4 低收入群体对教育内容的需求度与满意度对比分析

	需求度		满意度	
	样本量	平均值（标准差）	样本量	平均值（标准差）
16	113	4.37(0.98)	112	4.20(0.99)
17	113	4.59(0.64)	114	4.36(0.77)
18	112	4.81(0.41)	115	4.48(0.68)
19	114	4.40(0.78)	111	4.23(0.74)
20	113	4.74(0.51)	112	4.47(0.64)
21	112	4.58(0.65)	111	4.31(0.78)
22	113	4.65(0.58)	113	4.38(0.75)
23	113	4.72(0.54)	113	4.41(0.79)

注：16. 孩子学习写字、拼音、算数等

17. 孩子愿意和其他小朋友玩

18. 孩子变得懂礼貌

19. 孩子爱锻炼身体

20. 孩子在幼儿园开心快乐

21. 孩子学会唱歌、跳舞、画画等

22. 孩子学会生活自理

23. 孩子变得爱干净、讲卫生

低收入群体对教育内容各个具体项目需求度的平均分也都高于满意度的平均分（详见表5.2.3.4）。其中，低收入群体最需要和最满意的教育内容为"孩子变得懂礼貌"（$M_{重要}$＝4.81，$M_{满意}$＝4.48）；低收入群体认为最不重要和最不满意的教育内容为"孩子学习写字、拼音、算数等"（$M_{重要}$＝4.37，$M_{满意}$＝4.20）。低收入群体对教育内容的需求度和满意度平均分差异最大的项目为"孩子变得懂礼貌"（$M_{重要}$＝4.81，$M_{满意}$＝4.48）；差异最小的项目为"孩子学习写字、拼音、算数

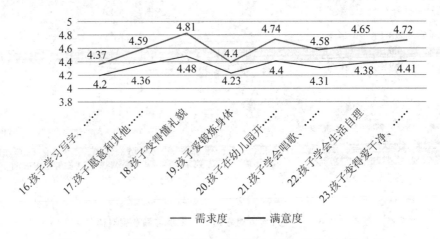

图 5.2.3.4　低收入群体对教育内容的需求度与满意度对比分析

等"（$M_{重要}=4.37$，$M_{满意}=4.20$）、"孩子爱锻炼身体"（$M_{重要}=4.40$，$M_{满意}=4.23$）。低收入群体对教育内容各项目的满意度均低于需求度，说明低收入群体对幼儿园教育内容的需求尚未得到满足。

第三节　低收入群体学前教育需求的满足与普惠机制的建立

一、需求满足与普惠性幼儿园现状

保障低收入群体的权益，促进社会公平的一个重要举措就是保证其子女的教育公平，通过教育来消除代际贫困。学前教育作为一项公共服务事业，本应该兼具教育性、福利性和公益性，但是一直以来学前教育的公益性并没有得到很好的实现。随着"80 后"进入生育高峰，新一轮"婴儿潮"涌现，"入园难、入园贵"的问题日益突出[1]，也影响低收入群体子女的受教育权。为了满足普通民众对平价保质学前教育的需求，保证所有适龄儿童能享受有质量的学前教育，普惠性幼儿园应运而生。所谓的普惠性幼儿园是指面向大众的、收费较低的、有基本质量的幼儿园。自学前教育普惠性政策以来，我国的入园率得到了显著提高，更多的幼儿享受到了普惠性学前教育服务。但同时我们也看到普惠性幼儿园目前所存在的一些问题。经过对低收入群体学前教育需求的调查和分析，笔者总结出了以下几点问题。

（一）"低需求低满足"的现状

从高低收入群体对学前教育需求度的对比来看，低收入群体在幼儿园的保育

---

①　姚琳琳. 普惠性幼儿园的特点及发展对策分析[J]. 徐特立研究，2011(3)：44.

服务、对教师的要求和教育内容的需求度上都显著低于高收入群体。其中低收入群体和高收入群体对"幼儿园保育服务"需求度的差异最大，这反映了低收入群体对保育服务的重视度不够。整体看来，低收入群体对高质量学前教育的需求度相对要比高收入群体低。在学前教育的内容上看，低收入群体更重视教师对幼儿的教育，而忽视教师对幼儿的保育服务。

从高低收入群体对学前教育满意度的对比来看，低收入群体对学前教育四个维度的满意度都显著低于高收入群体。其中低收入群体和高收入群体在"幼儿园教师"维度的满意度相差最大。总的来看，低收入群体对当前学前教育的满意度相对要比高收入群体低。

整体看来，相比于高收入群体，低收入群体的学前教育需求度较低，满意度也比较低，呈现出"低需求低满足"的特征。

（二）普惠性幼儿园质量满足不足

调查发现低收入群体最关注的是对教师的要求和教育内容，对于幼儿园便利性服务和保育服务的需求度不高。但是低收入群体最关注的这两项并没有得到很好的满足，表现为：低收入群体对教师的要求和教育内容的满意度均低于需求度。此外，尽管家长对幼儿园保育服务的满意度要大于需求度，但是家长对幼儿园生活照料的满意度比教育内容、对教师的要求满意度还低，这反映了普惠性幼儿园的保育服务质量也亟须提高。

整体而言，低收入群体对于学前教育的满意度显著低于高收入群体的满意度，这从侧面反映了目前低收入家庭幼儿所在幼儿园的质量要低于高收入家庭幼儿所在幼儿园的质量。

由于消费能力的限制，低收入群体在选择幼儿园时更倾向将"价格"而非"质量"放在第一位。低端市场的幼儿教育机构往往以家庭幼儿园的形式来提供服务，规模小、数量大，以牺牲质量为代价的恶性价格竞争非常普遍，其结果必然是导致幼儿园办园条件差、师资水平低、克扣幼儿伙食等问题出现，严重影响幼儿身心健康，同时也隐藏着各种危机[①]。

目前政府主要将工作放在对公办幼儿园的分级分类评定、验收和督导，对民办幼儿园保教质量缺乏必要的监督和管理。国家尚未具体明确地规定学前教育的保教质量标准，对于幼儿园保教质量的监管机制尚不健全。政府对幼儿园保教质量缺乏必要的监管，普惠性幼儿园在运行过程中很容易出现一些问题，导致普惠性幼儿园的保教质量无法得到保障。

---

① 张亚辉，陈群. 从不同类型幼儿园经费收支状况看城市学前教育的发展[J]. 学前教育研究，2011(1)：34-39.

（三）普惠性幼儿园的合格教师难题

研究者发现低收入群体对于优秀教师的需求度非常高，但是其满意度与需求度相差最大。这表明低收入群体对普惠性幼儿园的教师期望值非常大，而目前幼儿园的教师力量还未能够达到低收入群体的需求度。

自 2011 年以来，政府开始整改幼儿园乱收费的现象，陆续出台了一些政策文件，如《教育部等七部门关于 2011 年治理教育乱收费规范教育收费工作的实施意见》和《幼儿园收费管理暂行办法》。政府限制幼儿园收费，但是财政补贴若不到位，就会使得普惠性幼儿园的运营成本缩水。有研究表明：层次越低的教育阶段，人员成本所占的比例越大[①]，因此幼儿园的主要支出是人员支出。运营成本的缩水会直接导致普惠性幼儿园教师的收入降低。由于工资较低，普惠性幼儿园不但难以招聘高水平的幼儿教师，也无法挽留在岗的优秀教师。为了能够招聘到教师，有些幼儿园甚至放低了幼儿教师的准入门槛，将一些没有教师资格证、学历水平较低的非专业人员也放进了专业幼儿园教师队伍中。

现阶段除了少数公立幼儿园的教师有正式编制以外，绝大部分普惠性幼儿园教师没有编制。由于相关部门的监管力度不够和保障机制不健全，特别在部分民办园，幼儿教师没有身份保障，流动跳槽现象严重[②]。此外普惠性幼儿园教师专业发展机制也缺乏系统性和有效性。由于经费紧张，部分普惠性幼儿园（尤其是民办的普惠性幼儿园）无法为教师提供稳定的、长期的职后培训。国家开展的国培计划和省培计划也只是针对公办幼儿园的骨干教师和"转岗教师"，而未把民办幼儿园教师纳入培训计划内。普惠性幼儿园教师先天不足，职后又未得到有效的进修和学习机会，最终导致普惠性幼儿园的教师质量无法得到有效的提升。

二、普惠性幼儿园的普惠政策分析

（一）中央政府关于普惠性幼儿园的政策

"普惠性"首次出现在 2010 年颁布的《国家中长期教育改革和发展规划纲要（2010—2020 年）》中，《纲要》提出"坚持教育的公益性和普惠性"，强调基本普及幼儿园，明确政府职责，积极发展公办园、大力扶持民办幼儿园，对家庭经济困难的幼儿给予财政补贴，重点发展农村学前教育。

2010 年 11 月，《国务院关于当前发展学前教育的若干意见》（简称"国十条"）明确提出："发展学前教育，必须坚持教育的公益性和普惠性""积极扶持民办幼

---

① 胡森，波斯尔斯韦特 . 教育大百科全书：学前教育［M］. 重庆：西南师范大学出版社，2006：140.

② 涂远娜，王坚 . 发展普惠性幼儿园的策略思考与研究［J］. 江西教育学院学报（社会科学），2011(1)：66.

儿园特别是面向大众、收费较低的普惠性民办幼儿园发展""采取政府购买服务、减免租金、以奖代补、派驻公办教师等方式，引导和支持民办幼儿园提供普惠性服务"。"国十条"最终确定了我国学前教育普惠性的原则，也为各地建设普惠性幼儿园提供了一定的指导。

2014年11月，教育部、国家发展改革委、财政部联合印发了《关于实施第二期学前教育三年行动计划的意见》，该意见中明确提出："坚持公益普惠，进一步优化学前教育资源配置，公办民办并举，努力提高学前教育公共服务水平，新增资源重点向贫困地区和困难群体倾斜"，再次重申了学前教育普惠性的基本原则。该意见还对普惠性民办幼儿园的扶持提出具体的要求和建议：落实用地、减免税费等优惠政策，多种方式吸引社会力量办园；各地根据普惠性资源布局和幼儿入园需求，认定一批普惠性民办园；通过政府购买服务、减免租金、派驻公办教师、培训教师等方式，支持民办园提供普惠性服务；有条件的地区可参照公办园生均公用经费标准，对普惠性民办园给予适当补贴；各地2015年年底前出台认定和扶持普惠性民办园实施办法，对扶持对象、认定程序、成本核算、收费管理、日常监管、财务审计、奖补政策和退出机制等做出具体规定。

2015年7月，财政部、教育部联合出台了《支持学前教育发展资金管理办法》，将学前教育发展资金分为两类，即"扩大资源"类项目资金和"幼儿资助"类项目资金。文件规定："扩大资源"类项目资金用于奖补支持地方多种渠道扩大普惠性学前教育资源，"幼儿资助"类项目资金用于资助普惠性幼儿园在园家庭经济困难儿童、孤儿和残疾儿童接受学前教育。该文件的颁布为普惠性幼儿园的建设提供了一定的财政支持和保障。

从2010年"普惠性学前教育"的提出到现在，中央政府颁布的学前教育普惠性政策越来越具体，为建设普惠性幼儿园提供了有效的政策指引和财政扶持，也为地方政府制定普惠性幼儿园的政策提供了依据和指导。

（二）省级政府关于普惠性幼儿园的政策

迄今为止，全国超过半数的省级政府已经明确出台了普惠性幼儿园的认定、扶持和管理政策，如《江苏省普惠性民办幼儿园认定管理办法（试行）》《陕西省普惠性民办幼儿园认定及管理办法（试行）》《海南省普惠性民办幼儿园认定及管理暂行办法》《广东省普惠性民办幼儿园认定、扶持和管理办法》等。整体而言，各地方政府出台的学前教育普惠政策有待持续落实。

（三）对当前学前教育普惠政策的分析

中央政府和地方政府出台的一系列普惠性学前教育政策在普惠性幼儿园的建设中发挥了重要的作用。由于普惠性幼儿园的建设还在起步阶段，各地对普惠性幼儿园的认识存在偏颇，目前各地制定的普惠性学前教育政策存在以下两个问题。

一是普惠性学前教育的窄化。从各省颁布的普惠性学前教育政策，我们可以看出目前各地将普惠性幼儿园等同于普惠性民办幼儿园。然而，教育部在对《关于实施第二期学前教育三年行动计划的意见》进行解读时，明确提出"把大力发展公办幼儿园作为扩大普惠性资源的重要举措"，可见公办园也是提供普惠性学前教育服务的主体；且公办幼儿园相对于民办幼儿园享有更多的资源，质量更有保障，理应成为普惠性幼儿园的主要组成部分。

二是普惠性学前教育政策文本的模糊化。中央政府和省政府关于"普惠性幼儿园的认定标准"和"普惠性幼儿园的扶持政策"某些部分的描述不够具体。很多省份对普惠性幼儿园的保教质量要求不够具体，例如四川省规定"普惠性民办幼儿园的保教质量基本达到当地同类公办园水平"。在扶持政策的确定上，对普惠性幼儿园的限制条款多，但支持政策不够明确也不够给力，缺乏刚性和可操作性的保障政策。

三、普惠性幼儿园机制的建立

建立普惠性幼儿园的目的在于解决"入园贵"问题，主要是办园成本的合理分担，通过政府购买服务，减轻家长交费分担，并保证有质量的学前教育，而不是发展低质量、低收费的低水平学前教育。其普惠机制的建立应重视以下几个方面。

（一）普惠性幼儿园的准入条件

各地大都将办园资质、保教质量和收费情况作为普惠性民办幼儿园的认定标准，有些省份在制定标准时也会添加其他内容，比如幼儿园的教职工配备、财务管理、办园规模等。就办园资质而言，几乎所有地区都要求普惠性民办幼儿园必须取达到国家、省规定的学前教育机构设置基本条件，取得办园资格。就保教质量而言，各地区在制定普惠性民办幼儿园的质量标准时大不相同，有的过于笼统，如四川省提出保教质量基本达到当地同类公办园水平；有的非常具体，如江苏省要求普惠性民办幼儿园的保育服务教育质量需达到省定三类幼儿园标准之一（省优质园、市优质园或合格园）。就收费标准而言，各地都要求普惠性民办幼儿园合理收费，根据办园成本、城乡经济发展水平和城乡居民收入水平，参考同级同类公办幼儿园收费标准制定收费标准。

（二）普惠性幼儿园的认定程序

普惠性民办幼儿园的认定程序一般包括以下几个步骤：自愿申报、资格审核、公示挂牌。首先，符合认定标准的民办幼儿园按照自愿原则向当地教育行政部门自愿提出书面申请。然后，教育行政部门对申报幼儿园进行资格审核，广东省、四川省、浙江省等还要求教育行政部门要会同其他相关部门（如财政部门等）

一起审核。审核通过后，由相关部门通过官方网站或新闻媒体向社会公示普惠性民办幼儿园名单，通过评审和公示并签署承诺书的幼儿园会被授予"普惠性民办幼儿园"牌匾。各省的普惠性民办幼儿园几乎都是每年认定一次，有效期为三年，可以在有效期内自愿退出。

（三）普惠性幼儿园的扶持政策落实

各省出台的普惠性民办幼儿园扶持政策大致可以分为以下两类：财政扶持政策和师资扶持政策。各地通过购买服务、减免租金、专项补助、经费奖励等方式对普惠性民办幼儿园进行财政扶持。在师资扶持上，各地主要通过保障普惠性民办幼儿园教师在教育科研、教师培训、专业技术职务（职称）评定、表彰奖励等方面与公办幼儿园教师享有同等权利，优先安排普惠性民办幼儿园的工作人员参加教育行政部门组织的园长、骨干教师、保育服务员等从业人员培训，鼓励公办示范幼儿园结对帮扶和由县级教育行政主管部门派驻公办幼儿园教师到园支教。

（四）普惠性幼儿园的监管服务

各个省制定的普惠性民办幼儿园管理政策在内容上有所差异，有的过于笼统，有的较为具体，但是各省所采用的管理体系大致相同。各省制定的普惠性民办幼儿园管理的体系中，管理的主体是教育主管部门，普惠性民办幼儿园不仅要接受教育部门的管理，还要接受家长和社会的监督。管理的内容主要有：办园行为、幼儿园的保教质量、收费情况、经费使用情况。管理方式是：相关部门通过年检、审计、督导评估、常规管理等方式，加强普惠性民办幼儿园监管工作，对办园行为不规范、保育服务和教育质量下降、侵害教职工合法权益、擅自挪用财政资助经费、减少应有办园投入、违规乱收费的普惠性民办幼儿园，根据情节轻重，采取减少财政资助金额、停止专项资助、取消普惠性资质等惩罚措施。

第六章

特殊儿童学前教育需求满足与补偿对策

本章概要

研究背景：特殊儿童与普通儿童不同的是自身的教育需求难以表达，在全纳教育和回归主流的基本背景下，只有零星的研究者聚焦于听障生等此类具有"发声"能力的特殊儿童的教育需求，而大多数不同障碍类型的特殊儿童对于自身的教育需求则无法"发声"。家长是最关注和最熟悉特殊儿童的群体，家长的教育需求不等同于特殊儿童的教育需求，不是特殊儿童教育需求的全部表达，但却是其教育需求的重要参照点。在某种意义上，家长是特殊儿童教育需求的"代言人"，家长视角的教育需求与特殊儿童的教育需求最契合。那么，家长对特殊儿童在学校的教育需求有哪些？家长教育需求的聚焦点是什么？如何对特殊儿童进行教育补偿？这些是我们共同关心的问题。鉴于此，围绕特殊儿童家长的教育需求"内容"，从需求角度思考特殊儿童教育的方向、重点，增强教育的适切性。

研究设计与方法：本研究选取的是东部发展水平中等的某地区两所特殊学校的特殊儿童家长作为研究对象，采用随机抽样的方法抽取样本进行问卷调查。研究工具采用了课题组编制的《特殊儿童家长学前教育需求调查问卷》。

研究结果与讨论：通过对特殊儿童家长便利性服务、日常生活护理、对教师的要求、教育内容四个方面的教育需求进行调查分析发现：1. 需求度现状：（1）整体需求：特殊儿童家长对教师的需求得分最高，可见该家长群体对教师的需求强烈。其次，特殊儿童家长对学校的教育内容和日常生活护理的需求也较为迫切。家长对学校的便利性服务需求得分最低，表明对此项目的重视不足。（2）便利性服务：早送晚接和寒暑假的延时服务最重要；家长希望学校提供上、下学交通及能够在学校午睡。（3）日常生活护理：食品安全最重要，生活护理内容聚焦点分散，较少家长认识到个别化膳食管理的重要性。（4）对教师的要求：爱心和耐心是家长需求关注焦点，家园沟通十分必要。（5）教育内容：自我照顾是核心，交往技能是家长另一个关注重点。2. 满意度现状：（1）整体满意度：家长对学校教育整体满意度水平较高。其中家长对教师素质最为满意，但是该项目家长需求度仍大于满意度，表明特殊教育的师资虽然取得了较大成就，但当下师资力量仍不能满足需求。家长对便利性服务满意度最小，但满意度大于需求度。（2）便利性服务：家长最满意早送晚接和提前接孩子的灵活接送时间。（3）日常生活护理：食品安全问题令家长最满意，饮水和如厕方面家长较为放心，对个别化膳食管理的满意度最低。（4）对教师的要求：家长对教师素质感到满意，耐心和爱心是家长评价教师的重要标准，家园沟通和安全看护也是满意度聚焦点。（5）教育内容：家长对孩子自理能力的教育效果最满意，教育内容聚焦点分散。由此可见，特殊儿童家长教育需求中，生活照顾需求是特殊儿童家长需求的核心，缺失补偿需求愿望强烈。提出教育补偿对策如下：一方面改善特殊儿童内部状况，另一方面则主要从社会环境入手，营造适合特殊儿童需要的社会文化环境。具体是从适应和支持两方面入手，针对缺陷进行个别化教育补偿；可以从教育立法保障机制、公共财政投入机制、社会公益服务机制、家庭教育补偿机制这四个方面对特殊儿童学前教育需求进行满足。

第一节　特殊儿童早期干预与教育的意义

一、“特殊儿童”“特殊教育需要儿童”

特殊儿童是一个不断发展的概念，是随着社会发展而不断变化和演进的。特别是在当代，受到全纳教育思潮的影响，人们基于对“特殊”的不同认识，往往会从教育学、医学、心理、社会文化等不同的方面来界定和描述特殊儿童的概念、范围等，且这样的概念、范围以及术语的采用往往也不断变化。一般来说，主要经历了从传统的“特殊儿童”到当代“特殊教育需要儿童”的变化。

（一）传统的“特殊儿童”概念

传统的特殊儿童概念有狭义、广义之分。狭义的特殊儿童，“主要是指残疾儿童，又称为缺陷儿童、障碍儿童，是指在身心发展上有各种缺陷的儿童”。广义的特殊儿童是指与正常儿童在各方面有显著差异的各类儿童，“这些差异可表现在智力、感官能力、情绪和行为发展或语言等方面，它既包括发展上低于正常的儿童，也包括高于正常发展的儿童以及有轻微违法犯罪的儿童。”

需要说明的是，由于狭义的特殊儿童是指身心发展有缺陷的儿童，因此他们不仅是特殊教育研究的对象，而且往往首先是医学研究的对象。医学界论及他们时会使用"缺陷""损伤""残疾""障碍"等术语。世界卫生组织根据保健方面的经验以及对疾病后果的评定分类，对"缺陷"（中国大陆地区也有用"损伤"一词）、"残疾"（中国台湾地区称为"障碍"，香港地区称为"弱能"）和"障碍"三词的概念作了定义和区分。世界卫生组织定义是："缺陷"是指心理上、生理上或人体结构上某种组织或功能的任何形式的丧失或畸形；"残疾"是指由于缺陷而缺乏作为一个正常人以正常姿态从事某种正常活动的能力或具有限制；"障碍"是指一个人由于缺陷或残疾处于某种不利地位，以致限制和阻碍该人发挥根据年龄、性别、社会及文化因素应能发挥的正常作用。可见这三者是互相关联的递进关系。由于在汉语中上述词语经常互相替代作用，故本文一般以"障碍"来指称，并不进行严格的区分。

（二）当代的"特殊教育需要儿童"概念

随着社会的发展和观念的进步，人们提出了"特殊需要儿童"（Child with special Needs）或"特殊教育需要儿童"（Child with Special Education Needs）的概念。1978年，英国发布《沃诺克报告》（The Warnock Report），首次提出该术语，指出"特殊教育需要"既包括轻微、暂时性的学习困难，也包括严重的、永久性的残疾。报告认为，传统的残疾儿童分类仅具有医学的意义，对于儿童的教育没有帮助。每个儿童都有自己的独特需求，特殊儿童与普通儿童的需求只有量的区别，而没有本质的区别。以"残疾""缺陷"来称谓特殊儿童不仅具有贴标签的歧视意味，也强化了对他们的隔离与不平等。因此，应该用"特殊教育需要儿童"来指代"残疾儿童"或者"特殊儿童"。

1994年，联合国教科文组织为了倡导和深化全纳教育，召开"世界特殊需要教育大会"，会议文件《萨拉曼卡宣言》和《特殊需要教育行动纲领》引用了"特殊需要教育"概念并提出了"全纳教育"的思想。文件指出：特殊需要儿童"即一切身体的、智力的、社会的、情感的、语言的或其他的任何特殊教育需要的儿童和青年"，"这就包括残疾儿童和天才儿童、流浪儿童和童工、偏远地区或游牧人口的儿童、语言或者种族文化方面属于少数民族的儿童，以及来自其他不利处境或边际区域群体的儿童"。自此，"特殊教育需要儿童"逐步取代了"特殊儿童"。这样，"特殊儿童"的范围又扩大了，除了传统广义特殊儿童之外，还包括所有文化背景差异显著的儿童和处境不利的儿童。"称谓上的转变，反映出人们对什么是特殊儿童，已从最初基于医学分类着重生理方面的差异，向后来着重生理和心理两方面的差异，再到现在着重教育上和学习方面的差异这样一种认识上的变化。"这样，特殊儿童的范围也越来越宽泛。综观目前国内外有关特殊教育需要儿童的概念，我们可以按引发特殊教育需要的类型分为两大类。

$$
特殊教育需要儿童
\begin{cases}
身心差异显著儿童
\begin{cases}
超常儿童 \\
障碍儿童
\begin{cases}
残疾儿童 \\
问题儿童
\end{cases}
\end{cases} \\
社会、文化背景差异显著儿童——处境不利儿童或弱势儿童
\end{cases}
$$

图 6.1.1.1　特殊需要儿童划分示意图

一类是由个体身心差异引发的特殊教育需要儿童，既包括超常儿童或具有某些特殊才能的儿童，又包括身心障碍儿童。身心障碍儿童又可分为残疾儿童和问题儿童。残疾儿童是指身心有各种残疾的儿童，传统上又称缺陷儿童、损伤儿童；问题儿童是指没有生理残疾，但在情绪、行为或学习等方面存在明显问题导致发展障碍的儿童。另一类是由个体的社会、文化背景差异所引发的特殊教育需要儿童，主要指社会处境不利儿童或弱势儿童。他们往往因为经济、文化、地域等境遇而处于弱势地位，在教育上有着特殊的需要，如贫困家庭子女、城市下岗工人家庭子女、随父母打工而生活在城市的农民工子女、边远落后地区的少数民族儿童等。

本文主要论述的是前者，在具体论述中不对特殊儿童、特殊教育需要儿童的概念做严格的区分。

二、特殊儿童的家庭与社会

当前，我国在"融合教育"的世界潮流和趋势下强调为身心障碍的儿童提供正常化的教育环境，在普通班级中提供相关的特殊教育和服务，使特殊教育与普通教育融为一体。融合教育是可持续发展的教育，同时也是生命教育的重要组成部分。在这样的趋势下，不仅可以保障有质量的公平教育，而且可以在主流的教育环境中给予特殊儿童独特的教育关怀。然而，现实中特殊儿童的家庭与社会支持状况却不容乐观。在我国，虽然民族大众有同情和帮助残疾人的传统，但是认为教育残疾人是浪费时间和精力的观念仍然存在。社会公众对于残疾人的教育和其他平等权利还不能充分接纳。因此，"创设一个和谐的、接纳的社会氛围对于随班就读工作的发展非常重要"。[①]

（一）特殊儿童的家庭环境

由于特殊儿童个体的特殊性，其家庭环境也具有一定的独特性。家庭内部的支持具有很大的随意性，社区支持体系不够完善，政府部门的支持渠道还不畅通，环境有待改善，特殊儿童家庭迫切需要社会支持。[②] 就家庭内部环境而言，

---

①　Deng M，Manset G. Analysis of the "Learning in Regular Classrooms" movement in China [J]. Mental Retardation，2000，38(2)：124-130.

②　黄晶晶，刘艳虹. 特殊儿童家庭社会支持情况调查报告[J]. 中国特殊教育，2006(4)：5.

家长在教育子女的过程中要比普通家庭教育子女付出更大的代价。对于特殊儿童的康复和治疗以及后期的教育，家长要花费更多的精力，会面临更大的家庭经济困难和压力，即便是能够接受国家个别项目的资助，还需要不断更新辅助器具，使得其家庭经济压力大大增加。同时，家长及家庭内部的其他成员的身心也承受着巨大的精神压力，主要来源于对学前特殊儿童的教育及未来安置的担忧。除此之外，还面临家庭教育的困境，主要是家庭成员对特殊教育相关知识缺乏以及不懂得教育康复的方法等。

（二）特殊儿童的社会支持环境

根据 Lin、Simeone、Ensel 等的定义，社会支持是"个人依赖于其他个体、团体和大社区所获得的支持。"[①]其实，特殊儿童及其家庭所依赖的人的存在性和可用性，会让其感受到他们的关心、爱和价值。然而，社会各个方面给予特殊儿童家庭的支持也是不容乐观的。其一，社会现有资源并没有被合理地利用；其二，各系统层面所提供的支持也没有能很好满足特殊儿童家庭的需要，主要是支持者与被支持者中间的沟通渠道不顺畅。此外，我国很多社区对学前特殊教育并没有给予高度重视，社区对学前特殊儿童的教育服务意识也比较淡薄，为学前特殊儿童提供的教育康复服务相对缺乏。机构设置不完善、相关专业的特殊教育从业人员缺乏、心理咨询对家庭的服务不深入、家长出于某些原因不愿意主动接受帮助等，这些都使得社区服务不够完善。因此，社区并没有真正地服务于特殊儿童，特殊儿童也并没有充分融入社区当中去。

我国虽然出台了有关特殊儿童的相关法律法规，且在《中华人民共和国残疾人教育条例》中指出，"发展特殊儿童的学前教育"，但是对于怎样保证特殊儿童的学前教育并未出台统一的法律法规，具体的、可操作的法律还不完善。在一些边远地区或经济不发达地区，政策的落实就更为困难，提供关于特殊儿童服务也就更难进行，特殊群体教育需求未能受到法律的真正庇护。同时，我国教育经费在学前教育上投入不足，在学前特殊教育的经费的投入更为有限。

普通学校教师对融合教育的接受程度普遍不高，国民大众对特殊儿童的教育和康复知识了解相对较少。"特殊儿童的学习障碍不是来自于生理上的缺陷，而是来源于根深蒂固的偏见和文化的误解"。[②] 有调查结果显示，"普通小学的教师赞同融合教育的比例只有 32.7%"。[③] 我国国民对于特殊教育的整体认识不足，

① Lin N，Simeone R S，Ensel W M，et al. Social support，stressful life events，and illness：a model and an empirical test[J]. Journal of Health & Social Behavior，1979，20(2)：108-19.

② 张朝，于宗富，方俊明. 中美特殊儿童融合教育实施状况的比较研究[J]. 比较教育研究，2013(11)：100-104.

③ 韦小满，袁文得. 关于普小教师与特教教师对有特殊教育需要学生随班就读态度的调查[J]. 中国特殊教育，2000(3).

从普通百姓到白领阶层，从一般教师到各个领域的专家，对残疾的无知、偏见和歧视还普遍存在。

三、特殊儿童早期干预与教育的意义

早期干预与教育对特殊儿童的身心发展具有重要的意义，不仅使得早期缺陷干预效果最优化，特殊儿童早期生命意义得以提升，同时有利于实现儿童的平等权利。从个人角度而言，可以使特殊儿童获得平等地接受教育的权利和生存与发展的能力，为促进社会公平提供强有力的保障。从社会或国家层面而言，通过对特殊儿童进行早期干预与教育可以促进社会进步，走向与文明之路。特殊儿童不仅能够在学前的关键时期接受应有的教育，培养一技之长，还可以不断地改善自身的生活质量，实现生命的意义。

（一）特殊儿童早期干预与教育使早期缺陷干预效果最优化

学前特殊儿童处于儿童发展的最初阶段，是儿童生理和心理发展过程中最为关键的时期。美国学者研究表明，"注意缺陷、多动性障碍的儿童，如果能在学前期就接受诊断和干预，并一直贯彻到他的整个教育过程，儿童就能成功地掌握一些技能，并学会处理好自我效能以及学业、社会方面、生理和行为上的困难"。[①] 可见，如果抓住学前特殊儿童早期干预的最佳时间，及早对其实施干预和教育，那么对于学前特殊儿童缺陷的弥补与优势潜能的开发将带来不可估量的效果。但是，如果错过最佳时期的干预与教育，特殊儿童本身存在的身体及心理缺陷和障碍将无法挽回。即使能够弥补，也将在后续康复和治疗过程中付出高昂的代价，也不能与最佳时期进行干预和教育的结果相媲美。特殊儿童早期干预和教育具有早期时效性特点，也就代表着越早实施干预与教育，其效果也就越好。

现代心理科学研究表明，学前期是个体身心发展的关键期。儿童的语言、认知、思维等在这个时期也处于发展的关键阶段。美国著名心理学家布卢姆的研究表明：5岁以前是智力发展最迅速的时期。人在一生的发展当中最大的可塑性时期是学前期，特殊儿童也不例外。学前特殊儿童早期干预与教育体现了对儿童内在潜能的开发。学前特殊儿童是具有发展潜能的人，但是由于身体及心理等障碍和问题，在某些方面表现得相对弱势。1964年，美国的玛格丽特·米德出版《人类潜在能力探索》认为，"人的身上存在着巨大的尚待开发的潜能，一个正常健康的人只运用其能力的6%"。[②] 早期干预与教育可以减轻特殊儿童因能力损失而造成的个体之间的差异，也可以发掘特殊儿童本身的优势潜能以弥补个体缺陷，从

---

①　路得·特思布尔等. 今日学校中的特殊教育（上）[M]. 方俊明等，译. 上海：华东师范大学出版社，2004(5)：308.

②　项光勤. 儿童创造性潜力的激发途径分析[J]. 学海，1997(5)：85.

而发挥其潜能为将来入学、就业以及融入主流社会提供必要的条件。

（二）特殊儿童早期干预与教育有助于早期生命意义的提升

特殊儿童早期干预与教育的含义可以理解为，运用教育内发的人文关怀对特殊儿童进行干预，使得特殊儿童在教育关怀中获得早期生命意义的提升。不仅有利于满足特殊儿童的生理和心理发展的需要，并且通过关怀的干预与教育活动而满足其情感的需要。诺丁斯认为："通过确立关怀的教育关系与社会关系，才能使教育在关怀性的社会中发挥更为重要的作用。"①特殊儿童早期干预体现了对生命的唤醒，指导他们及早树立与障碍斗争的信心，从而实现生命潜能的开发，同时更好地构建自理的能力，实现并且提升生命的意义。

早期干预和教育要坚持以人为本，从人的生命本能出发，突出人的生命价值。为了让特殊儿童与普通儿童一样能够融入主流社会，接受最少限制的教育，早期干预与教育要让特殊儿童在自己身心缺陷补偿的基础上，与正常儿童一起学习与生活，为实现真正的融合打下坚实的基础。"特殊儿童的生命价值体现在特殊儿童生命尊严得以保证，特殊教育的本体价值是生命价值与人格价值的体现"。② 同时，利用多元智能理论中的优势智能替代弱势智能，培养完整的人，体现具有同样生命价值的人存在的意义。特殊儿童早期干预与教育有助于早期生命意义的提升，是人类进步、社会文明的重要标志。

（三）特殊儿童早期干预与教育有利于实现儿童的平等权利

融合教育思想为特殊儿童早期干预与教育提供思想空间，早期干预与教育则体现在融合教育理念的价值转向。国家的发展和社会的进步不仅体现在财富的不断增长，也体现在文明的不断进步上，社会文明体现在特殊儿童的发展与受教育权利的平等。其中，受教育权是儿童接受教育的基本权利，也是特殊儿童与正常儿童接受同等教育的权利。联合国大会通过的《残疾人权利公约》强调，残疾学生无论基于什么原因，都不能被排斥于普通教育系统之外，特别是在义务教育阶段。不论人的性别、种族及身体状况等外在条件与内在健康状况的限制，所有的儿童都能够享有受教育的权利，是特殊儿童进行早期干预与教育核心精神的体现，有利于实现儿童的平等权利。

最大的限度地实现特殊儿童早期身心缺陷的干预，最大限度地实现干预过程中的生命有机体潜能的开发，不仅有利于特殊儿童身心的健康发展，也有利于实现特殊儿童平等接受教育的权利。特殊儿童获得平等地接受教育与生活的权利、获得生命的尊重与人生的完整、获得环境赐予的身心自由，以达到人道主义思想下的理解与关怀。早期干预与教育最核心的目的是要使特殊儿童不再依靠他人，

---

① 侯晶晶.《始于家庭：关怀与社会政策》译后记[J]. 中国德育，2007(10)：91-92.
② 革新斌. 关于特殊教育价值问题的再探讨[J]. 中国特殊教育，2002(2)：13.

依靠自己走出阴霾，从而战胜自己；是在满足特殊儿童身心发展规律基础之上，真正实现其潜能的开发和利用；能够和正常儿童一样享有教育权、发展权、生存权与社会权等一切基本的权利；能够实现社会公平中的起点公平，促进特殊儿童的全面化与平等化发展。

第二节　特殊儿童学前教育需求与满足现状

一、特殊儿童学前教育需求与满足研究方法

（一）研究对象

本研究选取的是东部发展水平中等的某地区两所特殊学校的特殊儿童家长作为研究对象，采用随机抽样的方法抽取样本进行问卷调查。共发放问卷 121 份，其中 19 份问卷缺失值过多，故作为无效问卷，回收有效问卷 102 份。样本中智力障碍儿童家长 62 人，自闭症儿童家长 19 人，多重障碍儿童家长 16 人，其他类型障碍儿童家长 5 人。

（二）研究工具

本研究采用课题组编制的《特殊儿童家长学前教育需求调查问卷》作为研究工具进行调查，此问卷具有良好的结构效度和内容效度，信度也符合统计学规定。问卷包含两部分，第一部分是特殊儿童家长基本信息调查，包括：家长的年龄、学历、职业、家庭收入、目前居住地、户籍、照看者的身体状况以及孩子的户籍、性别、年龄、残疾状况等基本情况。第二部分是特殊儿童家长学前教育需求度和满意度调查，共 4 个项目：便利性服务、日常生活护理、对教师的要求和教育内容。其中，便利性服务包含 8 个题目，日常生活护理包含 8 个题目，对教师的要求包含 9 个题目，教育内容包含 14 个题目。

第二部分采用李克特 5 级评分，家长对 39 个需求题项分别从重要程度及满意程度赋值。需求重要程度赋值为：1 分＝不重要，2 分＝不太重要，3 分＝一般重要，4 分＝比较重要，5 分＝非常重要。分数越高，说明家长认为此项越重要，即对此项服务的需求度越高。需求满意程度赋值为：1 分＝不满意，2 分＝不太满意，3 分＝一般满意，4 分＝比较满意，5 分＝非常满意。分数越高，说明家长对此项越满意，即对此项服务的满意度越高。此部分中，请家长按从大到小的重要性选择出 3 项自己认为最重要的题项，按从大到小的满意度顺序选择出自己认为幼儿园做得最好的 3 项，从而体现需求度的聚焦点和满意度的聚焦点。

二、特殊儿童教育需求满足现状

（一）特殊儿童教育需求分析

1. 整体需求

以下将从四个需求项目来分析特殊儿童学前教育需求。特殊儿童家长学前教育需求表达如下。

表 6.2.2.1　特殊儿童家长教育需求度得分（$M \pm SD$）

项目	便利性服务	日常生活护理	对教师的要求	教育内容	整体
平均数与标准差	2.80±0.74	4.36±0.55	4.72±0.39	4.61±0.48	4.12±0.36

如表 6.2.2.1 所示，特殊儿童家长对教师的要求需求得分最高，可见该家长群体对师资的需求强烈。其次，特殊儿童家长对教育内容和日常生活护理的需求也较为迫切，得分较高。家长对便利性服务的需求得分最低，表明对此项目的重视不足。

2. 便利性服务需求

（1）便利性服务需求描述分析

表 6.2.2.2　特殊儿童家长对便利性服务需求得分 $M(SD)$

便利性服务	1. 早送晚接	2. 寒暑假	3. 周末	4. 午睡	5. 晚间	6. 提前接	7. 上、下学交通	8. 家长陪读
2.80 (0.74)	3.44 (1.29)	3.18 (1.35)	2.31 (1.35)	3.51 (1.33)	1.94 (1.25)	2.49 (1.21)	3.12 (1.51)	2.34 (1.19)

①特殊儿童家长对便利性服务需求小。特殊儿童家长便利性服务项目及题项得分均处于中下水平，可见家长对便利性服务重视度不高，抱有可有可无的模糊心理。与其他项目相比，便利性服务需求得分最低，更说明特殊儿童家长对便利性服务需求表达不迫切。

②家长对孩子可以晚间在学校入睡的需求不迫切。从前文可以发现，与留守和流动儿童家长群体相比，特殊儿童家长对晚间入睡需求则相对较小。家长对学校的晚间延时服务需求最小，可能因为家长晚上也具有较多空闲时间和孩子生活在一起，能够满足家长和孩子亲情互动的需要。

（2）便利性服务的需求聚焦点

为了探究特殊儿童家长的需求聚集点，同时验证以上评分结果，问卷中还请家长从每一项目中选出自己认为最重要的三个题项，并按从高到低的重要性排序。重要性选择是硬性的选择过程，体现家长的需求聚焦点，更具有代表性。在重要性排序中，第一重要的题项权重相对较大，因此第一重要赋值3，第二重要赋值2，第三重要赋值1。如图6.2.2.1所示，特殊儿童家长的重要性排序的得分情况：

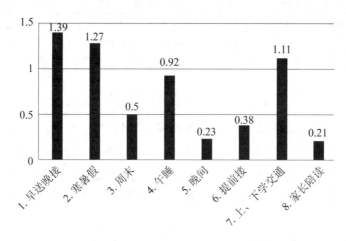

图 6.2.2.1　特殊儿童家长对便利性服务需求聚焦点分布

①早送晚接和寒暑假的延时服务最重要。如图6.2.2.1所示，特殊儿童家长在早送晚接和寒暑假上的得分都较高，说明他们的便利性需求聚焦于此，早送晚接和寒暑假服务是他们的需求重点，方便家长生活和学习。早送晚接和寒暑假送孩子去学校两个题项的本质属于延时服务的范畴，周末和晚间的延时服务则不是家长需求聚焦点。

②家长希望学校提供上、下学交通。特殊儿童家长的便利性需求也聚焦于交通上，希望学校提供上、下学交通。这与特殊儿童的生活自理能力有关。在调查中，60.8％的儿童属于智力障碍，不具备自己独立上、下学的能力，因此家长认为该方面服务很重要。

③家长希望孩子能够在学校午睡。在便利性服务项目中，特殊儿童家长在对学校提供午睡服务的需求也较高。学校对特殊儿童实施教育的同时，也为家长工作和学习提供便利条件。当前特殊学校普遍为特殊儿童提供午睡服务，既符合特殊儿童的生长规律，又方便了家长，因此学校的午睡服务的需求度较高。

3. 日常生活护理需求

（1）日常生活护理需求的描述分析

表 6.2.2.3　特殊儿童家长对日常生活护理需求得分 $M(SD)$

生活护理	9. 饭菜质量	10. 饭菜分量	11. 食物过敏	12. 饭菜口味	13. 饥饿有食物	14. 随时喝水	15. 及时如厕	16. 辅助设施
4.36	4.71	4.62	4.08	4.50	3.46	4.60	4.62	4.25
(0.56)	(0.65)	(0.75)	(1.09)	(0.74)	(1.20)	(0.79)	(0.79)	(1.02)

①特殊儿童家长重视学校日常生活护理。学校常见生活护理包括学校膳食管理，即饭菜的质量、分量和口味，以及饮水和如厕护理。从表 6.2.2.3 可以看出，特殊儿童家长在这几方面的得分均较高，表明家长对此项目需求表达强烈，希望学校饭菜安全卫生、分量足且可口，重视在学校饮水、如厕基本需求的满足。

②个别化膳食管理行为重视不足。在这里个别化膳食管理行为包括：如果孩子对某些食物过敏、忌讳或偏好时，学校有其他食物给孩子；不到吃饭时间，孩子饿了，学校有食物给孩子。和其他生活护理内容相比，家长在这两方面的需求得分最低。说明相对来说，这种非集体化的、对孩子具有个别化关怀的行为不被家长所重视，家长对此的需求较小。

③家长希望学校提供个别化辅助设施。从表 6.2.2.3 可以看出，家长对学校给孩子提供个别化的辅助设施，如高低不同的洗手台/桌椅、有差别的楼梯等的得分较高，需求表达也较为强烈。说明这种对特殊儿童具有关怀和方便性的物质设施也被家长所关注和重视。

（2）日常生活护理需求聚焦点

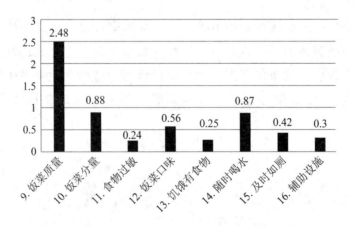

图 6.2.2.2　特殊儿童家长对日常生活护理需求聚焦点分布

①食品安全最重要。特殊儿童家长在饭菜质量上的得分最高，说明食品安全

是家长最关心的日常生活护理内容，关乎孩子的生命健康，是孩子健康成长和学习的基础。

②日常生活护理内容聚焦点分散。特殊儿童家长对饭菜质量最为关注，除此之外，家长对其他生活护理题项的得分均较低，如在饭菜的口味、饮水护理和如厕护理、辅助设施上，得分均无明显区分，表明除饭菜质量外，特殊儿童家长对日常生活护理的需求聚焦点分散，不同特点家长的护理侧重点也不同。

③较少家长认识到个别化膳食管理的重要性。家长对饭菜质量和食物过敏两个题项的得分最低，说明家长对特殊儿童的个别化膳食需求重视度较低。

4. 对教师的要求需求

(1)对教师的要求需求的描述分析

表 6.2.2.4　特殊儿童家长对教师素质需求得分 $M(SD)$

对教师的要求	17. 孩子喜欢老师	18. 孩子身体不便	19. 家园沟通	20. 平等对待孩子	21. 安全看护	22. 专业知识和技能	23. 个别化教育计划	24. 心理辅导	25. 耐心和爱心
4.72	4.75	4.40	4.74	4.79	4.85	4.83	4.69	4.63	4.84
(0.39)	(0.52)	(0.97)	(0.52)	(0.50)	(0.49)	(0.40)	(0.53)	(0.59)	(0.42)

①家长重视教师素质。如表 6.2.2.4 所示，特殊儿童家长对教师素质十分关注，得分在四个项目中最高，表明家长对教师抱有很高的要求和期望。教育大计，教师为本。有好的教师，才有好的教育；有好的特殊教育教师，才有好的特殊教育。发展残疾人教育事业，特殊教育教师素质是关键。

②教师要有爱心和耐心。本次调查中，60.8%的儿童属于智力障碍，该类儿童在认知、情绪、意志等方面具有障碍，且常常伴有心理适应不良的问题。而其他障碍类型的儿童在身心发展上也存在不同程度的不足。教师是他们直接接触的微环境因素之一，直接影响教育质量，教师是否具有爱心和耐心也是家长衡量教师素质的一个重要指标。

③教师专业素质备受重视。残疾人的教育因其教育对象的特殊性，对师资的要求比普通教育更高。特殊教育要考虑到残疾学生与身心健全学生在学习条件，尤其是智力方面的差别，就必须采取个别化的教育和小班教学。在特殊教育方面，教师对学生的影响和塑造是不言而喻的，如何缩小残疾人与普通人之间的差距；如何提高特殊儿童的知识、技术和能力水平，让他们具有体面的、有尊严的生活，如何提高特殊儿童生活和学习质量，都有赖于教师的言传身教和培训指导。

(2)对教师的要求需求聚焦点

①耐心和爱心是家长需求关注聚焦点。与一般儿童相比，身心之间的巨大差

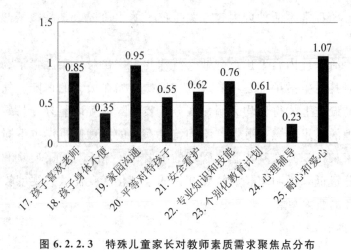

图 6.2.2.3　特殊儿童家长对教师素质需求聚焦点分布

异又决定了特殊需要儿童发展的特殊性。在发展的过程中，障碍给学习认知活动带来许多不便和困难，影响着发展的速度和深度。特殊需要儿童发展的特殊性也使得教师需要付出更多的耐心和爱心。家长对教师的要求需求的聚焦点也进一步印证了上文结果。

②家园沟通十分必要。如图 6.2.2.3 所示，家长对教师的要求需求也聚焦于家园沟通，特殊儿童家长希望教师多和家长交流孩子的情况。家庭和学校两个微环境间及时、有效地沟通，既有助于特殊儿童的发展，又有助于学校教育质量的提高，也有助于家庭生活质量的改善。

5. 教育内容需求

（1）教育内容需求的描述分析

表 6.2.2.5　特殊儿童家长对教育内容需求得分 M(SD)

教育内容	26.自理能力	27.读写算	28.礼貌行为	29.动作技能	30.交往技能	31.爱干净卫生	32.唱跳画	33.劳动技能	34.职业技能	35.控制情绪	36.康复训练	37.自我保护	38.家长知识	39.家长减压
	4.61	4.70	4.58	4.75	4.60	4.69	4.66	4.43	4.63	4.34	4.57	4.72	4.81	4.65	4.44
	(0.49)	(0.64)	(0.73)	(0.56)	(0.77)	(0.69)	(0.66)	(0.85)	(0.75)	(0.92)	(0.81)	(0.59)	(0.49)	(0.57)	(0.83)

①家长对特殊学校各方面教育内容抱有较大期望。如表 6.2.2.5 所示，特殊儿童家长在学校教育内容项目及具体题项上得分较高，需求迫切，这说明家长对孩子的学习寄予了较高的期望，希望他们能够自理，甚至成才。有研究表明，这种学习倾向是积极可取的，但有忽略孩子自身素质的倾向。这种情况出现的原因在于家长对孩子的残疾认识不足，在某种程度上对孩子的发展心存"幻想"，关心

孩子学习的多是低年级学生家长①。

②家长最关心孩子安全问题。安全是指维持自己良好的状态，是安身立命的根本。儿童期的健康发展是儿童今后发展的根本，安全是所有家长的美好愿望。所以自我保护能力是家长对孩子寄予的最基础、也是最重要的教育需求。

（2）教育内容需求聚焦点

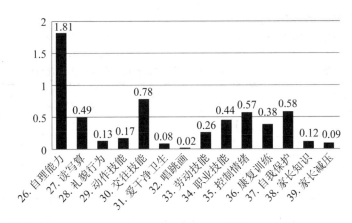

图 6.2.2.4　特殊儿童家长对教育内容需求聚焦点分布

①自我照顾是核心。自我照顾是指人们为独立生活而反复进行的、最基本的、具有共性的身体动作，即衣、食、住、行、个人清洁等方面的基本动作和技巧。在本次调查中主要体现在日常生活自理能力上。如图 6.2.2.4 所示，特殊儿童家长对教育内容需求主要聚焦于生活自理能力上，得分最高，表明特殊儿童的自主独立是照顾者们强烈的需求。

②交往技能是家长另一个关注重点。特殊儿童会出现非常明显的心理方面的问题，沟通与社交障碍是其中重要一方面。如图 6.2.2.4 所示，家长需求聚焦的另一个重要技能是孩子具有交往的能力，包括言语和眼神方面的交流，在该题项上得分较高，表明家长对此寄予较高期望。

（二）特殊儿童学前教育需求满意度分析

1. 整体满意度

表 6.2.2.6　特殊儿童家长教育满意度得分（M±SD）

项目	便利性服务	日常生活护理	对教师的要求	教育内容	整体
均值与标准差	3.97±0.78	4.38±0.60	4.52±0.55	4.09±0.71	4.25±0.56

如表 6.2.2.6 所示，家长对特殊学校教育整体满意度水平较高。其中家长对教师的要求最为满意，得分最高。但是对比该项目家长需求度仍大于满意度，表

① 雷江华，邹春芹. 智力落后学生家长关心孩子的什么[J]. 中国特殊教育，2000(4)：16-17.

明特殊教育的师资虽然取得了较大成就，但也不得不承认，当下师资力量仍不能满足需要。家长对便利性服务满意度最低，但满意度大于需求度，因为虽然家长对于便利性服务中的较多题项，如学校提供寒暑假、周末、晚间延时服务、交通服务等便利性服务需求度不高，但也可能对学校提供这些服务带来的益处较为满意。

2. 便利性服务满意度

（1）便利性服务满意度的描述

表6.2.2.7 特殊儿童家长对便利性服务满意度得分 $M(SD)$

便利性服务	1. 早送晚接	2. 寒暑假	3. 周末	4. 午睡	5. 晚间	6. 提前接	7. 上、下学交通	8. 家长陪读
3.97	4.23	3.60	3.76	4.22	3.89	4.36	3.55	3.40
(0.78)	(0.86)	(1.15)	(1.04)	(0.91)	(1.08)	(0.80)	(1.20)	(1.05)

①灵活接送时间家长最满意。如表6.2.2.7所示，特殊儿童家长对提前接孩子和早送晚接的满意水平最高，此两个题项均属于灵活接送时间的范畴，可见当前特殊学校为家长提供方便、灵活的时间服务方面做得较好。

②家长对学校没有提供的便利性服务满意度最低。如表6.2.2.7所示，所调查特殊学校并无提供寒暑假、周末、晚间、交通服务和家长陪读，在没有提供这些延时服务的情况下，家长对此的满意度评分较低。

（2）便利性服务满意度聚焦点

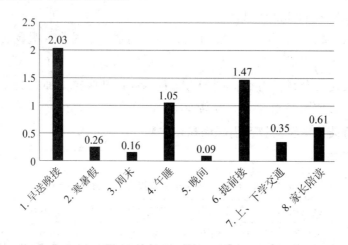

图6.2.2.5 特殊儿童家长对便利性服务满意度聚焦点分布

①家长最满意早送晚接和提前接的灵活接送时间。如图6.2.2.5所示，家长满意度聚焦于早送晚接的灵活接送时间，得分最高。因此当前特殊学校在为家长提供灵活的时间服务方面做得比较周到。

②家长对特殊学校并无提供的寒暑假和交通服务也较为满意。对于寒暑假的延时服务和上、下学交通服务，特殊学校并无此项服务，然而家长的满意度水平也较高，这也是与上文数据结果有出入之处。

3. 日常生活护理满意度

（1）日常生活护理满意度的描述

表 6.2.2.8　特殊儿童家长对日常生活护理满意度得分 $M(SD)$

日常生活护理	9. 饭菜质量	10. 饭菜分量	11. 食物过敏	12. 饭菜口味	13. 饥饿有食物	14. 随时喝水	15. 及时如厕	16. 辅助设施
4.38	4.41	4.43	4.15	4.22	4.02	4.69	4.68	4.38
(0.60)	(0.81)	(0.78)	(0.86)	(0.90)	(0.88)	(0.62)	(0.66)	(0.78)

①家长对常见的日常生活护理活动较为满意。食品安全、分量和口味，以及如厕、饮水护理均为特殊学校最常见、发生频率最高的生活活动。如表 6.2.2.8 所示，家长在这些方面均具有较高的满意度，表明家长对学校常见的日常生活护理活动较为放心。

②家长对个别化膳食管理的满意度最低。和上文相同，个别化膳食管理包括孩子食物过敏和饥饿有食物。如表 6.2.2.8 所示，家长对题项 11 和题项 13 的得分均相对较低，不仅反映出家长对此满意度较低，在一定程度上也体现了家长对个别化膳食管理缺乏足够的重视和关注。

（2）日常生活护理满意度聚焦点

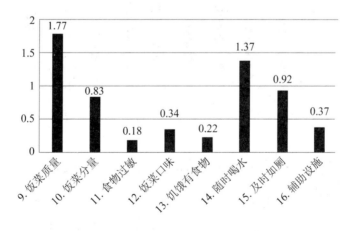

图 6.2.2.6　特殊儿童家长对日常生活护理满意度聚焦点分布

①食品安全问题令家长最满意。如图 6.2.2.6 所示，家长对日常生活护理满意度主要聚焦于食品质量问题，即学校饭菜质量可靠、安全卫生。

②饮水和如厕方面，家长较为满意。家长满意度还聚焦于孩子在学校的饮水和如厕需求，表明家长对学校这两方面的护理较为满意、放心，因特殊儿童身体

和心理发育的特殊性，比较需要这种及时性的帮助，家长对此项比较满意也说明了学校在提供饮水和如厕方面的服务较为周全。

4. 对教师的要求满意度

（1）对教师的要求满意度的描述

表 6.2.2.9　特殊儿童家长对教师的要求满意度得分 $M(SD)$

对教师的要求	17. 孩子喜欢老师	18. 孩子身体不便	19. 家园沟通	20. 平等对待孩子	21. 安全看护	22. 专业知识和技能	23. 个别化教育计划	24. 心理辅导	25. 耐心和爱心
4.52	4.64	4.54	4.60	4.67	4.67	4.54	4.29	4.14	4.64
(0.55)	(0.59)	(0.63)	(0.65)	(0.62)	(0.61)	(0.69)	(0.78)	(0.85)	(0.61)

家长对教师的要求感到满意和欣慰。如表 6.2.2.9 所示，家长对特殊学校教师各方面具有高满意度评价，尤其是在教师具有耐心和爱心、孩子喜欢老师、安全看护、平等对待孩子和家园沟通方面较为满意。其中，家长对于教师能够平等对待孩子以及安全看护方面满意度最高，说明教师在这些方面做得较好。因此，家长对特殊学校师资队伍具有较高评价。

（2）对教师的要求满意度聚焦点

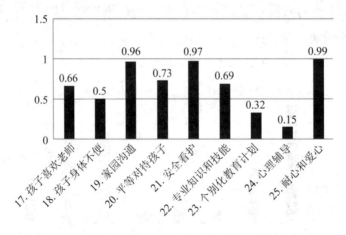

图 6.2.2.7　特殊儿童家长对教师的要求满意度聚焦点分布

①耐心和爱心是家长评价教师的重要标准。如图 6.2.2.7 所示，家长的满意度聚焦于特殊学校教师的具有耐心和爱心，在特殊儿童家长心目中，一位好老师应该具有这种美好的品质。

②家园沟通和安全看护也是满意度聚焦点。家园沟通是实现家庭和学校合作的重要方式，对孩子的身心发展具有重要的作用；孩子人身安全是家长一切教育期望的基础，安全是人最基本的需求。这两项既为满意度聚焦点，也在一定程度上体现家长对教师的要求的关注要点，同时说明学校在这两方面做得较好。

5. 教育内容的满意度

（1）教育内容的描述

表 6. 2. 2. 10　特殊儿童家长对教育内容满意度得分 $M(SD)$

教育内容	26.自理能力	27.读写算	28.礼貌行为	29.动作技能	30.交往技能	31.爱干净卫生	32.唱跳画	33.劳动技能	34.职业技能	35.控制情绪	36.康复训练	37.自我保护	38.家长知识	39.家长减压
	4.09	4.28	4.03	4.31	4.34	4.07	4.16	4.09	4.22	3.81	3.89	3.96	4.04	4.03	3.98
	(0.71)	(0.75)	(0.96)	(0.76)	(0.75)	(0.89)	(0.83)	(0.93)	(0.87)	(1.03)	(0.90)	(0.90)	(0.85)	(0.92)	(0.88)

对比需求度，家长对特殊学校教育内容不够满意。联系上文数据结果，家长对特殊学校教育内容抱有较高的期望，而对此的满意度评价则相对较低，表明家长对学校教育效果不甚满意，同时说明学校在家长具有较高需求的一些教育内容上没有做到位，在教育内容的很多方面还存在不足。

（2）教育内容的满意度聚焦点

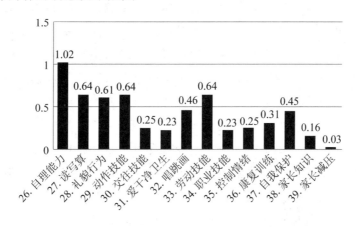

图 6. 2. 2. 8　特殊儿童家长对教育内容满意度聚焦点分布

①孩子自理能力的教育效果最佳。如图 6.2.2.8 所示，特殊儿童家长满意度明显聚焦于孩子基本生活自理能力的培养，在该题项上权重得分最高。表明孩子自理能力提升是家长的最欣喜之处，也是特殊儿童家长最殷切的教育期望之一。

②学习内容聚焦点分散。除孩子自理能力外，家长对学校教育内容其他方面的满意度得分也较高，如读写算、动作技能、劳动技能、礼貌行为、自我保护等，说明家长对日常生活护理的满意度聚焦点比较分散，不同障碍类型的家庭对学校教育内容的关注点和满意侧重点不同。

第三节 特殊儿童学前教育需求满足的补偿对策与机制

一、特殊儿童学前教育需求问题聚焦

（一）生活照顾需求是特殊儿童家长需求的核心

对于特殊儿童这个群体来说，由于受到身心障碍的影响，他们与普通儿童之间的差异在现实情况下经常会被放大，从而使他们的缺陷成为其身心成长中一个必须面对，而经常又很难逾越的障碍①。特殊教育的任务不仅包括根据特殊儿童的身心发展特征对他们实施缺陷补偿教育、潜能开发培养，以及社会适应技能的训练，关注特殊儿童的生命尊严和成长，而生活能力、独立于社会的能力是特殊儿童生命意识和尊严的直接表达，也是家长教育需求的重心。

依据前文数据结果，特殊儿童家长需求聚焦于食品安全问题，对常见生活活动较为重视；对教师队伍素质需求表达迫切，希望教师有耐心和爱心、具有特殊教育专业知识和康复技能，实现安全看护，同时注重儿童主体感受；同时家长对特殊学校各方面教育内容抱有较大期望，最殷切地希望孩子能够实现基本生活自理，同时能够实现社会沟通和交往。从中可以窥探，特殊儿童家长对孩子的需求表达集中在生活方面，日常生活是家长关注的重心。

特殊儿童的障碍使得家长的期望聚焦于生活，特殊儿童要切实地步入社会、融入社会，除了社会需要调整环境、改变观念以包容和接纳特殊儿童外，特殊儿童自身生活能力的养成也是非常重要的。特殊儿童往往缺乏独立生活自理和居家技能，常依赖他人的生活照顾，很难维持一定的生活品质。因此，基于儿童的特殊需求，家长最大的期望就是孩子具有人的尊严，日常生活照顾需求是特殊儿童最核心的需求，也是特殊儿童家长最为关注的。

（二）缺失补偿需求愿望强烈

个体特殊需要的差异性，使得特殊需要儿童的发展各具特点，呈现出更为复杂多样的特殊性。特殊需要儿童发展的特殊性又决定了他们发展中的特殊需要。从特殊教育的角度看，只有满足这些特殊需要才能使其获得良好的发展，重要的是认识这些特殊性的表现、原因及差异的意义，努力创造条件，来满足儿童的特殊教育需要，促进他们的身心发展②。

可见为特殊儿童提供具有补偿性的支持环境十分必要，家长的需求表达也体

---

① 盛永进.特殊儿童教育导论[M].南京：南京师范大学出版社，2015：40.
② 盛永进.特殊儿童教育导论[M].南京：南京师范大学出版社，2015：21.

现出该特点。在基本生理需求满足的基础上，特殊儿童家长希望学校给孩子提供个别化的辅助设置；希望教师有耐心、有爱心，具备关于特殊儿童的专业知识和康复技能，为孩子提供个别化的教育计划和定时的心理辅导，同时希望教师对所有的学生采取平等的态度，尊重学生的个体差异；希望孩子自理，掌握职业技能，学会自我保护。家长在这些方面需求表达较为迫切，对比需求度和满意度，家长需求度得分大于满意度，表明家长在此方面的需求并没有完全得到满足。与普通儿童相比，这些方面更体现出特殊儿童的需要，具有独特的补偿性特征，反映了特殊儿童的特殊诉求。因此，在与普通基础教育大体保持一致基础上，又要注意根据智障、听障、视障等儿童身心特点增设专门课程，以满足他们多样化的特殊教育需求。实施"缺陷补偿"的教育理念，帮助特殊教育需要儿童减轻器官损伤或智力残疾造成的障碍。

教育活动中提供合适的教育也是教育公平的体现。教育公平不仅意味着每个人具有平等的受教育机会，另一方面也意味着每个人具有相等的机会接受符合其能力发展的教育。在平等的基础上以不同的方式对待不同的对象。而特殊教育的"因材施教"更多反映的是对待教育对象过程中帮助教育对象获得最大利益的切合性平等，这是一种高期望值的教育①。从该角度出发，根据特殊儿童个体身心特征及特殊教育需要，提供满足其特殊教育需要的教育，才能保证特殊儿童在教育中享受教育公平。教师素质、特殊学校教育内容、日常生活护理等都影响特殊儿童的教育公平，家长对此的需求表达都十分迫切。

二、特殊儿童学前教育需求满足的补偿对策

（一）适应与支持

传统上，人们对待特殊儿童采取的是一种医学模式。传统的医学模式把特殊儿童的特殊性看成是他们自身内部的种种缺陷和不足的自然结果，因此其发展和学习的提高主要从他们内部的角度进行考虑。于是"适应"就成为其教育和就业的关键词。所有的教育都着眼于如何利用各种手段减轻或消除特殊儿童内部的缺陷和不足导致的障碍，使他们适应社会现实和社会生活。按照这种观点，特殊儿童或其家长本身应该对他们的特殊性负责，社会、学校、国家只有在尽道义上的责任，帮助他们学习与发展。

但是，特殊儿童学习、生活与发展走到今天，已经突破了传统的医学模式的思维架构，而走向生态化模式。人们对特殊儿童的特殊性有了一个全新的认识，特殊儿童的特殊性被看成是其自身与社会环境的复杂互动关系的结果。换一句话

---

①　马益珍．论义务教育阶段学生受教育过程的公平问题［D］．上海：上海师范大学，2005.

说，特殊儿童的特殊性一方面固然有他们内部的原因，但是，这种内部的原因并不是唯一的。特殊儿童自身的特殊性可能带来不利的文化环境，而社会文化环境对他们的特殊性也应该承担相当甚至是主要的责任。因为社会物理环境、社会制度环境和社会心理意识环境都是按照所谓正常人的标准进行建构。以这种标准下的环境去要求特殊儿童，理所当然就会使其表现这样或那样的不适应。这是造成特殊儿童特殊性的主要原因所在。社会文化环境原因与特殊儿童自身内部的问题复合叠加并交互作用，就造成了他们种种问题与障碍。上文数据结果显示，家长对特殊儿童生活和学习表达出高需求和高期望，期望他们在正常人构建的社会中具有生活能力，因此特殊儿童会表现出生活或学习上的不适应。

如果我们改进社会文化环境，照顾特殊儿童的需要，其境况就会大大改善，障碍程度就会减轻甚至完全消除。而特殊儿童境况的改善又会带来一个适切的环境支持。因此，社会"支持"就成为特殊儿童发展的另一个关键词。加强政府、社会和其他相关部门以及相关人员对特殊儿童教育的支持，完善支持方式。这样，特殊儿童学习与发展就要从两个角度同时展开，一方面改善特殊儿童内部状况，另一方面则主要从社会环境入手，营造起适合特殊儿童需要的社会文化环境。

（二）缺陷与个别化教育计划

以残疾儿童为代表的特殊儿童与一般意义上的普通问题相比，处于相对不利的境遇之中。目前我们正在从物理环境、制度规范和意识观念等不同层次上逐渐树立起了平等与正义的价值取向。然而对特殊儿童并不是一味地强调所谓的绝对平等，而是在正义的原则下，以平等作为追求目标，在尊重差异的基础上，给予特殊儿童以必要和适当的补偿。个别化是针对特殊儿童的缺陷进行补偿的重要原则。

个别化教学计划与方案的设定对特殊儿童极为重要，制定适当的活动内容可以使知识与技能在特殊儿童关键期中有效得到发展。如果教学计划与方案不合理，将导致特殊儿童失去宝贵教育补偿时间与机会，出现事倍功半的教育补偿效果，甚至使特殊儿童形成负面厌学情绪与自卑情结。在特殊儿童教育补偿的关键期，教学计划与方案的合理性与适切性是特殊儿童教育内容选择与经验获得的必要呈现，各种类型特殊儿童对早期教育计划与方案的选择与设计也成为建构其个体能力结构与心理机制的关键因素。在具体设计教学计划与方案时，应积极采用有效的学前特殊儿童能力评估，在多元评估的基础上，进行教学计划的设计与教学方案的选取，从而有利于特殊儿童潜能的发挥与弱势的补偿，探究合理的教学计划与实施适当的教学方案可以实现特殊儿童及家庭的最大利益，保障学前特殊儿童的教育与生活质量。

三、特殊儿童学前教育需求满足的补偿机制

我国在融合教育的背景下，强调教育公平与平等。然而，在这样的特殊儿童教育发展趋势下，我国特殊儿童教育需求与满足的现状不容乐观。我国政府和社会需要共同努力，构建起特殊儿童学前教育需求满足的补偿机制。不仅要加强政府对学前特殊儿童相关政策的强力规划和具体教育补偿措施的切实执行，而且要积极发展社区和志愿者服务等多种社会支持体系。努力构建以学前特殊儿童家庭教育补偿为基础、学校教育补偿为主体、社区教育服务为依托，以及社会福利机构和社会慈善组织等在内的多元补偿机制。

（一）教育立法保障机制

立法是保障教育质量的一个重要举措，能促进教育的发展。我们可以从发达国家的立法看到教育因有法可依而获得的成效。随着"全纳教育"的发展，为使不同民族、不同性别的特殊儿童都享有平等接受教育的权利，社会上对于学前教育法与特殊教育法的呼声越来越强烈。但是，我国特殊儿童学前教育起步相对较晚，学前特殊儿童是处境不利儿童的一部分，基本的受教育权利最容易遭受忽视，我们需要借鉴其他国家已有的有关学前特殊儿童的教育经验。所以，保障学前特殊儿童受教育权是学前特殊教育补偿功能良好发挥的一个重要表现。我国也急需完善教育中的相关立法工作，关于学前教育或特殊教育立法成为大势所趋。政府应该对特殊儿童的教育立法给予高度重视，在立法内容与立法体制等方面进行完善，构建关于特殊儿童的相关法律体系。

目前，我国有关特殊儿童的相关法律法规有《中华人民共和国残疾人保障法》《中华人民共和国宪法》《中华人民共和国义务教育法》等。在《中华人民共和国残疾人教育条例》中指出，"发展特殊儿童的学前教育"。但是，对于怎样保证特殊儿童的学前教育并未出台统一的法律法规。《中华人民共和国残疾人保障法》第41条规定："国家和社会对生活确有困难的残疾人，通过多种渠道给予救济、补助。"但是法律没有给出残疾人具体的困难程度，具体的救助措施也没有规定。因此，具体的、可操作的立法是特殊儿童教育需求满足的重要举措。

第一，我国要建立教育立法机制，在立法方式上可以采用专项立法，如学前教育法或者特殊教育法等。第二，也可以通过对我国已有的相关法律进行完善，如《中华人民共和国教育法》《中华人民共和国残疾人保障法》，让每一个有特殊教育需要的儿童能够因此满足自己的教育需要，也可以为特殊儿童的家长提供必要的服务。第三，还需要制定相关细则并且完善监督机制，以推动特殊儿童教育补偿活动的顺利开展。"在实践中不断督促相关部门加快推进学前教育或特殊教育立法工作进程，力求尽快通过法律的形式确立学前教育或特殊教育的优先发展的

地位。"①第四，明确相关政府部门的管理体制、经费保障体制和师资培养体制等，使学前特殊儿童的教育补偿能够实现有法可依、有法必依。从立法的角度明确学前特殊教育的地位与性质，合理规范中央和地方政府对学前特殊教育应承担的职责和义务，促进学前特殊教育可持续发展。

（二）公共财政投入机制

财政投入支持学前特殊儿童教育补偿，这已经是世界各国教育发展的必然趋势。对儿童教育的财政投入一般主要针对处境不利儿童，而特殊儿童又是处境不利儿童的重要救助对象。为了保障特殊儿童合法的受教育权利，我国应该加大政府对特殊儿童教育的财政投资力度。以特殊儿童早期教育为契机，给予学前特殊儿童更多的教育补偿与便利性服务，同时可以为学前特殊儿童的义务教育奠定基础。

目前，我国教育经费在学前教育上投入不足，在学前特殊教育经费的投入更为有限。增加政府对学前特殊教育经费的投入是必要的经济举措，而美国对于学前教育的经费主要是投入在处境不利学前儿童的教育，甚至大量经费给予接受处境不利儿童教育的私立幼儿园。②虽然我国针对学前特殊儿童进行了各种救助项目，如，长春市对学前听障儿童实施了专项救助，但是，政府投入经费的力度还是不足，使得学前特殊儿童在进行教育补偿的同时，出现教育时间不够充分、经费投入数量较少的问题。政府应该逐年递增地为特殊儿童的早期教育投入一定数额的教育经费。

第一，政府各个部门应该各司其职，强化对学前特殊儿童教育补偿项目的管理工作，增加对学前特殊儿童教育补偿的财政支持力度，尽力保证每个儿童享有平等的学前教育的权利。通过对私立学前特殊教育机构给予经济补助等措施，对程度较轻的学前特殊儿童进行重点帮助，保证处境不利的特殊儿童都能享受到与其相适应的学前特殊教育。第二，可以开创更多以民间资本、银行信贷、社会捐赠、基金彩票等多元投资体制，学前特殊儿童教育补偿虽然主要是政府的责任，但也可以鼓励个人、企业、社会机构增大对学前特殊教育补偿活动的帮扶力度，不断增加学前特殊儿童各种类型的教育经费的投入。第三，国家与各级政府仍需要依靠财政来建立各种残疾儿童康复中心，并且提升其专业能力，努力达成覆盖面广、质量高的康复服务体制。第四，政府要为每所公办园需要接收一定比例的学前特殊儿童拨发补偿金，为特殊儿童学前教师的专业提升给予一定经费的支撑，同时为学前特殊儿童的家庭及个别教育计划提供帮助。这样，有助于轻度学

① 余强.美国残疾儿童学前教育先行发展政策述评[J].中国特殊教育，2007（11）：89.
② 朱家雄，张婕.教育公平一个不容回避的学前教育问题[J].教育导刊（幼儿教育），2006（2）：25-27.

前特殊儿童融入普通幼儿园，中重度的学前特殊儿童进入康复机构。

（三）社会公益服务机制

社会服务体现于社会工作人员对学前特殊儿童进行的有序化的帮助，以及学前特殊教育机构与家庭、社区等合作为学前特殊儿童的教育创造有效的补偿空间。社会工作人员可以对学前特殊儿童进行精细化的指导，及早展开特殊儿童学前教育，以获得平等的受教育权以及生存权和发展权，从而为其奠定义务教育基础。因此，可以在全纳教育理念下，帮助学前特殊儿童能够融入社会，并且参与集体活动。利用社会工作人员广博的家庭教育资源及特殊儿童学前教育知识，促进学前特殊儿童教育补偿结果最优化，以实现其回归社会正常生活的要求。同时，学前特殊教育机构与家庭、社区等合作也为学前特殊儿童的发展提供了个性化和弹性空间。

目前，我国从事义务服务的社会工作人员数量虽然呈现不断上升的趋势，但从事义工服务的社会工作人员队伍仍然很薄弱。社会工作人员具有的相关特殊儿童教育知识不够扎实、相关经验的缺乏、社会工作的方式未能常态化，导致特殊儿童教育康复领域暂时处于混乱状态。此外，社会工作人员主要集中于繁华的都市，偏远地区特殊教育社会工作者显现出专业性较弱的特点，使社会工作不能有效开展。特殊儿童社会工作队伍急需加强，应当以农村贫困地区为工作重点。同时，我国很多社区对学前特殊教育并没有给予高度重视，社区对学前特殊儿童的教育服务意识也比较淡薄，为学前特殊儿童提供的教育康复服务相对缺乏。

第一，应该加强特殊儿童社会工作人员的队伍建设，强化相关专业知识和经验，平衡社会工作人员的地域差异，使社会工作人员的工作能够常态化发展。第二，加强教育在社区的核心地位，为社区内提供多形式的特殊教育服务，如创建感统训练室等基础性的服务设施，社会工作人员也可以参与其中为学前特殊儿童与家长提供一定的服务。第三，在社区内设立家长委员会，使得特殊儿童家庭之间能够进行有效的交流，并且定期请专业的康复老师与特殊教育专业教师进行讲座，如医疗康复、家庭教育指导、家长缓压指导等。第四，建立以社区服务体系为主导的教育学、医学与科学技术等多学科交叉的社区服务网站可以帮助各种类型的学前特殊儿童，也可以创建医教与社区相结合的网络服务体系。

（四）家庭教育补偿机制

家庭可以为学前特殊儿童提供身心安全的内在环境，可以满足其社会性发展的外在需要。学前期的特殊儿童处于人的一生当中最为脆弱的时期，需要以家庭为生活载体从而实现在教育过程中的基本需求。家庭是所有儿童接受教育的最初场所，因此家庭会潜移默化地对学前特殊儿童产生影响。学前特殊儿童在以家庭为主的教育补偿活动中，他们的学习和兴趣的发展都要考虑特殊儿童的学龄期身心发展的特点和个体障碍的类型。不管家庭教育环境怎样、家庭教育补偿怎样进行，都需要家庭及时、正确地给予特殊儿童早期教育补偿，从而实现学前特殊儿童"早发现、早干预、早补偿"的教育康复理念。

目前，我国特殊儿童家庭的社会经济地位参差不齐，家庭教育补偿的社会支持体系也不完善，这深深影响着学前特殊儿童家庭教育康复的发展。家庭内部的支持具有很大的随意性，社区支持体系不够完善，政府部门的支持渠道还不畅通，环境有待改善，特殊儿童家庭迫切需要社会支持。[①] 家庭教育补偿过程中面对家庭经济困难，即便接受国家项目的资助，还需要不断更新辅助器具，使得其家庭经济压力大大增加。同时，家庭成员身心也承受着巨大的精神压力，主要来源于对学前特殊儿童的教育及未来安置的担忧。除此之外，还面临家庭教育补偿的困境，体现在家庭成员对特殊教育相关知识缺乏以及不懂得教育康复的方法等。

第一，社会提供多种方式满足学前特殊儿童家庭的内在与外在需要，包括家长的经济需要、法律政策的需要、亲子教育需要、心理疏导需要等方面。设置巡回指导服务为各类型学前特殊儿童的家庭服务，专业的康复教师或特殊教育专家组成巡回指导团进社区、入家庭直接帮助有特殊儿童的家庭，为家长提供相关教育支持。[②] 第二，开设不同类型的家长培训班，在特殊儿童教育机构、融合教育理念下的幼儿园、特殊教育专业的大学及各社区街道开设适合不同学前特殊儿童家长的整套的培训课程，满足社区和家庭对学前特殊教育专业知识与技能的基本需要。第三，成立家长委员会以促进家长之间的交流。由于学前特殊儿童家长在文化素质方面存在差异，可以在理论与实践方面进行沟通与交流，同时把问题及时反馈给相关专业人员。相关专业人员也可以利用互联网进行远程服务指导，形成自上而下或自下而上的有效沟通方式。第四，充分利用大众传媒的作用，如广播、电视、杂志、报刊及互联网等大众传媒为特殊儿童家庭的早期教育提供海量信息的咨询，使社会更多地了解并且理解学前特殊儿童及其家庭，并且通过大众传媒强调特殊儿童早期教育补偿的意义，使家长及社会明确特殊儿童早期教育补偿的重要性。

---

① 黄晶晶，刘艳虹．特殊儿童家庭社会支持情况调查报告[J]．中国特殊教育，2006(4)：5.
② 梁巍．聋儿社区家庭康复中的早期教育策略[J]．中国听力语言康复科学杂志，2004(2)：55-56.

第七章

满足多元需求的学前教育政策与运行机制

本章概要

问题背景：确保学前教育高质量满足需求，是近年来发达国家学前教育政策基本价值取向，通过比较美国开端计划、英国确保开端、多伦多最佳开端、经合组织（OECD）学前教育质量改进等政策，寻求我国满足多元需求学前教育的政策参照。保障学龄儿童接受基本而有质量的学前教育是当前我国学前教育的基本国策。我国作为最大的学前儿童教育需求国，地域特征、经济社会特征、群体特征的复杂性决定了学前教育需求的复杂性，探索满足不同需求对象的学前教育政策与运行机制，具有全局性意义。

研究路径：通过对不同群体学前教育需求的抽样调查与分析，也借鉴、对比国际经验，特别是通过典型个案研究，针对目前国内学前教育需求提出需求复杂模型，构建基于需求证据的学前教育政策框架。

国际经验：学前教育需求满足的国际经验有以下几个方面：（1）优先保障贫困家庭、移民家庭、特殊儿童家庭等处境不利儿童接受学前教育；（2）确保起点公平，保障处境不利儿童接受基本有质量的学前教育；（3）强化国家干预调控，通过国家财政和政府立法保障有较高满意度的、有质量的学前教育；（4）为实现多元需求的满足，开端计划和有效学前教育项目都支持多样化的托幼机构；（5）保障教师待遇，严格准入标准，为教师专业发展提供持续有效的支持体系。

国内现状：（1）我国民众学前教育需求呈多样化态势；（2）城乡之间，不同阶层、利益群体之间，东中西区域之间的学前教育需求均存在显著差异；（3）处境不利儿童的学前教育需求满足最低，且未能接受有质量的学前教育；（4）同属于处境不利儿童群体与留守儿童比，流动儿童家长的需求高而满意度最低，民工幼儿园成为廉价低质学前教育的代名词；（5）不同群体焦点性需求有所不同，兴奋性需求有区域、阶层传递效应；(6)精英阶层之外的潜在性、发展性需求缺乏专业唤醒，需要合理引导。

结论与建议：美国开端计划、英国确保开端、多伦多最佳开端等均反映了发达国家学前教育需求满足政策的基本价值取向。OECD 的强势开端也强调满足儿童需求的儿童本位学前教育政策价值追求。基于儿童发展公平的多样化满足是当代学前教育政策制定的基本立场和出发点。据此，我国学前教育政策应构筑可获得、付得起、有质量的底线保障体系；同时要多样化地满足焦点性、兴奋性、过程性需求；合理引导潜在性、发展性需求，在政策价值的现实选择方面要处理好现实主义与理想主义的平衡点，形成有正义导向又切实可行的学前教育政策法律框架。

第一节　多元需求满足的政策借鉴

学前教育是先满足刚性需求再保证质量，还是确保质量的需求满足，这是多年来各国学前教育政策制定的逻辑起点，也是学前教育政策研究争论的焦点。然而美国佩里计划长达 18 年的追踪研究，让争论的天平倒向确保质量普及的一端。"佩里学前教育研究计划"始于 1962 年，通过长期追踪验证了学前教育对 3～4 岁学前儿童的影响，研究表明学前教育对个体的中学、大学学业，失业、就业、工作质量有着长远的影响；同时对公民素养、文明道德、犯罪率、领取社会保障金率、救助率等社会性发展都有影响。佩里计划的基本结论是，高质量的学前教育，更有利于促进处境不利群体儿童发展的起点公平，有利于社会的良性发展。佩里计划的研究报告发表以来，世界发达国家更多选择"确保质量普及"的学前教育政策，这里选择有代表性的确保质量的学前教育政策厘析，以期对我国学前教育政策的选择具有借鉴意义。

质量如何判定？何为有质量或高质量呢？从质量评价、质量追踪的角度看，学前教育质量可从要素性（或称结构性）、过程性、结果性三个相互关联的方面来评估考察。要素性质量是静态质量的考察方式，一般包括园所物理环境条件（物质条件）、班级教师与幼儿人数、师资学历、教师经验等；过程性质量强调动态质量要在教育过程中捕获，主要包括教师工作投入、师幼互动、家长参与、社区协同等；结果性质量就是看教育质量对儿童近期学习发展状况、长期发展效果以及对社会的成效的影响[①]。发达国家高质量的学前教育政策正是从三种不同的视角调控着学前教育质量，达到确保质量、质量改进的目标。

---

① 李克建，胡碧颖. 国际视野下的托幼机构教育质量评价——兼论我国托幼机构教育质量评价观的重构[J]. 比较教育研究，2012(7)：15-20.

一、美国开端计划的需求满足政策

开端计划是美国联邦政府投入最大、持续时间最长的早期儿童项目，主要服务处境不利的 3～5 岁儿童及其家长，主要包括教育及特殊教育、健康、营养、社会、家庭参与、生涯发展等服务内容。开端计划遵循儿童全面发展的先进理念、尊重儿童的天性、相信儿童的潜质，旨在向处境不利的儿童提供教育援助以消解代际贫困的恶性循环。为确保有质量的需求满足，开端计划有如下举措。

（一）加强财政投入立法，保障有质量需求满足

1981 年美国联邦政府颁布《开端计划法案》，该法案规定，联邦政府每年至少要为开端计划项目拨款 10.7 亿美元，至 2010 年拨款已达 79.9 亿美元。财政投入的法律保障，为开端计划的实施奠定了经济基础。1990 年，美国总统乔治·布什签署国会通过的《开端计划发展扩展和质量提高法案》，是开端计划历史上第一次致力于解决质量问题，也为提高学前教育质量提供了法律保障。该法案提出设立质量促进基金，1991 年为开端计划全部拨款的 10％，1991 年后变为 25％。同时，该法案还从质量监督、教师资质等方面提出了质量促进的要求。1994 年，美国总统克林顿签署《1994 年开端计划重新授权法案》，该法案第一次正式将开端计划延伸到婴儿阶段。该法案对质量促进基金的用途进行了详细的说明，并对教师资质、福利、培训等方面进行了明确的要求。1998 年，美国总统克林顿签署《1998 年开端计划重新授权法案》，该法案将质量促进基金的比例提升到 60％，并不断加大开端计划的财政投入，进一步完善质量监督、评估系统。法律的全面保障、财政投入的全力支持，确保开端计划学前教育质量拥有强有力的基石。

（二）完善教、辅人员资格标准，提高对人员需求满足水平

科学启智计划是开端计划中针对学前教师和管理者进行的一项计划，旨在通过对学前教师和管理者的理论和实践培训来提高教育服务的质量。同时，1990 年《开端计划发展扩展和质量提高法案》《1994 年开端计划重新授权法案》《1998 年开端计划重新授权法案》及 2007 年《改进开端计划入学法》都明确规定了教、辅人员的资质、培训等。此外，政府通过资金投入和政策推动提高教师工资待遇、支持其专业发展，设立了多层次、多形式、多方位的立体交叉式职前培养、职后培训体系，为提高教育服务质量起到了重要的作用[①]。完善的教、辅人员准入机

---

① Committee on Education and Labor. Helping All Children Succeed in School and in Life：The Improving Head Start for School Readiness Act of 2007[EB/OL]. (2007-11-08)[2009-03-25]http://edlabor. house. gov/publications/20071108HeadStartSummary. pdf.

制，高水平的教、辅人员是确保学前教育质量的重要保障。

（三）制定家庭、社区合作框架，打通需求沟通渠道

开端计划实施家庭培育项目，指导家长运用灵活多样的教养方式、促进家长积极参与孩子的学前教育实践活动。2011 年 8 月开端计划办公室推出了"开端计划家长、家庭与社区共同参与框架"，为所有参加开端计划的服务机构、家庭和社区提供基于研究的、有组织的、行之有效的参考工具，帮助家庭建立起健康和谐亲子关系，以及实现家长与儿童持续的学习与发展①。此外，开端计划还资助家长进行继续教育、提升自我的修养以及生存能力，提供职业指导和信息、促进家长致富等。促进家庭、社区等多方合作，提升家长素质是确保学前教育质量的重要方面。

（四）制定服务标准，完善需求满足评估体系

1975 年，美国首次颁布开端计划服务项目执行标准，充分体现联邦政府对开端计划实施质量与效果的高度重视。该执行标准共八部分，涵盖标准概要、服务管理执行程序、服务规划、个人教育项目服务、社会服务、健康服务、营养服务、家长参与服务、资助的范围与条件以及合作项目要求等。此外，2000 年公布的《开端计划的目标成绩结构表》，为开端计划项目的评估工作给予指导。该结构表设定学习和综合发展目标：语言发展、读写能力、数学、科学、创新、艺术、社会情感发展、学习方法以及生理健康发展等 8 个领域，成为开端计划在课程计划、项目过程的持续评估以及幼儿成绩评价方面的指导方案。统一的服务标准与完善的质量评估体系为确保学前教育质量提供了重要支持。

二、英国确保开端的需求满足政策导向

确保开端是英国政府 1998 年开始实施的一项为改善处境不利地区儿童的生活机会、消除贫困和预防社会排斥的项目，主要内容包括医疗保健、儿童保育、早期教育以及对家庭的支持等。英国作为世界上高质量学前教育的代表之一，其在学前教育需求满足导向方面的经验值得借鉴。

---

① US DEPARTMENT OF HEALTH，HUMAN SERVICE，OFFICE OF HEAD START. The Head Start Parent，Family and Community Engagement Framework：Promoting Family Engagement and School Readiness，From Prenatal to Age 8［EB/OL］.［2012-12-5］. http://eclkc. ohs. acf. hhs. gov/hslc/standards/IMs/2011/pfce-framework. pdf.

（一）确保财政投入的需求满足立法保障

2004 年出台《2004 年儿童法令》《每名儿童都重要》①《儿童保育十年策略》②等，直接促进学前教育质量的提升。同时，2005 年提出《儿童保育议案》③，为确保开端提供法律保障，确定高质量早期教育的重要性。2004 年颁布《儿童计划：打造光明的未来》④，旨在为儿童构建一个全球最优的生存环境。此外，英国政府还颁布《拨款法》⑤，明确强调学前教育预算制定并从 2006 年 4 月起，每年增加1.25 亿英镑的财政投资，确保了学前教育高质量发展的经济支持。

（二）完善质量评估体系的高质量价值导向

2000 年颁布《（3～5 岁）基础阶段课程指南》为学前儿童发展与学习提出明确目标及发展质量评估指导。2005 年颁布《早期基础阶段计划》⑥，在以往基础上，明确学前教育课程内容和标准，为 0～5 岁儿童的学习与发展提供明确的目标。2008 年颁布《早期基础阶段法定框架》⑦，更加丰富和规范学前教育课程标准，促进学前教育发展更加规范化、科学化与标准化，同时作为监督英国学前教育及评估其发展质量的重要标准。2012 年在总结以往基础上颁布《早期基础阶段法定框架》，明确师资标准、待遇福利以及丰富课程内容，提出 4 个核心目标与基本原则。2013 年发布《早期基础阶段档案手册》⑧，总结和描述儿童学习与发展成果的观察与评估。此外，英国政府还专门成立"教育标准办公室"，负责制定全国统一

① Department of Education and skills. Every Child Matters[EB/OL]. (2003-09)[2016-11-23] https://assets. publishing. service. gov. uk/government/uploads/system/uploads/attachment_data/file/272064/5860. pdf.

② Department of Education and skills，Department of Work and Pensions. Choice for Parents，The Best Start for Children：A Ten-Year Strategy for children[EB/OL]. (2004-12)[2016-11-23] https://www. education. gov. uk/publications/eOrderingDownload/HMT-991151. pdf.

③ Department for Education and Skills. Childcare Bill [EB/OL]. (2005-06)[2016-11-23]https://publications. parliament. uk/pa/cm200506/cmbills/080/06080. i-v. html.

④ Secretary of State for Children，Schools and Families，Command of Her Majesty. The Children's PlanBuilding brighter futures[EB/OL]. (2007-12)[2016-11-24]https://www. sogou. com/link? url=hed-JjaC291NDxZ6Wyr6RTsrQDeFCPJc_MzJLpJ3AfNJT4yd2wuTRixHn4UG99ALXN6nYARMwdTGsUB8ENRlS0shx2qxSZVB5OK6Xft5BrK4ZSimvZ0SPl9pdVvSbCtR0jBfIFan1w7-t5pUc3zy0dg.

⑤ UK Parliament. Appropriation Act 2005[EB/OL]. [2016-11-23]http://www. opsi. gov. uk/acts. htm.

⑥ Oxfordshire County Council. Early Years Foundation Stage[EB/OL]. (2014)[2014-11-25] https://www. gov. uk/early-years-foundation-stage.

⑦ Department for Education. Statuto. Framework for the Early Year Foundation Stage-Setting the standards for learning-development and care for children from birth to five[Z]. Department for Education. 2010.

⑧ Standards and Testing Agency. Assessment and reporting Arrangements Early Years Foundation Stage [Z]. London：Slanders and Testing Agency，2013.

的服务质量规范，并负责注册和监督、检查工作，保障学前教育的质量。课程标准与内容的制定、完善的质量评估体系让学前教育高质量发展有序可循。

（三）加强教师专业素质提升的专业需求满足

提高学前教育领域的从业标准，加强幼儿教师的在职培训，对其提供专业支持，提高学前教育领域从业人员的素质。2006年颁布《早期教师专业身份标准》，对幼儿教师的资质提出了明确的要求，并在2012年进行了修订。2010年颁布《早期教育职业证书培训》计划、《幼儿教师》计划、《幼儿教育专家》计划，旨在提高教师的任职标准，对在职教师加大培训力度，意在通过提高幼儿教师队伍的素质来提升学前教育的质量。同时，2013年颁布《早期教师标准》[①]，对幼儿教师的专业素质及能力均作了详细的要求。教师的高水平素质是学前教育质量发展的又一保障。

三、加拿大多伦多最佳开端的需求满足政策举措

最佳开端计划于2004年提出，是加拿大安大略省政府为确保儿童入学前有充足的准备与起点公平而进行的一项计划。多伦多最佳开端计划是在安大略省最佳开端的基础上发展起来的，致力于早期教育与保育，通过加强、提升、建立及整合现有项目与服务的方式来满足儿童与家庭的需求。该计划具有普适性，针对每一名0~6岁的学前儿童。最佳开端计划分两个阶段，阶段1致力于促进参与儿童工作各方面专家的合作；阶段2是将社区服务以更综合、更灵活、更整合、更全面的方式为儿童与家长提供早期教育与保育服务。最佳开端计划在全面提升学前教育质量方面值得世界各国学习与思考。

（一）整合资源，寻求多方最佳满足

"整合"是多伦多最佳开端计划的关键，即多伦多最佳开端计划旨在整合一切儿童服务项目，例如，儿童保育、幼儿园及家庭各方面的合作，从而保障学前教育质量的提升。多伦多儿童服务部门颁布《合作共赢：儿童保育》，旨在指导最佳开端计划中有关提升、协调和整合0~6岁儿童及家庭支持等的社区服务的项目。同时，建立稳固的社区—政府合作关系，将学前教育的整合服务做到有条不紊地实施。此外，开展家庭支持项目，即以社区为依托，服务于儿童、家庭及抚养者的机构，从而发挥优势、提升能力、促进事业健康发展。

（二）加大财政投入，实现最佳满足体系

多伦多最佳开端计划不断加大财政支持，建立广覆盖的最佳开端服务中心，保障儿童及家庭能够及时有效地获得支持，让所有的儿童都能拥有合适的中心去接受高质量的学前教育与保育服务。同时，能够根据儿童、家长的具体需求，灵

---

① Dfe. Review of the Early Years Professional Status Standards[EB/OL]. [2014-10-10]. https：//www.gov.uk/government/publications/review-of-the-early-years-professional-status-standards.

活、便捷地为儿童及家庭提供学前教育服务。此外，在促进社区服务的同时，该计划还针对家庭合作、社区合作通过系列标准与指南的指导，为高质量的学前教育与保育工作提供了可遵循的框架。通过财政资助引导以家庭需求为中心、服务直通、目的明确的支持举措，有效促进儿童服务人员与家长之间合作。

（三）通过服务质量信息共享，实现需求满足信息沟通

多伦多最佳开端计划建立了完善的质量评估与监测系统，多伦多最佳开端实施指导委员会运用相应的测量手段对最佳开端计划的整合服务效果进行评估，监测学前教育与保育质量，并找出问题所在，不断进行完善与改革。同时，追踪儿童发展，指导家长进行参与质量评估，例如，最佳开端实施指导委员会分发儿童发展支持档案，指导家长对儿童发展进行评估和记录，有效促进学前教育服务向高质量发展。此外，最佳开端实施指导委员会与家庭共享结果信息，从而促进家庭对儿童发展的了解。

四、OECD 强势开端的高质量满足核心理念

OECD 委员会自 1998 年起多次对儿童早期教育政策进行专题调查，并在调查的基础上形成了多篇报告。报告指出学前教育质量受到财政投入、政策协调、政府组织建设、教师培训和工作条件、教学大纲、监控体系等几方面的影响。OECD 强势开端质量改进有以下核心理念值得世界各国思考与借鉴。

（一）加大公共投入，实现高质量满足

加大基础设施和服务的公共投入，使儿童、家庭及时有效便捷地获得相应的学前教育服务，能够有效地提升学前教育的质量。而学前教育与保育公共投资的估算应以实现素养教育目标为依据。加大公共投入，能够有效地提升园所条件，给予儿童一个接受学前教育的优质环境。充足的公共投入，有利于扩大学前教育服务人员与儿童的比例，促进儿童接受更加优质、灵活的学前教育服务。同时，有效提升学前教育质量还在于完善的政策支持，也就是说，要以系统、综合的方式来制定、执行学前教育与保育政策，并不断关注儿童所处的社会背景，不断调整政策的利益诉求、扩大政策惠及的范围。此外，还应通过逆向财政、劳动和社会政策，减少儿童贫困和社会排斥，关注儿童的特殊需求，为不同处境的儿童提供学习方案，增加教育的公正面。

（二）加强多方合作，提升专业满足水平

学前教育与整个教育系统中其他部门之间需有紧密、平等的合作，互为依托，促进儿童平等地获得教育服务机会。加强多方合作，应建立必要的管理机构，健全学前教育服务体系、保障服务质量。同时，建立和谐共赢的家庭—社区关系，鼓励家长一同参与儿童的学前教育服务，做到家庭—社区平等合作。强势开端认为提升师资素养十分重要，提议通过制定相关政策，确保员工有合适的培训

机会，提高其专业素养；同时认为应改善学前教育与保育员工的工作条件、工作环境，提升其薪酬待遇、社会地位。此外，创设为学前教育工作服务的教育科研基础，制定长期目标及纲领①，为学前教育与保育工作提供更有利的理论与观念。

（三）完善服务目标，制定服务满足标准

儿童是一个独立的个体，学前教育服务与保育工作要遵循一定的自然规律，要将儿童的幸福、早期发展与学习作为学习教育与保育的核心工作，同时尊重儿童自身的发展机制和自然的学习策略。强势开端号召要为学前教育与保育服务的各项活动与服务制定基本的指导方针和课程方向，保障学前教育与保育各项活动的实施有理有据，促进儿童的健康发展。应制定相应的质量评估体系和标准，有力监督和保障学前教育服务与保育的质量，在 2012 年的第三份报告《强势开端Ⅲ：早期教育和保育的质量工具箱》，详细阐述学前教育质量目标、最低标准、课程标准、家庭和社区参与标准以及学前教育监测系统等内容，为世界各国学前教育质量改进工作指明了方向②。

五、多元需求满足的政策框架借鉴可能

自《国家中长期教育改革和发展规划纲要（2010—2020 年）》提出"全面普及学前一年教育，基本普及学前两年教育，有条件的地区普及学前三年教育"这一中长期目标以来，我国学前教育通过两期三年行动计划，全国学前教育普及率已超过 75%。在学前教育快速普及的同时一些地方重速度轻质量的"先普及再提高"思想盛行，而"确保质量的普及"得不到真正的重视，《国务院关于当前发展学前教育的若干意见》提出"构建覆盖城乡、保基本而有质量的学前教育公共服务体系"，明确强调有质量地普及学前教育的重要性。在相关配套政策方面，中央政府加大对农村学前教育财政专项的投入力度，加大对贫困地区学前教育的财政转移支付力度；教育部加大对幼儿园教师队伍的建设力度，制定《幼儿园教师专业标准（试行）》《幼儿园园长专业标准》以及相关的课程改革、教师资格制度改革等。但与发达国家学前教育政策的顶层设计与"一揽子"配套操作改革相比，我国学前教育确保质量的政策突破仍有以下方面值得借鉴。

（一）加强法律保障，完善政策支持

我国刚通过的《中华人民共和国教育法（修正案）》，新增加的第 18 条款明确

---

① OECD. Starting Strong Ⅱ：Early Childhood Education and Care[EB/OL]. OECD，（2006-10-20）[2012-10-10]http://www.oecd.org/edu/preschool and school/startingstrongii earlychildhood education and care.html.

② Starting Strong Ⅲ：A Quality Toolbox for Early Childhood Education and Care [EB/OL].（2011-12-16）[2016-11-26] http://www.keepeek.com/Digital-Asset-Management/oecd/education/starting-strong-iii_9789264123564-en.

提出"国家制定学前教育标准，加快普及学前教育，构建覆盖城乡，特别是农村的学前教育公共服务体系，各级人民政府应当采取措施，为适龄儿童接受学前教育提供条件和支持。"这从法源上奠定了有质量学前教育的法律地位，连同已有的《关于当前学前教育的若干意见》《幼儿园工作规程》《幼儿园教育指导纲要》《3~6岁儿童学习与发展指南》，我国似乎也形成了从法律到法规到政策的学前教育质量框架，但同发达国家相比，其内在的关联性、前后的衔接性、行动的可操作性、完善的体系性仍有相当的差距，如英国的确保开端从《儿童法案》到《儿童保育议案》《早期基础阶段计划》，再到《基础阶段课程指南》是一个环环紧扣的法律、政策体系。我国幅员辽阔、区域差异极大，各地需在国家法律底线、政策基本精神框架下，因地制宜、创造性地制定符合地域特点的政策措施，有效地引导、调控学前教育的健康发展。

（二）增加财政投入，实现需求满足均衡

充足的财政投入、完善的补偿机制是学前教育有质量地普及的物质基础。近年来发达国家在法律法规的保障下，逐年增加学前教育的财政投入，为学前教育机构、学前教育人员培养与培训等方面提供坚实的经济支持，促进学前教育质量的稳步提高。我国学前教育的两期三年行动计划中央财政以"以奖代补"、地方转移支付的方式向全国农村幼儿园、欠发达地区、贫困特殊群体、教师国培提供专项支持，全国学前教育财政专项资金专款专用、落地到直接需求方逐年增加，保障了学前教育有质量地普及；同时，各地方政府在中央财政的驱动下，增加财政配套、补贴经费，不断完善学前教育的补偿机制，逐步补齐农村、欠发达地区学前教育的短板，扩大了学前教育的均衡面。但我国的学前教育财政专项主要投入到了办学硬件，对课程资源、学习资源、高质量教师培养、质量改进、质量监测、质量评估等可持续方面还没有形成顶层设计、系统推进的政策框架，并形成稳定的财政投入机制，由阶段性投入向长期稳定投入、块状投入向分类投入、目标性投入向监管性投入转变。根据我国各地方发展学前教育的实际难题，有针对性地发挥财政投入的杠杆调节效应，不断加大对学前教育质量薄弱地区的扶持力度，促进学前教育有质量地均衡发展。

（三）提升教师素养，满足专业需求

教师队伍水平是影响学前教育质量的关键性因素，美国开端计划早期的质量差异主要原因是教师差异，特别是各州学前教育教师准入条件、待遇水平、招聘严格程度所决定。其中，佩里计划是典型的招聘高水平教师、提供优质课程资源，展现学前教育价值的典范。因而发达国家近年来纷纷提高学前教育教师的准入门槛，近年来美国多数州实行学前教育教师双证书制度，大大提高学前教育教师准入门槛；澳大利亚联邦政府将早期儿童保教人员的学历由专科层次提升到本科、研究生层次，政府在2016年甚至不惜修改移民法，允许对在澳大利亚获得学前教育硕士学位的外国公民直接发放绿卡；英国为确保学前教育质量提升，2006 年颁布《早期教师专业身份标准》，对幼儿教师的资质提出了明确的要求，2010 年配套性地颁布《早期教育职业证书培训》计划、《幼儿教师》计划、《幼儿教育专家》计划，旨在提高教师的任职标准。

（四）统一课程服务标准，提升内容满足有效性

课程标准是教育活动的准绳，统一的课程标准体现国家对公民在某一发展阶段或某一发展领域的基本要求，其体现国家意志，也是国家学前教育质量衡量的基线。学前教育的课程标准在呈现方式上区别于中小学，它更多关注于幼儿本身特别是幼儿的生活与学习，某种意义上说，学前教育标准的核心是课程标准即幼儿学习与教育的标准。发达国家都重视课程标准，他们调动最强的研究力量、投入巨资从本体学科、儿童科学、心理学、教育学等多学科的角度来研制课程标准，最典型的是美国各州的幼儿学习标准。我国颁布的《3～6 岁儿童学习与发展指南》就是当下的体现国家意志的简约学习标准。有了课程标准还需要领会、贯彻、实施，在教师队伍素质整体不高的情况下，我国特有的教研机制的作用发挥就非常关键，通过我国的教研网络、教研机制，贯彻落实指南精神是提升学前教育质量的关键。

（五）整合主体利益，实现多样化满足

学前教育基于生活、游戏的教育决定了教育的弥散性、不确定性，特别是教育实施的隐讳性、间接性甚至模糊性，这使得学前教育实施的利益相关者之间很难达成共识，特别是相互间的理解与宽容，所以，家庭、幼儿园、社区是发展学前教育的三足鼎。学前教育的幼儿园、家庭和社区利益主体方的通力合作，是学前教育质量发展的重要载体。通过家、园、社区合作平台，建立协同、沟通机制是保证学前教育形成合力的关键。借鉴国外经验通过非政府共助基金形式，扩大家长、社区公益者参与幼儿园教育的方式，形成常态的开放机制，鼓励、推广幼儿园制定专业性强的《家、园、社区共育指导手册》，为多方合作的实施进行引导，为学前教育质量添注多方合力。

（六）完善需求满足评估机制，实现有效满足

质量评估框架下的过程性质量改进、关键环节的有效监测，是提升学前教育质量的专业保证。发达国家已形成较为成熟的质量评价工具，如美国的托幼机构环境评价量表、班级互动评价量表；英国在借鉴、采用美国的托幼机构环境评价量表的基础上，又根据英国实际形成扩展量表。当代质量评估观念已发生了深刻的变化，质量评估已不停留在不同质量的托幼机构，而是基于发展性过程的质量改进、质量提升。评价不是为了区分不同的质量等级而是诊断托幼机构教育过程中的质量问题，从班级环境入手，发现其物理环境、一日生活环境、人际互动环境、师幼环境、课程实施环境中存在的问题，有针对性地逐一改进。在发展性评

估、诊断性评估中评估主体也发生了变化，除评估专家外，幼儿教师、管理工作者、社区工作者甚至家长都可以成为评估者。评估就是发现、改进工作，在评估过程中提升专业发展水平，进而持续改进质量。在完善的质量评估框架下，建立专门的学前教育质量监测机构，从学前教育质量的要素性、过程性、结果性不同的维度，提供专业、系统的质量监测指标、操作化比较数据，可为托幼机构管理者、保教工作者、专业教师提供更精准的服务，为学前教育有质量的发展与普及进行有效的指引。

第二节　学前教育需求的中国问题聚焦

一、我国学前教育需求的问题聚焦

（一）城乡家长学前教育需求特点

近年来随着我国工业化、城市化的推进，区域、城乡学前教育发展的不均衡现象显现出来，农村学前教育发展滞后、城乡差距明显已成为当前我国学前教育事业发展的突出问题和难点问题。城乡家长对学前教育的需求呈现何种特点？城乡家长学前教育需求的差异性在哪里？课题组对全国城乡家长的学前教育需求调查发现：[①]（1）城乡家长学前教育需求总体现状：城乡家长的学前教育需求总体趋势基本相同，但是在一些具体需求上存在差异。不同居住地的家长群体对学前教育的需求都比较高，总体平均分在 4 分以上。城乡家长都希望幼儿在幼儿园能够开心快乐，饮食健康符合幼儿口味，安全有保障，有高质量的教育内容。（2）在便利性服务方面，乡村家长在便利性服务上的需求度极其显著地高于城市家长，乡村家长更迫切地希望幼儿园能够延长服务时间并在周末或寒暑假提供额外的服务。（3）在生活需求服务方面，城市家长在生活需求项目的大部分题项上的需求度均极其显著地高于乡村家长，对幼儿的保育质量要求更高。（4）对教师的要求方面，城乡家长的最大需求都是对教师的要求，但城市家长更加希望幼儿园老师能够平等地对待孩子并保障幼儿的安全，而乡村家长更加关注幼儿的个别需求能否得到满足。（5）对教育内容需求方面，城乡家长对教育内容的需求都比较强烈，但乡村家长对小学化教育内容的需求度极其显著地高于城市家长，城市家长在幼儿同伴交往及生活自理能力的培养方面的需求度显著地高于乡村家长。（6）城乡幼儿家长需求的满意度：在四大方面及具体的需求方面，城市家长的满

[①]　高孝品，秦金亮. 城乡幼儿家长对学前教育满意度的调查研究[J]. 幼儿教育，2017(Z3)：78-81.

意度得分均显著高于乡村家长。(7)城乡幼儿家长需求满足方面,城乡家长的需求满足情况趋同,需求满足情况最好的都是便利性服务,生活需求的满意度与需求度都基本持平,对教师的要求与教育内容两个维度的需求满意度都低于需求度,满足情况不乐观。

(二)流动儿童家长需求特点

流动儿童家长需求呈现如下特征:(1)结合马斯洛需求理论,流动儿童家长需求停留在集体组织形式的、缺失性需求层面,缺少对幼儿有差异的、个别化需求的重视;(2)流动儿童家长基于自身支付能力的高满意度评价,是缺乏对高质量保教的直观觉知的结果,和发展适宜性教育之间不能画等号,两者之间也不是简单的因果关系;(3)流动儿童家长需求表达更具现代趋向型特征,以促进幼儿综合素质的提高为目标。据于此,提出以下补偿策略:激发流动儿童家长更高层次需求;追求集体和个体化相结合的教育公平①。

(三)留守儿童家长需求特点

留守儿童家长需求特征如下:(1)和流动儿童家长需求特征相同,留守儿童家长也关注孩子的缺失性需求,对个体差异的诉求关注不足;(2)留守儿童家长高满意度特点也不能和高保教质量画等号;留守儿童家长需求表达更具有传统趋向;(3)留守儿童家长有更高重视外显性学业技能和艺术技能诉求。根据留守儿童家长需求特征提出以下补偿对策:关注家庭与园所间的补偿性;家长满意度不宜作为评价幼儿园教育质量最主要依据②。

(四)特殊儿童家长需求特点

特殊儿童需求有以下特点:(1)从整体需求看,特殊儿童家长对教师的需求得分最高,可见该家长群体对教育的需求强烈。其次,特殊儿童家长对特殊学校的教育内容和日常生活护理的需求也较为迫切,得分较高。家长对学校的便利性服务需求得分最低,表明对此项目的重视不足。(2)从便利性服务看,早送晚接和寒暑假的延时服务最重要;家长希望学校提供上、下学交通;家长希望孩子能够在学校午睡。(3)从生活需求看,食品安全最重要,生活护理内容聚焦点分散,较少家长认识到个别化膳食管理的重要性。(4)从对教师的要求看,耐心和爱心是家长需求关注焦点,家园沟通十分必要。(5)从教育内容需求看,自我照顾是核心,交往技能是家长另一个关注重点③。

---

① 秦金亮等.教育公平的起点——来自我国不同社会群体学前教育需求满足的调查[J].浙江师范大学学报(社会科学版),2017,6:80-90.
② 秦金亮等.教育公平的起点——来自我国不同社会群体学前教育需求满足的调查[J].浙江师范大学学报(社会科学版),2017,6:80-90.
③ 秦金亮等.教育公平的起点——来自我国不同社会群体学前教育需求满足的调查[J].浙江师范大学学报(社会科学版),2017,6:80-90.

上述反映了二元社会结构、区域、群体学前教育需求的特点，从类型学的分析法对需求特征、基本类型进行以下厘析。

二、我国学前教育多元需求的基本特征与类型

（一）需求多样性的基本特征

多元需求是我国社会发展的复杂性特别是社会阶层的复杂性决定的，我国集权化管理的教育供给模式很容易走向重视共性需求忽视差异需求，重视普遍需求忽视个性需求，如国内幼儿园沿袭中小学普遍有寒暑假，入园时间单一，早7点入园下午4点离园，保育服务内容主要是一餐两点等，这些并不符合工作时间长的群体和农村家庭的需求。我国学前教育需求差异大的主要原因是我国经济社会发展的差异。从已有的基础看，我国幅员辽阔，社会、经济发展水平差异大，东西南北间、各民族间文化、生活风俗习惯千差万别。从社会转型来看，改革开放以来收入分配明显扩大，调查显示：城镇居民可支配收入是农村的3.28倍；东部地区收入是中西部地区的2.33倍；最高行业与最低行业的职工平均工资水平之比为4.88∶1；从社会群体看，城镇居民中20%的最高收入组（25410.8元）是20%最低收入组（4567.1元）的5.6倍；农村居民中20%最高收入组（8474.8元）是20%最低收入组（1182.5元）的7.2倍；收入影响消费，家庭收入直接影响学前教育的消费水平①。

同时，多元需求也是由学前教育本身的复杂性决定的。学前教育既有促进动作体能、认知、情感、个性、社会性等个体发展的功能，也具有补偿性、干预性实现社会起点公平，缩小发展差距，促进社会公平的功能，更有传播健康生活方式、促进家庭社区和谐、减少社会对抗与冲突、提高社会文明程度、促进社会整体发展的社会发展功能。这些功能决定了学前教育需求的复杂性，学前教育需求是一个多维度的立体复杂结构，具体表现在几个方面：（1）**需求的模糊性**。多数家长对学前教育的专业知识了解甚少，存在信息不全不对称现象，只是认为要接受好的学前教育、上好的幼儿园，但并不知道好在哪里，好的标准是什么。（2）**需求的层性**。我们大范围的抽样调查发现学前教育有三大需求层次即基本需求、焦点需求、发展性需求。基本需求是幼儿家长对学前教育机构最基本的期待和要求，是学前教育机构必须要提供的底线服务。焦点需求是某一特定时期急需要满足的核心需求，调查发现，区域之间、阶层之间、受教育程度间与焦点需求差异呈正相关。发展性需求集中地表现为期望型需求和兴奋型需求。调查发现家长社

① 秦金亮，高孝品.我国民众学前教育需求内容的抽样调查[J].教育研究与实验，2017（6）：87-93.

会地位越高、文化程度越高，过程需求就越丰富，而高水平幼儿园满足的内容越多，频次分布也越多样。（3）**需求的过程性**。这是指学前教育的具体需求是在家长与幼儿园的接触、互动过程中形成的，具体主要在保育及生活、课程教学、游戏、幼儿园开放活动、家园互动、同伴互动、幼儿对幼儿园的反映中形成的。（4）**需求的潜在性**。这是指家长的需求未被意识到或处于迷茫状态的现象，这需要多渠道引导使其显性化，潜在教育需求是被显性化、不断调整、显现的过程，也是学前教育机构不断丰富需求，提升质量的过程，如此以实现整个学前教育服务质量的螺旋式上升。（5）**需求的完整性**。学前教育需求的整体性，不仅表现在不同层次需求的连贯性、统一性，更表现在群体、个体消费行为的统合性，是完整的社会人在学前教育供需中的显现。如我们调查发现，不论是哪个阶层的家长，他们都有望子成龙的心愿，希望孩子在各个方面获得老师的关注与照顾，具有较高的统合性和共同性。（6）**需求的利益相关性**。学前教育需求不仅是幼儿、家长的入园意愿，更涉及父母亲等主要监护人、隔代亲、教育者、看护者等错综复杂的利益关系。这些利益方既有一致的利益诉求，也有不一致的甚至矛盾的利益诉求。

第三节　政策价值选择及运行机制分析

学前教育公共服务是一种特殊类型的公共服务，除了其基础性、民生性、权益性外，其显著特征是保教融合性（ECCE）。赫尔巴特在《教育学讲授纲要》中就指出："由于儿童生活的头几年中他们的生命极其脆弱，应当把照料他们的身体放在一切工作之前，因此在对儿童进行智育的时间分配方面，应视其健康状况进行区别。"[1]这是教育家对早期儿童教育应建立在保育基础的系统论述。因此学前教育需求的研究要比小学、中学教育需求有更宽的广泛性和更深、更敏感的复杂性。政策的顶层设计需要考虑更复杂的维度，不以传统中小学模式框架、思维方式教条地移植于学前教育。

当前我国发展学前教育的主要矛盾是：人民群众多样化的教育需求与学前教育在数量、质量的有效供给之间的矛盾。有效的学前教育政策就是要适时、适宜地平衡、调适这类错综复杂的矛盾体，要为化解此类矛盾进行基本制度的顶层设计。如何从广度和深度了解、把握社会各阶层多样化的学前教育需求，是引导配置有效供给的前提和基础，是促进供给侧改革的关键。课题组在对我国东中西11个省、市、自治区，362所幼儿园，32所小学，6854家长或监护人分层抽样问卷调查与典型区域性个案研究的基础上，提出政策设计中需要解决的几个问题。

---

① 赫尔巴特. 教育学讲授纲要[M]. 李其龙，译. 北京：人民教育出版社，1986：106.

一、多元需求满足的政策指向与运行机制

学前教育的投入既是家庭、个人人力资本的投入，更是国家、社会促进人的发展，缩小贫富差异，推进社会整体文明进步的公益事业。这就需要从理想和现实原则，合理厘定、揭示投入需求的成本分担机制。从现实原则看，对于有支付能力的社会阶层群体（贫困线以上者），国家应承担基本需求的投入责任，如达到基本质量标准（准办园水平）保教费用，若要享受更高、多样化、个性化的服务需要家庭分担，这类需求的满足是一种调节性需求的满足；对于无支付能力的社会阶层群体（贫困线以下者、残疾人群体等），不仅要免费提供基本学前教育服务，还要免费提供营养餐点和基本玩学具费用，这是一种保障性需求的满足。

按照社会阶层需求理论、需求弹性理论编制的问卷，课题组在全国范围内进行分层抽样调查，发现学前教育需求的三大层次即基本需求、焦点需求、发展性需求[①]。这些需求都是真切的：基本需求就是小朋友有园上、有人管、有饭吃、有水喝、不担心、有安全保障；焦点需求就是某一时期最突出需要满足的如父母加班延长时间有人看、生病喂药能及时、进入小学前能读写算等，它通常是某一时期家长最关心的需求；发展性需求比较复杂，通常以期望型、兴奋型需求表现出来。期望型需求是家长对学前教育机构提供更高服务质量的期待，其预期偏好是少付出多回报，如老师最好能把孩子照顾得更仔细，经常反馈在幼儿园的表现，小孩子吃壮实了，学了不少本领，会讲故事，会唱歌等。兴奋型需求则是学前教育机构提供的服务给幼儿家长带来意想不到的效果，在某些方面超出了家长的期望，家长对幼儿园教育服务达到极满意的状态，如老师比家长还了解孩子，改变了孩子令人头疼的坏习惯等。

按照学前教育的需求类型，我们认为学前教育政策应有以下指向。

（一）确保基本需求满足，构筑可获得、付得起、有质量的运行机制

构建广覆盖、保基本、有质量的公共学前教育服务体系，从需求者的角度来看就是实现可获得、付得起、民众满意的学前教育供给体系。"可获得"是 OECD 对发达国家学前教育的基本要求。我国的学前教育快速普及在可获得方面成效显著，具体表现在：在农村建立乡镇中心幼儿园服务体系，在乡镇所在地和大村独立建园，小村设分园或自然村联合办园；人口分散地区举办流动幼儿园、季节班等，配备专职巡回指导教师；完善乡镇、行政村、自然村学前教育网络，建立乡镇中心园管理体系；在城市，发展小区配套幼儿园；学前教育的可获得性大为提

---

① 秦金亮，高孝品. 我国民众学前教育需求内容的抽样调查[J]. 教育研究与实验，2017（6）：87-93.

高。"付得起"是家长对学前教育的可支付度，是支付能力的具体表现，我国学前教育的付得起主要通过举办公立幼儿园、发展普惠性民办幼儿园来实现，但为什么会出现入园贵的现象呢？主要原因在于目前的公立幼儿园很难做到全额拨款，由于编制不到位和生均公用经费不足，幼儿园通过收费弥补这些不足，甚至出现了幼儿园保教费比重点大学学费还贵的现象；对于民办幼儿园，由于政府购买服务的投入不足，只是一味地限制收费标准，出现了大班额、少员工、小场地、少教学实施等严重影响教育质量的现象，出现了付得起但质量很低的"普惠性幼儿园"假象。民众满意既有主观感受，更有客观尺度，有质量是主观满意的客观基石，有质量就是达到最低质量标准，是不能再低的标准，否则对儿童的健康成长就会产生负面效应。

（二）有效满足焦点性需求，构建灵活多样的学前供给与需求满足的平衡机制

焦点性需求通常是幼儿、家庭、社会在特定时期利益相关方问题聚焦、多重焦虑叠加的产物。它可能是社会的热点问题，如学才艺参加才艺比赛，多识字读经典参加成语大赛；也可能是家庭的难点、父母的心病，如父母工作早出晚归无人接送孩子，孩子内向、社会交往退缩怕遭人欺负。可见有的焦点是某一时期、某些区域的共性焦点需求，也可能是个别幼儿、家长的独特焦点需求。所有的焦点需求都是在特定时期、特定条件下必须着力满足、重点解决的需求。但是在我国包括幼儿园在内的学校教育制度通常具有一贯性、延续性、刻板性，很难适应特定时期、特定人群的期望性、焦点性需求，必须通过供给侧托幼机构改革，建立灵活多样的学前教育供给侧服务体系，即各类托幼机构主动了解、满足家长的各种关切，办出特色，办出水平。对于园长来说如何办让人民群众满意的幼儿园成为重要目标。实际工作中幼儿园经常抱怨家庭、社会的教育观念滞后，家庭教育不配合，幼儿园提前识字、读写算等小学化做法是迫于家长的压力等。一所真正好的幼儿园不仅会赢得家长的口碑，重要的是对家长学前教育焦点性需求的合理引导。

（三）努力满足期望型、兴奋型需求，建立学前教育引领社会发展的引导机制

期望型、兴奋型需求是需求者受时代精神、某些社会潮流的影响如时尚、流行、从众、模仿、追随等影响，其特征是波动性、流变性、短暂性、集中性。并不是所有期望型、兴奋型需求都是合理的、符合主流价值的，学前教育机构要判断甚至预期这些可能的期望型、兴奋型需求，使其与专业主流价值相匹配，既满足消费时尚诉求，又符合专业规律、专业精神。在消费主义时代，消费不仅仅是满足生存需求，而是生活样式的延展性满足，学前教育需求已经融入这种生活样式中，专业教育工作者不能对这种生活样式视而不见甚至反对、拒绝，而应以专业的眼光、专业的研判、专业的方式去合理引导。如近期的幼儿安全手表这本来是加强家园沟通、保障幼儿安全的新技术，幼儿园的班级可以通过家长委员会选择更具有技术实力和安全度的供应商，并顺势更新接送卡制度，升级家园信息沟通平台，把家长对新产品服务的兴奋引导到专业教育的兴奋上来。可见满足期望型、兴奋型需求是考验托幼机构应变性、专业性的试金石，一方面公立机构通过改革要克服统一的、刻板式单一服务，更重要的是引导社会力量、民间力量发展高水平、专业适应性强、个性化服务更优质的托幼机构，形成倒逼机制。同时也可以创新体制采取"ppp模式"发展"公私合作"的混合所有制，发挥多主体办园的优势，满足期望型需求，合理引导兴奋型需求。

（四）关注潜在性需求，合理调适需求利益关系，形成学前教育解决社会矛盾的潜在化解机制

"潜在性"是复杂教育需求的一个重要特征，它是指"由于主客观条件发生变化后，在一定时刻，人们才发现其潜在的需要"。如调查个案中一位低收入阶层幼儿小琪的奶奶认为，小琪能来城市上幼儿园就很不错了，较低的社会地位特别是家庭的教育支付能力是不具备资格提出更高的需求。但这并不意味着他们对学前教育真的没有需要，对于他们来说是经济能力遮蔽学前教育需求表达，是底层社会群体自我调节的需求抑制，这种长期累积的需求抑制更可能以一种无意识的潜在性存在。

幼儿家长的学前教育潜在需求是动态变化的，家长选择幼儿园时的教育需求与孩子入园后其产生的、表达出的教育需求并不是重叠静止的，而是一个逐渐发展变化，或者说是逐渐觉醒自知的过程。特别是针对潜在性需求的过程要素，如教师及其互动、同伴及其互动、课程教学、游戏与活动、保育及生活活动、举办的活动（包括亲子活动）、幼儿在园情绪等需求要素，家长只有在与教育机构的互动中才会逐渐产生并意识到乃至表达出这些方面的教育需求。随着幼儿年龄的增长，各过程性需求要素之间的比重也会发生变化。简单的理解即孩子年龄越大，保育及生活活动的需求比重减小，而师幼互动、同伴互动、课程教学等需求比重则增加。

家长潜在需求具有逐步意识觉醒和过程性发现的特征，家长需求的表达与觉知需要在家园互动、社会互动的过程中生成。个案研究发现，家长素质、教师素质、幼儿园教育质量越高，教育过程中潜在需求的觉知能力和转换能力就越强，教育者将孩子的需要与自身和家庭的需要转换与整合对接的能力更强。幼儿园在教育过程中可以不断引导潜在的教育需求，对于幼儿园等学前教育机构以及学前工作者来说，只有重视家长在教育过程中的潜在需求才能提高家园工作的切合度，提供满足家长需求的学前教育服务。而园所与教师通过改进互动质量与课程理念等，以引导家长潜在教育需求才能成为推动整个学前教育服务质量上升的有力抓手。

二、多元需求满足机制的嵌入式政策设计可能路径

满足入园、入好园是个教育需求问题，传统的观点认为"好幼儿园"就是高、尚、豪，而我们的调查显示，家长是理性的消费者，家长选择幼儿园会与自身所处的生活环境、经济收入、社会地位合理匹配，我们称之为嵌入式选择的需求满足。家长并不是不切实际地选择豪华、时尚、高收费作为最佳选择（注：调查发现即使是家在农村只要自身有足够的经济实力，依然可以选择县城甚至省城的高档幼儿园；即使家住城市中心区也可能选择收费低的准办园）。

家长的教育需求是套嵌于自身阶层生活环境之中的，幼儿家庭微系统结构需求特征会"套嵌"到其所处环境，并映射到幼儿园的供给侧环境中。因而幼儿家长的教育需求具有与之相应的层次结构。从我们跨个案的研究中发现家长（特别是母亲）的"朋友圈"或"同质人"对其教育观念及教育选择行为具有重要的影响。从社会分层理论解读这一研究结果，则可以解释为阶层观念的传播与认同，这进一步说明家长基本的学前教育需求具有较为稳固的阶层相对性。保障家长基本学前教育需求应依循更务实的做法，提供嵌入式的学前教育服务。

Kano 在 1982 年提出的需求模型将幼儿园提供的服务视为准公共产品，底层家长希望至少获得幼儿园最基本、必须具备的产品属性：安全的看护与入学知识的教授。而中层家长则进一步期待幼儿园能给孩子更多的个别化关注。上层个案家庭则经常被幼儿园调动起自己教育需求的觉知[1]。在 Kano 需求模型中，随着时间的推移，产品的性能或提供的服务质量不断提高，用户对产品和服务的期待会越高，产品的兴奋型质量就会转变为规范质量甚至基本质量。这也提醒我们，园所如果在家长过程性需求方面做一些质量的提高，则能改变家长对幼儿园教育的需求类型。可以预见得到，随着园所实践与家长教育需求的贴合度越来越高，家长对学前教育的期待会更高，某些当下是期望型的需求就会转变为常规需求甚至是基本需求。实现家长教育需求类型的转变，在微观层面上需要园所自身对幼儿家长需求的调查和研究，套嵌服务对象的阶层特征，提供与之焦点需求相应的教育服务。更重要的是，在宏观层面上，政府应有针对性地加大学前教育投入，调整投入对象的投入比重，相对增加服务于低收入社会群体的学前教育机构的投入；在投入内容上要按需投入，关照低收入阶层幼儿园的静态需求要素（如，完善空间与设施、增加游戏材料）的投入，关照中高收入阶层幼儿园过程性需求要素（如，提高教师质量、完善课程开发）的投入[2]。

---

① Anthony Stair，Terance J Rephann，Matt Heberling. Demand for public education：Evidence from a rural school district[J]. Economics of Education Review，2006，25：521-531.

② 秦金亮. 多元需求条件下办人民满意的学前教育政策旨趣[J]. 教育发展研究，2017(2)：64-48.

三、学前教育需求满足的政策价值权衡

作为"服务需求的满足"的现实主义政策估计。 作为现实主义教育政策的选择"保基本"就意味着，政府应承担最基本的学前教育需求。政府从维持社会稳定、促进公平、缩小贫富差距的现实公共利益出发，应保障以下群体学前教育需求的满足：边缘群体的基本需求和部分期望性需求，社会困难群体、残疾群体的基本需求和保障性需求。同时政府通过市场调节的多元供给以满足多元化的期望型需求和兴奋型需求。改变目前政府缩小供给范围和供给责任，通过市场供给来转嫁政府供给不足，通过家庭投入、社会投入来转嫁财政投入不足的压力。公共财政很少投入甚至无力投入的条件下，在贫困偏远农村、在城市打工群体聚集区，办"有总比没有强"幼儿园，教育质量只能坚持有教师、有场地、有教室、保安全的最低限度，这是最短视现实主义的一种无奈选择。

作为"权利保障的满足"的理想主义政策估计。 作为理想主义教育政策的"保基本"就意味着，儿童接受学前教育是其生而具有的基本权益，《国际儿童权利公约》提出"儿童第一"原则，即儿童被保护、照顾、教育是生而具有的绝对权益，是神授的、不可剥夺的权益。不管是政府、组织还是家庭、个人没有保障这些权益就是负罪，就要受到良心的谴责。只有这样才能达到内在的、有精神信念支点的教育公平。现实主义很管用但很难达到理想的教育境界，理想主义有高度但暂时难以落实，所以要在现实主义和理想主义间找到平衡点。如美国开端计划，它是由美国联邦政府制订并推行的一项主要针对处境不利学前儿童及其家庭的国家行动计划，作为扩大教育机会、保障教育公平的重要政策举措。从理想主义的角度看，开端计划是美国追求民权，主张儿童发展第一，反贫困的产物；从现实主义的角度看，为保证并促进其实施与质量，联邦政府自计划实施之初就为它制定了一套执行标准，并不断根据现实发展的需要对其进行修订。开端计划执行标准对开端计划涵盖的七种服务都做了详细具体的规定，并提供了多种运作方式供地方获权机构与授权办事处根据自身情况灵活选择与运用，这保证了开端计划使近 5000 万人群受益。

从政策的正义性与可行性看，是要做好理想与现实的价值权衡；从根本、最终目标看，要全覆盖地满足儿童的成长需求，以机会均等、教育均衡坚守政策的正义性；从现实性、可行性看，学前教育政策的推进要因地制宜、量力而行、小步渐进，切实解决各地区、各群体学前教育民生方面的焦点、热点关切，集中力量解决难点需求问题。

第八章

城乡学前教育质量差异：
原因分析与政策路径

本章概要

研究背景： 已有研究表明高质量的早期教育能够显著地促进儿童(尤其是处境不利儿童)语言、认知和社会性技能的发展，并且这种效应能够持续较长的时期；低质量的早期教育对儿童的发展可能不会产生积极的效应，并且可能对儿童(尤其是处境不利儿童)的发展造成阻碍或伤害。因而，公平而有质量地普及学前教育逐渐成为世界各国学前教育改革和发展的目标与基本原则。在城乡二元社会经济结构的长期影响下，农村学前教育一直是我国学前教育最为薄弱的环节；与城市幼儿相比，农村幼儿在受教育之初就处于弱势地位。近年来，在政府主导下，我国学前教育事业进入健康快速发展的新时期，农村学前教育越来越受到国家的高度重视。那么，城乡学前教育质量到底差距如何？如何弥补农村学前教育短板、缩小城乡质量差距？这些与农村学前教育发展密切相关的政策问题亟待实证性研究的回答。在此背景下，本研究旨在通过实证性调查分析，揭示城乡幼儿园教育质量的差距及问题，分析其原因，为统筹城乡学前教育发展、保障农村适龄儿童接受有质量的学前教育提供决策参考。

研究设计与方法： 本研究采用随机分层抽样的方法，选取了我国东中西部经济发展水平不同的八个省份，根据办园等级、所在地、办园性质，抽取 193 所幼儿园的 428 个班级样本；采用课题编制的《中国托幼机构教育质量评价量表》(第三版)进行班级教育质量的观察评价。

研究结果： (1)描述性统计结果显示，我国幼儿园教育质量整体偏低；尤其是游戏与活动质量最低，课程、教学与互动等教育过程性质量偏低。(2)差异检验结果显示，无论是总体教育质量还是七个方面的质量，城乡幼儿园之间均存在较大差异，城镇显著高于农村。(3)回归分析结果显示，在控制其他协变量的条件下，城乡因素对幼儿园教育质量具有显著的影响：城市因子对幼儿园教育质量有积极影响；农村因子对幼儿园教育质量产生消极影响。（4）进一步的数据分析揭示，城乡因素作用于幼儿园班级教育过程性质量可能的路径是：城镇与农村不同的社会经济环境要素带来幼儿园层面结构性质量（规模、物质环境与经费水平等）的差距，进而引起班级—教师层面结构性质量的差距，最终影响到班级过程性教育质量。

讨论与建议：结合本研究的发现以及对已有相关研究的考察，研究者认为，城乡学前教育质量差异的可能原因是：（1）长期存在的城乡二元结构导致城乡社会经济发展差异，制约了学前教育的投入水平，是城乡幼儿园教育质量差异的根本原因。（2）倾斜城市的城乡差别化学前教育财政投入方式，进一步拉大了城乡学前教育的质量差距；办园经费不足导致农村幼儿园办园条件差，园舍设施简陋，结构性质量低。（3）编制不足、待遇低下，导致农村幼儿园师资队伍数量短缺、专业化水平低，并导致班级规模过大、生师比过高，从而制约了教育过程性质量。（4）幼儿园社会化改革进一步损伤了农村学前教育质量。以公办园为主体的农村学前教育公共服务体系尚未建立；农村居民对学前教育服务的购买力低下，导致农村园低收费低质量；普惠性民办园的扶持与有效监管机制尚未完全建立，办园行为不够规范，为营利以牺牲质量为代价。

为缩小城乡学前教育质量差距、改变农村学前教育质量低下的格局，提出如下政策路径：（1）建立城乡一体、均衡公平的学前教育投入和管理体制，近阶段实施向农村补偿性倾斜的经费投入和资源配置政策，为农村学前教育发展提供坚实的投入保障。（2）建立以公办园为主体的农村学前教育公共服务体系，积极发挥公办乡镇中心幼儿园的示范作用，建立布局均衡、覆盖广泛的学前教育公共服务网络，保障农村儿童有机会就近接受基本而有质量的学前教育。（3）建立以公共财政投入为主、家长合理分担的农村学前教育成本分担机制，切实减轻农村家长的学前教育缴费负担。（4）实施农村学前教育教师编制保障和待遇倾斜政策，补足配齐农村幼儿园教师数量；实施农村学前教育师资定向培养计划和城乡交流计划，建设数量充足、专业水平过硬的农村学前教育教师队伍。（5）建立面向农村处境不利儿童（贫困、残疾、流动、留守等）的目标定向资助制度，提供补偿性的高质量教育综合服务。（6）优先实施农村学前一年高质量的免费义务教育，保障每位农村适龄儿童公平地接受学前一年免费义务教育，同时要制定和实施相关质量标准，确保师资队伍质量、环境设施质量和课程教学质量。

第一节　城乡差异下的学前教育质量

一、研究背景

学前教育是终身学习的开端，是国民教育体系的重要组成部分，是重要的社会公益事业。在城乡二元社会经济结构的影响下，我国学前教育发展水平呈现明显的城乡差异；与城市幼儿相比，农村幼儿在受教育之初就处于弱势地位。近年来，农村学前教育逐步受到国家的重视。《国家中长期教育改革和发展规划纲要（2010—2020 年）》指出，要基本普及学前教育，明确政府职责，重点发展农村学前教育。《国家教育事业发展"十二五"规划》指出："基本建立广覆盖、保基本、多形式、有质量"的学前教育体系，重点发展农村学前教育。公平而有质量地普及学前教育应当成为世界各国学前教育改革和发展的目标与基本原则[1]。在此背景下，本研究旨在通过实证性调查分析，揭示城乡幼儿园教育质量的差距及问题，分析其原因，为统筹城乡学前教育发展、保障农村适龄儿童接受有质量的学前教育提供参考。

二、相关概念界定

（一）城乡

首先，需要对"城乡"一词加以界定和说明。在一些发达国家，通常以地理区位来划分城乡，二者仅仅是地理位置的不同[2]。而在我国长期以来实行严格的户籍登记制度，城乡不仅仅是地理位置的不同，伴随着城乡划分出现城市户口、农村户口；户口不仅反映居民的居住情况，还反映社会资源的分配情况。本研究调查了城区、县城、乡镇中心、村四类不同地区。参照我国《关于统计上划分城乡的暂行规定》[3]（国统字〔2006〕60 号），把村、乡镇中心归类到农村地区，把城区（地级市主城区）、县城归类到城镇地区。

---

① 胡佳佳，吴海鸥. 联合国教科文组织发布"教育 2030 行动框架"——描画全球未来教育的模样[N]. 中国教育报，2015-11-15(3).

② 邓飞. 我国城乡教育公开的现状与发展测评研究[D]. 西安：陕西师范大学，2012.

③ 《关于统计上划分城乡的暂行规定》. http：//www.cstj.gov.cn/static/tjbz/20060316/4693.html.

（二）学前教育质量

《教育大辞典》对学前教育的定义为：对出生至入学前的儿童的教育，[①] 包括学前社会教育和家庭教育。其中，学前社会教育指凡由社会设置或资助，指派专人实施或辅导的各种托幼机构的教育。本研究中，"学前教育"主要是指面向 3～6 岁儿童的幼儿园教育。

目前对于学前教育质量的概念没有一致的界定。刘霞[②]认为在托幼机构教育质量体系中存在一对价值关系，她认为托幼机构教育质量指的是托幼机构教育活动是否满足幼儿身心健康发展的需要，及其满足幼儿身心健康发展需要的程度。李克建、胡碧颖[③]指出，在价值中立的角度上，托幼机构教育质量可以理解为托幼机构的教育服务满足相关利益主体的合理需要的特性的总和；当然，其核心是满足儿童发展和学习需求的程度。本研究依据李克建等《中国托幼机构教育质量评价量表》的相关研究成果，认为学前教育质量为幼儿在园一天学习和生活过程中各种物理的、社会的以及心理环境的综合质量，包括空间与设施、保育、课程计划与实施、集体教学、游戏与活动、互动、家长与教师七个维度。[④]

三、已有文献综述

已有许多研究揭示了我国学前教育发展水平的城乡差异。孙柳青[⑤]、王海英[⑥]、张伟平等[⑦]、李欢欢[⑧]等的研究发现，城乡学前教育存在严重的发展失衡现象，尤其是教育经费、师资和教学条件的配置以及幼儿入园机会等方面差异较大，城镇学前教育发展远远优于农村。黄媛媛[⑨]等就西部某省的研究也有相似结

---

①　顾明远 . 教育大辞典（增订合编本）[M]. 上海：上海教育出版社，1998：1804，1931.

②　刘霞 . 托幼机构教育质量评价概念辨析[J]. 学前教育研究，2004(5)：5-7.

③　李克建，胡碧颖 . 国际视野下的托幼机构教育质量评价——兼论我国托幼机构教育质量评价观的重构[J]. 比较教育研究，2012(7)：15-20.

④　李克建，胡碧颖 . 中国托幼机构教育质量评价量表 . 2015. 未出版评价工具.

⑤　孙柳青 . 走向学前教育均衡：从幼教资源配置角度看城乡学前教育均衡发展[D]. 曲阜：曲阜师范大学，2010.

⑥　王海英 . 学前教育不公平的社会表现、产生机制及其解决的可能途径[J]. 学前教育研究，2011(8)：10-16.

⑦　张伟平，田敏，王珏叶 . 论中国学前教育的城乡差异问题[J]. 黑龙江教育学报，2011(8)：36-37.

⑧　李欢欢 . 试论城乡学前教育均衡发展中存在的问题与对策[J]. 教育论坛，2012(7)：7-10.

⑨　《城乡教育一体化与教育制度创新——2011 年农村教育国际学术研讨会论文集》[C]，2011.

论，即与城市幼儿相比，农村幼儿在受教育之初就已经处于弱势地位；城乡学前教育在师资水平、办学条件、教育机会、经费投入各个方面都存在较大的差异，农村学前教育在各个方面都显著低于城市。习勇生①则通过实证定量分析，发现城乡幼儿专任教师生师比、生均活动室面积、生均公用经费、学前班幼儿数占在园幼儿总数的比例、幼儿教师大专以上学历水平所占比例、幼儿教师取得任职资格所占比例等指标呈现出显著性差异；农村幼教发展迟缓，城乡幼教发展很不平衡。洪秀敏、罗丽②以教育公平的视角研究学前教育城乡差异，指出我国城乡学前教育发展差距越拉越大，不公平状况日益严峻，城乡幼儿受教育权和入园机会失衡，农村学前教育资源极为短缺；城乡幼儿毛入园率差距逐渐加大，并且有逐渐扩大趋势；城乡幼儿教育师资差异显著，专任教师数量、师幼比、教师学历差距显著；城乡幼儿园办园条件差异大，教育质量差异悬殊。刘汉霞③、王雁④则从城乡二元结构与农村教育的角度，对城乡学前教育进行分析。刘汉霞发现在教育方面明显表现为城市教育偏好，农村教育发展缓慢、质量偏低；教育投资上，农村基础教育经费严重不足；农村学校和城市学校之间的物质条件相比在很多方面相差悬殊；教师配置差异显著，城市优于农村。王雁重点分析教育资源配置，发现农村学前教育处于弱势地位，教育资源配置严重不足，而教育资源配置的不平等又导致农村幼儿接受教育的机会、农村幼儿园教师的专业素质、农村幼儿园的课程设置等都与城市学前教育存在较大差距。上述研究主要揭示的是城乡学前教育在结构性质量要素上的差距，但对于两者之间在过程性教育质量上的差距，尚未触及。

刘焱等⑤运用《中国幼儿园教育环境质量评价量表(第二版)》对浙江、江西、四川三省108个幼儿园大班或学前班进行观察，评定结果表明我国学前一年班级教育环境质量总体水平偏低，城市班级在教育环境总体质量水平以及物质环境创设、生活活动、课程、一日生活等方面的质量显著高于农村。柳阳辉⑥运用刘焱等编制的量表对河南省城乡学前一年班级教育环境质量进行观察分析，发现学前一年班级教育环境质量水平整体有待提高；较好的教育环境主要分布在城市；城

① 习勇生. 重庆市幼儿教育城乡统筹发展研究[D]. 重庆：西南大学，2010.
② 洪秀敏，罗丽. 公平视域下我国城乡学前教育发展差异分析[J]. 教育学报，2012(5)：73-81.
③ 刘汉霞. 城乡二元结构与农村教育[J]. 教育探索，2003(11)：68-69.
④ 王雁. 城乡二元结构与农村学前教育[J]. 幼儿教育，2007(4)：25-27.
⑤ 刘焱，杨晓萍，潘月娟，涂玥. 我国城乡学前一年班级教育环境质量的比较研究[J]. 教育学报，2012(3)：74-83.
⑥ 柳阳辉. 学前一年班级教育环境质量的城乡差异分析——以河南省为例[J]. 现代中小学教育，2013(5)：79-83.

市和县城与农村在物质环境创设、生活活动、课程及一日活动四个方面中均存在显著性差异。刘占兰[①]通过班级物质环境与材料、日常生活条件与规定、课程形态以及评价方式等方面，考察城乡幼儿园班级的质量状况，发现城市幼儿园班级质量总体上优于农村，城乡差异显著。虽然这些研究初步涉及学前教育的过程性质量，但并未真正触及集体教学过程、各类自由游戏以及各类活动中的人际互动质量。

综上所述，可以发现以上学者的研究大多集中在城乡学前教育结构性质量要素（如，师资水平、办学条件）以及受教育机会、经费投入等方面的比较；但在学前教育过程性质量方面的实证性研究和深入分析，仍然非常薄弱。基于此，本研究致力于以更具代表性的全国样本，对城乡幼儿园教育总体质量，尤其是过程性教育质量进行深入细致的比较研究。

四、研究目的与问题

本研究旨在对我国城乡幼儿园教育质量的基本情况进行调查研究，分析我国城乡幼儿园教育质量的现状及其问题，揭示城乡幼儿园教育质量的差距，分析其根源，探讨缩小城乡学前教育质量差距的可能路径，为国家的学前教育决策提供科学依据。

本研究的具体问题是：

第一，我国城镇与农村幼儿园各方面教育质量存在多大的差距？

第二，城乡因素能够在多大程度上预测幼儿园教育质量？

第三，城乡因素通过怎样的路径对幼儿园教育质量产生影响？

第四，城乡学前教育质量差距的根源与机制是什么？在学前教育政策上如何缩小城乡学前教育质量差距？

五、研究方法

（一）抽样

本研究采取分层随机抽样的方法，参照经济发展水平，东部地区选取浙江省，中部地区选取湖南省、安徽省、吉林省，西部地区选取四川省、重庆市、贵州省、云南省，共计八个样本省市；根据东中西部各区域内部的经济发展水平，高、中、低各选取两个地区（地级市），共选取了16个地区。课题组依据东中西部2012年城镇—农村人口比例，确定东中西部"城镇—农村"幼儿园的大致比例

---

① 刘占兰. 中国幼儿园教育质量评价——十一省市幼儿园教育质量调查[M]. 北京：教育科学出版社，2011.

和数量。同时，为保证所抽样幼儿园的质量能够代表所在地区的总体水平，参照样本省份幼儿园等级分布比例(高—中—低大致比例为1∶3∶6)，以及城镇、农村各自的高、中、低等级比例(城镇大致为2∶3∶5，农村大致为1∶2∶7)，确定城乡不同等级幼儿园样本的数量。每所样本幼儿园依据其规模和幼儿年龄分布，随机选取2～3个不同年龄组的班级作为调查对象。这样，全国共获得193个样本幼儿园、428个样本班级;其中，东部86所幼儿园、167个班级;中部43所幼儿园、90个班级;西部64所幼儿园、171个班级。具体抽样结果见表8.1.5.1。

表 8.1.5.1　样本幼儿园—班级城乡分布情况

区域	城乡	幼儿园样本量(%)	班级样本量(%)
东部	城镇	52	110
	农村	34	57
	合计	86(100%)	167(100%)
中部	城镇	21	46
	农村	22	44
	合计	43(100%)	90(100%)
西部	城镇	28	82
	农村	36	89
	合计	64(100%)	171(100%)
全国	城镇	101	238
	农村	92	190
	合计	193(100%)	428(100%)

(二)研究工具

1.《中国托幼机构教育质量评价量表》(第三版)

本研究采用了李克建、胡碧颖等研制的《中国托幼机构教育质量评价量表》(第三版)[1](以下简称《质量量表》)。该量表借鉴了《幼儿学习环境评价量表》(修订版)(ECERS-R)[2]等国际知名托幼机构质量评价工具的概念框架，是基于中国幼儿园教育情境而研发的班级教育质量的观察评价工具。《质量量表》(第三版)采

---

[1]　李克建，胡碧颖.中国托幼机构教育质量评价量表.2015.未出版评价工具.

[2]　Harms T，Clifford R M & Cryer D. Early Childhood Environment Rating Scale-Revised Edition[M]. NY：Teachers College Press，2005.

用"子量表—项目—子项目—等级指标—精细指标"的层级架构，包含 7 个子量表（空间与设施、保育、课程计划与实施、集体教学、游戏与活动、互动、家长与教师）、53 个评价项目、160 个子项目、1127 个精细指标。每个子项目采用李克特 9 点评分，由低到高分别为：1 分为"不适宜"，3 分为"最低要求"，5 分为"合格"，7 分为"良好"，9 分为"优秀"；子项目得分为 1～9 的自然数；项目得分为所包含的多个子项目得分的均值；子量表得分为所含的多个项目得分的均值；整个量表得分为整个量表所有被评价项目得分的均值；因而，项目得分、子量表得分和量表总分均处于 1～9 分，这样的分值能够直观反映所观察班级的质量水平。

效度验证研究结果表明[1]，《质量量表》的第一版已经表现出良好的测量学特性，包括：具有良好的评分者间一致性信度（$K \geqslant 0.6$）和内部一致性信度（子量表及总量表的 Cronbach's α 处于 0.826～0.964）；同时，具有良好的内容效度、同时效度、效标效度、结构效度和区分能力，与儿童发展结果具有显著的相关性；因而，《质量量表》是我国文化背景下幼儿园教育质量的有效评价工具。

在本研究中，《质量量表》(第三版)表现出更加卓越的测量信度。在 53 个评价项目上，评分者间一致性信度系数（Kappa）处于 0.611～0.883，均值为 0.778；在七个子量表上，评分者间一致性信度系数处于 0.833～0.954，均值为 0.888。七个子量表的内部一致性信度系数（Cronbach's α）处于 0.886～0.953，总量表为 0.967。对于这类复杂的观察性评价量表而言，这样的评分者间一致性信度和内部一致性信度可以被认为是处于较高水平。优秀的信度水平保证了本研究数据的可靠性。

2. 幼儿园、班级—教师调查问卷

本研究通过《幼儿园情况调查问卷》和《幼儿园班级—教师基本信息表》来采集幼儿园层面的基本信息(名称、所在地、办园性质、园所等级、规模、师资队伍、经费等)，班级层面的基本信息(年龄组、人员配备、幼儿数量、年龄范围、民族分布、是否有特殊需求等)，以及班级教师的基本信息(年龄、教龄、学历、专业、资格证、职称、编制、培训情况等)。调研人员在到达幼儿园和进入班级时，分别向园长和教师发放相应的问卷；在当天结束班级观察离开幼儿园之前，回收问卷。

---

[1] Li K，Hu B，Pan Y，Qin J & Fan X. Chinese Early Childhood Environment Rating Scale (trial) (CECERS)：A validity study[J]. Early Childhood Research Quarterly，2014，29(3)：268-282.

第二节　城乡学前教育质量差距的表现

本研究中，学前教育质量具体包括幼儿园的空间与设施、保育、课程计划与实施、集体教学、游戏与活动、互动、家长与教师支持七个方面的质量。研究者主要从这些方面来揭示城乡学前教育质量的差距。

一、全国样本幼儿园教育质量得分情况

表 8.2.1.1　全国样本幼儿园教育质量总体情况

	样本	均值	标准差	最小值	最大值
量表总分	428	4.90	1.33	2.15	8.17
一　空间与设施	428	5.12	1.41	1.95	8.53
二　保育	428	5.25	1.54	1.42	8.89
三　课程计划与实施	428	4.63	1.48	1.47	8.43
四　集体教学	428	5.07	1.44	1.43	8.81
五　游戏与活动	428	3.59	1.61	1.00	8.42
六　互动	428	5.12	1.37	2.27	8.27
七　家长与教师	403	5.59	1.43	2.25	8.67

从表 8.2.1.1 可知，样本幼儿园教育质量整体平均分为 4.90 分（$SD=1.33$），接近但尚未达到量表所界定的合格水平（5 分）；其中，最高得分为 8.17 分，达到优秀水平；最低为 2.15 分，处于不适宜水平——处于这一水平的幼儿园教育经验总体上不会给幼儿带来积极有益的影响，甚至可能对幼儿的成长带来伤害。从各子量表看，空间与设施、保育、集体教学、互动、家长与教师等达到合格要求；课程计划与实施、游戏与活动未达到合格要求，其中游戏与活动质量得分最低（$M=3.59$），刚刚达到底线要求（3 分），且幼儿园之间得分差异最大（$SD=1.61$）。

二、我国城乡幼儿园教育质量基本情况及其差异

（一）城乡幼儿园教育质量基本情况及差异检验

表 8.2.2.1　城乡幼儿园教育质量的差异分析

	城镇			农村			t 检验
	样本量	均值	标准差	样本量	均值	标准差	
量表总分	238	5.47	1.27	190	4.19	1.03	1.28**
一　空间与设施	238	5.76	1.31	190	4.31	1.08	1.45**
二　保育	238	5.91	1.41	190	4.42	1.28	1.49**
三　课程计划与实施	238	5.09	1.48	190	4.06	1.27	1.04**
四　集体教学	238	5.54	1.41	190	4.47	1.26	1.07**
五　游戏与活动	238	4.16	1.62	190	2.89	1.28	1.27**
六　互动	238	5.62	1.35	190	4.49	1.12	1.13**
七　家长与教师	227	6.27	1.24	176	4.71	1.15	1.56**

注：**，$p < 0.01$。

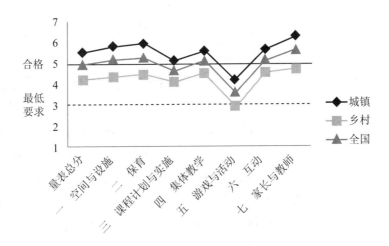

图 8.2.2.1　全国城乡幼儿园《质量量表》得分比较

由表 8.2.2.1 可知，城镇幼儿园教育质量平均得分为 5.47 分，达到合格要求（5 分），农村为 4.19 分，未达到合格水平。除子量表游戏与活动得分 4.16，低于合格要求外，其余六个子量表得分在 5.09～6.27，均达到合格水平甚至接近良好水平（7 分）。其中子量表家长与教师得分最高，为 6.27；游戏与活动得分最低。农村幼儿园教育质量得分最低为游戏与活动，2.89 分，未达到最低要求，处于不适宜水平。得分最高为家长与教师，4.71 分，处于最低要求水平。其余五个子项目得分均处于最低要求水平，未达到合格水平。图 8.2.2.1 直观地呈现

了城镇—农村幼儿园在教育质量上的差异。在《质量量表》得分衡量的各项教育质量指标上，城镇幼儿园各项得分均高于全国平均水平，农村幼儿园各项得分均低于全国平均水平。经 t 检验，我国城乡幼儿园教育质量在总体得分和各个子量表得分上均存在显著差异（$p<0.01$）（见表 8.2.2.1）。其中，在家长与教师、保育和空间与设施方面，城乡差距相对较大；而在课程计划与实施、集体教学方面，城乡差距相对较小。

（二）城乡幼儿园教育质量等级分布

表 8.2.2.2 城镇幼儿园教育质量得分分布情况

		城镇（238）	农村（190）
		频数（%）	频数（%）
分层方法一	优秀	2（0.8%）	0（0%）
	良好	23（9.7%）	0（0%）
	合格	130（55.1%）	45（23.9%）
	最低要求	72（30.5%）	119（63.3%）
	不适宜	9（3.8%）	24（12.8%）
分层方法二	高质量	25（10.5%）	0（%）
	有质量	130（55.1%）	45（23.9%）
	低质量	81（34.3%）	143（76.1%）

本文采用两种质量分层法，分别对我国幼儿园教育质量分布情况进行分析，结果见表 8.2.2.2。

分层方法一：根据量表本身的界定，依据量表总分把质量分为 5 个层级：不适宜＝1.00～2.99 分，最低要求＝3.00～4.99 分，合格＝5.00～6.99 分，良好＝7.00～7.99 分，优秀＝8.00～9.00 分。本研究样本中，238 个城镇幼儿园班级的教育质量，仅有 2 个班级达到优秀水平（占总数的 0.8%），9.7% 的班级达到良好水平，55.1% 的班级处于合格水平，30.5% 的班级处于最低要求，3.8% 的班级处于不适宜状态。190 个农村幼儿园班级的教育质量主要集中分布在最低要求水平（占 63.3%），没有任何班级达到良好和优秀水平，23.9% 的班级处于合格水平，有更高比例（12.8%）的班级处于不适宜水平。

分层方法二（见表 8.2.2.2）：依据量表的界定，结合我国学前教育政策分析需求，研究者将幼儿园教育质量分为三个层级：低质量＝1.00～4.99 分，有质量＝5.00～6.99 分，高质量＝7.00～9.00 分。本研究样本中，我国城镇幼儿园班级中，10.5% 能够提供高质量的教育，55.1% 的班级能够提供有质量的教育，34.3% 的班级处于低质量水平。而我国农村幼儿园班级中，没有任何班级能够达到高质量水平，仅 23.9% 的班级能够提供有质量的教育，质量层级主要集中在低质量，占76.1％。总体而言，大多数(65.7％)城镇幼儿园能够提供有质量或高质量的教育，而大多数(76.1％)农村幼儿园不能提供有质量的教育。

三、城乡幼儿园教育质量具体分析与比较

(一)空间与设施

表8.2.3.1　城乡幼儿园空间与设施质量差异分析

	城镇			农村			t 检验
	样本量	均值	标准差	样本量	均值	标准差	
一　空间与设施	238	5.76	1.31	190	4.31	1.08	1.45**
1 室内空间	238	6.44	1.73	190	4.60	1.42	1.84**
2 家具教学设备	238	6.04	1.37	190	4.74	1.28	1.30**
3 卫生间与饮水设备	238	5.61	1.64	190	3.94	1.46	1.67**
4 午睡空间与设施	238	5.85	1.65	173	4.22	1.94	1.63**
5 活动区角	238	5.58	2.06	190	3.95	1.83	1.63**
6 安抚和独处的空间与设施	150	3.39	1.83	117	2.01	1.26	1.38**
7 环境装饰和幼儿作品展示	238	5.57	1.42	190	4.55	1.25	1.03**
8 户外体育活动的场地	238	5.99	1.62	190	4.73	1.3	1.25**
9 户外体育活动的设施	238	6.45	1.61	190	5.01	1.37	1.44**

注：**，$p < 0.01$。

幼儿园空间与设施是幼儿学习的基本环境，是保障有质量的学习环境的基本条件。量表从室内空间(空间大小、基础设施、安全状况)、家具教学设备(数量、选择性及安全性)、卫生间与饮水设备(设施设备数量、便捷、安全、卫生)、午睡空间与设施(空间大小、设施设备数量及安全卫生)、活动区角(空间大小、区角规划、材料投放数量种类及安全卫生)、环境装饰和幼儿作品展示(数量及适宜性)、户外体育活动的场地(空间大小、类型、规划与安全性)、户外体育活动的设施(数量类型、适宜性、安全性)等方面来评价空间与设施的质量。表8.2.3.1显示，城镇幼儿园空间与设施质量得分(5.76分)高于农村幼儿园(4.31分)。城镇幼儿园除安抚和独处的空间与设施未达到合格水平($M=3.39$；$SD=1.83$)，其余各项目均达到合格水平；其中，户外体育活动的设施、室内空间、家具教学设备达到6分以上。而农村幼儿园只有户外体育活动的设施刚刚达到合格($M=5.01$；$SD=1.37$)，其余项目均未达到合格水平；其中，卫生间与饮水设备、活动区角得分在4分以下；安抚和独处的空间与设施得分极低($M=2.01$；$SD=1.26$)，处于不适宜水平。

t 检验结果表明，城乡幼儿园在空间与设施子量表得分及其各个项目得分上

均存在显著差异（$p < 0.01$）（见表 8.2.3.1）。城镇幼儿园空间与设施质量显著高于农村幼儿园，在室内空间上城乡幼儿园差距最大；在环境装饰和幼儿作品展示上，城乡差距相对较小。

据观察得知，农村幼儿园卫生间与饮水设备得分较低，主要是由于许多农村幼儿园班级内没有配套的卫生间，如厕设施数量不足，卫生状况经常不佳，且洗手设施简陋，有的卫生间内没有流动的洗手设施。农村幼儿园在活动区角方面得分也很低，有的班级的区角空间大小及数量存在不足，区角规划不够合理、材料投放数量种类不足等问题。无论是城镇还是农村，安抚和独处的空间与设施得分均比较低，该项目是增设项目，大部分幼儿园并未设置安抚和独处的空间，说明满足幼儿的情绪安抚和独处需求这一理念与做法尚未引起我国幼教工作者足够的关注。

（二）保育

表 8.2.3.2 城乡幼儿园保育质量差异分析

	城镇			农村			t 检验
	样本量	均值	标准差	样本量	均值	标准差	
二 保育	238	5.91	1.41	190	4.42	1.28	1.49**
10 入园离园	194	6.13	1.61	130	5.12	1.43	1.01**
11 如厕洗手饮水	238	5.34	1.83	190	3.78	1.73	1.56**
12 进餐	234	6.12	1.31	172	5.02	1.05	1.10**
13 午睡休息	219	6.10	1.32	164	4.92	1.29	1.18**
14 健康	238	6.00	1.87	190	3.98	1.72	2.02**
15 安全	238	6.00	1.89	190	4.38	1.87	1.62**

注：**，$p < 0.01$。

《质量量表》从入园离园（教师与幼儿、家长的互动状态）、如厕洗手饮水（护理情况）、进餐（食物、环境及护理情况）、午睡休息（时间、环境、护理）、健康（疾病预防、卫生习惯）、安全（环境安全、安全监护、安全教育）等方面对保育质量进行评价。由表 8.2.3.2 可知，城镇幼儿园在保育子量表得分为 5.91 分（$SD = 1.41$），达到合格水平；其六个项目得分均达到合格水平，其中五个项目得分超过 6 分；这些结果说明城镇幼儿园总体上能够为幼儿提供基本适宜的保育。农村幼儿园保育子量表得分为 4.42 分（$SD = 1.28$），接近合格要求；在具体项目上，除入园离园和进餐达到合格要求外，其余项目均未达到合格；得分最低的是如厕洗手饮水，为 3.78 分（$SD = 1.73$），处于最低要求状态。

t 检验结果表明（见表 8.2.3.2），城乡幼儿园保育质量差异显著（$p < 0.01$），城镇幼儿园在保育子量表及其各个项目上的得分均显著高于农村幼儿园。

据观察调查可知，农村幼儿园如厕洗手饮水、健康两个项目得分较低，主要是因为许多农村幼儿园缺乏必要的基础设施，缺乏引导幼儿良好卫生习惯的意识，在幼儿洗手时没有做到必要的监护，饮水时间安排不当，在该洗手的环节保教人员没有洗手。

（三）课程计划与实施

表 8.2.3.3　城乡幼儿园课程计划与实施质量差异分析

	城镇			农村			t 检验
	样本量	均值	标准差	样本量	均值	标准差	
三　课程计划与实施	238	5.09	1.48	190	4.06	1.27	1.04**
16 一周课程计划	227	5.17	1.82	164	4.32	1.54	0.86**
17 一日活动安排与组织	238	5.31	1.87	190	3.83	1.77	1.49**
18 自由游戏	238	5.16	1.87	190	4.49	2.17	0.68**
19 集体活动	237	4.59	1.95	190	3.48	1.66	1.11**
20 户外体育活动	237	5.32	1.62	190	4.30	1.50	1.02**

注：**，$p < 0.01$。

《质量量表》从一周课程计划（领域均衡、整合性、课时量）、一日活动安排与组织（活动安排、转换过渡、计划执行情况）、自由游戏（时间、游戏设计与指导）、集体活动（组织和指导方式、幼儿选择性）等方面对幼儿园班级课程计划与实施的质量进行评价。由表 8.2.3.3 可知，城镇幼儿园课程计划与实施质量各项目得分均高于农村幼儿园。城镇幼儿园课程计划与实施得分为 5.09 分，达到合格要求；项目集体活动得分最低为 4.59 分，接近合格水平。农村幼儿园教育质量均未达到合格要求，而得分最高的是自由游戏（4.49 分），接近合格要求，得分最低的是集体活动（3.48 分），处于最低要求水平。

t 检验结果表明，城乡幼儿园课程计划与实施质量存在显著差异（$p < 0.01$），城镇幼儿园课程计划与实施质量显著高于农村幼儿园。

据观察调查可知，农村幼儿园一日活动安排与组织和集体活动质量偏低，主要是由于有些农村教师未能处理好一日活动中的转换与过渡，出现消极等待，而在集体教学的选择性中忽视了幼儿自主参与与选择的机会等。

（四）集体教学

表 8.2.3.4　城乡集体教学质量差异分析

	城镇			农村			t 检验
	样本量	均值	标准差	样本量	均值	标准差	
四　集体教学	238	5.54	1.41	190	4.47	1.26	1.07**
21 目标与内容	236	5.37	1.70	190	4.17	1.59	1.21**
22 情感支持	235	6.00	1.64	190	4.94	1.50	1.06**
23 教学设计与准备	236	5.53	1.70	190	4.33	1.76	1.20**
24 教学过程	236	5.70	1.62	190	4.90	1.61	0.80**
25 教学支持	236	5.10	1.61	190	4.03	1.50	1.08**
26 语言理解与表达	238	5.39	1.69	190	4.17	1.35	1.21**
27 概念与思维技能	238	5.07	1.63	190	3.88	1.43	1.21**
28 幼儿表现	235	5.74	1.35	190	4.73	1.26	1.19**
29 价值取向	222	6.00	1.83	177	5.11	1.73	1.01**

注：**，$p < 0.01$。

量表从目标与内容（适宜性、整合性、明晰性、幼儿兴趣与经验）、情感支持（氛围、敏感性）、教学设计与准备（教学设计、准备及其运用）、教学过程（组织秩序、时间、有效性和意外事件的处理）、教学支持（教学方法和机智、反馈和幼儿选择的机会）、语言理解与表达（语言支持、沟通、表达）、概念与思维技能（概念教导、逻辑推理、思维技能发展）、幼儿表现（参与度、情感、思维技能和表达创造）、价值取向（平等公平）等方面评价集体教学质量。由表 8.2.3.4 可知，城镇幼儿园集体教学得分为 5.54 分，达到合格要求，各项目得分也均达到合格要求，其中得分最高的是情感支持（6.0 分）和价值取向（6.0 分），得分最低的是项目概念与思维技能（5.07 分），略高于合格水平。农村幼儿园集体教学得分为 4.47 分，接近合格要求，与城镇幼儿园一样，价值取向（5.11 分）得分最高，概念与思维技能（3.88 分）得分最低。

t 检验结果表明，城乡幼儿园集体教学质量差异显著（$p < 0.01$），城镇幼儿园集体教学质量显著高于农村幼儿园。

据观察调查可知，农村幼儿园在项目概念与思维技能上得分最低，进一步具体分析发现，有些农村教师在概念教导上停留在概念基本正确，表达基本符合逻辑，教法适合少数幼儿，未能结合幼儿的年龄和经验水平，设计出适合大部分幼儿的教育教学方法，这与农村教师综合能力相对于城市较低有关。

（五）游戏与活动

表 8.2.3.5　城乡游戏与活动质量差异分析

	城镇			农村			t 检验
	样本量	均值	标准差	样本量	均值	标准差	
五　游戏与活动	238	4.16	1.62	190	2.89	1.28	1.27**
30 角色戏剧游戏	238	3.64	2.31	190	2.30	1.84	1.33**
31 建构游戏	238	3.88	2.41	190	2.70	1.99	1.17**
32 精细操作活动	238	5.27	1.89	190	3.87	2.04	1.40**
33 语言	238	4.73	1.76	190	3.43	1.76	1.31**
34 数学	238	3.86	2.35	190	2.45	1.85	1.41**
35 自然科学	236	3.90	2.31	190	2.57	1.77	1.33**
36 音乐律动	236	3.83	1.87	189	2.79	1.64	1.04**
37 美术	237	5.13	1.90	189	3.73	1.82	1.40**
38 沙水	236	3.16	2.29	189	2.03	1.81	1.13**
39 音像设备和电脑	46	4.70	1.78	25	3.87	1.45	0.83**

注：**，$p < 0.01$。

量表从角色戏剧游戏、建构游戏、精细操作活动、语言、数学、自然科学、音乐律动、美术、沙水、音像设备和电脑等活动的材料与空间、机会与时间和游戏设计与指导三大方面对游戏与活动质量进行评价。由表 8.2.3.5 可知，城镇幼儿园游戏与活动均分为 4.16 分，接近合格水平；农村幼儿园得分为 2.89 分，接近最低要求，城镇幼儿园游戏与活动的质量远高于农村。就项目来看，城镇幼儿园各项目得分均高于农村幼儿园。从表可得：城镇幼儿园精细操作活动得分达到合格要求为 5.27 分，沙水得分最低，刚达到最低要求。农村幼儿园只有精细操作活动、语言、美术达到最低要求，其余项目接近合格要求。由此可见，游戏与活动是城乡幼儿园的薄弱部分，农村地区表现更为明显，未能给幼儿提供发展适宜的游戏与活动。

t 检验结果表明，城乡幼儿园游戏与活动的质量存在显著差异（$p < 0.01$），城镇幼儿园游戏与活动的质量显著高于农村幼儿园。

据观察调查可知，农村幼儿园游戏与活动质量得分均在 3 分以下，主要由于农村幼儿园在材料提供方面，几乎每个区角材料都不足，空间不够；在时间上不能保证每周有一次专门的机会任意选择区角；材料、时间不足必然导致其质量不高。

（六）互动

表 8.2.3.6　城乡互动质量差异分析

	城镇			农村			t 检验
	样本量	均值	标准差	样本量	均值	标准差	
六　互动	238	5.62	1.35	190	4.49	1.12	1.13**
40 室内一般活动的导护	238	5.71	1.72	190	4.25	1.67	1.46**
41 户外体育活动的导护	223	5.80	1.64	169	4.47	1.71	1.33**
42 常规和纪律	238	5.84	1.72	190	4.50	1.45	1.34**
43 师幼互动	238	5.73	1.67	190	4.38	1.44	1.35**
44 幼儿之间的互动	238	5.54	1.61	190	4.61	1.23	0.93**
45 日常语言交流	238	5.67	1.36	190	4.88	1.06	0.78**
46 接纳多元文化与差异	137	4.52	1.39	111	3.80	1.06	0.71**

注：**，$p < 0.01$。

　　量表从室内一般活动的导护(安全、活动指导)、户外体育活动的导护(安全、活动指导)、常规和纪律(常规教导、纪律维护、问题预防)、师幼互动(生师比、尊重幼儿、互动状态)、幼儿之间的互动(互动机会、性质和教师指导)、日常语言交流(师生、同伴交流、交流功能)、接纳多元文化与差异等方面对互动质量进行评价。由表 8.2.3.6 可知，城镇幼儿园互动质量均分为 5.62 分，达到合格要求，农村幼儿园得分为 4.49 分，接近合格要求，城镇幼儿园互动质量优于农村幼儿园。从项目来看，城镇幼儿园除增设项目接纳多元文化与差异接近合格要求外，其余项目均达到合格水平，其中户外体育活动的导护得分最高。相比之下，农村幼儿园各项目得分较低，除接纳多元文化与差异处于最低要求外，其余项目接近合格要求，其中日常语言交流得分最高。

　　t 检验结果表明，城乡幼儿园在互动质量上差异显著($p < 0.01$)，城镇幼儿园互动质量显著高于农村幼儿园。

　　据观察调查可知，在接纳多元文化与差异上，农村幼儿园大多没有准备多元文化的材料，也没有组织相关的活动，导致其质量较低。

（七）家长与教师

表 8.2.3.7　城乡家长与教师质量差异分析

	城镇			农村			t 检验
	样本量	均值	标准差	样本量	均值	标准差	
七　家长与教师	227	6.27	1.24	176	4.71	1.15	1.56**
47. 服务家长	227	6.57	1.34	176	4.90	1.34	1.67**
48. 家园沟通与合作	227	6.96	1.35	176	5.10	1.46	1.86**
49. 满足教师的个人需求	227	5.05	1.63	176	3.85	1.34	1.20**
50. 满足教师的工作需求	226	5.93	1.29	175	4.81	1.34	1.12**
51. 教师间互动与合作	184	6.96	1.19	89	6.10	0.89	0.86**
52. 教师工作督导与评价	226	6.80	1.64	169	4.94	1.86	1.86**
53. 教师专业成长支持	226	6.05	1.69	173	4.39	1.48	1.66**

注：**，$p < 0.01$。

量表从服务家长（信息服务、家庭教育指导）、家园沟通与合作（家园沟通及其关系、家长参与）、满足教师的个人需求（厕所、存储、休息休闲）、满足教师的工作需求（办公条件、休息时间）、教师间互动与合作（交流与互动、分工与合作）、教师工作督导与评价（督导、评价方法、反馈形式）等方面对家长与教师质量进行评价。由表 8.2.3.7 可知，城镇幼儿园家长与教师得分为 6.27 分，接近良好水平，农村幼儿园得分为 4.71 分，接近合格要求。城镇家长与教师质量明显更优于农村。从项目来看，城镇幼儿园各项目得分都要高于农村幼儿园。具体看城镇幼儿园各项目得分均达到合格要求以上，其中城乡幼儿园在教师间互动与合作得分均达到 6 分以上，相当于良好状态，此外城镇的家园沟通与合作得分为 6.96 分，接近良好水平。城乡幼儿园满足教师的个人需求得分都是最低，城镇为 5.05 分，略高于合格要求，农村为 3.85 分，处于最低要求。t 检验表明，城乡幼儿园家长与教师质量存在显著差异（$p < 0.01$），城镇幼儿园家长与教师质量显著高于农村幼儿园。

由表可知，在满足教师的个人需求上，农村幼儿园质量较低，进一步分析发现主要是大部分农村幼儿园没有为教师提供成人厕所，没有为其提供简单的休息设施，对幼儿教师的个人需求关注不够。

四、小结

（一）城乡幼儿园教育质量整体偏低，城乡幼儿园教育质量差距较大

研究结果表明，我国城乡幼儿园教育质量整体偏低，整体而言，接近合格水平但未达到合格要求。在 428 个班级中仅有 2 个班级达到优秀水平，有 16.6% 的

班级甚至处于不适宜的状态（这类幼儿园可能会对幼儿的学习成长带来负面的影响）。游戏与活动和课程计划与实施的质量问题尤为突出。城镇幼儿园教育质量总体上达到合格要求，半数处于"有质量"水平，高于全国平均水平；农村幼儿园教育质量总体低于全国平均水平，从质量分层可以看到，63.3%的农村幼儿园班级处于"最低要求"水平，12.8%处于"不适宜"水平；76.1%的班级处于"低质量"水平。"优秀""良好""高质量"等水平上均无农村班级。城乡幼儿园教育质量差距较大。

城乡幼儿园教育质量现状与很多因素有关[1]，已有研究表明师幼比[2]、班级规模、经费投入、教师素质等都是班级教育质量的重要影响因素。由于我国学前教育财政投入以地方为主，地方经济水平的高低很大程度上决定其财政投入水平与力度。城乡本身经济水平差距较大，导致城乡各地因地方社会经济与教育发展水平不同而存在较大差异。已有教育实践证明，班级规模会以潜在的方式影响幼儿的学习行为、教师的教学行为和教学效果，从而影响教育质量。[3] 样本班级中，有的农村幼儿园班级人数达到103人，而仅配备一教一保，班级规模大，师幼比低。总体上农村幼儿园较大的班级规模、较低的师幼比、经费投入不足等都严重影响了其班级教育质量。

（二）城乡游戏与活动质量不高，提供给区角的时间、材料不足

城镇幼儿园游戏与活动未达到合格水平；而农村幼儿园游戏与活动质量未达到最低要求，游戏与活动质量是整个量表中得分最低的。本研究与以往研究相一致，区角游戏活动的开展不尽如人意，这与游戏材料不足[4]、能进行游戏区角活动的时间少[5]、游戏区角设置不够丰富等相关。农村幼儿园在角色戏剧游戏、建构游戏、数学、自然科学、音乐律动、沙水等区角得分都处于"不适宜"水平，且很多幼儿园游戏区角设置较少，甚至没有，不能为幼儿提供发展适宜性的学习环境。精细操作活动、语言、美术等区角达到最低要求，质量仍较低。在空间与材料上，各个区角都存在空间不够，材料不足，不能同时满足小部分幼儿等问题；在机会与时间上，不能保证幼儿每周有一次专门的机会任意选择

① 刘焱，杨晓萍，潘月娟，涂玥. 我国城乡学前一年班级教育环境质量的比较研究[J]. 教育学报，2012(3)：74-83.

② Sylva Kathy. Child watching at play group and nursery school[M]. London：Grant Mclntyre，1980：160-161.

③ 浦汝宁. 幼儿园集体教学中教师教学行为现状及对策研究[D]. 兰州：西北师范大学，2010.

④ 李培美. 北京东城区幼儿园游戏活动现状调查报告[J]. 教育科学研究，1991，5：26-29.

⑤ 项宗萍. 从"六省市幼教机构教育评价研究"看我国幼教机构教育过程的问题与教育过程的评价取向[J]. 学前教育研究，1995(2)：31-35.

区角；在游戏设计与指导上，教师基本一直都处于"退位"的状态，教师只是站在区角外关注幼儿的安全监管与秩序的维护，关于一些角色参与、材料变化、提问启发等现象很难发现，教师基本不介入幼儿游戏中。教师的指导推进幼儿游戏发展的作用较弱，指导较少。总体上材料、时间不足，指导不当必然导致其质量不高。

（三）互动质量偏低，农村幼儿园尤为突出

农村幼儿园互动质量接近合格水平，显著低于城镇幼儿园。已有很多研究表明，班级规模、师幼比、教师素质是影响师幼互动质量的重要因素[1]。班级规模过大，幼儿人数过多，师幼比较低时，为了在有限的教学时间内完成教学任务和便于教学管理，教师会选择高控制、高约束的教学行为，例如，教师的教授多，而幼儿动手操作机会少；教师很难关注到每一个幼儿个体，不能做到积极有效的互动等，在农村幼儿园这种现象普遍存在。师幼比还通过影响教师与幼儿交往的次数、幼儿之间的交流、参与游戏的程度以及教师的教育行为等影响幼儿园教育质量[2]。农村幼儿教师在幼儿园一日活动中，对幼儿的尊重不够；幼儿之间的互动少，纪律约束多、自由协商少；纪律维护和行为管理的方式不合理，教师对一切以幼儿为主的意识不够；在环境创设和日常教学活动中对多元文化和个体差异元素未引起重视。给予幼儿自主选择的机会较少，属于高控性的师幼关系。互动质量在很大程度上决定着托幼机构的教育质量[3]，而农村低的互动质量必然严重制约其整体教育质量。

我国城乡学前教育存在严重的发展失衡现象，尤其是教育经费、师资和教学条件的配置以及幼儿入学机会等方面差异较大，城镇学前教育资源配置远远优于农村。[4] 城乡幼儿专任教师生师比、生均活动室面积、生均公用经费、学前班幼儿数占在园幼儿总数的比例、幼儿教师大专以上学历水平所占比例、幼儿教师取得任职资格所占比例等指标呈现出显著性差异；农村幼教发展迟缓，城乡幼教发展很不平衡[5]。当前条件下，要保证有质量的学前教育，必须加大对农村学前教育的财政投入，建立公平合理的投向结构。划分政府学前教育责任，对农村学前

① Howes C M，Whitebook M & Phillips D A. Teacher characteristics and effective teaching in child care：Findings from the National Child Care Staffing Study. Child and Youth Care Forum，1992，21(6)：399-414.

② 刘焱. 学前一年教育纳入义务研究的条件保障研究[M]. 北京：北京师范大学出版社，2012.

③ 刘焱. 学前一年教育纳入义务研究的条件保障研究[M]. 北京：北京师范大学出版社，2012.

④ 孙柳青. 走向学前教育均衡：从幼教资源配置角度看城乡学前教育均衡发展[D]. 曲阜：曲阜师范大学，2010.

⑤ 习勇生. 重庆市幼儿教育城乡统筹发展研究[D]. 重庆：西南大学，2010.

教育适度倾斜。在学前教育经费上将其纳入各级政府财政预算，给予农村专项拨款，专款专用。给予农村地区幼儿园以相应的教育补偿，帮助其逐步提升教育质量，缩小城乡差距。

第三节 城乡因素对学前教育质量的预测效应与作用路径探析

一、城乡因素对教育质量的预测效应

研究结果表明，城镇与农村在幼儿园教育质量的各项指标上均存在显著性差异（见上一节相关内容）。那么，城乡因素是否是影响幼儿园教育质量的预测性要素呢？研究者对这一问题进行了一系列的探索。

（一）城乡因素与幼儿园教育质量之间的相关性

表 8.3.1.1 城乡因素与幼儿园教育质量的相关分析

	量表总分	一 空间与设施	二 保育	三 课程计划与实施	四 集体教学	五 游戏与活动	六 互动	七 家长与教师
是否农村	−0.479**	−0.514**	−0.481**	−0.350**	−0.389**	−0.386**	−0.415**	−0.544**
偏相关（控制东中西部区域、办园性质）是否农村	−0.514**	−0.549**	−0.505**	−0.337**	−0.358**	−0.405**	−0.407**	−0.556**

注：**，$p < 0.01$。

二元相关分析结果表明（见表 8.3.1.1）：所在地是否为农村与幼儿园教育质量之间存在极其显著的负相关。具体来看，是否为农村幼儿园与量表总分、空间与设施、保育、互动、家长与教师存在中度负相关（$r > 0.5$）；与课程计划与实施、集体教学、游戏与活动存在低的负相关（$r > 0.3$）。由于幼儿园所处区域（东中西部）、办园性质（如公办、民办）因素也可能对幼儿园教育质量产生一定作用，研究者控制幼儿园所在区域（东中西部）、办园性质两个变量，进行偏二元相关分析，表 8.3.1.1 的下半部分呈现了偏相关分析结果。偏相关结果显示，在控制东中西部区域、办园性质后，是否为农村与幼儿园教育质量仍然存在极其显著的负相关；其中，与量表总分、空间与设施、保育、家长与教师仍存在中度负相关（$r > 0.5$），且相关强度有所增加；与课程计划与实施、集体教学、游戏与活动、互动等子量表存在低的负相关，相关强度均有所降低。相关分析结果表明，城乡因素与幼儿园教育质量存在显著相关性；所在地为城镇，幼儿园教育质量更高；相反，如果所在地为农村，幼儿园教育质量更低。

（二）城乡因素对幼儿园教育质量的预测效应

接下来，研究者以幼儿园教育质量为因变量，以"是否为农村"作为预测变量，以所在区域（东中西部）、办园性质为协变量，进行了逐层累加的三个模型的多元回归分析。具体来说，在模型1中，仅以是否为农村幼儿园（是否农村）预测变量；模型2，预测变量中加入所在地区域作为协变量；模型3，预测变量中继续加入办园性质为协变量。为简化信息，最终回归模型（模型3）的结果汇总如下。

为检验城乡因素与班级教育质量的关系，研究者以幼儿园所在地"是否农村"为预测变量，以样本班级的《质量量表》总分及其七个子量表得分为因变量分别进行了逐步多元回归分析。回归分析结果表明（见表8.3.1.2），在加入协变量（区域分布、办园性质）的条件下，所在地为农村对班级教育质量存在显著的负预测效应，对总体教育质量（以《质量量表》总分来衡量）预测效应量（$d = -0.399$）处于中等（0.3）到强（0.5）之间；对各个具体维度的质量（七个子量表得分来衡量）的预测效应量处于 $-0.288 \sim -0.467$，其中对空间与设施质量（$d = -0.428$）、保育质量（$d = -0.405$）、家长与教师质量（$d = -0.467$）预测效应量相对较大；对课程计划与实施质量（$d = -0.288$）、集体教学质量（$d = -0.293$）预测效应相对较低，但也接近中等强度。由此可见，城乡因素对幼儿园教育质量具有显著的较强的影响；处在城市地区，对幼儿园教育质量有积极的影响；相反，处在农村地区，对幼儿园教育质量产生明显的消极影响。

二、城乡因素对幼儿园教育质量的作用路径探析

幼儿园教育环境质量包括结构性质量和过程性质量[1]。结构性质量一般包括：教师儿童比率和班级人数、教师资格和所受训练、教育行政管理；过程性质量一般包括：儿童—教师的互动、课程、学习环境、教与学的过程、健康与安全、家长的参与。结构性质量影响过程性质量，通过过程性质量作用于儿童发展。[2] 本研究中，幼儿园班级的过程性教育质量通过《质量量表》来进行衡量。接下来，研究者从幼儿园层面、班级—教师层面的结构性变量入手，初步探索城乡因素如何通过这些不同层面的结构性变量作用于教育过程性质量的路径与机制。

---

① 周欣. 托幼机构教育质量的内涵及其儿童发展的影响[J]. 学前教育研究，2003(7-8)：34-38.

② Li K，et al. Early childhood education quality and child outcomes in China：Evidence from Zhejiang Province[J]. Early Childhood Research Quarterly，2016，36：427-438.

表 8.3.1.2 城乡因素对幼儿园教育质量的回归分析结果汇总表

	总体质量		空间与设施		保育		课程计划与实施		集体教学		游戏与活动		互动		家长与教师	
	ES	SE	ES	SE	ES	SE	ES	SE	ES	SE	ES	SE	ES	SE	ES	SE
预测变量																
是否农村	-0.399^{***}	0.09	-0.428^{***}	0.09	-0.405^{***}	0.11	-0.288^{***}	0.12	-0.293^{***}	0.11	-0.331^{***}	0.13	-0.33^{***}	0.10	-0.467^{***}	0.10
协变量																
东中西部区域	-0.448^{***}	0.05	-0.477^{***}	0.05	-0.423^{***}	0.06	-0.322^{***}	0.07	-0.437^{***}	0.06	-0.33^{***}	0.07	-0.465^{***}	0.06	-0.395^{***}	0.06
办园性质	-0.238^{***}	0.09	-0.25^{***}	0.08	-0.21^{***}	0.11	-0.247^{***}	0.12	-0.17^{***}	0.11	-0.275^{***}	0.13	-0.155^{***}	0.10	-0.232^{***}	0.10

注:1. ES:效应量(effect size),即标准化 Beta 系数;在有显著性的前提下,预测变量对因变量的预测效应量可以用 d 表示,该系数在 0.1 左右为弱预测效应,达到 0.3 为中等强度,达到 0.5 为强预测效应。

2. SE:standard error,标准误差。

3. ***,$p<0.001$。

（一）城乡经济社会发展指标的差距

由于长期存在的城乡二元结构，我国的城镇与农村之间在发展上存在明显的差距。在经济社会发展的一系列指标上（如，居民收入、人口素质等），在基础设施水平上，在资源配置上（经济资源、社会资源、文化资源、人力资源等），城镇与农村之间都存在着显著差距。下面，以城乡居民收入指标为例，来透视我国以及东中西部区域城乡之间的差距状况。

表 8.3.2.1 城乡居民人均收入差距比较

	年份	城镇居民人均可支配收入（元）	农民人均纯收入（元）	城乡比	t(sig.)	df
全国	2010	19109.4	5919.0	3.23		
	2011	21809.8	6977.3	3.13	8.647***	6
	2012	24564.7	7916.6	3.10		
	2013	26955.1	8895.9	3.03		
东部	2010	23272.8	8842.8	2.63		
	2011	26406.0	9585.0	2.75	8.346***	6
	2012	29621.6	10817.5	2.74		
	2013	32472.0	12052.1	2.69		
中部	2010	15962	5509.6	2.90		
	2011	18323.2	6529.9	2.81	7.844***	6
	2012	20697.2	7453.2	2.78		
	2013	22736.1	8367.5	2.72		
西部	2010	15806.5	4417.9	3.58		
	2011	18159.4	5246.7	3.46	8.65***	6
	2012	20600.2	6026.6	3.42		
	2013	22710.1	6833.6	3.32		

注：1. 数据来源：《中国统计年鉴 2014》《中国统计年鉴 2013》《中国统计年鉴 2012》《中国统计年鉴 2011》。

2. ***，$p < 0.001$。

表 8.3.2.1 显示，无论是全国还是东中西部区域，城乡居民收入水平差距都很大。就全国来看，自 2010 至 2013 年，城镇居民可支配收入一直在农民纯收入 3 倍以上；经检验，城乡差异显著[$t(6) = 8.647$，$p < 0.001$]。东中西部地区居民人均可支配收入差异较大，明显东部地区居民人均可支配收入最高，中部次之，西部最低。由表 8.3.2.1 可知，东中西部地区城镇居民人均可支配收入远远高于农村居民，城乡差异显[$t(6) = 8.346$；$t(6) = 7.844$；$t(6) = 8.65$，$p < 0.001$]。

区域内部城乡居民可支配收入差距均在 2 倍以上。基于对国际上一些国家的比较，城乡居民收入比在 2 以下，就不算收入差距过大，但是我国情况显然已经越过了这一安全标准。[①]

城乡之间的这种系统性差距必然带来城乡社会环境和文化教育水平的差距。比如，农民收入水平低下必然制约其对学前教育的投入水平和支付能力，从而导致农村幼儿园—班级—教师结构性质量的低下，最终影响到班级教育过程性质量。下面研究者将对幼儿园层面、班级—教师层面的结构性质量的城乡差距进行检验，以验证这一推理的可靠性。

（二）幼儿园层面结构性变量

1. 幼儿园层面结构性变量的城乡差距

本研究从幼儿园的班级总数、幼儿总数、活动室生均面积、户外场地生均面积、专任教师总数、保育员总数、每月生均保教费和教师平均月收入等方面，对城乡幼儿园的结构性质量做一个对比分析，结果见表 8.3.2.2。

表 8.3.2.2 城乡幼儿园层面结构性变量的差异比较

	城镇			农村			城乡比	均值差	t 值	df
	样本	平均值	标准差	样本	平均值	标准差				
班级总数	226	9.73	4.79	186	5.07	2.69	1.92	4.67	12.46***	365
幼儿总数	223	323.21	174.66	184	174.84	101.92	1.85	148.37	10.67***	367
活动室生均面积	165	2.34	1.30	97	2.00	1.25	1.17	0.33	2.02*	260
户外场地生均面积	201	18.70	80.42	161	10.52	55.17	1.78	8.18	1.15	352
专任教师总数	222	21.02	12.52	182	7.40	5.20	2.84	13.62	14.73***	307
保育员总数	220	8.45	5.85	170	3.18	3.08	2.66	5.27	11.48***	347
每月生均保教费	184	373.04	248.21	166	184.36	136.00	2.02	188.68	8.93***	290
教师平均月收入	177	2580.75	1114.02	163	1841.29	630.72	1.40	739.45	7.06***	282

注：1. 城乡比＝城镇幼儿园变量值/农村幼儿园变量值。

2. *，$p < 0.05$；***，$p < 0.001$。

由表 8.3.2.2 可知，就平均水平而言，城镇幼儿园的规模有 9～10 个班级（$SD = 4.79$），全园 320 多名幼儿（$SD = 175$），班级活动室生均面积大约 2.34 平方米（$SD = 1.30$）；全园拥有 21 名专任教师（$SD = 12.52$），8～9 名保育员（$SD = 5.85$）；每月生均保教费大约 373 元（$SD = 248.21$）；教师平均月收入大约 2580 元（$SD = 1114.02$）。而农村幼儿园则呈现了另外一幅图景：平均规模大约 5 个班级（$SD = 2.69$），全园 175 多名幼儿（$SD = 102$），班级活动室生均面积大约 2 平方米

---

① 课题组. 促进形成合理的居民收入分配机制研究[J]. 经济研究参考，2010(25).

（$SD=1.25$）；全园拥有 7 名左右专任教师（$SD=5.20$），3 名左右保育员（$SD=3.08$）；月生均保教费大约 185 元（$SD=136.00$）；教师平均月收入大约 1841 元（$SD=630.72$）。

t 检验结果显示，在幼儿园层面的多个变量上，城乡之间的确存在显著差异。与农村幼儿园相比，城镇幼儿园规模更大，拥有更多的班级（城乡比为 1.92；$t(365)=12.46$，$p<0.001$），更多的幼儿[城乡比为 1.85；$t(367)=10.67$，$p<0.001$]；物质环境更好，班级教室面积更充足[城乡比为 1.17；$t(260)=2.02$，$p<0.05$]；保教人员配备更充足，有更多的教师[城乡比为 2.84；$t(307)=14.73$，$p<0.001$]，更多的保育员[城乡比为 2.66；$t(347)=11.48$，$p<0.001$]；保教费收费更高[城乡比为 2.02；$t(290)=8.93$，$p<0.001$]，同时也能够为教师提供更高的薪水[城乡比为 1.40；$t(282)=7.06$，$p<0.001$]。

2. 幼儿园层面结构性变量与班级教育质量之间的相关分析

上述分析发现，城乡之间在幼儿园结构性变量上存在显著差异。那么，幼儿园结构性变量与幼儿园过程性教育质量相关性如何？研究者将幼儿园结构性变量与样本班级在《质量量表》上的一系列指标进行相关分析。

表 8.3.2.3　幼儿园层面结构性变量与幼儿园教育质量的相关分析

	班级总数	幼儿总数	活动室生均面积	户外场地生均面积	专任教师总数	保育员总数	每月生均保教费	教师平均月收入
量表总分	0.612**	0.504**	0.202**	0.180**	0.716**	0.558**	0.574**	0.605**
一　空间与设施	0.625**	0.502**	0.319**	0.305**	0.719**	0.568**	0.571**	0.582**
二　保育	0.586**	0.474**	0.208**	0.137*	0.681**	0.557**	0.594**	0.573**
三　课程计划与实施	0.484**	0.427**	0.118	0.155*	0.582**	0.448**	0.445**	0.543**
四　集体教学	0.500**	0.420**	0.105	0.064	0.598**	0.446**	0.515**	0.566**
五　游戏与活动	0.531**	0.463**	0.173**	0.240**	0.619**	0.480**	0.477**	0.548**
六　互动	0.525**	0.408**	0.194**	0.101	0.613**	0.477**	0.522**	0.517**
七　家长与教师	0.697**	0.574**	0.272**	0.231**	0.776**	0.620**	0.649**	0.624**
班级总数	1	0.908**	0.178**	0.09	0.916**	0.722**	0.632**	0.523**
幼儿总数	0.908**	1	0.018	−0.001	0.835**	0.631**	0.541**	0.521**
活动室生均面积	0.178**	0.018	1	0.441**	0.236**	0.243**	0.226**	0.216**
户外场地生均面积	0.09	−0.001	0.441**	1	0.146**	0.181**	0.089	0.118*
专任教师总数	0.916**	0.835**	0.236**	0.146**	1	0.722**	0.663**	0.626**
保育员总数	0.722**	0.631**	0.243**	0.181**	0.722**	1	0.686**	0.386**
每月生均保教费	0.632**	0.541**	0.226**	0.089	0.663**	0.686**	1	0.415**
教师平均月收入	0.523**	0.521**	0.216**	0.118*	0.626**	0.386**	0.415**	1

注：**，$p<0.01$；*，$p<0.05$。

由表 8.3.2.3 可知，幼儿园层面的多个结构性变量与班级教育质量指标（量表总分以及七个子量表得分）存在显著相关性，其中相关程度较高的变量包括：班级总数（$r=0.484\sim0.697$，$p<0.01$）、幼儿总数（$r=0.408\sim0.574$，$p<0.01$）、专任教师总数（$r=0.582\sim0.776$，$p<0.01$）、保育员总数（$r=0.446\sim0.620$，$p<0.01$）、每月生均保教费（$r=0.445\sim0.649$，$p<0.001$）、教师平均月收入（$r=0.517\sim0.624$，$p<0.01$）。

活动室生均面积与量表总分、空间与设施、保育、游戏与活动、互动、家长与教师等存在低度相关（$r=0.173\sim0.319$，$p<0.01$），但与课程计划与实施、集体教学不相关。户外场地生均面积与量表总分、空间与设施、保育、课程计划与实施、游戏与活动、家长与教师质量存在低度相关（$r=0.137\sim0.305$，$p<0.01$），但与集体教学、互动不相关性。这些结果符合常识判断，是可以理解的。

综合上述分析，城乡之间在幼儿园层面诸多结构性变量上存在显著差异，城镇显著优于农村；而这些结构性变量大都与幼儿园教育质量密切相关。城镇与农村不同的经济社会环境所带来的幼儿园结构性质量的差距，最终影响到班级过程性教育质量，这是城乡因素作用于幼儿园教育质量的路径之一。

（三）班级—教师层面结构性变量

1. 班级—教师层面结构性变量的城乡差距

班级是各类教育活动发生的物理和心理空间，教师是教育活动的直接实施者，因而班级—教师层面结构性变量直接制约着各类教育活动的实施和过程性质量。本研究中获取的班级—教师层面的结构性变量包括：注册幼儿数，在场幼儿数，班级专任教师数，配备保教人员数，生师（教师）比，生师（保教人员）比、教师（主班教师，下同）年龄，教龄，第一学历，第一学历专业，最高学历，最高学历专业，有资格证比例，有编制比例，有职称比例。城乡之间在这些班级—教师层面系列变量上的描述性统计与差异检验结果见表 8.3.2.4、表 8.3.2.5。

表 8.3.2.4　班级—教师层面结构性变量的城乡差异（一）（t 检验）

	城镇			农村			城乡比	均值差	t 值	df
	样本	平均值	标准差	样本	平均值	标准差				
注册幼儿数	220	34.28	8.81	177	35.97	11.79	0.95	−1.68	−1.58	318
在场幼儿数	218	31.62	8.83	178	33.49	11.47	0.94	−1.87	−1.83[+]	394
班级专任教师数	221	1.79	0.51	178	1.38	0.49	1.30	0.41	8.10***	383
配备保教人员数	218	2.56	0.69	175	1.62	0.69	1.58	0.94	13.43***	391
生师比	90	15.74	8.98	87	26.35	16.56	0.60	−10.61	−5.27***	132
年龄	220	30.37	7.05	176	30.76	8.35	0.99	−0.39	−0.50	394

	城镇			农村			城乡比	均值差	t 值	df
	样本	平均值	标准差	样本	平均值	标准差				
教龄	218	9.17	7.20	173	8.39	8.02	1.09	0.78	1.01	389
第一学历	217	12.72	1.21	176	12.23	1.36	1.04	0.49	3.71***	354
最高学历	198	14.68	1.26	141	13.60	1.51	1.08	1.09	6.98***	266

注：1. 相关变量编码方式：生师比＝在场幼儿数/在场保教人员总数；学历：小学＝6年，初中＝9年，高中、中师/专＝12年，大专＝14年，本科＝16年，硕士＝19年，博士＝22年；城乡比＝城镇幼儿园变量/农村幼儿园变量。

2. ***，$p < 0.001$；+，$p < 0.1$。

表 8.3.2.5　班级—教师层面结构性变量的城乡差异(二)(卡方检验)

		城镇	农村	X^2	df
		N(%)	N(%)		
所学专业1	学前教育	166(77.2)	81(50.3)	37.03***	1
	非学前教育	49(22.8)	80(49.7)		
所学专业2	学前教育	118(64.1)	63(64.9)	23.35	2
	非学前教育	66(35.9)	34(35.1)		
编制	有编制	72(33.5)	36(21.1)	74.87**	1
	无编制	143(66.5)	135(78.9)		
教师资格证	有	197(86.4)	118(64.8)	118.05***	2
	无	31(13.6)	64(35.2)		
资格证类型	幼儿园教师	165(72.4)	31(17.0)	302.47***	3
	非幼儿园教师	19(8.3)	18(9.9)		
职称	是否有职称	115(55.6)	41(25.0)	9.383**	1
	是否幼(小)一级	102(49.3)	35(21.3)	25.361***	1
第一学历	大专及以上	77(35.5)	40(22.7)	64.33***	1
最高学历	本科及以上	81(40.9)	23(16.3)	50.62***	1

注：1. 所学专业1：第一学历所学专业，"1"＝学前教育，"0"＝非学前教育；所学专业2：最高学历所学专业，"1"＝学前教育，"0"＝非学前教育；事业编制："1"＝有事业编制，"0"＝无事业编制；有无教师资格证："1"＝有教师资格证，"0"＝无教师资格证；教师资格证类型："1"＝幼儿园教师，"0"＝非幼儿园教师资格证；职称："1"＝无职称，"2"＝幼(小)教二级，"3"＝幼(小)教一级，"4"＝幼教高级，"5"＝小中高。

2. ***，$p < 0.001$；**，$p < 0.01$。

表8.3.2.4和表8.3.2.5显示，就平均水平而言，城镇幼儿园的班级约有34名幼儿($SD = 8.81$)，配备了2.56名保教人员(两教半保)($SD = 0.69$)，生师比约为15.74∶1($SD = 8.98$)；班级教师平均年龄30.37岁($SD = 7.05$)，教龄9.17

年($SD=7.2$)；35.5%的教师第一学历达到大专及以上；40.9%的教师最高学历达到本科及以上；77%的教师第一学历所学专业为学前教育；33.5%的教师拥有编制；86.4%的教师持有教师资格证，72.4%的教师持有幼儿园教师资格证；55.6%的教师有职称，49.3%的教师拥有幼（小）教以及或以上职称。而农村幼儿园的班级约有 35.97 名幼儿（$SD=11.79$），配备了 1.6 名保教人员（一教半保）（$SD=0.7$），生师比约为 26.35∶1（$SD=16.56$）；班级教师平均年龄 30.76 岁（$SD=8.35$），教龄 8.39 年（$SD=8.02$）；22.7%的教师第一学历达到大专及以上，16.3%的教师最高学历达到本科及以上；50.3%的教师第一学历所学专业为学前教育；21.1%的教师拥有编制；64.8%的教师持有教师资格证，但仅有 17%的教师持有幼儿园教师资格证；25.0%的教师有职称，21.3%的教师拥有幼（小）教以及以上职称。

t 检验和卡方检验结果表明，城镇幼儿园班级专任教师数配备[$t(383)=8.10$，$p<0.001$]和配备保教人员数配备[$t(391)=13.43$，$p<0.001$]更加充足，生师比远低于农村[$t(185)=-6.48$，$p<0.001$]，因而具有更加适宜的生师比。城镇幼儿园的班级教师无论是第一学历平均水平[$t(354)=3.71$，$p<0.001$]、第一学历大专及以上比例[$X^2(1)=64.33$，$p<0.001$]、最高学历本科及以上比例[$X^2(1)=50.62$，$p<0.001$]均显著高于农村幼儿园班级教师。比起农村幼儿园，城镇幼儿园班级拥有更多的学前教育专业教师[$X^2(1)=37.03$，$p<0.001$]，更多的在编教师[$X^2(1)=74.87$，$p<0.001$]，持有教师资格证[$X^2(2)=118.05$，$p<0.001$]以及适宜的资格证[$X^2(3)=302.47$，$p<0.001$]的教师比率均更高、更高更多的有职称的教师[$X^2(1)=25.361$，$p<0.001$]。总体而言，在班级—教师层面的结构性质量上，城镇显著优于农村。

2. 班级—教师层面结构性变量与教育质量各项指标之间的相关分析

上述分析表明，在班级—教师层面的多个结构性变量上，城镇显著优于农村。那么，班级—教师层面的结构性变量与班级教育过程性质量的相关性如何呢？研究者进行了相关分析，结果见表 8.3.2.6。

表 8.3.2.6　班级—教师层面结构性变量与班级教育质量指标的相关分析

	量表总分	一　空间与设施	二　保育	三　课程计划与实施	四　集体教学	五　游戏与活动	六　互动	七　家长与教师
注册幼儿数	−0.082	−0.107*	−0.095	−0.058	−0.067	−0.05	−0.097	−0.055
在场幼儿数	−0.067	−0.082	−0.071	−0.059	−0.049	−0.052	−0.079	−0.038

	量表总分	一　空间与设施	二　保育	三　课程计划与实施	四　集体教学	五　游戏与活动	六　互动	七　家长与教师
班级专任教师数	0.563**	0.538**	0.539**	0.474**	0.484**	0.492**	0.505**	0.600**
配备保教人员数	0.591**	0.598**	0.574**	0.476**	0.467**	0.524**	0.516**	0.685**
生师比	−0.561**	−0.572**	−0.482**	−0.416**	−0.409**	−0.478**	−0.529**	−0.592**
年龄	−0.042	−0.053	−0.049	−0.021	−0.017	−0.006	−0.06	−0.034
教龄	0.099*	0.084	0.07	0.081	0.119*	0.119*	0.076	0.104*
第一学历	0.227**	0.262**	0.249**	0.146**	0.160**	0.190**	0.178**	0.267**
最高学历	0.525**	0.515**	0.507**	0.449**	0.468**	0.445**	0.463**	0.537**
编制	0.184**	0.210**	0.138**	0.148**	0.122**	0.192**	0.147**	0.213**
教师资格证	0.322**	0.353**	0.307**	0.201**	0.247**	0.273**	0.292**	0.368**
资格证类型	0.263**	0.346**	0.307**	0.152**	0.170**	0.187**	0.220**	0.309**
职称	0.483**	0.495**	0.466**	0.408**	0.411**	0.444**	0.406**	0.518**

注：**，$p < 0.01$；*，$p < 0.05$。

表 8.3.2.6 表明，班级—教师层面的多个结构性变量与班级教育质量指标（量表总分以及七个子量表得分）存在显著相关性，其中相关程度较高的变量包括：班级专任教师数（$r = 0.474 \sim 0.600$，$p < 0.01$）、配备保教人员数（$r = 0.467 \sim 0.685$，$p < 0.01$）、生师比（$r = -0.409 \sim -0.592$，$p < 0.01$）、最高学历（$r = 0.445 \sim 0.537$，$p < 0.001$）、职称（$r = 0.406 \sim 0.518$，$p < 0.01$）。教师资格证（$r = -0.201 \sim -0.368$，$p < 0.01$），以及资格证类型（$r = -0.152 \sim -0.346$，$p < 0.01$）与班级教育过程性质量各项指标存在中低程度的显著相关；另外，第一学历（$r = -0.146 \sim -0.267$，$p < 0.01$）、编制（$r = -0.122 \sim -0.213$，$p < 0.01$）与班级教育质量存在低度相关。

综合上述分析可知，在班级—教师层面的一系列结构性变量上，城乡差异显著，城镇幼儿园班级—教师结构性质量显著优于农村。而存在显著城乡差异的这些班级—教师层面结构性变量与班级的教育过程性质量（本研究中以《质量量表》总分及其子量表得分来衡量）存在显著相关；班级—教师层面结构性质量越高，班级教育过程性质量越高。城镇与农村不同的经济社会环境带来幼儿园层面的结构性质量（规模、物质环境与经费水平等）的差距，进而引起班级—教师层面结构性质量的差距，最终影响到班级过程性教育质量。这是城乡因素作用于幼儿园班级教育过程性质量可能的实现路径。

第四节 城乡学前教育质量差异：原因分析与政策路径

一、城乡学前教育质量差异的原因分析

本研究发现，我国的城镇与农村，无论在幼儿园总体教育质量还是各个具体维度和项目的质量水平上，均存在较大的差距；研究者进一步以"是否农村"为预测变量进行了回归分析，以检验城乡因素对幼儿园教育质量的预测效应；结果表明，在考虑了协变量影响的条件下，城乡因素对幼儿园教育质量依然存在显著的制约作用，效应量达到中等强度。结合已有相关研究以及对我国国情的体察，研究者推测，城乡学前教育质量差距的可能原因如下。

（一）城乡社会经济发展差异，制约学前教育投入水平，拉大城乡学前教育的差距

由于特殊的历史原因和发展环境，我国的城乡二元结构有其特殊性。与发达国家城乡二元经济发展道路不同，我国走的基本是一条具有我国特色的城乡二元经济发展道路。[1][2] 在二元结构中，城市具有较高的投资、技术和管理水平，较高的工资水平和劳动生产率。而农村则是生产力水平较低，经济活动以农业为主，自给自足，封闭落后，生产的现代化的商品化水平低。城乡在政治、经济、社会、文化、科学、教育、医疗、卫生等方面的差异和不平衡，城乡之间社会经济发展存在巨大差异[3]。

毋庸置疑，学前教育质量与成本投入存在显著的正相关；有质量的学前教育是建立在较高的投入水平之上的[4]。我国学前教育财政投入以地方为主，地方经济水平的高低很大程度上决定其财政投入水平与力度。随着中国城镇化的进程，城镇经济加速发展，农村经济发展相对缓慢，城乡经济发展差距逐渐拉大，部分区域甚至出现两极分化。城镇经济发展水平高，一方面城镇政府财政收入高，同等比例下，用于学前教育的经费投入总额则会增加；另一方面，由于家庭收入的不同，引起不同收入阶层在子女教育方面的投资差异，高收入家庭的子女比低收入家庭的子女占有了更多的、更优质的教育资源。由于受到收入约束，低收入阶

---

① 彭浩.中国城乡二元结构与社会公平问题研究[D].成都：四川大学，2007.

② 陆锦周.中国二元经济结构与乘此昂统筹发展研究[D].武汉：华中科技大学，2012.

③ 石扬令.试析二元结构对农村经济发展的影响[J].理论探讨，2004：48-50.

④ 李克建，陈庆香，潘懿.幼儿园教育质量与生均投入、生均成本的关系研究[J].教育与经济，2015(2)：25-31.

层可能会选择减少现在的教育投入，甚至以不投入来减少教育支出带来的收入损失[1]。城镇居民可支配收入较高，对教育投入越大[2]，对学前教育服务的购买力更强，能够支付更高的学费，获取更高质量的学前教育；另外，学历越高的父母对子女的教育消费支出相对来说是越来越高的[3]。城镇居民学历和文化素质水平相对较高，更加重视幼儿的教育，更愿意投资孩子的教育。两方面投入汇合，带来城镇学前教育更好的基础设施和经费条件。与城镇相比，首先，农村社会经济水平较低，政府对于学前教育的财政投入更低，农村适龄幼儿总数多于城市幼儿总数，在本来就较低的财政投入下，生均学前教育经费则是少得可怜，导致农村幼儿园的经费水平低。其次，农村居民可支配收入几乎不到城镇居民的一半，在除去正常的日常支出外，农村居民用于学前教育的费用较少，当然这还与他们不重视学前教育有关。农村幼儿园经费来源很大一部分来自家长缴费[4]，样本幼儿园中农村生均月保教费 184.36 元，按一年缴费 10 个月算，则要 1843.6 元，而农村居民可支配收入按 2010 年到 2013 年全国最高水平算为 8895.9 元，学前教育支出几乎占了整个收入的四分之一，这对农村居民来说，很有压力和负担，投入意愿较弱，甚至不愿投入。总之，长期存在的城乡二元结构导致城乡社会经济发展，制约了学前教育的投入水平，是城乡幼儿园教育质量差距的根本原因。

（二）农村幼儿园经费不足，办园条件差，结构性质量低

过去倾斜城市的城乡差别化学前教育财政投入方式，进一步拉大了城乡学前教育的质量差距；尤其在农村税费改革后，乡、区政府几乎没有财政收入，受义务教育的"排挤"，几乎没有幼儿教育财政经费。对于民办园几乎无财政投入，[5]仅用行政手段管理和引导办园效果不佳。

农村地区存在大量的低端民办园，由于国家和地方政府对民办园的管理机制不完善，对普惠性民办园的扶持力度也比较弱，造成农村民办园缺乏资金支持，主要依靠收取学费来满足日常运转；而农村家长支付能力有限，农村民办幼儿园收费低廉，极大限制了其提供有质量的学前教育的能力。因此，农村幼儿园普遍由于经费不足导致办园条件差，结构性质量很低。本研究中观察发现，不少农村民办幼儿园未达到我国住建部《托儿所、幼儿园建筑设计规范》（JGJ39-2016）的

---

①　吕超. 城镇居民收入差距对教育投资的影响[D]. 北京：北京交通大学，2015.

②　陈斌开，张鹏飞，杨汝发. 政府教育投入、人力资本投资与中国城乡收入差距[J]. 管理世界，2010(1)：36-43.

③　陶维维. 家庭教育消费的阶层差异调查研究——教育致贫现象的窥视[D]. 南京：南京师范大学，2013.

④　刘焱. 学前一年教育纳入义务研究的条件保障研究[M]. 北京：北京师范大学出版社，2014：275-277.

⑤　蔡迎旗. 幼儿教育财政投入与政策[M]. 北京：教育科学出版社，2007.

标准，园舍空间不足，班额普遍较大、人满为患，生均活动面积严重不足，设施设备简陋；盥洗室、午睡室离班级较远，数量不足，条件较差；大部分班级没有区角活动空间，游戏材料严重缺乏；户外活动场地面积不足、类型单一，大中小型体育活动设施或器械缺乏；没有专门的卫生保健室，食堂条件简陋；室内外环境和卫生保健环节均存在诸多健康和安全隐患，对儿童的身心健康和全面发展造成直接或潜在的不利影响。

（三）农村幼儿园班级规模大，生师比高，教师综合素质低，导致幼儿园过程性质量低

农村幼儿园多为民办幼儿园，没有来自于政府财政的支持，经费缺乏，为降低办学成本，必然选择扩大班级规模，提高生师比。调查发现，19.5%的班级注册幼儿数达到 40 人以上，最高达到 103 人，51.7%的班级生师比超过 1：20，并且根据实际观察发现，在班级规模越大的班级，反而只有一名教师负责全班的工作，出现生师比 103：1 的局面。

许多研究表明，教学与互动质量在很大程度上决定着托幼机构教育过程性质量；班级规模、师幼比、教师素质是影响教学与互动等过程性质量的重要因素；师幼比还通过影响教师与幼儿交往的次数、幼儿之间的交流、参与游戏的程度以及教师的教育行为等。当班级规模过大、幼儿人数过多、师幼比较小时，教师为了在有限的教学时间内完成教学任务和便于课堂管理，会选择高控制、高约束的教学行为；教师讲授多而幼儿动手操作机会少，教师很难关注到每一个幼儿个体，不可能做到积极有效的互动。这些现象和问题在农村幼儿园中普遍存在。

幼儿教师队伍的质量不仅反映他们从事幼儿教育的能力，一定程度上也决定了幼儿教育机构的教育质量，并且在幼儿教育资源中，师资的优劣被认为是评判幼教质量高低的标准。教师所具备的学前教育专业学历越高，其师幼互动的质量就越高，教师和儿童之间的语言交流可能就越多，更和善，较少采用惩罚和严厉批评手段[1]，班级过程性质量则越高。国外已有研究表明，教师的学历与儿童—教师社会性互动的频率、认知和语言方面的刺激以及与儿童的谈话的量都成正比。教师受教育程度与学前教育质量的关系密切，越来越多的国家要求幼儿园教师必须取得大学四年本科学历并且拥有教师资格证[2]。低质量的幼儿教师严重影响着班级过程性质量。本研究已表明城乡幼儿教师队伍质量存在着很大差距，教师工资待遇低，编制匮乏，农村幼儿园教师职业更加缺乏吸引力；农村幼儿园教

---

① 田方. 幼儿园半日活动情景下的师幼互动研究[D]. 上海：华东师范大学，2012.
② LoCasale-Crouch J，Konold T，et al. Observed classroom quality profiles in state-funded pre-kindergarten programs and associations with teacher，program，and classroom characteristics[J]. Early Childhood research Quarterly，2007，22(1)：3-17.

师队伍流动性大，师资缺口大，大量班级难以配备两教一保，生师比过高；农村幼儿园为招到教师，不得不降低门槛，导致农村幼儿园教师学历水平普遍偏低，许多教师没有资格证，教师队伍合格率低，学前教育专业比例低；另外，农村幼儿园经费不足，较少为幼儿教师提供职后培训、进修的机会。以上种种因素导致农村幼儿园教师队伍专业水平很低，综合素质堪忧，制约班级教育过程性质量。

（四）"幼儿园社会化"进一步损伤了农村学前教育质量

20 世纪 90 年代提出"幼儿教育社会化"，把幼儿园推向市场，学前教育市场化由此开始。市场的驱动机制是盈利、私利，如果没有政府必要的监控调节，追逐私利就会演变成一种无序的状态①，"高收费""乱收费""入园难""入园贵""质量低"的幼儿园涌现出来。农村多为民办园，受市场化冲击大，不规范的市场化进一步损伤了农村学前教育质量。

农村居民收入低，对学前教育服务的购买力低下，但市场需求却很大，导致在城乡接合部、农村地区存在数量惊人的"篱笆幼儿园"。这类幼儿园低收费、低成本、低质量，设施简陋，没有安全的户外活动场地，没有专业幼儿教师，幼儿园教育质量低，甚至对于学前儿童发展来讲是不适宜的②。农村以民办园为主体，以公办园为主体的农村学前教育公共服务体系尚未完全建立，政府职能部门对幼儿园管理不到位，管理力度缺乏，在人力、物力、财力方面比较匮乏。随着城镇化的进程，农村地区人口发生变化，但幼儿园数量却相对固定，未进行调整，没有发挥其服务公众的作用；教育资源利用率低，如很多地方在幼儿园建设之初就没进行科学合理的规划和布局，导致很多适龄儿童无园可上。《国务院关于当前发展学前教育的若干意见》颁布之后，政府开始大力扶持民办园，向民办园购买服务，发展普惠性幼儿园，各地区鼓励有条件的民办幼儿园转为普惠性幼儿园。然而对普惠性民办园的监管还不完善。幼儿园"地方负责、分级管理"的监管方式虽然结束了农村幼儿园无人管理、一盘散沙的状态，但也可能导致多头管理、责任不清、体制不明、管理不到位等问题的出现③。在现实媒体报道与相关实地调查中出现的幼儿园安全事故频发、幼儿教育小学化现象严重、园所恶性竞争激烈等问题都与监管机制不健全有着莫大的关系。农村民办园在低成本运作的情况下，办园行为不够规范，为了盈利往往以牺牲质量为代价。

① 步社民.学前教育的市场化之伤——以浙江省部分区域为例[J].教育发展研究，2008（20）：22-27.

② Hu B，Fan X，Ieong S & Li K. Why is group teaching so important to Chinese children's development? [J]. Australasian Journal of Early Childhood，2015，40(1)：4-12.

③ 严仲连，王海英，何静.我国农村学前教育现行发展的主要模式[C]//城乡教育一体化与教育制度创新：2011 年我国农村学前教育国际学术会议研讨会论文集，2011：288-295.

二、缩小城乡学前教育质量差距的政策路径

无论是国外的相关研究①②③④，还是本研究均证明(见第十一章)，学前教育质量高低与儿童短期或长期发展存在显著的相关性；高质量的托幼机构教育对处境不利儿童(由于贫困、特殊需求或其他社会风险因素)的发展能够发挥补偿性功能，具有更加重大的意义；而低质量的学前教育对于处境不利儿童则可能造成更大的伤害。本研究发现农村幼儿园班级教育质量偏低，最终可能会对农村儿童的发展造成不利的影响。那么，如何才能够改变农村学前教育质量低下的格局，缩小城乡学前教育质量差距，保障城乡适龄儿童拥有均等的机会接受有质量的学前教育呢？在广泛考察借鉴国际经验，合理吸收国内地方做法和学者观点的基础上，研究者提出如下几条逐层递进且可选择的政策路径。

(一)建立城乡一体、均衡公平的学前教育投入和管理体制

首先，消除城乡二元经济结构，促进城乡经济协调发展。城乡二元结构是影响学前教育财政投入不均衡的主要因素，因此要实现学前教育均衡发展，必须促进城乡经济协调发展，消除城乡二元结构。促进城乡经济社会一体化发展，要通过统筹城乡协调发展，科学编制城乡规划，把城市和农村、工业和农业作为一个整体统一纳入规划范畴，进而实现城乡资源共享、优势互补、协调发展，并逐步消除城乡差距。通过发展农村经济，提升农村社会资源的配置水平，建立城乡统一的公共服务体制，不断缩小城乡公共服务水平差异，完善农村学前教育管理机制与财政投入体制，逐渐提高农村学前教育水平，构建城乡均衡发展的学前教育体系。

其次，明确各级政府责任，建立城乡一体、均衡公平的学前教育投入。城乡一体化的核心，实质上是资源配置问题，而财政正是解决资源配置问题的主要手段之一⑤，因此，学前教育财政投入是保障学前教育均衡发展的根本。学前教育经费的投入是由各级政府进行落实的，因此明确学前教育财政投入中各级政府的

---

① Campbell F A, et al. Early childhood education: Young adult outcomes from the Abecedarian Project. Applied Developmental Science[J]. 2002, 6(1): 42-57.

② Burchinal M, Roberts J E, Zeisel S A, Hennon E A & Hooper S. Risk and resiliency: Protective factors in early elementary school years [J]. Parenting: Science and Practice, 2006(6): 79-113.

③ Votruba-Drzal E, Coley R L & Chase-Lansdale P L. Child care and low-income children's development: Direct and moderated effects[J]. Child Development, 2004, 75(1): 296-312.

④ Winsler A, Tran H, Hartman S C, Madigan A L, Manfra L & Bleiker C. School readiness gains made by ethnically diverse children in poverty attending center-based childcare and public school pre-kindergarten programs[J]. Early Childhood Research Quarterly, 2008, 23(3): 314-329.

⑤ 徐同文. 城乡一体化体制对策研究[M]. 北京：人民教育出版社，2011.

责任是确保学前教育投入充足的关键。我国学前教育实行的管理体制是"以县为主"，因此县级以及乡镇政府成了学前教育发展的责任主体，而中央及省市级政府则担任宏观调控、引领的角色。因此造成地方基层政府承担了几乎全部的投入责任，而县级政府既要负责义务教育又要负责学前教育，在资金上往往是力不从心。因此应该明确中央、省、地（市）、县、乡镇五级政府共同承担学前教育财政的投入责任，并因地制宜地合理规定五级政府承担的比例与职责义务；发达地区的投入责任可尽量下放，而贫困地区的投入责任应尽量提升到中央及省级；五级政府要划清各级财政的职能范围，明确各级财政在推进城乡一体化发展中的责任。在城乡学前教育一体化背景下，地方政府在规划地方学前教育时，把农村学前教育与城市学前教育一同纳入规划范围，建立城乡一体、均衡公平的学前教育投入，合理配置学前教育资源。地方政府综合考虑城乡学前教育发展状况，把农村学前教育纳入到优先投入的范围，从而在一定程度上促成农村学前教育的普及。

第三，立法保障财政投入，加强对学前教育的监管。在建立城乡一体的学前教育过程中，不仅需要大量的财政投入和政策支持，而且需要建立完善的学前教育相关法律体系，从根本上解决现阶段我国存在的学前财政供投入城乡不均衡、经费资金使用效率低等问题。用法律的形式来明确和合理界定各级政府在学前教育财政投入中的责任，明确规定各级政府在学前教育中财政预算、经费使用、制度管理以及执行监督中的责任，并制定合理的学前教育财政评估以及监督机制。通过法律对政府在学前教育管理中的行为进行约束和规范，保障学前教育获得制度性的投入，为学前教育的均衡发展提供坚实的财政基础和法律保障。相关部门必须结合新形势，进行管理体制改革与创新，切实履行监管职能，规范办园行为，建立城乡一体的有关经费和人员的规范管理制度。

（二）建立以公办园为主体的农村学前教育公共服务体系

长期以来城乡学前教育发展不均衡，城镇学前教育质量远高于农村学前教育质量。《规划纲要》把"重点发展农村学前教育"列为三大任务之一，《意见》也指出"努力构建覆盖城乡、布局合理的学前教育公共服务体系，保障适龄儿童接受基本的、有质量的学前教育"。可见，建立农村学前教育公共服务体系是农村学前教育持续健康发展的重要道路。而构建以公办园为主体的农村学前教育公共服务体系，有利于解决农村地区"入园难、入园贵"的问题，促进农村学前教育质量提升，促进学前教育的均衡发展，实现城乡学前教育公平。

首先，积极发挥公办乡镇中心幼儿园的示范作用，建立布局均衡、覆盖广泛的学前教育服务网络。依托公办乡镇中心幼儿园及其下设的分园和村教学点，建立公办园服务准入机制，强调公办园为中下层群众服务，主要瞄准因经济困难造成无法满足最基本的教育需求的家庭。加大公办园建设投入，积极发挥公办园的普惠性优势，充分满足基本教育公共服务需求。采取"老园带动新园、中心辐射周边、公办引领民办"的"滚动发展"之路，力求实现每个街道、每个乡镇都有一个公办幼儿园。以公办为主导，均衡布局，改建小学为公办园，实现公办幼教资源的高效益扩张；整合小学附设学前班资源；新建优质乡镇公办园，提高公办园的辐射作用和教育质量，进行统一管理，全面带动区域学前教育发展。

第二，努力提高公办园师资队伍的整体水平。公办园幼儿园教师生存状况的好坏及能力素质的高低直接影响其师资队伍的稳定和师资水平的提高。要保证农村学前教育公共服务的质量，应充分认识到师资建设是农村幼儿园教育质量的关键所在。改善幼儿教师的生存状况、提高幼儿教师的专业素质是农村幼儿园建设中刻不容缓的事情。首先按照国家标准配备农村幼儿园幼儿教师，每班两教一保，减轻教学负担，提高教学质量，稳定教师队伍。研究落实有关政策，增加投入逐步提高农村幼儿教师待遇，根据国家的有关规定落实各项福利待遇，保障其应有的工资待遇、职称评定及其他合法权益等，努力落实非公办教师的养老保险、医疗保险和失业保险，对于在偏远地区从事幼教工作的教师，还应该给予特别的补助。大幅增加农村幼儿园教师编制，建立以公办教师为主的师资队伍。同时，要提高幼儿教师的专业素质，充分运用公办园优势和资源，通过开展教师培训工作，引进高水平教师培训课程资源，建立多层次、立体化的教师培训研修体系；开放教研活动，建立幼教资源网络，通过各种有效路径，培养一批能够扎根本土、富有创新精神的幼儿教师。

第三，保障农村儿童接受有质量的学前教育。学前教育公共体系必然以质量为导向，以财政投入为主，逐步减少和消除低质量幼儿园。对大量低质量公办幼儿园，政府应切实履行职责，加大投入，积极推进农村乡镇中心幼儿园的质量提升工程。同时，建立多部门、多层级、网络化、动态化的监管体系，监督低质量幼儿园的办园行为，确保处境不利儿童能够有充足的营养、健康的环境、充足的游戏活动和户外活动，确保这些幼儿园的保教人员能够提供有质量的教育教学和互动，防止"圈养式"和"小学化"。

（三）建立以公共财政投入为主、家长合理分担的农村学前教育成本分担机制，切实减轻农村家长的学前教育缴费负担

2014年教育部工作要点中，"建立完善学前教育成本分担与运行保障机制"开始进入工作日程。目前根据我国经济发展水平和政府财力状况，特别是县级政府财力状况分析，将学前三年教育纳入我国义务教育体系。当前比较可行的政策选择是，实行以政府投入为主、社会投入为辅、学生家庭合理负担的学前教育成本分担机制，[1] 切实减轻农村家长的学前教育缴费负担。

---

① 赵海利. 学前教育成本分担：文献分析的视角[J]. 教育发展研究，2011(24)：14-19.

第一，强化政府主导责任，加大财政投入力度，政府分担的学前教育经费采取三分制：中央分担人员经费中的主要部分，省级分担人员经费中的一定部分，县级分担学前教育的基本建设投入和危房改造等项目[①]，完善学前教育专项投入经费制度，确保学前教育经费专款专用。对幼儿园各项支出进行成本核算，力图准确反映幼儿园所需成本，为政府投入、财政划拨提供依据。当政府对于学前教育成本的分担力度增大时，家庭投入在学前教育总成本中的占比就会相应降低，家庭面临的过重的经济负担亦会减轻，最终实现家庭成本分担的合理化。

第二，制定合理的学前教育收费标准和收费政策。学前教育收费主要用于学校的日常公用经费，收费标准既要保障幼儿园公用经费的正常需要，又要兼顾学生家庭的承受能力。逐步建立学前教育的资助制度，为特困家庭幼儿上学提供生活费用资助。要通过政府拨款和接受捐赠款项等措施，建立起学前教育资助基金。

第三，充分发挥社会力量办园的积极性，积极引导社会资金投入学前教育。社会力量的投入能够在一定程度上减轻政府和家庭的分担压力。政府应在政策和财政上对社会力量办园予以鼓励和支持，但这种鼓励和扶持应建立在严把质量关的基础之上。一要严格幼儿园审批注册制度，坚决取缔以获取暴利为目标、视幼儿成长为儿戏的幼儿园，从源头上保证办园质量。二要完善并严格执行幼儿园年检制度，坚决取缔黑心园及非法办园。

（四）为农村处境特别不利儿童群体提供补偿性高质量教育综合服务

为处境不利儿童提供什么样的教育资源，一直是国际社会改善处境不利儿童关注的重点内容[②]。美国的"开端计划"强调为处境不利儿童提供全面的教育、心理、生活健康保健等服务。联合国教科文组织提出的"生活最佳开端"目标，主要包括"健康、营养、卫生、心理健康、自身发展"五个内容，倡导提高幼儿学前基本公共服务的覆盖率和质量。

第一，面向农村贫困儿童，留守儿童，特殊儿童等实施补偿性教育服务，弥补其家庭环境和社区环境不足以及自身先天不足带来的发展困境，使一些本来没有机会接受学前教育的儿童获得受教育的机会，或者使一些虽然接受了教育但仍处于不利境况的幼儿能够获得更好教育的机会。通过补偿，能使农村学前儿童在教育上获得一些有效的社会支持，使他们至少在教育机会、教育过程中能够得到一些公平的待遇。

---

① 文晶娅，冉铁星. 农村学前教育成本分担机制研究——基于湖北省长阳县的调查[J]. 教育与经济，2013(4)：33-38.

② 徐莉. 区域学前教育公共服务体系构建研究——基于Y市学前教育现状调查[D]. 扬州：扬州大学，2014.

第二，建立面向处境不利儿童的目标定向的资助制度。对全区的处境不利儿童进行摸底盘查，设立专项资金，尝试可行的操作方式（比如，在有质量/高质量公办园为处境不利儿童预留学位；向处境不利儿童家庭发放一定金额幼儿教育补助券），保障贫困、残疾、流动、留守儿童能够接受有质量甚至高质量的学前教育。

第三，关注处境不利儿童身心健康，推行全纳教育。为处境不利儿童提供教育机会，改善教育环境，加强对儿童身心健康发展的关注，并加大相关公共设施的投入，切实为处境不利儿童提供整合的教育资源，推行全纳教育。出台相关政策，保障处境不利儿童可免费接受学前教育和其他的针对性服务，如营养、卫生、诊断、治疗、家庭扶持与指导等。

（五）实施农村学前教育教师待遇倾斜政策、定向培养计划和城乡交流计划，建设数量充足、专业化水平过硬的农村学前教育教师队伍

农村幼儿园办园条件差，教师工资待遇低，尤其农村幼儿园教师待遇极低，有些地区农村幼儿园教师工资与城市幼儿园教师工资的差距就可达 3～4 倍。[1][2]工作环境较差，幼儿教师队伍流动性很大。而教师是幼儿园教育质量保证的核心，因此要为农村学前教育提供一支数量充足、专业化水平过硬的农村学前教育教师队伍。

首先，实施农村学前教育教师待遇倾斜政策。要加强对农村幼儿教师教育的投入，确保幼儿园教师的基本待遇水平，按照有关规定分配幼儿教师的编制，保障农村幼儿教师职称的评定和待遇的提高。同时可考虑对农村幼儿教师实施特殊津贴制度。建立对农村、贫困、边远和少数民族地区幼儿园教师的特殊岗位津贴制度，按照各地不同的经济发展水平、边远贫困程度和在农村工作的年限长短划分等级，经济越落后、越偏远、条件越艰苦的地区教师特殊津贴越高，农村工作年限越长的教师特殊津贴越高。

其次，要建立城乡幼儿教师交流机制，公平合理地调配师资。通过城乡对口帮扶与合作，可提高农村幼儿教育效率，在精神资源、物质资源，尤其是人力资源（幼儿教师）方面给予更多支持，不仅可以提高幼儿教师的思想文化素质，也能够改善幼儿教师的教学和管理质量。城乡教师双向流动可以在一定程度上缓解农村地区师资不足和师资素质较低的困境。

最后，鼓励优秀幼师毕业生到农村任教，优化农村学前教育队伍。通过委托定向培养、进修等多种渠道，培养愿意长期扎根在农村和热爱学前教育事业的幼儿教师。加大对在职教师研训的投入，提高培养培训的经费标准和资助奖励力

---

① 洪秀敏．确实保障幼儿教师权益[N]．中国教育报，2010-07-23（4）．

② 王俊秀．28 年教龄换来 300 元月薪．http://zqb.cyol.com/content/2010-09/16/content_3413806.htm．2010-09-16．

度；同时对农村幼儿园提供技术支持，定期请一些幼教领域的专家或者优秀的幼儿教师到普通幼儿园进行理论宣讲和具体的实践指导，提高农村幼儿教师的专业化水平。

（六）优先实施农村学前一年高质量免费义务教育

《联合国教科文组织：仁川宣言以及教育 2030 行动框架》提出，世界各国尽力保障提供学前一年高质量免费义务教育。在条件成熟时，优先实施农村学前一年高质量的免费义务教育。保障每位农村适龄儿童公平地接受学前一年免费义务教育，同时要制定和实施相关质量标准，确保农村学前一年免费义务教育的师资队伍质量、环境设施质量和课程教学质量。

第一，建立以政府投入为主导的学前一年免费义务教育的专项经费，确保适龄幼儿能够接受学前一年免费义务教育。尤其是贫困边远地区，要确保孩子能够入园，在此基础上有条件的地区进一步发展学前二年和学前三年教育。由政府全额承担起学前一年的教育成本，设立农村学前教育专项经费，可根据农村幼儿学前一年生均成本，制定国家财政投入标准。建立一个适宜于全国大部分农村地区的生均成本参照标准，使得国家对农村学前一年义务教育财政投入有据可参。

第二，确保农村学前一年免费义务教育的师资队伍质量。完善和严格教师准入和聘任制度，保证教师基本质量；同时加强农村学前一年教师队伍建设，建立农村学前一年教师与小学教师共同培养新机制；由县中心幼儿园和县小学出师资，对各类学前教育机构学前一年教师和小学低年级教师共同进行培训，保证教师质量。学前一年纳入义务教育也就意味着学前一年教师和小学教师一样享受国家的编制配置，在编制上，各地根据师生比例，计算教师缺口，上报上级主管部门获得相应的学前一年教师编制；在工资待遇上，学前一年教师的工资达到义务教育阶段教师的水平，同时在工资待遇上体现国家对于农村教师实行倾斜的积极差别待遇政策；在师资培训上，做好学前一年教师在职培训工作，对现有的农村幼儿教师开展有针对性的专业培训。为农村学前教师提供良好环境，稳定和吸引高质量的教师。

第三，要保障农村学前一年高质量免费义务教育的环境设施质量和课程质量。政府制定幼儿园环境和课程质量的标准，并提供指导手册，供幼儿园参考执行。政府相关部门加强对幼儿园的监管与监测，定期进行审查。农村学前一年义务教育主要通过公办到乡镇中心幼儿园或小学附设学前班来实施。在课程编制上，国家组织课程专家，编制农村学前一年课程，提供适宜的教材。从幼小衔接的角度出发，同时考虑到农村现有师资水平以及儿童入学准备等特点，在课程设置上学前一年班级的课程内容与幼儿园大班紧密结合，不仅包括识字算术，还包括社会、科学、健康、艺术等适合综合素质提高的各项内容，应是适合 5～6 岁儿童身心特点又结合农村地区区域特点的课程。

第九章

区域学前教育质量差异：
原因分析与政策路径

本章概要

研究背景：自改革开放以来，我国实施了"梯度发展战略"，促进了我国总体经济发展，但同时也加剧了我国区域经济的不均衡，东中西部三大经济地带之间的差距进一步扩大。东中西部之间经济发展的不均衡制约学前教育的发展。不同区域之间学前教育发展的差距成为我国学前教育事业总体发展面临的严峻挑战之一。从区域差异的视角研究学前教育，对于国家和政府统筹规划不同区域的学前教育发展，制定符合区域特征、有利于缩小区域差距的发展政策，推进学前教育的区域均衡与社会公平，具有重要而深远的意义。在此背景下，本研究旨在通过全国范围大规模实证调查，全面深入地检视不同区域间学前教育的质量差距，分析学前教育质量区域差距的主要原因与影响因素，揭示区域因素影响学前教育质量的作用路径和机制，探讨缩小学前教育质量的区域差距、促进学前教育区域均衡发展的对策。

研究设计与方法：本研究采用分层随机抽样的方法，选取我国东中西部经济发展水平不同的八个省份；根据城乡、办园性质、办园等级等要素，选取193所样本幼儿园；每所样本幼儿园随机选取两个左右不同年龄班进行教育质量的观察评价，最终获得428个班级样本的教育质量数据。在研究工具上，采用李克建、胡碧颖编制的《中国托幼机构教育质量评价量表》(第三版)进行班级教育质量的观察评价；采用幼儿园情况调查表和班级—教师基本信息表获取幼儿园和班级—教师层面的特征变量数据。

研究结果：(1)方差分析结果表明，东中西部的学前教育质量无论是在质量总分还是在七个子量表得分上都存在极其显著的差异；从东部到中部、再到西部，学前教育质量水平呈现显著的梯度下降趋势。(2)在区域层面、幼儿园层面、以及班级—教师层面的结构性变量同样存在显著差距，从东部到中部、再到西部同样呈现出显著的梯度下降格局。（3）回归分析结果显示，区域因素（东中西部）对幼儿园教育质量总体得分以及空间与设施、集体教学、游戏与活动、互动四个方面的质量得分具有显著预测效应，效应量处于中等强度。（4）进一步的分析揭示，区域因素作用于幼儿园教育质量可能的机制和路径是：不同区域的经济社会环境制约区域内幼儿园层面的结构性要素水平，进而制约班级—教师层面的结构性质量，最终对班级教育过程性质量产生影响。

讨论与建议：基于本调查研究的发现和已有研究的考察，研究者认为，造成不同区域间学前教育质量差距的主要原因包括：（1）不同区域经济发展水平的差距影响学前教育质量，其可能作用路径是：第一，经济发展水平——城乡居民收入（购买力与支付能力）——幼儿园经费（收费水平）——园舍设施、教师薪资待遇——教师素质——幼儿园教育质量。第二，经济发展水平——地方政府财政实力与投入水平（学前教育财政性经费投入比例、生均财政投入水平）——幼儿园经费——园舍设施、教师薪资待遇——教师素质——幼儿园教育质量。（2）不同区域社会发展水平的差距影响学前教育发展和质量，其可能路径是：第一，不同区域城镇化水平差距——城镇园比例——幼儿园收费——园舍设施、教师薪资待遇——教师素质——幼儿园质量水平。第二，不同区域人口素质水平——教师资格与素质水平、家长群体的素质水平——幼儿园教育质量。（3）我国东中西部之间的区域差距既有自然的、历史的根源，也有政策导向的原因。这是我国学前教育质量区域差距的主要根源。

　　基于历史与现实的综合考虑，研究者提出推动区域学前教育均衡协调发展，缩小质量差距的政策路径：第一，在国家宏观战略上，加快中部崛起与西部大开发的改革与发展进程；在国家的统筹协调下，率先发展起来的东部应回馈和支持中西部，推动经济社会区域均衡发展。这是所有与区域发展不平衡有关的问题逐步得以解决的根本路径。第二，中央政府应加大区域统筹力度，逐步加大中西部学前教育专项经费支持力度，保障并提升中西部学前教育经费保障水平。第三，加强中西部地区学前教育师资队伍建设，保障幼儿园教师地位和待遇，建立合格的专业化师资的培养与补充机制，提高中西部地区学前教育师资队伍素质水平。第四，国家统筹协调建立东部对中西部的对口支援和帮扶项目，东部地区为中西部地区学前教育发展和质量提升提供智力支持和其他可能的资源支持。第五，中西部省级政府应提高对学前教育的重视程度，加大投入，同时应加快小学附属幼儿园独立建制和剥离。第六，提高学前教育质量意识，有质量地推进中西部的学前三年教育普及进程；将来条件成熟时，优先从中西部农村地区实施学前一年高质量的免费义务教育。

第一节 区域差异下的学前教育质量

一、研究背景

（一）区域学前教育

自改革开放以来，我国实施了"梯度发展战略"，将我国的经济发展重点转向东部沿海地区，目的是使整个经济发展呈现由东到西逐步推进的态势。该战略的实施促进了我国总体经济的极大发展，但同时也使我国的区域经济处于严重失衡的状态①，而失衡的表现之一就是东中西部三大经济地带之间的差距进一步扩大化。当然，这个差距不仅仅局限于经济领域，而是广泛影响到社会领域和教育领域，当然包括学前教育。国内外大量研究表明，学前教育作为终身教育的开端和基础教育的基础，对个体的终生成长以及社会未来的繁荣与安定都有着极其重要而深远的影响。基于对学前教育重要性的认识，自 2010 年以来，我国政府采取了一系列政策行动，大力发展学前教育，并把提高质量作为学前教育改革发展的重要内容之一，以保障适龄儿童接受基本而有质量的学前教育。但在区域经济发展不平衡性的制约作用下，学前教育发展也呈现明显的区域差异。学前教育发展的区域差距已经成为我国学前教育事业总体发展和政策制定过程中面临的严峻挑战之一。

在这一背景下，从区域差异的视角研究学前教育，有利于国家和政府协调区域学前教育之间的统筹规划和发展，制定符合区域特征、有利于缩小区域差距的学前教育相关政策，以促进学前教育的区域协调发展，缩小区域差距，促进学前教育的区域均衡和社会公平，具有重要而深远的意义。

（二）研究综述

1. 概念界定

（1）区域

胡佛认为区域是有助于描述、分析、管理、计划或公共政策的制定和实施的一片地区，它可以按照区域内部的同质性或功能一体化原则来划分②。从胡佛所提出的概念中可知，具有某些相同性质或功能的地区才会被划入同一区域。安筱鹏③则认为区域可划分为行政区域和经济区域。所谓行政区域，即根据一个国家

---

① 骆许蓓. 论我国区域经济的现状、问题和发展战略[J]. 生产力研究，1998(2)：7-12.

② 胡佛，杰莱塔尼. 区域经济学导论[M]. 郭万清，译. 上海：上海远东出版社，1992：220-226.

③ 安筱鹏. 城市区域协调发展的制度变迁与组织创新[D]. 长春：东北师范大学，2004.

的行政区来界定的区域，而经济区域是根据经济特征来界定的区域，比如，我国的东部、中部、西部。在本研究中，研究者主要对我国东部、中部、西部三个大的经济区域的学前教育质量差距进行了分析。

（2）学前教育质量

本文是在狭义的意义上使用"学前教育"这一概念，是指托幼机构所提出的教育服务；在我国的情景中，主要是指幼儿园以及其他一些托幼机构所提出的教育服务。因而，本研究中，"学前教育质量"主要是指面向 3～6 岁儿童的幼儿园教育质量。

在国际早期教育研究领域，托幼机构教育质量一般包括：结构性质量，是指托幼机构－班级－教师层面一些制约性要素的质量，比如空间与设施、班级规模、生师比、教师资格等；过程性质量，是指各类保教活动、人际互动过程的质量，比如生活活动、游戏活动、教学活动、师幼互动、同伴互动等[1]。本研究中，学前教育质量是指幼儿园总体性教育环境质量，包括幼儿园和班级的空间与设施、生活照料活动、课程计划与实施、集体教学、游戏与活动、人际互动以及对家长与教师的支持等方面。

2. 区域学前教育质量的研究综述

崔方方、洪秀敏通过对我国 31 个省区的入园率、生师比、专科及以上学历教师所占比例和生均教育经费指数四项指标，分析了我国 2008 年的学前教育基本现状，发现我国学前教育发展存在区域不均衡状况，具体表现为中西部地区毛入园率低、幼儿教师数量和质量参差不齐[2]。刘强也认为我国学前教育发展处于非均衡的状态，其中一个重要表现就是幼儿园布局的非均衡。具体表现为：经济发达地区的幼儿园数量多、分布较合理，而经济欠发达的地区幼儿园数量少，布局不合理[3]。同样，教育资源、师资结构、保教质量也存在区域不均衡的问题。刘占兰、高丙成[4]则运用自己编制的"学前教育综合发展指数"体系，分析了我国 30 个省（市）及东中西部地区学前教育发展水平差距。结果显示，东部地区的学前教育发展水平最高，其次为中部地区，最后为西部地区，且东部地区和西部地区各省份间学前教育发展水平差异显著。

---

① 周欣. 托幼机构教育质量的内涵及其对儿童发展的影响[J]. 学前教育研究，2003(7-8)：34-38.

② 崔方方，洪秀敏. 我国学前教育发展区域不均衡、现状原因与建议[J]. 教育发展研究，2010(24)：20-24.

③ 刘强. 区域联盟：学前教育均衡发展的路径选择[M]. 教育导刊，2011(7)：12-16.

④ 刘占兰，高丙成. 中国学前教育综合发展水平研究[J]. 教育研究，2013(4)：30-37.

汪永臻、赵跟喜[1]从东中西部这三个区域的自然条件差异、经济基础的差异、政策环境的差异、思想观念的差异以及公民素质的差异探讨了我国学前教育事业的发展现状及其不均衡的原因。他们认为区域社会经济差异直接影响到学前教育的发展，提出缩小地区的经济差异将会对实现地区乃至全国的教育均衡发展产生积极的意义。刘强也认为，东中西部的社会经济差异直接影响到三大区域学前教育的发展，加剧了区域学前教育发展的不均衡[2]。张雪、袁连生、田志磊指出，地区社会经济发展水平及人口结构因素也对学前教育发展有显著影响[3]。因此，不同地区的社会经济发展水平与地区学前教育发展水平密切相关。[4]

综上所述，已有研究主要探讨了区域学前教育发展水平的不均衡现状，涉及一些结构性要素水平的差距，以及社会经济发展水平对学前教育发展水平的影响。但是以上研究基本没有涉及幼儿园教育环境质量，尤其是班级教育过程性质量。因此，从幼儿园总体性教育环境质量（包括班级过程性教育质量）的视角透视区域学前教育质量差异，正是本研究的价值所在。

（三）研究目的

如前所述，在诸多因素的影响下，东中西部的区域差距已经成为我国学前教育事业发展面临的严峻挑战之一。在此背景下，本研究旨在通过全国范围大规模实证调查，全面深入地检视不同区域间学前教育的质量差距，分析学前教育质量区域差距的主要原因与影响因素，揭示区域因素影响学前教育质量的作用路径和机制，探讨缩小学前教育质量的区域差距、促进学前教育区域均衡发展的对策。

（四）研究问题

基于上述目的，本研究的具体问题包括：

(1)我国东中西部学前教育质量是否存在显著性差异？差距状况如何？

(2)区域变量是否与学前教育质量存在显著性相关？

(3)区域变量是否对学前教育质量具有显著的预测效应？

(4)区域变量如何通过幼儿园层面、班级—教师层面结构性要素最终影响幼儿园班级的教育质量？

---

① 汪永臻，赵跟喜. 社会经济区域差异对学前教育非均衡发展的影响[J]. 宝鸡文理学院学报(社会科学版)，2014(10)：130-134.

② 刘强. 学前教育城乡均衡发展的理论与实践[M]. 南京：南京大学出版社，2011：130.

③ 张雪，袁连生，田志磊. 地区学前教育发展水平及其影响因素分析[J]. 教育发展研究，2012(20)：6-11.

④ 崔方方，洪秀敏. 我国学前教育发展区域不均衡、现状原因与建议[J]. 教育发展研究，2010(24)：20-24.

二、研究方法

（一）样本

首先，本研究采取分层抽样和目的性抽样相结合，根据地理位置和经济社会发展水平的代表性，从东中西部抽取样本省市。其中，东部为浙江省，中部为安徽省、吉林省及湖南省，西部为四川省、贵州省、云南省及重庆市。其次，采用分层随机抽样的方法，根据各省份内部区域的经济社会发展水平高低，确定地级市级县（区）样本。最终，共获取 8 个省市的 16 个地级市的 38 个县区样本。再次，采用分层随机抽样的方法，根据样本县区幼儿园在城乡所在地、办园性质、办园等级上的分布结构确定样本幼儿园的比例和数量，最终共获取 193 所幼儿园。其中东部 86 所，中部 43 所，西部 64 所。最后，从每所幼儿园中随机选取 2～3 个不同年级的班级，最共获取 428 个班级。其中，东部共有 167 个班级，中部共有 90 个班级，西部共有 171 个班级（全国区域—幼儿园—班级的抽样框架见表 9.1.2.1）。样本班级在城乡、办园性质、办园等级上的分布情况见表 9.1.2.2。

表 9.1.2.1　全国区域—幼儿园—班级抽样框架

区域	省(市)	市	县区	幼儿园	班级
东部	浙江省	6	16	86	167
合计	1	6	16	86(44.5%)	167(39.0%)
中部	安徽省	1	21	12	24
	吉林省	2	43	5	14
	湖南省	3	52	26	52
合计	3	6	11	43(22.3%)	90(21.0%)
西部	四川省	1	3	12	35
	贵州省	1	6	11	33
	云南省	1	1	11	22
	重庆市	1	1	30	81
合计	4	4	11	64(33.2%)	171(40.0%)
总计	8	16	38	193(100%)	428(100%)

表 9.1.2.2　全国样本班级分布结构（$N=428$）

	办园等级			办园性质			所在地性质		
	高	中	低	教育 部门办	其他 部门办	小学 附设	民办	城镇	乡村
东部	37(22%)	60(36%)	70(42%)	46(27%)	42(25%)	8(5%)	71(43%)	110(66%)	57(34%)
中部	13(15%)	20(22%)	57(63%)	15(17%)	21(23%)	12(13%)	42(47%)	46(51%)	44(49%)
西部	16(9%)	28(17%)	127(74%)	34(20%)	5(3%)	30(18%)	102(59%)	82(48%)	89(52%)
总计	66(15%)	108(25%)	254(60%)	95(22%)	68(16%)	50(12%)	215(50%)	238(56%)	190(44%)

注：表中数据为频数（百分比）。

（二）工具

1.《中国托幼机构教育质量评价量表》（第三版）

本研究采用了李克建、胡碧颖等研制的《中国托幼机构教育质量评价量表》（第三版）[①]（以下简称《质量量表》）。该量表借鉴了《幼儿学习环境评价量表》（修订版）（ECERS-R）[②]等国际知名托幼机构质量评价工具的概念框架，是基于中国幼儿园教育情境而研发的班级教育质量的观察评价工具。《质量量表》采用"子量表—项目—子项目—等级指标—精细指标"的层级架构，包含 7 个子量表（包括：空间与设施、保育、课程计划与实施、集体教学、游戏与活动、互动、家长与教师）、53 个评价项目、160 个子项目、1127 个精细指标。每个子项目采用李克特 9 点评分方法，由低到高分别为：1 分为"不适宜"，3 分为"最低要求"，5 分为"合格"，7 分为"良好"，9 分为"优秀"；子项目得分为 1～9 的自然数；项目得分为所包含的多个子项目得分的均值；子量表得分为所含的多个项目得分的均值；整个量表得分为整个量表所有被评价项目得分的均值；因而，项目得分、子量表得分和量表总分均处于 1～9 分，这样的分值能够直观反映所观察班级的质量水平。

效度验证研究结果表明[③]，《质量量表》的第一版已经表现出良好的测量学特性，包括：具有良好的评分者间一致性信度（K《质量量表》）和内部一致性信度（子量表及总量表的 Cronbach's α 处于 0.826～0.964）；同时，具有良好的内容效度、同时效度、效标效度、结构效度和区分能力，与儿童发展结果具有显著的相

---

① 李克建，胡碧颖. 中国托幼机构教育质量评价量表. 2015. 未出版评价工具.

② Harms T，Clifford R M & Cryer D. Early Childhood Environment Rating Scale-Revised Edition[M]. NY：Teachers College Press，2005.

③ Li K，Hu B，Pan Y，Qin J & Fan X. Chinese Early Childhood Environment Rating Scale (trial) (CECERS)：A validity study[J]. Early Childhood Research Quarterly，2014，29(3)，268-282.

关性；因而，《质量量表》是我国文化背景下幼儿园教育质量的有效评价工具。

在本研究中，《质量量表》表现出更加卓越的测量信度。在 53 个评价项目上，评分者间一致性信度系数（Kappa）处于 0.611～0.883，均值为 0.778；在七个子量表上，评分者间一致性信度系数处于 0.833～0.954，均值为 0.888。七个子量表的内部一致性信度系数（Cronbach's α）处于 0.886～0.953，总量表为 0.967。对于这类复杂的观察性评价量表而言，这样的评分者间一致性信度和内部一致性信度可以被认为是处于较高水平。优秀的信度水平保证了本研究数据的可靠性。

2. 幼儿园、班级—教师调查问卷

本研究通过《幼儿园情况调查问卷》和《**幼儿园班级—教师基本信息表**》来采集幼儿园层面的基本信息（名称、所在地、办园性质、园所等级、规模、师资队伍、经费等），班级层面的基本信息（年龄组、人员配备、幼儿数量、年龄范围、民族分布、是否有特殊需求等），以及班级教师的基本信息（年龄、教龄、学历、专业、资格证、职称、编制、培训情况等）。

3. 数据采集和分析

2012 春季至 2015 春季历时三年，116 名受过训练的观察评估员先后访问了八个样本省份 193 所幼儿园的 428 个班级，运用《质量量表》进行了观察测量。每次班级观察的时间为 6 个小时（上午 4 小时，下午 2 小时），加上幼儿午休期间 0.5 小时左右对班级教师的访谈，以获取无法观察的有关信息。为提高观察测量的信度，本研究采用 2 名评分员同时进入一个班级各自独立进行观察和评分；各自评分完成后作为小组进行合议，对不一致的项目进行讨论，最终给出小组一致的评分。

调研人员在到达幼儿园和进入所观察班级时，分别向园长和班级教师发放《幼儿园情况调查问卷》和《幼儿园班级—教师基本信息表》；在当天结束班级观察离开幼儿园之前，回收问卷。

评估员将收集到的样本数据（班级质量观察数据、幼儿园班级—教师变量数据）进行编码、输入。研究者对数据进行整理与匹配后，使用 SPSS19.0 对其进行分析。

第二节　区域学前教育质量差距的表现

一、东中西部学前教育质量状况与质量差距

本研究中，学前教育质量包括幼儿园的空间与设施、保育、课程计划与实

施、集体教学、游戏与活动、互动、家长与教师等七个方面的质量。研究者主要从这些方面来描述东中西部学前教育的质量，并检验学前教育质量的区域差距，结果见表 9.2.1.1。

表 9.2.1.1　东中西部学前教育质量得分的描述性统计及方差分析

		东部地区 (N=167)		中部地区 (N=90)		西部地区 (N=171)		F	η^2
		M	SD	M	SD	M	SD		
一	空间与设施	6.03	1.23	5.20	0.98	4.18	1.14	110.08***	0.34
二	保育	6.15	1.23	5.29	1.22	4.35	1.46	78.88***	0.27
三	课程计划与实施	5.47	1.26	4.09	1.28	4.11	1.41	53.51***	0.20
四	集体教学	6.00	1.05	4.72	0.93	4.34	1.50	81.33***	0.28
五	游戏与活动	4.48	1.48	3.20	1.26	2.94	1.50	52.33***	0.20
六	互动	6.00	1.04	4.96	1.00	4.33	1.32	89.67***	0.30
七	家长与教师	6.39	1.19	5.56	1.16	4.80	1.30	69.93***	0.26
质量总分		5.79	1.09	4.68	0.96	4.15	1.19	95.02***	0.31

注：*** $p < 0.001$。

表 9.2.1.1 显示，东部地区学前教育总体质量（《质量量表》总分）达到"合格"（5分）水平以上（$M=5.79$；$SD=1.09$）。七个子量表得分均值处于 4.48～6.39；其中六个子量表得分均达到合格水平；子量表五游戏与活动得分最低（$M=4.48$；$SD=1.48$），未达到"合格"水平；子量表七家长与教师得分最高（$M=6.39$；$SD=1.19$），但是仍然没有达到"良好"（7分）水平。

中部地区学前教育总体质量（《质量量表》总分）未达到但相对接近"合格"（5分）水平（$M=4.68$；$SD=0.96$）。七个子量表得分均值处于 3.20～5.56；其中仅三个子量表得分均达到合格水平；同样是子量表五游戏与活动得分最低（$M=3.20$；$SD=1.26$），刚达到"最低要求"（3分）水平；子量表七家长与教师得分最高（$M=5.56$；$SD=1.16$），但仅仅是达到"合格"（5分）水平。

西部地区学前教育总体质量（《质量量表》总分）远未达到"合格"水平（$M=4.15$；$SD=1.19$），处于"最低要求"。七个子量表得分均值处于 2.94～4.80，均未达到"合格"水平；同样是子量表五游戏与活动得分最低（$M=2.94$；$SD=1.50$），接近但未达到"最低要求"水平；子量表七家长与教师得分最高（$M=4.80$；$SD=1.30$），接近但未达到"合格"水平。

图 9.2.1.1 直观地呈现了我国东中西部在幼儿园教育质量各项指标上的对比情况。首先，在学前教育各项质量指标上，东中西部呈现了某些共同的变化趋势，比如得分最高的均为家长和教师（该子量表主要依据访谈信息进行评分），得

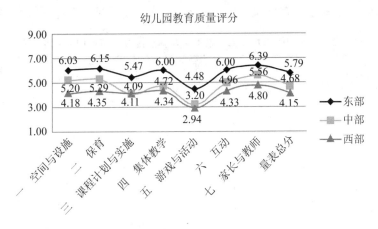

图 9.2.1.1 东中西部幼儿园班级《质量量表》得分比较

分最低的均为游戏与活动。从差异上看，东部地区的学前教育质量得分的均值无论是在质量总分还是在各个子量表得分上都高于中部和西部。中部地区在总体质量得分以及空间与设施、保育、互动以及家长与教师等四个子量表得分上明显高于西部（分差在 0.5 分以上）；但在集体教学质量、游戏与活动质量上，中西部之间差距不大（分差小于 0.5），甚至在课程计划与实施子量表得分上，中西部非常接近且中部略低（分差为-0.02）。

为检验东中西部区域的学前教育质量是否存在显著性差异，研究者对不同区域的幼儿园班级在《质量量表》总分及七个子量表上的得分进行了方差分析。

结果表明（见表 9.2.1.1），东中西部的学前教育质量无论是在质量总分还是在七个子量表得分上都存在极其显著的差异。为了进一步确定差异存在于哪两类地区之间，研究者进行了事后多重检验。结果表明，东部地区在学前教育总体质量及七个方面的质量上都显著优于中西部地区（$p < 0.05$）。中部地区在学前教育总体质量以及空间与设施、保育、集体教学、互动、家长与教师五个方面的质量上显著优于西部地区（$p < 0.05$），但在课程计划与实施、游戏与活动质量上，中部与西部之间不存在显著性差异（$p > 0.05$）。总体而言，东部地区学前教育质量水平最高，其次为中部地区，最后为西部地区。

二、东中西部学前教育总体质量分布情况的差距

为了解东中西部区域学前教育总体质量（《质量量表》总分）的分布情况，研究者采用了两种分层方法。第一种分层方法，根据《质量量表》本身对分值的界定，分为 5 个层级：不适宜＝1.00～2.99 分，最低要求＝3.00～4.99 分，合格＝5.00～6.99 分，良好＝7.00～7.99 分，优秀＝8.00～9.00 分；第二种分层方法，基于量表对分值的界定，结合我国学前教育政策分析的需求，分为三个层级：低

质量＝1.00～4.99分，有质量＝5.00～6.99分，高质量＝7.00～9.00分。

表 9.2.2.1　东中西部学前教育总体质量分布情况（N＝428）

		东部		中部		西部	
		N	（%）	N	（%）	N	（%）
分层方法一	优秀	1	0.6	0	0	1	0.6
	良好	23	13.8	0	0	0	0
	合格	97	58.1	35	38.9	47	27.5
	最低要求	45	26.9	52	57.8	94	55.0
	不适宜	1	0.6	3	3.3	29	16.9
	总计	167	100	90	100	171	100
分层方法二	高质量	24	14.4	0	0	1	0.6
	有质量	97	58.1	35	38.9	45	26.3
	低质量	46	27.5	55	61.1	125	73.1
	总计	167	100	90	100	171	100

从表9.2.2.1可知，在第一种分层方法中，不管东部、中部还是西部地区，学前教育质量水平处于"优秀"水平的样本班级非常少；而处于"良好"水平的只有东部地区的样本班级（13.8%），中部地区和西部地区的占比都为0。其次，东部地区的学前教育质量水平大部分（73.4%）处于"合格"水平线及以上，而中部地区及西部地区的学前教育质量水平大部分处于"不适宜"到"最低要求"之间，占比分别为61.1%及71.9%。

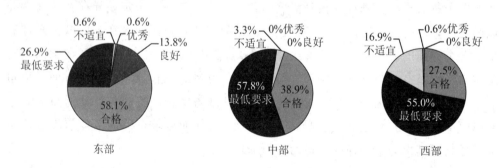

图 9.2.2.1　东中西部学前教育总体质量层级分布情况（五级分层）

由图9.2.2.1可见，东部地区的学前教育质量水平仅有0.6%处于"优秀"水平，处于"良好"水平的也仅为13.8%，处于"合格"水平的则达到了58.1%，但是仍然有26.9%的样本班级质量处于"最低要求"的水平。中部地区的学前教育质量得分主要分布在"最低要求""合格"及"不适宜"这三个层面，其中，"最低要求"的占比为57.8%，"合格"的占比为38.9%，"不适宜"的占比为3.3%。西部地区的学前教育质量得分达到"合格"线及以上的仅为28.1%，而其他的则主要是分布在"最低要求"及"不适宜"这一层面上，占比达到了 71.9%。

图 9.2.2.2　东中西部学前教育总体质量层级分布情况（三级分层）

在第二种分层方法中（见表 9.2.2.2），无论东部还是中部、西部地区，学前教育总体质量处于"高质量"水平的样本班级都非常少，中部地区的占比甚至为 0。其次，东部地区 72.5% 的样本班级达到了"有质量"及以上水平，而中部地区能够达到"有质量"水平的样本班级仅为 38.9%，西部地区甚至仅为 26.3%。由此可见，中部地区及西部地区的学前教育质量绝大多数是处于"低质量"的水平。

由图 9.2.2.2 可见，东部地区仅有 14.4% 的样本班级处于"高质量"水平，58.1% 处于"有质量"水平，但是仍然有 27.5% 处于"低质量"水平。中部地区的学前教育质量得分主要分布在"有质量"及"低质量"层面上，其中，"有质量"的占比为 38.9%，"低质量"占比 61.1%。西部地区的学前教育质量得分：其中有 73.1% 处于"低质量"水平，而处于"有质量"的及以上的占比仅为 26.9%。

第三节　区域因素对学前教育质量的作用路径探析

一、幼儿园教育结构性要素的区域差异分析

通过上述分析可知，东中西部地区学前教育质量水平高低不同且存在显著性差异。那么，为什么不同区域的学前教育质量存在显著性差异？区域因素是如何影响学前教育质量的？

为了更清晰地分析区域如何影响学前教育质量水平，研究者首先分析了区域层面、幼儿园层面、班级—教师层面可能影响学前教育质量的结构性变量的区域差异。区域层面变量包括：区域等级、是否东部、人均 GDP（国内生产总值）。幼儿园层面变量包括：所在地性质（城镇—乡村）、办园性质（公办—民办）、班级总数、在园幼儿总数、专任教师总数、教师平均月收入、生均月保教费。班级—教师层面变量包括：注册幼儿总数、配备保教人员数、在场生师比、教师教龄、第一学历（是否大专及以上）、第一学历专业（是否学前教育专业）、最高学历（是

否本科及以上)、最高学历专业(是否学前教育专业)、有无教师资格证、有无编制、有无职称。

(一)区域层面变量

区域等级:东部—中部—西部分别为高—中—低,对应编码为3—2—1。

是否东部:编码方式为东部＝1,中西部＝0。

人均GDP:研究者从国家统计局官网中查得各样本省份的人均GDP(年份与学前教育质量调查年份保持一致),再求其平均值,作为本研究中东中西部地区的人均GDP。其中,东部地区的人均生产总值最高,为62936.41元;西部地区次之,为38385.42元;中部地区最低,为35892.16元。通过对东中西部地区的人均GDP进行差异检验,结果发现差异及其显著[$F_{(2.425)} = 696.30$,$p < 0.001$,$\eta^2 = 0.77$];事后多重检验结果表明,东部显著高于中部和西部;中部和西部之间没有显著差异。

(二)幼儿园层面变量

表9.3.1.1 东中西部地区幼儿园层面结构性变量描述性统计与差异检验

变量	东部 (N=167)		中部 (N=90)		西部 (N=171)		差异检验	
	%/M	(SD)	%/M	(SD)	%/M	(SD)	F/X^2	η^2
城镇园比例	65.87		51.11		47.95		11.92**	
公办园比例	57.49		53.33		40.35		10.50**	
班级总数	9.34	5.39	7.60	3.83	5.98	3.40	24.23***	0.11
在园幼儿总数	306.96	179.71	229.46	140.73	219.52	145.04	13.74***	0.06
专任教师总数	18.68	12.92	15.35	10.98	11.05	10.32	17.80***	0.08
教师平均月收入	3192.84	4469.57	1692.90	767.02	1851.39	750.95	8.96***	0.05
生均月保教费	347.00	283.07	297.27	150.36	197.21	113.71	17.70***	0.09

注:***,$p < 0.001$;**,$p < 0.01$下同。

由表9.3.1.1可知,在东中西部三个地区中,东部地区的城镇园与公办园占比最高,其次是中部地区,最后是西部地区。卡方检验的结果表明,东中西部地区拥有城镇园及公办园的数量具有显著性差异。从东中西部地区的班级总数、在园幼儿总数、专任教师总数、教师平均月收入及生均月保教费来看,东部地区最高,中部地区次之,西部地区最后。但是,西部地区的教师平均月收入高于中部地区。从各地区的标准差来看,东中西部地区的内部差异非常大。当然,这种差异不仅存在于内部。方差分析的结果表明,东中西部地区在班级总数、在园幼儿总数、专任教师总数、教师平均月收入及生均月保教费上存在显著性差异。事后检验的结果表明,东部地区在班级总数、在园幼儿总数、专任教师总数、教师平均月收入上均显著高于中部和西部地区（$p<0.05$）。东部地区在生均月保教费显著高于西部地区（$p<0.05$），但与中部地区之间差异不显著（$p>0.05$）。中部地区班级总数、专任教师总数及生均月保教费显著高于西部地区（$p<0.05$），但是在园幼儿总数、教师平均月收入方面，不存在显著性差异（$p>0.05$）。

（三）班级—教师层面变量

表 9.3.1.2　东中西部班级—教师层面结构性变量描述性统计与差异检验

变量	东部 （$N=167$）		中部 （$N=90$）		西部 （$N=171$）		差异检验	
	%/M	(SD)	%/M	(SD)	%/M	(SD)	F/X^2	η^2
班级注册幼儿总数	35.18	7.61	31.30	9.55	37.52	12.37	10.60***	0.051
配备保教人员数	2.37	0.66	2.34	0.76	1.99	0.86	10.95***	0.053
在场生师比	19.78	8.17	20.93	0.14	29.65	14.68	33.62***	0.147
教龄	9.44	6.63	7.12	7.71	9.28	8.32	2.99***	0.015
第一学历（大专及以上比例）	31.1		36.7		19.3		5.63	
最高学历（本科及以上比例）	35.9		22.2		15.2		14.15**	
第一学历专业（学前教育比例）	75.4		56.7		38.6		34.23***	
最高学历专业（学前教育比例）	65.9		51.1		47.4		6.24*	
教师资格证（持证比例）	72.5		76.7		48.5		16.65**	
编制（有编制比例）	31.1		18.9		22.8		5.16	
职称（有职称比例）	52.7		27.8		24.6		34.11	

注：*，$p<0.05$；**，$p<0.01$；***，$p<0.001$。

由表 9.3.1.2 可知，东中西部地区在班级注册幼儿总数、配备保教人员数、在场生师比、教龄上存在显著性差异。事后检验的结果表明，东部地区在班级注册幼儿总数及教龄上显著高于中部地区（$p<0.05$），但是在配备保教人员数及在场生师比上不存在显著性差异（$p>0.05$）。东部地区在配备保教人员数及在场生师比上显著优于西部地区（$p<0.05$），但是在班级注册幼儿总数、教龄上不存在显著性差异（$p>0.05$）。中部地区在班级注册幼儿总数、配备保教人员数及在场生师比上与西部地区存在显著差异（$p<0.05$），但是在教龄上不存在显著性差异（$p>0.05$）。同时，东部地区在幼儿园教师最高学历、第一学历专业（学前教育比例）、最高学历专业（学前教育比例）、有编制、有职称的比例最高，其次为中部地区，最后为西部地区。在第一学历及教师资格证的占比上，中部地区最高，东部地区次之，西部地区最低。卡方检验的结果表明，这三个地区在最高学历、第一学历专业（学前教育比例）、最高学历专业（学前教育比例）及教师资格证的占比上存在显著差异。

二、相关分析

（一）各层面变量内部的相关性

为探索各层面变量内部间的相互关系，研究者进行了一系列的相关分析，结果如下。

表 9.3.2.1　区域层面变量间的二元相关

	区域等级	人均 GDP
人均 GDP	0.78***	
是否东部	0.91***	0.88***

注：1. 区域等级：3＝东部，2＝中部，1＝西部；是否东部：1＝东部；0＝中部和西部。
2. ***，$p < 0.001$。

表 9.3.2.2　幼儿园层面变量间的相关性（$N = 428$）

	是否城镇	是否公办园	班级总数	在园幼儿总数	专任教师总数	教师平均月收入
是否公办园	0.03					
班级总数	0.50***	0.31***				
在园幼儿总数	0.45***	0.38***	0.92***			
专任教师总数	0.56***	0.40***	0.93***	0.87***		
教师平均月收入	0.19***	0.21***	0.18***	0.17***	0.21***	
生均月保教费	0.42***	0.08	0.42***	0.33***	0.47***	0.19***

注：1. 是否城镇：1＝是，0＝否；是否公办园：1＝是，0＝否。
2. ***，$p < 0.001$。

表 9.3.2.3　班级—教师层面变量间的相关性（$N = 428$）

	第一学历	最高学历	第一学历专业	最高学历专业	教师资格证	在场生师比	编制	职称	教龄	班级配备保教人员数
最高学历	0.25***									
第一学历专业	0.00	0.16**								
最高学历专业	−0.02	−0.19***	0.43***							
教师资格证	0.21***	0.40***	0.30***	−0.03						

	第一学历	最高学历	第一学历专业	最高学历专业	教师资格证	在场生师比	编制	职称	教龄	班级配备保教人员数
在场生师比	-0.11^*	-0.19^{***}	-0.22^{***}	-0.09	-0.24^{***}					
编制	0.10^*	0.51^{**}	0.22^{***}	-0.20^{***}	0.40^{***}	0.01				
职称	0.00	0.41^{***}	0.37^{***}	-0.08	0.50^{***}	-0.15^{**}	0.55^{***}			
教龄	-0.25^{***}	0.11^*	0.03	-0.10^*	0.15^{**}	0.09	0.34^{***}	0.39^{***}		
班级配备保教人员数	0.15^{**}	0.34^{***}	0.27^{***}	0.07	0.46^{***}	-0.48^{***}	0.25^{***}	0.33^{***}	0.02	
班级注册幼儿总数	-0.05	0.05	-0.04	-0.05	-0.04	0.67^{***}	0.20^{***}	0.08	0.17^{**}	-0.05

注：1. 变量编码方式：第一学历：1＝大专及以上，0＝中专及以下；最高学历：1＝本科及以上，0＝大专及以下；第一学历专业：1＝学前教育，0＝其他；最高学历专业：1＝学前教育，0＝其他；教师资格证：1＝有，0＝无；编制：1＝有，0＝无；职称：1＝有，0＝无。
2. *，$p<0.05$；**，$p<0.01$；***，$p<0.001$。

表 9.3.2.1、表 9.3.2.2 及表 9.3.2.3 分别呈现了各层面变量间的二元相关。表 9.3.2.1 显示，区域等级、人均 GDP 及是否为东部存在高度相关（$r>0.6$），因此在后面的回归分析中必须分别作为预测变量进行单独分析，以避免多重共线性；研究者优先选择区域等级这一变量作为预测变量进行了回归分析。从表 9.3.2.2 可知，班级总数、专任教师总数及在园幼儿总数间存在高度相关，而这三个因素在后面的回归分析中是作为协变量参与分析的，因此同样为了避免多重共线性，只保留班级总数继续参与后面的分析。从表 9.3.2.3 可知，班级—教师层面变量中，班级注册幼儿总数与在场生师比之间相关性较高；其他各变量间基本上不存在高度相关。

（二）区域层面变量与幼儿园—班级—教师层面变量间的相关性

接下来，研究者分析了区域层面变量与幼儿园层面变量以及班级—教师层面变量间的相关性。相关分析结果如下。

表 9.3.2.4　区域层面变量与幼儿园层面变量的相关性（$N=428$）

	是否城镇	是否公办园	班级总数	教师平均月收入	生均月保教费
人均 GDP	0.09	0.08	0.19^{***}	0.20^{***}	0.20^{***}
区域等级	0.16^{**}	0.15^{**}	0.33^{***}	0.20^{***}	0.30^{***}
是否东部	0.17^{**}	0.12^*	0.30^{***}	0.22^{***}	0.26^{***}

注：*，$p<0.05$；**，$p<0.01$；***，$p<0.001$。

表 9.3.2.5　区域层面变量与班级—教师层面变量的相关性（*N*＝428）

	班级注册幼儿总数	班级配备保教人员数	在场生师比	教龄	第一学历	最高学历	第一学历专业	最高学历专业	教师资格证	编制	职称
人均 GDP	0.05	−0.06	−0.10	0.09	0.10	0.10	0.18***	0.07	0.01	0.02	0.24***
区域等级	−0.09	0.21***	−0.36***	0.01	0.08	0.18**	0.30***	0.11*	0.16**	0.08	0.27***
是否东部	0.00	0.16**	−0.27***	0.06	−0.11*	−0.15*	0.28***	0.13*	0.10	−0.04	0.29***

注：*，*p*＜0.05；**，*p*＜0.01；***，*p*＜0.001。

表 9.3.2.4 与表 9.3.2.5 呈现了区域层面变量与幼儿园层面变量及班级—教师层面变量间的二元相关分析结果。表 9.3.2.4 表明，区域等级、是否东部两个变量与幼儿园层面各个变量均存在显著相关；而人均 GDP 只与班级总数（反映幼儿园规模）、教师平均月收入及生均月保教费（幼儿园经费水平）存在显著性相关。表 9.3.2.5 表明，区域层面的三个变量均与班级—教师层面的第一学历专业（反映教师队伍专业化程度）及职称（反映教师经验水平）存在显著相关；而这三个变量均不与班级注册幼儿总数、教龄及编制存在显著性相关。值得注意的是，人均 GDP 只与第一学历专业及职称存在显著性相关。与区域等级、是否东部两个变量存在相关性的班级—教师层面变量还有配备保教人员数、在场生师比、最高学历、最高学历专业。

（三）各层面变量与《质量量表》得分的相关性

表 9.3.2.6　各层面变量与《质量量表》得分的相关性（*N*＝428）

	一 空间与设施	二 保育	三 课程计划与实施	四 集体教学	五 游戏与活动	六 互动	七 家长与教师	量表总分
区域层面变量								
人均 GDP	0.32***	0.28***	0.24***	0.30***	0.22***	0.30***	0.27***	0.31***
区域等级	0.58***	0.52***	0.41***	0.51***	0.43***	0.54***	0.51***	0.55***
是否东部	0.52***	0.47***	0.45***	0.52***	0.44***	0.52***	0.47***	0.54***
幼儿园层面变量								
是否城镇	0.51***	0.48***	0.35***	0.37***	0.39***	0.41***	0.54***	0.48***
是否公办园	0.34***	0.29***	0.31***	0.25***	0.34***	0.24***	0.31***	0.32***
班级总数	0.60***	0.54***	0.47***	0.47***	0.52***	0.50***	0.64***	0.58***
教师平均月收入	0.29***	0.28***	0.27***	0.25***	0.27***	0.25***	0.30***	0.30***
生均月保教费	0.51***	0.54***	0.44***	0.45***	0.48***	0.50***	0.54***	0.54***

	一 空间与设施	二 保育	三 课程计划与实施	四 集体教学	五 游戏与活动	六 互动	七 家长与教师	量表总分
班级—教师层面变量								
班级注册幼儿总数	−0.18***	−0.12*	−0.09	−0.13**	−0.10	−0.14**	−0.12*	−0.14**
班级配备保教人员数	0.62***	0.61***	0.54***	0.50***	0.59***	0.55***	0.72***	0.64***
在场生师比	−0.48***	−0.45***	−0.38***	−0.42***	−0.41***	−0.46***	−0.49***	−0.48***
教龄	0.03	0.02	0.03	0.07	0.08	0.03	0.04	0.04
第一学历	0.21***	0.19***	0.12*	0.10*	0.14**	0.13	0.21***	0.17**
最高学历	0.39***	0.38***	0.35***	0.34***	0.37***	0.36***	0.43***	0.41***
第一学历专业	0.41***	0.39***	0.33***	0.36***	0.33***	0.38***	0.39***	0.41***
最高学历专业	0.06	0.09	0.11*	0.14**	0.04	0.15**	0.07	0.11*
教师资格证	0.48***	0.45***	0.30***	0.31***	0.36***	0.36***	0.50***	0.43***
编制	0.28***	0.26***	0.23***	0.21***	0.27***	0.24***	0.30***	0.28***
职称	0.50***	0.44***	0.39***	0.36***	0.46***	0.39***	0.51***	0.48***

注：*，$p < 0.05$；**，$p < 0.01$；***，$p < 0.001$。

表9.3.2.6呈现了区域层面变量、幼儿园层面变量以及班级—教师层面变量与《质量量表》得分的二元相关分析结果。在区域层面，三个变量与《质量量表》总分以及七个子量表得分均存在显著相关；其中区域等级与幼儿园教育质量各指标的相关性相对更高。在幼儿园层面，各变量与《质量量表》总分以及七个子量表得分均存在显著相关；其中，生均月保教费、班级总数（幼儿园规模）、是否城镇三个变量与学前教育质量各指标的相关性相对更高。在班级—教师层面变量中，班级配备保教人员数、在场生师比、第一学历、最高学历、第一学历专业、教师资格证、编制、职称与幼儿园教育总体质量以及各个维度的质量均存在显著相关。

由上可见，区域层面变量、幼儿园层面变量、班级—教师层面变量以及幼儿园教育质量（以《质量量表》得分衡量的过程性教育质量）各项指标之间存在错综复杂的关系。

三、回归分析

为进一步探索区域层面变量与幼儿园教育质量的关系，研究者以区域变量为预测变量、以《质量量表》得分为因变量进行了逐步的多元回归分析。每个回归分析包含三个逐层累加的模型：模型一，仅以区域变量作为预测变量；模型二，预测变量中加入幼儿园层面变量作为协变量；模型三，协变量中继续加入班级—教师层面变量。

在预测变量的选择上，由于区域层面的三个变量之间存在高度相关，为避免多重共线性对回归分析结果的影响，仅能选择其中之一作为预测变量放入回归模型。与人均 GDP、是否东部两个变量相比，区域等级与幼儿园教育质量各指标的相关性相对更高；因此，在下面的回归分析中，研究者优先选择区域等级作为预测变量，探索区域因素对幼儿园教育质量的预测效应及其作用机制。

在因变量的选择上，本研究中幼儿园班级教育质量总共包括八个指标：《质量量表》总分以及七个子量表得分；如果八个指标全部作为因变量进行回归分析，会比较复杂且可能出现雷同的结果；因此，研究者选择最具代表性的质量指标作为因变量分别进行回归分析；这些质量指标为：《质量量表》总分以及空间与设施、集体教学、游戏与活动、互动四个子量表得分。

在协变量上，研究者根据上面的相关分析结果对幼儿园层面及班级—教师层面的协变量进行精简，以便构建更加合理的回归分析模型。选择协变量的原则是该变量与区域层面变量不存在高度相关，与《质量量表》各项得分存在显著性相关，且在同一层次的同类变量中尽可能保留连续变量或与教育质量相关性更强的。依据这一标准筛选后，幼儿园层面的协变量包括：是否城镇、是否公办园、班级总数、生均月保教费、教师平均月收入。班级—教师层面的协变量包括：在场生师比、第一学历专业、最高学历、教师资格证、职称、编制。

在此基础上，研究者进行了逐步多元回归，结果如下。

表 9.3.3.1　区域等级对《质量量表》得分的回归分析结果汇总表($N=428$)

	质量总分		空间与设施		集体教学		游戏与活动		互动	
	ES	(*SE*)	*ES*	(*SE*)	*ES*	(*SE*)	*ES*	(*SE*)	*ES*	(*SE*)
区域变量(模型一)										
区域等级	0.55***	0.06	0.58***	0.06	0.51***	0.07	0.43***	0.08	0.54***	0.06
区域变量(模型二)										
区域等级	0.44***	0.06	0.47***	0.05	0.45***	0.07	0.36***	0.08	0.47***	0.06
协变量(幼儿园层面)										
是否城镇	0.16***	0.11	0.24***	0.10			0.10*	0.16	0.13**	0.12
是否公办园	0.15***	0.10	0.17***	0.09	0.10*	0.12	0.17**	0.14	0.10*	0.11
班级总数	0.17***	0.01	0.17***	0.01	0.20***	0.02	0.17**	0.02	0.14**	0.01
生均月保教费	0.23***	0.00	0.18***	0.00	0.22***	0.00	0.24***	0.00	0.23***	0.00
教师平均月收入	0.07*	0.00								

续表

	质量总分		空间与设施		集体教学		游戏与活动		互动	
	ES	(*SE*)	*ES*	(*SE*)	*ES*	(*SE*)	*ES*	(*SE*)	*ES*	(*SE*)
区域变量(模型三)										
区域等级	0.41***	0.06	0.40***	0.06	0.45***	0.08	0.31***	0.09	0.46***	0.07
协变量(幼儿园层面)										
是否城镇	0.15***	0.11	0.21***	0.11	0.10*	0.15			0.14**	0.12
是否公办园	0.17***	0.11	0.17***	0.11	0.14**	0.13	0.15*	0.16	0.12**	0.12
班级总数	0.10*	0.01	0.10*	0.01	0.10*	0.02	0.14**	0.02		
生均月保教费	0.22***	0.00	0.17***	0.00	0.18***	0.00	0.24***	0.00	0.22***	0.00
教师平均月收入										
协变量(班级—教师层面)										
在场生师比	−0.17***	0.00	−0.18***	0.00	−0.13**	0.01	−0.17***	0.01	−0.14**	0.01
第一学历专业										
最高学历	0.09*	0.12							0.11*	0.14
教师资格证										
职称			0.12**	0.11			0.11*	0.17		
编制										

注：1. 为简化表格信息，此处仅报告了存在显著相关性的回归分析结果；因此，各协变量对应的空白处则表明该协变量未进入回归模型。

2. *ES*：效应量(effect size)，即标准化 Beta 系数；*SE*：standard error，标准误差。

3. *，$p<0.05$；***，$p<0.001$。

由表 9.3.3.1 可知，在模型一中，区域等级对《质量量表》总分以及空间与设施、集体教学、游戏与活动、互动四个子量表得分皆具有显著预测效应；其中，对空间与设施子量表得分的预测效应量最大。

在模型二中，加入了幼儿园层面的一些变量作为协变量后，区域等级仍然对质量总分及四个子量表得分具有显著预测效应，但是效应量与模型一相比略有下降。同时可见，幼儿园层面变量中，是否公办园、班级总数及生均月保教费皆对质量总分及四个子量表具有显著预测效应；是否城镇对集体教学没有显著预测效应，而教师平均月收入则只对质量总分具有显著预测效应。

在模型三中，继续加入班级—教师层面的一些变量作为协变量。从结果可知，区域等级仍然对质量总分及四个子量表具有显著预测效应，效应量处于中等强度($d=0.31\sim0.46$，$p<0.001$)；与模型二相比，区域等级对质量总分、空间与设施及游戏与活动的效应量略有降低。在加入班级—教师层面的协变量后，幼儿园层面变量与几个教育质量指标的关系模式发生了变化；其中，是否公办园及

生均月保教费与质量总分及四个子量表得分皆存在显著相关，但预测效应较弱($d=0.11\sim0.24$，$p<0.01$)；是否城镇对质量总分、空间与设施、集体教学及互动具有弱预测效应($d=0.10\sim0.21$，$p<0.05$)，班级总数对质量总分、空间与设施及集体教学具有很弱的预测效应($d=0.10\sim0.14$，$p<0.05$)。在班级—教师层面变量中，只有在场生师比对质量总分及四个子量表皆具有弱预测效应($d=-0.18\sim-0.13$，$p<0.01$)；最高学历及职称只是对某些因变量具有很弱的预测效应($d=0.09\sim0.12$，$p<0.05$)。

为验证以上分析结果的可靠性，研究者还以区域层面的另外两个变量(是否东部、人均 GDP)为预测变量，运用同样的回归分析模型，分别进行了回归分析；这些回归分析的结果与以上报告的结果一致，这里不再另外呈现。

第四节 区域学前教育质量差距：原因分析与政策路径

从国家决策层面而言，区域经济社会发展的差距是必须考虑的重要因素之一。在教育决策而言，不同区域教育发展的差距也是必须面对和有待解决的问题之一。本研究着眼区域差距的视野，运用我国自主研发的适宜的幼儿园教育质量评价工具，通过大规模的实地调查研究，试图揭示我国东中西部学前教育质量的差距及其表现；更重要的是，本研究试图探索区域因素作用于幼儿园教育质量的中介因素和作用机制。在此基础上，研究者对造成区域学前教育质量差距的原因进行了探析，并致力于寻求统筹不同区域学前教育发展、缩小区域学前教育质量差距的政策路径。

一、区域学前教育质量差距及其作用机制

（一）学前教育质量的区域差距

本研究结果表明，我国东中西部的学前教育质量存在明显的区域差距。就总体平均水平而言，东部的样本幼儿园能够提供有质量(即达到依据本研究中质量评价工具本身界定的"合格"水平)的学前教育；无论是在幼儿园总体质量还是在各个方面的质量上(包括空间与设施、保育、课程计划与实施、集体教学、游戏与活动、互动、家长与教师)，东部地区都显著优于中西部地区。中部地区的样本幼儿园的教育质量总体平均水平尚未达到合格，在具体维度的质量上，大致处于低质量到有质量之间；西部地区样本幼儿园教育质量总体水平进一步低于中部地区，处于低质量与有质量的中间地带，在七个具体方面的质量上，均处于低质量水平区间；差异检验结果表明，中部地区在幼儿园教育总体质量以及空间与设施、保育、集体教学、互动、家长与教师几个方面的质量上，显著优于西部地

区；但在课程计划与实施、游戏与活动质量上，中西部地区之间不存在显著差异。由此可见，就区域差距而言，我国学前教育质量从东部到中部与西部，由高到低呈现明显的梯度差距；东部与中西部之间，梯度差距较大；而中部与西部之间，梯度差距相对较小。

无论是相关分析还是回归分析，都进一步证实了东中西部之间学前教育质量的梯度差距的客观存在。以梯度方式编码的区域等级变量与幼儿园班级教育总体性质量以及各个方面的质量均呈现显著的相关性；并且，在考虑了幼儿园层面以及班级—教师层面诸多协变量的情况下，区域等级变量对幼儿园班级教育质量的各项指标仍然具有中等强度的预测效应。这些证据表明，在我国目前的情境下，区域因素的确是影响学前教育质量水平的重要制约因素。

（二）区域因素影响幼儿园教育质量的作用路径

本研究对区域因素如何作用于幼儿园教育质量这一问题进行了探索。研究表明，幼儿园层面的一系列结构性变量（包括城镇园比例、公办园比例、幼儿园规模、幼儿园收费水平、教师收入水平）、班级—教师层面的一系列结构性变量（包括班级规模、保教人员配备、在场生师比、教师学历、专业、资格证持证比率、职称）均存在显著的区域差异；相关分析结果表明，这些变量与区域等级变量以及幼儿园教育质量的各个指标均存在显著的相关性；回归分析结果表明，幼儿园层面以及班级—教师层面的众多结构性变量能够有效预测幼儿园教育质量，并且在区域等级变量与幼儿园教育质量各个变量之间的相关模型中起到中介作用。基于这些证据，研究者推论，区域因素作用于幼儿园教育质量的机制和路径是：不同区域的经济社会环境对区域内幼儿园结构性要素质量总体水平（比如，园舍设施、经费条件、教师收入和待遇等）产生制约作用；幼儿园的结构性质量水平对班级—教师层面的结构性质量（比如，班级规模、生师比、教师资质等）产生制约作用；而班级—教师层面的结构性质量对班级教育过程性质量产生制约作用。当然，区域因素对幼儿园教育质量产生作用的路径可能并非仅此一条，其他的作用路径有待探明。

二、区域学前教育质量差距的原因分析

本研究揭示了东中西部在幼儿园班级教育过程性质量上的显著差距。造成不同区域间学前教育质量差距可能的主要原因包括但不限于如下几个方面。

（一）不同区域经济发展水平的差距

由于历史与现实的各种因素，我国东中西部经济发展水平呈现明显的差距，东部明显高于中西部地区。以人均 GDP 为例：本研究发现的学前教育质量的区域差距与我国经济发展水平上的区域差距基本一致。依据国家统计局 2012～2014

年间人均 GDP 的统计数据测算以及差异检验，东部与中西部差距较大；而中西部之间差距较小（无显著性差异）。

经济发展水平影响学前教育发展和质量的可能路径：

第一，经济发展水平——城乡居民收入：购买力与支付能力——幼儿园收费：经费水平——1. 园舍设施；2. 教师薪资待遇——教师素质——幼儿园教育质量。研究者从国家统计局官网上查询相关数据可知，经济发展水平高的地区，城乡居民收入也较高，相应地居民的购买力与支付能力也较高，进而影响幼儿园收费。《幼儿园收费管理暂行办法》规定幼儿园的收费名目主要包括保育教育费、住宿费，而其他代收代管费用不得与保育教育费一并统一收取。其中，公办园的保教费标准，由省级教育行政部门根据当地城乡经济发展水平、办园成本和群众承受能力等实际情况提出意见，经省级价格主管部门、财政部门审核后，三部门共同报省级人民政府审定。民办园保教费、住宿费标准，由幼儿园按照《中华人民共和国民办教育促进法》及其实施条例规定，根据保育教育和住宿成本合理确定，报当地价格主管部门、教育行政部门备案后执行。本研究结果表明经济水平较高的地区，幼儿园生均月保教费也较高，这也意味着幼儿园收费较高。当然，由于办园性质不同，幼儿园收费的去向也不同。公办幼儿园的保教费、住宿费纳入行政事业性收费管理，而民办幼儿园则是纳入经营服务性收费管理。因此，对于民办幼儿园而言，幼儿园收费是其主要的经费来源。经费水平的高低一方面影响幼儿园园舍设施的质量，另一方面则影响教师薪资待遇（尤其是民办园）。教师薪资待遇偏低会影响幼儿园教师队伍素质，既难以吸引优秀人才加入，又很难稳定教师队伍，进而影响幼儿园教育质量[1]。

第二，经济发展水平——地方政府投入水平（学前教育财政性经费投入比例；生均财政投入水平）——幼儿园经费——1. 园舍设施；2. 教师薪资待遇——教师素质——幼儿园教育质量。学前教育发展的速度和规模取决于经济发展水平，教育经费的投入可以作为经济发展水平的一个参考量[2]。同样地，地区经济发展水平也会影响地方政府的投入水平，而政府的投入就是幼儿园经费的主要来源（主要对公办园而言）。同样地，幼儿园经费水平的高低直接影响到园舍设施质量及教师薪资待遇，进而影响幼儿园教育质量。

（二）不同区域社会发展水平的差距

在长期的差异化发展模式下，我国东中西部在社会发展水平上的差距也逐渐形成。研究者依据《社会发展水平综合评价指标体系》（2009）以及现实情况，主要

---

① 李辉. 内地幼儿园教师工资待遇存在的问题及其成因[J]. 幼儿教育，2012(36)：6-10.

② 魏军，宋岩. 教育公平视野下我国学前教育区域均衡发展研究[J]. 教育导刊，2011(9)：14-18.

选取了两个指标来探讨社会发展水平对学前教育质量的影响途径。这两个指标分别为：

第一，城镇化水平：这里的城镇化水平主要是指城镇人口占总人口的比例。研究者通过国家统计局的统计数据（依据 2012～2014 年间的数据）计算得知，东中西部的城镇化水平分别为 62.5％、50％及 46.3％。很显然，城镇化水平的区域差距同样与我国的经济发展水平及学前教育质量的区域差距基本一致，也就是城镇化水平越高，学前教育质量水平越高。

东中西部的城镇化水平差距影响学前教育质量和发展的可能路径为：

城镇化水平——城镇园比例——幼儿园收费——1. 园舍设施；2. 教师薪资待遇——教师素质——幼儿园质量水平。由于"市场成长、分工深化及近代中国的特殊原因，我国形成了自己特有的城乡二元结构"①；而城乡二元结构带来的后果就是拉大了城乡经济社会发展差距，导致发展不均衡②；体现在教育上即是教育资源分配不均（包括教师师资差异、教育投入差异等）③。城乡二元结构是我国现在面临的问题，而且这种结构让我国的学前教育面临两大问题：一是城镇的学前教育受到普遍重视，发展水平相对较高；二是农村学前教育没有得到应有的重视与投入，与城市学前教育发展相差悬殊④。最终，导致城乡之间幼儿园质量水平差距显著。

第二，人口素质（受教育年限）：这里的人口素质主要是指该地区完成高中教育的人口占总人口的比例及接受过高等教育的人口占总人口的比例。研究者通过国家统计局的统计数据（依据 2012～2014 年的数据）计算得知，东中西部地区完成高中教育的人口比例分别为 14.39％、16.76％、12.21％，接受过高等教育的人口比例分别为 13.76％、9.78％、9.83％。从完成高中教育的人口数来看，中部地区所占的比例最大，而从接受过高等教育的人口数来看，则是东部地区所占的人口比例最大。但是总体来看，接受过高中及以上教育的人口比例最多的仍是东部地区，其次是中部地区，最后是西部地区。

东中西部的人口素质水平差距影响学前教育质量和发展的可能路径为：

人口素质——1. 教师资格与素质水平——幼儿园教育质量；2. 家长群体的素质水平——家园合作质量。人口素质水平的计算是以常住人口为样本，因此，人口在一段时间以内是处于稳定状态的。本研究中的人口素质主要是通过家长的

①　白永秀. 城乡二元结构的中国视角－形成－拓展－路径 [J]. 学术月刊，2012(5)：67.

②　李学. 城乡二元结构问题的制度分析与对策反思[J]. 公共管理学报，2006(4)：90.

③　洪秀敏，罗丽. 公平视域下我国城乡学前教育发展差异分析[J]. 教育学报，2012(5)：73-81.

④　吕苹. 基于统筹城乡发展的学前教育公共服务体制建构[J]. 教育研究，2014(7)：63-68.

受教育程度来体现。研究者通过国家统计局官网的数据计算得知，东部地区从2011～2014年，大专及以上人口数占比为0.15，中部地区为0.092，西部地区为0.09。东部地区家长的受教育程度人口数占比高于中西部地区，而中西部地区家长的受教育程度人口占比数的差距不大。家长群体的素质水平除了对自己的孩子产生影响外，还会影响家园合作质量，进而影响幼儿园教育质量。学历层次较高的家长对"家长参与"有着更为深入的认识，而且理解沟通更强，更容易与教师之间进行沟通，也更有兴趣去参与家园合作活动①。

（三）区域发展差距的根源

我国的整体地势西高东低，呈阶梯状下降，中西部地形主要以山地、高原及盆地为主，东部地形主要以丘陵及平原为主。很显然，中西部地形对交通不利（铁路、公路及水运），并且由于地理环境的限制在推进城镇化的过程中也需要投入更多的成本②。与之相反的是东部地区拥有有利的地形以及四通八达的交通运输网，而这些都非常利于东部的发展。总之，中西部相较于东部，在自然条件方面总体上不及东部。

秦汉时期，我国已与近海国家有了贸易往来。到隋唐时期，由于陆上"丝绸之路"的阻塞及交通困难，海外贸易空前繁荣。直至明清时期，我国的海上贸易进一步发展，更加繁荣。日渐发达的海外贸易带动了东部沿海地区的发展，中国贸易港口遍及沿海各地，进出口商品不断增多，沿海与内地的差距格局逐渐形成。

我国东中西部尤其是东部与中西部的区域差距既有自然的、历史的根源，也有政策导向的原因。改革开放以来，在"一部分地区先富起来"的政策导向下，东部沿海率先设立了多个经济特区，政策优势和区位优势进一步凸显；东部率先启动了工业化和市场化的进程，中西部在某种意义上成为东部工业化的原材料资源供应基地和工业产品的销售市场，东部与中西部的发展差距格局进一步得到巩固，甚至差距在逐步拉大。另外，东部沿海地区由于优越的地理、物资和人才资源条件，更易于与经济发达区（太平洋经济发达圈）的辐射源连接，因而吸引外资多，且易于与国际接轨，发展高新技术产业。相反，经济发达区（太平洋经济圈）对中西部的辐射效应就比较弱了，造成东中西部对外开放不均等的格局和投资量的巨大差异，进一步扩大了东中西部的差距。

（四）推进学前教育质量区域均衡发展的重要意义

教育公平是指所有成员平等地拥有接受某种教育的机会③。教育公平是重要

---

① 张韵. 家园合作现状研究[D]. 重庆：西南大学，2009.

② 陈国阶. 我国东中西部发展差异原因分析[J]. 地理科学，1997(1)：2-8.

③ 刘成玉，蔡定昆. 教育公平、内涵、标准与实现路径[J]. 教育与经济，2009(3)：12-16.

的社会公平，其主要内涵包括，人人享受平等的教育权利，人人平等地享有公共教育资源，公共教育资源配置向社会弱势群体倾斜（"不平等"的矫正），反对各种形式的教育特权①。具体而言，就是不因性别、民族/种族、家庭经济状况、地区发展水平、先天能力状况等先天性因素，而导致儿童受教育机会和接受教育的过程性质量受到显著影响。所以，如果仅仅因为出生在不同地区，接受学前教育的机会与质量就存在显著差距，明显有违公平原则。学前教育是基础教育的起始阶段，学前教育的公平是教育起点的公平，没有教育起点的公平，就没有真正意义上的教育公平；缺乏教育起点的公平，就难以真正构建教育公平和实现社会公平②。高瞻佩里计划，即在 123 位黑人中，随机抽取了 58 位儿童，作为实验组成员，在 2～3 岁时接受高质量的学前教育，而另外的 65 位儿童（控制组）不接受学前教育③。结果显示，良好的幼儿园教育质量可以帮助贫困儿童更好地认识社会，使其具有较好的学业成就、较好的经济状况，减少犯罪率、确保家庭关系和谐和自身状况良好④。而且，随着时间的推移，学前教育的投入回报率也大幅度增长⑤⑥，在实验组成员 27 岁时，每投入 1 美元能够获得 7.16 美元的收益；而当实验组成员 40 岁时，每投入 1 美元就能获得 17.07 美元的收益，其中 4.17 美元是对个体的回报，12.90 美元是对社会的回报⑦，而这即是早期教育所带来的经济收益，包括个人收益和公共收益⑧。芝加哥亲子中心⑨及北卡罗来纳的初学

---

①　石中英. 教育公平的主要内涵与社会意义[J]. 中国教育学刊，2008(3)：7-12.

②　夏婧，庞丽娟，沙莉. 立法促进学前教育公平：台湾地区的经验及其启示[J]. 教育科学，2009(5)：77-83.

③　裘指挥. 国外学前教育的社会经济效益研究[J]. 比较教育研究，2011(6)：1-4.

④　Temple J A & Reynolds J. Benefits and costs of investments in preschool education：Evidence From the Child-Parent Centers and related programs[J]. Economic of Education Review，2007，26：122-144.

⑤　Larry Schweinhart & Jeanne Montie. The High/Scope Perry Preschool to Age 40. High / Scope Educational Research [J]. World Bank，2004.

⑥　朱佳慧. 国外学前教育的经济效益研究及其启示[J]. 教育导刊，2013(8)：89-91.

⑦　Schweinhart L J，et al. Lifetime effects：The High Scope Perry Preschool Study through Age 40 [M]. Ypsilanti，MI：High Scope Press，2005.

⑧　黄正夫. 早期教育经济收益新进展[J]. 外国教育研究，2013(8)：37-44.

⑨　Reynolds Arthur J，Temple Judy A & White Barry A B，et al. Age 26 Cost-Benefit Analysis of Child-Parent Center Early Education Program[J]. Child Development，2011，82(1)：379-404.

者项目①②③研究也同样证明了，高质量的学前教育能够为社会、个人带来巨大的效益，比如提高升学率、提高就业率、增加收入、降低犯罪率、提高社会回报率等等。总体而言，高质量的学前教育能够促进儿童更好地发展，最终影响社会经济发展。

良好的学前教育质量对儿童发展的价值及社会的高回报率，不仅在发达国家得到了证实，在发展中国家也同样得到了证实。在巴西，研究者发现，接受过高质量学前教育的贫困儿童更有利于提升整体入学率、降低留级率，多接受一年的学前班教育，儿童一生的潜在收入就会增加 7%～12%，总体上说来，巴西学前教育的收益/成本比例为 2：1④。总之，学前教育质量对社会经济发展及个体发展都有重要意义。因此，必须为儿童提供学前教育，而且是高质量的学前教育。因为，有研究指出，高质量的学前教育更能促进儿童早期数学、语言和社会性情感的发展，让幼儿将来更易获得自信，获得成功以及获得更高的收入⑤⑥。

以上实证性研究表明了高质量学前教育不仅具有长效的促进儿童终身发展的价值，而且具有维护社会公平和社会稳定、促进经济繁荣的长效功能，是"所有人生阶段中投资回报率最高的阶段"。

本研究表明，我国学前教育质量总体水平不高，且东中西部区域之间很不平衡，中西部学前教育质量水平低下。长此以往，这种发展状况则可能导致一系列的问题和危害。区域学前教育质量的差距发展模式不利于人力资源强国建设以及整个国家持久的社会稳定与经济发展。另外，在我国当前人口流动的大背景下，区域学前教育质量的差距客观上也会加剧流动儿童跨区域接受学前教育的问题，增加了学前教育行政管理的难度，不利于流动儿童学前教育权益保障问题的解决。

在此背景下，通过国家的宏观调控政策，推进学前教育质量的区域均衡，促

---

①　Campbell F A & Ramey C T. Cognitive and School Outcomes for High-Risk Africa-American Students at Middle Adolescence：Positive Effects of Early Intervention[J]．American Education Research Journal，1995，32：743-772.

②　Barnett W S & Mass L N. Comparative benefit-cost and analysis of the Abecedarian program and its policy implications[J]．Economic of Education Review，2007，26(1)：113-125.

③　Ramey C T，Campbell F A & Burchinal M，et al. Persistent Effects of Early Childhood Education on High-Risk Children and Their Mothers[J]．Applied Development Science，2000，4(1)：2-14.

④　杨一鸣．从儿童早期发展到人类发展[M]．北京：中国发展出版社，2011：5.

⑤　Hayes C D，Palmer J L & Zaslow M J，Who cares for America's children? Child care policy for the 1990s[M]．Washington，DC：National Academy Press，1990.

⑥　Hayes C D，Palmer J L & Zaslow M J，Who cares for America's children? Child care policy for the 1990s[M]．Washington，DC：National Academy Press，1990.

进教育公平与社会公平，具有重要的意义。

三、推动区域学前教育均衡协调发展缩小质量差距的政策路径

基于历史与现实的综合考虑，研究者提出推动区域学前教育均衡协调发展缩小质量差距的政策路径：

第一，在国家宏观战略上，加快中部崛起与西部大开发的改革与发展进程；在国家的统筹协调下，率先发展起来的东部应回馈和支持中西部，推动经济社会区域均衡发展。这是所有与区域发展不平衡有关的问题逐步得以解决的根本路径。中西部地区应建立新的发展战略，必须走高起点、全方位的开发与开放道路；因地制宜，实现资源的优化配置，以促进经济的整体发展；加强横向经济联合，搞好地区间经济技术协作，以先进地区带动落后地区的经济发展；加大中西部地区的人力资本投资，提高中西部地区人口素质①。

第二，中央政府应加大区域统筹力度，逐步加大中西部学前教育专项经费支持力度，保障并提升中西部学前教育经费保障水平。依据不同区域的实际发展水平，采用更加灵活有针对性的拨款政策，更加有利于学前教育的区域均衡发展。2011年9月，财政部与教育部联合颁布了《关于加大财政投入支持学前教育发展的通知》。该文件指明了当前中央财政重点支持4大类7个重点项目，其中"校舍改建类"项目及"幼师培训类"项目主要针对的是中西部地区。在"校舍改建类"项目中，国家对不同地区的财政补助有所不同，对西部地区补助80％，对中部地区补助60％，对东部困难地区则是分省确定补助比例。为促进中西部区域学前教育事业的持续健康发展，缩小区域差距，建议中央财政应设立中西部学前教育发展专项资金，并用于支持中西部学前教育质量可持续提升的项目上，比如专业化师资的培养与培训，农村地区、民族地区、贫困地区合格教师特殊津贴，保障非在编教师的合理待遇水平等。

第三，加强中西部地区学前教育师资队伍建设，保障非在编教师地位和待遇，建立合格专业化师资的培养与补充机制，提高中西部地区学前教育师资队伍专业化水平。首先应通过切实措施，保障非在编教师地位和待遇，在待遇政策上向农村幼儿教师倾斜；通过增加编制、购买服务等各种措施切实解决中西部农村学前教育合格师资缺口和队伍稳定问题，为中西部农村地区学前教育提供师资保障。可依托高水平专业院校，定向为中西部地区（尤其是农村）培养学前教育教师；加大对中西部幼儿园教师的职后培训支持力度（如在国培项目指标上向中西

---

① 庞凤仙. 缩小区域经济间差距的途径探讨[J]. 山西财经学院学报，1994(4)：12-16.

部地区倾斜，尤其是中西部农村地区），构建可持续的幼儿园教师专业发展支持系统，通过不同形式的培训、进修深造、专业发展学校顶岗实践研修等，多途径提高中西部幼儿园教师队伍的专业核心素养，尽快完成中西部地区学前教育师资队伍的专业化改造。

第四，国家协调建立东部对中西部的对口支援和帮扶项目，东部地区为中西部地区学前教育发展和质量提升提供智力支持和其他可能的资源支持。东部地区作为最先发展起来的区域，拥有更多的资源与学前教育发展和管理经验。为了更有效率地带动中西部地区学前教育的发展，国家应统筹协调建立责任机制与激励机制，推动东部地区省份对口支援中西部地区的省份，建立结对帮扶的推进机制，加强中西部幼儿园园长和教师到东部的学习交流机制，有效促进中西部省份学前教育发展和质量水平的提升。

第五，中西部省级政府应提高对学前教育的重视程度，加大投入，同时应加快小学附设幼儿园（幼儿班）独立建制和剥离。学前教育的发展离不开政府的支持，集中表现为对学前教育人力、物力及财力的投入。人力的投入主要体现在提高学前教育师资水平，物力的投入主要体现在改善幼儿园的硬件设施等，而人力和物力的投入都离不开财力的支持。整体而言，学前教育财政投入在整个教育阶段中占比最少，而中西部地区的财政投入更少，这无疑对学前教育的发展产生了很大阻力。因此，中西部地区各省份自身必须提高对学前教育的重视程度，加大对学前教育的投入。另外，本研究结果显示，在中西部地区，小学附设幼儿园（幼儿班）的现象仍然存在，但其教育质量普遍低劣，健康与安全隐患明显。为弥补学前教育的质量短板，中西部各省份应加快小学附设幼儿园（幼儿班）的独立建制和剥离，使其成为按照幼儿教育规律进行教育、质量能够不断提升的幼儿园。

第六，中西部地区应进一步提高学前教育质量意识，有质量地推进学前三年教育普及进程；将来条件成熟时，优先从中西部农村地区实施学前一年高质量的免费义务教育。自 2010 年以来，随着全国各地两期三年行动计划的推动，学前三年教育的普及率迅速提升。2014 年年底，全国学前三年入园率达到 70.5%；近五年的提升幅度几乎超过了前面二十年的总和；其中，中西部地区的入园率增长更快。但应该看到，学前教育的这种运动式普及常常是以牺牲质量为代价的；高入园率的数据背后隐藏了巨大的安全和健康隐患。大量研究表明，低质量的学前教育不仅无助于幼儿的发展，反而可能对幼儿的发展（包括身体、心理健康和认知等方面的发展）造成潜在的不利影响；其中，劣质学前教育对处境不利儿童的伤害更大[①]。基于此，政府和社会必须提高对质量重要性的认识，把质量提升放到与入园机会提供同等重要的地位；在国家的指导下，制定和实施地方的基本质量标准，有质量地普及学前教育，大力提升幼儿园教育过程性质量。联合国教科文组织2015年通过的《仁川宣言》以及《教育2030行动框架》提出，鼓励世界各国至少为儿童提供学前一年高质量免费义务教育。我国政府已经在该宣言和协议框架上签字并同意在我国实施。我国中西部农村和贫困地区学前一年教育普及率低、质量差；依据补偿性公平原则，将来条件成熟逐步推进实施学前一年免费义务教育时，应优先从农村和相对欠发达的中西部地区开始实施。刘焱等学者同样提出，我国把学前一年教育纳入义务教育的适宜路线是以质量改善为先的"城乡差别投入"路径，即优先在农村和欠发达地区实施学前一年免费义务教育[②]。

四、研究局限性

由于研究时间、经费、人力资源以及其他困难，本研究存在以下局限。

第一，样本的区域分布不够理想：中部地区幼儿园班级样本量相对不足；东部地区仅采集了浙江省的数据，对东部的代表性可能不够充分；由于省份之间的样本量不均衡，导致省际层面上的区域差异无法分析。

第二，由于东中西部区域的范围很广，构成要素复杂，内部也很不平衡，未必呈现发展特征的同质性；所以，区域层面可以纳入分析的变量不够丰富，影响分析的深入程度。

---

① Burchinal M，Vandergrift N，Pianta R，et al. Threshold analysis of association between child care quality and child outcomes for low-income children in pre-kindergarten programs[J]. Early Childhood Research Quarterly，2010，25(2)：166-176.

② 刘焱. 学前一年教育纳入义务教育的条件保障研究[J]. 教育研究，2015(7)：13-24.

第十章
学前教育质量的微观结构分析

本章概要

研究背景： 学前教育作为终身教育的开端和基础教育的基础，对个体一生的成长以及国家和社会的未来发展有着重要而长远的影响。2010 年以来，我国颁布了一系列有关学前教育的政策法规，推进学前教育改革与发展，以保障适龄儿童接受基本而有质量的学前教育。已有研究表明，处于不同层级的众多结构性变量可能影响和制约学前教育质量。基于全国范围的大规模样本，本研究致力于对影响和制约我国学前教育质量的微观结构要素及其作用机制进行探索性研究，为我国幼儿园教育质量政策的制定提供科学依据。

研究设计与方法： 本研究采用分层随机抽样的方法，选取了我国东中西部八个省份 193 所幼儿园的 428 个班级；经过训练的评估员采用《中国托幼机构教育质量评价量表(第三版)》对样本班级的教育质量进行了观察评价；同时，运用《幼儿园情况调查表》《班级—教师信息表》对幼儿园园长和班级教师进行了问卷调查，采集幼儿园层面、班级—教师层面的结构特征变量。在数据整理过程中，园所层面、班级—教师层面特征变量缺失值较多的个案被剔除；最终，162 所幼儿园的359 个样本班级的数据用于后续的各项分析。

研究结果： 通过描述性统计、方差分析、相关分析、回归分析等一系列的探索、研究发现：(1)园所特征层面的四个变量(办园性质、专任教师总数、专任教师平均月收入、月保教费)分别能够有效预测幼儿园班级不同方面的教育质量，其中专任教师平均月收入与月保教费的预测效应相对稳定一致且更为显著。(2)班级—教师特征层面的四个变量(配备保教人员数、师生比、主班教师第一学历专业、最高学历)能够稳定一致、有效地预测幼儿园班级各个方面的教育质量以及班级总体质量。

讨论与建议： 基于本研究的结果和现实国情的考虑，为提升我国的幼儿园教育质量，研究者提出以下建议：（1）加大学前教育投入，财政性经费应优先用于保障贫困儿童接受有质量的学前教育。（2）配足保教人员，控制班级规模，改善一日活动过程的在场师生比。（3）保障并提高教师收入，促进教师队伍素质提升；既要关注教师学历，也要关注专业适切性。本章最后，研究者还对研究局限和未来研究方向进行了讨论。

第一节　研究背景与方法

一、研究背景与意义

学前教育作为终身教育的开端，基础教育的基础，对个体一生的成长以及一个国家的未来都有着重要影响。近几十年来，国际上许多国家和地区通过制定和实施学前教育发展战略来保障学前教育事业健康发展[①]，全方位为学前教育发展保驾护航。改革开放之后，我国的学前教育事业恢复正常发展，也逐步纳入了政府重要议程。当然，在过去的三十多年中，学前教育事业的发展并非一帆风顺。但在政府主导职责逐步回归后，近年来，我国政府开始大力发展学前教育；由此，我国的学前教育事业进入了健康快速发展的新时期[②]。2010 年，我国政府颁布了《国家中长期教育改革和发展规划纲要（2010－2020 年）》以及《国务院关于当前发展学前教育的若干意见》，2012 年颁布了《3～6 岁儿童学习与发展指南》。这些政策法规的颁布，凸显了学前教育在我国基础教育中的地位越来越重要。在目前的形势下，提高学前教育质量是发展学前教育的一个重要方面。2010 年颁布的有关政策法规中，我国政府已明确提出要把提高教育质量作为教育改革发展的核心任务，以保障适龄儿童接受基本而有质量的学前教育。

众所周知，处于不同层级的众多结构性变量可能影响和制约学前教育质量。因此，一个重要的政策问题是：如何才能科学地制定学前教育质量政策，如何才能有效地协调与平衡制约学前教育质量的相关结构性要素，以有效推动学前教育的质量提升？基于全国范围的大规模样本数据，本研究致力于对影响和制约我国学前教育质量的微观结构要素及其作用机制进行探索性研究，为我国学前教育质量政策的制定提供科学依据。

---

① 庞丽娟，夏婧. 国际学前教育发展战略：普及、公平与高质量[J]. 教育学报，2013，9（3）：49-55.

② 庞丽娟，洪秀敏. 中国学前教育发展报告[M]. 北京：北京师范大学出版社，2012：18-31.

二、已有文献综述

国外多项研究显示，师生比是班级的微观结构要素中的重要指标。研究发现，较低的生师比是高质量的学前教育和有效的师幼互动的最佳预测指标，因为较低的生师比会有更好的教师行为、教师敏感度和幼儿发展水平。[①]此外，一些研究发现，幼儿园所在地[②]、办学类型（性质）[③]、学费[④]、开放时间[⑤]及教师教育培训、教师工资[⑥]也是学前教育质量的有效预测指标，对幼儿在社交、语言及认知上的发展结果有积极的预测作用。一些研究认为，教师工资是学前教育质量最显著的预测指标。[⑦][⑧]也有研究表明，托幼机构的开放时间与幼儿学习结果也存在联系，全日制比半日制更有利于幼儿的发展。[⑨]托幼机构的位置与教育过程性质量也有一定的关系，例如社区内的学前教育机构与家庭之间有更灵活的交流。[⑩]

与国外相比，国内有关学前教育质量微观结构性要素的研究相对较为薄弱，

---

① Pianta R，Howes C，Burchinal M，Bryant D，Clifford R，Early D & Barbarin O. Features of pre-kindergarten programs，classrooms，and teachers：Do they predict observed classroom quality and child-teacher interactions[J]? Applied Developmental Science，2005，9(3)：144-159.

② Pianta R，Howes C，Burchinal M，Bryant D，Clifford R，Early D & Barbarin O. Features of pre-kindergarten programs，classrooms，and teachers：Do they predict observed classroom quality and child-teacher interactions[J]? Applied Developmental Science，2005，9(3)：144-159.

③ Phillipsen L C，Burchinal M R，Howes C & Cryer D. The prediction of process quality from structural features of child care. Early Childhood Research Quarterly，1997，12(3)：281-303.

④ Phillips D，Mekos D，Scarr S，McCartney K & Abbott-Shim M. Within and beyond the Classroom Door：Assessing Quality in Child Care Centers[J]. Early Childhood Research Quarterly，2000，15(4)：475-496.

⑤ LoCasale-Crouch J，Konold T，et al. Observed classroom quality profiles in state-funded prekindergarten programs and associations with teacher，program，and classroom characteristics[J]. Early Childhood Research Quarterly，2007，22(1)：3-17.

⑥ Pesssanha M，Aguiar C & Bairrao J. Influence of structural features on Portuguese toddler child care quality[J]. Early Childhood Research Quarterly，2007，22(2)：204-214.

⑦ Phillips D，Mekos D，Scarr S，McCartney K & Abbott-Shim M. Within and beyond the Classroom Door：Assessing Quality in Child Care Centers[J]. Early Childhood Research Quarterly，2000，15(4)，475-496.

⑧ Helburn S W. Cost，Quality and Child Outcomes in Child Care Centers. Technical Report，Public Report，and Executive Summary. University of Colorado at Denver：Denver，CO. 1995.

⑨ Kimball，S. E. An academic comparison of full-day and half-day kindergarten students：Measuring literacy outcomes. Retrieved from ProQuest Dissertation & Theses. (UMI No. 3075583). 2002.

⑩ Rimm-Kaufman S E & Pianta R C. Family-school communication in preschool and kindergarten in the context of a relationship-enhancing intervention. Early Education and Development，2005，16(3)：287-316.

且实证性研究匮乏。一项实证性研究结果表明，教师学历、班级幼儿数量和幼儿园收费这三项预测指标，能解释 44.9％的幼儿园教育结构性质量。[①]

基于此，本研究致力于在我国当前的背景下，通过全国范围的大规模调查数据，对影响幼儿园教育质量（尤其是过程性质量）的微观结构性要素及其作用机制进行探索性分析，为我国的学前教育相关决策提供实证性依据。

三、概念界定

（一）学前教育质量

刘占兰、高丙成[②]在一项对我国各地区学前教育综合发展水平进行综合评价的研究中指出，学前教育质量评价的指标主要包括学前教育结构性质量、过程性质量和儿童发展水平。刘霞[③]从投入、产出及效果的角度，指出学前教育质量应包括条件质量、过程性质量以及结果质量；其中，条件质量主要包括班级规模、教师资历、师生比等关键因素，过程性质量主要包括师幼互动、教师对环境的创设与利用以及教师与家长的交流，结果质量主要包括儿童的发展结果。但国内外许多学者认为，由于学龄前儿童的发展结果受到家庭背景和教养方式以及社区环境因素的影响，国际上一般不把儿童发展结果直接作为托幼机构教育质量的评价指标[④][⑤]。潘月娟等[⑥]认为国外的研究没有对幼儿园结构变量的范围作一个清晰的界定，但是却有一个共同的观点，即班级规模、师幼比及教师资格等因素都是结构变量。

综合已有研究者的界定，在本研究中，学前教育质量主要是指幼儿园教育质量，包括结构性质量和过程性质量。其中，结构性质量是指幼儿园－班级—教师的一系列结构要素的质量，包括：幼儿园规模、所在地性质等，班级规模（幼儿总数）、在场师生比、教师学历、专业、教师资格证、教师职称等。过程性质量主要包括为幼儿学习提供的各种条件的使用及其与幼儿相互作用的过程（如空间与设施材料及其管理，课程计划与实施，各种活动机会及其组织），尤其是各种

---

① 潘月娟，刘焱，胡彩云．幼儿园结构变量与教育环境质量之间的关系研究［J］．学前教育研究，2008(4)：3-10.

② 刘占兰，高丙成．中国学前教育综合发展水平研究［J］．教育研究，2013(4)：30-37.

③ 刘霞．托幼机构教育质量：概念与构成［J］．现代教育论丛，2004(4)：10-15.

④ 周欣．托幼机构教育质量的内涵及其对儿童发展的影响［J］．学前教育研究，2003(7-8)：34-38.

⑤ 李克建．国际视野中的托幼机构教育质量评价——兼论我国托幼机构教育质量评价观的重构［J］．比较教育研究，2012(7)：15-20.

⑥ 潘月娟，刘琰，胡彩云．幼儿园结构变量与教育环境质量之间的关系研究［J］．学前教育研究，2008(4)：3-10.

活动情境中的教学与互动过程。

（二）微观结构

在本研究中，微观结构是指影响幼儿园教育质量的园所层面、班级—教师层面的结构性要素。具体来说，园所特征要素主要包括办园性质、园所等级、全园幼儿总数、班级总数、保教人员队伍相关变量（专任教师总数、教师平均月收入、保育员总数、保育员平均月收入）、生均面积（生均活动室面积、生均户外活动面积）、月保教费、生均拨款等。班级层面的结构性特征变量包括：年龄班、注册幼儿数、在场幼儿数、配备保教人员数、保教人员/幼儿比、师生比；班级主班教师（个体）层面的结构性特征变量包括[①]：年龄、教龄、第一学历、第一学历专业（是否为学前教育）、最高学历、最高学历专业、教师资格证及其类型、编制、职称。

四、研究目的与问题

已有研究表明，影响学前教育质量的结构性要素有很多，从区域到园所，再到班级、教师特征，这些要素处于不同的层级。基于此，本研究致力于对学前教育质量与园所、班级—教师层面的结构性要素之间的相互关系进行探索。

本研究的具体问题是：在我国当前的背景下，影响和制约学前教育质量的微观结构要素有哪些？这些微观结构要素之间是否存在逻辑关系？如果存在，这些微观结构要素通过怎样的路径作用于学前教育质量？

五、研究方法

（一）样本

首先，本研究采取分层抽样和目的性抽样相结合，根据地理位置和经济社会发展水平的代表性，从东中西部共抽取了八个样本省市。其中，东部为浙江省，中部为安徽省、吉林省及湖南省，西部为四川省、贵州省、云南省及重庆市。其次，采用分层随机抽样的方法，根据各省份内部区域的经济社会发展水平高低，确定地级市级县（区）样本。最终，共获取八个省市 16 个地市的 38 个县区样本。再次，采用分层随机抽样的方法，根据样本县区幼儿园在城乡所在地、办园性质、办园等级上的分布结构确定样本幼儿园的比例和数量，最终共获取 193 所幼儿园。最后，从每所幼儿园中随机选取 2～3 个不同年级的班级，总共获取 428 个班级。样本班级在办园等级、办园性质、所在地性质（城乡）上的分布情况见表 10.1.5.1。

---

① 由于本研究中，所调查的幼儿园教师群体绝大多数为女性，所以性别因素没有纳入分析。

表 10.1.5.1　全国样本班级分布结构($N=428$)

	办园等级			办园性质			所在地性质		
	高	中	低	教育部门办	其他部门办	小学附设	民办	城镇	农村
东部	37 (22%)	60 (36%)	70 (42%)	46 (27%)	42 (25%)	8 (5%)	71 (43%)	110 (66%)	57 (34%)
中部	13 (15%)	20 (22%)	57 (63%)	15 (17%)	21 (23%)	12 (13%)	42 (47%)	46 (51%)	44 (49%)
西部	16 (9%)	28 (17%)	127 (74%)	34 (20%)	5 (3%)	30 (18%)	102 (59%)	82 (48%)	89 (52%)
总计	66 (15%)	108 (25%)	254 (60%)	95 (22%)	68 (16%)	50 (12%)	215 (50%)	238 (56%)	190 (44%)

注：表中数据为频数(百分比)。

(二)工具

1.《中国托幼机构教育质量评价量表》(第三版)

本研究采用了李克建、胡碧颖等研制的《中国托幼机构教育质量评价量表》(第三版)[①](以下简称《质量量表》)。该量表借鉴了《幼儿学习环境评价量表》(修订版)(ECERS-R)[②]等国际知名托幼机构质量评价工具的概念框架，是基于中国幼儿园教育情境而研发的班级教育质量的观察评价工具。《质量量表》采用"子量表—项目—子项目—等级指标—精细指标"的层级架构，包含 7 个子量表(空间与设施、保育、课程计划与实施、集体教学、游戏与活动、互动、家长与教师)、53 个评价项目、160 个子项目、1127 个精细指标。每个子项目采用李克特 9 点评分方法，由低到高分别为：1 分为"不适宜"，3 分为"最低要求"，5 分为"合格"，7 分为"良好"，9 分为"优秀"；子项目得分为 1～9 的自然数；项目得分为所包含的多个子项目得分的均值；子量表得分为所含的多个项目得分的均值；整个量表得分为整个量表所有被评价项目得分的均值；因而，项目得分、子量表得分和量表总分均处于 1～9 分，这样的分值能够直观反映所观察班级的质量水平。

---

①　李克建，胡碧颖. 中国托幼机构教育质量评价量表. 2015. 未出版评价工具.

②　Harms T，Clifford R M & Cryer D. Early Childhood Environment Rating Scale-Revised Edition[M]. NY：Teachers College Press，2005.

效度验证研究结果表明[①]，《质量量表》的第一版已经表现出良好的测量学特性，包括：具有良好的评分者间一致性信度［《质量量表》和内部一致性信度（子量表及总量表的 Cronbach's α 处于 $0.826\sim0.964$］；同时，具有良好的内容效度、同时效度、效标效度和区分能力，与儿童发展结果具有显著的相关性。同时，探索性因素分析揭示了清晰的两因子结构，表明《质量量表》能够测量中国幼儿园教育两个维度的质量：因子 1 为"学习条件"（包含 21 个项目），主要涉及空间与设施、材料及其使用，各类学习与游戏活动的环境、机会与时间；因子 2 为"教学与互动"（包含 13 个项目），主要反映集体教学过程性质量以及各类活动中人际互动的质量。两个因子得分之间存在较高的相关性（$r=0.76$），因子 1 因"学习条件"可以看作是因子 2 以"教学与互动"的基础与前提。以上证据表明，在中国社会文化和教育情境中，《质量量表》能够较好地测量和评价中国托幼机构的教育质量，《质量量表》得分能够作为中国托幼机构教育质量的衡量指标。

在本研究中，《质量量表》表现出更加卓越的测量信度。在 53 个评价项目上，评分者间一致性信度系数（Kappa）处于 $0.611\sim0.883$，均值为 0.778；在七个子量表上，评分者间一致性信度系数处于 $0.833\sim0.954$，均值为 0.888。七个子量表的内部一致性信度系数（Cronbach's α）处于 $0.886\sim0.953$，总量表为 0.967。对于这类复杂的观察性评价量表而言，这样的评分者间一致性信度和内部一致性信度可以被认为是处于较高水平。优秀的信度水平保证了本研究数据的可靠性。在后续的分析中，《质量量表》总分、七个子量表得分和两个因子得分被用来代表样本班级的教育质量。

2. 幼儿园、班级—教师调查问卷

本研究通过《幼儿园情况调查问卷》和《幼儿园班级—教师基本信息表》来采集幼儿园层面的基本信息（名称、所在地、办园性质、园所等级、规模、师资队伍、经费等），班级层面的基本信息（年龄组、人员配备、幼儿数量、年龄范围、民族分布、是否有特殊需求等），以及班级教师的基本信息（年龄、教龄、学历、专业、资格证、职称、编制、培训情况等）。

（三）数据采集和分析

2012 春季至 2015 春季历时三年，116 名受过训练的观察评估员先后访问了八个样本省份 193 所幼儿园的 428 个班级，运用《质量量表》进行了观察测量。每次班级观察的时间为 6 个小时（上午 4 小时，下午 2 小时），加上幼儿午休期间

---

① Li K, Hu B, Pan Y, Qin J & Fan X. Chinese Early Childhood Environment Rating Scale (trial) (CECERS)：A validity study[J]. Early Childhood Research Quarterly, 2014, 29(3)：268-282.

0.5 小时左右对班级教师的访谈，以获取无法观察的有关信息。为提高观察测量的信度，本研究采用 2 名评分员同时进入一个班级各自独立进行观察和评分；各自评分完成后作为小组进行合议，对不一致的项目进行讨论，最终给出小组一致的评分。

调研人员在到达幼儿园和进入所观察班级时，分别向园长和班级教师发放《幼儿园情况调查问卷》和《幼儿园班级—教师基本信息表》；在当天结束班级观察离开幼儿园之前，回收问卷。

评估员将收集到的样本数据（班级质量观察数据、幼儿园及班级—教师变量数据）进行编码、输入。研究者对数据进行整理与匹配后，使用 SPSS19.0 对其进行分析。

本研究主要采用《中国托幼机构教育质量评价量表》（第三版）（以下简称《质量量表》）。《质量量表》包含八个子量表、51 个项目、177 个子项目。子项目是对特定项目进行评价的不同角度或不同层面。该量表采用 7 点李克特式量表进行评分，即每一个子项目有 4 个等级，由低到高依次为：1 分（不适宜）、3 分（合格）、5 分（良好）、7 分（优秀）。

《质量量表》已被证实具有良好的信度与效度，并在多项测量学指标上优于ECERS-R。具体而言，《质量量表》具有较好的评分者间一致性信度（K 具体而言）和内部一致性信度（子量表及总量表的 Cronbach's α 处于 0.83~0.96）；《质量量表》与样本所在省份现行的幼儿园等级评估体系具有良好的同时效度，能够有效地区分不同等级、不同所在地（城市/农村）、不同性质（公办/民办）幼儿园班级的教育质量；《质量量表》具有良好的效标关联效度，量表总分以及各子量表得分与儿童发展测试的多项结果（包括语言、早期数学、社会认知）之间具有显著的相关性。

同时，探索性因素分析揭示了一个清晰的两因子结构，表明《质量量表》能够测量中国幼儿园教育两个维度的质量：因子 1 为"学习条件"（包含 21 个项目），主要涉及空间与设施、材料及其使用，各类学习与游戏活动的环境、机会与时间；因子 2 为"教学与互动"（包含 13 个项目），主要反映集体教学过程性质量以及各类活动中人际互动的质量。两个因子得分之间存在较高的相关性（$r = 0.76$），因子 1 因"学习条件"可以看作是因子 2 以"教学与互动"的基础与前提。以上证据表明，在中国社会文化和教育情境中，《质量量表》能够较好地测量和评价中国托幼机构的教育质量，《质量量表》得分能够作为中国托幼机构教育质量的衡量指标。

（四）过程

《质量量表》的第一作者和评分员培训了学前教育专业的硕士研究生，培训包括集中的量表理论知识学习和到幼儿园现场操作。在实践操作中，以1名评分员与2~3名受训者"同时入班，独立评分"的形式进行模拟观察。每天独立评估打分结束后，立刻结算出评分员与受训者之间的评分者间一致性。评分员每天与不同的受训者组合，以保证培训的有效性，进一步确保评价者间一致性的科学性。待培训结束之后，评分员与受训者之间子项目上的一致得分百分比皆可达到80％以上，评价者间一致性达到0.9以上。经过培训后，所有评分员都能熟练使用《质量量表》，进入正式的数据采集阶段。

2名评分员同时进入同一个班级进行各自独立的观察和评分，每次观察时间一般为6小时，其中上午约4小时（从幼儿入园到午睡），下午2小时（从幼儿午睡起床到离园），加上幼儿午休期间0.5小时左右对班级教师的访谈，以获取无法观察的有关信息。在确认已获取所有的评分依据后才能离园。每天各自的评分结束后，再进行小组合议，对于评分不一致的项目和子项目进行讨论，最终给出小组一致的评分。

第二节　幼儿园结构特征与教育质量

一、样本幼儿园班级教育质量基本情况

研究者在数据整理过程中，剔除69个缺失值较多的班级个案（主要是园所特征变量、班级—教师特征变量缺失），这样，162所幼儿园的359个样本班级的教育质量数据与结构特征数据被用于后续的分析。

（一）量表总分与子量表得分的简要描述性统计

由表10.2.1.1可见，359个样本班级《质量量表》总分（所有评价项目的均值）均值为4.85分，根据量表本身对评分等级的界定，接近但尚未达到"合格"（5分）水平，质量水平不高。另外，不同班级间质量得分差异较大（$SD=1.37$），最低分为2.15分，处于"不适宜"的水平；最高分为8.17分，达到"优秀"水平。

七个子量表得分均值处于3.50~5.59，得分最低的是"游戏与活动"（$M=3.50$，$SD=1.63$），刚刚达到"最低要求"（3分），样本班级儿童的各类游戏活动质量令人担忧，材料与空间、机会与时间都十分匮乏。得分最高的是"空间与设施"（$M=5.59$，$SD=1.84$），但不同班级间在空间与设施质量上差异非常大。其他五个子量表得分均超过了4分，达到了"最低要求"，但距离"合格"（5分）尚有一定距离。

表 10. 2. 1. 1　所有样本班级教育质量得分描述性统计

量表		样本量	平均值	标准差	最小值	最大值
一	空间与设施	359	5.59	1.84	1.00	9.00
二	保育	359	5.20	1.57	1.42	8.89
三	课程计划与实施	359	4.59	1.51	1.50	8.43
四	集体教学	359	5.04	1.47	1.43	8.81
五	游戏与活动	359	3.50	1.63	1.00	8.42
六	互动	359	5.07	1.42	2.27	8.27
七	家长与教师	339	5.50	1.46	2.25	8.48
因子 1		359	4.43	1.42	1.93	8.07
因子 2		359	4.97	1.48	1.56	8.64
量表总分		359	4.85	1.37	2.15	8.17

（二）东中西部学前教育质量

由表 10.2.1.2 可见，161 个东部地区样本班级《质量量表》总分（所有评价项目的均值）均值为 5.80 分，根据量表本身对评分等级的界定，达到"合格"（5 分）水平。67 个中部地区样本班级《质量量表》总分均值为 4.58 分，未达到"合格"水平。而 131 个西部地区样本班级《质量量表》总分均值为 3.81 分，刚刚达到"最低水平"，离"合格"尚有较大距离。东部地区的六个子量表得分均值高于 5 分，达到了"合格"水平，其中"空间与设施""保育""课程计划与实施""互动"和"家长与教师"这五个子量表的得分相对较高，超过 6 分；仅"游戏与活动"子量表得分未达到合格水平（$M=4.51$，$SD=1.47$）。中部地区仅三个子量表（空间与设施、保育、家长与教师）得分达到合格水平，四个子量表得分在合格水平以下，其中"游戏与活动"子量表得分接近但尚未达到最低要求（$M=2.97$，$SD=1.15$）。西部地区，所有子量表得分均未达到合格水平；得分最低的子量表同样是"游戏与活动"，尚未达到最低要求（$M=2.54$，$SD=1.30$）。在所有子量表得分、因子得分及量表总分上，均为东部地区最高，西部地区最低。

表 10.2.1.2　东中西部学前教育质量状况

		所在地区	样本量	均值	标准差	最小值	最大值
一	空间与设施	东部	161	6.71	1.58	2.67	9.00
		中部	67	5.79	1.22	3.67	8.67
		西部	131	4.13	1.34	1.00	8.33
二	保育	东部	161	6.16	1.19	2.75	8.89
		中部	67	5.22	1.15	2.77	8.33
		西部	131	4.01	1.35	1.42	8.66
三	课程计划与实施	东部	161	5.48	1.26	2.00	8.23
		中部	67	4.08	1.31	1.75	7.20
		西部	131	3.76	1.29	1.50	8.43
四	集体教学	东部	161	6.01	1.02	2.56	8.81
		中部	67	4.72	0.90	2.28	7.03
		西部	131	4.02	1.42	1.43	7.78
五	游戏与活动	东部	161	4.51	1.47	1.47	7.23
		中部	67	2.97	1.15	1.42	6.22
		西部	131	2.54	1.30	1.00	8.42
六	互动	东部	161	6.01	1.04	2.67	8.21
		中部	67	4.91	0.99	2.44	7.56
		西部	131	4.01	1.22	2.27	8.27
七	家长和教师	东部	161	6.38	1.19	2.83	8.48
		中部	48	5.29	0.97	3.04	7.25
		西部	130	4.49	1.23	2.25	8.11
因子 1		东部	161	5.39	1.25	2.78	7.80
		中部	67	4.18	0.93	2.61	6.48
		西部	131	3.37	0.96	1.93	8.07
因子 2		东部	161	5.95	1.07	2.27	8.64
		中部	67	4.70	0.94	2.23	6.96
		西部	131	3.90	1.33	1.56	7.53
量表总分		东部	161	5.80	1.08	3.22	8.17
		中部	67	4.58	0.88	2.88	6.53
		西部	131	3.81	1.06	2.15	8.04

　　为检验东中西部幼儿园班级教育质量是否存在显著性差异，我们运用《质量量表》总分、七个子量表得分及因子得分进行了单因素方差分析。由表 10.2.1.3 可见，在量表总分、两个因子得分、七个子量表得分上，东中西部区域之间均存

在显著差距，东部优于中部、西部，中部优于西部。

表 10.2.1.3 东中西部学前教育质量差异

		df	F	Sig.
一 空间与设施	组间	2	118.136	0.000
	组内	356		
	总和	358		
二 保育	组间	2	107.739	0.000
	组内	356		
	总和	358		
三 课程计划与实施	组间	2	72.338	0.000
	组内	356		
	总和	358		
四 集体教学	组间	2	108.941	0.000
	组内	356		
	总和	358		
五 游戏与活动	组间	2	82.602	0.000
	组内	356		
	总和	358		
六 互动	组间	2	119.249	0.000
	组内	356		
	总和	358		
七 家长和教师	组间	2	93.686	0.000
	组内	336		
	总和	338		
因子1	组间	2	125.909	0.000
	组内	356		
	总和	358		
因子2	组间	2	117.112	0.000
	组内	356		
	总和	358		
量表总分	组间	2	134.450	0.000
	组内	356		
	总和	358		

（三）城乡学前教育质量

由表 10.2.1.4 可见，187 个城镇样本班级《质量量表》总分均值为 5.48 分，根据量表本身对评分等级的界定，达到合格水平。172 个农村样本班级《质量量表》总分均值为 4.16 分，未达到合格水平。城镇幼儿园班级六个子量表得分达到合格水平，其中两个子量表得分达到 6 分以上（空间与设施、家长与教师）；得分最低的是"游戏与活动"（$M=4.12$，$SD=1.69$），未达到合格水平。农村幼儿园班级七个子量表得分均在合格水平以下，其中"游戏与活动"子量表得分尚未达到"最低要求"（$M=2.83$，$SD=1.26$）。城镇幼儿园班级所有子量表得分均值、因子得分及量表总分均值均高于农村。

表 10.2.1.4 城乡学前教育质量状况

	所在地区	样本量	均值	标准差	最小值	最大值
一 空间与设施	城镇	187	6.47	1.78	2.00	9.00
	农村	172	4.65	1.37	1.00	8.00
二 保育	城镇	187	5.93	1.50	2.27	8.89
	农村	172	4.41	1.24	1.42	7.03
三 课程计划与实施	城镇	187	5.12	1.54	1.75	8.43
	农村	172	4.02	1.25	1.50	7.17
四 集体教学	城镇	187	5.56	1.47	1.43	8.81
	农村	172	4.47	1.25	1.54	7.11
五 游戏与活动	城镇	187	4.12	1.69	1.00	8.42
	农村	172	2.83	1.26	1.00	6.80
六 互动	城镇	187	5.64	1.44	2.27	8.27
	农村	172	4.46	1.11	2.27	7.83
七 家长和教师	城镇	178	6.28	1.29	3.17	8.48
	农村	161	4.64	1.13	2.25	7.24
因子1	城镇	187	5.08	1.43	2.20	8.07
	农村	172	3.71	1.02	1.93	6.68
因子2	城镇	187	5.55	1.49	1.56	8.64
	农村	172	4.34	1.18	1.58	7.48
量表总分	城镇	187	5.48	1.36	2.56	8.17
	农村	172	4.16	1.01	2.15	6.71

为检验城乡幼儿园班级教育质量是否存在显著性差异，我们进行了独立样本 t 检验。由表 10.2.1.5 可见，在量表总分、七个子量表得分及因子得分上，城乡之间存在显著差异。城镇幼儿园明显优于农村幼儿园。从 t 值来看，在空间与设

施、保育、课程计划与实施、集体教学质量上，城乡之间差距相对较大。

表 10.2.1.5　城乡学前教育质量差异

	均值差 （城镇—农村）	*t*-value	*df*	Sig. (2-tailed)
一　空间与设施	1.82	10.76	357.00	0.000
二　保育	1.82	10.87	346.51	0.000
三　课程计划与实施	1.52	10.43	357.00	0.000
四　集体教学	1.52	10.51	353.01	0.000
五　游戏与活动	1.10	7.41	357.00	0.000
六　互动	1.10	7.47	351.28	0.000
七　家长和教师	1.09	7.56	357.00	0.000
因子 1	1.09	7.62	354.78	0.000
因子 2	1.29	8.12	357.00	0.000
量表总分	1.29	8.21	342.75	0.000

二、园所特征变量与教育质量

（一）园所特征变量的描述性统计

进入分析的样本幼儿园共 162 所，从办园性质来看，教育部门办 29 所（17.9%），其他公办 31 所（19.1%），小学附属园 20 所（12.3%），民办园 82 所（50.6%）。从园所等级来看，高等级园为 20 所（12.3%），中等级园 40 所（24.6%），低等级园 102 所（62.9%）。

表 10.2.2.1 显示，样本幼儿园平均规模约为 7 个班级、248 名幼儿、13～14 名教师；教师平均月收入为 2161.87 元（$SD=1008.94$），不同教师间差距较大；生均保教收费平均约为 268.26 元/月（$SD=209.24$），不同幼儿园之间差距较大（最小值为 60 元/月，最高的每月 2000 元）；生均财政拨款为 1248.38 元，但不同幼儿园之间差距极大（$SD=3259.71$；最小值为 0，最大值为 2.388 万元）；班级活动室生均面积约为 2.12 平方米（最小值为生均 0.8 平方米，最大值为生均 5.2 平方米），户外活动场地生均面积为 4.75 平方米。

表 10.2.2.1　样本幼儿园情况描述性统计

园所特征变量	样本	均值	标准差	最小值	最大值
幼儿总数	162	248.03	163.71	15.00	946.00
班级总数	162	7.25	4.57	1.00	28.00

续表

园所特征变量	样本	均值	标准差	最小值	最大值
专任教师总数	160	13.42	11.40	0.00	65.00
教师平均月收入	153	2161.87	1008.94	0.00	5100.00
保育员总数	160	5.10	5.37	0.00	28.00
保育员平均月收入	134	1227.77	441.11	0.00	3804.00
生均活动室面积	111	2.12	0.85	0.80	5.20
生均户外活动面积	146	4.75	3.64	0.00	20.00
月保教费	159	268.26	209.24	60.00	2000.00
生均拨款	162	1248.38	3259.71	0.00	23880.26

（二）园所特征变量的相关分析

研究者选取了 12 个园所特征变量，包括：办园性质、园所等级、幼儿总数、班级总数、专任教师总数、教师平均月收入、保育员总数、保育员平均月收入、生均活动室面积、生均户外活动面积、月保教费、生均拨款。对这些变量进行了相关分析，结果见表 10.2.2.2。

由表 10.2.2.2 可见，这些园所特征变量之间呈现出错综复杂的相互关系：

办园性质：与园所等级、幼儿总数、班级总数、教师平均月收入、保育员总数、生均拨款有显著相关。

园所等级：与办园性质、幼儿总数、班级总数、专任教师总数、教师平均月收入、保育员总数、保育员平均月收入、生均活动室面积、月保教费、生均拨款有显著相关。

幼儿总数：与办园性质、园所等级、班级总数、专任教师总数、教师平均月收入、保育员总数、保育员平均月收入、生均活动室面积、月保教费、生均拨款有显著相关。

班级总数：与办园性质、园所等级、幼儿总数、专任教师总数、教师平均月收入、保育员总数、保育员平均月收入、月保教费、生均拨款有显著相关。

专任教师总数：与办园性质、园所等级、幼儿总数、班级总数、教师平均月收入、保育员总数、保育员平均月收入、生均活动室面积、生均户外活动面积、月保教费、生均拨款有显著相关。

教师平均月收入：与办园性质、园所等级、幼儿总数、班级总数、专任教师总数、保育员总数、保育员平均月收入、生均活动室面积、月保教费、生均拨款有显著相关。

保育员总数：与办园性质、园所等级、幼儿总数、班级总数、专任教师总数、教师平均月收入、保育员平均月收入、生均活动室面积、生均户外活动面积、月保教费、生均拨款有显著相关。

表10.2.2.2 园所特征变量间的相关分析

	办园性质	园所等级	幼儿总数	班级总数	专任教师总数	教师平均月收入	保育员总数	保育员平均月收入	生均活动室面积	生均户外活动面积	月保教费	生均拨款
办园性质	1.000	0.327***	0.324***	0.397***	0.376***	0.418***	0.181**	0.083	0.122+	0.144*	0.082	0.334***
园所等级	0.327***	1.000	0.620***	0.562***	0.678***	0.599***	0.606***	0.204***	0.286***	0.175**	0.490***	0.485***
幼儿总数	0.324***	0.620***	1.000	0.947***	0.955***	0.535***	0.746***	0.292***	0.275***	0.143**	0.467***	0.296***
班级总数	0.397***	0.562***	0.947***	1.000	0.909***	0.507***	0.658***	0.282***	0.185***	0.071	0.358***	0.289***
专任教师总数	0.376***	0.678***	0.955***	0.909***	1.000	0.613***	0.753***	0.335***	0.350***	0.189***	0.511***	0.358***
教师平均月收入	0.418***	0.599***	0.535***	0.507***	0.613***	1.000	0.438***	0.469***	0.213***	0.100	0.405***	0.572***
保育员总数	0.181**	0.606***	0.746***	0.658***	0.753***	0.438***	1.000	0.422***	0.296***	0.143*	0.619***	0.251***
保育员平均月收入	0.083	0.204***	0.292***	0.282***	0.335***	0.469***	0.422***	1.000	0.091	0.006	0.308***	0.183***
生均活动室面积	0.122+	0.286***	0.275***	0.185***	0.350***	0.213***	0.296***	0.091	1.000	0.325***	0.292***	0.154*
生均户外活动面积	0.144*	0.175**	0.143**	0.071	0.189***	0.100+	0.143**	0.006	0.325***	1.000	0.078	0.092
月保教费	0.082	0.490***	0.467***	0.358***	0.511***	0.405***	0.619***	0.308***	0.292***	0.078	1.000	0.105*
生均拨款	0.334***	0.485***	0.296***	0.289***	0.358***	0.572***	0.251***	0.183***	0.154*	0.092	0.105*	1.000

注:1. 相关分析中分类变量的编码方式:办园性质:1=公办,0=民办;园所等级:3=高等级,2=中等级,1=低等级;

2. $*p<0.05$;$**,p<0.01$;$***,p<0.001$;$+,p<0.1$。

保育员平均月收入：与园所等级、幼儿总数、班级总数、专任教师总数、教师平均月收入、生均活动室面积、月保教费、生均拨款有显著相关。

生均活动室面积：与园所等级、幼儿总数、专任教师总数、教师平均月收入、保育员总数、生均户外活动面积、月保教费有显著相关。

生均户外活动面积：与教师平均月收入、生均活动室面积有显著相关。

月保教费：与园所等级、幼儿总数、专任教师总数、教师平均月收入、保育员总数、保育员平均月收入、生均活动室面积有显著相关。

生均拨款：与办园性质、园所等级、幼儿总数、班级总数、专任教师总数、教师平均月收入、保育员总数、保育员平均月收入有显著相关。

（三）园所特征变量与教育质量的相关分析

为探索园所特征与教育质量各项指标(包括七个子量表得分以及量表总分)之间的相关性，研究者进行了相关分析。基于上面的分析结果(东中西部、城乡幼儿园在教育质量上存在显著差异)，研究者控制了幼儿园所处的区域(东中西部)、城乡两个变量，进行了偏相关分析。分析结果见表 10.2.2.3。

表 10.2.2.3　园所特征与班级教育质量的偏相关分析

	一 空间 与设施	二 保育	三 课程计划 与实施	四 集体 教学	五 游戏与 活动	六 互动	七 家长和 教师	量表 总分
办园性质	0.342***	0.390***	0.427***	0.314***	0.371***	0.313***	0.433***	0.451***
园所等级	0.332***	0.471***	0.439***	0.327***	0.422***	0.389***	0.427***	0.482***
专任教师总数	0.111	0.213**	0.164*	0.181*	0.110	0.176*	0.236***	0.213**
教师平均月收入	0.134+	0.302***	0.351***	0.326***	0.338***	0.245***	0.305***	0.363***
保育员总数	0.074	0.257***	0.159*	0.164*	0.122	0.194**	0.265***	0.223**
保育员平均月收入	0.161*	0.286***	0.218**	0.143+	0.212**	0.142+	0.284***	0.252***
生均活动室面积	0.294***	0.167*	0.137+	0.146*	0.060	0.214**	0.113	0.172*
月保教费	0.245***	0.417***	0.271***	0.318***	0.281***	0.376***	0.355***	0.409***

注：1. 偏相关：控制变量为东中西部、城乡两个变量。

2. 加入相关分析的园所特征变量包括：办园性质、园所等级、幼儿总数、班级总数、专任教师总数、教师平均月收入、保育员总数、保育员平均月收入、生均活动室面积、生均户外活动面积、月保教费、生均拨款。为简化信息，此处仅保留了与班级教育质量存在显著相关的变量。

3. *，$p < 0.05$；**，$p < 0.01$；***，$p < 0.001$；+，$p < 0.1$。

由表 10.2.2.3 可见，在控制幼儿园所在地有关的两个变量(东中西部、城乡)后，办园性质、园所等级、专任教师总数、教师平均月收入、保育员总数、保育员平均月收入、生均活动室面积、月保教费这八个因素的重要性凸显出来。

具体而言，办园性质、园所等级与所有子量表质量以及班级总体质量存在极其显著相关。专任教师总数与"保育""家长和教师"质量以及班级总体质量（以量表总分为代表）存在极其显著相关，与"课程计划与实施""集体教学"存在显著相关。教师平均月收入与"保育""课程计划与实施""集体教学""游戏与活动""互动""家长和教师"质量以及班级总体质量存在极其显著相关。保育员总数与"保育""家长和教师"质量以及班级总体质量存在极其显著相关，与"课程计划与实施""集体教学""互动"质量存在显著相关。保育员平均月收入与"保育""家长和教师"质量以及班级总体质量存在极其显著相关，与"空间与设施""课程计划与实施""游戏与活动"质量存在显著相关。生均活动室面积与"空间与设施"质量存在极其显著相关，与"保育""集体教学""互动"质量以及班级总体质量存在显著相关。月保教费这一因素与所有子量表质量以及班级总体质量均存在极其显著相关。

（四）逐步多元回归分析

上述偏相关分析在控制了幼儿园所在地的两个变量（东中西部、城乡）的情况下，发现园所特征层面的八个变量（办园性质、园所等级、专任教师总数、教师平均月收入、保育员总数、保育员平均月收入、生均活动室面积、月保教费）与班级教育质量的多项指标存在显著相关。那么，园所特征层面的这些变量能否有效预测班级教育质量呢？为此，研究者以园所层面的这些变量为预测变量，分别以样本班级的《质量量表》总分以及每个子量表得分为因变量，以东中西部区域、城乡两个变量为协变量，进行了一系列的多元线性回归分析。这些回归分析的结果汇总见表 10.2.2.4。

表 10.2.2.4　以园所特征变量为预测变量的多元线性回归分析

因变量	预测变量	标准化回归系数（d）	t	Sig.
一　空间与设施	专任教师总数	0.176*	2.492	0.014
	教师平均月收入	0.302***	4.623	0.000
	生均活动室面积	0.197***	3.261	0.001
	月保教费	0.202***	3.258	0.001
二　保育	办园性质	0.114*	2.020	0.045
	专任教师总数	0.169**	2.616	0.010
	教师平均月收入	0.323***	5.211	0.000
	月保教费	0.354***	6.181	0.000

续表

因变量		预测变量	标准化回归系数 (d)	t	Sig.
三	课程计划与实施	办园性质	0.240***	4.194	0.000
		教师平均月收入	0.402***	6.631	0.000
		月保教费	0.283***	5.047	0.000
四	集体教学	教师平均月收入	0.432***	7.200	0.000
		月保教费	0.298***	4.960	0.000
五	游戏与活动	办园性质	0.207***	3.625	0.000
		教师平均月收入	0.407***	6.716	0.000
		月保教费	0.306***	5.452	0.000
六	互动	教师平均月收入	0.372***	6.257	0.000
		生均活动室面积	0.133*	2.271	0.024
		月保教费	0.327***	5.400	0.000
七	家长和教师	办园性质	0.159**	2.906	0.004
		专任教师总数	0.276***	4.495	0.000
		教师平均月收入	0.323***	5.400	0.000
		月保教费	0.270***	4.969	0.000
质量总分		办园性质	0.159**	2.987	0.003
		专任教师总数	0.164**	2.708	0.007
		教师平均月收入	0.376***	6.458	0.000
		月保教费	0.326***	6.070	0.000

注：1. 此数据表是分别以每个子量表得分(共七个子量表)以及量表总分为因变量的一系列多元线性回归分析的结果汇总。

2. 在每个多元线性回归模型中，预测变量包括：办园性质(是否为公办园)、园所等级(是否为高等级幼儿园)、专任教师总数、教师平均月收入、保育员总数、保育员平均月收入、生均活动室面积、月保教费。协变量为：东中西部区域、城乡。

3. 为简化信息，仅保留了最终进入回归方程(存在显著相关或边际相关效应)的预测变量，此处仅报告标准化回归系数、t 值、显著性。

4. 标准化回归系数：在有显著性的前提下，可以大致用来回归分析中预测变量对因变量的预测效应量，以"d"表示，该系数在 0.1 左右为弱预测效应，达到 0.3 为中等强度，达到 0.5 为强预测效应。

5. *，$p<0.05$；**，$p<0.01$；***，$p<0.001$。

由表 10.2.2.4 可见，园所特征层面的 4 个变量(办园性质、专任教师总数、教师平均月收入、月保教费)分别能够有效预测幼儿园班级不同方面的教育质量，其中教师平均月收入与月保教费的预测效应相对稳定一致且更为显著。

教师平均月收入这一因素与班级教育总体质量以及七个具体维度的质量均呈现显著正相关，且具有中等强度的预测效应量（$d=0.302\sim0.432$）。一个可能的解释是：更高的收入水平能够吸引更优秀的教师；进而，高素质的教师带来了更高的教育质量。

月保教费这一因素也与班级教育总体质量以及七个具体维度的质量均呈现显著正相关，预测效应量接近中等强度（$d=0.202\sim0.354$），是"保育"质量的中等强度预测变量。一个可能的解释是：月保教费越高的幼儿园能为幼儿提供越好的保育质量以及其他维度的质量。

另外，幼儿园的专任教师总数能够有效预测空间与设施、保育、家长和教师三个子量表得分以及总体教育质量；办园性质能够有效预测保育、课程计划与实施、游戏与活动、家长和教师等方面的质量以及班级总体教育质量；生均活动室面积能够有效预测空间与设施、互动两个方面的质量。

第三节　班级—教师特征与教育质量

一、班级—教师特征变量的描述性统计

进入最终数据分析的 359 个样本班级，从年龄班来看，小班 96 个（26.7%），中班 99 个（27.6%），大班 134 个（37.3%），学前班 3 个（0.8%），混龄班 9 个（2.5%）；主班教师第一学历为学前教育的比例为 54%，最高学历为学前教育的比例为 68.2%，持有教师资格证的比例为 61.5%，在编比例为 22%，有职称的比例为 87.5%。

表 10.3.1.1 显示，本次调查的样本幼儿园班级平均注册幼儿数约为 36 人，平均在场幼儿数为 33 人，每班配备的保教人员平均为 2 人。主班教师的平均年龄为 30.72 岁，平均教龄为 8.95 年。对主班教师学历转化为年份进行计算后，主班教师的第一学历平均为 13.5 年（中专至大专之间），最高学历平均为 14.85 年（约为大专）。

表 10.3.1.1　样本班级—教师特征变量描述性统计

班级—教师变量	样本	均值	标准差	最小值	最大值
注册幼儿数	337	35.67	10.16	5.00	106.00
在场幼儿数	336	33.39	9.85	7.00	103.00
配备保教人员数	332	2.04	0.80	0.00	4.00
保教人员/幼儿比	337	0.06	0.03	0.00	0.20
师生比	336	0.05	0.02	0.00	0.19

班级—教师变量	样本	均值	标准差	最小值	最大值
主班教师年龄	335	30.72	7.70	17.00	55.00
主班教师教龄	332	8.95	7.56	0.00	48.00
主班教师第一学历	359	13.50	4.79	3.00	22.00
主班教师最高学历	359	14.85	4.61	3.00	22.00

二、班级—教师特征变量的相关分析

在分析班级—教师特征与班级教育质量的相关性之前，我们首先对这些要素之间的相互关系进行了探索。研究者选取了 15 个变量，包括班级层面的 6 个变量（年龄班、注册幼儿数、在场幼儿数、配备保教人员数、保教人员/幼儿比、师生比），教师层面的 9 个变量[主班教师年龄、教龄、第一学历、第一学历专业（是否学前教育）、最高学历、最高学历专业（是否学前教育）、教师资格证、编制、职称]。这些变量间的相关分析的结果见表 10.3.2.1。

由表 10.3.2.1 可见，这些变量之间呈现出错综复杂的相互关系：

年龄班：与注册幼儿数、在场幼儿数、师生比显著相关。

注册幼儿数：与年龄班、在场幼儿数、保教人员/幼儿比、师生比、主班教师编制显著相关。

在场幼儿数：与年龄班、注册幼儿数、保教人员/幼儿比、师生比、主班教师编制显著相关。

配备保教人员数：与保教人员/幼儿比、师生比、主班教师第一学历、第一学历专业（是否学前教育）、最高学历、最高学历专业（是否学前教育）、教师资格证、编制显著相关。

保教人员/幼儿比：与注册幼儿数、在场幼儿数、配备保教人员数、师生比、主班教师第一学历、第一学历专业（是否学前教育）、教师资格证显著相关。

师生比：与注册幼儿数、在场幼儿数、配备保教人员数、保教人员/幼儿比、主班教师第一学历专业（是否学前教育）、最高学历、最高学历专业（是否学前教育）、教师资格证显著相关。

教师年龄：与主班教师教龄、第一学历、第一学历专业（是否学前教育）、最高学历、最高学历专业（是否学前教育）、编制显著相关。

教龄：与主班教师年龄、第一学历、教师编制显著相关。

第一学历：与配备保教人员数、保教人员/幼儿比、主班教师年龄、教龄、第一学历专业（是否学前教育）、最高学历、最高学历专业（是否学前教育）、教师资格证、编制、职称显著相关。

表 10.3.2.1　班级—教师特征变量间的相关关系

	1. 年龄班	2. 注册幼儿数	3. 在场幼儿数	4. 配备保教人员数	5. 保教人员/幼儿比	6. 师生比	7. 主班教师年龄	8. 教龄	9. 第一学历	10. 第一学历专业	11. 最高学历	12. 最高学历专业	13. 教师资格证	14. 编制	15. 职称
1.	1	0.248***	0.280***	-0.015+	-0.142**	-0.147***	0.051	0.139*	-0.057	0.106*	0.000	0.063	0.037	0.099+	0.080
2.	0.248***	1	0.904***	-0.044	-0.541***	-0.498***	0.093+	0.111*	0.018	-0.024	0.061	-0.017	0.008	0.209***	0.029
3.	0.280***	0.904***	1	-0.066	-0.451***	-0.538***	0.136**	0.171**	-0.005	-0.004	0.053	0	0.003	0.195***	0.035
4.	-0.015+	-0.044	-0.066	1	0.730***	0.456***	-0.071	0.029	0.269***	0.264***	0.255***	0.204***	0.447***	0.207***	0.022
5.	-0.142**	-0.541***	-0.451***	0.730***	1	0.651***	-0.073	-0.002	0.174***	0.175***	0.128**	0.102+	0.334***	0.046	0.057
6.	-0.147***	-0.498***	-0.538***	0.456***	0.651***	1	-0.111**	-0.046	0.162**	0.235***	0.181***	0.183***	0.246***	0.042	-0.013
7.	0.051	0.093+	0.136**	-0.071	-0.073	-0.111**	1	0.785***	-0.324***	-0.254***	-0.202***	-0.232***	0.034	0.186***	0.042
8.	0.139*	0.111*	0.171**	0.029	-0.002	-0.046	0.785***	1	-0.23***	-0.036	-0.07	-0.031	0.151**	0.310***	0.117*
9.	-0.057	0.018	-0.005	0.269***	0.174***	0.162**	-0.324***	-0.23***	1	0.463***	0.789***	0.362***	0.485***	0.267***	0.358***
10.	0.106*	-0.024	-0.004	0.264***	0.175***	0.235***	-0.254***	-0.036	0.463***	1	0.412***	0.728***	0.332***	0.220***	0.242***
11.	0.000	0.061	0.053	0.255***	0.128**	0.181***	-0.202***	-0.07	0.789***	0.412***	1	0.507***	0.484***	0.306***	0.449***
12.	0.063	-0.017	0	0.204***	0.102+	0.183***	-0.232***	-0.031	0.362***	0.728***	0.507***	1	0.265***	0.088+	0.284***
13.	0.037	0.008	0.003	0.447***	0.334***	0.246***	0.034	0.151**	0.485***	0.332***	0.484***	0.265***	1	0.408***	0.228***
14.	0.099+	0.209***	0.195***	0.207***	0.046	0.042	0.186***	0.310***	0.267***	0.220***	0.306***	0.088	0.408***	1	0.120*
15.	0.080	0.029	0.035	0.022	0.057	-0.013	0.042	0.117*	0.358***	0.242***	0.449***	0.284***	0.228***	0.120*	1

注：1. 相关分析中各分类变量的编码方式：年龄班：1=小班,2=中班,3=大班,4=学前班,5=混龄班；第一学历专业、最高学历专业：1=学前教育,0=非学前教育；最高学历：1=学前教育,0=非学前教育；教师资格证：1=有教师资格证,0=无教师资格证；编制：1=在编,0=非在编；职称：1=有职称,0=无职称；

2. *,$p<0.05$；**,$p<0.01$；***,$p<0.001$；+,$p<0.1$。

第一学历专业（是否学前教育）：与配备保教人员数、保教人员/幼儿比、师生比、主班教师年龄、第一学历、最高学历、最高学历专业（是否学前教育）、教师资格证、编制、职称显著相关。

最高学历：与配备保教人员数、师生比、主班教师年龄、第一学历、第一学历专业（是否学前教育）、最高学历专业（是否学前教育）、教师资格证、编制、职称显著相关。

最高学历专业（是否学前教育）：与配备保教人员数、保教人员/幼儿比、师生比、主班教师年龄、第一学历、第一学历专业（是否学前教育）、最高学历、教师资格证、职称显著相关。

教师资格证：与配备保教人员数、保教人员/幼儿比、师生比、主班教师第一学历、第一学历专业（是否学前教育）、最高学历、最高学历专业（是否学前教育）、编制、职称显著相关。

编制：与注册幼儿数、在场幼儿数、配备保教人员数、主班教师年龄、教龄、第一学历、第一学历专业（是否学前教育）、最高学历、教师资格证显著相关。

职称：与主班教师第一学历、第一学历专业（是否学前教育）、最高学历、最高学历专业（是否学前教育）、教师资格证显著相关。

三、班级—教师特征变量与教育质量的相关分析

为探索班级—教师特征变量与教育质量各项指标（包括七个子量表得分以及量表总分）之间的相关性，研究者控制了办园性质（公办/民办）、园所等级（高—中—低）两个园所层面变量，进行了偏相关分析。分析结果见表 10.3.3.1。

表 10.3.3.1　班级—教师特征与班级教育质量的偏相关分析

		一 空间与设施	二 保育	三 课程计划与实施	四 集体教学	五 游戏与活动	六 互动	七 家长和教师	量表总分
在场幼儿数	df	298	298	298	298	298	298	298	298
	Corr.	-0.252^{***}	-0.138^{*}	-0.176^{**}	-0.177^{**}	-0.151^{**}	-0.170^{**}	-0.146^{*}	-0.199^{**}
	Sig.	0.000	0.017	0.002	0.002	0.009	0.003	0.011	0.001
配备保教人员数	df	298	298	298	298	298	298	298	298
	Corr.	0.439^{***}	0.456^{***}	0.318^{***}	0.328^{***}	0.327^{***}	0.398^{***}	0.563^{***}	0.475^{***}
	Sig.	0.000	0.000	0.000	0.000	0.000	0.000	0.000	0.000
保教人员/幼儿比	df	298	298	298	298	298	298	298	298
	Corr.	0.448^{***}	0.394^{***}	0.301^{***}	0.272^{***}	0.275^{***}	0.354^{***}	0.414^{***}	0.404^{***}
	Sig.	0.000	0.000	0.000	0.000	0.000	0.000	0.000	0.000

		一 空间与 设施	二 保育	三 课程 计划与 实施	四 集体 教学	五 游戏与 活动	六 互动	七 家长和 教师	量表 总分
师生比	df	298	298	298	298	298	298	298	298
	Corr.	0.415***	0.375***	0.294***	0.320***	0.271***	0.367***	0.362***	0.401***
	Sig.	0.000	0.000	0.000	0.000	0.000	0.000	0.000	0.000
年龄	df	298	298	298	298	298	298	298	298
	Corr.	-0.226***	-0.217***	-0.151**	-0.161**	-0.155**	-0.207***	-0.214***	-0.226***
	Sig.	0.000	0.000	0.009	0.005	0.007	0.000	0.000	0.000
教龄	df	298	298	298	298	298	298	298	298
	Corr.	-0.127*	-0.121*	-0.105+	-0.058	-0.099+	-0.106+	-0.146*	-0.132*
	Sig.	0.028	0.035	0.068	0.318	0.088	0.066	0.011	0.022
第一学历	df	298	298	298	298	298	298	298	298
	Corr.	0.239***	0.247***	0.059	0.123*	0.139*	0.151**	0.233***	0.195***
	Sig.	0.000	0.000	0.309	0.034	0.016	0.009	0.000	0.001
第一学历专业	df	298	298	298	298	298	298	298	298
	Corr.	0.247***	0.244***	0.171**	0.196***	0.154**	0.218***	0.226***	0.245***
	Sig.	0.000	0.000	0.003	0.001	0.007	0.000	0.000	0.000
最高学历	df	298	298	298	298	298	298	298	298
	Corr.	0.228***	0.219***	0.101+	0.193***	0.223***	0.170**	0.218***	0.227***
	Sig.	0.000	0.000	0.080	0.001	0.000	0.003	0.000	0.000
最高学历专业	df	298	298	298	298	298	298	298	298
	Corr.	0.178**	0.219***	0.227***	0.231***	0.162**	0.226***	0.238***	0.255***
	Sig.	0.002	0.000	0.000	0.000	0.005	0.000	0.000	0.000
教师资格证	df	298	298	298	298	298	298	298	298
	Corr.	0.321***	0.276***	0.074	0.100+	0.163**	0.158**	0.297***	0.223***
	Sig.	0.000	0.000	0.203	0.084	0.005	0.006	0.000	0.000
编制	df	298	298	298	298	298	298	298	298
	Corr.	-0.141*	-0.094	-0.116*	-0.124*	-0.093	-0.086	-0.109+	-0.125*
	Sig.	0.015	0.105	0.046	0.032	0.107	0.138	0.059	0.030
职称	df	298	298	298	298	298	298	298	298
	Corr.	0.020	0.120*	0.164**	0.194***	0.217***	0.154**	0.138*	0.169**
	Sig.	0.736	0.037	0.004	0.001	0.000	0.008	0.017	0.003
	df	298	298	298	298	298	298	298	298

注：1. 第一学历专业、最高学历专业编码均为：1=学前教育，0=非学前教育。

2. 偏相关控制变量为：办园性质(公办/民办)、园所等级(高一中一低)。

3. *，$p<0.05$；**，$p<0.01$；***，$p<0.001$；+，$p<0.1$。

由表 10.3.3.1 可见，在控制办园性质、园所等级两个园所层面变量后，班级在场幼儿数、班级配备保教人员数、保教人员/幼儿比、师生比、主班教师第一学历、第一学历专业（是否学前教育）、最高学历、最高学历专业（是否学前教育）等因素的重要性凸显出来，与班级教育质量的各项指标存在显著相关。同时，教师资格证、职称与班级教育质量的多项指标存在显著相关。但教师的教龄、编制与班级教育质量指标的相关性不大（仅与个别质量指标存在相关性，但与各项质量指标不存在稳定一致的显著相关）；另外，教师年龄与一些质量指标存在显著负相关。

四、逐步多元回归分析

上述偏相关分析在控制了两个变量（办园性质与园所等级）的情况下，发现班级—教师特征层面的六个变量［配备保教人员数、保教人员/幼儿比、师生比、第一学历专业（是否学前教育）、最高学历、最高学历专业（是否学前教育）］与班级教育质量的多项指标存在显著相关。那么，班级—教师特征层面的这些变量能否有效预测班级教育质量呢？研究者进而进行了回归分析。

表 10.3.4.1　以班级—教师特征变量为预测变量的多元线性回归分析

因变量		预测变量	标准化回归系数(d)	t	Sig.
一	空间与设施	配备保教人员数	0.357***	7.466	0.000
		师生比	0.239***	5.152	0.000
		第一学历专业（是否学前教育）	0.208***	4.665	0.000
		最高学历	0.153***	3.415	0.001
二	保育	配备保教人员数	0.365***	7.495	0.000
		师生比	0.203***	4.288	0.000
		第一学历专业（是否学前教育）	0.184***	4.033	0.000
		最高学历	0.183***	4.008	0.000
三	课程计划与实施	配备保教人员数	0.296***	5.497	0.000
		师生比	0.182***	3.469	0.001
		第一学历专业（是否学前教育）	0.177***	3.519	0.000
		最高学历	0.134**	2.655	0.008
四	集体教学	配备保教人员数	0.265***	4.956	0.000
		师生比	0.204***	3.929	0.000
		第一学历专业（是否学前教育）	0.173***	3.456	0.001
		最高学历	0.169***	3.380	0.001

续表

因变量	预测变量	标准化回归系数(d)	t	Sig.
五　游戏与活动	配备保教人员数	0.335***	6.383	0.000
	师生比	0.156**	3.057	0.002
	第一学历专业(是否学前教育)	0.143**	2.918	0.004
	最高学历	0.196***	3.985	0.000
六　互动	配备保教人员数	0.326***	6.333	0.000
	师生比	0.217***	4.328	0.000
	第一学历专业(是否学前教育)	0.181***	3.754	0.000
	最高学历	0.133**	2.762	0.006
七　家长和教师	配备保教人员数	0.613***	10.222	0.000
	保教人员/幼儿比	0.137*	2.024	0.044
	师生比	0.161**	3.063	0.002
	第一学历专业(是否学前教育)	0.163***	3.830	0.000
	最高学历	0.149***	3.503	0.001
质量总分	配备保教人员数	0.380***	8.008	0.000
	师生比	0.206***	4.456	0.000
	第一学历专业(是否学前教育)	0.194***	4.361	0.000
	最高学历	0.182***	4.087	0.000

注：1. 此信息表是分别以每个子量表得分(共七个子量表)以及量表总分为因变量的一系列多元线性回归分析的结果汇总。

2. 在多元线性回归模型中，预测变量包括：配备保教人员数、保教人员/幼儿比、师生比、第一学历专业(是否学前教育)、最高学历、最高学历专业(是否学前教育)。

3. 为简化信息，仅保留了最终进入回归方程(存在显著相关或边际相关效应)的预测变量，此处仅报告标准化回归系数、t 值、显著性。

4. 标准化回归系数：在有显著性的前提下，可以大致用来回归分析中预测变量对因变量的预测效应量，以"d"表示，该系数在 0.1 左右为弱预测效应，达到 0.3 为中等强度，达到 0.5 为强预测效应。

5. *，$p<0.05$；**，$p<0.01$；***，$p<0.001$。

由表 10.3.4.1 可见，班级—教师特征层面的四个变量(配备保教人员数、师生比、第一学历专业、最高学历)能够稳定一致、有效地预测幼儿园班级各个方面的教育质量以及班级总体质量。其中，关于班级保教人员数量(配备保教人员数、师生比)的两个要素的预测效应更加凸显，与班级教育总体质量以及七个具体维度的质量均呈现显著正相关，预测效应量($d=0.156\sim0.613$)略高于关于教师素质的两个变量的预测效应量($d=0.133\sim0.208$)。

第四节　讨论与政策建议

在我国学前三年教育普及率迅速提升的背景下，学前教育质量问题越来越引起关注。要解决由学前教育低质量普及问题所带来的隐患，逐步实现保障适龄儿童接受基本而有质量的学前教育的目标，一个重要的研究基础是探明影响幼儿园教育质量的重要的结构性要素。在此背景下，本研究通过相关分析与回归分析等多种路径的探索，发现了一些能够有效预测幼儿园班级教育过程性质量的微观结构要素，这些关键要素涉及幼儿园、班级和教师等多个层面。下面，我们将对这些要素与质量的关系及其对政策的启示进行讨论。

一、加大学前教育投入，财政性经费应优先用于保障贫困儿童接受有质量的学前教育

本研究发现，幼儿园的月保教费收费水平与教育质量存在显著的相关性，能够有效预测幼儿园班级的总体教育质量以及各个方面的教育质量；学费水平越高，教育质量越高。这一结果毫无疑问，它反映了"优质优价"的常识与市场原则。价格是建立在成本的基础上的；有质量的学前教育需要相应水平的成本投入，高质量的学前教育需要高水平的成本投入。在我国学前教育市场化程度较高的背景下（民办园比例和在园儿童覆盖面均明显超过公办园），市场规律是支配学前教育服务供给的重要基础，价格水平（学费）是对学前教育服务水平（质量）的重要反映指标。在这一背景下，低收入群体因支付能力低下，儿童无法接受有质量的学前教育。因此，国家要实现"保障适龄儿童接受基本而有质量的学前教育"的目标，就必须加大对学前教育的投入；财政性经费应优先用于保障贫困儿童接受有质量的学前教育，以"进得去、上得起、有质量"为原则，使低收入群体的孩子能够就近方便地接受有质量的学前教育服务。

二、配足保教人员，控制班级规模，改善一日活动过程在场师生比

本研究发现，配备保教人员数、在场师生比与班级保教质量显著相关，能够有效预测班级总体教育质量以及各个方面的教育质量。从班级保教工作系统运行的角度来看，是否有足够的保教人员决定了该系统能否正常地或有效地运转。本研究中，样本班级的保教人员配备数量范围在1~3。当一个班级仅有1名保教人员时（尤其是班额较大的情况下），班级的保教工作运转和活动的开展会出现许多困难（如，儿童的需求得不到及时处理，或者成人没有适当的休息时间而过度疲

劳、情绪失调），导致教育质量的低下；而如果一个班级能够配足 3 名保教人员（通常是两教一保），通过合理的分工和密切配合，各项工作事务能够得到较好的执行，保教活动能够得以合理的组织，从而为保教质量奠定了良好的基础。但同时，还必须看到，对于教育过程性质量而言，仅仅配备了足够的保教人员是不够的，还必须关注在场师生比；适宜的在场师生比，才能带来更多积极有效的师幼互动，从而有利于教育过程性质量的提升。要有效改善在场生师比，首先需要控制班级规模，因为即使班级配备了两教一保，但通常因为班级幼儿人数过多（本研究中的最大班级规模为 106 人），导致生师比过高，教育教学活动开展困难，质量低下。其次，需要关注并改善一日活动过程中的动态生师比，因为即使班级幼儿数和保教人员配备都达到国家相关规定，但仍然可能出现生师比过高的情况（比如，两位教师分别独自带上午或下午班，保育员不参与任何教育活动）。幼儿园应通过合理分配和调节保教人员的工作任务和作息时间，提高其工作的有效性，确保一日活动的主要环节有两位保教人员在场，真正对幼儿的活动起到监护、指导、互动作用。尤其是在集体教学、室内区角活动、户外活动等环节，在有条件的情况下，可以通过分组教学（两位教师各自负责一半幼儿平行开展教学活动）、分区域指导等策略，增加积极师幼互动的频率，更好地支持幼儿的学习，提高集体教学和各类游戏活动的质量。

三、保障教师待遇，提高教师队伍素质

本研究结果表明，教师收入与教师素质与幼儿园班级教育质量显著相关，教师平均月收入、学历（最高学历）、专业（第一学历所学专业）能够稳定一致地预测班级教育质量。一个合乎逻辑的解释是：教师素质是教育质量的关键因素；而收入水平能够预测教师的素质水平，因为高素质的教师需要支付更高的薪水，高收入水平能够吸引和留住优秀教师。在我国目前的背景下，非在编教师，尤其是民办园教师收入水平普遍偏低，不仅低于中小学教师，而且显著低于幼儿园在编教师，有些地方仅仅是接近当地的最低收入水平。低收入使得幼儿园教师职业缺乏吸引力，从而导致教师队伍素质的整体低下。因此，要提高幼儿园教师队伍整体素质，必须采取有力政策措施，提高幼儿园教师（尤其是非在编教师、民办园教师）的收入水平。同时，值得指出的是教师素质指标中，不仅要看教师是否持有资格证，还要看其资格证类型是否对口，确保绝大部分教师持有的是幼儿园教师资格证；不仅要看教师的学历水平，还要看其第一学历的专业是否为学前教育——这在很大程度上决定了幼儿园教师队伍的专业化程度。

四、研究局限性与研究展望

本研究存在一定的局限性。一是在样本分布上不够理想，中部地区的幼儿园

班级样本需要增加。二是在回归分析的方法和技术上，仅仅采用的是多元回归，但未能考虑不同层级变量间的嵌套效应对分析结果的影响，未能有效地探测不同预测变量对于幼儿园教育质量的拐点效应（"门槛效应"）。在未来的研究中，如果能够采集更具全国代表性的样本数据，采用多层分析模型和分段回归模型来分析，将能够对影响教育质量的微观结构要素及其作用机制进行更具深入的探索。

第十一章

学前教育成本与投入：基于质量与成本的关系研究

本章概要

研究背景：近年来，国家逐渐加大对学前教育的投入，努力实现"保障适龄儿童接受基本的、有质量的学前教育"这一宏伟目标。有质量的学前教育需要多少成本？财政性经费怎样投入才能有效提升学前教育质量？这是学前教育投入决策中的关键问题。诸问题的回答需要基于实证调查数据的质量—成本关系分析。国内已有一些研究者开始关注学前教育成本和投入问题，并基于调查数据初步分析了幼儿园教育质量与成本的关系。但已有的调查研究样本数据一般来自局部区域，方法上主要采用简单的二元相关分析，没有尝试建立两者间的数学关系模型。基于这些背景，本研究致力于在全国性幼儿园样本实证调查数据的基础上，全面客观地分析我国幼儿园教育投入与成本的现状，探究影响学前教育成本的制约要素以及制约质量的关键成本要素，并尝试对学前教育成本与质量的关系模型进行探索。

研究设计与方法：本研究运用《中国托幼机构教育质量评价量表》(第三版)和《幼儿园情况调查问卷》对我国东中西部的138所幼儿园样本幼儿园的教育质量、投入与成本的情况进行了调查，分析并了解了目前学前教育生均投入与生均成本现状。在建构成本与质量关系理论模型的基础上，本研究分析了生均成本与幼儿园教育质量的相关关系、教育质量提升所需成本情况与质量—成本的分段回归状态。

研究结果：(1)全国样本幼儿园生均投入园际差异较大，从来源上主要来自保教费收入(家长投入)，国家财政投入在生均投入上占比不高。(2)全国样本幼儿园生均成本园际差异也较大，其中生均人员成本是生均成本的主要构成要素。(3)不同区域(东中西部)、所在地(城乡)、性质(公办—民办)、等级(高—中—

低)、质量水平(低质量—有质量—高质量)的幼儿园,在生均成本上均存在显著差异。(4)生均成本与幼儿园教育质量存在显著正相关;有质量的学前教育需要相应水平的投入与成本。(5)在生均成本三个构成要素中,生均人员成本与幼儿园教育质量的相关最高。(6)生均成本与幼儿园教育质量之间是复杂的非线性相关,成本对质量呈现显著的门槛效应(或者可称为"高原效应"):在低质量段,成本投入能够产生显著的质量提升效益;在有质量/高质量段,成本投入对质量提升的效益不显著。

讨论与建议:基于本研究的证据,为保障和提升我国学前教育质量,研究者建议:(1)应进一步加大对学前教育的财政投入,提高财政性经费在学前教育成本分担中的比例。(2)财政投入应向农村、向人员素质提升倾斜,以产生最佳的质量提升效益。(3)现阶段财政性学前教育经费效益最大化的方式是用于改造提升"低质量"幼儿园,以保障所有适龄儿童接受有质量的学前教育。

第一节　研究背景与方法

一、研究背景与意义

《国家中长期教育改革和发展规划纲要(2010-2020年)》提出,到2020年要"基本普及学前三年教育";《国务院关于当前发展学前教育的若干意见》进一步明确提出"保障适龄儿童接受基本的、有质量的学前教育"。这些宏伟目标的实现无疑需要大量增加对学前教育的财政投入。教育部、发改委、财政部《关于实施第二期学前教育三年行动计划的意见》提出,"要进一步加大学前教育投入。政府要落实学前教育投入的主体责任,财政性学前教育投入要最大限度地向农村、边远、贫困和民族地区倾斜。加大对家庭经济困难儿童、孤儿和残疾儿童接受学前教育的资助力度"。那么,有质量的学前教育需要多少成本?财政性经费怎样投入才能有效提升学前教育质量?这是决策者和托幼机构管理者共同关心的问题。

国内已有一些研究开始关注学前教育成本和投入的问题,但是目前的研究大多集中于对现有制度的分析[1]，进行国际经验引介与国际比较[2][3][4][5][6]，或者对不同的个案进行了成本现状与分担机制的研究[7]。近年来，也有研究者[8][9][10]基于地方性的调查数据初步分析了幼儿园教育质量与成本的关系。整体而言，目前的成本与教育质量的研究主要采用的是简单的二元相关分析的方法，没有尝试建立两者间的数学关系模型。本研究将在对质量与成本的关系进行探索性分析的基础上，测算有质量的学前教育所需的成本，揭示学前教育投入的有效投入方式。

二、研究目的

基于已有研究的现状和我国学前教育决策的实际需求，本研究致力于：

（1）了解目前我国不同类型（区域、所在地、办园性质、办园等级）、不同质量水平（高质量、有质量、低质量）幼儿园教育的生均成本与生均投入水平及其差异。

（2）探索幼儿园教育质量与生均投入、生均成本的关系模型。

（3）探索有质量的学前教育的有效投入方式（最低成本与有效成本区间）。

三、研究方法

（一）研究对象

基于分层随机抽样的程序，本研究选取了我国东中西部的 138 所幼儿园样本，对幼儿园的教育质量、投入与成本的情况进行了调查。138 所样本幼儿园中，77 所来自东部的浙江省，20 所来自中部的湖南省、安徽省，41 所来自西部

① 徐雨虹. 新制度经济学视角下的我国学前教育投资制度研究[D]. 上海：华东师范大学，2007.

② 周兢，陈思，郭良菁. 国际学前教育公共经费投入的趋势比较[J]. 全球教育展望，2009（11）：65-72.

③ 柳倩，钱雨. 国际学前教育公共投入的国家行动计划比较研究[J]. 全球教育展望，2009（11）：73-79.

④ 李召存，姜勇，史亚军. 国际学前教育公共经费投入方式的比较研究[J]. 全球教育展望，2009（11）：80-85.

⑤ 李慧. 新西兰财政性学前教育经费投入研究[D]. 重庆：西南大学，2013.

⑥ 张萌. OECD 国家学前教育财政投入水平及其国际比较[D]. 南京：南京师范大学，2013.

⑦ 杨玉红. 江苏省学前教育成本分担机制研究[D]. 南京：南京师范大学，2012.

⑧ 杜鑫. 教育成本分担视角下广西学前教育中政府职责问题研究[D]. 南宁：广西大学，2014.

⑨ 郑孝玲. 江西省幼儿园教育质量与生均成本关系研究[D]. 南昌：江西师范大学，2012.

⑩ 陈庆香. 幼儿园教育质量与成本的关系研究——基于浙江省 81 所幼儿园的调查研究[D]. 金华：浙江师范大学，2013.

的四川省、贵州省、云南省和重庆市。依据各省区的等级评估标准,办园等级为高、中、低的幼儿园分别有 22 所、38 所和 78 所;所在地为城市、县城、乡镇(中心)、村的幼儿园分别有 32 所、34 所、37 所和 35 所;办园性质为公办和民办的幼儿园分别有 69 所和 69 所。具体抽样情况见表 11.1.3.1。

表 11.1.3.1 幼儿园抽样情况的描述性统计

区域	合计 N(%)	幼儿园等级			幼儿园所在地				幼儿园办园性质	
		高	中	低	城市	县城	乡镇	村	公办	民办
东部	77(56%)	14	30	33	25	17	22	13	43	34
中部	20(14%)	6	4	10	6	6	4	4	13	7
西部	41(30%)	2	4	35	1	11	11	18	13	28
合计	138	22 (16%)	38 (27%)	78 (57%)	32 (23%)	34 (25%)	37 (27%)	35 (25%)	69 (50%)	69 (50%)

(二)研究工具

1. 中国托幼机构教育质量评价量表(第三版)

本研究采用《中国托幼机构教育质量评价量表》(第三版,以下简称《质量量表》)来评估样本幼儿园的教育质量。《质量量表》包含七个子量表:空间与设施、保育、课程计划与实施、集体教学、游戏与活动、互动、家长和教师;共有 53 个评价项目。每个项目均采用 9 点评分方式进行评价:1 分(不适宜)、3 分(最低要求)、5 分(合格)、7 分(良好)、9 分(优秀)。子量表得分和量表总分为所评价项目得分的均值,处于 1~9 分。

效度验证研究结果表明,《质量量表》的第一试用版已经显示了良好的评分者间一致性信度($K \geqslant 0.6$)和内部一致性信度(子量表及总量表的 Cronbach's α 处于 0.826~0.964);同时,还具有良好的内容效度、同时效度、效标效度、结构效度和区分能力,与儿童发展结果具有显著的相关性[①]。以上证据表明,《质量量表》能够成为我国文化背景下幼儿园教育质量的有效评价工具。

本次测量中,《质量量表》展现出更加优秀的测量信度,包括评分者间一致性信度(项目水平上 $K \geqslant 0.7$)和内部一致性信度(子量表及总量表的 Cronbach's α 处于 0.886~0.967)。

2. 幼儿园基本情况调查表

本研究采用项目组自编的《幼儿园情况调查问卷》来收集幼儿园教育投入与成

---

① Li K,Hu B,Pan Y,Qin J & Fan X. Chinese Early Childhood Environment Rating Scale (trial) (CECERS):A validity study[J]. Early Childhood Research Quarterly,2014,29(3):268-282.

本的相关数据。问卷包含 22 个具体项目，内容涉及幼儿园基本情况、收入项目及数额、经费支出项目及数额等方面。该问卷经过多次试调查和反复改进，已经比较完善。

（三）数据采集与分析

2012 年春季至 2015 年春季，经过培训的评分员团队分别到样本幼儿园中进行班级教育质量观察测量。每个班级 2 名评分员，各自独立对班级教育质量进行一日活动的观察评估（包括上午 4 小时，下午 2 小时），中午休息期间对班级教师进行 0.5 小时左右的访谈（以获取无法直接观察的有关信息）；各自评分完成后，2 名评分员作为一个小组进行合议评分，对不一致的项目进行讨论，直至给出小组一致的评分结果。班级观察当天，评分员发放并回收《幼儿园基本情况调查问卷》。

数据采集完成后，研究者对数据进行编码录入与清理核查，并对缺失值进行了必要的处理；数据分析主要采用 SPSS20.0、R 软件和 SegReg 进行。

第二节　学前教育生均成本与生均投入现状

一、学前教育生均成本与生均投入概念界定

（一）教育成本

成本是会计学与经济学的研究范畴。会计学范畴的成本是一种显性成本，包括原材料费、工资、利息、土地与房屋的租金、折旧等，是可以用货币衡量的，是一种显性成本。经济学范畴的成本是指从事一项投资计划所消耗的全部实有资源的总和[1]，不仅包括显性成本，还包括机会成本（隐性成本）。机会成本是指做出某个选择后放弃另一个选择的损失，如教育所用到的场地如果出租他人可能获得的租金；学生不上学去工作可能获得的收入。在教育经济学中，研究者更多地将教育成本归为经济学范畴。勒希斌认为教育成本是指培养每名学生所支付的全部费用，即各级各类学校在校学生，在学期间所消耗的直接和间接活劳动与物化劳动的总和。[2] 用公式表示即教育成本＝教育直接成本＋教育间接成本。教育直接成本分为教育社会直接成本和教育个人直接成本；教育间接成本也称机会成本。王善迈认为，教育成本是用于培养学生所耗费的教育资源的价值，包括人力资源和物力资源，用货币表现就是指为培养学生，社会、受教育者个人以及家庭

---

① 靳希斌. 教育经济学[M]. 北京：人民教育出版社，2006：242.

② 靳希斌. 教育经济学[M]. 北京：人民教育出版社，2006：7.

直接或间接支付的费用总和。①

袁连生认为虽然人们在理论上认同机会成本的含义,但是在进行教育成本的实际分析时,教育成本的含义就往往变成了实体成本,甚至是教育经费支出。②刘焱等也认为,因为教育领域区别于生产领域的特殊性,加之机会成本不是实际发生的支出,而是一种主观的潜在收益,同时对学前儿童而言,接受教育所放弃的收入也并不合理,所以他们认为在教育领域尤其是学前教育领域的成本核算中,机会成本不应计入成本 。本研究在核算成本时,也没用将机会成本计算在内。

为提高教育资源的使用率,便于对教育成本进行分析与控制,研究者首先需要确定具体的教育成本的构成项目。关于教育成本的核算,众多学者都提出了关于教育成本项目的设置思路,综合起来是将教育成本分为五个项目,包括工资、公务费、业务费、修缮费、折旧费,在这些项目下面还包括很多具体指标③。

(二)幼儿园教育成本与生均成本

OECD 认为目前最全面、最有价值的早期教育成本研究是美国国家会计局1999 年提供的成本构成模型及数据。美国国家会计局 1999 年公布了美国空军基地儿童保育中心提供的"高质量"学前教育服务总成本,其中包括直接劳动成本、间接劳动成本、办公管理费用和膳食供给费,以及占有地的估算租金。其中,直接劳动成本(与儿童直接有关的看护人员的工资和福利)占成本的 52%,间接成本(包括决策者、管理人员、课程开发人员和厨师的工资和福利)占成本的 23%,办公管理费用和膳食费用占 12%,占有地的估算租金(每年每平方英尺以 5.93 美元估计,1 平方英尺=929.0304 平方厘米)占 10%,其他占 3%。④

刘焱等在其研究中把幼儿园教育成本分为资本性成本和经常性成本。其中资本性成本是固定成本,主要包括基本建设费、设施设备购置费和修缮费(调整为折旧费)。经常性资本是运用成本,主要包括人员经费、公用经费。其中,人员经费主要包括教职工工资、奖金、保险、福利等;公用经费主要包括公务费(办公用品购置、日常专用材料购置、水电气暖、交通、差旅、邮电、印刷、招待等)和业务费(教玩具购置费、图书资料购置费、教师培训费、科研费等)。具体幼儿园教育成本的构成见图 11.2.1.1。但是可能考虑到固定资产折旧费难以衡量等原因,刘焱等的研究中,只进行了生均运营成本的核算,即没有将固定资产

---

① 王善迈.教育投入与产出研究[M].石家庄:河北教育出版社,1996:168.
② 袁连生.缓慢的前进——20 世纪 80 年代以来的教育成本计量研究[C].2004 年教育经济学年会论文,2004:1.
③ 袁连生.教育成本计量探讨[M].北京:北京师范大学出版社,2000.
④ 曾晓东,范昕,周惠.入园何时不再难——学前教育困惑与抉择[M].南京:江苏教育出版社,2011:106.

折旧费算在内。

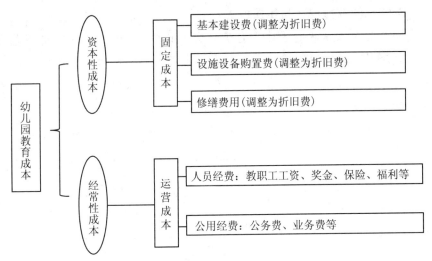

图 11.2.1.1　幼儿园教育成本的构成

有学者认为应将幼儿园固定资产的折旧作为教育成本的重要项目。如果在教育成本中不反映折旧费，将当年的固定资产支出直接计入当年的教育成本，那么固定资产试用期受益的人所应当承担的费用都由第一年使用固定资产的人支付，就不仅违背了"受益原则"，也造成了教育的不公平。如果直接不计固定资产折旧费，则会使教育成本低于实际成本。因此，为了准确核算教育成本，必须对固定资产计提折旧。[①]

基于已有研究[②③]和本研究的目的，本研究把学前教育成本（主要指幼儿园教育成本）界定为：幼儿园在提供教育服务过程中实际消耗的各类资源的价值总和，主要包括人员经费、公用经费和固定资产折旧费。

幼儿园教育成本和生均成本的计算公式分别为：

①学前教育成本＝人员经费＋公用经费＋固定资产折旧费[④]

②生均成本＝（年度人员经费＋年度公用经费＋年度固定资产折旧费）/年度

①　张曾莲．当前学前教育成本核算存在的主要问题及其解决[J]．学前教育研究，2012，213（9）：12-17．

②　王海英．学前教育成本内涵、直接成本核算要素及其影响因素探析[J]．幼儿教育（教育科学），2013(6)：6-9．

③　姚文峰，郑健成．0～3岁儿童早期教育成本核算研究[J]．宁波大学学报（教育科学版），2013(1)：126-129．

④　固定资产折旧的计算方法包括年限平均法、工作量法、年数总和法、双倍余额递减法等，本研究计算固定资产折旧采用年限平均法。《中华人民共和国企业所得税法实施条例》规定房屋、建筑物，最低折旧年限为20年，故本研究将幼儿园固定资产的使用年限设为20年，则折旧率为1/20。年固定资产折旧额＝固定资产总额×折旧率。

平均在园幼儿园数

（三）幼儿园教育投入与生均投入

幼儿园教育投入是政府或社会为获得幼儿园教育服务而支付的价值总和，它反映了幼儿园教育的社会成本。投入经费的来源主要是国家财政性教育经费、社会团体和公民个人办学经费、家长缴费（学费、杂费、伙食费等）、社会捐赠和其他教育经费等。幼儿园教育投入的构成见图11.2.1.2。

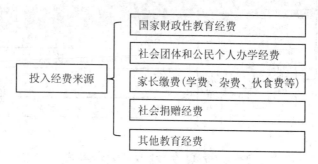

图 11.2.1.2 幼儿园教育投入的构成

本研究的目的主要是为政府经常性的财政拨款提供依据，故本研究中学前教育投入主要是指国家财政性教育经费和家长缴费的保教费（伙食费、杂费等均为专款专用，故不列在内）。幼儿园教育投入与生均投入的计算公式分别为：

①幼儿园教育投入＝年财政性教育经费＋年保教费

②生均投入＝（年财政性教育经费＋年保教费）/年度平均在园幼儿数

二、学前教育生均投入与生均成本现状

学前教育成本分析不仅要揭示成本的高低，更重要的是分析哪些因素引起成本的变化。结合已有研究，研究者认为，学前教育的生均成本与生均投入可能会受到所在区域（东部、中部、西部）、办园等级（高、中、低）、社区类型（城镇、乡村）、办园性质（公办、民办）、教育质量（低质量、有质量、高质量）等因素的影响。因此，对学前教育生均成本与生均投入的分析，必须结合这些可能的影响因素展开。对幼儿园而言，生均投入反映其"收入"水平，而生均成本则反映其"支出"水平；收入与支出的差额反映幼儿园财务平衡状况。

（一）全国样本幼儿园生均投入与生均成本现状

对全国样本幼儿园的生均投入与生均成本进行描述性统计（见表11.2.2.1），结果显示，（1）全国样本幼儿园的平均生均投入为4964.15元，标准差为4739.96元，不同幼儿园之间的差异较大。（2）全国样本幼儿园的平均生均成本为3660.25元，其中生均人员为2878.65元（占78.6％），生均公用经费为625.31元（占17.1％），生均折旧费为156.29元（占4.3％）。

表 11.2.2.1　全国样本幼儿园生均成本与生均投入的描述性统计　　（单位：元）

	N	均值	标准差	最小值	最大值	P
生均投入	138	4964.15	4739.96	720.00	28200.26	—
(1)生均保教费	138	3329.83	2605.31	720.00	24000.00	—
(2)生均财政拨款	123	1710.68	3685.78	0.00	23880.26	34.5%
生均成本	138	3660.25	2915.58	483.06	16761.67	—
(1)生均人员经费	138	2878.65	2480.34	218.18	15686.27	78.6%
(2)生均公用经费	138	625.31	598.84	20.00	3428.00	17.1%
(3)生均折旧费	138	156.29	227.35	6.34	1804.12	4.3%

（二）不同区域、所在地、性质、等级、质量水平幼儿园生均投入与生均成本现状

1. 不同区域幼儿园生均投入与生均成本现状

不同区域(东部、西部、中部)的幼儿园目前的生均成本与生均投入状况如何？根据样本园所在区域，本研究根据所在区域，将样本园分为东部园(77 所)、中部园(20 所)、西部园(41 所)。对不同区域幼儿园的生均投入、生均保教费、生均财政拨款、生均成本、生均人员经费、生均公用经费、生均折旧费的情况，及生均财政拨款占生均投入的比、生均人员经费、生均公用经费、生均折旧费占生均成本的比进行了计算(见表 11.2.2.2)。

表 11.2.2.2　不同区域幼儿园生均成本与生均投入现状　　（单位：元）

	东部				中部				西部			
	N	均值	标准差	P	N	均值	标准差	P	N	均值	标准差	P
生均投入	66	6123.26	5503.93	—	17	5310.21	3747.07	—	40	2904.54	2712.28	—
(1)生均保教费	77	3746.71	3038.32	—	20	4097.82	1845.69	—	41	2172.29	1444.66	—
(2)生均财政拨款	66	2385.73	4460.97	39%	17	1413.95	2972.74	27%	40	722.94	1973.29	25%
生均成本	77	4434.59	3115.60	—	20	4221.97	3079.22	—	41	1931.99	1339.40	—
(1)生均人员经费	77	3617.80	2721.35	82%	20	3029.03	2436.18	72%	41	1417.12	963.53	73%
(2)生均公用经费	77	679.78	626.22	15%	20	843.52	738.96	20%	41	416.56	386.78	22%
(3)生均折旧费	77	137.01	164.93	3%	20	349.43	419.94	8%	41	98.30	137.01	5%

注：N 为幼儿园数，P 为百分比。下同。

从表 11.2.2.2 中可以发现：(1)无论是幼儿园的生均投入还是生均成本，从东部到中部、西部均呈现逐渐下降的趋势：东部最高，分别为 6123.26 元和 4434.59 元；中部分别为 5310.21 元和 4221.97 元；西部最低，分别为 2904.54 元和 1931.99 元。方差分析结果显示，不同区域生均投入差异极其显著($F = 6.298^{**}$，$p < 0.01$)，东部极其显著高于西部($p < 0.001$)；不同区域生均成本差

异极其显著($F=11.932^{***}$，$p<0.001$)，东部极其显著高于西部($p<0.001$)，中部也极其显著高于西部($p<0.01$)。东部和中部较为接近。(2)生均财政拨款上，东部(2385.73元)最多，西部(722.94元)最少，生均财政拨款占生均成本的比例，东部最高，东中西部分别为：53.80%、33.49%、37.37%。(3)东中西部的生均财政拨款占生均投入的比例逐渐降低，分别为39%、27%、25%。(4)东中西部的生均人员经费占生均成本的比例东部最高，达到82%。具体现状见图11.2.2.1与图11.2.2.2。

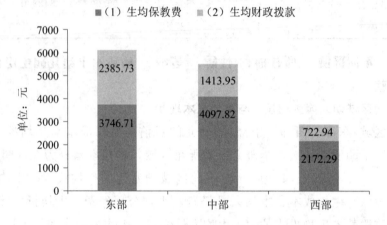

图 11.2.2.1 不同区域幼儿园生均投入现状

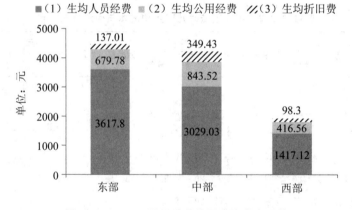

图 11.2.2.2 不同区域幼儿园生均成本现状

2. 不同所在地幼儿园生均成本与生均投入现状

根据所在地，幼儿园分成城镇园(66所)、农村园(72所)两类。对不同所在地幼儿园的生均投入(生均保教费、生均财政拨款)、生均成本(生均人员经费、生均公用经费、生均折旧费)情况，及生均财政拨款占生均投入的比和生均人员经费、生均公用经费、生均折旧费占生均成本的占比进行了分析(见表11.2.2.3)。

表 11.2.2.3　不同所在地幼儿园生均成本与生均投入现状　　　（单位：元）

	城镇		标准差	P	农村		标准差	P
	N	均值			N	均值		
生均投入	59	7457.83	5656.96	—	64	2665.29	1689.46	—
(1)生均保教费	66	4765.35	3071.42	—	72	2013.95	888.43	—
(2)生均财政拨款	59	2907.10	4880.20	39%	64	607.72	1343.48	23%
生均成本	66	5205.21	3255.13	—	72	2244.04	1565.05	—
(1)生均人员经费	66	4139.45	2828.91	80%	72	1722.91	1308.54	77%
(2)生均公用经费	66	857.19	670.71	16%	72	412.76	429.34	18%
(3)生均折旧费	66	208.57	289.53	4%	72	108.37	134.64	5%

从表 11.2.2.3 可以看出：(1)整体而言，无论是生均投入、生均成本城镇均高于农村。对差异进行显著性 t 检验显示，生均投入城镇极其显著高于农村（$t=6.474***$，$p<0.001$），生均成本城镇也极其显著高于农村（$t=6.9***$，$p<0.001$）。其中城镇的生均投入是农村的 2.80 倍，城镇的生均成本是农村的 2.32 倍（见图 11.2.2.3，图 11.2.2.4）。(2)生均财政投入城镇（2907.10 元）高于农村（607.72 元）；虽然财政分担（生均财政拨款/生均成本）的比例农村（27.08%）略高于城镇（22.85%），但距离"以公共财政投入为主体"发展农村学前教育的要求尚有较大差距。(3)生均人员经费占比、生均公用经费占比、生均折旧费占比，城镇和农村较为接近。

图 11.2.2.3　不同所在地幼儿园生均投入现状　　图 11.2.2.4　不同所在地幼儿园生均成本现状

3. 不同办园性质幼儿园生均成本与生均投入现状

根据办园性质，研究者把样本园大致分为公办园与民办园，对它们的生均投入与生均成本现状进行分析（详见表 11.2.2.4）。

表 11.2.2.4　不同办园性质幼儿园生均成本与生均投入现状　　（单位：元）

	公办		标准差	P	民办		标准差	P
	N	均值			N	均值		
生均投入	57	7025.93	5964.56	—	66	3183.52	2138.23	—
(1)生均保教费	69	3575.37	3045.66	—	69	3084.30	2068.00	—
(2)生均财政拨款	57	3436.79	4842.12	48.9%	66	219.94	654.98	7%
生均成本	69	4578.47	3507.50	—	69	2742.04	1764.27	—
(1)生均人员经费	69	3708.82	3065.42	81%	69	2048.47	1264.60	75%
(2)生均公用经费	69	717.66	554.42	16%	69	532.95	630.72	19%
(3)生均折旧费	69	151.98	169.87	3%	69	160.61	274.31	6%

从表 11.2.2.4 中可以看出：(1)在生均投入与生均成本上，公办园均高于民办园。对差异进行显著性 t 检验结果显示，生均投入公办园极其显著高于民办园（$t=4.89***$，$p<0.001$），生均成本公办园也极其显著高于民办园（$t=3.89***$，$p<0.001$）。(2)对公办园及民办园的生均保教费及生均财政拨款进行差异显著性 t 检验结果显示，公办园的生均保教费（3575.37 元）与民办园的生均保教费（3084.30 元）差异不显著；公办园的生均财政拨款（3436.79 元）极其显著高于民办园的生均财政拨款（219.94 元），$t=5.34***$，$p<0.001$（见图 11.2.2.5）。(3)生均公用经费及生均折旧费方面，公办园的生均公用经费与生均折旧费与民办园差异不显著；在生均人员经费上，公办园的生均人员经费（3708.82 元）极其显著高于民办园（2048.47 元），$t=4.16***$，$p<0.001$（见图 11.2.2.6）。

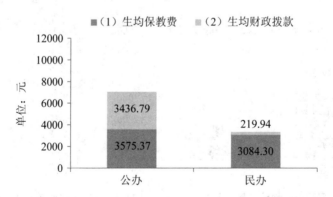

图 11.2.2.5　不同办园性质幼儿园生均投入现状

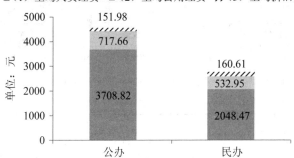

图 11.2.2.6　不同办园性质幼儿园生均成本现状

4. 不同办园等级幼儿园生均成本与生均投入现状

幼儿园办园等级是教育行政部门对幼儿园办园水平和整体质量的评价，不同省份的等级划分、评价方式各不相同。有的地区按示范园的方式评价，有的省份按等级的方式评价。[①]如东部的样本省份浙江省[②]是按照省一级、省二级、省三级的方式对幼儿园等级进行评估，省一级为最高等级。而西部的样本重庆市[③]是按市示范、一级、二级、三级园的方式进行评价。无论用到何种方式，均是对幼儿园办园水平高低的排序。为分析不同办园等级幼儿园生均成本和生均投入的现状，本研究根据各省区教育行政部门对幼儿园等级评定，将幼儿园的等级分成低（78 所）、中（38 所）、高（22 所）三个等级。对不同等级幼儿园的生均投入（生均保教费、生均财政拨款）、生均成本（生均人员经费、生均公用经费、生均折旧费）的情况，及生均财政拨款占生均投入的比、生均人员经费、生均公用经费、生均折旧费占生均成本的比进行了分析（见表 11.2.2.5）。

表 11.2.2.5　不同办园等级幼儿园生均成本与生均投入现状　（单位：元）

	低				中				高			
	N	均值	标准差	P	N	均值	标准差	P	N	均值	标准差	P
生均投入	72	2680.84	1582.09	—	33	5758.87	3766.22	—	18	12640.40	6195.47	—
(1)生均保教费	78	2364.88	1406.61		38	3774.63	1805.86		22	5982.76	4482.30	
(2)生均财政拨款	72	268.89	706.52	10%	33	2035.96	3347.35	35%	18	6881.46	6082.51	54%
生均成本	78	2289.18	1545.33	—	38	3958.57	1818.33	—	22	8006.06	3734.46	—

---

　　① 李克建.科学发展视野下的幼儿等级评定制度——来自浙江省的经验[J].幼儿教育·教育科学版，2010，472(4)：1-5.

　　② 浙江省教育评估院，浙江省幼儿园等级评定评估手册，http://www.zjpg.net/uploadfiles/2014-8/201482510594060919.pdf，2014-8.

　　③ 重庆市教育局，重庆市幼儿园等级评定标准，http://www.cqbnedu.com/zhengwugong-kai/ShowArticle.asp? ArticleID=4431.

续表

	低				中				高		
	N	均值	标准差	P	N	均值	标准差	P	N	均值	标准差	P
(1)生均人员经费	78	1698.02	1136.37	74%	38	3186.44	1572.96	80%	22	6532.86	3420.96	81%
(2)生均公用经费	78	451.25	552.14	20%	38	620.45	411.62	16%	22	1250.80	633.04	16%
(3)生均折旧费	78	139.90	261.63	6%	38	151.67	124.21	4%	22	222.40	231.18	3%

表 11.2.2.5 显示:(1)办园等级越高,生均投入越高。方差分析结果显示,不同等级幼儿园生均投入差异极其显著($F=68.07^{***}$,$p<0.001$),高等级的极其显著高于中等级($p<0.001$)和低等级的幼儿园($p<0.001$),中等级的幼儿园极其显著高于低等级幼儿园($p<0.001$)。(2)办园等级越高,所需的生均成本越高。低等级幼儿园每年需要约 2289.18 元生均成本,中等等级的幼儿园每年需要 3958.57 元的生均成本(比低等级幼儿园高出 72.92%),高等级的幼儿园每年需要 8006.06 元的生均成本(比低等级幼儿园高出 249.7%)(见图 11.2.2.7)。方法分析结果显示,不同办园等级幼儿园生均成本差异显著($F=63.717^{***}$,$p<0.001$)。且高等级的极其显著高于中等级($p<0.001$)和低等级的幼儿园($p<0.001$),中等级的幼儿园极其显著高于低等级幼儿园($p<0.001$)。(3)等级越高,其获得的财政拨款越多,其生均成本也越多。(4)办园等级低的幼儿园其生均成本较低,其保教收入基本可以承担其成本,办园等级越高,仅靠保教收入无法负担其全部运营成本。(5)办园等级越高,生均人员经费占生均成本的比例越高,办园等级高、中、低的人员成本占比分别为 81%、80%、74%。从图 11.2.2.8 看出高等级幼儿园的仅生均人员经费就已经高于中等级幼儿园生均成本(生均人员经费+生均公用经费+生均折旧费)(详见图 11.2.2.8)。

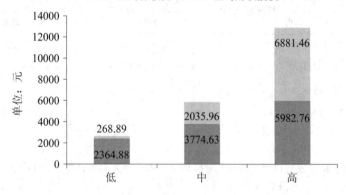

图 11.2.2.7 不同办园等级幼儿园生均投入现状

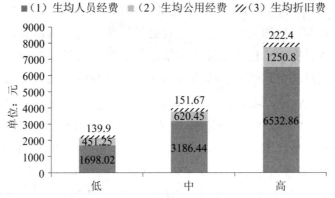

■（1）生均人员经费　■（2）生均公用经费　////（3）生均折旧费

图 11.2.2.8　不同办园等级幼儿园生均成本现状

5. 不同质量水平幼儿园生均投入与生均成本现状

众多研究表明①②③④，幼儿接受学前教育有非常多的益处，高质量的学前教育可以促进幼儿的认知、语言和社会性、情绪的发展，可以让幼儿有较好的发展。那么，不同质量水平的幼儿园的生均投入与生均成本状况如何？根据研究需要，我们将幼儿园的质量水平分成三个层级，分别为低质量（1.00～4.99 分）、有质量（5.00～6.99 分）、高质量（7.00～9.00 分），并对不同质量水平的幼儿园生均投入与生均成本的现状进行了分析（详见表 11.2.2.6）。

表 11.2.2.6　不同质量水平幼儿园生均成本与生均投入现状　　　　（单位：元）

	低质量		标准差	P	有质量		标准差	P	高质量		标准差	P
	N	均值			N	均值			N	均值		
生均投入	67	2805.42	2392.98	—	50	6500.64	3994.07	—	6	16265.85	8772.08	—
(1)生均保教费	73	2254.96	1230.71	—	57	4037.98	1880.09	—	8	8092.50	6850.63	—
(2)生均财政拨款	67	592.10	1783.14	21%	50	2450.54	3666.88	61%	6	8035.85	9353.22	49%
生均成本	73	2235.49	1582.60	—	57	4540.29	2397.21	—	8	10390.90	3922.48	—
(1)生均人员经费	73	1696.76	1314.17	76%	57	3532.50	1868.95	78%	8	9004.03	3710.49	87%
(2)生均公用经费	73	433.85	462.45	19%	57	789.97	651.95	17%	8	1199.15	662.67	12%
(3)生均折旧费	73	104.88	123.65	5%	57	217.73	314.23	5%	8	187.72	70.65	2%

① FPG Child Development Center. The Children of the Cost，Quality，and Outcomes Study Go to School[M]. Design & Layout：Gina Harrison. 1999.

② ES Peisner-Feinberg，MR Burchinal. Relations between preschool children's child-care experiences and concurrent development：The Cost，Quality，and Outcomes Study[J]. Merrill-Palmer Quarterly，1997，43(3)：451-477.

③ Burchinal M R，Roberts J E，Riggins Jr，R Zeisel S A，Neebe E & Bryant D. Relating quality of center-based child care to early cognitive and language development longitudinally[J]. Child Development，2000，71：339-357.

④ Howes C，Phillips D A & Whitebook M. Thresholds of quality：Implications for the social development of children in center-based child care[J]. Child Development，1992，63(2)：449-460.

从表 11.2.2.6 可以看出：（1）无论是生均投入、生均保教费、生均财政拨款，还是生均成本、生均人员经费、生均公用经费、生均折旧费，都随着幼儿园质量水平的提高而提高。也就是说，质量越高，需要的投入和成本也越高。对不同质量水平幼儿园的生均投入、生均成本进行方差分析，结果显示，任何不同质量水平幼儿园之间在生均投入（$F=30.974^{***}$，$p<0.001$）和生均成本（$F=41.609^{***}$，$p<0.001$）上，差异均极其显著（$p<0.001$），由高到低分别为高质量、有质量、低质量、不适宜。从图 11.2.2.9、图 11.2.2.10 中可以看出，"不适宜"到"有质量"是缓慢增加，从有质量到高质量增加的幅度较大。（2）质量越高的幼儿园人员经费占生均成本的比例越高，高质量的幼儿园的占比已经达到 87%。（3）在财政分担比例上，质量越高分担比例越高。

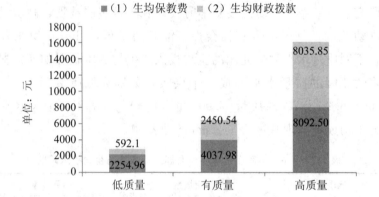

图 11.2.2.9　不同质量水平幼儿园生均投入现状

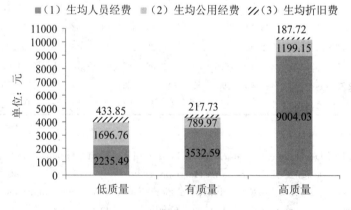

图 11.2.2.10　不同质量水平幼儿园生均成本现状

（三）相同质量水平下，不同所在地、性质幼儿园生均成本现状

1. 相同质量水平下不同所在地幼儿园生均成本现状

了解不同情况下的生均成本状况是测算学前教育阶段经费规模需求的前提条件。我们对在三种质量水平下，城镇园及农村园生均成本现状进行了描述性统计，并对同一办园质量的城镇园与农村园进行了差异显著性 t 检验。结果见表 11.2.2.7。

表 11.2.2.7　相同质量水平、不同所在地幼儿园生均成本现状及差异显著性 t 检验　（单位：元）

	低质量(73)				有质量(57)				高质量(8)	
	城镇(22)	农村(51)	t	p	城镇(36)	农村(21)	t	p	城镇(8)	农村
生均成本	3324.07	1765.90	3.53**	0.00	5202.43	3405.2	2.91**	0.00	10390.90	—
(1)生均人员经费	2675.80	1274.43	3.63**	0.00	3952.89	2812.07	2.31*	0.03	9004.03	
(2)生均公用经费	532.18	391.43	1.20	0.24	979.81	464.54	3.09**	0.00	1199.15	
(3)生均折旧费	116.09	100.04	0.51	0.61	269.73	128.60	1.661	0.12	187.72	—

注："（ ）"内为相应样本园的个数。

由表 11.2.2.7、图 11.2.2.11 与图 11.2.2.12 可以看出：（1）无论是城镇园还是农村园，其不同质量所需要的生均成本、生均人员经费、生均公用经费、生均折旧费的变化趋势相同，从质量水平为"低质量"到"高质量"，逐渐增高。（2）对"低质量"的城镇园和农村园，"有质量"的城镇园与农村园分别进行差异显著性 t 检验，结果显示，在"低质量"园中，城镇园的生均成本与生均人员经费均极其显著高于农村园；在"有质量"园中，城镇园的生均成本与生均公用经费均极其显著高于农村园，城镇园的生均人员经费显著高于农村园。

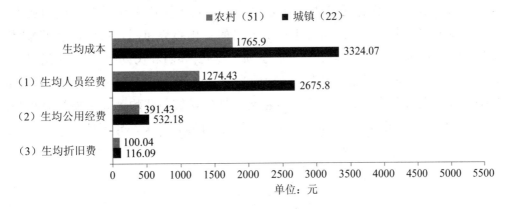

图 11.2.2.11　不同所在地的低质量园生均成本现状

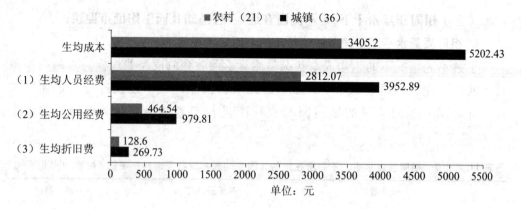

图 11. 2. 2. 12　不同所在地的有质量园生均成本现状

2. 相同质量水平下不同性质幼儿园生均成本现状

我们在"低质量""有质量"和"高质量"三种质量水平下，不同办园性质幼儿园的生均成本现状进行了描述性统计，并对同一质量下的公办园与民办园的生均成本等进行了差异显著性 t 检验，结果见表 11.2.2.8。

表 11. 2. 2. 8　相同质量水平、不同性质幼儿园生均成本现状及差异显著性 t 检验　　（单位：元）

	低质量(73)				有质量(57)				高质量(8)			
	公办 (24)	民办 (49)	t	p	公办 (38)	民办 (19)	t	p	公办 (7)	民办 (1)	t	p
生均成本	2407.54	2151.22	0.54	0.59	4846.69	3927.51	1.58	0.12	10565.61	9167.98	—	—
(1)生均人员经费	1894.55	1599.89	0.72	0.48	3825.56	2946.65	2.10*	0.04	9295.50	6963.79	—	—
(2)生均公用经费	430.78	435.35	−0.04	0.97	833.18	703.55	0.70	0.48	1074.17	2074.00	—	—
(3)生均折旧费	82.21	115.98	−1.01	0.28	187.95	277.31	−0.8	0.43	195.94	130.18	—	—

结果显示：（1）无论是公办园还是民办园，其不同质量所需要的生均成本、生均人员成本、生均公用经费、生均折旧费的变化趋势相同，从质量水平为"低质量"到"高质量"，逐渐增高。（2）对"低质量"的公办园和民办园，"有质量"的公办园与民办园分别进行差异显著性 t 检验，结果显示，在"低质量"园中，无论是生均成本、生均人员成本、生均公用经费还是生均折旧费均无显著差异；在"有质量"园中，公办园的生均人员经费显著高于民办园，其余差异不显著。

第三节 教育成本与质量的关系

一、成本与质量关系模型构建

在国际上，多项研究对学前教育成本和结构性质量的关系进行了探索[1][2][3]。成本、质量和儿童发展结果研究（the Cost，Quality，and Child Outcomes，CQO）以及家庭儿童保育经济学研究（Economics of Family Child Care，EFCC）对托幼机构教育成本与过程性质量的关系进行了研究。以上研究结果显示，从"中等质量"到"良好质量"（提升 25％），约需要增加 10％的成本，相当于每年生均 300 美元。同时，研究结果显示，提升质量从"良好"到"优秀"需要花费更多的成本，相比从"不适宜"到"中等质量"花费的钱较少。[4]国内的一项研究表明，幼儿园教育质量与生均投入、生均成本均存在显著的正相关，且与生均成本的相关性更强。[5]

研究者认为，成本与质量的关系是一个复杂问题，每一个因素均受到许多其他因素的约束。成本对幼儿园的教育质量有一定的影响，但成本并不是直接作用于教育质量，而是一些中介变量来产生影响，教师特征可能是其中的一个重要中介变量。许多研究[6][7][8]证实了教师对幼儿发展有着显著的影响。那么到底什么影响着教师的整体素质呢？有研究认为[9]，低收入＝低质量：招聘不到或留不住

① Mukerjee S，Witte A D. Provision of child care：Cost functions for profit-making and not-for-profit day care centers[J]. Journal of Productivity Analysis，1993(4)：145-163.

② Preston A. Efficiency，quality and social externalities in the provision of day care：Comparison of nonprofit and for-profit firms[J]. Journal of Productivity Analysis，1993(4)：165-182.

③ Powell I，Cosgrove J. Quality and cost in early childhood education[J]. Journal of Human Resources，1992(27)：472-484.

④ Suzanne W Helburn，Carollee Howes. Child Care Cost and Quality[J]. Future of Children，1996，6(2)：62-82.

⑤ 李克建，潘懿，陈庆香. 幼儿园教育质量与生均投入、生均成本的关系研究[J]. 教育与经济，2015(2)：25-31.

⑥ Jonghee Shim，Linda Hestenes，Deborah Cassidy. Teacher Structure and Child Care Quality in Preschool Classrooms[J]. Journal of Research in Childhood Education，2004，19(2)：143-157.

⑦ Guo Ying，Kaderavek Joan N，Piasta Shayne B，Justice Laura M，McGinty Anita. Preschool Teachers' Sense of Community，Instructional Quality，and Children's Language and Literacy Gains[J]. Early Education and Development，2011，22(2)：206-233.

⑧ Ewing A R，Taylor A R. The role of child gender and ethnicity in teacher-child relationship quality and children's behavioral adjustment in preschool[J]. Eearly Childhood Rearch Quarterly，2009，24(1)：92-105.

⑨ Barnett W，Steven. Low Wages = Low Quality：Solving the Real Preschool Teacher Crisis[J]. National Institute for Early Education Research (NIEER)，2003(3)：1-8.

优秀的教师成为解决目前国家学前教育质量问题的重要障碍。许多研究①②③④⑤也证实教师的薪资影响幼儿教育的质量。收入低不仅会让教师情绪低落、干劲低，还是幼儿教师离职率高的主要原因之一；教师的不稳定，会影响班级教育质量和儿童的认知、情绪情感和社会性发展；当然，教师的高离职率，也是一种对成本的隐性浪费。

本研究认为，成本与质量的关系如图11.3.1.1所示。成本首先影响着教师的特征，高的人员成本投入就能吸引高素质的、专业的教师团队，教师团队也能比较稳定，师幼比会比较高，就会逐渐提升教育质量，好的教育质量是促进儿童发展的重要因素之一。当然，无论是成本、教师特征、教育质量还是儿童发展，都受到了外部系统的影响，包括所在的区域、所在地（城镇、农村）、办园的性质等。故接下去分析成本与质量关系时，不仅要考虑总成本，还需要重点关注人员成本。在分析成本与质量的关系时，也要考虑所在区域、所在地、办园性质的影响。

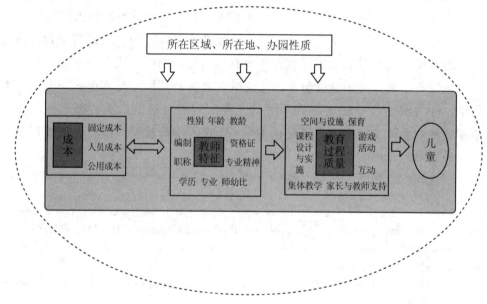

图 11.3.1.1　成本—质量关系图

①　Goelman H，Doherty G，Lero D，LaGrange A，Tougas J. You bet I care! Caring and learning environments：Quality in child care centres across Canada[M]．Guelph，Ontario：Centre for Families，Work and Well-Being，University of Guelph，2000．

②　Whitebook M，Howes C，Phillips D. Who cares? Child care teachers and the quality of care in America[M]．Washington，DC：Center for the Child Care Workforce，1990．

③　Whitebook M，Sakai L，Gerber E，Howes C. Then and now：Changes in child care staffing，1994-2001[M]．Washington，DC：Center for the Child Care Workforce，2011．

④　Olenick M. Early childhood environment quality and costs in the United States[J]．Paper presented at the American Educational Research Association Annual Conference，San Franciso，CA. 1989．

⑤　Scarr S，Eisenberg M，Deater-Deckard K. Measurement of quality in child centers[J]．Early Childhood Research Quarterly，1994(9)：131-151．

二、学前教育生均成本与幼儿园教育质量的相关关系

基于成本与质量关系模型的探讨，学前教育生均成本与幼儿园教育质量之间的关系受到了多种因素的影响。本研究对成本与教育质量的分析，也将考虑所在区域、所在地、办园性质等因素对质量的影响。所运用的班级教育质量观察评价工具《中国托幼机构教育质量评价量表》包含七个子量表，分别为空间与设施、保育、课程计划与实施、集体教学、游戏与活动、互动、家长与教师。同时，量表作者对前期数据进行探索性因素分析（Exploratory Factor Analysis，EFA），通过尝试一系列的提取因子的方法（如特征根值大于1、碎石图、平行分析等），最后从量表中提取了两个因子，根据其各自反映和评价的内容，因子1为"学习条件"（涵盖21个项目，主要涉及班级空间与设施、区角活动机会与时间等），因子2为"教学与互动"（涵盖13个项目，主要涉及集体教学、师幼互动和同伴互动等）[1]。质量量表总分（所有项目均分）、各子量表得分（所含项目均分）及两个因子得分（所含项目均分）也将纳入后续分析。

考虑到教师在质量和成本中是重要的中介变量，先对不同质量下的教师特征与成本情况进行描述性统计。结果如表11.3.2.1所示，班级教育质量越高，生师比越低（班级规模越小、班级教师配备越充足），在编教师比例总体越高，生均成本越高，生均人员成本、人员成本占比越高，生均财政投入及其分担比例也越高。

表 11.3.2.1　不同质量下、教师特征与成本的描述性统计

	N	生师比	在编教师比例	生均成本（元）	生均人员成本（元）	人员成本比例	生均财政投入（元）	财政分担比例
低质量	73	28.55：1	10.5%	2235.49	1696.76	75.9%	592.10	26.49%
有质量	57	18.31：1	25.69%	4540.29	3532.59	77.81%	2450.54	53.97%
高质量	8	15.01：1	36.50%	10390.90	9004.03	87.33%	8035.85	77.33%

（一）生均成本与幼儿园质量的相关分析与偏相关分析

首先将生均成本及生均成本的各构成要素（生均人员经费、生均公用经费、生均折旧费）与幼儿园教育质量及质量的各要素（七个子量表与两个因子）进行相关分析（见表11.3.2.2）。结果显示，幼儿园总体质量及各维度的质量与生均成

---

① Li K，Hu B，Pan Y，Qin J & Fan X. Chinese Early Childhood Environment Rating Scale (trial) (CECERS)：A validity study[J]. Early Childhood Research Quarterly，2014，29(3)：268-282.

本、生均人员成本、生均公用经费都存在极其显著的正相关（$p<0.001$）。生均折旧费仅与教育质量总分、保育、互动、家长与教师、因子1（学习条件）有显著相关（$p<0.05$），与空间与设施有极其显著的相关（$p<0.01$）。

表 11.3.2.2　生均成本与幼儿园教育质量的相关分析

	生均成本		(1)生均人员经费		(2)生均公用经费		(3)生均折旧费	
	r	p	r	p	r	p	r	p
质量总分	0.661***	0.000	0.664***	0.000	0.401***	0.000	0.179*	0.036
(1)空间与设施	0.683***	0.000	0.680***	0.000	0.420***	0.000	0.232**	0.006
(2)保育	0.643***	0.000	0.643***	0.000	0.391***	0.000	0.201*	0.018
(3)课程计划与实施	0.587***	0.000	0.598***	0.000	0.339***	0.000	0.108	0.207
(4)集体教学	0.554***	0.000	0.569***	0.000	0.308***	0.000	0.085	0.325
(5)游戏与活动	0.644***	0.000	0.647***	0.000	0.398***	0.000	0.146	0.088
(6)互动	0.591***	0.000	0.592***	0.000	0.359***	0.000	0.176*	0.039
(7)家长与教师	0.689***	0.000	0.691***	0.000	0.418***	0.000	0.223*	0.011
因子1：学习条件	0.688***	0.000	0.690***	0.000	0.422***	0.000	0.190*	0.026
因子2：教学与互动	0.577***	0.000	0.584***	0.000	0.343***	0.000	0.122	0.154

注：r 为 Pearson 相关系数；*，$p<0.05$；**，$p<0.01$；***，$p<0.001$。表 11.3.2.3、表 11.3.2.4、表 11.3.2.5、表 11.3.2.6 同。

前面的分析表明，所在区域、所在地、办园性质是质量和成本共同的重要影响因素。我们将所在区域（东部、中部、西部）、所在地（城镇、乡村）、办园性质（教育部门办、其他公办、小学附设园、民办）作为控制变量，计算教育质量及各要素与生均成本及各要素的偏相关系数。结果发现（见表 11.3.2.3），在控制这些影响因素后，生均成本及生均人员经费与教育质量总分及各方面质量仍然存在极其显著的相关（$p<0.01$）；生均公用经费只与质量总分（$p<0.05$）、空间与设施（$p<0.01$）、游戏与活动（$p<0.01$）、家长与教师（$p<0.05$）以及因子1（学习条件）（$p<0.01$）存在显著相关。生均折旧费仅与空间与设施、保育、家长与教师存在显著相关（$p<0.01$）。研究证据表明，控制了协变量之后，生均成本中的生均人员经费对教育质量而言是最重要的。

表 11.3.2.3 生均成本与幼儿园教育质量的偏相关分析

	生均成本		(1)生均人员经费		(2)生均公用经费		(3)生均折旧费	
	r	p	r	p	r	p	r	p
质量总分	0.492***	0.000	0.5***	0.000	0.216*	0.016	0.166	0.065
(1)空间与设施	0.46***	0.000	0.444***	0.000	0.236**	0.008	0.261**	0.003
(2)保育	0.431***	0.000	0.438***	0.000	0.175	0.052	0.184**	0.041
(3)课程计划与实施	0.427***	0.000	0.449***	0.000	0.164	0.069	0.068	0.455
(4)集体教学	0.276**	0.002	0.305***	0.001	0.071	0.432	0.009	0.925
(5)游戏与活动	0.47***	0.000	0.475***	0.000	0.238**	0.008	0.102	0.261
(6)互动	0.385***	0.000	0.389***	0.000	0.162	0.072	0.167	0.065
(7)家长与教师[①]	0.414***	0.000	0.406***	0.000	0.201*	0.025	0.206**	0.021
因子1：学习条件	0.519***	0.000	0.518***	0.000	0.26**	0.004	0.175+	0.052
因子2：教学与互动	0.357***	0.000	0.375***	0.000	0.136	0.133	0.071	0.431

注：*，$p<0.05$；**，$p<0.01$；***，$p<0.001$；+，$p<0.1$。

（二）不同区域（东部、中部、西部）幼儿园生均成本与幼儿园质量的相关分析

不同区域下，幼儿园的生均成本与幼儿园质量的关系如何？是否还是强相关？我们进行了不同区域（东部、西部、中部）下幼儿园的生均成本与幼儿园质量的相关分析，结果见表11.3.2.4。从表11.3.2.4中可以看出，东部园幼儿园生均成本与教育质量及其各要素（七个子量表和两个因子）均呈极其显著正相关（$p<0.001$）；中部园幼儿园生均成本与幼儿园质量的相关不显著；西部园的生均成本仅与质量总分（$p<0.05$）、空间与设施（$p<0.001$）、保育（$p<0.05$）、家长与教师（$p<0.01$）、因子1（学习条件）（$p<0.05$）等方面质量存在显著相关。

表 11.3.2.4 不同区域幼儿园生均成本与幼儿园教育质量的相关分析

	东部		中部		西部	
	r	p	r	p	r	p
质量总分	0.753***	0.000	0.227	0.336	0.381*	0.014
(1)空间与设施	0.679***	0.000	0.438	0.053	0.612***	0.000
(2)保育	0.730***	0.000	0.263	0.263	0.365*	0.019

---

① 《中国托幼机构教育质量评价量表》中家长与教师子量表主要反映的家长工作、教师工作环境与条件方面的内容。

续表

	东部		中部		西部	
	r	*p*	*r*	*p*	*r*	*p*
(3)课程计划与实施	0.643***	0.000	0.206	0.383	0.212	0.184
(4)集体教学	0.697***	0.000	0.053	0.828	0.244	0.123
(5)游戏与活动	0.699***	0.000	0.205	0.387	0.192	0.228
(6)互动	0.731***	0.000	0.11	0.643	0.215	0.177
(7)家长与教师	0.699***	0.000	0.561	0.072	0.463**	0.003
因子1：学习条件	0.722***	0.000	0.302	0.195	0.378*	0.016
因子2：教学与互动	0.741***	0.000	0.098	0.680	0.242	0.128

注：*，$p < 0.05$；**，$p < 0.01$；***，$p < 0.001$。

（三）不同所在地（城镇、农村）生均成本与幼儿园质量的相关分析

为了解不同所在地的幼儿园的生均成本与幼儿园质量的关系，我们对不同所在地（城镇、农村）幼儿园的生均成本与幼儿园质量进行了相关分析（详见表11.3.2.5）。从结果中可以看出，无论是城镇园还是农村园，生均成本与幼儿园教育质量均存在极其显著的正相关（$p < 0.001$）。

表 11.3.2.5　不同所在地幼儿园生均成本与幼儿园教育质量的相关分析

	城镇		乡村	
	r	*p*	*r*	*p*
质量总分	0.561***	0.000	0.597***	0.000
(1)空间与设施	0.628***	0.000	0.547***	0.000
(2)保育	0.545***	0.000	0.529***	0.000
(3)课程计划与实施	0.528***	0.000	0.525***	0.000
(4)集体教学	0.441***	0.000	0.484***	0.000
(5)游戏与活动	0.575***	0.000	0.601***	0.000
(6)互动	0.482***	0.000	0.495***	0.000
(7)家长与教师	0.612***	0.000	0.562***	0.000
因子1：学习条件	0.617***	0.000	0.618***	0.000
因子2：教学与互动	0.460***	0.000	0.504***	0.000

注：***，$p < 0.001$。

（四）不同办园性质（公办、民办）生均成本与幼儿园质量的相关分析

不同办园性质下，幼儿园的生均成本与质量的关系如何？为此，我们进行了不同办园性质（公办、民办）下幼儿园的生均成本与幼儿园质量的相关分析（详见表 11.3.2.6）。结果显示，公办园与民办园的生均成本与幼儿园教育质量的所有要素都存在极其显著的正相关（$p<0.001$）。

表 11.3.2.6　不同办园性质幼儿园生均成本与幼儿园教育质量的相关分析

	教育部门办		民办	
	r	p	r	p
质量总分	0.646***	0.000	0.623***	0.000
(1)空间与设施	0.677***	0.000	0.639***	0.000
(2)保育	0.650***	0.000	0.580***	0.000
(3)课程计划与实施	0.587***	0.000	0.467***	0.000
(4)集体教学	0.570***	0.000	0.474***	0.000
(5)游戏与活动	0.622***	0.000	0.600***	0.000
(6)互动	0.587***	0.000	0.553***	0.000
(7)家长与教师	0.695***	0.000	0.636***	0.000
因子1：学习条件	0.672***	0.000	0.655***	0.000
因子2：教学与互动	0.575***	0.000	0.527***	0.000

注：***，$p<0.001$。

三、教育质量提升所需成本分析

（一）幼儿园教育质量提升所需成本分析

从质量与成本的相关分析与偏相关分析中可以看出，质量和生均成本及其中的生均人员成本有着极其显著的正相关。那么，提升单位质量分数需要多少成本？从"低质量"到"有质量"，从"有质量"到"高质量"，质量等次提升所需的成本有何差异？本研究对质量提升等过程中所需要增加的单位生均成本和生均人员成本进行了分析。

首先，计算各质量层次下质量得分的均值，见表 11.3.3.1。质量等级为"低质量（1.00～4.99分）"的质量均分为 3.89 分；"有质量（5.00～6.99分）"的质量均分为 6.0 分；"高质量（7.00～9.00分）"的质量均分为 7.35 分。同时，我们获得了不同质量水平下所需的生均成本与生均人员成本的值（见表 11.3.3.1）。

表 11.3.3.1　不同质量水平园班级教育质量得分与生均成本、生均人员成本现状

	质量均值	生均成本（元）	生均人员成本（元）
低质量	3.89(73)	2235.49	1696.76
有质量	6.0(57)	4540.29	3532.59
高质量	7.35(8)	10390.90	9004.03

注："质量均值"一栏( )中的数值为个案数。

　　要计算质量提升的生均成本和生均人员成本，首先要知道"不适宜→低质量""低质量→有质量""有质量→高质量"所需的生均质量成本、生均人员成本以及质量增长分数。通过将质量层次提升所增加的生均成本（或生均人员成本）/质量增长分数，就可以获得单位质量提升的生均成本，也就是质量每增长 1 分所需要的成本。

　　我们根据不同质量水平班级质量、生均成本与生均人员成本的现状（见表 11.3.3.1），计算单位质量的提升成本（包括生均成本和生均人员成本）。"低质量→有质量"的生均质量成本为"有质量"所需的生均成本（4540.29 元）减去"低质量"所需的生均成本（2235.49 元），"有质量→高质量"所需的生均成本为"高质量"的所需的生均成本（10390.90 元）减去"有质量"所需的生均成本（4540.29 元）。生均人员成本计算方法相同。质量增长分数是从一个质量水平到另一个水平所增长的质量分数（百分制）。其中，"低质量→有质量"的质量增长分数为："有质量"的质量分数（6.0）减去"低质量"的质量分数（3.89），为 2.11 分。"有质量→高质量"的质量增长分数算法相同，为 1.35 分。单位质量提升所需的生均成本与生均人员成本的计算结果如表 11.3.3.2 所示。

表 11.3.3.2　各质量层次间单位质量提升所需生均成本与生均人员成本（成本单位：元）

		生均质量 成本	生均质量 人员成本	质量增长 分数	单位质量提升 生均成本	单位质量提升 生均人员成本
低质量(73)	有质量(57)	2304.8	1835.83	2.11	1092.32	870.06
有质量(57)	高质量(8)	5850.61	5471.44	1.35	4333.79	4052.92

注：( )中的数值为个案数。

　　从结果（表 11.3.3.2）中可以看出，从"有质量"到"高质量"所需的单位质量提升成本非常高，是从"低质量"到"有质量"的 4 倍。也就是说，质量越高，提升质

量所需的成本越高。这个发现与许多前期研究一致[1][2]。可以说，成本与质量之间的关系并不是一个线性的关系，应该采用分段回归的方法进一步分析成本与质量之间的函数关系。

（二）不同所在地幼儿园质量提升成本分析

不同所在地幼儿园的单位质量提升的生均成本与生均人员成本是否相同？本研究对城镇幼儿园和农村幼儿园分别进行了单位质量提升的生均成本与生均人员成本测算，测算方法同表 11.3.3.1 与表 11.3.3.2。根据表 11.2.2.7 中的值分别计算出城镇与农村园"低质量→有质量"，"有质量→高质量"的生均质量成本与生均质量提升成本（结果见表 11.3.3.3）。再根据城镇园低质量的质量均值（4.06分）、有质量的质量均值（6.17 分）、高质量的质量均值（7.35 分）和农村园低质量均值（3.82 分）、有质量的质量均值（5.7 分）计算出城镇园与农村园相应的质量增长分数。最后计算出单位质量提升的生均成本与生均人员成本，结果见表 11.3.3.3。

表 11.3.3.3　不同所在地幼儿园各质量层次间单位质量提升所需的生均成本与生均人员成本

（成本单位：元）

		生均质量成本	生均质量人员成本	质量增长分数	单位质量提升生均成本	单位质量提升生均人员成本
城镇	低质量(22) 有质量(36)	1878.36	1277.09	2.11	890.22	605.26
	有质量(36) 高质量(9)	5188.47	5051.14	1.18	4397.01	4280.63
农村	低质量(51) 有质量(21)	1639.3	1537.64	1.88	871.96	817.89
	有质量(21) 高质量(0)	—	—	—	—	—

注：（　）中的数值为个案数。

从表 11.3.3.3 中可以看出：（1）来自城镇的幼儿园，从"低质量"提升到"有质量"的单位质量提升所需的生均成本与生均人员成本分别为 890.22 元和 605.26 元；从"有质量"提升到"高质量"的单位质量提升所需的生均成本与生均人员成本分别为 4397.01 元和 4280.63 元。（2）来自农村的幼儿园，从"低质量"提升到"有质量"的单位质量提升所需的生均成本与生均人员成本分别为 871.96 元和 817.89 元。（3）质量的提升中，"低质量→有质量"，城镇园所需的单位质量提升的生均成本与农村园较为接近；农村园提升单位质量所需的人员成本略高于城镇园。

① Suzanne W Helburn，Carollee Howes. Child Care Cost and Quality[J]. Future of Children，1996，6(2)：62-82.

② 刘焱. 学前一年教育纳入义务教育的条件保障研究[M]. 北京：北京师范大学出版社，2014：164.

（三）不同办园性质幼儿园质量提升成本分析

不同办园性质幼儿园的单位质量提升的生均成本与生均人员成本是否相同？本研究对公办幼儿园和民办幼儿园分别进行了单位质量提升的生均成本与生均人员成本测算，测算方法同表 11.3.3.1 与表 11.3.3.2。根据表 11.2.2.8 中的值分别计算出公办与民办园"低质量→有质量"，"有质量→高质量"的生均质量成本与生均质量提升成本（结果见表 11.3.3.4）。再根据公办园低质量的质量均值（3.88分）、有质量的质量均值（6.05分）、高质量的质量均值（7.35分）和民办园低质量均值（3.90分）、有质量的质量均值（5.90分）、高质量的质量分数（7.4分）计算出公办园与民办园相应的质量增长分数。最后计算出单位质量提升的生均成本与生均人员成本，结果见表 11.3.3.4。

表 11.3.3.4　不同办园性质幼儿园各质量层次间单位质量提升所需的生均成本与生均人员成本

（单位：元）

		生均质量成本	生均质量人员成本	质量增长分数	单位质量提升生均成本	单位质量提升生均人员成本
公办	低质量(24) 有质量(38)	2439.15	1931.01	2.17	1124.03	889.87
	有质量(38) 高质量(7)	5718.92	5469.94	1.3	4399.17	4207.65
民办	低质量(49) 有质量(19)	1776.29	1346.76	2	888.15	673.38
	有质量(19) 高质量(1)	5240.47	4017.14	1.5	3493.65	2678.09

注：（　）中的数值为个案数。

从表 11.3.3.4 中可以看出：（1）来自公办的幼儿园，从"低质量"提升到"有质量"的单位质量提升所需的生均成本与生均人员成本分别为 1124.03 元和 889.87 元；从"有质量"提升到"高质量"的单位质量提升所需的生均成本与生均人员成本分别为 4399.17 元和 4207.65 元。（2）来自民办的幼儿园，从"低质量"提升到"有质量"的单位质量提升所需的生均成本与生均人员成本分别为 888.15 元和 673.38 元；从"有质量"提升到"高质量"的单位质量提升所需的生均成本与生均人员成本分别为 3493.65 元和 2678.09 元。（3）质量提升中，无论是"低质量→有质量"还是"有质量→高质量"，公办园所需的单位质量提升的生均成本和生均人员成本均高于民办园。

四、质量与成本的分段回归分析

根据表 11.2.2.6、图 11.2.2.10 可以看出，随着幼儿园教育质量的提升，所需的单位成本逐渐增高。表 11.3.3.2 可以看出，质量越高，提升质量所需的成本越高，成本与质量之间的关系并不是一个线性的关系。故在对质量与成本进行回归分析前，本研究绘制了质量与成本的散点图，从图 11.3.4.1 中可以看出，成本提升对质量提升的效应是先快后慢。故如直接对质量与成本进行线性回归分析会失去较多信息。本研究将成本作为自变量(X)，质量作为因变量(Y)，进行分段回归分析(Piecewise Regression)。

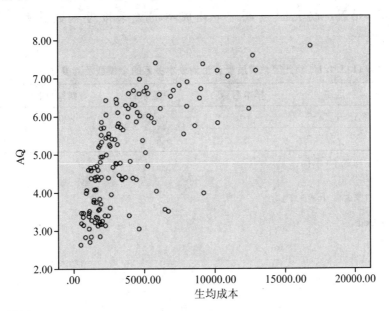

图 11.3.4.1　幼儿园教育质量(AQ)与成本散点图

分段回归分析方法的核心思想是将样本分成不同的区域，每个区域都有一个不同的线性回归函数。对样本进行分区后，进行局部的回归系数计算，可以实现最小的绝对误差。[1] 本研究运用 SegReg 软件[2]分别对将生均成本作为自变量(X)幼儿园教育质量做因变量(Y)，将生均人员成本作为自变量(X)幼儿园教育质量做因变量(Y)、将生均成本作为自变量(X)将幼儿园质量因子 1 学习条件作为因变量(Y)、将生均成本作为自变量(X)将幼儿园质量因子 2 教学互动作为因变量(Y)四种情况进行了分段回归分析。

---

① Lj Yang，Ss Liu，Sophia Tsoka，Lazaros G. Papageorgiou，Mathematical programming for piecewise linear regression analysis[J]. Expert Systems with Applications，2016，44：156-167.

② SegReg 软件是一个能够对两个独立变量进行分段函数估计的免费软件。其能够测算断点 (breakpoint)，或叫阈值(threshold)、切换点(switching point)，并能对断点两侧的数据进行线性回归分析，使函数关系实现最小误差。目前 SegReg 软件中因变量与自变量之间的函数关系主要有 7 个类型(type0-6)：(1)类型 0(type0)是一个单一的水平线，没有断点，即两个变量没有关系；(2)类型 1(type 1)是一个单一的倾斜的线，没有断点；(3)类型 2(type 2)是双相连接的线段；(4)类型 3(type 3)是断点前一个水平段，断点后一个倾斜的线；(5)类型 4(type 4)是断点前一个倾斜的线，断点后一个水平线；(6)类型 5(type 5)是 2 水平段在不同水平；(7)类型 6(type 6)是 2 个断开的段，其中至少有一个倾斜。

（一）幼儿园教育质量与生均成本的分段回归分析

对幼儿园教育质量与生均成本进行分段回归分析，结果显示（见表11.3.4.1），断点为生均成本为 4715.5 元。断点前，即生均成本小于 4715.5 元前，幼儿园教育质量与生均成本的关系接近函数关系 1；断点后，即当生均成本大于 4715.5 元后，幼儿园质量与生均成本的关系接近函数关系 2。具体见图 11.3.4.2。

表 11.3.4.1　幼儿园教育质量与生均成本关系的个模型及其参数估计值

函数关系	区域	样本容量	决定系数	斜率(a)	常数(b)
1	$X<4715.5$	105	0.404	0.000656	3.06
2	$X>4715.5$	33	0.188	0	6.16

注：X 为生均成本（单位：元）。

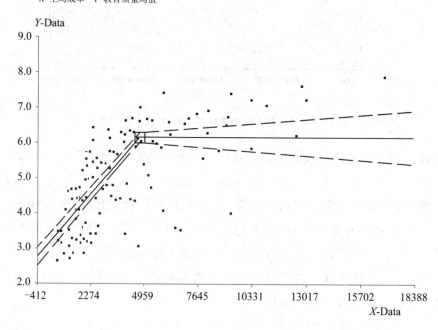

X=生均成本　Y=教育质量均值

图 11.3.4.2　幼儿园教育质量与生均成本分段拟合图

（二）幼儿园教育质量与生均人员成本的分段回归分析

对幼儿园教育质量与生均人员成本进行分段回归分析，结果显示（见表11.3.4.2），断点为生均成本为 3621.16 元。断点前，即生均成本小于 3621.16 元前，幼儿园教育质量与生均人员成本的关系接近函数关系 1；断点后，即当生均成本大于 3621.16 元后，幼儿园质量与生均人员成本的关系接近函数关系 2。生均人员成本与幼儿园教育质量的函数关系 1 的斜率（0.00082）大于生均成本与幼儿园教育质量的函数关系 1 的斜率（0.000656）。具体见图 11.3.4.3。

表 11.3.4.2　幼儿园教育质量与生均人员成本关系的个模型及其参数估计值

函数关系	区域	样本容量	决定系数	斜率(a)	常数(b)
1	$X<3621.16$	102	0.445	0.00082	3.15
2	$X>3621.16$	36	0.191	0	6.12

注：X 为生均人员成本（单位：元）。

X=生均人员成本　Y=教育质量均值

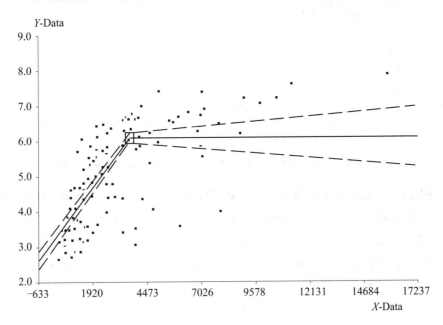

图 11.3.4.3　幼儿园教育质量与生均人员成本分段拟合图

（三）幼儿园教育质量因子1（学习条件）与生均成本的分段回归分析

对幼儿园教育质量因子1（学习条件）与生均成本进行分段回归分析，结果显示（见表 11.3.4.3），断点为生均成本为 7320.08 元。断点前，即生均成本小于 7320.08 元前，幼儿园教育质量因子1与生均成本的关系接近函数关系1；断点后，即当生均成本大于 7320.08 元后，幼儿园质量因子1与生均成本的关系接近函数关系2。具体见图 11.3.4.4。

11.3.4.3　幼儿园教育质量因子1(学习条件)与生均成本关系的个模型及其参数估计值

函数关系	区域	样本容量	决定系数	斜率(a)	常数(b)
1	$X<7320.08$	122	0.314	0.000455	3.02
2	$X>7320.08$	15	0.204	0	6.35

注：X 为生均成本（单位：元）。

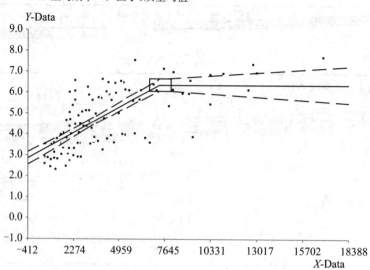

X=生均成本   Y=因子1质量均值

图 11.3.4.4   幼儿园教育质量因子 1(学习条件)与生均成本分段拟合图

（四）幼儿园教育质量因子 2（教学与互动）与生均成本的分段回归分析

对幼儿园教育质量因子 2(教学与活动)与生均成本进行分段回归分析,结果显示(见表 11.3.4.4),断点为生均成本为 3738.78 元。断点前,即生均成本小于 3738.78 元前,幼儿园教育质量因子 2 与生均成本的关系接近函数关系 1;断点后,即当生均成本大于 3738.78 元后,幼儿园质量因子 2 与生均成本的关系接近函数关系 2。生均成本与幼儿园教育质量因子 2(教学与互动)的函数关系 1 的斜率(0.000768)大于生均成本与幼儿园教育质量因子 1(学习条件)的函数关系 1 的斜率(0.000455)。具体见图 11.3.4.5。

表 11.3.4.4   幼儿园教育质量因子 2(教学与互动)与生均成本关系的个模型及其参数估计值

函数关系	区域	样本容量	决定系数	斜率(a)	常数(b)
1	$X<3738.78$	89	0.327	0.000768	3.22
2	$X>3738.78$	49	0.0988	0	6.09

注:X 为生均成本(单位:元)。

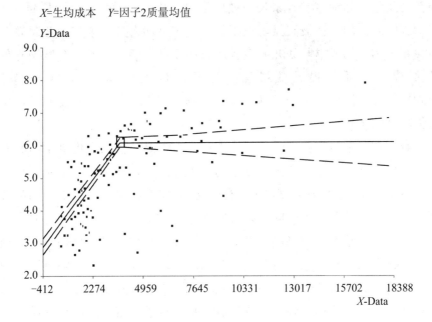

X=生均成本　Y=因子2质量均值

图 11.3.4.5　幼儿园教育质量因子 2(教学与互动)与生均成本分段拟合图

第四节　讨论与政策建议

一、质量与成本间存在显著正相关，加大投入才能提升质量

本研究发现，质量与成本间存在显著正相关。生均成本与总体质量、幼儿园空间与设施质量、保育质量、课程计划与实施质量、集体教学质量、游戏与活动质量、互动质量、家长与教师质量、因子 1(学习条件)质量、因子 2(教学与互动)质量均存在极其显著正相关。且质量与生均成本的相关关系不受所在地、办园性质等的影响。说明越高的质量的学前教育需要越高的成本投入；低的成本投入，可能带来的就是低质量的学前教育。也就是说，不同质量的学前教育，需有相应水平的成本投入。要保障适龄儿童接受基本而有质量的学前教育，政府就需要保障与有质量学前教育所对应的成本。

二、人力成本是教育成本的主要方面，对教师的投入能够产生更大的质量效益

教师是成本中能够预测质量最为关键性的因素。生均成本与幼儿园教育质量的偏相关分析发现，生均成本的三个构成要素中，仅生均人员成本与总教育质量、幼儿园空间与设施质量、保育质量、课程计划与实施质量、集体教学质量、

游戏与活动质量、互动质量、家长与教师质量、因子1（学习条件）质量、因子2（教学与互动）质量均存在极其显著正相关。比较生均人员成本与幼儿园教育质量的函数关系1和生均成本与幼儿园教育质量的函数关系1，可以看出提升单位的生均人员成本的质量提升效果优于提升单位生均成本（表11.3.4.1，表11.3.4.2）。可以说，幼儿园办园质量低的主要原因是生均人员投入低，高质量幼儿园需要高的生均人员成本。

各级政府在分配财政投入时，因注重对人力资源的投入，促进学前教育的可持续健康发展。针对地方政府不愿真正解决教师问题，既不增加编制，也没有其他灵活的政策机制（比如按岗位划拨人员经费），应有相应政策解决教师的收入保障问题。重视农村幼儿园师资问题，编制优先配置到农村，工资待遇向农村地区倾斜。可建立城乡结对交流机制，以提升农村教师素质。以县（区）为主，统一管理，设立"农村服务期"制度，与职称晋升和评奖评优挂钩。着力解决民办园师资问题，对聘用不合格教师幼儿园可建立惩罚机制（如取消办园许可证、罚款等）；对于普惠性民办园，依据教师的专业发展水平，给予一定的财政性补贴；公办民办结对帮扶；派驻公办教师指导等。

三、不同办园性质的成本—效益不同，应加强对民办园的扶持力度

本研究发现，无论是公办园还是民办园，幼儿园生均成本与幼儿园教育质量及其各要素均存在极其显著正相关（表11.3.2.6）。比较公办园与民办园提升质量所需成本（表11.3.3.4），可以看出，在资金使用效率上，民办园高于公办园。即从"低质量"提升到"有质量"和从"有质量"提升到"高质量"，民办园所需的单位质量提升的生均成本与生均人员成本均低于公办园。虽然如此，目前民办园获得的生均财政拨款占生均投入的占比民办园（7%）比公办园（48.9%）低较多。

对不同办园性质幼儿园应有不同政策：（1）对公办园，财政性经费投入方式进行改革，加强用人制度改革，激活办学活力，提高资金使用效率和办学效益（教育质量与儿童发展）；（2）对民办园，突破体制障碍，打通财政经费投入民办园的渠道；创新机制，把财政性经费用到推动民办园教师队伍素质提升、教育质量提升的关键上；加强监管，建立公开透明的普惠性民办园财务监管制度，确保财政性经费不流失，效益最大化。

四、各级财政分担比例低且投向不均衡，应加大分担比例、走向均衡

学前教育属于准公共产品，作为一种生产性投资，其对政府、社会、幼儿及

家庭都有益，三者应该合理分担学前教育成本。而政府作为重要的受益者，应该分担学前教育的主要成本。2011 年，为了贯彻落实《国家中长期教育改革和发展规划纲要（2010－2020 年）》和《国务院关于当前发展学前教育的若干意见》（国发〔2010〕41 号）精神，进一步扩大学前教育资源，着力解决当前存在的"入园难"问题，满足适龄儿童入园需求，财政部、教育部下发了《关于加大财政投入支持学前教育发展的通知》，要求各地根据文件要求制定扩大学前教育资源规划。

调查发现，目前，在财政投入方面主要存在三个问题：（1）财政分担比例低。本研究所调查的全国 138 所幼儿园，生均投入中生均财政拨款占比较低仅为 34.5%，政府没有承担起"主体责任"。（2）财政投向不均衡。目前，生均投入中生均财政拨款占比，东部地区（39%）、中部地区（27%）、西部地区（25%）依次降低；城镇园（39%）高于农村园（23%）；公办园（48.9%）高于民办园（7%）；高等级园（54%）、中等级园（35%）、低等级园（10%）依次降低。最需要得到财政支出的西部地区幼儿园、农村幼儿园等得到财政支持少。民办园与公办园财政支持差异大。（3）财政投入重基建投入，轻更有价值的人员成本投入。各地政府在学前教育第一轮和第二轮三年行动期间新建、扩建、改建了一大批园舍，部分地区为减少后期人员成本的投入，不愿意办成公办园，继而办成了公建民营的幼儿园。

各级政府应保障学前教育经费投入，学前教育经费占同级财政性教育经费比例应不低于 7% [①]，以保障政府要承担学前教育投入的主要成本的经费；同时，财政性经费应向农村、西部倾斜，缩小城乡经费水平差距；同时，在经费投入上，政府应不仅考虑短时的基建投入，还要考虑保障长期的人员经费投入。

五、质量与成本呈现门槛效应，应建立有质量、高质量准入机制

对幼儿园教育质量与生均成本进行分段线性回归分析发现，成本对质量的关系呈现明显的门槛效应（或者可称为"高原效应"）：在低质量段，成本投入能够产生显著的质量提升效益；在有质量/高质量段，成本投入对质量提升的效益不显著。本研究结果显示，在生均成本为 4715.5 元，质量为 6.15 分前，随着成本的增加，质量增加，在之后，随着生均成本的增加，幼儿园办园质量的提升效果不明显（见表 11.3.4.1）。生均成本 4715.5 元即为质量与成本之间的门槛，根据门槛前后的函数关系式可以看出，在生均成本小于 4715.5 前，随着成本的增加，会有较好的投资回报率（即教育质量的提升）；而超过该值后，投资回报率较低。

---

① 庞丽娟.学前教育经费占同级财政性教育经费比例应不低于 7% [N]. 人民政协报，2011-03-02(14).

　　基于这一证据，研究者对学前教育财政投入的建议是：(1)财政性学前教育经费应优先用于把"低质量"幼儿园改造提升为"有质量"的幼儿园，以保障所有在园儿童均能接受有质量的学前教育。这是财政性学前教育经费效益最大化的使用方式。(2)依据成本—质量的效益门槛值，基于不同群体儿童的补偿性公平原则，制定生均财政投入标准和成本分担比例。(3)在目前的国情下，财政性经费不宜用于高投入的高端幼儿园。

第十二章

学前教育质量与教师特征的关系研究

本章概要

研究背景： 20世纪以来，随着国际社会在经济领域的竞争越来越激烈，世界各国也越来越重视改善人才的培养策略；学前教育作为人生教育的开端和人才培养的起点，得到了世界各国的普遍重视。各国纷纷通过立法、制定政策、颁布标准等手段来支持和规范学前教育的发展。随着学前教育普及程度的迅速提高，对质量的关注逐渐成为我国学前教育工作的重点。影响学前教育质量的因素纷繁复杂，如教育的室内和室外环境、班级规模、师幼比、教师资格、师幼互动、家长参与等。一般认为，教师是影响教育质量的关键因素。教师质量的提高已经成为我国学前教育工作的当务之急。《国务院关于当前发展学前教育的若干意见》《教师教育课程标准》《幼儿园教师专业标准》《关于加强幼儿园教师队伍建设的意见》等颁布的文件中都明确强调要提高幼儿园教师队伍整体素质，注重幼儿园教师培养培训的质量，提高教师专业化发展水平。因此，对教师特征与学前教育质量的关系研究具有重要的理论和实践意义。

研究设计与方法： 本研究采取分层随机抽样的方法，从东部、中部、西部抽取8个样本省市。其中，东部为浙江省，中部为安徽省、吉林省及湖南省，西部为四川省、贵州省、云南省及重庆市。根据各省份内部不同的经济发展水平，确定各省份的地级市及区县样本。最终，共获取来自18个地级市的186所幼儿园，其中小班117个，中班119个，大班153个，混龄班11个。研究工具采用李克建和胡碧颖编制的《中国托幼机构教育质量评价量表》(第三版)通过班级观察获取教育质量数据，采用调查问卷获取幼儿园层面以及班级层面的教师特征以及相关变量数据。

研究结果： 通过对全国样本幼儿园教育质量和教师队伍基本情况的调查和多

层面的数据分析发现：（1）幼儿园教师队伍整体质量偏低；（2）公办园教师队伍素质显著优于民办园；（3）城乡教师队伍质量存在显著差异，城镇显著优于乡村；（4）区域之间教师队伍质量存在显著差异，东部显著优于中部和西部；（5）教师专业、资格证、学历、职称与学前教育质量存在显著的相关性，对学前教育质量具有显著的弱预测效应；（6）教师性别、年龄、教龄、编制对学前教育质量未见显著的影响作用；（7）基于教师学历、专业、资格证、职称编制的教师综合素质指数比起单个具体特征对学前教育质量具有更强的预测效应；（8）收入水平是影响教师综合素质的关键因素。

讨论与建议：本研究结果表明教师素质越高，其收入就越高，要全面提高学前教育质量，首先，一个重要的保障性条件是把幼儿园教师薪酬提高到合理的水平，吸引高素质人才加入幼儿园教师队伍；其次，在学历、专业、资格证方面对教师资质严格把关。可适当提高学前师资的学历起点，严格执行持证上岗制度，采取激励措施提升幼儿园教师队伍学前教育专业化程度；再者，教师综合素质的关键在于教师专业发展水平的高低，通过多种途径来提高教师综合素质，关注教师职前和职后的教育与培训；最后，发挥教师综合素质指标在学前教育师资管理和政策制定中的应用价值。

第一节　研究背景与方法

一、研究背景与价值

20世纪以来，随着国际社会在经济领域的竞争越来越激烈，世界各国也越来越重视改善人才的培养策略；学前教育作为人生教育的开端和人才培养的起点，得到了世界各国的普遍重视。各国纷纷通过立法、制定政策、颁布标准等手段来支持和规范学前教育的发展[①]。学前教育质量评价是制定教育决策的重要依据，世界各国也开始重视对学前教育质量的评价、监控、保障和提升。例如，美国幼儿教育协会（NAEYC）在1984年就初步建立高质量托幼机构认证标准体系，经过不断的理论与实践检验，该认证体系成为美国早期教育领域的行业最高标准并且引领着高质量早期教育的发展[②]。自1998年美国俄克拉荷马州建立早期教育质量评定与推进系统以来，其他各州纷纷相继建立质量评定与推进系统来不断地

---

① 周兢. 国际学前教育政策比较研究[M]. 上海：华东师范大学出版社，2012.
② 张司仪. NAEYC幼教记过质量认证体系的评价思想及其启示[J]. 学前教育研究，2013（9）：15-20.

促进美国早期教育质量的提升。[①] 韩国、挪威、葡萄牙等国家制定并实施了全国学前教育课程标准，以此为杠杆来使学前课程更有效地促进幼儿发展并且提高学前教育质量。[②] 澳大利亚早在 1994 年试图向全国推广学前教育"质量提升和评定体系"，并在此基础上逐渐形成了完整的"全国质量确保体系"（NQSS）。[③]

学前教育作为我国教育事业重要组成部分，对教育质量的关注也成为我国学前教育工作的重中之重。我国对幼儿园教育质量评价开始于 20 世纪 80 年代的各省市托幼机构分级分类验收工作以及省市级示范园的评定工作；21 世纪后颁布的《幼儿园教育指导纲要（试行）》使得幼儿园教育改革日益深入；2010 年颁布的《国家中长期教育改革和发展规划纲要（2010—2020 年）》中强调要把提高质量作为教育改革发展的核心任务。在随后颁布的《国务院关于当前发展学前教育的若干意见》（以下简称《若干意见》）明确指出，要保障适龄儿童接受基本的、有质量的学前教育。在关注幼儿园教育质量的同时，教师质量的提高已经成为我国学前教育工作的当务之急。《若干意见》《教师教育课程标准》《幼儿园教师专业标准》《关于加强幼儿园教师队伍建设的意见》等国家颁布的文件中都明确强调要提高幼儿园教师队伍整体素质，注重幼儿园教师培养培训的质量，提高教师专业化发展水平。

众所周知，影响幼儿园教育质量的因素纷繁复杂，如室内和室外环境、班级规模、师幼比、教师资格、师幼互动、家长参与等。一般认为，教师是影响教育质量的关键因素。[④] 但在学前教育质量相关的理论、政策与实践中，有许多与教师相关的问题亟须探明：年龄、教龄、性别、学历、专业、资格证、编制、职称、收入水平、培训（继续教育）学时等教师结构性特征，哪些对学前教育质量起到关键性作用？教师特征要素对学前教育质量影响程度如何？教师结构性特征要素与幼儿园、班级结构性要素之间是如何相互作用影响学前教育质量？通过对以往的研究成果整理发现，国外（尤其是发达国家）对教师与托幼机构教育质量的关系研究非常丰富和全面；而我国在该研究方面主要还是停留在简单的现状调查的研究上，无论是研究的广度还是深度，以及研究设计和数据分析的技术手段上，都有相当大的差距。

在此背景下，对教师特征与学前教育质量相关性的实证性研究具有重要的理论和实践意义。首先，深化教师结构性要素与学前教育质量相关性的研究，探索

---

① 郭力平，谢萌 . 美国早期教育质量的提升的发展历程[J]. 幼儿教育，2012(4)：44-48.

② 沙莉，霍力岩 . OECD 学前教育质量政策杠杆：背景、特点、八国实践经验及启示[J]. 现代教育管理，2014(12)：112-117.

③ 钱雨 . 澳大利亚学前教育质量评估研究的发展与启示[J]. 外国教育研究，2012(9)：3-8.

④ 高丙成 . 中国学前教育发展指数报告[M]. 北京：北京师范大学出版社，2015：11.

能够有效预测学前教育质量的教师关键特征；其次，丰富幼儿园教师队伍管理、教师教育、教师专业发展方面的实证性研究；最后，在实证调查研究的基础上，了解教师特征和学前教育质量的基本情况，分析教师特征与学前教育质量的关系，从中找出问题、发现规律，以此为学前教育质量的提升，为政府和教育行政部门在学前教师队伍管理的有关决策，为幼儿教师培养机构的课程教学改革，为幼儿园管理者的教师队伍建设和管理，为幼儿园教师专业发展的方法和路径等方面，提供科学依据和咨询建议。

二、概念界定

（一）教师特征

从个体的意义上，教师特征包括个性特征、智力特征、教学特征。有学者总结出优秀教师拥有积极而真诚、满怀使命感和热情、有领导才能的个性特征；在智力特征方面，拥有丰富的书本知识、社会经验、精神生活；在教学特征方面，拥有自己独有的教学风格、教学机制[①]。刘淑美和张璐琳[②]在对幼儿喜欢的教师特征调查研究中将教师特征划分为以下维度：技能、交往、认知、外貌、生活照顾、性格。

一般而言，教师特征可以分为外在特征和内在特征。本研究从群体的意义上研究幼儿园教师外在特征，本研究中称之为结构性特征，主要包括九个结构性特征变量：性别、年龄、教龄、事业编制、教师资格证（及类型）、职称、学历、所学专业和平均月收入。

（二）学前教育质量

在狭义上，学前教育是指学前教育机构的教育；幼儿园是我国最主要的学前教育机构形式。因而本研究中，学前教育质量主要是指幼儿园教育质量。一般认为，幼儿园教育质量由两个维度组成：结构性质量（包括：师幼比、班级规模、教师学历水平、教学设备等）和过程性质量（师幼互动、教师行为、教师的教学情感、课程计划与实施等）[③]。从广义上来说，幼儿园教育质量是指幼儿园教育活动是否能够满足幼儿身心健康发展的需要，以及满足幼儿身心健康发展需要的程

---

① 麦克伊. 培养造就优秀教师——高效能教师的十大特征[M]. 胡荣堃等，译. 北京：北京师范大学出版社，2007.

② 刘淑美，张璐琳. 幼儿喜欢的教师特征的调查与分析[J]. 学前课程研究，2007(8)：37-29.

③ 周欣. 托幼机构教育质量的内涵及其对儿童发展的影响[J]. 学前教育研究，2003(7-8)：34-38.

度①。本研究采用了李克建和胡碧颖②对幼儿园教育质量的操作性界定,从班级层面的空间与设施、保育、课程计划与实施、集体教学、游戏与活动、互动、家长和教师七个方面来考察幼儿园教育质量。这一界定以过程性质量评价为核心,注重考察与幼儿园教育过程密切相关的要素,重在强调幼儿园教育中的师幼互动、集体教学、课程、游戏环境与指导、家长参与等要素间的相互作用对幼儿学习与发展的支持。

三、已有研究综述

幼儿园教育质量包括结构性质量和过程性质量;教师资质是结构性质量的重要组成部分,对过程性质量发挥最具能动性的关键作用③。因而,幼儿园教师队伍的整体素质在很大程度上决定了该幼儿园的教育质量水平。国内对教师与教育质量关系研究,主要集中在教师工资、教师职称、教师观念、教师素质、教师资格制度对教育质量的影响,而且这些研究主要是针对中小学教师群体的研究,对幼儿园教师与教师质量的研究相对较少。刘焱等运用《幼儿园教育质量评价量表》对山西省 5 个地区的 26 所幼儿园的 50 班级进行观察评价,探讨了幼儿园结构变量与教育环境质量之间的关系。该研究结果表明,教师学历是影响幼儿园教育质量的首要结构要素,并且教师学历在师幼比和在班幼儿人数对幼儿园教育质量的影响中起中介作用④。该研究证明了教师学历对教育质量的作用,但是对于教师其他方面(如专业、职称、编制等)对教育质量的影响并没有涉及。王亚红运用《中国托幼机构教育质量评价量表》(试用版)对浙江省 6 个地区的 85 个班级进行观察评价,以及用《托幼机构教育质量评价观念调查问卷》(教师版)对相应的班级教师做质量观念的调查。研究结果表明,处于中低质量水平的班级,其教师的教育质量观念与班级教育质量的落差大,但是教师的教育质量观念与幼儿园教育质量的关联性不大⑤。该研究只是在表层上探讨了教师质量观念与班级教育质量的关系,并没有从深层次揭露教师质量观念与班级教育质量水平差异大的原因,以及教师结构性特征对幼儿园班级教育质量的影响。

---

① 刘霞. 托幼机构教育质量评价概念辨析[J]. 学前教育研究,2004(5):5-7.

② 李克建,胡碧颖. 中国托幼机构教育质量评价量表(第三版). 2015. 未出版评价工具.

③ Peisner-Feinberg E S, et al. The relation of preschool child care quality to children's cognitive and social developmental trajectories through second grade[J]. Child Development,2001,72 (5):1534-1553.

④ 潘月娟,刘焱,胡彩云. 幼儿园结构变量与教育环境质量之间的关系研究[J]. 学前教育研究,2008(4):3-10.

⑤ 王亚红. 幼儿教师的教育质量观念与幼儿园教育质量的关系研究[D]. 金华:浙江师范大学,2013.

  相对而言，国外对幼儿教师与教育质量的关系研究更为丰富和深入。越来越多的研究逐渐形成一个共识，即教师工资与托幼机构教育质量有很强的关联性，拥有高工资的教师会为幼儿的保育和教育提供高质量的服务，高工资对于教师的稳定性起着很大的作用，从而能够保证高质量的班级教育[1][2][3]；而低工资不利于幼儿教师队伍的专业化，与此同时也会造成教师流失率过高，对幼儿的发展产生不利影响[4]。相对师幼比、教师学历、教师工作环境而言，教师工资与教育质量的关系更为密切；因此，教师工资是影响教育质量中强有力的因素之一。但是，幼儿教育工作者的工资相对其他行业的工资是最低的，尤其是为 0～5 岁幼儿服务的教师工资低于小学教师工资的平均水平[5]。Robert Pianta 等以美国六个州的 238 个班级作为样本，对幼儿园、教师、班级的特征同班级质量和师幼互动质量的关系研究发现，师幼互动质量低的班级其教师的学历低，且教师缺乏专业培训和教育信念，教师所受教育年限短[6]。可见教师的学历、专业、教龄对幼儿园班级教育质量有着显著的影响。Hillel Goelmand 等在运用托幼机构质量评价工具和教师问卷等，对加拿大的托幼机构教育质量做了全面的研究发现，师幼比、教师受教育程度、教师培训、教师福利和工资与班级教育质量的关系较为显著[7]。与之类似，Juallia C Torquati 等在美国中西部的研究中，以教师的受教育程度、师幼比、工作意向为自变量，教师待遇和工作条件为中间变量，班级教育质量和教师继续从事幼教事业的意愿为因变量，来研究教师受教育程度、待遇和工作支持条件与班级质量和从事幼教事业意愿之间的关系；他们的研究表明，教师学历、受教育年限、工资待遇能够很好地预测班级教育质量，但是教师资格证

  ① Phillips D，Howes C & Whitebook M. The social policy context of childcare：Effects on quality[J]. American Journal of Community Psychology，1992(20)：25-51.

  ② Rubenstein J L，Pedersen F A & Yarrow L J. What happens when mothers are away：A comparison of mothers and substitute caregivers[J]. Developmental Psychology，1997(13)：529-530.

  ③ Scarr S，Eisenberg M，Deater-Deckard K. Measurement of quality in child care centers[J]. Early Childhood Research Quarterly，1994(9)：131-151.

  ④ Whitebook M. Working for worthy wages：The child care compensation movement，1997-2001[M]. New York：Foundation for Child Development Working Paper Series，2002.

  ⑤ Fuller B & Strath A. The child-care and preschool workforce：Demographics，earnings，and unequal distribution[J]. Educational Evaluation and Policy Analysis，2001，23(1)：37-55.

  ⑥ Robert Pianta，et al. Features of pre-Kindergarten program，classrooms，and teachers：Do they predict observed classroom quality and child-teacher interactions? [J]. Applied Developmental Science，2005(9)：144-159.

  ⑦ Hillel Goelman，et al. Towards a predictive modle of quality in Canadian child care center [J]. Early Childhood Research Quarterly，2006(21)：280-295.

类型与班级教育质量无关[1]。

以上研究结果表明，托幼机构教师队伍的结构性特征及其对班级教育质量的影响关系错综复杂；不同的研究者由于所研究的背景、样本、工具、分析方法的不同，研究结果并不一致。但是，在我国，托幼机构的教师结构性质量与教育质量是否也存在以上的研究关系结果，还是在我国特有的背景下会呈现不一样的关系。比如，相对国外而言，"编制"这一中国特色的教师聘用制度，对教师的选拔、教育质量有何影响？在高等教育大众化、非正规学历教育普及化的今天，学历尤其是最高学历，对教师素质以及教育质量有何影响？能否成为教育质量的有效预测指标？中国大多数的幼儿园教师没有编制或者在民办园工作，工作压力大，工资收入低，这对幼儿园教育质量有何影响？同时，所处区域、社区特征、园所特征、班级特征、教师特征的关键变量之间如何相互作用，通过怎样的路径，最终作用到班级的过程性教育质量？这些问题亟待大规模的实证性研究加以探索。

四、研究目的与内容

本研究运用《中国托幼机构教育质量评价量表》(第三版)对我国学前教育质量进行评价，以及通过《教师基本信息》问卷获得教师方面的具体信息，了解我国学前教育质量的情况以及教师队伍基本情况，分析我国幼儿园教师特征与教育质量的关系，探索能够有效预测学前教育质量的教师关键特征，以丰富我国学前教育师资资源管理、幼儿教师教育、专业发展方面的实证性研究。

为探明学前教育质量与教师特征的关系，基于本研究所获取的数据结构，探讨的教师特征变量主要包括：性别、年龄、教龄、学历、专业、资格证、编制、职称、收入水平。主要从以下几个方面展开研究：(1)通过调查了解我国幼儿园教师队伍的现状(年龄、教龄、性别、学历、专业、资格证、编制、职称、收入水平)；(2)分析教师队伍素质在城乡、办园性质、所在区域方面的差异；(3)探索教师哪些结构性特征变量对幼儿园教育质量起到关键作用(有显著预测效度)及其作用大小(效应量)。

五、研究假设

依据已有研究和相关理论，研究者试图提出如下研究假设：(1)某些教师特

---

① Julia C Torquati, et al. Teacher education, motivation, compensation, workplace support, and link to quality of center-based child care and teachers' intention to stay in early childhood profession[J]. Early Childhood Research Quarterly, 2007(22)：261-275.

征变量之间可能存在相关性（例如学历高的教师其工资可能也高）；教师特征变量与幼儿园特征变量、班级特征变量之间可能存在着错综复杂的相互关系；（2）某些教师特征变量与学前教育质量存在相关性；（3）某些教师特征变量与学前教育质量存在显著的相关性，并且能够显著预测学前教育质量；（4）不同的教师特征变量与学前教育质量的相关性程度和预测作用大小程度不同。

六、研究方法

（一）样本

本研究采取分层随机抽样的方法，从东部、中部、西部抽取八个省（市）。其中，东部为浙江省，中部为安徽省、吉林省及湖南省，西部为四川省、贵州省、云南省及重庆市。根据各省份不同的经济发展水平，确定各省份的地级市及区县样本；根据办园等级、办园性质、所在地性质，确定样本幼儿园。最终，共获取来自 18 个地级市的 186 所幼儿园的分析数据（表 12.1.6.1）。

表 12.1.6.1　东中西部样本幼儿园—班级抽样框架

区域	省份	地级市	幼儿园	班级
东部	浙江	6	86	164
	总计	6	86	164
中部	安徽	1	11	24
	湖南	2	26	51
	吉林	3	5	14
	总计	6	42	89
西部	四川	2	6	17
	贵州	1	11	28
	云南	2	11	21
	重庆	1	30	81
	总计	6	58	147
全国总计		8	18	186	400

每个样本幼儿园随机选取 2～3 个班级进行教育质量观察测量，最终共获取了 400 个样本班级的教育质量数据，其中：小班 117 个，中班 119 个，大班 153 个，混龄班 11 个。表 12.1.6.2 呈现了样本幼儿园和样本班级在办园等级、办园性质、所在地性质上的分布情况。

表 12.1.6.2 样本班级描述性统计($N=400$)

		东部 $N=164$	中部 $N=89$	西部 $N=147$	总计 $N=400$
办园等级	高	36(22%)	12(13%)	14(10%)	62(16%)
	中	58(35%)	20(22%)	23(16%)	101(25%)
	低	70(43%)	57(64%)	110(75%)	237(59%)
办园性质	教育部门办	44(27%)	15(17%)	28(19%)	87(22%)
	其他部门办	41(25%)	20(22%)	5(3%)	66(17%)
	小学附属	8(5%)	12(13%)	27(18%)	47(12%)
	民办	71(43%)	42(47%)	87(59%)	200(50%)
所在地性质	城镇	108(66%)	45(51%)	69(47%)	222(56%)
	乡村	56(34%)	44(49%)	78(53%)	178(45%)

（二）工具

1. 班级教育质量观察评价工具

《中国托幼机构教育质量评价量表》(第三版)(简介略)。

2. 幼儿园、班级—教师调查问卷

本研究通过《幼儿园情况调查表》和《幼儿园班级—教师基本信息表》来采集幼儿园层面的基本信息（名称、所在地、办园性质、园所等级、规模、师资队伍、经费等）、班级层面的基本信息（年龄组、人员配备、幼儿数量、年龄范围、民族分布、是否有特殊需求等）以及班级教师的基本信息（年龄、教龄、学历、专业、资格证、职称、编制、培训情况等）。调研人员在到达幼儿园和进入班级时，分别向园长和教师发放相应的问卷；在当天结束班级观察离开幼儿园之前，回收问卷。这些问卷经过多年的试用和反复调整，具有良好的信度和效度。

第二节 教师队伍特征分析

一、教师队伍特征的总体情况

从表 12.2.1.1，我们可以看到，在所调查的 400 名样本教师中，只有 2 名是男教师，其余均为女教师。其中年龄最大的教师为 55 岁，最小的教师年龄为 17 岁。有的教师教龄长达 48 年，有的刚刚入职。仅有 26.9% 的教师有事业编制。持有资格证的教师占 69%，其中 58.3% 的教师持有幼儿园教师资格证。仅有 39% 的教师有职称。在第一学历上，大专及以上学历的教师比例仅占 29.9%，拥有本科学历的教师只有 2.5%；在最高学历上，拥有本科及以上学历的教师比例有明显提高(27.2%)，并且大部分教师学历达到大专及以上水平(75.9%)。在所学专业方面，无论是第一学历还是最高学历，学前教育专业所占比例均为60%左右。

表 12.2.1.1 教师基本情况的描述性统计(N=400)

变量	样本量	平均值	标准差	最小值	最大值
年龄(年)	400	30.5	7.64	17	55
教龄(年)	398	8.8	7.57	0	48
平均月收入(元)	400	2184	944	230	5100

变量	频数	百分比(%)
性别(女)	398	99.5
有事业编制	102	26.9
有教师资格证	276	69.0
其中：幼儿园教师资格证	233	58.3
有职称	156	39.0
其中：初级	19	4.8
中级	89	22.3
高级	48	12.0
第一学历		
中师及以上	283	71.6
大专及以上	118	29.9
本科及以上	10	2.5
第一学历专业(学前教育)	244	61.0
最高学历		
中师及以上	347	88.1
大专及以上	299	75.9
本科及以上	107	27.2
最高学历专业(学前教育)	235	58.8

二、不同背景下教师队伍基本情况的比较

(一)公办园与民办园教师队伍基本情况的比较

表 12.2.2.1 呈现了公办园与民办园在教师队伍各项结构性特征变量上的统计数据。独立样本 t 检验结果表明，民办园教师队伍年龄更轻，教育经验相对不足，收入更低。卡方检验结果表明，公办园教师队伍拥有更多的事业编制，持证比例更高，学历(最高学历)更高，专业化程度更高(第一学历学前教育专业比

例)，专业发展水平更高(有职称比例)。

表 12.2.2.1　公办园与民办园教师基本情况的差异比较

		公办(N=200)		民办(N=200)		均值差	t
		平均值	标准差	平均值	标准差		
年龄(年)		32.18	8.09	28.88	6.79	3.29	4.383***
教龄(年)		11.02	8.74	6.41	5.26	4.62	6.363***
平均月收入(元)		2526.47	1075.43	1842.35	629.76	684.12	7.763***
		频数	百分比(%)	频数	百分比(%)		χ^2
编制	有	75	39.1	27	14.4		29.202***
	无	117	60.9	160	86.5		
教师资格证	有	160	80	121	60.5		18.194***
	无	40	20	79	39.5		
职称	有	122	61	34	17		81.379***
	无	78	39	166	83		
第一学历大专及以上	是	64	32	54	27		1.202
	否	136	68	146	73		
最高学历大专及以上	是	138	69	97	48.5		17.341***
	否	62	31	103	51.5		
第一学历专业为学前教育	是	138	69	106	53		10.761**
	否	62	31	94	47		
最高学历专业为学前教育	是	87	43.5	103	51.5		2.556
	否	113	56.5	97	48.5		

注:***，$p < 0.001$;**，$p < 0.01$;*，$p < 0.05$;+，$p < 0.1$。

(二)城乡教师队伍基本情况的比较

表 12.2.2.2 呈现了城乡幼儿园在教师队伍各项结构性特征变量上的统计数据。独立样本 t 检验结果表明，城乡教师收入水平存在显著差异($t = 7.382$，$p < 0.001$)。卡方检验结果表明，城镇园教师队伍拥有更多的事业编制，持证比例更高，学历(最高学历)更高，专业化程度更高(第一学历学前教育专业比例)，专业发展水平更高(有职称比例)。

表 12.2.2.2　城乡教师基本情况的差异比较

	城镇(N=222)		乡村(N=178)		均值差	t
	平均值	标准差	平均值	标准差		
年龄(年)	30.37	7.05	30.76	8.35	−0.39	−0.502
教龄(年)	9.09	7.21	8.27	8.01	0.83	1.081

续表

		城镇（N=222）		乡村（N=178）		均值差	t
		平均值	标准差	平均值	标准差		
平均月收入（元）		2477.50	1015.64	1818.87	693.21	658.64	7.382***
		频数	百分比（%）	频数	百分比（%）		χ^2
编制	有	69	32.7	33	19.6		8.109**
	无	142	67.3	135	80.4		
教师资格证	有	185	83.3	96	53.9		40.860***
	无	37	16.7	82	46.1		
职称	有	115	51.8	41	23		34.368***
	无	107	48.2	137	77		
第一学历大专及以上	是	78	35.1	40	22.5		7.617**
	否	144	64.9	138	77.5		
最高学历大专及以上	是	152	68.5	83	46.6		19.443***
	否	70	31.5	95	53.4		
第一学历专业为学前教育	是	164	73.9	80	44.9		34.755***
	否	58	26.1	98	55.1		
最高学历专业为学前教育	是	120	54.1	70	39.3		8.593**
	否	102	45.9	108	60.7		

注：***，$p<0.001$；**，$p<0.01$；*，$p<0.05$；+，$p<0.1$。

（三）东中西区域教师队伍基本情况的比较

表12.2.2.3呈现了东中西部幼儿园在教师队伍各项结构性特征变量上的统计数据。独立样本t检验结果表明，中部地区幼儿园教师队伍更加年轻化，东部幼儿教师月收入高于中部和西部地区教师月收入（$F=55.48$，$p<0.001$，$\eta^2=0.22$）。卡方检验结果表明，东部地区教师队伍拥有更多的事业编制，学历（最高学历）更高，专业化程度更高（第一学历学前教育专业比例），专业发展水平更高（有职称比例）。

表 12.2.2.3　东中西部教师基本情况的差异比较

	东部（N=164）		中部（N=89）		西部（N=147）		F	η^2
	平均值	标准差	平均值	标准差	平均值	标准差		
年龄（年）	30.98	6.18	27.50	7.32	31.86	8.80	9.78***	0.05
教龄（年）	9.28	6.66	6.98	7.68	9.28	8.32	3.19*	0.02
平均月收入（元）	2720.79	997.20	1819.25	776.45	1812.69	664.40	55.48***	0.22

续表

		频数	百分比(%)	频数	百分比(%)	频数	百分比(%)	χ^2
编制	有	51	31.7	16	18.6	35	26.5	4.886[+]
	无	110	68.3	70	81.4	97	73.5	
教师资格证	有	123	75	74	83.1	84	57.1	20.936[***]
	无	41	25	15	16.9	63	42.9	
职称	有	88	53.7	25	64	43	29.3	25.138[***]
	无	76	46.3	28.1	71.9	104	70.7	
第一学历大专及以上	是	52	31.7	33	37.1	33	22.4	6.356[*]
	否	112	68.3	56	62.9	114	77.6	
最高学历大专及以上	是	126	76.8	42	47.2	67	45.6	37.550[***]
	否	38	23.2	47	52.8	80	54.4	
第一学历专业为学前教育	是	124	75.6	53	59.6	67	45.6	29.488[***]
	否	40	24.4	36	40.4	80	54.4	
最高学历专业为学前教育	是	94	57.3	31	34.8	65	44.2	12.701[**]
	否	70	42.7	58	65.2	82	55.8	

注：[***]，$p<0.001$；[**]，$p<0.01$；[*]，$p<0.05$；[+]，$p<0.1$。

第三节　教师特征与学前教育质量的关系分析

一、相关分析

（一）幼儿园—班级—教师特征变量之间的相关性

由表12.3.1.1可知，教师、班级层面、幼儿园层面的变量之间呈现出错综复杂的相关关系：除最高学历专业外，教师平均月收入与其他变量都呈现出显著的相关性，职称与其他变量之间也呈现出显著的相关性；除教龄和事业编制外，第一学历专业与其他变量均存在显著的相关性；除年龄和第一学历专业外，有无教师资格证与其他变量均存在显著的相关性；教师资格证类型与教师其他方面变量，以及班级层面、幼儿园层面变量存在显著的相关性；除教龄和事业编制外，

表 12.3.1.1　教师特征—班级特征—幼儿园特征变量的相关分析

变量	1	2	3	4	5	6	7	8	9	10	11	12	13	14	15
1. 年龄	1														
2. 教龄	0.778**	1													
3. 事业编制	0.082	0.100	1												
4. 有无教师资格证	0.074	0.172**	0.252**	1											
5. 教师资格证类型	0.056	0.181**	0.235**	0.849**	1										
6. 职称	0.387**	0.491**	0.265**	0.392**	0.420**	1									
7. 第一学历	-0.234**	-0.159**	0.099	0.307**	0.338**	0.152**	1								
8. 最高学历	-0.004	0.138**	0.242**	0.327**	0.379**	0.424**	0.512**	1							
9. 第一学历专业	-0.203**	0.055	0.074	0.242**	0.395**	0.355**	0.254**	0.294**	1						
10. 最高学历专业	-0.149**	0.011	0.022	0.028	0.144**	-0.022	-0.046	0.134**	0.217**	1					
11. 平均月收入	0.167**	0.202**	0.245**	0.351**	0.415**	0.479**	0.228**	0.384**	0.134**	0.050	1				
12. 生师比	0.080	0.028	-0.121*	-0.285**	-0.316**	-0.201**	-0.158**	-0.273**	-0.192**	0.274**	-0.313**	1			
13. 办园性质	0.210**	0.263**	0.278**	0.213**	0.237**	0.468**	0.165**	0.293**	0.164**	-0.080	0.345**	0.0140	1		
14. 所在地性质	0.000	0.088	0.146**	0.320**	0.392**	0.314**	0.238**	0.385**	0.295**	0.147**	0.370**	-0.333**	0.030	1	
15. 所在区域	0.005	0.073	0.059	0.165**	0.238**	0.235**	0.103**	0.283**	0.271**	0.121**	0.469**	-0.242**	0.139**	0.170**	1

注：1. 相关分析中各变量的分类编码方式：事业编制，"1"=有事业编制，"0"=无事业编制；有无教师资格证，"1"=有教师资格证，"0"=无教师资格证；教师资格证类型："0"=无教师资格证，"1"=其他，"2"=小学教师资格证，"3"=幼儿园教师资格证；职称："1"=无职称，"2"=幼（小）教三级，"3"=幼（小）教二级，"4"=幼（小）教一级，"5"=小中高；第一学历/最高学历："1"=高中及以下，"2"=中专（师），"3"=大专，"4"=本科及以上；第一学历专业/最高学历专业："1"=学前教育，"0"=非学前教育；办园性质："1"=公办，"0"=民办；所在地性质："1"=城镇，"0"=乡村；所在区域："1"=西部，"2"=中部，"3"=东部。

2. ***，$p<0.001$；**，$p<0.01$；*，$p<0.05$；+，$p<0.1$。

第一学历与其他变量存在显著的相关性。综上所述，教师平均月收入、第一学历专业、教师资格证、第一学历四个教师变量与其他变量存在较为普遍的相关性。

（二）教师特征与学前教育质量的相关分析

对教师特征与学前教育质量进行二元相关分析，结果表明：事业编制、有无教师资格证、教师资格证类型、职称、第一学历、最高学历、第一学历专业、最高学历专业、平均月收入与学前教育质量总分以及七个子量表的得分均存在显著相关；教龄与集体教学、游戏与活动存在显著相关；但教师年龄与学前教育质量的各项指标均不相关。

考虑到幼儿园层面和班级层面的因素对学前教育质量有影响。现在控制班级层面（生师比）、幼儿园层面（办园性质、所在地性质、所在区域）四个因素，对教师特征与学前教育质量进行偏相关分析，结果表明：年龄、有无教师资格证、教师资格证类型、职称、第一学历、最高学历、第一学历专业、平均月收入与班级教育质量总分以及多个子量表得分存在显著相关（具体结果见表 12.3.1.2）。

表 12.3.1.2　教师特征与学前教育质量的相关分析

	质量总分	一　空间与设施	二　保育	三　课程计划与实施	四　集体教学	五　游戏与活动	六　互动	七　家长与教师
				二元相关				
年龄	−0.042	−0.053	−0.049	−0.021	−0.017	−0.006	−0.06	−0.034
教龄	0.091	0.077	0.065	0.072	0.109*	0.108*	0.069	0.100
事业编制	0.187**	0.208**	0.149**	0.156**	0.130*	0.176**	0.159**	0.212**
有无教师资格证	0.377**	0.433**	0.366**	0.263**	0.296**	0.296**	0.342**	0.427**
教师资格证类型	0.480**	0.534**	0.448**	0.377**	0.387**	0.373**	0.434**	0.530**
职称	0.454**	0.475**	0.443**	0.382**	0.375**	0.411**	0.379**	0.489**
第一学历	0.317**	0.353**	0.325**	0.242**	0.229**	0.286**	0.246**	0.354**
最高学历	0.501**	0.499**	0.472**	0.420**	0.452**	0.443**	0.432**	0.528**
第一学历专业	0.402**	0.397**	0.379**	0.353**	0.360**	0.321**	0.376**	0.384**
最高学历专业	0.190**	0.135**	0.145**	0.188**	0.227**	0.123**	0.227**	0.164**
平均月收入	0.587**	0.562**	0.562**	0.503**	0.540**	0.524**	0.505**	0.605**
生师比	−0.488**	−0.488**	−0.476**	−0.406**	−0.401**	−0.428**	−0.453**	−0.488**
办园性质	0.307**	0.325**	0.293**	0.311**	0.237**	0.309**	0.230**	0.310**
所在地性质	0.483**	0.521**	0.486**	0.353**	0.401**	0.390**	0.419**	0.554**
所在区域	0.577**	0.583**	0.537**	0.445**	0.554**	0.470**	0.574**	0.530**

	质量总分	一 空间与设施	二 保育	三 课程计划与实施	四 集体教学	五 游戏与活动	六 互动	七 家长与教师
偏相关（控制生师比、办园性质、所在地性质、所在区域）[a]								
年龄	−0.143**	−0.166**	−0.147**	−0.081	−0.082	−0.069	−0.143**	−0.141**
教龄	−0.034	−0.068	−0.059	−0.003	0.039	0.004	−0.040	−0.085
事业编制	0.022	0.060	−0.027	−0.002	−0.028	0.048	0.032	0.052
有无教师资格证	0.118*	0.207**	0.116*	0.006	0.049	0.065	0.093	0.171**
教师资格证类型	0.174**	0.268**	0.152*	0.083	0.068	0.103	0.120*	0.229**
职称	0.193**	0.222**	0.174**	0.114*	0.074	0.186**	0.106	0.223**
第一学历	0.198**	0.247**	0.215**	0.078	0.083	0.170**	0.109*	0.238**
最高学历	0.0232**	0.210**	0.190**	0.165**	0.191**	0.178**	0.160**	0.220**
第一学历专业	0.180**	0.167**	0.142**	0.157**	0.129*	0.145**	0.143**	0.134**
最高学历专业	0.104	0.021	0.042	0.149**	0.148**	0.027	0.153**	0.040
平均月收入	0.260**	0.198**	0.224**	0.213**	0.198**	0.232**	0.141**	0.254**

注：1. a 偏相关：控制变量为生师比、办园性质（公办—民办）、所在地性质（城镇—乡村）、所在区域（东部—中部—西部）

2. ***，$p < 0.001$；**，$p < 0.01$；*，$p < 0.05$；+，$p < 0.1$。

二、回归分析

（一）教师具体特征对学前教育质量的预测效应

上述偏相关分析在控制了班级层面和幼儿园层面的三个变量情况下，发现教师层面的较多变量与班级教育质量存在显著相关，所以研究者将教师特征与学前教育质量相关性显著的特征进行重新编码（编码方式参见表12.3.2.1），以班级教育质量作为因变量，教师特征（有无教师资格证、职称、第一学历、第一学历专业、最高学历）作为预测变量，班级层面（生师比）、幼儿园层面（办园性质、所在地性质、所在区域）作为协变量，进行多元线性回归分析。具体来说，在模型1中，首先，将教师特征（有无教师资格证、职称、第一学历、最高学历、第一学历专业）作为第一层预测变量；其次，模型2中，加入班级层面的变量（生师比）；最后，在模型3中，加入幼儿园层面的变量（办园性质、所在地性质、所在区域）。每一层都采用逐步线性回归分析，表格中呈现的是每一层中进入最终回归模型的变量。

由表12.3.2.1可见，从模型1到模型3，随着班级层面变量、幼儿园层面变量的逐步加入回归模型，教师具体特征对班级教育质量的预测效应在逐渐降低。在模型3中，教师特征中只有第一学历专业、最高学历、教师资格证进入了最终的回归模型。这些结果表明，第一学历专业、最高学历、教师资格证与班级教育质量呈显著的相关，且对班级教育质量具有弱预测效应（$d=0.093 \sim 0.105$）。

表 12.3.2.1 以班级教育质量为因变量多层线性回归模型分析结果

层级		变量	B	标准误差	标准化回归系数(d)	t	显著性	R^2	调整后的R^2
模型	1	职称	0.523	0.133	0.191	3.919	0.000	0.359	0.351
		第一学历专业	0.677	0.120	0.247	5.646	0.000		
		最高学历	0.705	0.136	0.233	5.196	0.000		
		教师资格证	0.527	0.131	0.180	4.019	0.000		
						$F_{(4,395)}=52.552$，$p<0.001$			
模型	2	生师比	−0.038	0.005	−0.325	−8.088	0.000	0.446	0.437
		职称	0.578	0.125	0.212	4.617	0.000		
		第一学历专业	0.568	0.111	0.208	5.092	0.000		
		最高学历	0.472	0.132	0.157	3.586	0.000		
		教师资格证	0.276	0.124	0.095	2.215	0.027		
		第一学历	0.255	0.116	0.087	2.202	0.028		
						$F_{(6,389)}=52.190$，$p<0.001$			
模型	3	所在区域	1.025	0.088	0.379	11.670	0.000	0.634	0.627
		所在地性质	0.644	0.093	0.241	6.893	0.000		
		生师比	−0.031	0.004	−0.267	−7.761	0.000		
		办园性质	0.557	0.089	0.209	6.236	0.000		
		第一学历专业	0.286	0.092	0.105	3.107	0.002		
		最高学历	0.304	0.104	0.101	2.925	0.004		
		教师资格证	0.271	0.100	0.093	2.715	0.007		
						$F_{(7,388)}=95.900$，$p<0.001$			

注：1. 回归分析中各变量的分类编码方式：教师资格证：教师是否有教师资格证"1"=有，"0"=无；职称：教师是否有职称"1"=有，"0"=无；第一学历：教师第一学历是否达到大专及以上，"1"=是，"0"=否；最高学历：教师最高学历是否达到本科及以上，"1"=是，"0"=否；第一学历专业："1"=学前教育，"0"=非学前教育；生师比：所观察的班级当天在场幼儿数与在场教师数的比值；办园性质："1"=公办，"0"=民办；所在地性质："1"=城镇（城市、县城），"0"=乡村（乡镇、农村）；所在区域："1"=东部地区，"0"=中部和西部地区；

2. 标准化回归系数（d）：在显著性的前提下，预测变量对应变量可以用 d 表示，该系数在 0.1 左右为弱预测效应，达到 0.3 为中等强度，达到 0.5 为强预测效应。

3. ***，$p<0.001$；**，$p<0.01$；*，$p<0.05$；+，$p<0.1$。

（二）教师综合素质对学前教育质量的预测效应

1. 教师综合素质指标的编制

上述回归分析中，探测教师单个的具体特征变量对学前教育质量的预测效应，但是教师对教育质量的影响方式或许不是这些单一特征各自独立产生作用，而是相互关联构成教师的整体素养从而影响教育质量。因此，本研究提出并试图检验如下假设：教师综合素质对学前教育质量有更强的预测效应。

2012 年 3 月，我国教育部出台的《幼儿教师专业标准（试行）》是幼儿园教师队伍建设、培养培训、教师管理、教师专业发展的重要依据。该标准从三个维度对幼儿教师内涵性专业素养的构成加以界定：专业理念与师德、专业知识、专业能力。本研究基于现有的数据结构，则从教师外在的结构性特征的角度，对幼儿教师的综合素质加以界定。

上述的探索性分析发现，幼儿园教师的资格、学历、专业对学前教育质量有显著的预测作用；而职称仅对个别质量指标（如家长和教师质量）具有微弱的预测效应；但考虑到"职称"是反映教师的经验水平和反思性实践能力的重要指标[1]，研究者认为职称也应该是教师综合素质结构中不可替代的重要一维。基于此，研究者建构了包括四个维度的幼儿园教师综合素质指标体系：一是教师资格证，这是教师从事幼儿园教育工作的基本必备条件；二是学历，这是反映教师综合素质水平（比如，人文与科学素养）的重要指标之一；三是专业，这关系到教师的知识和技能结构是否与所从事的幼儿教育工作相匹配；四是职称，在某种程度上可以反映教师的经验水平和教育教学能力。研究者假设这四个方面（教师资格证、学历、专业、职称）同等重要；因此，本研究的教师综合素质指数依照下列公式计算：教师综合素质指数＝资格＋学历＋专业＋职称。具体指标的评判与计算方法如表 12.3.2.2 所示。

表 12.3.2.2　教师综合素质指数的构成与计算方法

具体指标	操作性定义	指标评判与计分方法
资格	教师是否持有教师资格证以及教师资格证类型	1）幼儿园教师资格证：3 分 2）中小学教师资格证：2 分 3）其他资格证：1 分 4）无教师资格证：0 分

---

① 黄娟娟，李洪曾. 幼儿园教师专业自觉品质发展的多元回归与路径分析[J]. 上海教育科研，2013(8)：40-44.

续表

具体指标	操作性定义	指标评判与计分方法
学历	教师最高学历是否达到专科及以上水平	1）本科及以上水平：3分 2）大专：2分 3）中专及以下水平：1分
专业	教师第一学历所学的专业是学前教育、教育心理类、其他	1）学前教育：3分 2）教育/心理类：2分 3）其他：1分
职称	教师是否有职称以及职称类型	1）幼教高级/小中高及以上：3分 2）幼（小）教一级：2分 3）无职称、幼（小）教二级及以下：1分

2. 我国幼儿园教师综合素质基本情况

本研究中所调查的 394 名教师的综合素质均值为 7.72 分，其中最大值为 12 分，最小值为 3 分，只有 35% 的教师综合素质能够达到 10 分及以上水平，详见表 12.3.2.3。独立样本 t 检验表明，不同办园性质、不同所在地性质的教师综合素质存在显著差异。具体来说，公办园的教师综合素质显著高于民办园教师综合素质 $[t(392)=7.78，p<0.001]$，城镇的教师综合素质显著高于乡村的教师综合素质 $[t(392)=10.93，p<0.001]$。方差分析结果表明，东中西部不同区域的教师综合素质存在显著差异 $[F(2，391)=24.06，p<0.001]$，进一步对东中西部的教师综合素质进行差异检验发现，东部地区的教师综合素质高于中部地区和西部地区的教师综合素质，中部地区的教师综合素质高于西部地区的教师综合素质，详见表 12.3.2.4。相关分析与偏相关结果均表明，教师综合素质与幼儿园教育质量的各项指标均存在显著正相关（二元相关系数 $r^1=0.500\sim0.649$；偏相关系数 $r^2=0.184\sim0.354$），详见表 12.3.2.5。

表 12.3.2.3　我国幼儿园教师综合素质描述性统计

分值	频数	百分比（%）	累计百分比（%）
3	32	8.1	8.1
4	35	8.9	17.0
5	28	7.1	24.1
6	47	11.9	36.0
7	33	8.4	44.4
8	40	10.2	54.6
9	55	14.0	68.5
10	52	13.2	81.7
11	45	11.4	93.1
12	27	6.9	100

表 12.3.2.4　不同背景下幼儿园教师综合素质描述性统计

	平均值	标准差	范围
全国($N=394$)	7.72	2.72	3.00～12.00
公办($N=197$)	8.72	2.67	3.00～12.00
民办($N=197$)	6.73	2.39	3.00～12.00
城镇($N=217$)	8.91	2.32	3.00～12.00
乡村($N=177$)	6.27	2.46	3.00～12.00
东部($N=163$)	8.69	2.72	3.00～12.00
中部($N=89$)	7.69	2.30	3.00～12.00
西部($N=142$)	6.64	2.64	3.00～12.00

表 12.3.2.5　幼儿园教师综合素质与教育质量的相关分析

	教师综合素质	
	r^1（二元相关）	r^2（偏相关）
质量总分	0.617**	0.308**
一　空间与设施	0.649**	0.354**
二　保育	0.581**	0.262**
三　课程计划与实施	0.500**	0.196**
四　集体教学	0.509**	0.184**
五　游戏与活动	0.523**	0.225**
六　互动	0.538**	0.223**
七　家长与教师	0.645**	0.324**

注：1. 偏相关：控制变量为生师比、办园性质（公办—民办）、所在地性质（城镇—乡村）、所在区域（东部—中部—西部）

2. ***，$p<0.001$；**，$p<0.01$；*，$p<0.05$；+，$p<0.1$。

3. 教师综合素质对学前教育质量的预测效应

本研究将学前教育质量作为因变量，教师综合素质为预测变量，以班级层面变量（生师比）、幼儿园层面变量（办园性质、所在地性质、所在区域）作为协变量，进行逐步多元线性回归分析。回归分析的模型和步骤与前面相同。结果表明，教师综合素质最先进入回归模型中，并且教师综合素质对学前教育质量具有显著的强预测效应（$d=0.617$）。当逐步加入其他协变量后，教师综合素质依旧对学前教育质量具有显著的预测效应。最终回归模型的结果显示，教师综合素质对学前教育质量有显著的预测效应，效应量也明显高于上述单个特征变量的预测效应（$d=0.249$），详见表 12.3.2.6。

表 12.3.2.6　以班级教育质量为结果变量的多元线性回归分析结果

模型	变量	B	标准误差	标准化回归系数(d)	t	显著性	R^2	调整后的 R^2
1	教师综合素质	1.206	0.078	0.617	15.453	0.000	0.380	0.379
						$F_{(1,389)}=238.781$，$p<0.001$			
2	教师综合素质	0.972	0.072	0.497	13.581	0.000	0.527	0.524
	所在区域	1.081	0.099	0.401	10.959	0.000			
						$F_{(2,388)}=216.002$，$p<0.001$			
3	教师综合素质	0.818	0.070	0.418	11.619	0.000	0.584	0.581
	所在区域	1.011	0.093	0.375	10.862	0.000			
	生师比	−0.030	0.004	−0.256	−7.325	0.000			
						$F_{(3,387)}=181.428$，$p<0.001$			
4	教师综合素质	0.668	0.075	0.342	8.952	0.000	0.609	0.605
	所在区域	1.003	0.090	0.372	11.093	0.000			
	生师比	−0.026	0.004	−0.223	−6.449	0.000			
	所在地性质	0.490	0.099	0.184	4.963	0.000			
						$F_{(4,386)}=150.535$，$p<0.001$			
5	教师综合素质	0.486	0.080	0.249	6.098	0.000	0.636	0.632
	所在区域	0.994	0.087	0.369	11.390	0.000			
	生师比	−0.030	0.004	−0.260	−7.614	0.000			
	所在地性质	0.568	0.096	0.213	5.886	0.000			
	办园性质	0.488	0.091	0.184	5.356	0.000			
						$F_{(5,385)}=134.802$，$p<0.001$			

三、教师综合素质的影响因素分析

以上研究已经证明教师综合素质对学前教育质量具有显著的预测效应，那么哪些因素对教师的综合素质有显著的影响，工资越高是否越能吸引高素质的教师从事幼儿园教育事业？本研究以教师平均月收入为预测变量，幼儿园所在地性质、办园性质、所在区域、事业编制、生师比为协变量，来探测教师平均月收入对教师综合素质的预测效应。通过多元线性回归分析发现，事业编制没有进入最终回归模型，相比幼儿园所在地性质、办园性质、所在地区域、生师比而言，教师平均月收入最先进入回归模型。由表 12.3.4.1 可知，在模型 1 中，教师平均月收入对教师综合素质具有显著的中等强度预测效应（$d=0.504$），在模型 2 中，幼儿园所在地性质进入回归模型中，但是教师平均月收入仍然对教师综合素质具有显著的预测效应（$d=0.354$）；在模型 3 中，办园性质进入回归模型，但是教师平均月收入仍然对教师综合素质具有显著的预测效应（$d=0.285$）；在模型 4 中，当加入了幼儿园和班级层面的变量时，教师平均月收入依然对教师综合素质具有显著的预测效应（$d=0.245$）。

表 12.3.3.1　以教师综合素质为结果变量的多元线性回归分析结果

模型	变量	B	标准误差	标准化回归系数（d）	t	显著性	R^2	调整后的 R^2
1	平均月收入	0.001	0.000	0.504	11.217	0.000	0.254	0.252
						$F_{(1,369)}=125.814$，$p<0.001$		
2	平均月收入	0.001	0.000	0.381	8.589	0.000	0.364	0.361
	所在地性质	1.940	0.243	0.354	7.974	0.000		
						$F_{(2,368)}=105.370$，$p<0.001$		
3	平均月收入	0.001	0.000	0.285	6.247	0.000	0.418	0.413
	所在地性质	2.077	0.234	0.379	8.867	0.000		
	办园性质	1.361	0.233	0.249	5.832	0.000		
						$F_{(3,367)}=87.885$，$p<0.001$		
4	平均月收入	0.001	0.000	0.245	5.453	0.000	0.453	0.447
	所在地性质	1.803	0.234	0.329	7.690	0.000		
	办园性质	1.535	0.229	0.281	6.694	0.000		
	生师比	−0.048	0.010	−0.201	−4.843	0.000		
						$F_{(4,366)}=75.809$，$p<0.001$		

第四节　讨论与政策建议

一、讨论

本研究致力于在实证研究的基础上探讨学前教育质量与教师结构性特征之间的关系。具体而言，本研究探讨的问题是：（1）我国幼儿园教师队伍结构性特征的基本情况以及不同背景下教师队伍素质的区别；（2）教师结构性特征与学前教育质量之间的关系；（3）教师综合素质与学前教育质量之间的关系；（4）收入水平对教师综合素质的影响程度。我们将从以下几方面对本研究的结果进行讨论。

（一）幼儿园教师队伍整体质量不高

从教师的具体特征而言，教师队伍整体质量水平不高。首先，在所调查的400名幼儿园教师中，有高达41.7%的教师不具有幼儿园教师资格证。导致这一现象的原因可能是多方面的：幼儿园教师队伍总体规模大，身份类型复杂，流动率高，管理难度较大；教师数量不足，缺口很大，聘用单位没有严格执行《教师资格条例》；低端民办园为了降低办园成本，可能会聘用无证教师；这也与相关部门监管不到位有关。其次，大部分（61%）教师没有职称，高级教师、骨干教师所占比重少。从2009年以来，我国未评职称的幼儿园教师数占总数的比例一直维持在60%以上，该现象一直未改变与幼儿园教师先天不足和后天政策不力息息相关。我国学前教育教师职称评审是参照中小学教师的专业要求和标准，一直没有独立的职称晋升系列，幼儿园教师在评职称的竞争中由于自身学历起点低等原因一直处于劣势地位；由于体制的原因，民办园教师缺乏职称晋升的机会；或者民办园管理者担心高水平教师流失和支付更高的薪酬，在教师专业职务的晋升问题上态度不积极。再者，教师整体学历水平不高。学历是反映教师综合素质水平的重要指标之一，但本调查发现，第一学历为本科的教师只占2.5%，70.1%的教师第一学历在中专（中师）及以下；从最高学历来看，拥有本科学历的教师所占比例仍然较低（27.2%）。有调查显示，我国在2008年幼儿园专任教师队伍中，9.28%的教师学历为本科及以上，47.13%的教师学历为专科学历[1]。在本研究的调查中，幼儿园专任教师队伍中本科及以上学历者比重已经达到了27.2%，专科学历者所占比重为75.9%。由以上数据分析可见，幼儿园专任教师学历层次持续提升，该现象的出现与学前教育专业招生规模（包括全日制与其他形式的学历教育）不断扩大息息相关。自20世纪90年代中期开始，我国幼儿园教师学历层次得到较快的提升。1999年，我国师范教育开始由三级师范向二级师范过渡，中等幼儿师范教育规模逐步缩减，本科和专科的数量不断增加，再加上综合性大学和非师范高等学校也开始接受学前教育专业的学生，由此招生规模不断扩大。但是，由于各种原因，学前教育专业（尤其是大专及以下层次）生源质量问题十分严重。培养机构体制改革引发的不少混乱，以及培养机构专业师资和资金投入不足、培养课程质量差等原因，最终导致我国幼儿园教师学历层次虽然是在不断提升，但是培养质量令人担忧[2]。最后，相当重要的一点，幼儿园教师队伍专业化程度低。在教师第一学历所学专业中，有33.5%的教师所学专业为非教育类专业。专业知识是幼儿教师从事教育教学工作的基本条件，而那些没有受过专业知

① 姜勇，张云亮，钱琴珍，宋寅喆.《幼儿园教育指导纲要（试行）》实施10年以来我国幼儿园教师队伍建设[J]. 幼儿教育（教育科学），2011(11)：10-13.

② 柳国梁等. 学前教育教师发展：取向与路径[M]. 杭州：浙江大学出版社，2013.

识训练的教师如何能够胜任幼儿园教育工作，可想而知。由此可见，整个幼儿园教师队伍的专业化水平亟待提升。

（二）不同性质、不同所在地、不同地区的教师队伍素质差异大

1. 公办园与民办园教师队伍素质存在显著性差异

公办园和民办园教师在年龄、教龄、平均月收入、编制、教师资格证、职称、学历、专业上都存在显著性差异。首先，民办园教师相比公办教师而言更为年轻化，其教师平均年龄在 30 岁以下，尤其在教龄方面，民办教师的平均教龄为 6.41 年，而公办园教师的教龄为 11.02 年，原因可能是民办园教师流动性大、不稳定。由于民办园薪酬低、工作强度大、无社会劳动保障、社会地位不高、专业发展机会少、专业自主权缺失等原因[1]，很多优秀教师往往会抓住考编制的机会转到公办园工作，也有的教师工作几年后由于各方面的原因选择从事其他行业，这样不断恶性循环，民办园中成熟教师不断离走，新手教师不断涌进，导致整个教师队伍不稳定、缺乏教育经验。其次，公办园教师工资显著高于民办园教师的工资。以往研究已表明，幼儿园教师整体待遇偏低，其中民办园教师工资福利待遇最低[2]。有报道指出西北地区仅有 2.6% 的教师工资在 800 元以上[3]；江西省某市的民办幼儿园教师平均每月的工资普遍在 600～800 元；广东佛山的民办园教师工资大多数在 1000～1500 元；深圳市民办园教师的平均每月收入工资也只在 2000 元左右[4]；无论高低，每个地区的民办园教师工资都远不如公办园教师工资。再者，在职称方面，本研究中，公办园教师有 61% 的教师有职称，而民办园中只有 17% 的教师有职称。相比中小学而言，我国幼儿园教师拥有职称的人数本来就很少，而其中民办园教师拥有职称的人数更是稀少。最后，在学历和专业方面，民办园拥有大专及以上学历的教师比例和所学专业为学前教育的教师比例都低于公办园教师的比例。

公办园与民办园教师质量差距大的一个重要原因是，我国实行双轨制教师聘任制度，即编制和合同制两种形式，这种不平等的教师聘用方式使得幼儿园教师间的身份地位和工资待遇差距较大，而且还导致民办园的师资水平起点低，教师流动性大。再者，民办园教师师资质量低与国家教育相关部门对民办园教师聘用缺乏有力的监管有着很大的关系。众所周知，民办园由于是自主运营模式，在招

---

① 张文桂. 民办幼儿教师组织承诺与离职意向关系研究[J]. 当代学前教育，2009(1)：15-19.

② 王默，洪秀敏，庞丽娟. 聚焦我国民办幼儿园教师队伍的发展：问题、影响因素及政策建议[J]. 教师教育研究，2015(3)：36-42.

③ 王冬兰，冯艳慧. 民办园教师专业自主权的缺失与回归[J]. 学前教育研究，2007(7-8)：98-102.

④ 李辉. 内地幼儿园教师工资待遇存在的问题及其成因[J]. 幼儿教育，2012(36)：6-10.

聘教师的过程中，为了节约成本或者其他自身条件的原因下，会优先选择那些资质较差的教师，甚至是无资格证的教师[①]。虽然在《中华人民共和国教师法》中规定教师的平均工资水平应当不低于或者高于国家公务员的平均工资水平，但又规定社会力量所办学校教师的待遇，由举办者自行确定并予以保障。民办幼儿园作为社会力量办学，其"民办非企业单位"性质其职工待遇按照《中华人民共和国劳动法》的相关规定执行。《中华人民共和国劳动法》规定，县级以上地方人民政府劳动行政部门应依法对实施劳动合同制度的情况进行监督检查，其中包括用人单位支付劳动合同约定的劳动报酬和执行最低工资标准的情况；用人单位参加各项社会保险和缴纳社会保险费的情况。有编制教师的保险由国家、单位和个人共同分担，而合同制民办园教师的保险由单位和个人共同支付，不同的保险承担机制影响民办园教师的收入和福利待遇，进而对两者的社会地位产生不同的影响[②]。

2. 城乡教师队伍素质存在显著性差异

城乡教师在平均月收入、编制、教师资格证、学历、专业存在显著性差异，在年龄和教龄方面差异不显著。具体来说，城镇教师平均月收入显著高于乡村教师的平均月收入。有研究指出，87.21％的农村幼儿教师平均工资收入为800元，其中工资在1500元以上的教师基本上是乡镇中心园在编教师[③]。城镇教师有编制、教师资格证、职称的比例高于乡村教师的比例。据调查，乡村幼儿教师中有77.19％的教师没有教师编制，少数有正式编制的乡村幼儿教师中，只有16.5％的教师有独立编制，其中大部分(83.5％)是占中小学的编制。未评职称的乡村教师接近70％[④]。城镇教师学历在大专以上、专业为学前教育的比例高于乡村教师的比例。该研究与于冬青、梁红梅的研究发现一致，城市学前教育师资整体水平高于农村学前教育师资水平[⑤]。某项调查显示，在100名乡村幼儿教师中，具有高中(中专)及以下学历的占79.11％，而剩下的21.89％的幼儿教师中，具有中专、专科、本科学历的教师大部分都不是学前教育专业毕业的[⑥]。由此可见，城乡幼儿教师在收入水平、资格证、学历、专业、职称、编制等方面一直存在着较大的差异。

诸多原因可能导致上述现象。首先，城乡幼儿园教师队伍存在差异最根本的

---

① 韩倩，幼儿园教师一体化聘用制度的建构[D]. 金华：浙江师范大学，2015.

② 庞丽娟，洪秀敏. 中国学前教育发展报告[M]. 北京：北京师范大学出版社，2012：202.

③ 杨莉君，周玲：农村幼儿教师生存状态的研究——以中部四省部分农村幼儿教师为例[J]. 教师教育研究，2010(5)：27-31.

④ 宋农村. 中国乡村学前教育发展研究[M]. 北京：人民出版社，2014：251.

⑤ 于冬青，梁红梅. 中国农村幼教师资存在的主要问题及发展对策[J]. 学前教育研究，2008(2)：14.

⑥ 宋农村. 中国乡村学前教育发展研究[M]. 北京：人民出版社，2014(1)：234-235.

原因是城乡经济发展不平衡。我国农村地区经济的发展水平一直落后于城市地区的经济发展，导致对学前教育的财政投入也远远不及城市地区对财政的投入；乡村薄弱的经济基础直接导致对学前教育事业的投入较少，从而使教育环境简陋、劳动待遇无法得到很好的解决、工资低又没有保障，难以吸引高素质的教师从事乡村学前教育工作；其次，乡村幼儿园教育得不到重视。学前教育不是义务教育，乡村学前教育经费无法纳入县乡的财政预算内，并且有关幼教工作成效的考核指标也不是很明确，所以乡村学前教育工作开展的情况很大程度上是取决于基层领导个人对学前教育的认识。人们普遍存在的观念是幼儿园教师只要是读过初中的人都可以胜任，只是看看孩子，没有什么专业技术含量，所以对于乡村幼儿教师的劳动一直被漠视。在我们调研的过程中，发现很多偏远地区的学前教育都存在着严重的"小学化"倾向，教师普遍年龄偏大，学历主要是在高中左右；最后，城乡教师师资配置不公是导致城乡幼儿教师队伍存在差异的直接原因。幼儿园教师编制没有独立系列，幼儿园教师编制的配置过程中一直参照《关于制定中小学教职工编制标准的意见（2001）》，导致幼儿园教师编制很容易被中小学挤占，而且编制政策过去长期存在明显的偏向城市，农村幼儿园教师编制非常紧缺①。

3. 东中西部地区教师队伍素质存在显著性差异

我国东中西部地区教师队伍在年龄、教龄、平均月收入、教师资格证、职称、第一学历大专及以上、最高学历大专及以上、第一学历专业、最高学历专业方面存在显著差异。具体来说，在平均月收入方面，东部地区的幼儿园教师平均月收入显著高于中西部地区幼儿园教师的平均月收入。有研究在 2007 年对我国 15 个省市的 30 区县的幼儿工资调查显示，东部地区教师的平均年收入是中部和西部地区教师平均年收入的 1.8 倍②；本调查中，东部地区教师的平均收入是中部和西部地区教师平均收入的 1.5 倍。由此可见，东中西部地区幼儿教师收入水平差异较大是一直存在的问题。东部地区有编制、教师资格证、职称的幼儿园教师所占比例高于中西部幼儿园教师的比例；东部地区幼儿园教师拥有大专及以上学历和专业为学前教育的教师比例高于中西部地区的教师比例。整体来说，东部地区幼儿园教师队伍质量高于中西部地区的幼儿园教师队伍质量。有研究从师资配置、师资结构、教师待遇、教师素质、师资公平五方面，对我国东中西部幼儿园师资队伍状况进行评价并发现，东部地区幼儿园教师师资队伍水平明显高于中西部地区师资队伍水平③。本研究结果与该研究的结果基本一致。教师队伍质量

---

① 洪秀敏. 确实保障幼儿教师权益［N］. 中国教育报，2010-07-23（4）.

② 易凌云. 我国幼儿教师队伍的现状、问题及对策［J］. 中国教师，2009（7）：43.

③ 高丙成，我国幼儿园教师师资队伍状况评价指标体系的建构与运用［J］. 学前教育研究，2014（12）：29-35.

在发达地区与欠发达地区存在着较大的差异，主要原因是各地区经济社会发展水平差异较大。因此，在提升幼儿园教育质量的过程中，中央和省级政府应加大统筹协调力度，高度关注并采取有力措施加强中西部地区和边远贫困地区幼儿园教师队伍建设。

（三）教师外在结构性特征对学前教育质量具有显著的弱预测效应

1. 教师专业对学前教育质量的预测效应

从回归分析结果来看，教师第一学历专业是否为学前教育对学前教育质量具有显著的预测效应。该研究结果与国外的研究有着类似之处。国外有研究认为教师的学历水平对教育质量很重要，同时教师所学专业同样也是影响教育质量的因素之一，并且不同专业背景与儿童的认知和学习能力发展显著相关[①]。由此可见，教师专业与学前教育质量有着密切的相关性，因为专业关系到教师的知识和技能结构是否与从事的幼儿园教育工作相匹配。相对最高学历的专业而言，教师第一学历专业是否为学前教育对幼儿园教育质量具有更强的预测效应。可能的原因是"先入为主效应"，第一学历专业奠定了教师最初的专业知识结构，有利于教师形成对幼儿园教育工作的专业认同与专业信念，这些因素对其后续的甚至终身的专业发展状态有着密切关系。而最高学历专业，无论是其在教师职业生涯所处的阶段，学习者的动机与态度，还是教育规范化程度，都很难达到第一学历专业对教师影响作用的强度。因此，教师第一学历为学前教育将为其从事幼儿园教育工作奠定良好的基础。专业知识的支持能够帮助幼儿园教师更好地为幼儿创设一个有效的学习环境、顺利而有效地开展集体教学、与幼儿进行生动而有趣的互动、设计合理的课程计划并且使其得到很好的实施、与家长进行有效的沟通与合作，形成良好的教育合力。通过后续的专业发展（园本研修、培训与继续学习），教师不断更新教育理念，获得新的知识技能，从而改进他们所提供的教育服务质量[②]。

2. 教师资格对学前教育质量的预测效应

从回归分析结果来看，是否具有幼儿园教师资格证对学前教育质量具有显著的预测效应。从相关分析结果来看，有无教师资格证以及教师资格证类型与学前教育质量的各个指标均存在显著的相关性，当控制幼儿园、班级等变量后，这些相关性依然显著。相对于教师资格证而言，是否持有幼儿园教师资格证对学前教

---

① Diane M Early，Donna M Bryant，Robert C & Pianta，Richard M. Clifford. Are teachers'
education，major，and credentials related to classroom quality and children's academic gains in pre-
kindergarten? [J]. Early Childhood Research Quarterly，2006，21(2)：174-195.

② Hoyle，E & John P D. Professional knowledge and professional practice [M]. London：
Cassell，1995：17.

育质量具有更强的预测效应。本研究与美国的一项研究结果基本一致,该研究发现,幼儿教师 CDA 资格证书与幼儿园教育质量密切相关,拥有 CDA 的教师有一定的幼儿教育发展知识,能够为幼儿提供高质量的教育[①]。

在过去较长时期内,在我国可以通过三种方面是获得教师资格:(1)师范类毕业生是可以直接获得教师资格证;(2)非师范类毕业生可以通过教师资格考试来获得教师资格证;(3)老教师通过认定工作来获得教师资格证。有研究调查显示:相比通过第二种和第三种方式获得教师资格证教师而言,通过第一种方式获得资格证的教师其教育教学能力更强,所在班级的教育质量更高[②]。也就说师范类毕业的教师,其教育能力更强。本调查中还有部分(31%)的教师没有资格证,其中有幼儿园教师资格证的教师占比为 58.3%,还有小部分的教师所持有的资格证是小学教师资格证或者其他类型的教师资格证。在有资格证的教师中,可能会有部分教师是非师范类毕业,欠缺系统的师范类教育,即使是通过了教师资格考试,其教师资格证含金量较低。从教师资格角度而言,在整体教师资格合格率不太理想的情况下,很难为幼儿园提供高质量的教育。

幼儿园教师资格是国家对专门从事学前教育教学工作人员的基本要求,持有教师资格证是公民从事教师工作的前提条件。我国早在 1995 年就颁布的《教师资格条例》中明确规定:"中国公民在各级各类学校和其他教育机构中专门从事教育教学工作,应当依法取得教师资格。"我国其他的有关教师队伍建设的政策文件中都明确提出"严格执行幼儿教师资格标准。"无论是从国家对教师资格证相关法律法规,还是相关的研究来看,教师资格证与教育质量始终存在着紧密的关系。幼儿园教育质量的保障和提升,不仅要求教师持有资格证,还应持有与专业相关的幼儿园教师资格证。但是,至今为止,全国各地幼儿园中仍有部分幼儿教师无证上岗。我国台湾地区对幼儿教师从业资格有着严格的要求,个人要取得幼儿教师从业许可证必须修满四年的职前课程并且要通过台湾地区幼儿园教师资格鉴定考试。日本也明确规定了无论是公立还是私立的幼儿教师必须具备教师资格证,取得该证的人员必须要完成一定的师范课程并且还要通过教师资格考核。法国规定幼儿教师必须通过国家级别的考试,而这种考试只有拥有三年制高等教育文凭和获得准入凭证的人员才可以参加[③]。相对而言,我国的幼儿教师准入标准不够明确与严格,教师资格重学历轻专业,使得幼儿教师队伍鱼龙混杂,教师素质参差

① Julia C Torquati, et al. Teacher education, motivation, compensation, workplace support, and link to quality of center-based child care and teachers' intention to stay in early childhood profession[J]. Early Childhood Research Quarterly, 2007(22):261-275.

② 张馨月. 教师资格制度与教育教学能力的关系研究[D]. 西安:陕西师范大学,2013.

③ OCED Directorate for Education. Early Childhood Education and Care Policy:Country Note for France [M]. Paris:OCED,2004.

不齐。因此，必须从政策法规层面制定严格的幼儿教师从业标准和资格制度，严把幼儿教师入职门槛，保证幼儿园教师队伍质量，强化幼儿教师的专业特性。

3. 教师学历对学前教育质量的预测效应

从回归分析结果来看，教师最高学历是否达到本科及以上对学前教育质量具有显著的预测作用。从相关分析结果来看，无论是第一学历还是最高学历都与学前教育质量存在显著的相关性，当控制了幼儿园、班级等变量后，第一学历与最高学历仍然与幼儿园教育质量存在显著的正相关性，这意味着学历越高的教师，能够为幼儿园班级带来更高质量的教育。这一结果与国外的一些研究发现基本一致，教师受教育程度与学前教育质量的关系密切，越来越多的国家要求幼儿园教师必须取得大学四年本科学历并且拥有教师资格证。例如美国的教育法规中明确规定教师必须拥有儿童早期教育的副学士、学士或者更高级的学位；英国要求学前教育的教师必须接受过三年学制外加一年的进修教育课程或四年高等教育；瑞典要求幼儿教育的大学生在毕业前要取得学士学位，并且有机会再选修学分可取得双学士学位[①]。

本研究结果显示，相对第一学历为大专及以上而言，教师最高学历为本科及以上对学前教育质量具有更强的预测效应，从相关分析来看，当控制幼儿园、班级变量后，教师的最高学历与学前教育质量存在显著的正相关性。教师第一学历与学前教育质量虽存在相关性，但是相关系数小于最高学历。正如有的研究证明，提高学历水平和要求教师资格证书能够促进教师的专业化提升，专业能力越强的教师能够更加容易开展教育教学实践活动，并且也更加愿意从事教育工作[②]。拥有硕士学位的教师教导出来的儿童，与学历水平低的教师教导的儿童相比，更擅长交际，并且有着更强的执行认知能力和语言表达能力[③]。而且，与大专及以下学历的教师相比，拥有四年本科学历的教师对儿童的情感和教学支持更具有效性[④]。由此可见，幼儿教师的起点学历是保证其专业发展的基础；教师的学历提升，能够为幼儿园带来更高质量的教育。所以，应该建立健全幼儿教师职前培养和职后培训保障体系，注重对各类培养培训机构师资、课程、经费等的投

---

① 柳国梁等. 学前教育教师发展：取向与路径[M]. 杭州：浙江大学出版社，2013.

② Diane M Early，Donna M Bryant，Robert C & Pianta，Richard M Clifford. Are teachers' education，major，and credentials related to classroom quality and children's academic gains in pre-kindergarten?[J]. Early Childhood Research Quarterly，2006，21(2)：174-195.

③ Carrie Lobman，Sharon Ryan & Jill McLaughin. Reconstructing Teacher Education to Prepare Qualified Preschool Teacher：Lessons from New Jersey[J]. Early Childhood Research and practice，2005，7(2).

④ LoCasale-Crouch J，Konold T Pia. Observed classroom quality profiles in state-funded pre-kindergarten programs and associations with teacher，program，and classroom characteristics[J]. Early Childhood Research Quarterly，2007(22)：261-275.

入，并且无论是国家教育相关部门还是幼儿园教育管理者都应该实施相应的措施来鼓励教师积极参加继续教育，提升教师的学历水平和专业能力，尤其需要关注处境不利的民办园、乡村园和中西部地区幼儿园教师的职后培训问题。

4. 教师职称对学前教育质量的预测效应

从相关分析结果来看，学前教育质量以及各子量表上的质量指标均存在显著的正相关性，也就是说教师职称越高，学前教育质量越高。当控制幼儿园、班级变量后，教师职称与学前教育质量依旧存在显著的正相关性。由此可见，职称与学前教育质量是存在一定程度的相关性，因为职称在某种程度上可以反映教师的经验水平和教育教学能力。其他的一些相关研究也表明，教师职称对教育质量具有显著的积极影响[1]。幼儿教师自身的职称高低水平与其专业自觉品质的发展之间有着直接的联系，也就是说教师职称越高，专业自觉发展水平就越高[2]。教师的职称在由低向高的发展过程中，其自身在实际具体的教育教学中不断地实践和反思、调整后再实践，在这不断地自我学习反思的循环过程中，教师专业能力得到了不断的提高。因此，要提升学前教育质量，应该解决我国学前师资建设中的职称评定标准问题，以及民办园教师的职称评审问题，保障幼儿教师权益，提升其专业发展的积极性。

（四）教师性别、年龄、教龄、编制对学前教育质量未见显著的影响作用

1. 性别

性别对学前教育质量没有显著的影响作用，可能的原因是，本研究中的教师性别结构单一，400 个教师样本中只有 2 名是男教师，所以无法判断不同的性别对学前教育质量有着不同的影响。性别结构严重失衡一直是幼儿园教师队伍中存在的一大问题，不仅我国如此，国外也存在同样的问题，例如美国幼儿园教师队伍中只有 2.3％的男性教师，瑞典的幼儿园教师中也只有 6.1％是男性教师[3]。相对欧美其他国家而言，挪威国家是最吸引男性从事幼儿园教师工作，但是也仅仅只有 9％的男性教师[4]。但是，这不代表学前教育就不需要男性教师，在早期教育阶段男教师可能对幼儿的性格特征、行为方式、思维方法等方面有女教师不能替代的作用，尤其是对男孩的影响，因为男性榜样有利于男孩子在学习和生活方

① 肖丽琴. 初中教师职称评定标准对教育质量的影响[D]. 北京：首都师范大学，2013.

② 黄娟娟，李洪曾. 幼儿园教师专业自觉品质发展的多元回归与路径分析[J]. 上海教育科研，2013(8)：40-44.

③ Flising B. A few remarks on men in child care and gender aspects in Sweden[EB/OL]. (2016-9-19)[2016-12-1]http://www.meninchildcare.co.uk/Mic-05-Sweden.pdf.

④ Vandenbroeck M & Peeters J. Gender and professionalism: a critical analysis of overt and covert curriculum[J]. Early Child Development and Care，2008，178(7-8)：703-715.

面的问题解决[1]。因此，幼儿园教师队伍建设中应该关注教师的性别平衡问题。

2. 年龄

本研究显示，教师年龄与学前教育质量没有显著的相关性，一个可能的主要原因是：本研究样本中，幼儿园教师队伍年龄分布比较集中，教育教学能力水平相对同质化。本研究中的 400 名教师年龄跨度为 17～55 岁，其中超过一半的（52.8%）的教师处在 21～30 岁，29.8% 的教师处在 31～40 岁。由此可见，幼儿园教师队伍呈现明显的年轻化趋势，中高年龄层次教师比例明显偏低。中高年龄层的教师有着丰富的工作经验，骨干教师、领军型教师多出自这一年龄层；这一年龄层教师数量的缺乏，会影响幼儿园教师队伍整体素质及其提升。年轻化的教师队伍意味着大部分教师实践经验和反思能力不足，所以幼儿教师队伍整体素质的提高，以及学前教育质量的提升，需要更加注重对年轻化教师队伍开展专业内涵拓展培训。另外，由于近二三十年来，我国教育变革和知识更新加剧，导致不同年代的教师所受的教育和后续专业发展不具有可比性，年龄大的教师未必表现出明显的专业能力优势。

3. 教龄

本研究结果显示，教师的教龄与幼儿园教育质量的不同指标没有呈现稳定一致的相关性：与集体教学、游戏与活动存在显著的相关性，但是与总体质量、空间与设施、课程计划与实施、互动、家长与教师等方面没有显著相关性。也就是说，教师教龄的增加，未必意味着教育教学能力的稳步提升，并进而带来班级教育质量的提升。可能的原因是：第一，教师专业发展具有非线性上升性、个体差异性等特点[2]。教师专业能力的提升与教龄并非呈线性关系。刚入职的教师一般都会经历从新手、适应、稳定、停滞、更新等阶段；新手教师在工作 5 年后，往往会出现专业发展缺乏动力的阶段。不同的教师其可持续专业发展的能力不同，换句话说教师的专业发展具有个体差异性。第二，在幼儿园教师队伍整体素质低下的状况下，教龄的增加并不必然带来专业能力的提升。在我国目前的情况下，幼儿园教师（尤其是非在编教师）整体薪酬水平不高，难以吸引优秀人才进入，培养层次以中职、高职和大专学历为主，生源质量很差，培养质量低。这导致了大部分教师综合素质不高，可持续专业发展能力很弱。许多教师缺乏专业精神和专业发展意识，安于现状甚至产生职业倦怠，不主动更新教育知识，无论教龄再怎么增加，其专业发展始终都处在停滞的阶段。第三，通过调研中的访谈发现，大多数一线教师迫于幼儿园烦琐的带班工作压力，根本没有时间进行教育教学反思

---

① Martino，Wayne，Kehler，Michael. Male Teachers and The "Boy Problem"：An Issue of Recuperative Masculinity Politics[J]. McGill Journal of Eduction，2006，41：113-131.

② 柳国梁等. 学前教育教师发展：取向与路径[M]. 杭州：浙江大学出版社，2013.

和学习新的知识来提高自身的专业能力。这样的状态下，教龄的增加只是意味着已有知识储备的陈旧和工作热情的消耗，并不意味着专业经验的有效增长；即使偶尔有外出学习培训，也并非十分珍惜，而是当作脱离幼儿园烦琐事务、放松身心的机会。基于此，要提升幼儿园教师队伍整体素质，提升幼儿园教育质量，一方面，政府相关部门应高度重视幼儿园教师队伍建设，采取有力政策措施，切实提高幼儿园教师的职业吸引力，让高素质人才愿意进入学前教育专业和幼儿园教师队伍；另一方面，幼儿园管理者应注重培养幼儿园教师的专业精神，调动教师专业发展的主动性与积极性，方能推动教师的实践反思和持续改进。

4. 编制

本研究结果表明，是否拥有事业编制与幼儿园教育质量没有显著相关性。二元相关分析结果显示，是否拥有事业编制与幼儿园教育质量存在显著相关；但控制幼儿园层面、班级层面的特征变量后（如城乡、办园性质、生师比等），有无事业编制与学前教育质量没有显著的相关性。可能原因是，在我国目前，有编制教师的分布与城乡、办园性质、生师比等因素密切相关：有编制的教师更有可能分布在城市、在公办园工作，班级的生师比更加适宜。从某种意义上说，幼儿园教师队伍中事业编制比例的高低反映了政府对学前教育的重视程度与投入水平以及师资队伍建设水平，因为事业编制能够有效地吸引和留住优秀人才。因此，一方面，政府应适当增加幼儿园教师编制，吸纳更多优秀人才从事幼儿园教育工作，稳定教师队伍，提升幼儿园教师队伍整体素质；同时，应注重编制分配的均衡性，尤其是城乡之间的均衡性，以此来提升幼儿园教育质量的城乡均衡。

（五）教师综合素质比起单个特征对学前教育质量具有更强的预测效应

从回归分析结果来看，教师综合素质对幼儿园教育总体质量以及空间与设施、保育、课程计划与实施、集体教学、游戏与活动、互动、家长与教师等方面质量均具有显著的预测效应；除对集体教学外，预测效应量均在 0.2 以上；而教师单个结构性特征无论是对学前教育整体质量还是七个子量表上的质量指标的预测效应均在 0.1 左右。以往的研究大多都是从教师单一方面特征来分析其对教育质量的影响程度，与其他一些影响教育质量的结构性要素相比，如生师比、班级规模、保教费、办园性质等，教师单一方面特征对教师质量影响程度微乎其微。当同时考察教师综合素质、生师比、办园性质、所在地性质等变量对学前教育质量的影响作用时，教师综合素质与其他的变量相比，对学前教育质量仍具有显著的预测作用，甚至，在对有些质量指标的预测效应上，教师综合素质的预测效应要强于办园性质、生师比等变量的预测效应。学历、专业、资格证类型、职称，这四个维度勾勒了幼儿园教师综合素质的外部结构轮廓。教育质量高的幼儿园班级中，教师通常具有以下结构性特征：（1）有本科及以上学历；（2）所学专业为学前教育；（3）有幼儿园教师资格证；（4）有职称。当教师具备这些外部结构特征时，其综合素质比较高，更有可能为幼儿提供较高质量的教育。这些研究结果说明，在考虑幼儿园教师素质时(比如教师聘任和设计培训方案)，综合考虑教师的素质结构，比起采用单一特征来衡量，更为有效。

(六)收入水平是影响教师综合素质的关键因素

从回归分析结果来看，教师平均月收入对教师综合素质具有显著的预测效应，也就是说，当幼儿园能够提供更高的工资待遇时，能够吸引更高综合素质的教师；高素质的教师也能够为幼儿园提供高质量的教育。相关矩阵分析结果显示，教师平均月收入与幼儿园教育质量存在显著的正相关性，并且与生师比、办园性质、所在地性质、教师特征(学历、专业、资格证等)相比，教师平均月收入与幼儿园教育质量相关性更高。国外的一些研究也表明，幼儿班级教育过程性质量越高，教师的工资越高[1]。教师收入水平与幼儿园教育教学质量之间有着密切的联系，并且是支持教师教学的重要条件性要素[2]。当教师所接受的教育和培训程度越高、专业经验越丰富，教师的工资也就越高[3]。因而，教师收入的高低是提高教师队伍素质和教育质量的重要保障[4]。基于本研究证据，要全面提高学前教育质量，一个重要的保障性条件是把幼儿园教师薪酬提高到合理的水平，吸引高素质人才加入幼儿园教师队伍。

二、政策建议

(一)保障和提高学前教育教师的工资和待遇

学前教育是终身学习的开端，是我国教育体系中的重要组成部分，是基础教育中最基础的教育。作为同样承担基础教育工作的幼儿园教师，理应享有与中小学教师同样的经济待遇和地位。但是由于管理体制、办园体制等各方面的原因，公办园的非在编教师和民办教师的工资和待遇远不如中小学教师的工资和待遇，甚至有的教师连最基本的工资保障都没有。首先，有关管理部门应该深入研究幼儿园教师工资和待遇问题，采取有力政策措施，切实保障和提高学前教育教

---

① Phillipsen L C，Burchinal M R，Howes C & Cryer D. The prediction of process quality from structural features of child care[J]. Early Childhood Research Quarterly，1997，12(3)：281-303.

② Julia C Torquati，et al. Teacher education，motivation，compensation，workplace support，and link to quality of center-based child care and teachers' intention to stay in early childhood profession[J]. Early Childhood Research Quarterly，2007(22)：261-275.

③ Whitebook M，Howes C & Phillips D. Who cares? Child care teachers and the quality of care in America. Final report of the national child care staffing study[J]. Oakland，CA：Child Care Employee Project. Retrieved March 6，2006.

④ 高丙成. 中国学前教育发展指数报告[M]. 北京：北京师范大学出版社，2015：127.

师的工资和待遇，尤其是非在编教师、乡村教师、民办园教师，缩小不同身份、不同区域幼儿园教师的工资和待遇差距，并适当向农村和偏远地区倾斜，以激励高素质教师长期在农村和偏远地区服务。其次，在教师编制方面，可以根据生师比情况解决教师编制问题，适当增加编制数量，将专业化水平较高的教师转变为"编制内"教师，吸引更多学前教育专业的优秀毕业生，以此来提高教师质量；最后，打破在编与非在编的身份限制，采取按照在园幼儿数，对公办园、企事业单位办园各普惠性民办园一视同仁，实行政府购买服务，在工资待遇上消除"编制歧视"问题。

（二）对学前教育教师资质严格把关

首先，在教师学历方面，将来随着学前教育的发展和师资缺口的缓解，应适当提高幼儿园师资的资质准入水平。本研究发现，当教师的学历达到大专甚至本科及以上水平时，能够提供更高质量的学前教育。在幼儿园教师资格申请中，应严格规定申请人需持有大专及以上水平，并且可以适当提高申请教师资格证学历门槛。其次，在专业方面，通过多种途径来鼓励和吸引学前教育毕业的学生从事学前教育工作，因为只有经过学前教育专业知识系统学习的人，对儿童的身心发展特点有着更为深入的了解，才能更加胜任学前教育工作。例如，在教师培养过程中，注重对学生专业发展意识的培养，树立起喜欢儿童、热爱学前教育事业的思想意识；相关部门切实做到保障并逐步提升教师工资待遇，吸引优秀毕业生从事学前教育工作，稳定现有教师队伍；对现在大部分非科班出身的教师，应对其进行转岗培训和重新考核，考核不通过的不得从事幼儿园教师工作，以此来提高幼儿园教师队伍的学前教育专业水平。最后，在教师资格证方面，严格执行对口持证上岗政策，对无证上岗和资格证不对口的教师要限期取得幼儿园教师资格；到期仍无法取得幼儿园教师资格证的，进行转岗培训（如保育员上岗证培训）或者逐步解聘。

（三）通过多种途径提高教师综合素质

教师综合素质是影响教师专业发展水平的关键，教师职前和职后教育和培训是提高教师综合素质的有效途径。美国幼儿教育协会（NAEYC）认为，提高学前教育质量的关键在于改善幼儿教师的职前准备，通过职前的教育和培养，来确保学前教师的专业性[①]。同样，我国学前教育质量的提升，也必须从学前教师教育的源头做起，通过对教师在职前教育目标、教育课程、教育途径等方面的改革与创新，确保学前教师教育的质量，为教师今后的专业成长奠定坚实的基础。同时，必须高度重视学前教师的职后教育，在职的专业发展应贯穿于教师整个职业生涯。相关部门应该通过各种措施鼓励教师通过进修学习，提高学历水平。再

---

① 柳国梁等.学前教育教师发展：取向与路径[M].杭州：浙江大学出版社，2013.

者，学前教师应树立终身学习理念，充分利用各种资源和机会，不断学习和研修，努力提高自身的专业素养。在当今世界学前教育快速发展阶段，应该不断地更新学前教师职后教育理念，创新培养模式，注重培训的有效性，从具体问题出发，从个体教师发展的实际需要出发，切切实实帮助教师提升教育教学能力。

（四）发挥综合素质指标在教师队伍管理中的应用价值

教师素质的高低是衡量幼儿园教师队伍质量的重要标准，更是提高教育过程性质量的保障，而教师的学历、专业、职称、培训情况、资格证等都是反映教师素质的重要指标。要提升学前教育质量，首要的任务是全方位提高教师综合素质。本研究证明了教师综合素质对学前教育质量的重要性，因此在学前教育师资管理和政策制定中应该发挥教师综合素质指标的应用价值。

首先，在教师聘任方面，对教育行政部门和学前教育机构管理者来说，可以运用教师综合素质指数来全方位考察应聘者的外部结构性特征（应届毕业生未评职称，与有工作经验的应聘者应区别对待），提高教师聘任中判断的全面性、客观性与精准性。

其次，在薪酬制度方面，对在编教师的基本工资计算标准中，一般是把职称、工龄等纳入基本工资计算中；基于教师综合素质对教育质量和工作业绩的有效预测效应，在未来的教师薪酬制度改革中，应该考虑基于教师的综合素质指标来制定基本工资标准。同时，对公办园的非在编教师和民办园教师的薪酬标准，幼儿园举办者或管理者拥有更大的自主空间，也应把教师的综合素质指标与教师工资和绩效考核衔接，以体现对教师工作绩效考核的有效性，形成对教师的有效激励。

最后，在师资配置方式上，对政策制定者而言，城乡之间、不同区域之间的师资配置的平衡性是保证学前教育均衡发展和教育公平的重要考量；基于教师综合素质指数的计算进行师资配置，为师资均衡化提供了一条可操作性的路径。在同一所幼儿园中，即使在物质条件基本一致的情况下，不同班级之间的教育质量也可能存在差异，这与班级教师素质和搭配方式有着密切关系；因此，管理者可以班级的多名教师综合素质指标的计算为基础，来考量教师配班方式，均衡班级间的师资力量，确保班级间师资力量配置均衡，推进园内教育公平。当然，以上只是对教师综合素质指标应用的举例；有关部门和管理者可以因时因地制宜，充分发挥教师综合素质指标在教师队伍管理中的作用。

三、研究不足与展望

本研究采用实证方法研究学前教育质量与教师特征的关系，首先，在研究抽样方面，虽然样本量已经达到了 400 个班级，但由于各方面因素，样本抽样分布并不很理想。例如，我国中部地区样本量相对较少，区域分布不够均衡。在以后的研究中，需要更加注重抽样的代表性和全面性，确保研究更加科学。其次，在研究工具方面，教师调查问卷仅能反映教师外在的结构性特征，未能反映教师内在的素质特征。再次，在数据收集过程中，由于各种现实的原因，导致在不同变量上存在一定比例的缺失，尤其教师培训方面数据大量缺失，本研究未能探索教师是否接受培训与学前教育质量的关系，建议在后续的研究中注重收集数据的完整性，以探索在职的培训频度、内容等与教师总体素质特征、班级教育过程性质量的关系。最后，本研究中，由于研究者现有的数据分析技术手段的限制，对数据的分析和编码还存在着一定的问题。第一，对教师综合素质指标的建构和计算方法，目前还较为粗略；第二，从综合素质指数的预测效应来看，对"空间与设施""家长与教师"质量的预测效应，还是强调过程性质量的最核心的教学、互动方面，说明除了教师的结构性特征（综合素质指数反映的也是结构性特征）以外，还有其他一些因素（如教师的观念、认知方式、个性行为特征等）在影响着过程性质量，需要未来研究加以探索；第三，探索教师特征与学前教育质量的关系，中间还存在着幼儿园、班级等多方面的复杂影响因素，教师特征具体是通过怎样的路径和机制作用于幼儿园教育过程性质量，本研究还未深入探究。建议未来的研究能够对变量特征进行更为合理的探索，尝试运用科学合理的分析模型，探索众多相关变量之间的复杂关系模型。

第十三章

学前教育质量效益评估：
基于质量与儿童发展的关系

本章概要

研究背景：自20世纪70年代，以OECD成员国为代表的西方发达国家逐渐进入注重追求高质量早期教育的所谓"质量时代"。随着我国学前教育事业发展规模的急剧上升和经费投入总量的不断增加，政策制定者和利益相关者亟须明了幼儿园教育质量及其效益，而质量与学前儿童发展的相关性是核心部分，因此探索学前教育质量与儿童发展之间的关系日益引起关注和重视。从实证的角度，探索学前教育质量要素与儿童发展结果之间的关系，一方面可以获取提高学前教育质量的路径和方法，另一方面也可以将提高学前教育质量与儿童发展紧密联系相互促进。科学证据对于有限的学前教育公共资源的有效配置、充分发挥公共资金的使用效益有着重大意义。因此，研究学前教育质量是否存在一个类似"门槛"的临界水平，能够进一步揭示学前教育质量与儿童发展之间关系的奥秘。

研究设计与方法：本研究采用了《中国托幼机构教育质量评价量表》(第一版)、《CDCC中国儿童发展量表(3~6岁)》和《幼儿园情况调查问卷》三种工具，根据幼儿园等级、所在地、办园性质，采用随机分层抽样的方法抽取样本进行调查研究，共获取了浙江省91所幼儿园的178个班级观察数据和1012名儿童发展样本，其中儿童样本小班(3~4岁)45个，中班(4~5岁)53个，大班(5~6岁)74个，另外混龄班(3~6岁)6个。

研究结果：通过对幼儿园教育质量和儿童发展的调查发现：(1)样本班级总体上质量水平较低，刚刚达到合格水平(3分)；其中，因子1"学习条件"得分为2.89分，尚未达到"合格水平"，因子2"教学与互动"得分为3.48。(2)样本班级在《质量量表》的各项得分之间存在高度相关，其中在班级—教师层面的变量中，生师比和教师学历与过程性质量之间存在显著的中等程度的相关性。（3）样本儿童语言、认知和社会常识在《发展量表》上的测试得分与班级质量的各项指标之间均存在显著的相关性，但相关性处于较低水平。（4）多层线性模型的分析结果表明："教学与互动"质量更高的班级，儿童的语言、认知和社会常识发展得更好，具有弱预测效应。但"学习条件"因子得分与儿童的各项发展结果均不存在显著的相关性。（5）"教学与互动"质量对于不同群体的儿童存在不同的效应，与特定儿童群体某些领域的发展结果存在显著的相关性；"学习条件"质量与不同群体儿童各方面发展均无显著性相关。（6）对于儿童的语言、认知和社会常识发展结果而言，"教学与互动"质量均具有明显的门槛效应。（7）幼儿园班级的教学与互动质量对于儿童的语言、认知和社会认知的发展均存在显著的门槛效应。（8）对于农村儿童与城市儿童的发展而言具有不同的门槛效应模式，高质量的幼儿园教育对于农村儿童而言具有更加重要的意义。

讨论与建议：我国学前教育质量存在班额较大、生师比较高，且教育质量低的特征。这一事实是我国关于什么是好的儿童养育的文化观念与满足不断增长的大量儿童入园需求折中的结果。由于财政投入水平过低且投向不均衡导致国家政策难以落实，收入低和社会地位低使得学前教育缺乏职业吸引力。幼儿园教育质量与儿童的发展结果存在显著的正相关。学前儿童上了更高质量的幼儿园之后，语言、认知和社会性技能均得到了更好的发展。在幼儿园教育不同方面的质量中，"教学与互动"质量能够稳定一致地对儿童的语言、认知和社会常识的发展结果产生积极的效应。建议政府应适当地配置学前教育公共资金和其他资源促进我国儿童发展，应将学前教育的公共投入重点投向有利于提升教师队伍素质和幼儿园教育过程性质量方面。总之，本研究的结果为高质量集体教学对于我国儿童发展的积极效应提供了有力的证据。但是依然存在样本量不足以探测学前教育质量与儿童发展相关性的中介调节效应问题。

第一节　学前教育质量与儿童发展的相关性

一、研究背景

（一）国内政策背景

自 2010 年以来，随着《国家中长期教育改革和发展规划纲要（2010—2020年）》以及《国务院关于当前发展学前教育的若干意见》的颁布，我国对学前教育的投入大幅增加，致力于促进学前教育受教育机会的均等化，减少社会不公平。近几年，我国学前教育事业规模的发展速度可谓前所未有。国家教育事业发展统计公报显示①，截至 2014 年年底，我国 3～6 岁儿童毛入园率约为 70.5％——提前 6 年实现《国家中长期教育改革和发展规划纲要（2010—2020 年）》提出的普及目标，而 2009 年、1988 年这一数字分别是 50.9％和 28.2％②；近 5 年增长了近 20％，几乎等于前面 20 年期间的增长。但目前为止，我国学前教育事业发展的重点仍然是在数量上（主要体现为入园率），而不是在质量上。考虑到我国学前教育事业发展的规模和经费投入总量，政策制定者和利益相关者亟须明了我国的幼儿园教育质量及其效益——最核心的就是质量与学前儿童发展的相关性。本研究基于大样本的实证调查数据，致力于探索这一问题。

（二）相关研究综述

自 20 世纪 70 年代，以 OECD 成员国为代表的西方发达国家逐渐进入注重追求高质量早期教育的所谓"质量时代"③。近几十年来，国际早期教育领域的大量实证性研究结果充分证明，对于离开家庭进入各种类型托幼机构的儿童的发展而言，托幼机构的教育质量至关重要④。

在美国，无论是具有广泛样本代表性的多个观察性研究，还是对这些研究结果进行综合检验的二次分析（secondary analysis）和元分析（meta-analysis），结果均表明，高质量的早期教育与儿童的语言、认知、社会性发展存在显著正相关⑤；这种积极的影响作用可能持续到儿童入学后几年甚至更久的时间⑥。尤其鼓舞人心的研究发现是，处境不利儿童（如来自低收入家庭或存在其他社会风险因素）更能够从高质量的托幼机构教育中受益；高质量的早期教育能够补偿或缓冲家庭与社区环境的不利因素（如贫困、父母受教育程度低下、社区环境资源匮乏等）对儿童发展造成的伤害，从而有助于缩小不同社会经济地位家庭的儿童

---

① 教育部.2014 年全国教育事业发展统计公报[EB/OL]. http://www.moe.edu.cn.

② 刘占兰.67.5％的毛入园率说明了什么[N]. 中国教育报，2014-6-22(1).

③ Dahlberg G，Moss P & Pence A R. Beyond quality in early childhood education and care：Languages of evaluation (2nd ed.)[M]. London：Routledge，2007.

④ Love J M，et al. Child Care Quality Matters：How Conclusions May Vary with Context[J]. Child Development，2003，74(4)，1021-1033.

⑤ Burchinal M，et al. Early care and education quality and child outcomes[R]. Washington，DC：Office of Planning，Research and Evaluation，Administration for Children and Families，US DHHS，Child Trends，2009.

⑥ National Institute of Child Health and Human Development，Early Child Care Research Network（NICHD ECCRN）.

群体之间的发展结果和入学准备水平差距①②③。一些来自亚非拉发展中国家的研究，比如，亚洲的印度、孟加拉国，非洲的肯尼亚、乌干达、坦桑尼亚，拉丁美洲的牙买加、哥斯达黎加，也有类似发现。

自 20 世纪 60 年代开始并持续至今的几个长期追踪的早期教育实验研究，包括密歇根州的"高瞻佩里学校"项目（始于 1962 年，1 个实验学校，为实验组 3 岁幼儿提供 1.8 年半日制的高质量早期教育）④、北卡罗来纳州的"初学者项目"（始于 1972 年，1 个实验学校，为实验组 1~4 个月的婴幼儿提供连续 5 年全日制高质量早期教育）⑤，以及具有更大样本量的芝加哥"儿童—父母中心"项目（始于 1983 年，24 个实验学校，为实验组 3 岁幼儿提供 1.6 年半日制高质量早期教育），则提供了更具说服力的证据⑥。这三个经过严格条件控制的实验性早期教育干预项目得出了一些共同的发现，证明接受高质量早期教育与实验组儿童的长期甚至终身发展的积极结果之间存在不同程度的因果关联。尽管统计学意义上的效应量有所不同，三个实验项目均显示，与来自同样的处境不利背景的对照组儿童相比，参与了这些高质量早期教育项目的实验组儿童在后来的学习和人生阶段中，特殊教育需求率、留级率显著降低，高中毕业率和上大学的比率明显提高，就业率和收入更高，犯罪率（无论是青少年期还是成年期）和吸毒率更低；家庭关系更和睦，更加健康和幸福⑦。

尽管大量研究证实托幼机构教育质量与儿童发展结果之间存在显著的相关性，但两者之间的相关性通常较低，尤其是观察性研究发现两者之间的相关性更加微弱（Burchinal，Kainz，& Cai，2011；Keys，et al，2013）。一个可能的原因

---

① Burchinal M，Roberts J E，Zeisel S A，Hennon E A & Hooper S. Risk and resiliency：Protective factors in early elementary school years[J]. Parenting：Science and Practice，2006(6)：79-113.

② Votruba-Drzal E，Coley R L & Chase-Lansdale P L. Child care and low-income children's development：Direct and moderated effects[J]. Child Development，2004，75(1)：296-312.

③ Winsler A，Tran H，Hartman S C，Madigan A L，Manfra L & Bleiker C. School readiness gains made by ethnically diverse children in poverty attending center-based childcare and public school pre-kindergarten programs[J]. Early Childhood Research Quarterly，2008，23(3)：314-329.

④ Schweinhart L J，et al. Lifetime effects：The High/Scope Perry Preschool Study through Age 40[M]. Ypsilanti，MI：High Scope Press，2005.

⑤ Campbell F A，et al. Early childhood education：Young adult outcomes from the Abecedarian Project[J]. Applied Developmental Science，2002，6(1)：42-57.

⑥ Reynolds A J. Success in Early Intervention：The Chicago Child-Parent Centers [M]. Lincoln，NE：University of Nebraska Press，2000.

⑦ Temple J A & Reynolds A J. Benefits and costs of investments in preschool education：Evidence from the Child-Parent Centers and related programs[J]. Economics of Education Review，2007，26：122-144.

是，早期教育质量的界定与衡量一般都过于总体化，比如采用《幼儿学习环境评价量表》(ECERS 或 ECERS-R)的综合得分来表示(Peisner-Feinberg & Yazejian，2010)。因而，托幼机构教育具体方面的质量或许能够更好地预测儿童某些领域的发展(Zaslow，Martinez-Beck，Tout & Halle，2011)。基于美国七个大型研究项目数据的元分析的结果也证实了这一点。Burchinal 等发现，ECERS-R 的"互动"因子得分(该因子的构成项目反映了师幼关系和同伴关系，以及教学的机智与敏感性)能够有效预测儿童的语言和社会性技能得分，但 ECERS-R 总分与儿童这些领域的发展结果之间却没有显著的相关性(Burchinal，Kainz & Cai，2011)。另外，研究发现，与总体质量的评价工具(比如，ECERS-R)相比，专门性质量评价工具[如，《班级观察计分系统》(CLASS)]，主要用于测量班级内的人际互动和学习支持质量的结果能够更好地预测儿童的语言、早期数学等学习结果(Burchinal，et al，2015)。基于这些研究，一个合理的推论是：在相互匹配的质量维度与儿童发展领域之间，存在着更强的相关性。

与国外汗牛充栋的研究成果相比，国内相关研究极其匮乏。2010 年前后，Rao 等在贵州的一个贫困县，运用《幼儿学习环境评价量表》(修订版)(ECERS-R)、《幼儿学习环境评价量表》(扩展版)(ECERS-E)、《幼儿班级观察量表》(EC-COM)等工具，观察测量了 10 个班级(1 个幼儿园班级，4 个小学的学前班，5 个一年级的"随班就读"班级)的质量，并采集了 207 名儿童发展结果的证据，分析了不同类型的学前教育经验与儿童发展结果之间的相关性。该研究结果表明，幼儿园班级的早期教育质量优于其他类型(学前班和"随班就读"的一年级班级)，幼儿园儿童的入学准备水平和进入一年级之后的学业成绩也优于其他类型的儿童(学前班儿童、随班就读儿童以及没有任何学前教育经验的儿童)(Rao，et al，2012)。然而，该研究样本量太小且高度同质化(一个西部贫困县的农村)，无法反映不同地区、不同性质幼儿园的教育质量，也无法进行更进一步的分析(不同方面的质量对不同群体儿童、不同领域发展结果的回归分析)。与此类似，彭俊英等在四川省三所农村小学选取了有入园经历与无入园经历的两类儿童共 182 人，分析了入园与否对儿童学习成绩、同伴关系、学习态度、降级情况等方面的影响。研究结果发现，与没有入园经历的儿童比较起来，有过幼儿园学习经历的儿童在小学期间更容易得到同伴的好评，降级的可能性更小，但入园与否对儿童学习成绩和学习态度的影响不显著；研究者认为，这一结果是因西部农村幼儿园教育质量较差，对儿童发展所起的积极作用有限造成的[①]。但这一研究并非对幼儿园教育质量与儿童发展结果的相关性进行研究。另外，刘焱、赵军海等采用多

---

① 彭俊英，高群，肖杰．西部农村幼儿园教育效益分析与政策建议[J]．学前教育研究，2011(7)：9-13.

层回归与非连续性回归相整合的研究设计与数据分析技术，基于 68 个样本班级和 1360 名儿童的数据，考察了学前一年班级教育环境质量的效能。结果发现，学前一年班级教育环境质量对促进儿童发展的教育效能上具有正向预测效应，尤其是在促进儿童数学学习结果方面预测效应相对更大；同时，班级教育环境质量对促进儿童发展的教育效能从中心区（城区）向边远区（乡村地区）依次递增，即同样质量的学前一年教育质量改进，边远区学前一年教育效能增量最多；边远区儿童从学前一年教育质量改善中受益最大①。但是，该研究取样不够丰富、代表性不足（均为当地最好的幼儿园），且无法反映幼儿园三年的教育质量与不同年龄儿童发展结果的相关性。

基于以上的文献考察，本研究致力于以更丰富的样本量，更好的研究设计，对我国幼儿园三年教育质量与儿童各方面发展的相关性进行多层面的探索，以加强我国学前教育研究领域的这一薄弱环节。

二、研究目的与方法

（一）研究问题与研究假设

尽管我国政府把"保障适龄儿童接受基本的有质量的学前教育"作为重要的国家战略目标，但目前为止，很少有大规模的实证研究细致地检视我国学前教育（如不加特殊说明，本文中"学前教育"是指"幼儿园教育"）质量及其与儿童发展的关系。基于我国东部一个沿海省份的大样本数据，本研究试图填补这一研究空缺。

本研究的目的是检验幼儿园教育质量与在园儿童发展结果之间的相关性，以便为决策者和利益相关者提供科学依据，更好地支持和提升儿童的早期学习经验。具体而言，本研究试图回答以下两个具体问题。

第一，幼儿园教育质量与儿童发展结果之间是否存在显著的相关性？如果存在，在多大程度上能够预测儿童语言、认识和社会性的发展结果？

第二，幼儿园教育质量对于弱势群体儿童（在本研究中是指农村儿童、父母受教育程度低的儿童）是不是一个更强的预测指标？

基于儿童发展的生态系统理论、我国的学前教育情境以及已有研究结论，我们推测幼儿园教育质量与在园儿童的发展结果之间存在相关性，能够预测儿童的语言、认知和社会性的发展；对于弱势群体儿童的发展，幼儿园教育质量可能具有更强的预测效应。但考虑到儿童发展所处生态模型的超级复杂性

---

① 刘焱，赵军海，张丽. 学前一年教育效能的增值评价研究[J]. 教育学报，2013，9(3)，56-66.

(Bronfenbrenner，1979；Bronfenbrenner & Morris，1998)，结合其他国家已有研究的结果，我们推测幼儿园教育质量与儿童发展结果之间的这种相关性在效应量上应该会比较小——因为父母亲是基于儿童、家庭、社区等多种情境来做出择园决定的。

(二)研究方法

1. 样本

本研究的儿童样本1012名，来自浙江省91所幼儿园的178个班级。浙江省地处我国东部沿海的中间地带，人口约5400万，是我国经济社会发展水平较高的区域，同时具有地理环境的多样性以及区域发展的不平衡性和城乡差异性。采用分层随机抽样方法，选取了91所幼儿园，分别代表以下分层因素：(1)区域经济发展水平：分别有41、21和29所幼儿园来自经济发展水平高、中、低的区域[①]；(2)城市和农村：城区幼儿园33所，农村[②]幼儿园58所；(3)园所等级[③]：高等级园17所，中等级园32所，低等级园42所；(4)办园性质：44所公办园(包括教育部门办、其他部门办、集体办)，47所民办园。本研究的抽样标准能够确保样本省份各类幼儿园均有充足的样本。91所样本幼儿园均为全日制(儿童在园时间每天约8小时)，在园儿童规模从86人到946人，月保教费从100元到2500元——这些变化反映了所处区域经济发展水平、社会环境、办园性质与园所等级的综合状况。

在每所样本幼儿园中，研究者随机抽取2个不同年龄组的班级进行教育质量的观察测量，共获取了178个样本班级的质量数据，其中小班(3~4岁)45个，中班(4~5岁)53个，大班(5~6岁)74个，另外混龄班(3~6岁)6个。从每个样本班级随机抽取6名儿童(男女各半)进行语言、认知、社会常识和动作技能方面的测试，共获取了1012名儿童完整的发展评估数据。

2. 工具

(1)班级质量观察评价工具

《中国托幼机构教育质量评价量表》(第一版)(以下简称为《质量量表》)被用来作为幼儿园班级教育质量的观察评价工具。该量表是一个新研发的适宜3~6岁幼儿班级教育质量观察测量工具，大致借鉴了美国《幼儿学习环境评价量表》(修订版)(ECERS-R)的环境质量概念框架和评分方式。《质量量表》采用李克特7点

---

①　依据浙江省内经济发展水平的相对划分，本研究中的样本区域中，经济发展水平高的区域为杭州、宁波，中间水平的为金华和湖州，较低水平的为衢州和丽水。

②　农村：包括县镇、乡村。

③　根据浙江省现行的省等级评价体系，幼儿园等级由高到低分别为：一级、二级、三级；本研究中高等级园为一级，中等级园为二级，低等级园为三级和未评等级的准办园。

评分方式：1分(不适宜)—3分(合格)—5分(良好)—7分(优秀)。该量表包含八个子量表、51个评价项目。项目得分处于1～7分；子量表和量表总分为所包含的项目均分。

最近的效度验证研究结果表明，《质量量表》具有良好的教育测量学特性，包括良好的内部一致性(八个子量表的 Cronbach's α 系数在 0.83～0.93)和评分者间一致性(项目水平的一致性 Kappa 信度系数在 0.70～0.90，子量表水平的一致性在 0.85～0.94)[①]。探索性因素分析(EFA)结果表明，该量表包含并能够测量两个高度相关的质量因子($r=0.76$)，这两个因子能够解释61%的总体变异。因子1包含21个项目，大多来自"空间与设施"和"游戏与活动"子量表，因而被命名为"学习条件"，它主要反映了幼儿园班级为幼儿的学习所提供的空间、设施、适宜的材料、内容和活动机会等。因子2包含13个项目，主要来自"集体教学"和"指导与互动"子量表，因而被命名为"教学与互动"，主要测量幼儿园班级教师提供的集体教学、生活照料活动以及师幼互动、同伴互动的发展适宜性[②]。本研究中采用《质量量表》的两个因子得分来代表幼儿园班级的教育质量。

表 13.1.2.1 《中国托幼机构教育质量评价量表》(第一版)子量表结构和内部一致性

子量表	项目数	Cronbach's α
(一)园舍设施	9	0.927
(二)保育	6	0.898
(三)课程计划与实施	5	0.891
(四)集体教学	7	0.927
(五)游戏与活动	9	0.902
(六)语言与推理	4	0.826
(七)指导与互动	5	0.897
(八)对家长与教师的支持	6	0.892
总量表	51	0.964

---

① K J Li，et al. Chinese Early Childhood Environment Rating Scale (trial) (CECERS)：A Validity Study[J]. Early Childhood Research Quarterly，2014(3)：268-282.

② K J Li，et al. Chinese Early Childhood Environment Rating Scale (trial) (CECERS)：A Validity Study[J]. Early Childhood Research Quarterly，2014(3)：268-282.

（2）儿童发展评估工具

本研究采用了《CDCC 中国儿童发展量表（3～6 岁）》①（以下简称《发展量表》）来评估幼儿的发展。《发展量表》是一个适用于 3～6 岁儿童的常模参照测验，包含四个分测验：语言（包含四个因子、25 个测试项目，主要测试儿童的词汇掌握与使用、语言理解能力）、认知（包含五个因子、56 个测试项目，主要测试儿童在分类、排序、图形、数字、简单计算与推理等方面的能力）、社会常识（包含三个因子、25 个测试项目，主要反映儿童对社会角色、人际关系以及社会职业的认识）、运动（5 个项目，测试儿童的大肌肉动作以及精细动作能力）。根据研发者的报告，《发展量表》各分测验的内部一致性处于 0.71～0.95，重测信度为 0.89，且该量表具有较好的内容效度、结构效度和效标效度②。值得一提的是，该量表是迄今为止我国自主研发并经过信效度验证的唯一一套适于学龄前儿童的发展评价工具。本研究重点关注运动领域以外的儿童发展，因此，研究者把前三个分测验（语言、认知、社会常识）的得分作为儿童发展的指标。需要指出的是，尽管这是一套常模参照测验，但考虑到该量表研发的时间距离现在较久，为避免常模老化带来的误差，所以本研究中没有采用根据年龄常模计算出的标准分，而是采用了儿童测试的原始分，通过控制儿童的年龄变量来进行相关分析。

（3）幼儿园园长和教师问卷

评分员在班级观察当天请幼儿园园长和所观察的班级教师填写园长问卷和班级教师问卷，以获取幼儿园层面和班级—教师层面的基本信息。幼儿园层面变量包括：所在地、规模、办园性质、园所等级、教师数量、工资水平以及经费信息（收入与支出）；班级层面变量包括：年龄班、幼儿数、特殊幼儿数量及类型、保教人员配备数量；教师层面变量包括：年龄、教龄、学历（第一学历和最高学历）、专业、资格证、编制、职称等。

（4）家庭背景信息

儿童发展测试员负责收集被试儿童的家庭背景信息，包括：家长年龄、职业、受教育程度、收入。在父母亲职业，尤其是收入数据上缺失值比例很高，可能的原因是家长们不愿过多透露家庭的敏感信息。因此，本研究中仅采用了父母亲的受教育程度来代表家庭的社会经济地位（Social Economic Status，SES）。

3. 数据采集过程

研究者培训了 28 名《质量量表》观察评分员和 13 名《发展量表》测试员，所有

---

① 张厚粲，周容，陈帼眉，赵钟岷，王晓平. CDCC 中国儿童发展量表（3～6 岁）[Z]. 中国儿童发展中心，1992.

② 周容，张厚粲. CDCC 中国儿童发展量表（3～6 岁）的编制[J]. 心理科学，1994（3）：137-192.

被培训者均为学前教育相关专业硕士研究生。培训包括一周的量表内容学习和一周的现场操作(运用《质量量表》的班级观察测量和运用《发展量表》的儿童发展水平测试)。培训结束时，被培训者均能够熟练使用相应评价工具。《质量量表》受训者与培训者之间达到了足够高的评分者间一致性：项目水平上，1分以内一致性的比率为0.91——考虑到此类观察性量表在单个项目上的测量误差通常较大，因而这里报告的评分者间一致性可以看作处于较高水平[①]。《发展量表》的13名测试员也能够稳定熟练地进行儿童发展的测试(整个量表的内部一致性为0.9)。

2012上半年，研究团队先后对浙江省六个地区91所幼儿园的178个班级，运用《质量量表》进行了观察测量。每次班级观察的时间为6小时(上午4小时，下午2小时)，加上幼儿午休期间0.5小时左右对班级教师的访谈，以获取无法观察的有关信息。为提高观察测量的信度，本研究采用2名评分员同时进入一个班级各自独立进行观察和评分；各自评分完成后作为小组进行合议，对不一致的项目进行讨论，最终给出小组一致的评分。运用概化理论的测量信度分析结果表明，这一做法能够显著提高观察测量的信度[②]。

在班级观察的同时，《发展量表》测试员从所观察的班级随机抽取6名幼儿(男女各半)，对其进行儿童发展测验。测试采用一对一的形式，在幼儿熟悉且不受干扰的环境中进行；每名幼儿的测试时间为25～35分钟(因年龄和个体差异而不同)。最终获取了1012名儿童发展结果的有效数据。

4. 数据处理与分析

研究者采用了以下五个步骤对数据进行处理和分析。

第一步，数据筛选。研究者决定从儿童总体样本中去除入园时间少于6个月的个案——理由是如果入园时间过短，该幼儿园班级的教育质量尚不足以对该儿童的身心发展产生可观测的影响。这样，77个个案从儿童总体样本中去除。最终，935个儿童基于《发展量表》测试的发展结果数据以及163个班级(来自88所幼儿园)基于《质量量表》观察测量的教育质量数据运用于后面的分析。

第二步，《质量量表》因子得分的计算。根据探索性因素分析(EFA)的结果[③]，研究者计算了《质量量表》的两个因子得分，因子1"学习条件"的得分是其包含的21个项目得分的均值，因子2"教学与互动"的得分是其所包含的13个项

---

① K J Li, et al. Chinese Early Childhood Environment Rating Scale (trial) (CECERS)：A Validity Study. Early Childhood Research Quarterly，2014(3)：268-282.

② Chen D, et al. Measurement Quality of the Chinese Early Childhood Program Rating Scale (CECPRS)：An Investigation Using Multivariate Generalizability Theory[J]. Journal of Psychoeducational Assessment，2014(3)：236-248.

③ K J Li, et al. Chinese Early Childhood Environment Rating Scale (trial) (CECERS)：A Validity Study. Early Childhood Research Quarterly，2014(3)：268-282.

目得分的均值。《质量量表》两个因子得分的描述性统计结果见表 13.1.3.2。

第三步，数据缺失值处理。研究者采用了基于模型的多重补插法（multiple imputation）对缺失值进行了处理，该技术是社会科学领域最常用的缺失数据处理方法[1][2]。研究者构建了一个数据补插模型以适应数据聚合的特性，整合家庭特征变量以及其他用于最终的回归分析的变量数据。假设所有其他辅助变量能够替代缺失值并形成完整数据集（datasets），依据相应变量的分布模型获得了缺失值的替代值。在此过程中，共产生了 10 个数据补插数据集；在每个数据集中进行了适当的分析，并结合估计参数产生最终的估计值[3]。多重数据补插采用的软件是 REALCOM-IMPUTE[4] 和 Stata 12®[5]。

第四步，多层线性模型（hierarchical linear model，HLM）的回归分析。为解决数据的多层级聚合性问题（如多名儿童来自同一班级，多个班级来自同一所幼儿园），研究者以样本班级在《质量量表》上的两个因子得分为预测变量，以儿童在《发展量表》上的测试得分（包括语言、认知、社会常识）为因变量，建立并运行了三个层级的多层线性模型（HLM）。模型一显示了《质量量表》两个因子得分对于儿童语言、认知、社会常识测试结果得分的主效应，协变量包括：儿童年龄、性别、入园时长、母亲受教育年限、所在地（是否为城市）、办园性质（是否为公办）。模型二加入了两个质量因子得分与家长受教育程度的交互作用变量。模型三加入了两个质量因子得分与所在地（是否为城市）的交互作用变量。在此基础上，为进一步检验幼儿园教育质量对于不同群体儿童的效应差异，研究者还进行亚组分析。采用两种方式对儿童样本进行了分组（根据父母受教育程度或所在地），采用同样的多层线性模型（HLM）进行分析。多层线性模型的回归分析采用 SAS 9.2®[6]软件进行。

第五步，验证性分析。研究者还进行了一系列的敏度分析（sensitivity analysis），以验证上述分析结果可靠性。研究者基于同样的多层线性模型，运用全部

① Kenward M J & J R Carpenter. In Longitudinal data analysis：A handbook of modern statistical methods[M]. Fitzmaurice ed. G. , et al. Boca Raton，FL：Chapman & Hall/CRC，2008：477-499.

② Little R J A & Rubin D B. Statistical analysis with missing data（2nd ed. ）[M]. New York：Wiley，2002.

③ Rubin D B，Multiple imputation for nonresponse in surveys[J]. Journal of Marketing Research，1987，137(1).

④ Goldstein H. Multiple imputation using MLwiN[M]. Bristol，U. K. ：CMM，University of Bristol，2009.

⑤ Corp S. Stata Statistical Software：Release 13[M]. College Station，TX，U. S. A. ：StataCorp LP，2013.

⑥ SAS Institute，SAS 9.3[M]. Cary，NC：SAS Institute，2011.

样本数据(即 1012 名儿童样本)进行了回归分析。全样本分析的结果与本文所呈现的结果基本一致(限于篇幅,这些验证性分析的结果本文不再呈现)。

三、幼儿园教育质量与儿童发展的相关性

(一)幼儿园教育质量

表 13.1.3.1　幼儿园结构性质量描述性统计 ($N=88$)

	N	Mean	SD	Range
幼儿园特征				
教师数量	73	16.85	10.43	3~51
保育员数量	70	5.45	4.81	0~19
班级数量	75	8.68	4.33	3~25
儿童总数	72	290.95	158.52	91~946
生均活动室面积(m²)	71	4.98	12.16	1~70
生均午睡室面积(m²)	71	2.21	3.89	0~28.7
生均户外场地面积(m²)	69	4.58	3.21	0.32~16.1
幼儿园经费				
上一年度人员经费总额(万元)	67	11.63	13.03	1~62
上一年度生均支出成本(元)	76	5052.89	3966.67	560~18820
教师平均月收入(元)	71	2537.07	1092.56	2~5100
保育员平均月收入(元)	64	1341.68	386.11	0~2400
年生均保缴费(元)	74	2731.66	2000.21	118~13050
上一年度财政拨款(万元)	63	87.88	169.35	0~737.75

描述性统计结果显示(见表 13.1.3.1),样本幼儿园平均有 9 个班级(范围3~25),17 位教师(范围 3~51),5 位保育员(范围 0~19),291 名在园幼儿(范围91~946)。样本班级平均有 35 名幼儿(范围 11~63),生师比约为 18.23(范围 3~46);教师的平均教龄为 9.3 年,38%的教师最高学历为本科及以上,77%持有教师资格证,56%的教师有职称,34%的有事业编制,教师平均月收入为 2537元($SD=1093$)。样本班级在《质量量表》得分上(见表 13.1.3.2),结果显示样本班级总体上质量水平较低,量表总分均值为 3.29 分($SD=0.93$),刚刚达到合格水平(3分);因子 1"学习条件"得分为 2.89 分($SD=0.95$;尚未达到"合格水平"),因子 2"教学与互动"得分为 3.48 ($SD=0.95$)。

表 13.1.3.2　班级教育质量描述性统计（$N=163$）

	N	Mean	SD	Range
过程性质量：《质量量表》得分				
因子 1. 学习条件	163	2.89	0.95	1.19～5.00
因子 2. 教学与互动	163	3.48	0.95	1.15～6.54
量表总分	163	3.29	0.93	1.35～5.86
结构性质量				
注册幼儿数	161	35.45	7.80	11～63
在场幼儿数	160	33.39	8.00	11～54
生师比	158	18.23	8.59	3～46
教师年龄	158	31.08	6.04	22～49
教龄	157	9.29	6.37	0.5～30
本科及以上学历（%）	160	38%		
持有资格证（%）	159	77%		
有职称（%）	163	56%		
有编制（%）	152	34%		

　　进而，研究者还检验了不同性质、不同所在地幼儿园的质量差异（t 检验、卡方检验等）。分析结果显示（限于篇幅，数据表这里没有呈现），公办园规模更大（在园幼儿总数、教师总数、班级总数更多），收费更低，得到更多的财政拨款，教师薪资水平更高，生均支出和人员经费支出水平更高。公办园的班级《质量量表》各项得分更高，班级规模更大，教师学历水平更高，资格证持有比例、有职称比例、有编制比例均显著高于民办园。在城市—农村之间，幼儿园教育质量呈现了类似于公办—民办之间的差异模式；城市园在《质量量表》的各项指标上得分显著高于农村园；另外，城市园收费更高，班级规模更小、生师比更低。基于这些结果，研究者把办园性质（是否为公办）、所在地（是否为城市）这两个变量作为协变量纳入了回归分析模型中。

（二）儿童发展结果

表 13.1.3.3　儿童、家庭与儿童发展结果描述性统计（$N=935$）

	N	Mean	SD	Range
儿童特征				
年龄	935	5.30	0.81	3～6.6
性别（男孩%）	935	50%		
少数民族（%）	935	5%		

	N	Mean	SD	Range
入园时长（月）	935	24.64	11.24	6～72
家庭特征				
母亲年龄	846	33.52	4.27	23～50
母亲受教育年限	874	11.61	3.35	3～22
父亲年龄	847	35.81	4.86	24～58
父亲受教育年限	895	11.94	3.18	6～22
父母文化程度均在高中以下	890	33%		
儿童发展结果—《发展量表》得分				
语言	935	20.97	5.04	6～32
认知	935	33.14	8.80	5～57
社会常识	935	16.94	3.91	3～29

由表 13.1.3.3 可见，样本儿童的平均年龄为 5.3 岁，男女各占一半，95%的儿童为汉族，入园时长为 24 个月；母亲、父亲平均年龄分别为 33 和 35 岁，平均受教育程度接近高中毕业，33%的样本儿童父母亲文化程度均在高中以下；样本儿童在《发展量表》上语言、认知、社会常识上的测试得分（原始分）均值分别为 20.97（$SD=5.04$）、33.14（$SD=8.80$）、16.94（$SD=3.91$）。

（三）相关分析

接下来的一系列分析目的在于检验儿童语言、认知、社会常识的发展结果再多大程度上与幼儿园教育质量存在相关性。

1. 幼儿园班级层面变量之间的相关分析

表 13.1.3.4　幼儿园班级层面变量之间的相关性（$N=163$）

	因子 1. 学习条件	因子 2. 教学与互动	量表总分
《质量量表》得分			
因子 1. 学习条件		0.77***	0.95***
因子 2. 教学与互动			0.92***
量表总分			
结构性质量			
在场幼儿数	−0.06	−0.14+	−0.09
生师比	−0.45***	−0.45***	−0.49***
教龄	0.15+	0.18*	0.17*
教师学历	0.45***	0.45***	0.48***

注：***，$p<0.001$；*，$p<0.05$；+，$p<0.1$。

表 13.1.3.4 显示，样本班级在《质量量表》上的各项得分(量表总分以及两个因子得分)之间存在高度相关(两个因子之间的相关系数为 0.77，两个因子与量表总分之间的相关系数超过 0.9)；在班级—教师层面的变量中，生师比和教师学历与过程性质量(以《质量量表》得分衡量)之间存在显著的中等程度的相关性($r=0.45\sim0.49$)。

2. 儿童发展结果与幼儿园教育质量及协变量之间的相关分析

表 13.1.3.5　儿童发展结果与教育质量指标及协变量之间的相关性 ($N=935$)

	儿童在《发展量表》上的得分		
	语言	认知	社会常识
《质量量表》得分			
因子 1. 学习条件	0.17***	0.18***	0.20***
因子 2. 教学与互动	0.25***	0.26***	0.25***
量表总分	0.23***	0.23***	0.24***
协变量			
儿童年龄	0.53***	0.57***	0.51***
儿童性别(男)	−0.03	−0.03	0.01
入园时长	0.46***	0.51***	0.42***
母亲受教育程度	0.24***	0.24***	0.21***
是否为公办园	0.07*	0.06+	0.10**
是否在城市	0.24***	0.29***	0.26***

注：***，$p<0.001$；**，$p<0.01$；*，$p<0.05$；+，$p<0.1$。

表 13.1.3.5 显示，样本儿童语言、认知和社会常识在《发展量表》上的测试得分与班级质量的各项指标之间均存在显著的相关性，但相关性处于较低水平($r=0.17\sim0.26$)；其中，因子 2"教学与互动"得分与儿童发展结果之间的相关性程度略高于《质量量表》总分以及因子 1"学习条件"。在协变量中，儿童年龄与儿童发展各项结果之间相关性最强($r=0.51\sim0.57$)，其次为入园时长($r=0.42\sim0.51$)，再次为是否在城市($r=0.24\sim0.29$)和母亲受教育程度($r=0.21\sim0.24$)；是否为公办园与儿童发展结果之间的相关性极低；儿童发展结果与性别之间不存在相关性。

(四)多层线性模型分析

研究者采用了三个层级的多层线性模型(HLM)，在控制了儿童(年龄、性别、入园时长)、家庭(母亲受教育程度)、幼儿园(是否公办园)、社区(是否城市地区)层面的一些必要协变量的条件下，检验幼儿园教育质量与儿童发展结果的相关性及其预测效应量的大小。幼儿园教育质量指标为样本班级在《质量量表》上的两个因子得分(因子 1"学习条件"、因子 2"教学与互动")①，儿童发展结果采用儿童在《发展量表》上语言、认知和社会常识上的测试得分。

表 13.1.3.6 呈现了多个模型的多层线性模型的分析结果。模型一检测了幼儿园教育质量对儿童发展结果的主效应。结果表明，"教学与互动"质量更高的班级，儿童的语言、认知和社会常识发展得更好，预测效应量(d)在 $0.13 \sim 0.16$，属于比较弱的预测效应——这一结果与研究假设基本相符。但"学习条件"因子得分与儿童的各项发展结果均不存在显著的相关性。

研究者接着进行了两个系列的分析，以检验幼儿园教育质量与相对弱势群体的儿童发展之间是否存在不同的相关性。除了模型一中的协变量，模型二中加入了两个质量因子得分与一个二分类变量(表明是否父母亲受教育程度均为高中以下)的交互作用变量；模型三中加入两个质量因子得分与另一个二分类变量(表明幼儿园所在地是否为城市)的交互作用变量。结果如表 13.1.3.6 所示，这些交互作用变量与儿童发展的各项得分之间均不存在显著的相关性。因而，这里没有证据表明父母亲的受教育程度(是否双方均为高中以下)或者所在地(城市—农村)在幼儿园教育质量与儿童发展结果之间产生了中介调节作用；或者说，似乎没有证据表明幼儿园教育质量对于不同群体的儿童有不同的效应。

表 13.1.3.6 多层线性模型(HLM)：检验幼儿园教育质量与儿童发展结果之间的相关性($N = 935$)

	语言			认知			社会常识		
	B	**SE**	**ES**	**B**	**SE**	**ES**	**B**	**SE**	**ES**
模型一：主效应分析									
《质量量表》得分									
因子 1. 学习条件	−0.30	0.31	−0.06	−0.71	0.57	−0.08	−0.13	0.27	−0.03
因子 2. 教学与互动	0.78**	0.29	0.15	1.48**	0.55	0.16	0.52*	0.26	0.13
协变量									
儿童年龄	3.04***	0.37	0.49	5.57***	0.61	0.51	2.01***	0.29	0.42
儿童性别（男）	−0.30	0.24	−0.06	−0.34	0.36	−0.04	0.01	0.18	0.00
入园时长	0.06***	0.02	0.13	0.11***	0.03	0.14	0.03*	0.02	0.09
母亲受教育程度	0.24***	0.05	0.16	0.41***	0.08	0.16	0.14***	0.04	0.12

---

① 已有研究表明，托幼机构教育的总体质量与儿童各方面发展结果的相关性很低，且含义模糊；质量的具体维度与相匹配的儿童发展具体领域之间相关性更强，且更具研究和时间价值(见上文的文献综述部分)；因而，本研究中仅采用了《质量量表》的两个因子得分来代表质量，而没有采用《质量量表》的总分(分析结果的确也显示量表总分与儿童各方面发展结果的相关性极其微弱或不显著)。

续表

	语言			认知			社会常识		
	B	SE	ES	B	SE	ES	B	SE	ES
是否为公办园	0.23	0.41	0.05	0.31	0.76	0.04	0.43	0.37	0.11
是否在城市	0.88＋	0.45	0.17	2.13**	0.83	0.24	0.90*	0.40	0.23
因子1×父母亲受教育程度	−0.76	0.46		−0.56	0.74		−0.54	0.38	
因子2×父母亲受教育程度	0.39	0.47		0.44	0.75		0.38	0.40	
因子1×所在地（城市）	0.40	0.57		0.85	1.06		0.73	0.49	
因子2×所在地（城市）	−0.38	0.59		−1.16	1.12		−0.99＋	0.52	

注：1. 模型二、三包含了模型一中所有的协变量，此处仅报告了主要预测变量的相关结果；

2. B：回归系数；SE：标准误差；ES：效应量。

3. *，$p < 0.05$；**，$p < 0.01$；***，$p < 0.001$。

四、幼儿园教育质量对不同儿童群体的效益

为验证上述多层线性模型的分析结果，同时进一步探索幼儿园教育质量对不同群体儿童的不同效应，研究者进行了两个亚组分析。在亚组分析一中，根据父母亲受教育程度是否均在高中以下，儿童样本被分成了两组：父母高教育背景组和低教育背景组。在亚组分析二中，根据幼儿园所在地，儿童样本被分为两组：城市组和农村组。亚组分析中同样运行了模型一中的多层线性模型，结果见表13.1.4.1。

表 13.1.4.1 亚组分析：检验幼儿园教育质量对不同群体儿童的不同效应

亚组		预测变量：质量因子	语言			认知			社会常识		
			B	SE	ES	B	SE	ES	B	SE	ES
亚组分析一：父母受教育程度	至少一方高中或以上	学习条件	−0.03	0.35	−0.01	−0.42	0.64	−0.05	0.10	0.31	0.03
		教学与互动	0.66*	0.33	0.12	1.10+	0.62	0.12	0.33	0.30	0.08
	均为高中以下	学习条件	−0.75	0.48	−0.15	−0.73	0.80	−0.08	−0.50	0.40	−0.13
		教学与互动	0.81+	0.46	0.15	1.56*	0.78	0.17	0.81*	0.39	0.20

亚组		预测变量：质量因子	语言			认知			社会常识		
			B	SE	ES	B	SE	ES	B	SE	ES
亚组分析二：所在地	城市	学习条件	−0.16	0.50	−0.03	−0.38	0.89	−0.04	0.10	0.40	0.03
		教学与互动	0.56	0.42	0.11	0.92	0.77	0.10	0.21	0.32	0.05
	农村	学习条件	−0.31	0.42	−0.06	−1.09	0.79	−0.12	−0.51	0.37	−0.13
		教学与互动	0.81^+	0.42	0.15	2.09^*	0.82	0.23	1.07^{**}	0.38	0.26

注：1. 为简化信息表，此处仅呈现了多层线性模型中《质量量表》两个因子得分与儿童在《发展量表》上语言、认知、社会常识得分之间相关性的最终结果；协变量与表 13.1.3.6 中基本相同，其中亚组分析一中不包含母亲受教育程度，亚组分析二中不包含所在地（是否为城市）。

2. **，$p < 0.01$；*，$p < 0.05$；$^+$，$p < 0.1$。

亚组分析的结果显示（见表 13.1.4.1），"教学与互动"质量对于不同群体的儿童存在不同的效应，与特定儿童群体某些领域的发展结果存在显著的相关性。具体而言，"教学与互动"质量与父母受教育程度较低（均为高中以下）的儿童以及农村儿童的认知发展、社会常识的发展存在积极的显著性相关，并且效应量（$d = 0.17 \sim 0.26$）略高于全组分析中的相应结果（见表 13.1.3.6）。但"教学与互动"质量对弱势群体儿童的语言发展似乎并没有显著不同的积极效应。另外，"学习条件"质量与不同群体儿童各方面发展均无显著性相关——这一结果与全组分析的结果一致。

五、讨论

本研究基于我国一个东部省份的数据检验了幼儿园教育质量与儿童发展的相关性。与国内已有研究结论基本一致，本研究发现，该省份的幼儿园教育质量特征是园所规模大、班级规模大、教育过程性质量低（以《质量量表》得分衡量）。与来自其他国家的研究结果类似，本研究发现，当接受了更高"教学与互动"质量的幼儿园教育（教师能够进行更高质量的教学与更频繁的师幼互动）后，儿童表现出更高的认知技能和社会技能。但基于该省样本数据，在幼儿园教育质量对于处境不利群体儿童（父母受教育程度低、生活在农村）是否有不同的效应方面，本研究并没有找到强有力的和一致的证据。

（一）我国学前教育质量特征与问题

随着我国学前儿童入园率的迅速提高，学前教育质量问题越来越值得关注。本研究发现，样本幼儿园班级班额较大、生师比较高，且教育质量低——无论是幼儿的学习条件与机会，还是教学与互动的质量。这一事实是我国关于什么是好的儿童养育的文化观念与满足不断增长的大量儿童入园需求折中的结果。过程性教育质量（本研究中以《质量量表》得分为指标）低下是以下因素共同作用的综合效应：（1）传统上，我国幼儿教育素来强调幼儿遵守常规和纪律，掌握基础知识和基本的艺术与学习技能[1][2]；（2）大班额、高生师比以及设施与材料的不足使得教师难以创设以幼儿为主体的学习机会（因子1"学习条件"质量），难以提供能够有效回应不同幼儿学习和发展需求的高质量教学和个别化的人际互动（因子2"教学与互动"质量）。

尽管我国教育主管部门颁布了一系列旨在推动学前教育实践改进的指导性文件（如《幼儿园教育指导纲要》），其中强调了以幼儿为中心的游戏课程和教学方式的重要性，但由于财政投入水平过低（本研究中，生均财政投入每年仅898元）且投向不均衡（本研究中，28％的幼儿园无法获得财政拨款，大部分是农村幼儿园和民办园），导致这些政策很难被真正落实。更重要的是，收入低和社会地位低（本研究中样本幼儿园的教师月收入均值仅2537元）使得学前教育缺乏职业吸引力。对于大量幼儿园来说，尤其是农村地区和私立机构，难以招聘到和留住足够数量的合格教师，以便实施适宜儿童发展的活动，提供有质量的教学和能够回应儿童需求的互动（本研究样本中，民办幼儿园和农村幼儿园分别有38％和35％的教师没有资格证）。

（二）学前教育质量与儿童发展的相关性

更为重要的是，本研究发现幼儿园教育质量与儿童的发展结果存在显著的正相关。尽管与西方文化中对高质量早期教育有着不同的界定，本研究表明，学前儿童上了更高质量的幼儿园之后，语言、认知和社会性技能均得到了更好的发展。在幼儿园教育不同方面的质量中，"教学与互动"质量能够稳定一致地对儿童的语言、认知和社会常识的发展结果产生积极的效应。这一发现与美国的同类研究一致，它们发现ECERS-R的"互动"因子与儿童的早期数学和社会性技能存在显著积极的相关（Burchinal，et al，2011；Keys，et al，2013）。但本研究的这一发现具有不同的重要意义，因为本研究中《质量量表》的因子2"教学与互动"并不

---

① 　Li H & Rao N. Influences on literacy attainment：Evidence from Beijing，Hong Kong and Singapore[J]. International Journal of Early Years Education，2005，13(3)：235-253.

② 　Tobin J，Hsueh Y & Karasawa M. Preschool in three cultures revisited：China，Japan，and the United States[M]. Chicago：University of Chicago Press，2009.

等同于 ECERS-R 的"互动"因子；"教学与互动"因子除了包含师幼互动、同伴互动方面的内容，它还包含了涉及集体教学质量的 6 个项目。因此，本研究的结果为高质量集体教学对于我国儿童发展的积极效应提供了有力的证据。本研究中的效应量尽管仍然比较弱，但略高于美国的最新的同类研究（Burchinal，et al，2015；Keys，et al，2013）。但是，《质量量表》的"学习条件"因子得分与儿童发展的各项结果均不存在显著的相关性，其原因需要进一步研究探索。

（三）学前教育质量与弱势群体儿童发展

大量研究（多来自美国）揭示处境不利儿童（来自低收入家庭或有其他风险因素）可能从有质量的早期教育中受益更多（Burchinal，Peisner-Feinberg，Bryant & Clifford，2000；Gormley，Gayer，Phillips & Dawson，2005；Votruba-Drzal，Coley & Chase-Lansdale，2004；Winsler，et al，2008）。在这一点上，本研究无法提供强有力的一致的证据以支持这一结论。在交互作用模型的分析中，父母受教育程度或城乡所在地因素并未对学前教育质量与儿童发展之间的相关性造成显著的调节作用。但是亚组分析却表明：教学与互动质量能够显著地预测弱势群体儿童（父母受教育程度低或来自农村）的认知和社会常识发展。从统计分析技术上说，一般是倾向于采用交互作用模型的分析结果，因为交互作用模型最大限度地使用了样本数据，对亚组的不同效应提供了直接的统计检验；而亚组分析的结果很有可能是基于特定的部分样本的假象（而非真实的不同亚组间的不同效应）（Assman，Pocok，Enos & Kasten，2000）。本研究结果中的不一致，可能说明我们的样本量不足以探测学前教育质量与儿童发展相关性的中介调节效应（moderation effect）问题——交互效应模型的分析通常需要相当大的样本量（Brooks，et al，2001）。学前教育质量对于不同群体儿童的不同效应这一研究问题具有极其重要的政策价值，值得更进一步的探究。在全国范围更大样本量的基础上，将有可能对这一问题进行探测。

本研究目的在于检验学前教育质量与儿童发展结果之间的相关性。基于抽样完整的一个省份的观察测查数据，研究发现幼儿园的教学与互动质量维度，与儿童语言、认知、社会常识的发展结果显著相关，这在中国学前教育质量与儿童发展相关性的研究中迈进了一步。研究也引发了新的问题探究，在第二节中用分段回归技术探讨质量门槛效应。

第二节　学前教育质量与儿童发展：门槛效应的探索

一、研究背景

学前教育①质量被认为在儿童的早期发展中发挥着重要的作用——它有助于儿童超越家庭环境质量水平和人口学上的限制性特征②。许多具有广泛样本代表性的观察性研究结果表明③，高质量的托幼机构教育与儿童的语言、认知、社会性发展存在积极的相关性，并且这种积极的影响作用可能持续到儿童入学几年以后甚至更长时间。从另外的角度来理解这些研究发现，我们会产生这样的疑问：低质量的学前教育与儿童发展结果之间为何不存在相关性呢？高质量与低质量的托幼机构教育与儿童发展之间的关系存在怎样的不同呢？

多项研究发现，托幼机构的观察性质量与儿童发展结果之间的相关性通常是在统计学上具有显著性，但是在效应量上并不大，甚至非常微弱④。几个新近的

---

① 本文中，"学前教育"一词是在狭义的意义上使用，如无特殊说明，是指托幼机构的教育；在我国的情境中，则主要是指幼儿园教育。

② Pianta R C，Barnett W S，Burchinal M & K R Thornburg. The effects of preschool education：What we know，how public policy is or is not aligned with the evidence base，and what we need to know[J]. Psychological Science in the Public Interest，2009，10(2)：49-88.

③ Burchinal M，et al. Early care and education quality and child outcomes [R]. Washington，DC：Office of Planning，Research and Evaluation，Administration for Children and Families，US DHHS，and Child Trends. 2009；Burchinal，M R，Peisner-Feinberg E，Bryant D M，& Clifford R. Children's social and cognitive development and child-care quality：Testing for differential[J]. Applied Developmental Science，2000，4(3)：149-165；National Institute of Child Health and Human Development，Early Child Care Research Network (NICHD ECCRN). Early child care and children's development in the primary grades：Results from the NICHD Study of Early Child Care[J]. American Educational Research Journal，2005，42(3)：537-570；Peisner-Feinberg E S，et al. The relation of preschool child care quality to children's cognitive and social developmental trajectories through second grade[J]. Child Development，2001，72(5)：1534-1553.

④ Burchinal M，Kainz K & Cai Y. How well do our measures of quality predict child outcomes？[A]. In M Zaslow，I Martinez-Beck，K Tout & T Halle (Eds.). Quality measurement in early childhood settings[C]. Baltimore，MD：Paul H. Brookes Publishing，2011：11-31；Crosnoe R，Leventhal T，Wirth R J，Pierce K M，Pianta R & the NICHD Early Child Care Research Network. Family socioeconomic status and con-sistent environmental stimulation in early childhood[J]. Child Development，2010(81)：972-987；NICHD Early Child Care Research Network. The relation of child care to cognitive and language development[J]. Child Development，2000(71)：960-980.

关于早期教育质量与儿童发展结果关系的元分析（meta-analysis）①得到了一致却微弱的相关。比如，Burchinal 等的研究发现，托幼机构教育质量与儿童发展结果之间的偏相关系数在 0.05～0.17②；而 Dang 等的研究结果中，这一相关性系数则更低，仅 0.04③。由于以前的这类研究通常采用的分析方法其前提假设都是托幼机构教育质量与儿童发展之间存在线性相关，因而，这些结果引起了研究者们的反思：学前教育质量与儿童发展结果之间的关系是否是线性相关？学前教育质量是否存在一个类似"门槛"（threshold）的临界水平：在这一水平以上的高质量学前教育与儿童发展之间存在显著、积极的相关性；而在这一水平以下的低质量学前教育与儿童发展结果之间不存在显著的相关性？

早在 20 世纪 90 年代初，有研究者开始尝试基于儿童发展的关联性探索早期教育质量的"门槛效应"（threshold effect）。豪斯（C Howes）等对"门槛"的界定是：托幼机构教育质量与儿童发展之间的一个临界点，在此临界点以下，托幼机构的教育伤害或者阻碍儿童的发展；在此临界点以上，托幼机构的教育不会产生可觉察的伤害④。基于 414 名儿童的相关数据，采用相关分析与路径分析技术，豪斯等探索了托幼机构的结构性质量（班级规模和师幼比）和观察性质量的门槛。该研究发现，8∶1 的生师比是个灵敏的结构性质量指标，对儿童发展的结果有着明显的区分作用；在观察性质量方面，当班级的师幼互动质量和游戏活动质量[以《婴幼儿学习环境评价量表》（ITERS）来衡量]达到特定水平（量表的 5 分即"良好"）以上时，对幼儿的社会性发展才显现出积极效应（比如，更强的安全感、更多的师幼互动和同伴互动行为，以及更强的同伴交往能力）；并且路径分析发现

① Burchinal M，Kainz K，Cai K，Tout K，Zaslow M，& Martinez-Beck I，et al. Early care and education quality and child outcomes[R]. Washington，DC：Office of Planning，Research and Evaluation，Administration for Children and Families，US DHHS，and Child Trends，2009；Burchinal M，Kainz K & Cai Y. How well do our measures of quality pre-dict child outcomes？[A]. In M Zaslow（Ed.）. Reasons to take stock and strengthen our measures of quality[C]. Baltimore，MD：Paul H. Brookes Publishing，2011：11-31；Dang T T，Farkas G，Burchinal M R，Duncan G J，Vandell D L & Li W，et al. Preschool center quality and school readiness：Quality main effects and variation by demographic and child characteristics. Evanston，IL：Society for Research on Educational Effectiveness，2011.

② Burchinal M，Kainz K & Cai Y. How well do our measures of quality predict child outcomes？[A]. In M Zaslow（Ed.）. Reasons to take stock and strengthen our measures of quality[C]. Baltimore，MD：Paul H. Brookes Publishing. 2011：11-31.

③ Dang T T，Farkas G，Burchinal M R，Duncan G J，Vandell D L & Li W，et al. Preschool center quality and school readiness：Quality main effects and variation by demographic and child characteristics. Evanston，IL：Society for Research on Educational Effectiveness，2011.

④ Howes C，Phillips D A & Whitebook M. Thresholds of Quality：Implications for the Social Development of Children in Center-Based Child Care[J]. Child Development，1992，63（2）：449-460.

了从结构性要素到过程性质量到儿童的社会性发展结果之间的作用机制[①]。2004年，另一个研究团队的研究进一步支持了早期教育质量的门槛效应的假设。Votruba-Drzal 等发现，在高质量托幼机构中，儿童的内部行为问题和外部行为问题都出现了锐减，但在低质量机构中却并未如此[②]。

在这一问题领域，Burchinal 及其研究团队做出了卓有成效的探索。基于多个追踪性研究的大样本数据，她们发现了托幼机构教育质量与儿童发展之间存在曲线性相关的证据[③]。这些发现表明，只有当托幼机构的教育质量达到相当高的特定水平以上时（以通常采用的质量评价工具衡量），儿童才呈现出更好的发展结果。最近，分段回归模型被用于验证门槛效应的假设。在分段回归模型中，基于预设的临界值（cut-point），所观测的班级质量被划分为低质量的或者高质量的；在低质量和高质量的区间，分段回归能够检验质量与儿童发展的不同的线性相关及其斜度的不同。运用这一分析技术，基于来自 11 个州的学前幼儿园（pre-kindergarten，一般为州立，面向 4 岁处境不利儿童的早期教育服务）项目数据，Burchinal 等发现，儿童的入学准备水平与《班级评定计分系统》（CLASS，主要评定班级中的人际互动质量，采用 7 点评分）的"教学支持"的中高质量（3.25 分以上）显著相关；而儿童的社会性发展则与 CLASS 量表衡量的高质量"情感支持"（5分以上）比起中低质量呈现更强的相关性[④]。同时，Burchinal 等发现，对于贫困儿童的发展而言，可能也存在质量的"门槛"：高质量的早期教育让低收入儿童受益良多；然而，劣质的早期教育也更容易伤害这些脆弱的儿童群体[⑤]。在最近的一项研究中，基于来自两个非常贫困的偏远地区的 849 名儿童的相关数据，Burchinal 等运用 b 样条分析技术（b-spline technique）来探测托幼机构教育质量的"门槛"（临

①　Howes C，Phillips D A & Whitebook M. Thresholds of Quality：Implications for the Social Development of Children in Center-Based Child Care[J]．Child Development，1992，63(2)：449-460.

②　Votruba-Drzal E，Coley R L & Chase-Lansdale P L. Child care and low-income children's development：Direct and moderated effects[J]．Child Development，2004，(75)：296-312.

③　Burchinal M，Kainz K，Cai K，Tout K，Zaslow M & Martinez-Beck I，et al. Early care and education quality and child outcomes[R]．Washington，DC：Office of Planning，Research and Evaluation，Administration for Children and Families，US DHHS，and Child Trends. 2009；Burchinal M，Xue Y，Tien H，Auger A & Mashburn A J. Secondary data analysis looking for thresholds in child care quality[J]．Paper presented at the Biennial Meeting of the Society for Research in Child Development，Montreal，Canada，2011(3).

④　Burchinal M，Vandergrift N，Pianta R，et al. Threshold analysis of association between child care quality and child outcomes for low-income children in pre-kindergarten programs[J]．Early Childhood Research Quarterly，2010，(25)：166-176.

⑤　Burchinal M，Kainz K & Cai Y. How well do our measures of quality pre-dict child outcomes？[A]．In M. Zaslow (Ed.). Reasons to take stock and strengthen our measures of quality[C]．Baltimore，MD：Paul H. Brookes Publishing，2011：11-31.

界值）；该研究发现了一些但并不一致证据表明质量"门槛"的存在：在儿童的行为问题和行为能力上与高质量的"班级管理与组织"存在显著的相关性；但在儿童的语言、阅读、语音、工作记忆方面，没有发现任何质量的门槛效应；在儿童的数学学习结果上，高质量的"教学与互动"甚至与之存在与预设相反的门槛效应[1]。

目前，有关门槛效应的研究大多来自美国，其他国家和地区也发现了类似的证据。基于智利 91 个幼儿园班级 1868 名四岁儿童的数据，采用 Burchinal 等的分析技术，Leyva 等发现，在 CLASS 所测量的质量维度和儿童发展结果之间，28% 的预测模型中发现了具有统计学意义的门槛效应。高质量（5 分以上）班级组织（classroom organization）与儿童的语言技能（$d=0.07$）、早期书写技能（$d=0.10$）以及早期数学（$d=0.07$），存在显著的正相关，但在低质量端不存在相关性；高质量（5 分以上）的情感支持（emotional support）与儿童的早期书写存在显著的正相关（$d=0.10$）；而低质量（5 分以下）的情感支持与儿童的执行功能存在显著的负相关（$d=-0.03$）[2]。

"门槛效应"的研究有望为我们进一步揭示学前教育质量与儿童发展之间关系的奥秘。学前教育决策者对这一研究问题很感兴趣，因为这些科学证据对于有限的学前教育公共资源的有效配置、充分发挥公共资金的使用效益有着重大意义[3]。但决策者希望验证的"门槛"也许是"高原效应"：超过这一临界值以后，儿童发展趋于平缓，不再随质量的增长而增长，从而能够节约公共资金[4]。然而，已有的研究证据并不支持决策者的期望，相反却探测到了对于儿童发展而言至关重要的最低门槛：达到这一临界值以上，儿童积极的学习和发展才开始出现，并且随着质量的持续提高而提高[5]。

由上可见，有越来越多的研究为学前教育质量门槛的存在提供了一些证据，但并不充分，研究结论也不完全一致，大量问题有待继续探索。这些研究基本上

① Burchinal M，Vernon-Feagans L，Vitiello V，Greenberg M & The Family Life Project Key Investigators. Thresholds in the association between child care quality and child outcomes in rural preschool children[J]. Early Childhood Research Quarterly，2014，29(1)：41-51.

② Leyva D，Weiland C，Barata M，Yoshikawa H，Snow C，Treviño E & Rolla A. Teacher-Child Interactions in Chile and Their Associations with Prekindergarten Outcomes[J]. Child Development，2015(86)：781-799.

③ Burchinal M，Vandergrift N，Pianta R，et al. Threshold analysis of association between child care quality and child outcomes for low-income children in pre-kindergarten programs[J]. Early Childhood Research Quarterly，2010，(25)：166-176.

④ Blau D M. The production of quality in child-care centers：Another look[J]. Applied Developmental Science，2000，4(3)：136-147.

⑤ Burchinal M，Vandergrift N，Pianta R，et al. Threshold analysis of association between child care quality and child outcomes for low-income children in pre-kindergarten programs[J]. Early Childhood Research Quarterly，2010，(25)：166-176.

来自美国，并且大多数的研究样本来自处境不利儿童，非常需要来自不同情境的数据来验证学前教育质量门槛的存在。

二、研究问题与方法

（一）研究目的与问题

对于学前教育质量对儿童发展影响的"门槛值"的研究具有非常重要的理论与实践意义，能够帮助研究者、决策者和实践者了解能够产生对儿童发展产生影响的教育质量最低线，从而为学前教育质量的提升标准提供一个辅助性的参考依据。但是目前对于门槛效应的研究多基于理论上的门槛值，并且研究基于各国学前教育的实际情况，具有比较明显的文化差异。由于我国地理人口的复杂性和经济社会发展的不平衡性，学前教育质量标准的界定比较复杂。在我国的背景下，什么是高质量的学前教育，亟待实证性的研究寻找有力的科学依据。因而，基于我国学前教育的实际情境，探索学前教育质量对于儿童发展结果产生影响的门槛效应，以确定适于中国文化背景下的门槛值具有非常重要的意义。

基于这一目的，本研究运用来自全国东中西部多个省份的大样本数据，尝试对这一问题进行初步的探索。依据已有研究的发现、我国的学前教育情境以及本研究所获取的数据结构，我们的具体研究问题是：

（1）在我国背景下，幼儿园教育质量（以《质量量表》的两个因子得分衡量）对于儿童发展结果（以《发展量表》衡量，包括语言、认知、社会常识）而言，是否存在"门槛效应"？如果存在，临界值是多少？低质量与高质量的幼儿园教育与儿童发展的相关性有何不同？

（2）对于不同群体儿童（城市—农村）的发展，幼儿园教育质量是否存在不同的"门槛效应"？

基于已有研究的发现，研究者假设，在我国的情境中，幼儿园教育质量对于儿童发展结果的"门槛效应"是存在的：在门槛值以上的高质量幼儿园教育与儿童的语言、认知、社会常识的发展存在积极的更强的相关性；在门槛值以下的低质量幼儿园教育与儿童各方面的发展结果可能不相关，相关性更低甚至存在负相关。基于儿童发展的生态系统理论[①]，由于不同群体儿童所处的发展生态系统的不同，研究者推测，幼儿园教育质量对不同群体儿童的发展而言，或许存在高低不同的门槛值。

---

① Bronfenbrenner U. The ecology of human development：Experiments in nature and design [M]. Cambridge，MA：Harvard University Press. 1979；Bronfenbrenner U ＆ Morris P A. The ecology of developmental processes[A]. In W Damon ＆ R M Lerner (Eds.). Handbook of child psychology，Vol. 1：Theoretical models of human development (5th ed.) [C]. New York：John Wiley and Sons，1998；993-1023.

（二）研究方法

1. 样本

基于分层随机抽样的方法，本研究的样本为 1904 名 3～6 岁儿童，来自我国东中西部八个省份①18 个地区的 179 所幼儿园的 368 个班级。样本幼儿园在各个分层要素上的分布情况如下：（1）区域：东部 79 所（44%），中部 41 所（23%），西部 59 所（33%）；（2）城乡：城镇②93 所（52%），乡村 86 所（48%）；（3）办园性质：公办园③88 所（49%），民办园 91 所（51%）；（4）园所等级④：高等级 25 所（14%），中等级 45 所（25%），低等级 109 所（61%）。这一分布与我国幼儿园总体分布结构基本符合。从美国样本幼儿园，根据其规模随机选取 2 个左右不同年龄组的班级进行观察，最终获取了 368 个班级样本的观察性质量数据。样本班级的年龄班分布如下：小班 97 个（26%）、中班 110 个（30%）、大班 150 个（41%）、混龄班 11 个（3%）。从每个样本班级中，随机抽取 6 名儿童（男女各半）进行儿童发展测试，最终获得了 1904 名儿童完整的发展评估数据。

2. 工具

（1）班级教育质量观察评价工具

本研究采用了李克建、胡碧颖等研制的《中国托幼机构教育质量评价量表（第三版）》（以下简称《质量量表》）⑤进行幼儿园班级教育质量的观察评价。借鉴了《幼儿学习环境评价量表》（修订版）（ECERS-R）⑥等国际权威托幼机构评价工具的概念框架，该量表是基于中国幼儿园教育情境而研发的班级教育质量的观察评价工具。《质量量表》采用"子量表—项目—子项目—等级指标—精细指标"的层级架构，包含 7 个子量表（包括：空间与设施、保育、课程计划与实施、集体教学、游戏与活动、互动、家长与教师）、53 个评价项目、160 个子项目、1127 个精细指标。与量表第一试用版以及 ECERS-R 显著不同的是，《质量量表》第三试用版采用李克特 9 点评分，由低到高分别为：1 分为"不适宜"，3 分为"最低要求"，5 分为"合格"，7 分为"良好"，9 分为"优秀"；子项目得分为 1～9 的自然数；项目得分为所包含的多个子项目得分的均值；子量表得分为所含的多个项目得分的均值；量表总分为整个量表所有被评价项目得分的均值；因而，项目得分、子量表得分和量表总分均处于 1～9 分，这样的分值能够直观反映所观察班级不同层面

---

① 样本省份：东部，浙江省；中部，安徽省、湖南省、吉林省；西部，重庆市、贵州省、四川省、云南省。

② 城镇：包括地级市城区以及县城。乡村，则为城镇以外的地区。

③ 公办园：包括教育部门办园、其他部门办园、国有企事业单位办园、集体办园。

④ 园所等级：主要依据各省(市)教育行政管理部门幼儿园评估体系对园所等级的划分。

⑤ 李克建，胡碧颖.中国托幼机构教育质量评价量表.2015.未出版评价工具。

⑥ Harms T，Clifford R M & Cryer D. Early Childhood Environment Rating Scale-Revised Edition[M]．NY：Teachers College Press，2005.

上的质量水平。

效度验证研究结果表明[1]，《质量量表》的第一版已经表现出良好的测量学特性，包括：具有良好的评分者间一致性信度($K \geqslant 0.6$)和内部一致性信度（子量表及总量表的 Cronbach's α 处于 0.826～0.964）；同时，具有良好的内容效度、同时效度、效标效度、结构效度和区分能力，与儿童发展结果具有显著的相关性；因而，《质量量表》是我国文化背景下幼儿园教育质量的有效评价工具。

在本研究中，《质量量表》表现出好的测量信度。在 53 个评价项目上，评分者间一致性信度系数（Kappa）处于 0.611～0.883，均值为 0.778；在七个子量表上，评分者间一致性信度系数处于 0.833～0.954，均值为 0.888。七个子量表的内部一致性信度系数（Cronbach's α）处于 0.886～0.953，总量表为 0.967。对于这类复杂的观察性评价量表而言，这样的评分者间一致性信度和内部一致性信度可以认为处于较高水平。优秀的信度水平保证了本研究数据的可靠性。

探索性因素分析（EFA）结果表明，该量表包含并能够测量两个高度相关的质量因子（$r=0.76$），这两个因子能够解释 61% 的总体变异。因子 1 包含 21 个项目，大多来自"空间与设施"和"游戏与活动"子量表，因而被命名为"学习条件"，它主要反映了幼儿园班级为幼儿的学习所提供的空间、设施、适宜的材料、内容和活动机会等。因子 2 包含 13 个项目，主要来自"集体教学"和"指导与互动"子量表，因而被命名为"教学与互动"，主要测量幼儿园班级教师提供的集体教学的有效性，以及各类活动中师幼互动、同伴互动的发展适宜性[2]。根据国外的已有相关研究的方法，本研究中主要采用《质量量表》总分以及两个因子得分来代表幼儿园班级的教育质量。

（2）儿童发展评估工具

本研究采用了《CDCC 中国儿童发展量表（3～6 岁）》（以下简称《发展量表》）[3]来评估幼儿的发展。《发展量表》是一个适用于 3～6 岁儿童的常模参照测验，包含四个分测验：语言（25 个测试项目，主要测试儿童的词汇掌握与使用、语言理解能力）、认知（56 个测试项目，主要测试儿童在分类、排序、图形、数字、简

① Li K，Hu B，Pan Y，Qin J & Fan X. Chinese Early Childhood Environment Rating Scale (trial) (CECERS)：A validity study[J]. Early Childhood Research Quarterly，2014，29(3)：268-282.

② Li K，Hu B，Pan Y，Qin J & Fan X. Chinese Early Childhood Environment Rating Scale (trial) (CECERS)：A validity study[J]. Early Childhood Research Quarterly，2014，29(3)：268-282.

③ 张厚粲，周容，陈帼眉，赵钟岷，王晓平 . CDCC 中国儿童发展量表（3～6 岁）[Z]. 中国儿童发展中心，1992.

单计算与推理等方面的能力）、社会常识（25 个测试项目，主要反映儿童对社会角色、人际关系以及社会职业的认识）、运动（5 个项目，测试儿童的大肌肉动作以及精细动作能力）。根据研发者的报告，《发展量表》各分测验的内部一致性处于 0.71～0.95，重测信度为 0.89，且该量表具有较好的内容效度、结构效度和效标效度[①]。值得一提的是，该量表是迄今为止我国自主研发并经过信效度验证的唯一一套适于学龄前儿童的发展评价工具。本研究重点关注运动领域以外的儿童发展，因此，研究者把前三个分测验（语言、认知、社会常识）的得分作为儿童发展指标。需要指出的是，尽管这是一套常模参照测验，但考虑到该量表研发的时间距离现在时间较久，为避免常模老化带来的误差，所以本研究中没有采用根据年龄常模计算出的标准分，而是采用了儿童测试的原始分，通过控制儿童的年龄变量来进行相关分析。

（3）幼儿园园长和教师问卷

班级观察员在班级观察当天请幼儿园园长和所观察的班级教师填写园长问卷和班级教师问卷，以获取幼儿园层面和班级—教师层面的基本信息。幼儿园层面变量包括：所在地、规模、办园性质、园所等级、教师数量、工资水平以及经费信息（收入与支出）。班级—教师层面变量包括：年龄班、幼儿数、特殊幼儿数量及类型、保教人员配备数量，教师年龄、教龄、学历、专业、资格证、编制、职称。

（4）家庭背景信息

儿童发展测试员负责收集被试儿童的家庭背景信息，包括：家长年龄、职业、受教育程度、收入。在父母亲职业尤其是收入数据上缺失值比例很高，可能的原因是家长们不愿过多透露家庭的敏感信息。因此，本研究中仅采用了父母亲的受教育程度来代表家庭的社会经济地位（Social Economic Status，SES）。

3. 数据采集过程

研究者先后培训了 116 名《质量量表》观察评分员和 42 名《发展量表》测试员，所有被培训者均为学前教育和儿童发展相关专业硕士研究生。培训包括一周的量表内容学习和一周的现场操作（运用《质量量表》的班级观察测量和运用《发展量表》的儿童发展水平测试）。培训结束时，被培训者均能够熟练使用相应评价工具。《质量量表》受训者与培训者之间达到了足够高的评分者间一致性（项目水平 $K \geqslant 0.70$，子量表水平 $K \geqslant 0.90$）。《发展量表》的测试员也能够稳定熟练地进行儿童发展的测试（整个量表的内部一致性达到 0.90 以上）。

2012 至 2015 历时三年，研究团队先后对八个样本省份 179 所幼儿园的 368

---

① 周容，张厚粲.CDCC 中国儿童发展量表（3～6 岁）的编制［J］. 心理科学，1994（3）：137-192.

个班级，运用《质量量表》进行了观察测量。每次班级观察的时间为 6 小时(上午 4
小时，下午 2 小时)，加上幼儿午休期间 0.5 小时左右对班级教师的访谈，以获
取无法观察的有关信息。为提高观察测量的信度，本研究采用 2 名评分员同时进
入一个班级各自独立进行观察和评分；各自评分完成后作为小组进行合议，对不
一致的项目进行讨论，最终给出小组一致的评分。有研究证明，这一做法能够显
著提高观察测量的信度[①]。

在班级观察的同时，儿童发展测试员从所观察的班级随机抽取 6 名幼儿(男
女各半)，使用《发展量表》对其进行发展水平测验。测验采用一对一的形式，在
幼儿熟悉且不受干扰的环境中进行；每名幼儿的测试时间为 25～35 分钟(因年龄
和个体差异而不同)。最终获取了 1904 名儿童完整的发展结果评估的有效数据。

4. 数据分析

(1)多层线性模型

多层线性模型(Hierarchical Linear Model，HLM)适合分析有层级结构的数
据，考虑了嵌套结构造成的相关性。本数据儿童属于班级，班级又从属于幼儿
园，同属一个幼儿园的班级有共性，因此相关；同一班级的儿童有相同的教育环
境，因此相关；不同幼儿园的不同班级的儿童可以认为相互独立。模型由固定效
应和随机效应组成，固定效应表示总体的效应，不随儿童、班级或幼儿园不同，
如儿童年龄、入园时间、地区效应等，随机效应代表个体效应，这里随机效应考
虑随机截距，其他解释变量不随班级和幼儿园不同。数据分析采用 R 软件的
NLME 程序包的 LME 模型函数完成，结果包括固定效应估计和 Wald 统计量等
可以用来给出结论。

(2)分段回归

本研究中门槛效应的探索在技术上是采用分段回归(piecewise regression)。
在门槛效应的分析中，研究者假设某一解释变量在其取值范围中存在一个点，之
前与之后的效应不同，可能是之前没有显著相关之后有或者相反，也可能是前后
均有显著相关但相关模式不同。分段回归模型能够估计断点和前后的回归系数。
本研究采用 R 软件的 Segmented 程序包进行分析。

如图 13.2.2.1 所示，门槛效应模型在常数 c 点分开两段(假设只有一个断
点)，

$$y = a_1 + b_1 x \quad \text{for } x \leqslant c$$
$$y = a_2 + b_2 x \quad \text{for } x > c.$$

---

①　Chen D，et al. Measurement Quality of the Chinese Early Childhood Program Rating Scale
(CECPRS)：An Investigation Using Multivariate Generalizability Theory[J]. Journal of Psychoedu-
cational Assessment，2014(3)：236-248.

为保证回归方程在 c 点连续，需满足 $a_2 = a_1 + c(b_1 \cdot b_2)$.

$$y = a_1 + b_1 x \quad \text{for } x \leqslant c$$

因此，$y = \{a_1 + c(b_1 - b_2)\} + b_2 x \quad \text{for } x > c.$

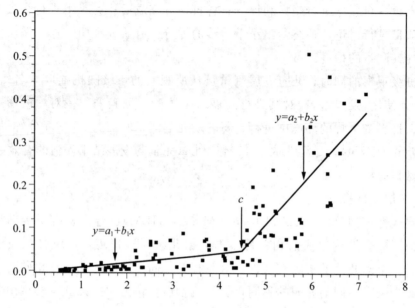

图 13.2.2.1　门槛效应模型

三、幼儿园教育质量对儿童发展的门槛效应探索

（一）描述性统计

样本班级在《质量量表》上的得分，以及样本儿童在《发展量表》上的得分及其个体和家庭背景变量的描述性统计见表 13.2.3.1。样本班级在《质量量表》上的各项得分不高，在量表所界定的"合格"水平（5 分）上下；其中量表总分为 5.22 分（$SD = 1.13$），因子 1"学习条件"得分相对较低尚未达到合格水平，仅 4.87 分（$SD = 1.20$），因子 2"教学与互动"得分为 5.50 分（$SD = 1.17$）。

表 13.2.3.1　班级—儿童样本描述性统计

	N	Mean	SD	Range
班级《质量量表》得分				
量表总分（项目均分）	368	5.22	1.13	2.19～8.14
因子 1. 学习条件	368	4.87	1.20	2.14～7.80
因子 2. 教学与互动	368	5.50	1.17	2.26～8.64

续表

	N	Mean	SD	Range
儿童《发展量表》得分				
语言	1904	20.15	5.47	2～35
认知	1904	30.68	10.18	2～68
社会常识	1904	15.93	4.69	1～32
儿童特征				
年龄	1904	5.08	0.89	3.0～6.6
性别（男孩%）	943	49.5%		
少数民族（%）	264	13.9%		
入园时长（月）	1571	22.12	11.97	1～72
家庭特征				
母亲年龄	1368	33.05	4.27	22～50
母亲受教育年限	1375	11.77	3.38	0～20
父亲年龄	1390	35.50	4.67	24～58
父亲受教育年限	1404	12.13	3.26	6～20
父母文化程度均在高中以下	447	32.1%		

（二）多层线性模型的分析

研究者首先采用多层线性模型（HLM），检验幼儿园教育质量与儿童发展结果之间是否存在线性相关。在多层线性模型中，预测变量为样本班级在《质量量表》上的两个因子得分（因子1"学习条件"、因子2"教学与互动"）；因变量为儿童在《发展量表》上语言、认知和社会常识上的测试得分；模型中包含了一些协变量，包括儿童特征变量（年龄、入园时长）、家庭特征变量（母亲受教育程度）、幼儿园特征变量（是否为公办园）、地区层面变量（是否在城市、是否为中西部），并且控制了不同层级变量间嵌套关系的影响。一系列多层线性模型分析的最终结果汇总在表13.2.3.2。

表13.2.3.2　多层线性模型（HLM）：检验幼儿园教育质量与

儿童发展结果之间的相关性（$N_{儿童}=1904$）

	语言		认知		社会常识	
	B	SE	B	SE	B	SE
《质量量表》得分						
因子1. 学习条件						
因子2. 教学与互动					0.94***	0.23

续表

	语言		认知		社会常识	
	B	*SE*	*B*	*SE*	*B*	*SE*
协变量						
儿童年龄	2.90***	0.18	5.76***	0.33	2.49***	0.16
入园时长（月）	0.04***	0.01	0.09***	0.02	0.02+	0.01
母亲受教育程度	0.23***	0.04	0.40***	0.07	0.15***	0.03
是否为公办园	0.64*	0.31			3.60*	1.43
是否在城市	1.65***	0.35	2.85***	0.67	5.10**	1.55
是否为中西部			−2.15**	0.79		

注：1. 表中汇总了一系列多层线性模型的最终结果；为简化信息，此处仅报告存在显著相关的结果；

2. *B*：回归系数；*SE*：标准误差.

3. ***，$p<0.001$；**，$p<0.01$；*，$p<0.05$；+，$p<0.1$。

表 13.2.3.2 显示，在控制一系列协变量的影响后，因子 1"学习条件"得分与儿童语言、认知、社会常识的发展结果均不存在相关性；因子 2"教学与互动"与儿童语言、认知的发展结果不存在相关性，仅与儿童的社会常识测试得分之间存在显著的相关性。这些结果表明，就本研究的全国样本数据来看，除教学与互动质量与儿童的社会常识存在线性相关外，质量因子得分与儿童各方面发展结果之间基本上不存在简单的线性相关。

（三）门槛效应的探索

接下来，研究者检验了《质量量表》的因子得分对于儿童各方面发展结果是否存在门槛效应。分别以样本班级在《质量量表》的两个因子（即因子 1"学习条件"、因子 2"教学与互动"）得分为预测变量，分别以儿童在《发展量表》上的语言、认知、社会常识测试得分为因变量，进行了一系列的分段回归分析。在分段回归模型中，包含了一系列的协变量（同上面的多层线性模型）。分段回归分析结果显示，"教学与互动"质量因子得分对于儿童的语言、认知、社会常识得分均呈现出显著的门槛效应。分段回归分析的主要结果汇总见表 13.2.3.3；图 13.2.3.1、图 13.2.3.2、图 13.2.3.3 则直观地呈现了"教学与互动"质量对儿童语言、认知与社会常识三个方面的门槛效应。

表 13.2.3.3　因子 2 "教学与互动"得分对儿童发展结果的门槛效应（$N_{儿童}=1904$）

	门槛值		低质量段		高质量段	
	Est.	*SE*	*B*	*SE*	*B*	*SE*
语言	4.64	0.54	−0.73	0.47	0.34**	0.16
认知	4.62	0.40	−1.69*	0.83	0.83**	0.27
社会常识	4.33	0.33	−0.20	0.56	1.57**	0.22

注：1. 表中汇总了一系列分段回归模型对门槛效应探索的最终结果；为简化信息，此处仅报告存在门槛效应的主预测变量与因变量之间的相关结果；

2. 协变量包括：儿童年龄、性别、入园时长、母亲受教育程度、是否为公办园、是否在城市、是否为中西部。

3. *Est.*：估计值；*B*：回归系数；*SE*：标准误差；

4. **，$p<0.01$；*，$p<0.05$。

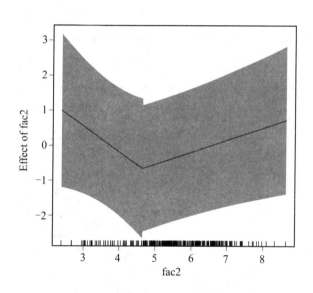

图 13.2.3.1　"教学与互动"因子得分对儿童语言得分的门槛效应

表 13.2.3.3 与图 13.2.3.1 显示，对于儿童的语言发展结果而言，"教学与互动"质量具有明显的门槛效应，门槛估计值为 4.64 分（$SE=0.54$）；门槛值以下的低质量段，"教学与互动"因子得分对儿童语言发展没有显著性影响（第一段斜率为 0）；门槛值以上的高质量段，"教学与互动"因子得分对儿童语言发展有正效应，"教学与互动"质量每增加 1 分，儿童语言发展得分平均增加 0.34 分（$SE=0.16$）（第二段斜率 0.34）。

表 13.2.3.3 与图 13.2.3.2 显示，对于儿童的认知发展结果而言，"教学与互动"质量具有明显的门槛效应，门槛估计值为 4.62 分（$SE=0.40$）；门槛值以下的低质量段，"教学与互动"因子得分对儿童认知发展具有明显的负效应，"教学与互动"因子得分每增加 1 分，儿童的认知得分反而下降 1.69 分（$SE=0.83$）

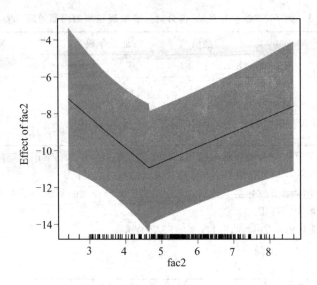

图 13.2.3.2 "教学与互动"因子得分对儿童认知得分的门槛效应

（第一段斜率为－1.69）；门槛值以上的高质量段，"教学与互动"因子得分对儿童认知发展有显著的正效应，"教学与互动"质量每增加 1 分，儿童认知得分平均增加 0.83 分（$SE=0.27$）（第二段斜率 0.83）。

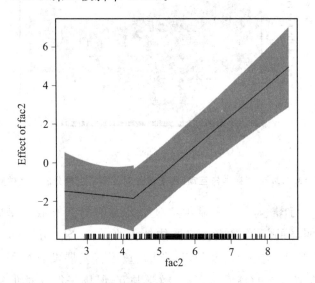

图 13.2.3.3 "教学与互动"因子得分对儿童社会常识得分的门槛效应

表 13.2.3.3 与图 13.2.3.3 显示，对于儿童的社会常识得分而言，"教学与互动"质量同样具有明显的门槛效应，门槛估计值为 4.33 分（$SE=0.33$）；门槛值以下的低质量段，"教学与互动"因子得分对儿童的社会常识没有显著性影响（第一段斜率为 0）；门槛值以上的高质量段，"教学与互动"因子得分对儿童的社会常识得分有明显的正效应，"教学与互动"质量每增加 1 分，儿童社会常识得分

平均增加 1.57 分（$SE=0.22$）（第二段斜率 1.57）。

（四）对城市—农村间儿童不同门槛效应的探索

由于长期的城乡二元结构的影响，总体而言，城市与农村实际上构成了我国儿童发展的两类不同的社会生态环境。已有的大量研究和本研究均发现，幼儿园教育质量在城乡之间存在显著的巨大差距。那么，幼儿园教育质量对城乡儿童发展而言，是否存在不同的门槛效应呢？研究者进而对这一问题进行了探索。

依据幼儿园所在地，儿童被分成了农村组与城市组（包括地级市城区与县城），在两个亚组内，分别运行了上述同样的分段回归模型。分段回归分析的结果显示，"教学与互动"因子得分对于农村儿童与城市儿童的各方面发展结果而言，存在不同的门槛效应模式。分段回归最终模型的主要结果汇总于表 13.2.3.4。

表 13.2.3.4　因子 2"教学与互动"因子得分对城乡儿童发展结果的门槛效应（$N_{儿童}=1904$）

	城市组						农村组					
	门槛值		低质量段		高质量段		门槛值		低质量段		高质量段	
	Est.	SE	B	SE	B	SE	Est.	SE	B	SE	B	SE
语言	4.34	0.41	−1.32	0.73	0.56*	0.22						
认知	4.69	0.27	−2.52**	0.95	1.87**	0.41						
社会常识	4.21	0.37	0.00	0.63	1.66**	0.27	4.50	0.49	−1.61*	0.81	0.28	0.15

注：1. 表中汇总了一系列分段回归模型对城乡儿童发展不同门槛效应探索的最终结果；为简化信息，此处仅报告存在门槛效应的主预测变量与因变量之间的相关结果；

2. 协变量包括：儿童年龄、性别、入园时长、母亲受教育程度、是否为公办园、是否在城市、是否为中西部；

3. Est.：估计值；B：回归系数；SE：标准误差.

4. **，$p<0.01$；*，$p<0.05$.

表 13.2.3.4 显示，"教学与互动"因子得分对农村儿童的语言、认知与社会常识三个方面而言，均存在显著的门槛效应；对于城市儿童而言，仅对其社会常识得分存在门槛效应。具体的情况如图 13.2.3.4、图 13.2.3.5、图 13.2.3.6 所示。

图 13.2.3.4 显示，对于农村儿童的语言发展结果而言，"教学与互动"质量具有明显的门槛效应，门槛估计值为 4.34 分（$SE=0.41$）；门槛值以下的低质量段，"教学与互动"因子得分对儿童语言发展没有显著性影响（第一段斜率为 0）；门槛值以上的高质量段，"教学与互动"因子得分对儿童语言发展有正效应，"教学与互动"质量每增加 1 分，儿童语言发展得分平均增加 0.56 分（$SE=0.22$）（第二段斜率 0.56）。

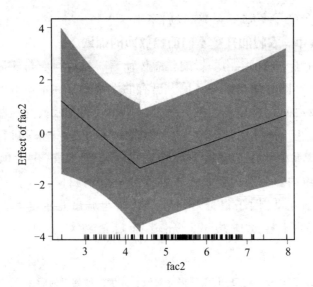

图 13.2.3.4 "教学与互动"因子得分对级村儿童语言得分的门槛效应

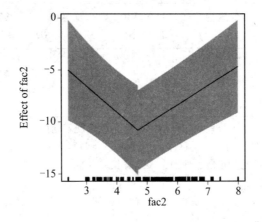

图 13.2.3.5 "教学与互动"因子得分对级村儿童认知得分的门槛效应

图 13.2.3.5 显示，对农村儿童的认知发展而言，"教学与互动"质量具有明显的门槛效应，门槛估计值为 4.69 分（$SE=0.27$）；门槛值以下的低质量段，"教学与互动"因子得分对儿童认知发展具有明显的负效应，"教学与互动"因子得分每增加 1 分，儿童的认知得分下降 2.52 分（$SE=0.95$）（第一段斜率为-2.52）；门槛值以上的高质量段，"教学与互动"因子得分对儿童认知发展有显著的正效应，"教学与互动"质量每增加 1 分，儿童认知得分平均增加 1.87 分（$SE=0.41$）（第二段斜率 1.87）。

图 13.2.3.6 显示了"教学与互动"质量得分对城乡儿童的不同门槛效应模式。对农村儿童而言，"教学与互动"因子得分的门槛估计值为 4.21 分（$SE=0.37$）；门槛值以下的低质量段，"教学与互动"因子得分对儿童的社会常识没有显著性影响（第一段斜率为 0）；门槛值以上的高质量段，"教学与互动"因子得分对儿童的

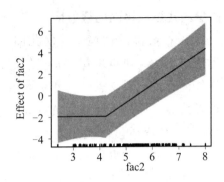

13.2.3.6　"教学与互动"因子得分对乡村儿童社会常识得分的不同门槛效应

社会常识得分有明显的正效应，"教学与互动"质量每增加 1 分，儿童社会常识得分平均增加 1.66 分（$SE=0.27$）（第二段斜率 1.66）。而对于城市儿童而言，"教学与互动"因子得分的门槛估计值为 4.50 分（$SE=0.49$）；门槛值以下的低质量段，"教学与互动"因子得分对儿童的社会常识具有负效应，"教学与互动"质量每增加 1 分，儿童社会常识得分平均下降 1.61 分（$SE=0.81$）（第一段斜率为 −1.61）；门槛值以上的高质量段，"教学与互动"因子得分对儿童的社会常识得分没有显著的相关性。

四、讨论

本研究基于来自东中西部的全国性样本数据，对幼儿园教育质量与儿童发展的相关性进行了多种方法的探索。本研究致力于回答两个对于决策者、实践者以及其他利益相关者都非常关心的问题：对于儿童发展而言，幼儿园教育质量是否存在所谓的"门槛"？如果存在，对于儿童的语言、认知、社会认识等不同方面的发展而言，门槛效应的模式有何不同？进而，幼儿园教育质量对于农村与城市儿童的发展而言，是否存在着不同的门槛效应？基于我们获取的全国样本数据，本研究首次在我国背景下发现，幼儿园班级的"教学与互动"质量对于儿童的语言、认知和社会常识的发展均存在显著的门槛效应，在门槛值以上的高质量"教学与互动"能够有效预测儿童的各方面更好的发展结果。本研究还发现，对于农村儿童与城市儿童的发展而言具有不同的门槛效应模式，高质量的幼儿园教育对于农村儿童而言具有更加重要的意义。下面，研究者将结合我国的学前教育情境因素和已有相关研究，对本研究的发现进行不同层面的讨论。

（一）幼儿园教育质量对儿童发展的门槛效应

本研究最重要的发现是：在我国的情境下，幼儿园教育质量对儿童发展而言，存在门槛效应：临界值以上的高质量教育对儿童的语言、认知、社会常识发展起到积极的作用；临界值以下的低质量教育与儿童的语言发展、社会常识发展不存在相关性，对儿童认知发展结果产生明显的负效应。本研究在中国情境中印证了美国[①]、智利[②]等国对早期教育质量门槛效应的相关研究发现，证明了门槛值以上的有质量的学前教育对于儿童的发展具有积极的意义，而门槛值以下的低质量学前教育对于儿童的发展而言是无效的或是有害的。

需要指出的是，在已有的关于早期教育质量与儿童发展结果相关性的大量研究中，也有许多研究采用线性模型发现了两者之间不同程度的相关性[③]。我们基于浙江省样本的研究中，也发现幼儿园教育质量（"教学与互动"方面）与儿童的语言、认知、社会常识学习结果之间存在线性相关（见上一节）。本研究中，基于全国八个省份样本数据，幼儿园教育质量与儿童发展结果之间的这种线性相关并未得到确认，却发现两者之间存在更为复杂的关系模式，即本研究所谓的"门槛效应"。研究者推测，样本量大小、取样地区范围大小、样本区域经济社会发展水平及其复杂性、学前教育质量水平分布区间、质量评估工具和儿童发展测试工具本身及其相互间的匹配程度等因素，可能会在某种程度上影响幼儿园质量指标得分与儿童发展指标得分之间的关系模式。本研究以及其他研究中门槛效应的发现表明，学前教育质量与儿童发展结果之间的关系是复杂的、依情境而变化的[④]；在某些情境下，两者之间可能存在线性相关；但在另外的情境下，可能存在非线

---

① Burchinal M，Vandergrift N，Pianta R，et al. Threshold analysis of association between child care quality and child outcomes for low-income children in pre-kindergarten programs[J]. Early Childhood Research Quarterly，2010(25)：166-176.

② Leyva D，Weiland C，Barata M，Yoshikawa H，Snow C，Treviño E & Rolla A. Teacher-Child Interactions in Chile and Their Associations with Prekindergarten Outcomes[J]. Child Development，2015(86)：781-799.

③ Pianta R C，Barnett W S，Burchinal M & K R Thornburg. The effects of preschool education：What we know，how public policy is or is not aligned with the evidence base，and what we need to know[J]. Psychological Science in the Public Interest，2009，10(2)：49-88. Burchinal M，Magnuson K，Powell D & S L Soliday Hong. Early child care and education. In *Handbook of child psychology* [M]. New York：Wiley. In Press，2015.

④ Love J M，et al. Child Care Quality Matters：How Conclusions May Vary with Context[J]. Child Development，2003，74(4)：1021-1033.

性的相关，包括以"门槛值"为分界线的分段相关①，甚至是曲线相关②。

另外，在门槛值上，本研究发现，对于儿童语言、认知和社会认知发展而言，《质量量表》的"教学与互动"因子得分的门槛值处于 4.3~4.7 分，接近但尚未达到量表所界定的"合格"水平(5 分)。在国外的类似研究中，运用环境评价量表的研究中，能够预测更好的儿童情感－社会性发展的指标是"互动"质量的 5 分(ITERS 为 7 点评分量表，5 分为"良好"水平)以上③；多个运用 CLASS 作为互动质量评价工具的门槛效应研究中，对于儿童的情绪情感、社会性技能以及行为问题等方面的发展，"情感支持"与"班级管理"等质量因子的门槛值一般是在 5 分(7 点评分量表的 5 分为"良好"水平)，而对于儿童语言、认知技能发展而言，"教学支持"质量因子的门槛值一般是在 3~3.25 分(刚刚达到该工具界定的"合格"水平)④。需要指出的是，国外的大多数研究中门槛值一般是研究者预先设定的，通过数据分析对其加以验证。而在本研究中，门槛值是通过数据分析程序自动探索出来的，因而相对更加客观和可靠。另外，需要注意的是，本研究中，达到"良好"以上水平的样本班级数量很少(占样本总量的 5.84%)；如果将来能够获取足够数量的高质量样本班级及其儿童样本，幼儿园教育质量对儿童语言、认知发展的门槛效应模式是否会发生变化，有待探索。

（二）教学与互动对儿童语言、认知、社会常识发展的作用

本研究采用《质量量表》来观察和评估幼儿园班级的过程性教育质量。研究发

---

① Burchinal M，Vandergrift N，Pianta R，et al. Threshold analysis of association between child care quality and child outcomes for low-income children in pre-kindergarten programs[J]. Early Childhood Research Quarterly，2010，(25)：166-176；Burchinal M，Vernon-Feagans L，Vitiello V，Greenberg M & The Family Life Project Key Investigators. Thresholds in the association between child care quality and child outcomes in rural preschool children[J]. Early Childhood Research Quarterly，2014，29(1)：41-51.

② Burchinal M，Kainz K，Cai K，Tout K，Zaslow M & Martinez-Beck I，et al. Early care and education quality and child outcomes[R]. Washington，DC：Office of Planning，Research and Evaluation，Administration for Children and Families，US DHHS，and Child Trends，2009；Burchinal M，Xue Y，Tien H，Auger A & Mashburn A J. Secondary data analysis looking for thresholds in child care quality[R]. Paper presented at the Biennial Meeting of the Society for Research in Child Development，Montreal，Canada，2011(03).

③ Howes C，Phillips D A & Whitebook M，Thresholds of Quality：Implications for the Social Development of Children in Center-Based Child Care[J]. *Child Development*，1992，63(2)：449-460.

④ Burchinal M，Vandergrift N，Pianta R，et al. Threshold analysis of association between child care quality and child outcomes for low-income children in pre-kindergarten programs[J]. Early Childhood Research Quarterly，2010，(25)：166-176；Leyva D，Weiland C，Barata M，Yoshikawa H，Snow C，Trevino E & Rolla A. Teacher-Child Interactions in Chile and Their Associations with Prekindergarten outcomes[J]. Child Development，2015(86)：781-799.

现，该量表的"教学与互动"因子得分与儿童在《发展量表》上的得分存在显著的相关性，高质量（门槛值以上）的"教学与互动"能够更好地预测儿童语言、认知、社会常识的学习与发展。根据探索性因素分析的结果，《质量量表》的"教学与互动"因子所包含的项目大多来自"集体教学"子量表和"互动"子量表[①]。依据《质量量表》的界定，高质量的集体教学是指：为不同幼儿的学习设计适宜的多层级目标，提供有趣的与幼儿经验相关联的内容；教学氛围积极而愉悦，教师敏感地关注幼儿的反应，回应幼儿的需求；教学过程构思巧妙，教学方法多样而适宜，有利于幼儿积极探索与主动学习；教学组织方式灵活，提供适宜的选择性，能够吸引幼儿的参与和投入；幼儿的学习与表现能够得到教师具体而有意义的反馈与评价，有效推动幼儿的后续学习；教学过程中，教师关注幼儿语言的学习，鼓励幼儿的沟通与表达，提升幼儿的语言技能；关注幼儿的思维方法与概念形成，鼓励幼儿随时进行逻辑推理，通过多种策略促进幼儿思维技能的发展；整个集体教学的过程是师幼对话、共同建构知识和意义的过程[②]。而高质量的互动是指在一日生活的各类活动中，教师通过多种适宜的方式规范和引导幼儿的行为，善于抓住契机教导幼儿社会交往和冲突解决的技能；教师和幼儿之间建立起彼此尊重关爱和令人愉快的关系，经常进行个别化的交流与互动；教师提供有效的机会促进同伴的交流与合作，同伴间的互动积极愉悦，有利于相互学习与共同探索；一日活动过程中体现了对多元文化或个体差异的包容、尊重与欣赏[③]。

本研究结果表明，幼儿园教育要实现促进儿童语言、认知、社会常识学习的目标，就必须提供高质量的——至少是高于门槛值的有质量的集体教学与人际互动；并且，只有当集体教学与人际互动的质量超过门槛值以上时，幼儿园教育才对儿童的语言、认知和社会认知的发展产生积极的作用；否则，低质量的教学与互动不仅对儿童的语言和社会认知的学习毫无可见的积极效用，反而可能会阻碍或伤害儿童认知的发展（见表13.2.3.3、表13.2.3.4）。当然，幼儿园教育（尤其是教学与互动）对儿童语言、认知、社会常识不同效应的内在机制有待儿童学习与发展具体领域的研究者的进一步深入探索，比如，儿童的语言、认知、社会常识各自是如何学习和发展的，在幼儿园教育环境中教师如何为这些不同领域的学习各自提供更有效的不同支持。

（三）高质量幼儿园教育对农村儿童发展具有补偿价值

美国大量已有研究表明，处境不利儿童（贫困儿童、偏远地区儿童）从高质量

① Li K，Hu B，Pan Y，Qin J & Fan X. Chinese Early Childhood Environment Rating Scale (trial) (CECERS)：A validity study[J]. Early Childhood Research Quarterly，2014，29(3)：268-282.

② 李克建，胡碧颖. 中国托幼机构教育质量评价量表.2015. 未出版评价工具.

③ 李克建，胡碧颖. 中国托幼机构教育质量评价量表.2015. 未出版评价工具.

的早期教育中受益更多[1]。高质量的早期教育对贫困儿童发展的补偿效应在最近的门槛效应研究中也发现了证据[2]。这些研究发现也为美国自1965年起面向贫困儿童和特殊需求儿童实施以补偿性教育服务为宗旨的"开端计划"提供了重要的科学依据。本研究则在中国情境中从某种程度上印证了这些研究发现。

本研究表明，相对城市儿童而言，高质量的学前教育对农村儿童发展作用更加显著，在一定程度上体现了补偿性教育价值。具体而言，幼儿园班级的教学与互动质量对农村儿童多个方面的发展均呈现明显的门槛效应；门槛值以上的高质量教学与互动对农村儿童的语言、认知和社会认知发展均产生了积极的预测效应，且效应量大于全组分析中的相应数值；但门槛值以下的低质量教学与互动则可能伤害儿童的认知发展。而对于城市儿童的语言和认知发展而言，幼儿园教育质量未发现有门槛效应的存在；仅在社会常识方面发现了门槛效应的存在，结果显示，门槛值以下的低质量教学与互动可能对城市儿童的社会认知的获得产生不利影响；但门槛值以上的高质量教学与互动与儿童的社会常识测试结果不存在显著相关性。由此可见，相对而言，农村儿童更加需要高质量的幼儿园教育；高质量幼儿园教育对农村儿童群体具有"雪中送炭"意义的补偿性教育价值，可能产生更加明显可见的积极效益。

那么，幼儿园教育质量对于城市与农村儿童为何会产生如此不同的效应呢？儿童发展的生态系统理论指出，儿童发展所处的是一个多层级的复杂的动态系统[3]，但微观系统中的"近端互动过程"是推动儿童发展的关键性中介因素[4]。但

---

① Burchinal M，Roberts J E，Zeisel S A，Hennon E A & Hooper S. Risk and resiliency：Protective factors in early elementary school years [J]. Parenting：Science and Practice，2006(6)：79-113；Votruba-Drzal E，Coley R L & Chase-Lansdale P L. Child care and low-income children's development：Direct and moderated effects[J]. Child Development，2004，75(1)：296-312；Winsler A，Tran H，Hartman S C，Madigan A L，Manfra L & Bleiker C. School readiness gains made by ethnically diverse children in poverty attending center-based childcare and public school pre-kindergarten programs[J]. Early Childhood Research Quarterly，2008，23(3)：314-329.

② Burchinal M，Vandergrift N，Pianta R，et al. Threshold analysis of association between child care quality and child outcomes for low-income children in pre-kindergarten programs[J]. Early Childhood Research Quarterly，2010，(25)：166-176；Burchinal M，Vernon-Feagans L，Vitiello V，Greenberg M & The Family Life Project Key Investigators. Thresholds in the association between child care quality and child outcomes in rural preschool children[J]，Early Childhood Research Quarterly，2014，29 (1)：41-51.

③ Bronfenbrenner U. The ecology of human development：Experiments in nature and design [M]. Cambridge，MA：Harvard University Press，1979.

④ Bronfenbrenner U & Morris P A. The ecology of developmental processes[A]. In W Damon & R M Lerner (Eds.). Handbook of child psychology，Vol. 1：Theoretical models of human development (5th ed.)[C]. New York：John Wiley and Sons，Inc. 1998：993-1023.

是，对于不同群体儿童而言，其所处的微观系统的复杂性程度并不相同。在我国长期的城乡二元社会结构影响下，各类优质资源集中分布在城市，城市儿童在拥有更优越的家庭成长环境和幼儿园教育环境的同时，能够更便利地享受一系列的社区文化资源，比如父母亲的工作场所、儿童游乐场所、博物馆、图书馆、公园（包括动物园、植物园）、电影院以及其他可以开放的社会机构和场所；因而，作为可获得的众多资源之一，幼儿园教育经验对于城市儿童发展的效用可能并不凸显。而农村儿童家庭经济条件受限，父母受教育程度相对较低，家庭成长环境总体不佳，其他可获得的社区资源更是相对匮乏；在此背景下，幼儿园教育经验对农村儿童发展的价值就相对凸显；高质量的幼儿园教育可能对农村儿童的学习和发展产生积极的补偿作用，缓冲由于家庭和社区环境不利对农村儿童发展造成的损伤。

我国学前教育质量与儿童发展关系间存在的门槛效应表明：在门槛值以上，随着质量的提升，儿童各方面发展（本研究中包括语言、认知、社会常识）呈现更好的积极结果；而在门槛值以下，低质量的幼儿园教育与儿童发展相关性不显著，甚至与儿童认知发展结果呈现显著负相关——也就是说，低质量的学前教育对儿童发展没有明显可见的益处；劣质的学前教育甚至伤害儿童的认知发展。本研究还发现，高质量幼儿园教育对农村儿童发展具有更为重要的价值；同时，低质量幼儿园教育对农村儿童认知发展的负面作用也更明显。因此，仅仅为农村适龄儿童提供学前教育的机会是不够的；应确保农村适龄儿童接受门槛值以上的"有质量"的学前教育，才能确保农村儿童积极正向的最优化发展，缩小城乡儿童发展差距，学前教育公平及其长效的社会和经济价值才能真正实现。

第三节　问题透视与政策建议

一、问题透视

（一）关于学前教育质量与儿童发展的关系认识

儿童发展受多因素的影响，在儿童早期发展中教育要素是重要变量。本研究的发现表明，在我国背景下，幼儿园的教学与互动教育质量与儿童发展结果之间存在积极的显著的相关性。这一研究发现为我国学前教育政策制定者提供了有价值的科学证据，精准配置学前教育公共资源促进儿童发展。正如国内外许多研究所揭示的（Hamre, et al, 2012；Hamre, Hatfield, Pianta & Jamil, 2014；康建琴等, 2011），教师在提供高质量教学和互动上起到至关重要的作用。但事实上，农村幼儿园面临的一个持续的难题就是如何招募和留住高素质的教师（Hu & Roberts，2013）。在提高过程性质量方面，政府须采取有力措施改善农村学前教育公共服务体系，确保城乡学前教育师资资源配置更加均衡。提高"教学与互动"教育质量的可能路径包括：为农村幼儿园提供编制吸引高素质教师，为在农村幼儿园工作的教师提供特殊津贴，建立行之有效的城乡学前教育师资交流机制等。同样重要的是，民办园举办者应聘任合格教师，并为她们提供有效的专业发展支持，促进她们改进班级教育实践，如如何实施适宜儿童发展的教学和学习活动，支持幼儿的自由游戏和户外活动，与儿童进行更为频繁的敏感回应的个别化互动。

（二）关于幼儿园办园准入与门槛效应问题

从经验看政府对幼儿园办园的准入门槛越严格，幼儿园就越有可能有高的质量，并能有效促进儿童的发展。但在"先普及再提高"的观念下，往往是因陋就简，低质量办园。对于儿童发展而言，幼儿园教育质量在中国是否存在"门槛效应"；如果存在，对于儿童的语言、认知、社会认识等不同方面的发展而言，门槛效应的模式有何不同？在中国社会结构中，幼儿园教育质量对于农村与城市儿童的发展而言，是否存在着不同的门槛效应？研究首次在我国背景下发现，幼儿园班级的教学与互动质量对于儿童的语言、认知和社会认知的发展均存在显著的门槛效应，在门槛值以上的高质量教学与互动能够有效预测儿童的各方面更好的发展结果。本研究还发现，对于农村儿童与城市儿童的发展而言具有不同的门槛效应模式，高质量的幼儿园教育对于农村儿童而言具有更加重要的意义。因而本研究提示，对早期儿童而言，家庭禀赋、教育资源相对缺乏者，幼儿园教育质量的门槛效应才越明显。

（三）关于农村幼儿园及面向处境不利群体教育质量的"雪中送炭"效应

本研究的亚组分析表明，教学与互动质量能够显著地预测来自弱势群体儿童如父母受教育程度低、来自农村（尽管并不是所有农村家庭都是弱势），在认知和社会常识方面的发展。这与国外的相关研究吻合，如美国的相关研究揭示，处境不利儿童（来自低收入家庭或有其他风险因素）可能从有质量的早期教育中受益更多（Burchinal，Peisner-Feinberg，Bryant & Clifford，2000；Gormley，Gayer，Phillips & Dawson，2005；Votruba-Drzal，Coley & Chase-Lansdale，2004；Winsler，et al，2008）。这些研究提示我们，相对于城市、生活条件、教育资源条件好的家庭，农村家庭、处境不利的弱势家庭群体，有质量、高质量的学前教育对儿童发展更重要，更是"雪中送炭"，高质量对优势家庭仅仅是"锦上添花"。因而对于农村、城市弱势群体，更应该高质量地普及学前教育，他们属于"雪中送炭"群体。

二、政策建议

本研究为我国学前教育政策制定提供如下参考建议。

第一，从"成本—效益"的角度看，相对于投资低质量的学前教育，对高质量学前教育的投入具有更大的积极效益。因而，在资源有限的条件下，应该稳步地有质量地普及学前教育，而不应好多喜功走"先普及再提高"的老路。低质量普及或劣质学前教育对于儿童发展而言可能是有害无益。在对各地进行学前教育发展绩效进行评估时，不能仅以入园率为指标，而应以等级园、优质园的覆盖率为关键指标。在使用公共资金扶持"普惠性民办幼儿园"的时候，前提条件不能仅仅看其是否"低收费"，更重要的还要看其是否能够为儿童提供有质量的学前教育服务。

第二，从缩小城乡儿童发展差距、推进教育公平的角度看，我国应优先发展有质量的学前教育，大力推进农村高质量普及学前教育。从财政投入看，应将有限的公共资金向农村倾斜，以保障农村儿童接受门槛值以上的有质量的学前教育，以补偿农村儿童家庭环境的不足和社区环境中优质教育资源的匮乏。这对于提高整个民族的人口素质，建设人力资源强国具有不可估量的长远价值。学前教育公共财政更应重视"雪中送炭"效应，充分向偏远农村、贫困农村、城市处境不利群体倾斜，以弥补家庭、社区学前教育资源的不足。

第三，从学前教育质量影响因素看，在配置学前教育资源、决定公共财政投向结构时，应该更加关注能够提升过程性质量因素方面。学前教育的公共投入应重点投向有利于提升教师素质和幼儿园过程性质量方面，如提高教师资格标准，有效控制班级规模和生师比，建立更为有效的支持系统以促进幼儿园教师的专业发展。在政府的幼儿园评估体系中应涵盖和增加班级保育和教育过程以及人际互动质量的指标。从可持续发展看，要通过多条路径，有效管控过程性质量因素，如保障教师待遇和地位，提高教师职业吸引力，提升教师专业化发展水平，从而使教师的教学设计、执教能力、游戏活动指导能力、师幼互动能力等过程性质量水平显著提高。

第四，从学前教育质量保障体系看，依据实证研究探索发现并得到验证的"质量门槛"，制定幼儿园保教过程性质量的国家标准和实施指南，明确界定在我国目前的背景下什么是"有质量的学前教育"、什么是"高质量的学前教育"；同时，把教学与互动等过程性质量评价内容纳入幼儿园等级评估的指标体系等，从而规范和引领幼儿教育实践，提升集体教学和人际互动质量，更好地促进儿童各方面的发展。

三、研究改进与展望

本研究存在以下几点局限性。

首先，研究设计待完善。作为一项观察、测量型研究，我们无法推论幼儿园教育质量与儿童发展结果之间存在因果关系。我们没有测量儿童发展的基线水平，因而无法把儿童发展的基线水平得分作为协变量纳入分析模型。由于缺乏研究样本广泛的基线信息，再加上本研究中的主要预测变量是连续变量而不是二分类变量，因而我们也没有采用"倾向性分数匹配"（propensity score match）这一统计分析技术。因而，这一问题值得将来的研究采集更丰富的数据继续对此加以探索。

其次，测量工具不理想。本研究中的儿童发展评估工具在数据采集时已有20年了，相对陈旧。尽管研发者在工具刚刚发表时（1992年）曾报告该工具有不错的心理测量学特性，但是我们不确定这些特性对于2012年的样本是否依然有效。当然，儿童《发展量表》是在中国情境中研发和验证有效的；该量表依靠受过专门训练的独立评分员实施测试和评分，而不是依靠班级教师对儿童的主观评分，因而，我们的评分是相对客观的。同时，我们采用儿童测试的原始得分、把年龄作为控制变量来进行数据分析，而没有采用该量表的常模以避免该量表原来的常模可能存在的老化问题。

再次，变量控制不严密。受实际施测所限，数据采集时间跨度长，前后历时3年，这可能对研究结果造成不确定的影响；本研究属于横断研究，未能在前后两个时间点上采集儿童发展数据，无法把儿童发展的起始水平作为重要的协变量。

最后，达不到精确取样。尽管我们的样本大且较为多元，但并非严格意义上的能够代表总体的样本。在样本分布上，东部仅有上海市、浙江省，东部和西部样本量占总体比例相对偏高，而中部相对人口比例偏少，且在实施中高质量样本抽取缺乏（因为我国幼儿园教育质量总体水平偏低）。因而本研究的发现并不能绝对代表省域真实状况，在推广到全国更应谨慎说明。

研究者对本研究的有关发现以及基于证据的学前教育政策建议进行了讨论。这是我国情境中幼儿园教育质量与儿童发展结果的门槛效应的首次发现，需要未来有更多的不同样本的研究进行反复的探索和验证。

第十四章

有质量的学前教育：
保障政策与路径选择

本章概要

研究背景： 2010 年，《国家中长期教育改革和发展规划纲要》描绘了我国学前教育改革与发展的宏伟蓝图；《国务院关于当前发展学前教育的若干意见》则提出要"保障适龄儿童接受基本的有质量的学前教育"。本章将深度聚焦我国幼儿园教育质量的主要问题及其原因；基于学前教育质量保障体系构建的国际经验，提出我国幼儿园教育质量保障的政策建议与可行路径。

研究设计与方法： 通过对抽样地区的幼儿园教育质量现状调查结果进行分析，借鉴和对比国际经验，针对目前国内教育质量的现状提出可行性的建议和措施。

我国现状： 第一，我国幼儿园教育质量整体偏低。第二，幼儿园教育质量在不同区域之间不均衡，其中东中西部之间、城乡之间的幼儿园教育质量均存在着显著差距。第三，处境不利儿童未能接受有质量的学前教育。第四，小学附设园、低收费民办幼儿园教育质量普遍低下，成为廉价低质学前教育的代名词。第五，教师队伍整体素质偏低，制约着幼儿园教育质量。第六，财政投入水平低，投向不合理，未能抓住影响质量的关键要素加以引导。

国际经验： 学前教育质量保障政策可借鉴的国际经验包括：一是，加强学前教育立法，为有质量的学前教育提供法制保障；二是，调整和优化管理体制，强调中央/联邦政府与地方的合作，强化国家干预调控；三是，保障财政投入，提供一定年限的学前免费教育或义务教育；四是，保障幼儿教师待遇，严格准入标准，为教师专业发展提供持续有效的支持体系；五是，建立国家学前教育质量保障和推进体系，强制实施基本质量标准，激励托幼机构不断提升质量；六是，通过国家行动建立目标锚定的补偿性学前教育项目，确保弱势群体儿童接受有质量的学前教育。

政策建议：第一，加快学前教育立法进程，为我国学前教育事业的可持续健康发展奠定法制基础；第二，建立"省级统筹，以县为主"的学前教育管理体制；第三，建立以公共投入为主、"省一市一县"财政合理分担、统筹协调的学前教育投入体制；第四，建立"县管园用、持证教师统一管理"制度，保障每一位合格教师的合法权益和合理待遇；第五，建立幼儿园教育质量国家标准体系和质量管理体系，守好幼儿园质量底线，推动幼儿园全面提升保教质量；第六，采取国家行动，开展目标精准的专项行动计划，确保各类弱势儿童接受有质量的适应其发展需求的学前教育。

第一节　我国学前教育质量的问题聚焦

基于本研究大量实证调查结果分析，综观我国学前教育发展的现状，研究者发现，我国距离"有质量的学前教育"目标的全面实现尚有一定差距，诸多问题在困扰和制约着我国幼儿园教育质量提升与幼儿的全面健康成长。

一、幼儿园教育质量整体偏低

与其他几项大样本实证调查研究结果一致，本研究结果表明我国幼儿园教育质量总体偏低。首先从班级规模和生师比来看，428 个样本班级，平均班额为 36 名幼儿（$M=35.67$，$SD=10.16$），而最大班额（某小学附设学前班）为 106 名幼儿；平均每班配备保教人员 2 人，平均水平并未实现两教一保；平均生师比为 20∶1，但差异很大（$SD=50$），最极端的生师比为 106∶1。国内外研究表明，班级规模和生师比是影响班级教育过程性质量的预测指标，尤其会影响教师和幼儿的情绪、教师的常规管理行为、幼儿的社会性行为和师幼互动的状态[1]。欧美发达国家的班级规模和生师比的强制性标准一般依据所服务幼儿的年龄而定，3～5 岁年龄组的班级规模一般在 10～20，生师比一般在 8∶（1～13）研究结果 1[2]。相比之下，我国幼儿园班级规模大，生师比过高，从而导致过程性质量的偏低。

本研究中的班级观察评价结果表明，428 个样本班级总体质量尚未达到合格水平（以《质量量表》总分来衡量，$M=4.90$，$SD=1.33$）；从总体质量得分分布

---

[1]　周欣. 托幼机构教育质量的内涵及其对儿童发展的影响[J]. 学前教育研究，2003(7-8)：34-38；Phillipsen L C，Burchinal M R，Howes C & Cryer D. The prediction of process quality from structural features of child care[J]. Early Childhood Research Quarterly，1997，12(3)：281-303；Burchinal M，Howes C & Kontos S. Structural predictors of child care quality in child care homes[J]. Early Childhood Research Quarterly，2002，17(1)：87-105.

[2]　曹能秀. 学前比较教育[M]. 上海：华东师范大学出版社，2009：76-89.

情况来看，53.04％的班级处于低质量（未达到合格）水平，无法为学前儿童提供有质量的保育和教育服务；且其中近8％的班级总体质量处于"不适宜"——这一水平意味着这类班级的环境和保教过程存在严重的问题，可能对儿童的身心健康、安全和全面发展造成伤害。在幼儿园教育的具体质量方面，五个方面的质量（空间设施、保育、集体教学、互动、家长与教师）刚刚达到"合格"水平（5分）；但游戏与活动质量很低（$M=3.59$），刚刚达到"最低要求"（3分），说明我国幼儿园班级中游戏材料普遍匮乏，游戏空间不足，各类游戏与活动的开展机会不足，幼儿没有充分的自由游戏时间，游戏与活动的内容与近期课程主题、集体教学以及幼儿学习与发展的关键经验缺乏必要的关联性，教师对幼儿游戏的观察评价水平、指导与互动水平严重不足；课程计划与实施质量尚未达到"合格"水平（$M=4.63$），说明我国幼儿园班级在课程结构的均衡性、课程内容与实施的整合性上、课程计划制订的科学性与执行的灵活性上，均有较大的提升空间。由此可见，我国幼儿园教育过程性质量总体不高，尤其是游戏与活动质量亟待提升，课程计划与实施质量有待改善。

影响和制约我国幼儿园教育质量的原因是复杂的，除了长期以来的学前教育地位低、底子薄、历史欠账多以外，另外两个重要的原因是：一是近年来社会对学前教育的需求增长很快，"入园难"问题突出，政府在形势推动下高度关注学前教育资源的增长和普及率的提升，但对质量的重要性认识不足，没有把质量放到与普及同等重要的地位；在低质量普及的情况下，入园率迅速提高，反而造成了质量的相对下降。二是我国尚未建立幼儿园教育国家质量标准体系和质量管理体系，各地在幼儿园质量管理上情况千差万别。幼儿园办园准入制度尚未普遍建立，有的地方没有基本的办园标准，有的地方准入门槛太低起不到应有的质量指导作用，同时迫于"入园难"的压力，许多地方的准入标准并未严格执行。这是造成目前我国幼儿园教育质量不高的重要原因。

二、幼儿园教育质量不均衡

本调查研究结果显示，我国幼儿园教育质量在不同区域之间很不均衡；东中西部之间、城乡之间，幼儿园教育质量均存在着显著差距。从东中西部差距来看，东部幼儿园教育质量总体上达到合格水平，而中部和西部地区幼儿园平均水平均未达到合格水平；在质量等级分布上，东部地区仅28％的样本班级处于低质量水平（合格水平以下），而中部和西部的比例分别为62％和73％；无论是幼儿园班级总体质量，还是每个方面的质量（以子量表得分衡量），东部地区均显著优于中西部，中部地区在多数质量指标上显著优于西部（在课程计划与实施质量、游戏与活动质量上无显著差异）。从城乡差距来看，我国城镇幼儿园总体质量平均水平达到了合格水平($M=5.47$)，而乡村地区总体质量尚未达到合格水平($M=4.19$)；无论是总体质量还是每个方面的质量，城乡之间均存在极其显著的差距。

造成这种不均衡的历史原因是我国长期以来管理体制的制约。1987年以来，我国学前教育实行"分级管理、地方负责"的管理体制，学前教育发展和管理的责任在地方；因此，不同地方的经济社会发展水平、财政实力的差距客观上造成了学前教育投入水平与发展水平的差距。同时，学前教育发展与管理的主体责任到底在哪一级政府、不同层次的政府之间责任如何分配，并不明确，不同地方政府发展学前教育的意识和动机水平不同，这是造成学前教育质量不均衡的主观原因。同时，近二十多年来，学前教育的市场化速度不断加快，这也是加剧了不同区域之间学前教育发展和质量的不均衡。

三、处境不利儿童未能接受有质量的学前教育

研究表明(Li, et al, 2016)，幼儿园教育质量差异呈现明显的社会分层。依据儿童的父母亲受教育程度，把幼儿园划分为父母受教育程度高—低两组(以父母双方均在高中以下的儿童比例低于或高于30％为分界线)，方差分析发现，父母亲受教育程度较低的幼儿园往往空间不足、收费较低、班额较大、生师比较高、教师资质和待遇较低，班级教育质量(以《质量量表》得分衡量)显著低于另外一组。同时，对不同群体的学前教育需求调查结果显示，特殊需求儿童普遍没有机会进入学前教育机构，尤其是普通幼儿园；即使有个别特殊需求儿童进入普通幼儿园，也无法获得有效的个别化教育服务，因为绝大部分普通幼儿园的空间与设施、教玩具材料、课程教学上未能做出相应的调整，教师缺乏面向特殊需求儿童的教育和服务能力。

造成以上结果的原因是：在目前，我国政府对于处境不利儿童缺乏有力的干预措施和有效的干预计划。对于家庭贫困(往往是父母受教育程度低、收入低)儿童，政府现有的入园资助力度较弱，未能锚定目标儿童并确保其接受有质量的学前教育的计划和措施；在学前教育高度市场化的背景下，进入不同层级质量幼儿园的机会呈现明显的社会分层效应。对于学龄前的特殊需求儿童的教育问题，国家目前尚没有明确的法规，普通幼儿园没有接受特殊需求儿童的法律义务；幼儿园教师在职前培养中特殊教育方面课程几乎缺失，融合教育在实践中并没有普遍开展，因此普通幼儿园既没有意识又没有能力提供有效的特殊需求儿童教育服务。

四、小学附设园、低收费民办幼儿园教育质量普遍低下，成为廉价低质学前教育的代名词

我国幼儿园教育质量的不均衡，除了地区差距外，还表现在不同性质幼儿园之间存在明显的质量差距。本研究显示，在四种类型[①]的幼儿园中，小学附设园总体质量最低（$M=3.75$，$SD=0.83$），远低于合格水平；民办园总体质量也普遍偏低（$M=4.48$，$SD=1.18$），显著低于教育部门办园（$M=5.93$，$SD=0.98$）和其他部门办园（$M=5.65$，$SD=1.15$）（$F=32.347$，$\eta^2=0.187$）。调查结果表明，无论是小学附设园还是面向低收入家庭的民办园，往往家长群体对学前教育的需求层次较低（仅注重看护和照料或者入学技能准备），保教费支付能力有限；这类幼儿园往往收费较低，因而，办园条件较差，教职工待遇较低，教师队伍素质总体低下，导致教育质量低下。

由于学前教育不属于义务教育，地方政府没有强制性的发展学前教育的法律责任；由于缺乏对学前教育的认识尤其是对学前教育质量的价值意识，也没有意识到劣质学前教育对儿童发展的危害，因而往往缺乏投入和发展学前教育的强烈动机和紧迫感。长期以来，我国实行的是"以公办园为骨干和示范、以社会力量为主体"的办园体制，导致公办学前教育资源严重不足，民办园逐渐成为学前教育的供给主体。在我国的现有招生格局下，少数优质公办园和极少数的高收费民办园服务于社会优势阶层，而大量的普通民办园服务于中低收入群体。低收费民办园无论能否从政府获得财政补贴，为了营利必须控制办学成本，控制在办园条件和师资上的投入水平，因而，低质量是必然结果。调查发现，小学附设园存在主要是由于欠发达地区义务阶段学校办学经费不足，举办幼儿园可以收取一定的学费，以便为小学提供一定的可支配资金；低廉的收费，超大的班级规模，不合格的师资，小学化的教学方式，成为许多欠发达地区小学附设园的常态，质量之低下可想而知。

五、教师队伍整体素质偏低，严重制约幼儿园教育质量

众所周知，教师素质是影响教育过程性质量的核心要素。本调查研究发现，我国幼儿园教师队伍整体素质堪忧，体现在：教师资格证持有率低（仅 69%），第

---

① 国家教育统计数据中一般把办园性质分成四种类型：教育部门办园、其他部门办园、集体办园、民办园。这里的划分与之不同，是从本研究的实际样本结构和所发现的实际问题出发进行的。为了凸显小学附设园的问题，本研究中，研究者把幼儿园样本被划分为各自独立、互不交叉的四类：政府部门办园、其他公办园（含国有企事业单位办园、集体办园）、小学附设园、民办园。

一学历偏低(大专及以上比例仅 30%)，专业化程度低(第一学历为学前教育专业比例仅 61%，幼儿园教师资格证持有率仅 58%，有职称教师比例仅 39%)。综合这些指标，可以推测我国幼儿园教师的整体胜任水平不高，这是幼儿园班级教育过程性质量的重要制约瓶颈。

究其原因，我国现阶段，幼儿园教师收入低(依据本研究调查结果，平均月收入仅 2184 元)、编制少(依据本研究调查结果，仅 26.9%的教师有编制)、非在编教师社会保障水平低(据调查，许多非在编教师没有社会保险或者保障不够全面)、社会地位低(时常被看作看孩子的"保姆"，而很少被认同为专业技术性工作)，很难吸引优秀人才进入幼儿园教师队伍。同时，在目前的培养培训体系下，大部分幼儿园教师缺乏持续有效的技术支持系统，入职后的专业发展也是后继乏力。

六、财政投入水平低，投向不合理，未能抓住影响质量的关键要素

毋庸置疑，政府对学前教育的财政投入水平，反映了对学前教育真实的重视程度；财政性学前教育经费的投向因素，影响学前教育发展和质量水平。本研究中调查显示，年生均财政拨款仅 1710 元，仅占生均投入的 34.5%。而这有限的财政性经费，在投入方向和方式上也未尽合理。一直以来，财政性学前教育经费集中投向公办园，而规模较大的优质公办园基本上集中于城市地区；近年来，一些地方政府仍然热衷于举办超大规模的豪华公办园，这些政策和举措在无形中拉大了城乡学前教育质量差距。在资金投入方式上，多短期投入，少法定的长效投入，未能抓住影响学前教育质量的关键要素——优质的人力资源。在近年的学前教育两轮"三年行动计划"中，许多地方政府愿意花钱盖房子，但是不愿意增加幼儿园教师编制，不愿意提高非编教师待遇，从而造就了一座座外观华丽的空壳幼儿园，合格师资匮乏，甚至干脆转交给私人老板举办民办幼儿园。一些地方政府尽管也拿出一定的资金用于发展"普惠性民办幼儿园"，但是奖补操作简单化，"撒胡椒面"式的资金投入方式，未能形成有效的激励和制约机制，无法有力助推民办园的质量提升。与此同时，一些其他部门办园，既得不到财政性的人员经费拨款，也拿不到普惠性民办园的奖补资金，成了"被春天遗忘的角落"，处于相对的发展弱势，质量提升乏力。

造成以上问题的根本原因在于学前教育在我国的法律地位不明确，政府责任界定不清晰，学前教育财政投入在各级政府间的分担机制尚未建立，财政投入缺乏法律依据和科学依据。

第二节　学前教育质量保障政策的国际经验

近几十年来，世界上主要的发达国家和许多发展中国家越来越重视并采取了多样化的政策措施推进儿童早期教育的发展。在此过程中，各国逐渐认识到，增加学前教育机构数量和规模、保障适龄儿童入园权利等方面的政策，必须与确保学前教育机构的质量以及处境不利儿童群体的受教育质量同时加以考虑，才能达到一定程度的社会公平①，真正发挥早期教育对儿童个体发展与社会发展的正向效益。下面，我们聚焦于学前教育的质量保障，简要梳理和介绍国际上的主要做法和经验。

一、加强学前教育立法，为有质量的学前教育提供法制保障——

综观世界各国，在学前教育事业发展的初期往往都不是一帆风顺，问题、挑战和困难重重，而要从根本上解决这些问题，保障学前教育的地位与财政投入，理顺学前教育发展的体制与机制，必须有强有力的上位的法律来加以规范和调整，这是一个国家学前教育有质量的最强有力的基本保障②。美国拥有较为完善的学前儿童保育和教育法律体系，主要包括几种类型：一是关于儿童保育与教育总体发展和拨款法案，比如《儿童保育法》《儿童早期教育与发展法》《儿童保育与发展整体拨款法》；二是针对儿童保育与教育中的具体方面的规范和拨款方案，比如《初等和中等教育法》中"一号条款"（Title I）下的"早期阅读"（Early Reading）项目和"公平起点"（Even Start）项目，"二号条款"下的"学习准备"（Ready to Learn）项目、"早期教育者专业发展项目"，"五号条款"下的"学习基础基金"；三是针对处境不利儿童的社会福利、保育和教育的专门方案，如针对贫困儿童（后来逐步扩大到特殊需求儿童）《提前开端法案》《早期开端计划法案》，针对特殊需求婴幼儿及其家庭的《特殊教育拨款法》（*Special Education Grants for Infants, Toddlers and Families*）③。美国的这些不同层次和不同类别的相关法规，以推进社会公平、保障弱势群体儿童权益为宗旨，明确界定了责任主体，明确了资金来

---

① 周兢. 国际学前教育政策比较研究[M]. 上海：华东师范大学出版社，2012：135.
② 庞丽娟，韩小雨. 中国学前教育立法：思考与进程[J]. 北京师范大学学报（社会科学版），2010，44(5)：14-20；何锋. 略论中国学前教育立法应关注的基本问题. 第二届全国学前教育学博士生学术论坛[C]. 2010.
③ 刘翠航. 美国联邦学前教育立法演变与当前法律结构分析[J]. 学前教育研究，2012(10)：13-17.

源及其保障机制，规范师资队伍并促进其专业发展①。此外，英国、法国、巴西、墨西哥、瑞典、匈牙利、韩国、菲律宾等或制定了专门的学前教育法，或在相关法律中对学前教育做出较有针对性和较为细致的规定，不仅为学前教育发展提供了高位阶、强制性与权威性的基本规范，也有效解决了发展过程中遇到的现实问题②。

二、调整和优化管理体制，强调中央/联邦政府与地方的合作，强化国家干预调控

管理体制对于一个国家学前教育的发展和质量水平有着重大影响。国际学前教育管理体制改革方向的比较研究表明，无论是传统意义上的中央集权制国家，还是联邦制国家，近些年来都在根据学前教育发展的形势需要，不断调整和优化本国的学前教育管理体制，出现均权化趋势，走向中央/联邦政府与地方政府的合作③。原来的集权制国家，中央政府通过分权给地方政府，使决策和财政更贴近地方实际和被服务者的需求，有利于在地方政府层面集中经费和其他资源，形成跨层级、跨部门合作的服务构架；原来的分权制国家，学前教育的主体责任和控制权在州政府，近些年来联邦政府层面上逐步加大对学前教育事业的干预力度，通过多种措施（如联邦层面的立法，实施财政刺激计划，研制和推行国家标准，直接制定和实施专项行动计划等），致力于缩小由于分权带来的区域不均衡和社会不公平。研究发现，世界上许多国家，无论管理体制整合程度高低，一个共同趋向是：在国家层面上加大了对学前教育事业的干预和宏观调控力度。主要采取的手段包括：一，国家出台学前教育的总体发展规划，对各级地方的学前教育事业发展给出明确的指导意见；二，国家建立质量评估标准，监测学前教育发展的有效性；三，国家组织重大研究项目，解决学前教育发展的瓶颈问题；四，实施国家层面的学前教育行动计划，修补地方学前教育事业发展的不足④。

三、保障财政投入，提供一定年限的学前免费教育甚至义务教育

研究发现，有力、高效、稳健的财政投入政策是高质量学前教育不可缺少的

---

① 王婧文. 应立法确保弱势儿童公平受教育的权利——兼议美国学前教育立法对我国的启示[J]. 民族教育研究，2012，23(4)：89-92.

② 庞丽娟，夏婧. 国际学前教育发展战略：普及、公平与高质量[J]. 教育学报，2013，9(3)：49-55.

③ 曹能秀. 学前比较教育[M]. 上海：华东师范大学出版社，2009：96-98.

④ 周兢. 国际学前教育政策比较研究[M]. 上海：华东师范大学出版社，2012：14.

保障。在学前教育公共投入占 GDP 的比例上，欧盟在 1996 年提出，建议各国至少应该把 GDP 的 1% 投入于早期保育和教育事业。目前 OECD 成员国等主要发达国家的这一比例大致处于 0.4%～1%，几个北欧国家在有些年份甚至超过了 1%（如 2004 年，丹麦为 2.1%，瑞典为 1.9%，挪威 1.7%，芬兰 1.1%）。在"金砖"四国中，俄罗斯和巴西学前教育公共投入占 GDP 的比重 2008 年分别为 0.6% 和 0.5%，而中国仅 0.035%（与印度水平相当）。在学前教育公共投入占教育总经费的比例来看，据 2010 年数据，OECD 成员国处于 11%～29%；"金砖"国家中，俄罗斯为 14%，巴西为 8%，中国仅 1.2%（与印度水平接近）。①

那么，如何分配和使用这些公共投入资金，既能保证公平和均衡，又能保证学前教育的质量呢？最强有力的做法是：为适龄儿童公平提供一定年限的学前免费教育，甚至是义务教育。目前，提供学前一年（5 岁）免费教育的国家有：澳大利亚、奥地利、美国、加拿大、韩国；提供学前两年（4～5 岁）免费教育的国家有：爱尔兰、荷兰、美国、瑞典、丹麦的部分地区；提供学前三年（3～5 岁）免费教育的国家有：法国、比利时、卢森堡、葡萄牙、墨西哥。另外，英国为 3 岁以上儿童每年提供一定时长的免费教育，瑞典为来自特殊家庭（如移民）的儿童提供三年的免费教育。值得关注的是，荷兰和英国实施学前一年义务教育（5 岁），学前一年教育在美国部分州属于义务教育；更加引人注目的是墨西哥，自 2009 年起，从 3 岁开始对全体儿童实施学前三年免费的义务教育。②

四、保障幼儿教师待遇，严格准入标准，为教师专业发展提供持续有效的支持系统

国内外研究发现，学前教育的过程性质量（如课程教学与人际互动），教师素质是关键③面对错综复杂的学前教育教师管理问题，许多国家和地区注重通过立法来保障托幼机构教师地位和薪资待遇，明确教师资格准入、招募和聘任的条件，保障其在职培训和专业发展权利。比如，在美国，有多个法案涉及学前教育教师，包括《幼儿园及中小学教师激励法案》（Incentives to Educate American Children Act）、《全体儿童的优秀教师法案》（Teacher Excellence for All Children Act）、《培养、招募与聘任教育专业人员法案》（Preparing，Recruiting and Retai-

① 周兢. 国际学前教育政策比较研究[M]. 上海：华东师范大学出版社，2012：22-31.

② 周兢. 国际学前教育政策比较研究[M]. 上海：华东师范大学出版社，2012：31-33.

③ Hamre B K，Pianta R C，Burchinal M，Field S，LoCasale-Crouch J，Downer J T. & Scott-Little C. A course on effective teacher-child interactions：Effects on teacher beliefs，knowledge，and observed practice[J]. American Educational Research Journal，2012，49(1)：88-123；康建琴，刘焱，刘芮. 农村学前一年教育经费投入效益分析[J]. 教育学术月刊，2010(5)：34-37，90.

ning Education Professionals Act)、《教师中心法案》(Teacher Center Act) 等①。
自 20 世纪 80 年代以来，台湾地区先后出台了多部学前教育及其相关法律(如《幼稚教育法》《师资培育法》《教师法》《儿童教育和照顾法》等)，对幼儿教师的资质条件、任用制度、在职进修、权利保障与待遇落实等方面做出了较为全面和明确的规定，在很大程度上保障和促进了台湾地区幼儿教师社会地位和专业水平的提升，有力推动了学前教育事业的健康发展和质量提升。②

　　国际比较研究发现，澳大利亚、比利时、捷克、爱尔兰、意大利、荷兰、葡萄牙、瑞典等国，托幼机构的专任教师工资完全达到当地小学教师的水平③。另外，为增强学前教育教师的职业吸引力和竞争力，许多国家还提出了改善待遇的具体政策，包括教师保险和福利、周工作时长、工作条件等。目前，国际上学前教育教师资格准入标准的改革动向是更加重视未来教师的实践智慧与专业热忱。另外，各国普遍通过立法的形式、提供充足的经费保障学前教育教师的进修权，并对农村和贫困地区的学前教师培训给予特殊的保障；构建职前培养与职后培训的一体化教育体系，通过多种激励措施促进教师积极参与培训，为教师的终身专业发展提供持续有效的支持系统。④

五、建立国家学前教育质量保障和推进体系，强制实施基本质量标准，激励托幼机构不断提升质量

　　世界上许多国家的经验表明，政府在制定学前教育质量标准、建立学前教育质量确保体系、构建公平而有质量的学前教育体系方面起到轴心作用。如果没有政府的科学引导和切实的财政支持，托幼机构(尤其是私立托幼机构)自愿提高质量的情况极少发生。目前，OECD 成员国等主要发达国家以及越来越多的发展中国家陆续建立了全国性的质量标准与质量监管体系。综合各国的政策措施来看，主要有两个方面的做法：首先，确定合理的符合本国实际的准入门槛，实施严格的托幼机构办学许可制度，对托幼机构的办学条件和办学行为进行动态监控，以确保各类托幼机构达到国家控制的基本质量标准。在最低质量标准中，重点关注机构的基本办学条件(园舍场地与设施、办学经费、保教人员资质与薪资等)、健康和安全管理、对国家课程大纲的基本执行情况。研究发现，各国的最低标准随

---

　　① 沙莉. 立法保障高素质学前教育师资：美国经验及启示[J]. 现代教育管理，2015(10)：124-128.

　　② 庞丽娟，夏靖，沙莉. 立法促进高素质幼儿教师队伍建设台湾地区的经验及其启示[J]. 教师教育研究，2009，21(4)：49-53.

　　③ 周兢. 国际学前教育政策比较研究[M]. 上海：华东师范大学出版社，2012：120-121.

　　④ 周兢. 国际学前教育政策比较研究[M]. 上海：华东师范大学出版社，2012：17.

着经济社会发展水平与学前教育整体水平的提升有逐步提高的趋势；在对最低标准的执行上比较严格，一般有定期的督导，对托幼机构的违规行为有明确的惩罚措施。①其次，在基本质量标准之上，设计多层级的、激励性的托幼机构质量认证和评价系统，引导、支持和推动托幼机构持续改进服务提高质量。在引领性的质量评价标准内容上，着重聚焦班级各类保育和教育活动和人际互动过程，儿童各领域学习与发展支持的有效性，托幼机构的管理运行过程，与家庭的沟通与合作等方面的质量，往往设计多层级的评价标准，支持和引导实践者通过持续的自我评价达到专业发展和质量提升的目标。在政策制定时遵循的最重要原则就是激励性原则，一是通过提供财政经费刺激，激发托幼机构举办者自愿的改进实践提高服务质量。如美国的纽约州、佐治亚州、新泽西州等，运用"分层补助制度"，给提供更高质量的托幼机构更高水平的经费补贴，引导他们接受更多的处境不利儿童。二是通过各种技术支持和资源支持，激励实践者的自我评价和反思性实践，吸引教师、家长都参与到关于质量的实践和讨论之中，营造"质量文化"——让所有人都关心学前教育质量的不断提高。在引导、激励和辅助各类托幼机构提高质量上，各国采取的值得借鉴的措施包括：培育和支持专业组织或经过认证的非营利中介机构，建立质量认证体系（如，NAEYC 的高质量机构认证系统）；发起研制自我鉴别的质量评价标准体系，要求学前教育机构定期进行内部评价；建立系统的基于儿童学习档案记录的集体反思教研制度，引导实践者的专业发展；建设国家儿童发展指标和托幼机构服务质量信息数据库，监控学前教育质量的整体状况，推动公私立机构的公平竞争与质量提升。②

六、通过国家行动建立目标锚定的补偿性学前教育项目，确保弱势儿童群体接受有质量的学前教育

有质量的学前教育服务，对于弱势群体而言，是购买不起的"奢侈品"；但对于国家公共管理决策部门而言，有质量的学前教育公共服务应当成为国家主动为弱势群体提供甚至免费供应的必需品，以维护社会公正和社会稳定，推动经济的繁荣与可持续健康发展。在众多的科学研究证据与公平理念下，为维护弱势儿童教育权利，推进学前教育公平和健康发展，世界主要国家和地区积极采取多种扶助政策保障弱势儿童享有平等的学前教育，并取得了显著效果。主要的政策措施有：一，通过立法，明确保障弱势儿童享有平等的学前教育权利，明确政府扶助弱势儿童学前教育的主导责任；二，坚持公平导向的财政投入原则，建立多种扶

① 周兢. 国际学前教育政策比较研究[M]. 上海：华东师范大学出版社，2012：140-143.
② 周兢. 国际学前教育政策比较研究[M]. 上海：华东师范大学出版社，2012：146-149.

助制度，为弱势儿童提供学前教育资助或免费的学前教育；三，依托国家专项行动计划，以公办学前教育为主体，实施补偿性教育服务项目，确保弱势儿童获得有质量的学前教育。①

美国自 1965 年启动了面向贫困儿童及其家庭提供免费的早期保教综合服务的"开端计划"（Head Start）并一直延续至今，开启了面向处境不利儿童进行早期干预的先河；此后，美国相继推出了针对不同目标群体的早期干预项目。英国、法国、德国、加拿大、澳大利亚、新西兰及北欧诸国等发达国家都有针对不同类型处境不利儿童群体的早期干预项目。俄罗斯、墨西哥、韩国、匈牙利、捷克、印度、印尼等新兴经济体或发展中国家也建立了此类项目。这些早期干预项目服务的处境不利儿童类型包括偏远农村地区、家庭贫困、有特殊需求、土著/少数民族、流动、移民等；服务的内容包括为学龄前处境不利儿童提供有质量或高质量的保育和教育，甚至为目标儿童的父母提供家长教育、职业培训和家庭支持服务。

面向弱势儿童群体的这类行动计划或补偿性早期干预项目具有几个共同特点：第一，往往由中央/联邦政府以国家名义发起，具有较高的层次和广泛的影响力。第二，为确保项目的有效实施，一般主要由中央/联邦财政拨付专项经费予以保障，且随着项目的拓展投入稳步增加。比如，印度的儿童综合服务计划（ICDS），中央政府承担的比例是 90%，从"八五"到"九五"、"十五"计划期间，总投入从 260 亿卢布增加到 570 亿和 1168 亿卢布。第三，高度重视对行动计划和早期干预项目的实施过程和质量和效果进行严格的管理、督导和评估。通过制定和实施专门的质量评价标准（包括员工配备和资格、课程教学、儿童发展评估与自我评估标准等）和质量监测机制，确保这些项目能够提供有质量的教育服务，发挥预期的补偿性教育功能，有效促进处境不利儿童的在目标领域的积极发展。国际经验表明，由中央政府发起和财政保障的国家专项行动计划，对满足各类弱势儿童学前教育需求、进而推进学前教育公平做出了十分重要的贡献，是保障和普及弱势儿童学前教育的有效路径。这些国际政策与经验对于我国制定和完善弱势儿童教育扶助政策，推进学前教育公平，具有重要而有益的启示。②

---

① 庞丽娟，夏靖，孙美红. 世界主要国家和地区弱势儿童扶助政策研究[J]. 教育学报，2010，6(5)：50-55.

② 庞丽娟，夏靖，孙美红. 世界主要国家和地区弱势儿童扶助政策研究[J]. 教育学报，2010，6(5)：50-55.

第三节 有质量的学前教育：保障政策与路径选择

为破解制约我国学前教育发展的难题与瓶颈，推进学前教育的健康可持续发展，保障各类适龄儿童接受有质量的学前教育，在分析我国现实国情、借鉴国际经验的基础上，研究者提出如下政策建议，并提出可能的路径选择。

一、加快学前教育立法进程，为我国学前教育事业的可持续健康发展奠定坚实的法制基础

改革开放以来，我国学前教育事业取得了长足的进步；尤其是 2010 年以来，国家出台了加快学前教育发展的规划和政策，启动了两轮学前教育三年行动计划，学前三年教育普及率提升超过了过去 20 年的总和。但是由于缺乏上位的法律规范，一些制约和困扰我国学前教育发展的体制机制问题依然存在，亟待加快学前教育立法进程，推动这些问题的彻底解决，为我国学前教育事业的长期可持续健康发展奠定坚实的法制基础。一些影响我国学前教育发展的深层次核心问题，必须通过专门的学前教育立法加以明确：第一，学前教育的性质和地位。明确学前教育是我国学制的第一阶段，是国民教育和基础教育的一部分；学前教育是社会公益事业，是国家保障提供的公务服务体系的一部分，政府在学前教育事业的规划、投入、监管和保障公平方面负有主要责任。第二，学前教育的管理体制。应当明确发展和管理学前教育事业的责任主体，明确中央政府和地方政府以及各个相关部门之间的责任分担与合作机制。第三，学前教育的财政投入体制。应明确规定并逐步增加各级财政性教育经费中学前教育经费的比例；确定城市与农村不同的财政投入机制：在城市地区实行政府投入、社会投入与家庭分担成本的学前教育投入机制，而在农村地区应以政府投入为主发展学前教育。第四，学前教育机构。应该明确学前教育机构的准入标准，对其申请、审批、登记注册、年检、监督管理、撤销的程序做出明确规定。第五，学前教育从业人员。应当明确学前教育从业人员尤其是专任教师的身份与地位、资质与待遇、聘任与考核要求，确保取得法定资格的幼儿教师平等享受中小学教师待遇。第六，学前教育的质量保证与督导问责制度。明确应当建立学前教育的国家质量标准与质量保证体系，建立学前教育的督导、评估与问责制度。第七，弱势儿童的学前教育权益保障。建立学前教育资助制度，保障家庭贫困、特殊需求、流动、留守等处于各类

社会风险因素的弱势儿童能够接受有质量的学前教育。[①]

二、建立"省级统筹 以县为主"的学前教育管理体制

自 1987 年以来，我国的学前教育一直实行的是"地方负责 分级管理"的管理体制。但责任主体在哪一级地方政府？不同层级的政府之间责任如何分担？这些关键问题均不明确。由于责任主体不明且重心过低，不同层级政府间职责不清，权责配置不合理，导致学前教育的财政保障能力、规范管理能力和统筹协调能力均严重不足。这一管理体制已经成为我国学前教育事业发展的最大制约瓶颈之一，也是造成我国学前教育质量低下且很不均衡的根本原因之一。[②] 为有效破解当前我国学前教育管理体制面临的困境，促进学前教育事业健康、有序、可持续发展，亟须改革、完善我国学前教育管理体制，理顺和明确各级政府学前教育的发展职责，提升管理责任主体重心，以强化政府对学前教育事业的管理协调和统筹保障能力。

鉴于我国的行政管理体制以及地理人口分布和经济社会结构特征，研究者建议我国实行"省级统筹 以县为主"的学前教育管理体制。首先，明确并加强省级政府对省域内学前教育的统筹领导责任。省级政府是我国最高级别的地方行政区域单元，在我国政府层级中占据着极为重要的中坚地位和作用。它既在政治结构中分担中央政府的部分功能，同时在辖域内担负"中观"政策制定和组织提供公共服务的责任；尤其是分税制改革后，县、乡财力被严重削弱，无法满足学前教育事业发展需求。因此，省级政府无疑应当承担起统筹、保障省域内学前教育公共服务均衡、健康发展的重要责任。省级政府及其教育行政部门负责根据中央相关法律法规、政策和宏观规划，制定省域学前教育事业发展规划及相关政策并指导实施；明确本省学前教育财政投入、教师队伍建设规划并保障落实，推动学前教育事业发展的省域均衡；整体规划并加强幼儿师范教育，制定全省在职教师和园长培训规划与考核办法；建立学前教育事业发展与教育质量督导体系，加强对省域内学前教育发展的全面督查和指导。

第二，明确并进一步加大县级政府对县域内学前教育的管理责任。县区是我国基本的行政区域单元，县级政府在我国的行政体制中处于承上启下、执行协调的关键枢纽地位。"以县为主"的义务教育管理体制改革与实施已经积累了一定经验，因此，"以县为主"推进学前教育管理体制改革已成为大势所趋。在此需明确

---

① 庞丽娟，韩小雨. 中国学前教育立法：思考与进程[J]. 北京师范大学学报（社会科学版），2010，44（5）：14-20.

② 庞丽娟，范明丽. 当前我国学前教育管理体制面临的主要问题与挑战[J]. 教育发展研究，2012（4）：39-43.

指出的是："以县为主"主要指的是管理上的以县为主，而不是经费保障上的以县为主。在财政性学前教育经费"省－市－县"按比例分担、保障发展学前教育事业基本投入的基础上，县级政府应切实落实直接管理学前教育的主体责任。县级政府作为规划和推进学前教育发展、规范学前教育管理的责任主体，要切实承担起管理指导县域内学前教育发展的主体责任，贯彻落实中央、省、市有关学前教育发展的方针、法律法规、政策、规划及各项规章制度，制定县域内学前教育发展规划，统筹管理本辖区的学前教育事业；保障县域内幼儿园的合理布局、规范办园、质量监管；探索"县管校聘"的人事制度改革，统一管理县域范围内所有持有幼儿园教师资格证的教师，规范幼儿园教师的聘任、考核制度，保障在编教师的工资、津贴与福利待遇，督促并确保落实非在编教师的工资、待遇、福利、社会保障、职称评定等；规划并实施县域学前教育师资培训计划。①

当然，在推进"省级统筹 以县为主"的学前教育管理体制改革的过程中，需要进一步明确和理顺中央、省、县三级政府之间的权责利关系；同时注意明确和落实地市政府和乡镇政府（街道管委会）各自的职能，充分调动其积极主动性。

三、建立以公共投入为主，"省－市－县"财政合理分担，统筹协调的学前教育投入体制

长期以来，投入体制机制已经成为我国学前教育发展的制约瓶颈，主要表现在：政府投入的主导责任未落实，多级财政的分担机制未建立，政府投入与家庭投入的分担比例不合理，学前教育占财政性教育经费预算中的比例不明确，财政性经费向农村和欠发达地区倾斜的政策不落实；造成的结果是：我国学前教育投入长期处于较低水平（1.2%～1.6%），城乡间、区域间学前教育发展水平和质量水平差异明显且有拉大趋势，远远无法满足事业发展需要。② 鉴于我国学前教育投入体制机制存在的问题，在考察各国学前教育投入水平和投入体制机制的国际经验的基础上，研究者建议：我国应建立起以公共投入为主，"省－市－县"财政合理分担，统筹协调的学前教育投入体制。

首先，在政府与家庭的学前教育成本分担机制上，应当明确以政府的公共投入为主、家庭缴费为辅的合理分担机制，以体现学前教育的公益事业和公共服务属性。根据我国的城乡居民收入水平和可承受能力，公共投入应承担学前教育成本的合理比例，建议城镇地区为60%以上，农村地区为85%以上。根据本调查

① 庞丽娟，范明丽."省级统筹 以县为主"，完善我国学前教育管理体制[J].教育研究，2013(10)：24-28.

② 夏婧，庞丽娟，张霞.推进我国学前教育投入体制机制改革的政策思考[J].教育发展研究，2014(4)：19-23.

的结果（见第九章），有质量的学前教育生均投入为 6500 元/年；按照这一分担比例测算，城镇居民和农村居民子女接受学前教育的保缴费都将相应降低 50%左右，基本在可承受的能力范围内。

第二，在学前教育的财政性经费来源上，建议实施"省—市—县"三级财政合理分担的投入体制；各级财政的分担比例应由省级政府根据各市、县的经济水平和财政实力具体的弹性的制定，总体原则是：县区的经济发展水平越低、财政实力越弱，财政保障主体的重心应越高，以体现省级、市级财政统筹区域学前教育发展的功能和责任。

第三，在预算内学前教育经费占同级财政教育总经费的比例上，应当与该地区所承担的教育发展责任和事业规模相协调，与学前教育阶段所服务的儿童数和教育服务内容相协调，基于国内外学前教育发展经验和现阶段国情，建议这一比例应不低于 7%（其中不举办的高中的区应达到 10%以上）。[1] 同时，各级财政中的新增教育经费应落实向学前教育倾斜的政策，以实现学前教育财政性经费的逐年增长，为学前教育的发展提供坚实的经费保障。

第四，建立学前教育资助制度，中央与地方各级财政合理分担经费，保障家庭经济困难儿童、孤儿和残疾儿童接受有质量的学前教育；发展残疾儿童学前康复教育，资助普通幼儿园招收特殊需求儿童开展融合教育。中央财政设立专项经费，支持中西部农村地区、少数民族地区和边疆地区发展学前教育和学前双语教育，以国家行动的名义实施面向特定弱势儿童群体的补偿性学前教育计划。省级、市级财政设立专项经费，重点支持边远贫困地区和少数民族地区发展学前教育。

四、建立"县管园用、持证教师统一管理"制度，保障每一位合格幼儿教师的合法权益和合理待遇

师资队伍数量和质量的双重严重不足成为我国学前教育质量的最大制约瓶颈之一；而我国学前教育师资问题的根源在于：非在编教师缺少一个可以依靠的、力量强大的、能够有效保护其合法权益的组织做后盾（这与西方国家教师有强大的教师工会做后盾形成强烈的反差）；个体教师力量弱小，无法与托幼机构举办方平等谈判，导致自身的合法权益得不到有效保护。基于我国现实国情、以县为主管理学前教育的需要以及我国基础教育教师人事管理制度改革的走向，研究者建议建立并实施"县聘园用、持证教师统一管理"的师资队伍管理制度：每一位持

---

[1] 夏婧，庞丽娟，张霞. 推进我国学前教育投入体制机制改革的政策思考[J]. 教育发展研究，2014，4：19-23.

有幼儿园教师资格证的教师均由所在地县级政府有关部门（教育局、人力资源和社会保障局等）联合统一招聘管理，各类幼儿园（无论公办民办）对教师的使用、工资待遇、社会保障、考核、职称评定、培训等，均须在县级政府有关管理部门的主持或监管下进行；从而让国家和政府真正成为持证合格教师的后盾和"娘家"，让持证合格教师的权益保护真正落实。实施这一制度有几个关键点：

第一，严格执行国家幼儿园教师资格证考试制度，严把教师入口关；幼儿园专任教师必须持有幼儿园教师资格证；中小学富余教师转岗到幼儿园，必须限期取得幼儿园教师资格证方可正式上岗，未取得幼儿园教师资格证之前不得从事幼儿园教育教学工作。

第二，建立幼儿园教师资格的淘汰退出机制。幼儿园教师资格证从终身制改为有效期制（建议为三至四年），有效期满前需要重新注册；有效期内，必须被聘用并实际从事幼儿教育教学工作达到一定时长，方可通过重新注册，否则，必须重新参加国家幼儿园教师资格证考试；聘期内连续两年或累计三年考核不合格，将注销其幼儿园教师资格证，严重者无法取得重新参加幼儿园教师资格证考试的资格。

第三，县级政府相关部门应当切实承担起持证合格教师统一管理职能，依法保护教师权益，保障其合理待遇。各类幼儿园（无论公办民办）都必须在县级政府有关部门的监管下与持证教师签订合法的聘任协议；持证教师的聘任（解聘）、薪资、福利待遇、社会保障、职称评定、培训进修等，均在县级政府有关部门的依法管理和监护之下；幼儿园不得私自聘用无证人员担任教师，不得损害在职在岗教师的各项合法权益和应得待遇，否则将依法受到相应的处罚，如有惩戒力的罚款、停止招生、限期整顿，甚至被吊销办园许可证。县级政府依据本地区学前教育事业发展的需要，应保持一定比例的事业编制；在编教师应服从县级政府有关部门的统一调配，按照城乡均衡、定期交流的原则，实现对学前教育师资的优化配置。

五、建立幼儿园教育质量国家标准体系和质量管理体系，守好幼儿园质量底线，推动幼儿园全面提升保教质量

目前，我国尚未建立幼儿园教育质量的国家标准体系与质量管理监控体系，无法对全国的幼儿园进行有效的质量评价和管理；各地实行的办园准入标准和分等定级标准差异很大、科学性不足，质量评估操作程序和过程不够规范和严谨。由于学前教育资源不足，准入标准事实上形同虚设，无法起到应有的"保底"作用，农村地区和各类弱势儿童群体无法有保障地接受有质量的学前教育；分等定级标准在过程性质量评价内容方面比较薄弱，无法起到引领幼儿园教师的自我发

展性评价的目的。基于此，研究者建议应当在国家层面建立幼儿园教育质量标准和质量管理体系，划定幼儿园质量底线，推动幼儿园全面提升保教质量。

第一，制定并实施强制性的幼儿园保教质量国家基本质量标准。基于各地准入标准参差不齐、把关不严、无法有效保障质量底线的现实，国家有必要在科学实证研究的基础上确定我国幼儿园保教质量的"最低门槛"，制定并推行强制性的国家基本质量标准。国家基本质量标准应该聚焦影响儿童身心健康和安全的最基本条件，包括园舍场地与设施设备，教玩具和图书配备，班级规模和生师比，保教人员资质和待遇，经费，卫生保健与安全管理，园务管理等；确保达到国家基本质量标准的幼儿园能够提供无害儿童身心健康和安全的、积极正向的保育和教育。国家基本质量标准可行的推进策略是：一，要求各地把国家基本质量标准纳入申办审批的内容和程序或分等定级的指标体系。二，建立以服务和支持为基础的追踪性评价制度，改变简单的一次性评价方式，变堵为疏，变强制为服务，加强对初评不达标幼儿园的帮扶，提供资金、场地、师资培训、专业技术等各方面服务，通过追踪性评价，确保目标幼儿园限期达到基本质量标准。三，引导各地在(学前)教育强县(区)评估、教育现代化评估、地方政绩督导考核的指标体系中，把达到国家基本质量标准幼儿园的招生覆盖率作为重要的考核评价指标。

第二，制定多层级的过程性质量评价标准，引导幼儿园和教师通过自我评价机制，提升专业能力，改进保教实践，全面提高质量。在基本质量标准之上，应制定一个多层级的质量评价标准体系，聚焦班级各类保育和教育活动的过程，包括集体教学活动的设计、组织与学习支持的有效策略，户外活动的监护与指导，各类区角游戏活动的环境创设、观察、记录、指导、互动与评价，儿童各领域学习与发展的关键性支持策略等。这种多层级的过程性质量评价标准为幼儿教育实践者提供了丰富的、多维的专业成长的阶梯和支持性工具。幼儿园园长和教师通过内部评价机制的建立，持续不断地展开自我评价和相互评价，推动保育教育实践的反思与改进，并不断检验改革与改进的有效性；从而在教师队伍专业能力不断发展的同时，实现保教过程性质量的全面提升。

第三，建立国家学前教育质量监测体系，加强学前教育质量的督导和问责。为了解全国的学前教育质量的状况与动态变化，加强相关的科学研究和询证决策，建议建立国家的学前教育质量监测体系。质量监测的指标体系上应包括幼儿园条件、保教过程、儿童发展的关键性指标。在组织运行体系方面，建议设立国家学前教育质量监测中心和区域分中心，在教育部的指导下有计划地开展学前教育质量监测和科学研究工作，发布年度学前教育质量监测报告和决策咨询报告，同时指导各省开展省域的学前教育质量监测工作。同时，把国家基本质量达标园的覆盖率、优质资源覆盖率、弱势儿童接受有质量的学前教育的保障率纳入各类考核指标，加强对地方学前教育质量方面的督导和问责。

第四，引导和培育学前教育的专业组织机构建立科学规范、非营利性的质量认证体系。基于国家教育管理体制改革的方向，逐步推进学前教育"管—办—评"相对分离，政府负责法规政策、规划、投入、保障公平等宏观管理，托幼机构独立自主办学、多元发展；同时，培育学前教育专业组织和机构在科学研究的基础上，建立各类专业化的质量认证标准，以非营利性为基本原则开展质量认证。托幼机构自愿参与，通过质量认证的过程，进一步提升质量。从而形成我国学前教育事业健康有序、充满活力的发展环境。

六、采取国家行动，启动目标精准的专项行动计划，确保各类弱势儿童接受有质量的适应其发展需求的学前教育

借鉴世界上许多国家的共同做法，建议采取国家行动，建立目标瞄准机制的专项行动计划，保障各类弱势儿童群体能够接受有质量的、适应其发展需求的学前教育，以推进教育公平和社会公平，全面提升国家的学前教育质量。

第一，应瞄准的目标群体及相应的专项行动计划类型：针对贫困儿童，实施入园资助计划；针对特殊需求儿童（在身体、智力、语言、情感/社会性等方面存在发展性障碍），支持普通幼儿园实施融合教育计划，支持专业机构开展特殊的康复训练和教育；针对流动儿童，实施符合其需求特征的综合服务计划；针对孤儿、留守儿童、单亲家庭儿童等，实施特殊的关爱教育计划等。

第二，应建立目标瞄准的机制，精准定位，尽早发现，尽早提供相应的服务，动态追踪早期干预的效果，及时调整教育、服务的内容和方式。

第三，在资金来源上，建议以中央财政为主（至少50%），地方各级财政提供相应的配套经费；各级财政经费的分担比例依具体的项目、受益群体和范围，由中央财政和省级财政统筹制定。

第四，国家专项行动计划的实施，应依托现有的公办园，必要时建设以弱势儿童为服务对象的项目幼儿园（类似美国"开端计划"项目机构）；建议调整公办幼儿园的招生政策，优先确保处境不利儿童的学位，就近原则解决各类目标儿童接受有质量的学前教育问题；为承担专项任务的幼儿园提供相应的教育经费，配备相应的人员编制；在特定情况下，也可以向有质量、有能力提供专项教育服务的普惠性民办园购买服务。

第五，加强专项行动计划的项目管理（经费、人员、质量），加强对承接专项项目机构（公办园、普惠性民办园或其他机构）的监督，确保专项资金的有效使用；加强对各类目标儿童群体的追踪性评价，确保专项行动计划的质量和有效性。

七、实现有质量的学前教育路径选择建议

作为学前教育大国，有质量的学前教育发展路径应该是多元的，需要在理想与现实间做出合理抉择。根据不同地区的发展水平与教育、社会环境可接受水平，未来学前教育发展路径的选择有三种较好的可能：

理想选择是公平优质，全面均衡。响应我国政府签署加入的联合国教科文组织《仁川宣言：教育 2030 迈向全纳、公平、有质量的教育和全民终身学习》[①]及其《教育 2030：行动框架》[②]中的相关原则，全面实施学前一年义务教育(5 岁)；[③]在此基础上，借鉴国内外一些国家和地区提供学前免费教育的做法，进一步实施学前两年免费教育(3 岁、4 岁)；无论是学前义务教育还是免费教育，均应有统一的质量标准和质量保证体系，每一位适龄儿童拥有公平的机会；特殊需求儿童还包括免费的个别教育方案。这一路径能够实现公平优质和全面均衡，但需要最高的投入和保障水平，与现实的差距和实现的难度也是最大的。该选择适合于东部发达地区与大城市。

兜底选择是确保质量底线。通过实施强制性的国家基本质量标准，守住幼儿园质量的底线；通过实施目标人群瞄准的国家学前教育专项行动计划，确保各类处境不利儿童能够接受有质量的免费学前教育。这一路径政府投入水平相对最低，但能够保障基本的公平和基本的质量。该选择适合西部欠发达地区、贫困地区、偏远农村。

中间选择是补齐短板。鉴于我国的城乡二元结构和城乡学前教育质量水平的巨大差距，基于弱势补偿的公平原则，建议优先实施有质量的农村(包括县城、城乡接合部)学前三年免费教育；在城市地区，调整现有公办园招生政策，优先保障弱势儿童(贫困、残疾等)能够接受有质量的免费学前教育。这一路径能够大幅度提升我国学前教育质量，推进城乡均衡；但需要较高的投入水平，也会产生城乡之间的公平性质疑。该选择适合中西部农村、欠发达中小城市。

以上三种路径选择并不相互排斥，可以是不同区域、经济社会不同发展类型的不同选择，也可以是不同时期国家政策发展阶段的重点选择，这种选择应具有动态性，应随着国家学前教育发展形势的变化而进行相应的路径调整。

---

① 　https：//en. unesco. org/world-education-forum-2015/incheon-declaration.
② 　http：//unesdoc. unesco. org/images/0024/002432/243278e. pdf.
③ 　刘焱. 学前一年教育纳入义务教育的条件保障研究[M]. 北京：北京师范大学出版社，2014.

参考文献

英文参考文献

1. Anthony Stair, Terance J Rephann, Matt Heberling. Demand for public education: Evidence from a rural school district [J]. Economics of Education Review, 2006 (25).

2. Ewing A R, Taylor A R. The role of child gender and ethnicity in teacher-child relationship quality and children's behavioral adjustment in preschool[J]. Early Childhood Research Quarterly, 2009, 24 (1).

3. Barnett W, Steven. Low Wages = Low Quality: Solving the Real Preschool Teacher Crisis [J]. National Institute for Early Education Research (NIEER), 2003 (3).

4. Barnett W S & Mass L N. Comparative benefit-cost and analysis of the Abecedarian program and its policy implications[J]. Economic of Education Review, 2007, 26 (1).

5. Bernhard J K. Child development, cultural diversity, and the professional training of early childhood educators[J]. Canadian Journal of Education, 1995, 20(4).

6. Bigras N, Bouchard C, Cantin G, Brunson L, Coutu S, Lemay L, et al. A comparative study of structural and process quality in center-based and family-based child care services[J]. Child & Youth Care Forum, 2010, 39(3).

7. Blau D M. The production of quality in child-care centers: Another look [J]. Applied Developmental Science, 2000, 4(3).

8. Bronfenbrenner U. The ecology of human development: Experiments in nature and design[M]. Cambridge, MA: Harvard University Press. 1979.

9. Burchinal M, Howes C & Kontos S. Structural predictors of child care

quality in child care homes[J]. Early Childhood Research Quarterly, 2002, 17 (1).

10. Burchinal M R, Peisner-Feinberg E, Bryant D M & Clifford R. Children's social and cognitive development and child-care quality: Testing for differential[J]. Applied Developmental Science, 2000, 4(3).

11. Burchinal M, Roberts J E, Zeisel S A, Hennon E A & Hooper S. Risk and resiliency: Protective factors in early elementary school years[J]. Parenting: Science and Practice. 2006.

12. Burchinal M R, Roberts J E, Riggins Jr, R Zeisel S A, Neebe E & Bryant D. Relating quality of center-based child care to early cognitive and language development longitudinally[J]. Child Development, 2000(71).

13. Burchinal M, Vandergrift N, Pianta R, et al. Threshold analysis of association between child care quality and child outcomes for low-income children in pre-kindergarten programs[J]. Early Childhood Research Quarterly, 2010, 25 (2).

14. Burchinal M, Vernon-Feagans L, Vitiello V, Greenberg M & The Family Life Project Key Investigators. Thresholds in the association between child care quality and child outcomes in rural preschool children[J]. Early Childhood Research Quarterly, 2014, 29(1).

15. Burchinal M, Xue Y, Tien H, Auger A & Mashburn A J. Secondary data analysis looking for thresholds in child care quality[J]. Paper presented at the Biennial Meeting of the Society for Research in Child Development, Montreal, Canada, 2011 (03).

16. Hu B Y, et al. Pinpointing Chinese Early Childhood Teachers' Professional Development Needs Through Self- Evaluation and External Observation of Classroom Quality[J]. Journal of Childhood Teacher Education, 2014.

17. Byrne, Cristal Lynn. Parental Expectations and Investments: Links to children's academic performance in an ethnically diverse low-income sample[J]. Electronic Thesis and Dissertations, 2013.

18. Campbell F A, et al. Early childhood education: Young adult outcomes from the Abecedarian Project[J]. Applied Developmental Science, 2002.

19. Campbell F A & Ramey C T. Cognitive and School Outcomes for High-Risk Africa-American Students at Middle Adolescence: Positive Effects of Early Intervention[J]. American Education Research Journal, 1995.

20. Carrie Lobman, Sharon Ryan & Jill McLaughin. Reconstructing Teacher

Education to Prepare Qualified Preschool Teacher: Lessons from New Jersey[J]. Early Childhood Research and Practice, 2005, 7(2).

21. Crosnoe R, Leventhal T, Wirth R J, Pierce K M, Pianta R & the NICHD Early Child Care Research Network. Family socioeconomic status and consistent environmental stimulation in early childhood[J]. Child Development, 2010, (81).

22. Dahlberg G, Moss P & Pence A R. Beyond quality in early childhood education and care: Languages of evaluation[J]. New Zealand Journal of Teacher's Work, 2008, 5(1).

23. Dang T T, Farkas G, Burchinal M R, Duncan G J, Vandell D L & W Li, et al. Preschool center quality and school readiness: Quality main effects and variation by demographic and child characteristics[J]. Child Development, 2013, 84(4).

24. Chen D, et al. Measurement Quality of the Chinese Early Childhood Program Rating Scale (CECPRS): An Investigation Using Multivariate Generalizability Theory[J]. Journal of Psychoeducational Assessment, 2014(3).

25. Diane M Early, Donna M Bryant, Robert C & Pianta, Richard M Clifford. Are teachers' education, major, and credentials related to classroom quality and children's academic gains in pre-kindergarten[J]. Early Childhood Research Quarterly, 2006, 21(2).

26. Dimmler Miriam Rode Hernandez. Parent expectations, knowledge of student performance, and school involvement: Links to the achievement of African American and Latino children[J]. Elementary Education, 2007.

27. E S Peisner-Feinberg, M R Burchinal. Relations between preschool children's child-care experiences and concurrent development: The Cost, Quality, and Outcomes Study[J]. Merrill-Palmer Quarterly, 1997, 43(3).

28. Fenichel E, Mann T L. Early head start for low-income families with infants and toddlers[J]. The Future of Children, 2001(01).

29. Forry Nicole D, Simkin, Shana, Wheeler, Edyth J, Bock, Allison. 'You know how it makes you feel': Low-income parents' childcare priorities and definitions of ideal high-quality childcare[J]. Journal of Children and Poverty, 2013(02).

30. Ganzeboom, Harry B G, Paul M De Graaf & D J Treiman. A standard International Social-economic Index of Occupational Status[J]. Social Science Research, 1992(21).

31. Gans, Herbert J. Second-Generation Declines: Scenarios for the Economic and Ethnic Futures of the Post 1965 American Immigrants[J]. Ethnic and Racial Studies, 1992, 15(2).

32. Ghazvini A & Mullis R L. Center-based care for young children : Examining predictors of quality[J]. Journal of Genetic Psychology, 2002, 163(1).

33. Guo Ying, Kaderavek Joan N, Piasta Shayne B, Justice Laura M, McGinty Anita. Preschool Teachers' Sense of Community, Instructional Quality, and Children's Language and Literacy Gains[J]. Early Education and Development, 2011, 22(2).

34. Hamre B K, Pianta R C, Burchinal M, Field S, LoCasale-Crouch J, Downer J T & Scott-Little C. A course on effective teacher-child interactions: Effects on teacher beliefs, knowledge, and observed practice[J]. American Educational Research Journal, 2012, 49(1).

35. Harms T, Clifford R M & Cryer D. Early Childhood Environment Rating Scale-Revised Edition[M]. NY: Teachers College Press, 2005.

36. Hayes C D , Palmer J L & Zaslow M J. Who cares for America's children? Child care policy for the 1990s[M]. Washington, DC: National Academy Press , 1990.

37. Hillel Goelman, et al. Towards a predictive model of quality in Canadian child care center[J]. Early Childhood Research Quarterly, 2006(21).

38. Howes C, Phillips D A & Whitebook M. Thresholds of Quality: Implications for the Social Development of Children in Center-Based Child Care[J]. Child Development, 1992, 63(2).

39. Deborah Loewenberg Ball, Miriam Ben-Peretz, Rhonda B. Cohen. Records of Practice and the Development of Collective Professional Knowledge[J]. British Journal of Educational Studies, 2014, 62(3).

40. Johnna Darragh. Universal design for early childhood education: ensuring access and equity for all[J]. Early Childhood Education Journal, 2007(2).

41. Jonghee Shim, Linda Hestenes, Deborah Cassidy. Teacher Structure and Child Care Quality in Preschool Classrooms[J]. Journal of Research in Childhood Education, 2004, 19(2).

42. Joshua, Zwi, Moran, White. Prioritizing vulnerable children: why should we address inequity[J]. Child: Care, Health and Development, 2015(06).

43. Joyce Ann Miller, Tania, Bogatava. Quality improvements in the early care and education workforce: Outcomes and impact of the T. E. A. C. H.

Early Childhood Project[J]. Evaluation and Program Planning, 2009(32).

44. Julia C Torquati, et al. Teacher education, motivation, compensation, workplace support, and link to quality of center-based child care and teachers' intention to stay in early childhood profession[J]. Early Childhood Research Quarterly, 2007(22).

45. Katherine Glenn-Applegate, Jill Pentimonti & Laura M. Justice. Parents' Selection Factors When Choosing Preschool Programs for Their Children with Disabilities[J]. Child and Youth Care Forum, 2011, 40(3).

46. Cook K, Davis E, Davies B. Discrepancy between expected and actual child support payments: predicting the health and health-related quality of life of children living in low-income, single-parent families[J]. Child: Care, Health and Development, 2008(2).

47. Lata Divya, Stepanyan, Anahit. Enabling childhoods: a unique opportunity for early childhood in Armenia[J]. International Journal of Inclusive Education, 2012(4).

48. Leyva D, Weiland C, Barata M, Yoshikawa H, Snow C, Trevi？o E & Rolla A. Teacher-Child Interactions in Chile and Their Associations with Prekindergarten Outcomes[J]. Child Development, 2015(86).

49. Li H & Rao N. Influences on literacy attainment: Evidence from Beijing, Hong Kong and Singapore[J]. International Journal of Early Years Education, 2005, 13(3).

50. Li K, Hu B, Pan Y, Qin J & Fan X. Chinese Early Childhood Environment Rating Scale (trial) (CECERS): A validity study[J]. Early Childhood Research Quarterly, 2014, 29(3).

51. Li K, et al. Early childhood education quality and child outcomes in China: Evidence from Zhejiang Province[J]. Early Childhood Quarterly, 2016, 36.

52. Little R J A & Rubin D B. Statistical analysis with missing data (2nd ed.) [M]. New York: Wiley, 2002.

53. LoCasale-Crouch J, Konold T Pia. Observed classroom quality profiles in state-funded pre- kindergarten programs and associations with teacher, program, and classroom characteristics[J]. Early Childhood Research Quarterly, 2007(22).

54. Love J M , et al. Child Care Quality Matters: How Conclusions May Vary with Context[J]. Child Development, 2003, 74(4).

55. L Whiteside-Mansell, C Ayoub, L McKelvey, RA Faldowski, AHJ

Shears. Parenting stress of low-income parents of toddlers and preschoolers: Psychometric properties of a short form of the Parenting Stress Index[J]. Parenting, 2007(1).

56. L Whiteside-Mansell, R H Bradley, L McKelvey. Parenting and preschool child development: examination of three Low-Income US cultural groups [J]. Journal of Child and Family Studies, 2009(1).

57. Michel Vandenbroeck, Naomi Geens, Hans Berten. The impact of policy measures and coaching on the availability and accessibility of early child care: A longitudinal study[J]. International Journal of Social Welfare, 2014(1) .

58. Mitchell, Amy Elizabeth. The relationship between parents' self-efficacy beliefs, outcome expectations, child behavior, and management of atopic dermatitis. Queensland University of Technology, 2011.

59. Mukerjee S, Witte A D. Provision of child care: Cost functions for profit-making and not-for-profit day care centers [J]. Journal of Productivity Analysis, 1993.

60. MT Mora. Attendance, Schooling Quality, and the Demand for Education of Mexican Americans, African Americans, and Non-Hispanic Whites[J]. Economics of Education Review, 1997 (04).

61. National Institute of Child Health and Human Development. Early Child Care Research Network (NICHD ECCRN). Early child care and children's development in the primary grades: Results from the NICHD Study of Early Child Care [J]. American Educational Research Journal, 2005, 42(3).

62. National Institute of Child Health and Human Development. Early Child Care Research Network. Child outcomes when child care center classes meet recommended standards for quality[J]. American Journal of Public Health, 1999 (89).

63. NICHD Early Child Care Research Network. The relation of child care to cognitive and language development[J]. Child Development, 2000(71).

64. Nores M & W S Barnett. Benefits of early childhood interventions across the world: Investing in the very young[J]. Economics of Education Review, 2010 (29).

65. Pan Y , Liu Y , & Hu C. Research on relationship between structural variables and kindergarten environmental quality[J]. Studies in Preschool Education, 2008, 160(4).

66. Peisner-Feinberg E S , et al. The relation of preschool child care quality

to children's cognitive and social developmental trajectories through second grade [J]. Child Development, 2001, 72(5).

67. Pesssanha M, Aguiar C & Bairrao J. Influence of structural features on Portuguese toddler child care quality[J]. Early Childhood Research Quarterly, 2007, 22(2).

68. Phillips D, Howes C & Whitebook M. The social policy context of childcare: Effects on quality[J]. American Journal of Community Psychology, 1992(20).

69. Phillipsen L C, Burchinal M R, Howes C & Cryer D. The prediction of process quality from structural features of child care[J]. Early Childhood Research Quarterly, 1997.

70. Pianta R C, Barnett W S, Burchinal M & K R Thornburg. The effects of preschool education: What we know, how public policy is or is not aligned with the evidence base, and what we need to know[J]. Psychological Science in the Public Interest, 2009 (10).

71. Pianta R, Howes C, Burchinal M, Bryant D, Clifford R, Early D & Barbarin O. Features of pre-kindergarten programs, classrooms, and teachers: Do they predict observed classroom quality and child-teacher interactions[J]. Applied Developmental Science, 2005, 9(3).

72. Powell I, Cosgrove J. Quality and cost in early childhood education[J]. Journal of Human Resources, 1992(27).

73. Preston A. Efficiency, quality and social externalities in the provision of day care: Comparison of nonprofit and for-profit firms[J]. Journal of Productivity Analysis, 1993(4).

74. Ramey C T, Campbell F A & Burchinal M, et al. Persistent Effects of Early Childhood Education on High-Risk Children and Their Mothers[J]. Applied Development Science, 2000.

75. Reynolds A J. Success in Early Intervention: The Chicago Child-Parent Centers[M]. Lincoln, NE: University of Nebraska Press, 2000.

76. Robert Pianta, et al. Features of pre-Kindergarten program, classrooms, and teachers: Do they predict observed classroom quality and child-teacher interaction? [J]. Applied Developmental Science, 2005(9).

77. Rubenstein J L, Pedersen F A & Yarrow L J. What happens when mothers are away: A comparison of mothers and substitute caregivers[J]. Developmental Psychology, 1997 (13).

78. Scarr S , Eisenberg M, Deater-Deckard K. Measurement of quality in child care centers[J]. Early Childhood Research Quarterly，1994 (9).

79. Schweinhart L J, et al. Lifetime effects：The High/Scope Perry Preschool Study through Age 40[M]. Ypsilanti, MI：High Scope Press，2005.

80. Suzanne W Helburn, Carollee Howes. Child Care Cost and Quality[J]. Future of Children，1996.

81. Stephanie Simmons Zuilkowski, Inbal Alon. Promoting Education for Vulnerable Children by Supporting Families：A Holistic Intervention in Uganda [J]. Journal of Social Service Research，2015(4).

82. Temple J A & Reynolds A J. Benefits and costs of investments in preschool education：Evidence from the Child-Parent Centers and related programs [J]. Economics of Education Review，2007(26).

83. Tobin J , Hsueh Y & Karasawa M. Preschool in three cultures revisited：China，Japan，and the United States[M]. Chicago：University of Chicago Press，2009.

84. Vandenbroeck M & Peeters J. Gender and professionalism：a critical analysis of overt and covert curriculum [J]. Early Child Development and Care，2008.

85. Votruba-Drzal E , Coley R L & Chase-Lansdale P L. Child care and low-income children's development：Direct and moderated effects[J]. Child Development，2004(75).

86. Westrook R A &Oliver R L. The dimensionality of consumption emotion patters and consumer satisfaction[J]. Journal of Consumer Research，1991(18).

87. Whitebook M. Working for worthy wages：The child care compensation movement，1997-2001. New York：Foundation for Child Development Working Paper Series，2002.

88. Whitebook M, Howes C, Phillips D. Who cares? Child care teachers and the quality of care in America. Washington，DC：Center for the Child Care Workforce，1990.

89. Whitebook M, Sakai, L Gerber E , Howes C. Then and now：Changes in child care staffing，1994-2001. Washington，DC：Center for the Child Care Workforce，2011.

90. Winsler A , Tran H , Hartman S C , Madigan A L , Manfra L & Bleiker C. School readiness gains made by ethnically diverse children in poverty attending center-based childcare and public school pre-kindergarten programs[J]. Early

Childhood Research Quarterly，2008，23(3).

91. WN Grubb. Young Children Face the States：Issues and Options for Early Childhood Programs[J]. American Journal of Education，1987 (4).

92. Xiumin Hong，Peng Liu，Qun Ma，Xin Luo. The way to early childhood education equity - policies to tackle the urban-rural disparities in China[J]. International Journal of Child Care and Education Policy，2015 (1).

93. Y Liu，Y J Pan. A review and analysis of the current policy on early childhood education in mainland China[J]. International Journal of Early Years Education，2013 (21).

中文参考文献

1. 胡佛，杰莱塔尼. 区域经济学导论[M]. 郭万清，译. 上海：上海远东出版社，1992.

2. 安东尼·B·阿特金森，约瑟夫·E·斯帝格利茨. 公共经济学[M]. 上海：上海人民出版社，1994.

3. 安筱鹏. 城市区域协调发展的制度变迁与组织创新[D]. 长春：东北师范大学，2004.

4. 白永秀. 城乡二元结构的中国视角-形成-拓展-路径 [J]. 学术月刊，2012 (5).

5. 鲍尔斯，金蒂斯. 经济生产与教育改革[M]. 上海：上海教育出版社，1990.

6. 陈国阶. 我国东中西部发展差异原因分析[J]. 地理科学，1997(1).

7. 陈庆香. 幼儿园教育质量与成本的关系研究——基于浙江省 81 所幼儿园的调查研究 [D]. 金华：浙江师范大学，2013.

8. 陈斌开，张鹏飞，杨汝发. 政府教育投入、人力资本投资与中国城乡收入差距[J]. 管理世界，2010(1).

9. 陈岚. 转型期社会弱势群体及其思想政治教育研究[D]. 重庆：西南政法大学. 2006.

10. 陈淑华. 上海市幼儿园家长教育选择之研究[D]. 上海：华东师范大学，2007.

11. 崔方方，洪秀敏. 我国学前教育发展区域不均衡、现状原因与建议[J]. 教育发展研究，2010(24).

12. 崔凤，张海东. 社会分化过程中的弱势群体及其政策选择[J]. 吉林大学社会科学学报，2003(03).

13. 布朗，杰克逊. 公共部门经济学[M]. 张馨，译. 北京：中国人民大学出版社，2000.

14. 池振合，杨宜勇. 城镇低收入群体规模及其变动趋势研究[J]. 人口与经济，2013(2).

15. 丁秀棠. "普惠性"目标定位下民办学前教育的现状与发展[J]. 学前教育研究，2013(03).

16. 杜鑫. 教育成本分担视角下广西学前教育中政府职责问题研究[D]. 南宁：广西大学，2014.

17. 段琴. 城乡教育差异对居民收入分配的影响[D]. 厦门：厦门大学，2014.

18. 段成荣. 我国流动儿童生存和发展：问题和对策[J]. 南方人口，2013(4).

19. 邓飞. 我国城乡教育公开的现状与发展测评研究[D]. 西安：陕西师范大学，2012.

20. 范先佐. 教育投资体制改革的理论与实践问题研究[M]. 武汉：华中师范大学出版社，2003.

21. 范国睿，教育公平和和谐社会[J]. 教育研究，2005(05).

22. 樊丽明. 中国公共品市场与自愿供给分析[M]. 上海：上海人民出版社，2000.

23. 冯晓霞，蔡迎旗，严冷. 世界幼教事业发展趋势：国家财政支持幼儿教育[J]. 学前教育研究，2007(5).

24. 冯帮. 流动儿童教育公平问题：基于社会排斥的分析视角[J]. 江西教育科研，2007(9).

25. 冯艳芬. 社会分层视角下家长学前教育需求的研究[D]. 金华：浙江师范大学，2013.

26. 高丙成. 中国学前教育发展指数报告[M]. 北京：北京师范大学出版社，2015.

27. 高孝品，秦金亮. 城乡幼儿家长对学前教育满意度的调查研究[J]. 幼儿教育，2017(5).

28. 高潇怡. 幼儿教师儿童学习观的类型研究[J]. 教育学报，2008(5).

29. 革新斌. 关于特殊教育价值问题的再探讨[J]. 中国特殊教育，2002(2).

30. 顾明远. 教育大辞典(第六卷)[M]. 上海：上海教育出版社，1992.

31. 郭元祥. 对教育公平问题的理论思考[J]. 教育研究，2000(03).

32. 郭力平，谢萌. 美国早期教育质量的提升的发展历程[J]. 幼儿教育，2012(4).

33.《国家中长期教育改革和发展规划纲要（2010—2020 年）》，2010.

34. 韩倩. 幼儿园教师一体化聘用制度的建构[D]. 金华：浙江师范大学，2015.

35. 韩影. 促进个体差异：非共享环境理念的幼儿发展[J]. 教育学术月刊，2011(7).

36. 何锋. 略论中国学前教育立法应关注的基本问题. 第二届全国学前教育学博士生学术论坛[C]，2010.

37. 赫尔巴特. 教育学讲授纲要[M]. 李其龙，译. 北京：人民教育出版社，1986.

38. 侯晶晶.《始于家庭：关怀与社会政策》译后记[J]. 中国德育，2007(10).

39. 洪秀敏，罗丽. 公平视域下我国城乡学前教育发展差异分析[D]. 教育学报，2012(5).

40. 黄晶晶，刘艳虹. 特殊儿童家庭社会支持情况调查报告[J]. 中国特殊教育，2006(4).

41. 黄娟娟，李洪曾. 幼儿园教师专业自觉品质发展的多元回归与路径分析[J]. 上海教育科研，2013(8).

42. 黄正夫. 早期教育经济收益新进展[J]. 外国教育研究，2013(8).

43. 洪秀敏. 切实保障幼儿教师权益[N]. 中国教育报，2010(04).

44. 黄怡冰. 少数民族地区家长对幼儿园教育的需求研究[D]. 西安：陕西师范大学，2011.

45. 胡佳佳，吴海鸥. 联合国教科文组织发布"教育 2030 行动框架"——描画全球未来教育的模样[N]. 中国教育报，2015-11-15(3).

46. 胡家祥. 马斯洛需要层次论的多维解读[J]. 哲学研究，2015(8).

47. 贾喻杰. 我国低收入群体收入水平的界定与评价[J]. 法治与社会，2014，(4).

48. 姜盛祥. 重庆城乡教育统筹背景下幼儿教师流动研究[D]. 重庆：西南大学，2012.

49. 姜勇，张云亮，钱琴珍，宋寅喆.《幼儿园教育指导纲要（试行）》实施 10 年以来我国幼儿园教师队伍建设[J]. 幼儿教育（教育科学），2011(11).

50. 约翰·布鲁贝克，王承绪. 高等教育哲学[J]. 浙江教育出版社，1998.

51. 靳希斌. 教育经济学中几个理论问题的思考[J]. 教育与经济，1990，5(1).

52. 康建琴，刘焱，刘芃. 农村学前一年教育经费投入效益分析[J]. 教育学术月刊，2010(5).

53. 靳希斌. 教育经济学[M]. 北京：人民教育出版社，2006.

54. 雷江华，邬春芹. 智力落后学生家长关心孩子的什么[J]. 中国特殊教育，2000(4).

55. 李辉. 内地幼儿园教师工资待遇存在的问题及其成因[J]. 幼儿教育，2012(36).

56. 李建群. 民办幼儿园教师的专业发展现状研究[J]. 现代教育科学，2012(4).

57. 李克建，胡碧颖. 中国托幼机构教育质量评价量表. 2015. 未出版评价工具.

58. 李克建，潘懿，陈庆香. 幼儿园教育质量与生均投入、生均成本的关系研究[J]. 教育与经济，2015(2).

59. 李克建. 科学发展视野下的幼儿等级评定制度——来自浙江省的经验[J]. 幼儿教育（教育科学），2010.

60. 李克建，陈庆香，潘懿. 幼儿园教育质量与生均投入、生均成本的关系研究[J]. 教育与经济，2015(2).

61. 李培美. 北京东城区幼儿园游戏活动现状调查报告[J]. 教育科学研究，1991(5).

62. 李克建，胡碧颖. 国际视野下的托幼机构教育质量评价——兼论我国托幼机构教育质量评价观的重构[J]. 比较教育研究，2012(7).

63. 李慧. 新西兰财政性学前教育经费投入研究[D]. 重庆：西南大学，2013.

64. 李召存，姜勇，史亚军. 国际学前教育公共经费投入方式的比较研究[J]. 全球教育展望，2009(11).

65. 李学. 城乡二元结构问题的制度分析与对策反思[J]. 公共管理学报，2006(4).

66. 李欢欢. 试论城乡学前教育均衡发展中存在的问题与对策[J]. 教育论坛，2012(7).

67. 李婧菁. 不同阶层幼儿家长学前教育需求的跨个案研究[D]. 金华：浙江师范大学，2013.

68. 李江帆. 教育服务产品理论研究[M]. 广州：中山大学出版社，2009.

69. 李辉. 内地幼儿园教师工资待遇存在的问题及其成因[J]. 幼儿教育，2012(36).

70. 连玥. 家长对幼儿园教育需求的研究[D]. 开封：河南大学，2009.

71. 廉枫. 城市家庭对子女教育选择与影响因素分析[D]. 济南：山东大学，2006.

72. 梁巍. 聋儿社区家庭康复中的早期教育策略[J]. 中国听力语言康复科学杂志，2004(2).

73. 梁玉华，庞丽娟. 发展适宜性教育：内涵、效果极其趋势[J]. 全球教育展望，2011(8).

74. 刘翠航. 美国联邦学前教育立法演变与当前法律结构分析. 学前教育研[J]，2012(10).

75. 刘焱，杨晓萍，潘月娟，涂玥. 我国城乡学前一年班级教育环境质量的比较研究[J]. 教育学报，2012(3).

76. 刘焱，康建琴，涂玥. 学前一年教育纳入义务教育的条件保障研究[J]. 教育研究，2015(7).

77. 刘焱，赵军海，张丽. 学前一年教育效能的增值评价研究[J]. 教育学报，2013(3).

78. 刘焱. 学前一年教育纳入义务教育的条件保障研究[M]. 北京：北京师范大学出版社，2014.

79. 刘占兰. 67.5％的毛入园率说明了什么[N]. 中国教育报，2014-06-22(1).

80. 刘占兰，高丙成. 中国学前教育综合发展水平研究[J]. 教育研究，2013(4).

81. 刘占兰. 中国幼儿园教育质量评价——十一省市幼儿园教育质量调查[M]. 北京：教育科学出版社，2011.

82. 刘淑美，张璐琳. 幼儿喜欢的教师特征的调查与分析[J]. 学前课程研究，2007(8).

83. 刘静静. 幼儿教师流动现状与对策研究[D]. 开封：河南大学，2013.

84. 刘汉霞. 城乡二元结构与农村教育[J]. 教育探索，2003(11).

85. 刘成玉，蔡定昆. 教育公平、内涵、标准与实现路径[J]. 教育与经济，2009(3).

86. 刘强. 学前教育城乡均衡发展的理论与实践[M]. 南京：南京大学出版社，2011.

87. 刘强. 区域联盟：学前教育均衡发展的路径选择[J]. 教育导刊，2011(7).

88. 刘志英. 中国城乡贫富差距与社会保障制度[J]. 江汉论坛，2004(3).

89. 刘霞. 托幼机构教育质量评价概念辨析[J]. 学前教育研究，2004(5).

90. 刘霞. 托幼机构教育质量：概念与构成[J]. 现代教育论丛，2004(4).

91. 骆许蓓. 论我国区域经济的现状、问题和发展战略[J]. 生产力研究，1998(2).

92. 吕苹. 基于统筹城乡发展的学前教育公共服务体制建构[J]. 教育研究，2014(7).

93. 柳阳辉. 学前一年班级教育环境质量的城乡差异分析——以河南省为例[J]. 现代中小学教育，2013(5).

94. 柳国梁等. 学前教育教师发展：取向与路径[M]. 杭州：浙江大学出版社，2013.

95. 柳倩，钱雨. 国际学前教育公共投入的国家行动计划比较研究[J]. 全球教育展望，2009(11).

96. 陆玉林，焦辉. 中国城市青少年弱势群体问题探析[J]. 中国青年政治学院学报，2003(6).

97. 吕苹，付欣悦. 学前教育普惠性视角下财政投入模式——以浙江省杭州市为例[J]. 学前教育研究，2013(11).

98. 牛银平. 兰州市公办与民办幼儿园家长教育需求的比较[J]. 当代学前教育，2010，15(3).

99. 庞丽娟，范明丽. "省级统筹 以县为主"，完善我国学前教育管理体制[J]. 教育研究，2013(10).

100. 庞丽娟，韩小雨. 中国学前教育立法：思考与进程[J]. 北京师范大学学报(社会科学版)，2010，44(5).

101. 庞丽娟，夏婧. 国际学前教育发展战略：普及、公平与高质量[J]. 教育学报，2013，9(3).

102. 庞丽娟，夏靖，沙莉. 立法促进高素质幼儿教师队伍建设台湾地区的经验及其启示[J]. 教师教育研究，2009，21(4).

103. 庞丽娟，夏靖，孙美红. 世界主要国家和地区弱势儿童扶助政策研究[J]. 教育学报，2010，6(5).

104. 庞丽娟，洪秀敏. 中国学前教育发展报告[M]. 北京：北京师范大学出版社，2012.

105. 潘月娟，刘琰，胡彩云. 幼儿园结构变量与教育环境质量之间的关系研究[J]. 学前教育研究，2008(4).

106. 彭俊英，高群，肖杰. 西部农村幼儿园教育效益分析与政策建议[J]. 学前教育研究，2011(7).

107. 彭浩. 中国城乡二元结构与社会公平问题研究[D]. 成都：四川大学，2007.

108. 钱雨. 澳大利亚学前教育质量评估研究的发展与启示[J]. 外国教育研究，2012(9).

109. 秦旭芳，王默. 普惠性幼儿园的内涵、衡量标准及其政策建议[J]. 学前教育研究，2012（07）.

110. 秦金亮等. 英国有效学前教育项目评析[J]. 比较教育研究，2012(2).

111. 秦金亮等. 不同群体家长学前教育需求调查——基于浙江数据[J]. 幼儿教育（教科科学），2013(4).

112. 秦金亮，李轩，方莹. 有效学前教育机构的特征——英国 EPPE 项目对我国学前教育质量政策制定的启示[J]. 外国教育研究，2017(1).

113. 秦金亮，高孝品. 不同办园体制幼儿园师幼互动质量分析[J]. 教育研究与实验，2017(1).

114. 秦金亮. 多元需求条件下办人民满意的学前教育政策旨趣[J]. 教育发展研究，2017(2).

115. 秦金亮. 全球背景下学前教育质量评价与发展路径[J]. 浙江师范大学学报（社科版），2017(2).

116. 秦金亮等. 基于广覆盖的我国不同社会阶层学前教育需求差异分析[J]. 教育研究与实验，2018(2).

117. 裘指挥. 国外学前教育的社会经济效益研究[J]. 比较教育研究，2011(6).

118. 瞿华. 教育服务产品生产与消费研究[M]. 北京：经济科学出版社，2009.

119. 沙莉，霍力岩. OECD 学前教育质量政策杠杆：背景、特点、八国实践经验及启示[J]. 现代教育管理，2014(12).

120. 石中英. 教育公平的主要内涵与社会意义[J]. 中国教育学刊，2008(3).

121. 沙莉. 立法保障高素质学前教育师资：美国经验及启示. 现代教育管理[J]，2015（10）.

122. 盛永进. 特殊儿童教育导论[M]. 南京：南京师范大学出版社，2015.

123. 申继亮，王兴华. 流动对儿童意味着什么[J]. 教育探究，2006(2).

124. 石扬令. 试析二元结构对农村经济发展的影响[J]. 理论探讨，2004.

125. 孙柳青. 走向学前教育均衡：从幼教资源配置角度看城乡学前教育均衡发展[D]. 曲阜：曲阜师范大学，2010.

126. 孙绪华. 江苏省学前教育资源配置失衡现状及对策研究[D]. 南京：南京师范大学，2013.

127. 宋占美，阮婷. 美国处境不利儿童补偿教育政策及其对我国的启示[J]. 学前教育研究，2012（04）.

128. 宋静. 家庭文化资本对流动幼儿家长教育选择的影响——以广州市为例[D]. 广州：广州大学，2013.

129. 唐德祥，徐翔. 人力资本影响经济发展的区域差异分析[J]. 重庆理工大学学报(社会科学)，2014(4).

130. 陶维维. 家庭教育消费的阶层差异调查研究——教育致贫现象的窥视[D]. 南京：. 南京师范大学，2013.

131. 田志晶，张雪，袁连生. 北京市不同户籍幼儿学前资源差异研究[J]. 中国人民大学教育学刊，2011，1(3).

132. 田方. 幼儿园半日活动情景下的师幼互动研究[D]. 上海：华东师范大学，2012.

133. 涂颖. 江西省农村留守儿童学前教育需求研究[D]. 南昌：江西师范大学，2013.

134. 涂远娜，王坚. 发展普惠性幼儿园的策略思考与研究[J]. 江西教育学院学报(社会科学)，2011(1).

135. T 胡森，T N 波斯尔斯韦特. 教育大百科全书：学前教育[M]. 重庆：西南师范大学出版社，2006.

136. 王默，洪秀敏，庞丽娟. 聚焦我国民办幼儿园教师队伍的发展：问题、影响因素及政策建议[J]. 教师教育研究，2015(3).

137. 王默. 普惠性幼儿园的社会期待及普惠政策运行机制研究[D]. 沈阳：沈阳师范大学，2013.

138. 王亚红. 幼儿教师的教育质量观念与幼儿园教育质量的关系研究[D]. 金华：浙江师范大学，2013.

139. 王婧文. 应立法确保弱势儿童公平受教育的权利——兼议美国学前教育立法对我国的启示[J]. 民族教育研究，2012，23(4).

140. 王永珍，刘成斌. 流动与留守——从社会化看农民工子女的教育选择[J]. 青年研究，2007，36(1).

141. 王海英. "三权分立"与"多中心制衡"——试论学前教育公共服务多元供给主体间的关系[J]. 教育学术月刊，2013，27(1).

142. 王海英. 学前教育成本内涵、直接成本核算要素及其影响因素探析[J]. 幼儿教育(教育科学)，2013(6).

143. 王海英. 学前教育不公平的社会表现、产生机制及其解决的可能途径[J]. 学前教育研究，2011(8).

144. 王海英. 从特权福利到公民权利——解读《国务院关于当前发展学前教育的若干意见》中的普惠性原则[J]. 幼儿教育(教育科学)，2011(2).

145. 王雁. 城乡二元结构与农村学前教育[J]. 幼儿教育，2007(4).

146. 王善迈. 教育投入与产出研究[M]. 石家庄：河北教育出版社，1996.

147. 王晓芬，周会. 流动儿童早期社会适应能力发展现状[J]. 学前教育研究，2013(7).

148. 王瑜. 苏北县区家长对学前教育需求的调查报告——以新沂市为例[J]. 早期教育(教科研版)，2012(05).

149. 王文卓，赵跟喜. 我国西部民族地区学前教育需求研究——以西藏自治区错那县为例[J]. 甘肃高师学报，2013，18(3).

150. 王冬兰，冯艳慧. 民办园教师专业自主权的缺失与回归[J]. 学前教育研究，2007.

151. 汪焱. 流动儿童家长学前教育需求及满足研究——以杭州市 X 幼儿园为例[D]. 金华：浙江师范大学，2012.

152. 汪永臻，赵跟喜. 社会经济区域差异对学前教育非均衡发展的影响[J]. 宝鸡文理学院学报(社会科学版)，2014(10).

153. 魏军，宋岩. 教育公平视野下我国学前教育区域均衡发展研究[J]. 教育导刊，2011(9).

154. 魏艺萍. 家长对幼儿园教育需求的研究——以 C 市为例[D]. 重庆：西南大学，2015.

155. 韦小满，袁文得. 关于普小教师与特教教师对有特殊教育需要学生随班就读态度的调查[J]. 中国特殊教育，2000(03).

156. 文晶娅，冉铁星. 农村学前教育成本分担机制研究——基于湖北省长阳县的调查[J]. 教育与经济，2013(4).

157. 邹平川. 学前教育投入的财政法保障研究[D]. 合肥：安徽大学，2014.

158. 吴凡. 乡镇中心幼儿园家长学前教育需求调查研究——以宁波市为例[J]. 山东教育，2014，60(45).

159. 西尔瓦·凯西，梅尔休伊什·爱德华. 学前教育的价值[M]. 余珍有，等，译. 北京：教育科学出版社，2011.

160. 希恩. 教育经济学[M]. 郑伊雍，译. 北京：教育科学出版社，1980.

161. 习勇生. 重庆市幼儿教育城乡统筹发展研究[D]. 重庆：西南大学，2010.

162. 夏婧，庞丽娟，张霞. 推进我国学前教育投入体制机制改革的政策思考[J]. 教育发展研究，2014(4).

163. 夏婧，庞丽娟，沙莉. 立法促进学前教育公平：台湾地区的经验及其启示[J]. 教育科学，2009(5).

164. 项光勤. 儿童创造性潜力的激发途径分析[J]. 学海，1997(5).

165. 项宗萍. 从"六省市幼教机构教育评价研究"看我国幼教机构教育过程的问题与教育过程的评价取向[J]. 学前教育研究，1995(2).

166. 谢冬梅. 低收入群体社会保护的政策意义及其框架[J]. 商业时代，2009(21).

167. 谢雅芳. 上海城乡接合部公办园对其子女教育的需求研究[D]. 上海：华东师范大学，2008.

168. 徐莉. 区域学前教育公共服务体系构建研究——基于 Y 市学前教育现状调查[D]. 扬州：扬州大学，2014.

169. 徐同文. 城乡一体化体制对策研究[M]. 北京：人民教育出版社，2011.

170. 徐雨虹. 新制度经济学视角下的我国学前教育投资制度研究[D]. 上海：华东师范大学，2007.

171. 新华网. 在园幼儿超 4000 万，公益普惠的学前教育有多远——聚焦教育规划纲要学前教育专题评估报告[N]，2015-11-24.

172. 杨莉君，胡洁琼. 农村儿童家庭对学前教育公共服务的基本需求及对策研究——以湖南省为例[J]. 湖南师范大学教育科学学报，2013，12(2).

173. 杨莉君，周玲. 农村幼儿教师生存状态的研究——以中部四省部分农村幼儿教师为例[J]. 教师教育研究，2010(5).

174. 杨一鸣. 从儿童早期发展到人类发展[M]. 北京：中国发展出版社. 2011：5.

175. 杨楠. 西南边疆民族地区农村幼儿家长学前教育需求研究——以云南省云县涌宝镇、大寨镇为例[J]. 楚雄师范学院学报，2015，30(8).

176. 杨晓萍，冯宝安. 论我国学前教育供需及其调节[J]. 教育导刊，2011，26(9).

177. 杨挺，习勇生. 重庆市幼儿教育发展水平城乡差异的实证分析[J]. 教育与经济，2010，27(4).

178. 杨玉红. 江苏省学前教育成本分担机制研究[D]. 南京：南京师范大学，2012.

179. 姚文峰，郑健成. 0～3 岁儿童早期教育成本核算研究[J]. 宁波大学学报(教育科学版)，2013(1).

180. 姚伟，邢春娥. 学前教育公平的理论基础[J]. 学前教育研究，2008(1).

181. 余雅风. 论学前教育的法律规制[J]. 中国教育法制评论，2012.

182. 袁连生. 缓慢的前进——20 世纪 80 年代以来的教育成本计量研究[C]. 2004 年教育经济学年会论文，2004.

183. 袁连生. 教育成本计量探讨[M]. 北京：北京师范大学出版社，2000.

184. 余强. 美国残疾儿童学前教育先行发展政策述评[J]. 中国特殊教育，

2007 (11).

185. 原晋霞. 对把家长满意度作为幼儿园教育质量评价最主要依据的质疑[J]. 学前教育研究，2011(12).

186. 曾晓东，范昕，周惠. 入园何时不再难——学前教育困惑与抉择[M]. 南京：江苏教育出版社，2011.

187. 赵芳. 需求与资源：一项关于流动儿童适应的研究[J]. 社会科学，2011(3).

188. 赵景欣. 压力背景下留守儿童心理发展的保育因素与抑郁、反社会行为关系[D]. 北京：北京师范大学，2007.

189. 赵海利. 学前教育成本分担：文献分析的视角[J]. 教育发展研究，2011，(24).

190. 赵诗安，陈国庆. 现代教育理念[M]. 南昌：江西高校出版社，2010.

191. 张朝，于宗富，方俊明. 中美特殊儿童融合教育实施状况的比较研究[J]. 比较教育究，2013(11).

192. 张雪，袁连生，田志磊. 地区学前教育发展水平及其影响因素分析[J]. 教育发展研究，2012(20).

193. 张韵. 家园合作现状研究[D]. 重庆：西南大学，2009.

194. 张司仪. NAEYC 幼教记过质量认证体系的评价思想及其启示[J]. 学前教育研究，2013(9).

195. 张文桂. 民办幼儿教师组织承诺与离职意向关系研究[J]. 当代学前教育，2009(1).

196. 张厚粲，周容，陈帼眉，赵钟岷，王晓平. CDCC 中国儿童发展量表(3-6 岁)[Z]. 中国儿童发展中心，1992.

197. 张曾莲. 当前学前教育成本核算存在的主要问题及其解决[J]. 学前教育研究，2012.

198. 张萌. OECD 国家学前教育财政投入水平及其国际比较[D]. 南京：南京师范大学，2013.

199. 张伟平，田敏，王珏叶. 论中国学前教育的城乡差异问题[J]. 黑龙江教育学报，2011(8).

200. 张文宏，雷开春. 城市新移民社会融合的结构、现状与影响因素分析[J]. 社会学研究，2008 (5).

201. 张坤，李其维. 遗传与环境的相关及交互作用分析——兼评行为遗传学研究方法的新进展[J]. 心理学探析，2006，26(2).

202. 张春晖. 教育起点公平、机会公平与规则公平的关系及其实现路径[J]. 湖北社会科学，2014(04).

203. 张厚军，朱宏君. 教育公正：实现社会公正的阶梯[J]. 泰山学院学报，2005(09).

204. 张亚辉，陈群. 从不同类型幼儿园经费收支状况看城市学前教育的发展[J]. 学前教育研究，2011(1).

205. 郑杭生. 社会学概论新修[M]. 北京：中国人民大学出版社，2003.

206. 郑子莹. 我国学前教育普惠性概念的建构及政府责任[J]. 四川教育学院学报，2012(11).

207. 郑聪聪. 留守儿童家长学前教育需求研究——以 F 县农村地区为例[D]. 金华：浙江师范大学，2014.

208. 郑晓燕. 中国公共服务供给主体多元发展的动力要素探析[J]. 科学发展，2011(9).

209. 郑孝玲. 江西省幼儿园教育质量与生均成本关系研究[D]. 南昌：江西师范大学，2012.

210. 周容，张厚粲. CDCC 中国儿童发展量表（3～6 岁)的编制[J]. 心理科学，1994(3).

211. 周欣. 托幼机构教育质量的内涵及其对儿童发展的影响[J]. 学前教育研究，2003(7-8).

212. 周兢. 国际学前教育政策比较研究[M]. 上海：华东师范大学出版社，2012.

213. 周兢，陈思，郭良菁. 国际学前教育公共经费投入的趋势比较[J]. 全球教育展望，2009(11).

214. 国务院办公厅关于加快中西部教育发展的指导意见. 2016-6-15.

215. 朱坚强. 教育经济学发展[M]. 北京：社会科学文献出版社，2005.

216. 朱佳慧. 国外学前教育的经济效益研究及其启示[J]. 教育导刊，2013(8).

217. 朱宗顺. 寻找教育公平的起点——从"重视学前教育"开始[J]. 当代社科视野，2008(01).

218. 朱家雄，张婕. 教育公平一个不容回避的学前教育问题[J]. 教育导刊（幼儿教育），2006（2）.

后　记

　　历时五年的"保障适龄儿童接受基本而有质量的学前教育政策与机制研究"课题已经结题，但作为一项事业不会停止。这项课题的表层是政策，深层是基于证据的政策研究方法论指引下规范的资料收集和基于证据的政策厘析，故此，五年来课题做得很辛苦，还不一定很讨好，但课题组成员在享受专业成长的过程。

　　"基于证据的政策研究"从研究操作看是一项"知易行难"的事业，其难点在于证据收集的规范性、研究工具的国际同行认可度。作为学前教育大国，如何以专业的方式表达事业发展，如何让专业同行更精准、真切地了解中国的学前教育，如何使中国的学前教育与世界各国有专业可比性，如何在国际参照系中审视、研判中国的学前教育问题，是基于证据的政策研究发出声音的关键，也是讲好中国政策故事的根基。基于证据的资料采集离不开标准化的工具施测，"工欲善其事，必先利其器"，我国学前教育方面的需求工具、质量工具、儿童发展工具虽有一些，但缺少的是中国情境下国际尺度的精准测量框架。五年来我们对中国学前教育需求问卷（CECENQ），中国托幼机构过程性质量量表（CECERS），中国早期儿童发展量表（CECDRS）形成 6 个版本不同施测条件的工具体系关照国际 ENQ、ECERS、ECD 三大测量工具，目前正在开发基于移动客户端的网络测试版及自适应性数据库建设。我们希望数据库能精准地支持动态、灵活的政策工具箱。

　　在课题完成之余首先要感谢浙江师范大学学前教育学重点学科的支持，对于一个资助经费 50 万，实际耗资百余万的课题来说，最大的感谢是一流重点学科建设的支持，从配套到几次国际会议的支持。也感谢杭州幼儿师范学院这所幼师名校获得地方性测试支持，测试便利是无形的经费支持。也感谢联合国儿童基金会、北京大学中国教育财政研究所委托课题组测试儿童发展、教育质量的扩展性样本收集数据的机会。感谢浙江省教育厅将全国学前教育示范区作为幼儿园班级教育质量改进的行动实验区，使基层感受到质量工具的草根性生命力。

　　其次要感怀与王小英、郭力平、杨莉君三位教授的精诚合作，本课题也是浙江师范大学与东北师范大学、华东师范大学、湖南师范大学在学前教育领域深度合作的一项研究，增进了相互的学习和专业合作。同时在第一阶段的调研测试也得到沈阳师范大学但菲教授，西北师范大学、贵阳幼专、四川幼专、合肥幼专的大力协助和支持。

最后要感谢学前教育学从 2011 级以来的各届学术、专业学位研究生，几乎每届的绝大多数同学都参与了问卷、量表测试，探索性、验证性、扩展性的每一次测试都有同学们的付出。更值得欣慰的是同学们在实战性研究中逐渐成熟起来，她们观察更深入了、分析更缜密了、评教更系统化了、课题选择更接地气了。

本书写作分工如下：前言、研究概述、第 1 章秦金亮撰写；第 2 章高孝品、王小英撰写；第 3 章姚雪芹、杨莉君撰写；第 4 章冯艳芬、王相荣撰写；第 5 章张丽娟、郭力平撰写；第 6 章王芳、朱宗顺撰写；第 7 章秦金亮、陈晨撰写；第 8 章罗妹、李克建撰写；第 9 章秦雪娇、罗妹撰写；第 10 章陈佳艺、徐丽丽、周小虎撰写；第 11 章陈月文、李克建撰写；第 12 章徐丽丽、王春燕撰写；第 13 章李克建、张朋撰写；第 14 章李克建、秦金亮、吕苹撰写。全书由秦金亮、李克建修改、统稿，高孝品、陈晨协助格式统一。

非常感谢罗佩珍编辑的认真负责、精益求精，感谢姚贵平主任的大力支持。

由于精力所限、时间制约，文稿还是有不少拙陋之处，希望同行、各方贤达提出批评意见。这是真诚的！

"保障适龄儿童接受基本而有质量的学前教育政策与机制研究"

课题组